utier de Châtillon Bernart de Ventadorn

se Don Denís de Portugal El romancero

rca Ausiàs March François Villon Jorge

Garcilaso de la Vega Pierre de Ronsard

pa d'Aubigné Luis de Góngora Lope de

ncisco de Quevedo John Milton Jean de

ang von Goethe William Blake Friedrich

lor Coleridge Novalis Lord Byron Percy

acomo Leopardi Alexandr Pushkin Victor

Paul Verlaine Arthur Rimbaud Stéphane

ler Yeats Rainer Maria Rilke Pa... ...ry

an Ramón Jiménez U... ...p

ndo Pessoa Giuseppe U... ...S. Eliot

lstam Jorge Guillén Vladímir Maiakovski

a Lorca Bertolt Brecht W. H. Auden Dylan

Larkin Yves Bonnefoy Wisława Szymborska

D1665931

Mil años de poesía europea

Francisco Rico

En colaboración con Rosa Lentini

Mil años de poesía europea

© Francisco Rico Manrique, 2009
© Editorial Planeta, S. A., 2009
Colaboradora: Rosa Lentini

BackList, Barcelona, 2009
Diagonal, 662-664, 08034 Barcelona (España)

Primera edición: mayo de 2009

Depósito Legal: M. 18.174-2009
ISBN 978-84-08-08684-0
Preimpresión: Foinsa Edifilm, S. L.
Impresión y encuadernación: Rotapapel, S. L.
Printed in Spain - Impreso en España

A la memoria de José María Valverde

Preámbulo

Esta antología va dirigida a quienes no son lectores habituales de poesía. Quienes lo son conocen sin duda una buena parte de las obras recogidas aquí y tienen fácil acceso a la otra parte. Nuestro trabajo puede llamarles la atención sobre algunos autores, algunos textos, que tal vez les resulten menos familiares. Pero nosotros hemos tomado más bien en cuenta a los lectores con curiosidad literaria que sin embargo sólo de tarde en tarde y un poco por azar recalan en un libro de versos. Es sobre todo a ellos a quienes hemos querido ofrecer un panorama sugestivo de las mejores voces y de los grandes momentos de la poesía europea a lo largo de sus diez siglos de vida.

Ni que decirse tiene que nuestra selección es discutible, pero creemos que no caprichosa: con certeza son todos los que están, aunque no puedan estar todos los que son (en especial del siglo pasado). Una antología que hubiera pretendido multiplicar el número de poetas habría por fuerza debido reducir el de poemas. Por el contrario, nosotros hemos preferido quedarnos en un cupo restringido de autores (y anónimos), los que más eco han tenido en el trecho mayor de la tradición europea, para poder dar una muestra relativamente amplia de cada uno.

De cada uno, por otra parte, hemos acogido algunos de sus versos más celebrados, procurando conciliar la perspectiva histórica e, inevitablemente, nuestro gusto personal. Con pocas salvedades, era obligado el orden cronológico, pero recomendamos no seguirlo en la lectura, porque las antologías, como su nombre indica, se hacen para libar o picotear a capricho acá y allá. Las notas introductorias a las diferentes secciones buscan sólo brindar la orientación más indispensable para pasar inmediatamente a los textos.

La presente es, en fin, una antología no simplemente de poesía, sino también de traducciones de poesía. En tal sentido, a cada poema en una lengua distinta del castellano se acompaña siempre una de las mejores versiones existentes en nuestro idioma, pero, por otro lado, para cada poeta se ha recurrido regularmente a varios de sus mejores traductores.

Los APÉNDICES incluyen diez interpretaciones diversas de *L'albatros* de Baudelaire y dos cantos de *Nabí* puestos en castellano por el propio autor, Josep Carner.

En el cuerpo del libro, la firma del traductor aparece después de cada poema o serie de poemas. Los datos bibliográficos correspondientes se registran en el ÍNDICE DE PROCEDENCIAS. Ahí se hallarán asimismo otras indicaciones sobre los criterios aplicados en este volumen y, sobre todo, la mención puntual de las muchas personas, editoriales e instituciones que lo han hecho posible y a quienes decimos ya nuestro más caluroso reconocimiento.

El pentecostés de la poesía

«Hoy *literatura nacional* no quiere decir gran cosa: está a las puertas la época de la literatura universal, y todos debemos contribuir a acelerar su llegada.»* Dos siglos después, acaso podemos dar por cumplido el diagnóstico de Goethe sin más que parafrasear *Weltliteratur* por *literatura global.*

De sobras sabemos que en nuestro tiempo los géneros de mayor tonelaje, el cine, la novela, el teatro, hablan en muchas lenguas no sólo porque lo hacen fácil los canales de comunicación y los medios técnicos, sino porque así lo exige un mercado internacional. El hecho no suele suscitar excesivos reparos: todos estamos seguros de haber leído *Guerra y paz* a pesar de no saber ruso. «¿Quiero decir con eso que para juzgar una novela podemos prescindir del conocimiento de su lengua original?», se preguntaba Milan Kundera; y respondía: «Pues sí, es exactamente lo que quiero decir.»**

La poesía, por el contrario, es presentada a menudo como intraducible, y probablemente lo sea; pero también es un hecho que cada día circula más y con más naturalidad en traducción y cada día entra con más fuerza en el dominio global: empezamos a suponer que hemos leído a Wysława Szymborska sin saber polaco. Es la última etapa de un milenario proceso de transubstanciación del que las páginas siguientes se limitan a evocar, en cifra, algunas estampas, con unas pocas citas y menos nombres.

Tradicionalmente el poema ha aspirado a alcanzar ese grado supremo de expresividad que hace significativos todos los elementos que lo constituyen, fonéticos, semánticos, figurados. Se entienden, pues, planteamientos tan radicales como los de Philip Larkin: «No veo que uno pueda llegar a

* «Nationalliteratur will jetzt nicht viel sagen, die Epoche der Weltliteratur ist an der Zeit, und jeder muß jetzt dazu wirken, diese Epoche zu beschleunigen» (*Gespräche mit Eckermann*).

** «Est-ce que je veux dire par là que pour juger un roman on peut se passer de la connaissance de sa langue originale? Bien sûr, c'est exactement ce que je veux dire!» (*Le rideau*).

dominar una lengua extranjera hasta el punto de que valga la pena leer poemas en ella. ... Yo las lenguas extranjeras las considero absolutamente impertinentes. Si eso que hay allí arriba con un cristal es una *ventana*, entonces no es una *Fenster* ni una *fenêtre* o lo que sea. ¡*Hautes Fenêtres,* por Dios! Un escritor sólo puede tener una lengua, si es que la lengua le importa algo.»* Verosímilmente es así para la mayoría de los escritores, en especial de los poetas; pero no es así por fuerza para los lectores modernos de poesía.

Son muchos quienes concuerdan con Benedetto Croce en que «la traducción que se juzga como buena es una aproximación con valor de original de obra de arte y que se basta de por sí».** Cabe discutirlo, claro, porque la excelencia de una traducción puede muy bien residir en la limpidez con que se nos aparece como tal. Benito Arias Montano traduce un texto bíblico (Jueces, XIV, 18) emulando y mejorando la correlación de vocales, las asonancias y las rimas:

> LULE HHARASTEM BE GHEGLATHI,
> LO MATSATEM HHIDATHI.
>
> Si con mi novilla non labraras,
> mi cosicosilla non fallaras.

Análogamente, el juego de William J. Enwistle con una serranilla del Marqués de Santillana se aprecia sólo si se valora como traducción:

> Moza tan hermosa
> no vi en la frontera
> como una vaquera
> de La Finososa.

* «I don't see how one can ever know a foreign language well enough to make reading poems in it worthwhile. ... But deep down I think foreign languages irrelevant. If that glass thing over there is a window, then it isn't a *fenster* or a *fenêtre* or whatever. *Hautes fenêtres*, my God! A writer can have only one language, if language is going to mean anything to him» («The Art of Poetry», entrevista con Robert Phillips, en *The Paris Review*).

** «La traduzione che si dice buona è un'approssimazione che ha valore originale d'opera d'arte e può stare a sé» (*Estetica*).

No prettier grows a
dear maid in the Border
than she, the cow-warder
of La Finojosa.

Como fuere en la teoría, la práctica de leer poesía en traducción ha ido haciéndose cada vez más común, no ya al arrimo de la globalización de la literatura en todos los géneros, sino en particular de una noción de la poesía que no ha dejado de espesarse del romanticismo para acá. Por ahí, *Weltliteratur* llega (o vuelve) a corresponderse, sencillamente, con *literatura*. Sin embargo, incluso cuando se difumina en el bosque de la *Weltliteratur*, y desde luego cuando extiende sus ramas a otros continentes, la poesía europea es una realidad tan robusta como el árbol que crece derecho desde las raíces regado por las aguas de muchas acequias.

En el principio fue la canción. «Todas las gentes, cristianas, judías y moras, emperadores, príncipes, reyes, duques, condes, vizcondes, barones, valvasores, clérigos, burgueses, villanos, chicos y grandes, aplican todos los días el entendimiento a trovar y a cantar. Difícilmente se encontrará nadie en un sitio tan escondido y solitario, entre pocas o muchas personas, que no oiga en seguida cantar a uno o a otro o a todos juntos, pues hasta los pastores de la montaña no tienen solaz mayor que el de cantar.»***

Los antropólogos no han hecho sino comprobar la verdad del testimonio de Ramón Vidal de Besalú, espejo todavía de un mundo ancestral: la canción ocupa un lugar importante en la vida diaria de todos los pueblos primitivos, como versión estilizada y acompañamiento musical de todos los momentos de la existencia, en el trabajo y en el juego, en el amor y en el dolor. Cada grupo o estamento acostumbra a tener algunas canciones propias, pero existen otras que se pasean por todos los rincones de la sociedad,

*** «Totas gens, cristianas, jusievas e sarazinas, emperador, princeps, rei, duc, conte, vesconte, contor, valvasor, clergue, borgues, vilans, paucs et granz, meton totz jorns lor entendiment en trobar et en chantar, que greu seres en loc negun tan privat ni tant sol, pos gens i a paucas o moutas, que ades non aujas cantar un o altre o totz ensems, que neg li pastor de la montagna lo major sollatz que ill aiant an de chantar» (*Las rasós de trobar*).

que son conocidas por todos sus miembros y que todos entonan y varían a su gusto: es la lírica tradicional, anónima siempre, cuyas primeras documentaciones en media docena de lenguas europeas, desde el siglo XI, aparecen en voces de mujer.

La canción tradicional funde música y letra y las fija en la memoria gracias a la semejanza o la repetición de unos elementos que llevan de los unos a los otros: las figuras melódicas retornan con regularidad o contrastan entre sí, las insistencias vocálicas o consonánticas marcan unas series que hacen fluir la dicción, las rimas enlazan las palabras y las comparaciones las ideas, y así con los demás factores. Los diseños constitutivos de la canción son en esencia los mismos que se aplican a las otras modalidades poéticas: en rigor, una poesía apellidada como de tal o cual lengua europea es sólo la que responde a tales diseños de acuerdo con el genio propio de esa lengua o familia de lenguas.

La Edad Media fue poco dada a traducir la poesía, pero amicísima de recrearla de una lengua a otra. En muchos casos, la versión original se bastaba a sí misma. En un cantar de gesta, una *cansó* provenzal o un monólogo juglaresco (por no hablar de las piezas destinadas primariamente a la danza), tan importantes o más que la letra eran la música, la calidad de la ejecución y la mímica. Regía ahí el mismo principio que certifica que la inmensa mayoría de los aficionados a la opera o al rock no entienden el italiano ni el inglés. Pero cuando no sucedía así la Edad Media tendía a recurrir a la adaptación, no a la traducción.

Las gestas de Carlomagno y Roldán sonaron desde Noruega a Sicilia y desde Gales a Baviera. Los argumentos y los lances de multitud de baladas corrieron en todas las lenguas del continente y las islas del Atlántico. La lírica de los trovadores apenas fue objeto de traducciones *stricto sensu*, pero sin necesidad de ellas proporcionó el cimiento más firme de buena parte de la poesía europea. La abrumadora mayoría de los poemas de amor frente a los poemas de otros humores no postula ninguna reciprocidad inevitable entre las pulsiones eróticas y el prurito de escribir con rima y medida, sino que se limita a prolongar las convenciones de la *cansó* provenzal.

La oralidad gobierna la poesía de la Edad Media: cantada, bailada, representada en la *performance* y aun simplemente leída, porque la lectura se hacía siempre en voz alta, articulando y pronunciando con énfasis. Un texto (entiéndase, un tramado lingüístico) con fuerte carácter oral supone una práctica más activa que la lectura, implica más cumplidamente al transmisor, dándole categoría de coautor. El dato no sólo ayuda a explicar las innumerables diferencias que en la época muestran normalmente las diversas copias de una misma obra, sino que es solidario de uno de los rasgos más generales de la poesía medieval: por deliberado que sea el arte que la conforma, en ella predomina el valor de uso, la función que desempeña en algún orden de la vida no puramente artístico. Cantores del pueblo llano, juglares, trovadores y clérigos coinciden en manejarla no como un fin en sí misma, sino como una práctica, un medio al servicio de otros objetivos; y con frecuencia la marcan con un realismo familiar, con un tono amistoso y sin pretensiones, que quizá le dan sus mejores momentos.

Durante tres siglos largos, la tradición clásica recuperada condujo la poesía europea con mano inmensamente estimulante e igualmente represora. En cierta manera toda la literatura fue entonces, o aspiró a parecer, traducción del latín y del griego, lo mismo cuando buscaba la transparencia que cuando se complacía en la dificultad. La ortodoxia dictaba como misión de la poesía captar una *idea* platónica, una verdad y una belleza aristotélicamente *universales*. El camino hacia ese objetivo era la imitación de los grandes autores, que habían dado pasos gigantescos en tal sentido, para alcanzar «un modo divino de escritura en el que nada falta y que se basta enteramente a sí mismo».*

La frecuentación de las letras clásicas dejó en las vernáculas unas huellas que hicieron más notoria la afinidad entre ambas, confiriendo así a las más jóvenes una dignidad y un relieve inéditos y refinando el gusto de los nuevos públicos. Para el cortesano del Renacimiento y el letrado de la

* «Existimo ... scribendi spetiem quandam divinam illam quidem et cui nihil desit atque omnino absolutissimam existere» (Pietro Bembo, *De imitatione*).

Ilustración, la poesía siguió teniendo un sobresaliente valor de uso, pero ligado a una conciencia artística más resuelta, con el propósito de dar una versión estilizada y prescriptiva de la realidad.

La teoría clasicista veía claras la jerarquía y las reglas de la epopeya o de una cierta tragedia, pero carecía no ya de normas sino hasta de noción y de nombre para la lírica (o para la novela). Providencial carencia. *Lírica* eran los poemas breves en los que imperaba la libertad del autor («animi libertas», notaba un tanto desdeñoso Julio César Escalígero); y mientras hoy se nos antoja caducado casi todo cuanto se produjo en los géneros que todavía en el siglo XVIII se juzgaban supremos, ese espacio de libertad dio los frutos poéticos más sabrosos y más vivos del período. Frente a la autoridad de Aristóteles, que apuntaba a lo intemporal y proscribía al poeta hablar de sí mismo,* la lírica se alzó a la autonomía como poesía de las ocasiones, individuales y sociales, y como lenguaje de los sentimientos.

La épica y la poesía didáctica toman rumbos radicalmente nuevos bajo la guía de los modelos antiguos, mientras en la lírica el vasto legado de la Edad Media es de una admirable fecundidad. La oralidad, sin embargo, disminuye manifiestamente respecto a la medieval. El texto lírico no es ya por excelencia el cantado, aunque a menudo se ponga en música, y la lectura silenciosa le gana continuamente terreno a la hecha en voz alta. Los maestros clásicos hablan a la inteligencia y a los ojos, no al oído. La imprenta favorece el arquetipo del libro unitario, y con él las compilaciones de rimas dispersas prendidas con hilvanes.

El alcance y el contenido de la revolución romántica eran fundamentalmente negativos, comenzando por el enfrentamiento con los dogmas del clasicismo sin saber exactamente qué oponerles. No hay más que oír a Novalis: «El mundo ha de hacerse romántico para volver a hallar su sentido originario. Hacerse romántico no es otra cosa que una potenciación cualitativa. En esa operación, el *yo* inferior se identifica con un *yo* mejor, tal como nosotros mismos entramos en la serie de potencias cualitativas. La operación es aún enteramente

* αὐτὸν γὰρ δεῖ τὸν ποιητὴν ἐλάχιστα λέγειν (*Poética*).

desconocida...»** Es fácil adivinarle al fragmento una intención, un designio, pero no hay medio de deslindarle un significado en concreto. Junto al vacío de afirmación racional, no obstante, la reveladora confesión negativa: «Diese Operation ist noch ganz unbekannt.» La búsqueda romántica, eche para la nada o tire hacia el infinito, no se sabe por dónde lleva. «En vez de la posesión, se canta ahora el anhelo insatisfecho», la célebre *Sehnsucht* de Augusto Guillermo Schlegel.

La poesía es una energía sublime, una potencia divina, que se expande por el universo y la historia todos, y en cada lugar y época, a través de la inspiración de un vate con visos de demiurgo, se plasma de una manera peculiar. La obra de veras grande por fuerza ha de descubrir una circunstancia concreta, el talante y el temple de una nación, el alma de un pueblo. Esa malhadada invención de la *Volksseele* y la rebelión contra las reglas atraen el interés hacia las tradiciones literarias menos sumisas al clasicismo y ensanchan las fronteras de la poesía, más abierta, más europea que nunca antes.

La exaltación del individuo como medida de todas las cosas, la insistencia en la singularidad, la entrega a la imaginación, entronizan la ausencia de teoría y proclaman el imperio de la lírica. El primado de la expresión sobre la imitación desarma cualquier apelación al mundo objetivo; y si el *yo* lo es todo, todo le está permitido.

Un observador todavía cercano describía así el terremoto de la poesía en torno al 1800: «La nueva literatura se había anunciado con la supresión de la rima. Al terceto y a la octava venían a sucederles los versos sueltos. Era una reacción contra la cadencia y la cantilena. La nueva palabra, confiada en la seriedad de su contenido, no sólo suprimía la música, sino también la rima: se bastaba ella sola. (El poeta) se atreve a abolir todos los elementos de canto y música propios de la métrica. Lo que hay aquí es el pensamiento desnudo, que arde en la imaginación y prorrumpe fuera con el calor de sí mismo, con sus acordes y sus melodías interio-

** «Der Welt muss romantisiert werden. So findet man der ursprünglichen Sinn wieder. Romantisieren ist nichts, als eine qualitative Potenzierung. Das niedre Selbst wird mit einem bessern Selbst in dieser Operation identifiziert. So wie wir selbst eine solche qualitative Potenzreihe sind. Diese Operation ist noch ganz unbekannt» (*Fragmente des Jahres 1798*).

res.»* Pero entendámonos: la poesía romántica descubre una musicalidad inédita, nacida del alma, no del sistema, y gratamente *cantabile*; pero más que esos acentos le importa la libertad de utilizarlos en tanto afirmación del *yo* superior que busca a ciegas.

Desde los días de la Comuna, la línea mayor de la poesía moderna es la que amplía, refuerza y exaspera los vagos supuestos del romanticismo. Como la guerra de Klausewitz —se ha dicho más de una vez—, en muchos aspectos es el romanticismo por otros medios; y, como la guerra, a muerte. El subjetivismo romántico, sin embargo, no rompía con la realidad ni con la narración objetiva. El poeta más genuinamente representativo de los tiempos modernos funda y desvela la verdad del mundo, conformándolo de nuevo según su percepción única; y la poesía no quiere ya mostrar una realidad propia, sino ser ella la realidad (o, a veces, la nada).

La doctrina que en cada caso subyace a los textos ha ido progresando principalmente hacia las imaginaciones y las imágenes de un *yo* sin razones. Así, el poeta capta intuitivamente entre distintos órdenes de cosas ciertas correspondencias que se les escapan a los demás. O es el gratuito destinatario de unas iluminaciones que le abren ámbitos ignotos. O se mueve en una espesura de símbolos sin referentes. O deja correr la pluma a favor de un impulso inconsciente. O la ilación de los sueños se le vuelve guía en la vigilia. Por otro lado, el poema tiende a entenderse como el lenguaje que se dice a sí mismo, o un lenguaje que dice el lenguaje, o un lenguaje que dice el silencio, y en todas las lenguas.

Salta a la vista el camino paralelo de las artes plásticas por los mismos años. Si el pintor se sirve de los colores de un modo enteramente arbitrario «a fin de expresarse con más

* «La nuova letteratura si era annunziata con la soppressione della rima. Alla terzina e all'ottava succedeva il verso sciolto. Era una reazione contro la cadenza e la cantilena. La nuova parola, confidente nella serietà del suo contenuto, non pur sopprimeva la musica, ma la rima: bastava ella sola a sé stessa. Foscolo ... osa togliere tutt'i mezzi cantabili e musicali della metrica. Qui è pensiero nudo, acceso nella immaginazione e prorompente, caldo di sé stesso, con le sue consonanze e le sue armonie interne» (Francesco De Sanctis, *Storia della letteratura italiana*).

fuerza»,** el poeta adivina a la realidad unas tonalidades («Les parfums, les couleurs et les sons se répondent») y trata el lenguaje como un abecedario coloreado a su capricho: «*A* noir, *E* blanc, *I* rouge...» Camino paralelo e irremediablemente destinado a otra meta, porque el poema no puede ser la realidad aparte, el objeto puro, que acaso sí llegan a ser el lienzo y la escultura.

Por lo mismo que extraña al lenguaje y la experiencia comunes, la poesía de la modernidad pide un acto de fe en los puntos de partida y de llegada. El poeta vuelve a ser el vate divino de Homero, el profeta órfico, el omnipotente *hacedor*, ποιητής, y oficia poco menos que como sacerdote de un culto para adeptos que, repartidos en sectas, oyen en trance y repiten a su aire las enseñanzas del maestro.

Naturalmente, el postromanticismo, hasta la fecha, no se reduce a esa veta altivamente hermética: conoce también una poesía práctica como en la Edad Media, una poesía literaria como bajo la férula del clasicismo, una poesía con la dimensión personal de los románticos, y bulle de soluciones originales y grandes individualidades relativamente ajenas a las querencias dominantes. Pero de la misma manera que el arte moderno más característico es el que se aleja cada vez más de la figuración realista, la poesía propiamente moderna es un proceso agónico hacia la abstracción.

En el principio, la poesía era sólo la canción. El progresivo avance de la escritura la abrió a campos más discursivos, a una cultura más alta, a usos más duraderos, con la contrapartida de una paulatina pérdida de oralidad. El códice y la imprenta fueron fijándole además una fisonomía gráfica tan distintiva o más que otros factores primarios. Aunque la poesía moderna es reacia a la rima y a la métrica convencional, porque coartan o dan la impresión de haber coartado la espontaneidad del creador, los versos libres del postromanticismo se estructuran en infinitos casos de acuerdo con los mismos principios de reiteraciones y contrastes fonéticos, sintácticos y semánticos que dan vida a la canción. Pero en

** «Au lieu de chercher exactement ce que j'ai devant les yeux je me sers de la couleur plus arbitrairement pour m'exprimer plus fortement» (Vincent Van Gogh, *Verzamelde Brieven*).

otra infinidad de casos sólo el autor podría quizá reconocerlos como unidad de entonación, de emoción o de sentido o como sujetos a algún criterio generalmente inteligible. Su misión básica es ahora identificar el texto en cuanto poesía, para que se le conceda el plus de significación o pertinencia que ello comporta. Por otro lado, cuando el acento no se marca ya en la forma tradicional, sino en la revelación de realidades impalpables, el poema pierde materialidad y entra más bien en la categoría de las esencias. La literatura se ha enriquecido con versiones de textos que, por diferentes que sean los elementos que los configuran, desempeñan en otras lenguas, en especial de Asia, un papel análogo al de la poesía en Europa; y esas versiones han propuesto otros modelos de expresión poética. También por ahí, vuelta cada vez más un espacio y una función propicios a la traducción, la poesía de Europa y de todas las lenguas vive hoy un espléndido pentecostés. Del cual la presente antología quiere dar fe.

FRANCISCO RICO

MIL AÑOS DE POESÍA EUROPEA

La canción de mujer

Siglos XI-XIII

Al igual que en muchas otras tradiciones, la canción de mujer tuvo un lugar relevante en la primitiva lírica popular de las lenguas europeas. No es un azar que las muestras del género se documenten con significativa frecuencia en fechas tempranísimas y suelan presentarse anónimas (así en el *Exeter Book*, anterior a 1072 —aunque «Wulf y Eadwacer»[1] puede remontarse al año 800—, en un manuscrito bávaro de hacia 1160[8] o en un protocolo notaril boloñés de 1285)[15] o bien como citas de cantares que el autor incorpora a poemas de distinta métrica, estilo y hasta lengua (así en las jarchas mozárabes,[2-7] la más antigua de hacia 1092, en los *Carmina Burana*[9] o en los cancioneros franceses).[11-14] La frecuencia con que tales citas aparecen a manera de estribillo o en función análoga indica que la canción de mujer originaria iba especialmente unida al baile y a la ejecución coral. En el dominio románico, las semejanzas entre las piezas españolas y las francesas nos aseguran de unas comunes raíces en el folclore latino (tampoco faltan los testimonios en los *graffiti* de Pompeya), mientras varios aspectos de las jarchas perviven hasta nuestros días en la lírica popular castellana. Unas veces tomadas, más o menos fielmente, de las coplas que de hecho se oían entre las gentes de la calle, y otras recreadas por juglares o trovadores tan diestros como Raimbaut de Vaqueiras[17] o Martín Codax,[18-20] las canciones de mujer, con su limpidez dramática o traviesa y con su capacidad de plasmar los sentimientos con tanta intensidad como economía, dibujan una de las vetas más hermosas de la poesía medieval.

[1] Leodum is minum swylce him mon lac gife;
willað hy hine aþecgan, gif he on þreat cymeð.
Ungelic is us.
Wulf is on iege, ic on oþerre.
Fæst is þæt eglond, fenne biworpen.
Sindon wælreowe weras þær on ige;
willað hy hine aþecgan, gif he on þreat cymeð.
Ungelice is us.
Wulfes ic mines widlastum wenum dogode;
þonne hit wæs renig weder ond ic reotugu sæt,
þonne mec se beaducafa bogum bilegde,
wæs me wyn to þon, wæs me hwæþre eac lað.
Wulf, min Wulf, wena me þine
seoce gedydon, þine seldcymas,
murnende mod, nales meteliste.
Gehyrest þu, Eadwacer? Uncerne earne hwelp
bireð wulf to wuda.
þæt mon eaþe tosliteð þætte næfre gesomnad wæs,
uncer giedd geador.

[2] Des cand mieo çidiello véned
¡tan buona al-bixara!,
como rayo de sol yéxed
en Wad-al-Hiǰara.

[3] Garrid vos, ¡ay yermanellas!
¿Cóm contener a mieo male?
Sin el habib non vivireyo:
advolarey demandare.

[4] ¿Qué faré, mamma?
Mieo al-habib est' ad yana.

[5] Garr: ¿Qué fareyo?
¿Cóm vivireyo?
Este' l-habib espero;
por él morreyo.

[1] Será para mi pueblo como entrar en batalla:
tal han de recibirlo, si llega en son de guerra.
¡Qué suertes más distintas!
Wuldf está en una isla, mientras yo estoy en otra.
Es una plaza fuerte, rodeada de pozas.
Son feroces guerreros los hombres de esta isla.
Tal han de recibirlo, si llega en son de guerra.
¡Qué suertes más distintas!
Lejos mi Wulf va errante y yo sufro en la espera.
Cuando en tiempo de lluvias, me senté aquí y lloraba;
vino este combatiente y me apretó en sus brazos,
para delicia mía, mas también para pena.
Wulf, Wulf mío, esperanzas
de ti me tienen mala, tus venidas escasas,
el corazón en duelo, no el estar sin comer.
¿Me estás oyendo, Eadwacer? Nuestro pobre lobezno
lleva mi Wulf al bosque.
Fácilmente se rompe lo que no estaba unido,
nuestro cantar a una.

[2] Cuando mi buen señor llega,
¡qué nueva más grata!,
es como si el sol saliera
en Guadalajara.

[3] Decidme vos, hermanillas:
¿cómo contendré mi mal?
No viviré sin mi amigo,
volando lo iré a buscar.

[4] ¿Qué haré, mama?
Mi amigo a la puerta llama.

[5] Decidme, ¿qué haré?
¿Cómo viviré?
Al amigo espero.
Por él moriré.

6 Vey, yá raqi’, vey tu vía,
que non me tenes an-niya.

7 Si me quereses,
ya uomne bono,
si me quereses,
darás me uno.

8 Dû bist mîn, ich bin dîn:
des solt dû gewis sîn.
dû bist beslozzen
in mînem herzen:
verlorn ist daz slüzzelîn:
dû muost immer drinne sîn.

9 Gruonet der walt allenthalben.
wâ ist mîn gesell alsô lange?
der ist geriten hinnen.
owî! wer sol mich minnen?

10 Hé Dieus! quant vandra
mcs tres doux amis?

11 O! que ferai?
d’amer morrai,
ja nen vivrai.

12 J’ai ameit et amerai.
Trestout les jours de ma vie,
Et plus jolive an serai.
J’ai bel amin cointe et gai;
J’ai ameit et amerai.
Il m’ainme, de fi lou sai:
Il ait droit, je suis s’amie,
Et loialtei li ferai.

[6] Ve, bribón, ve por tu vía,
que la tuya es fe mentida.

[7] Si me quisieses,
¡ay, vida mía!,
si me quisieses,
me lo darías.

[8] Tú eres mío, yo soy tuya:
sábelo y no tengas duda.
Cerrado te llevo
dentro de mi pecho.
Perdióse la llave:
de ahí ya no sales.

[9] El bosque está todo en fronda.
¿Dónde mi amor se demora?
A caballo se fue ya.
Ay, ¿ahora quién me amará?

[10] Ay, Dios, ¿cuándo vendrá
mi dulce amor?

[11] Ay, ay, ¿qué haré?
De amor moriré,
ya no viviré.

[12] He amado y amaré.
Cada día de mi vida,
tanto más feliz seré.
¡Qué gentil mi amigo es!
He amado y amaré.
Él me ama, yo bien lo sé:
hace bien, pues soy su amiga,
y mi ley le guardaré.

J'ai ameit et amerai.
Trestout les jours de ma vie,
Et plus jolive an serai.

13 Jolie ne suis je pais
mais je suis blondette
et d'amin soulette.

14 *Por coi me bait mes maris?*
Laisette!
Je ne li ai rien mesfait
Ne riens ne li ai mesdit
Fors c'acolleir mon amin
Soulete.
Por coi me bait mes maris?
Laisette!
Et s'il ne mi lait durer
Ne bone vie mener,
Je lou ferai cous clamer,
A certes.
Por coi me bait mes maris?
Laisette!
Or sai bien que je ferai
Et coment m'an vangerai:
Avec mon amin geirai,
Nuëte.
Por coi me bait mes maris?
Laisette!

15 Pàrtite, amore, adeo,
ché tropo ce se' stato:
lo maitino è sonato,
zorno me par che sia.
Pàrtite, amor, adeo;
che non fossi trovata
in sí fina cellata
como nui semo stati:
or me bassa, oclo meo;

He amado y amaré.
Cada día de mi vida,
tanto más feliz seré.

13 Guapa no lo soy,
pero soy rubita
y estoy tan solita.

14 *¿Por qué me pega el marido?*
¡Pobrecita!
Yo nada malo le he hecho,
ni he dicho nada molesto,
aunque traje al otro al lecho,
de solita.
¿Por qué me pega el marido?
¡Pobrecita!
Y si seguir no me deja
ni darme a la vida buena,
que por cornudo se tenga.
¡Ésta es fija!
¿Por qué me pega el marido?
¡Pobrecita!
Bien sé lo que voy a hacer
y cómo me vengaré:
con mi amigo me echaré
desnudita.
¿Por qué me pega el marido?
¡Pobrecita!

15 Vete, amor mío, adiós,
que asaz aquí has estado:
maitines han tocado,
siento el día llegar.
Vete, amor mío, adiós,
no quiero ser hallada
en la dulce morada
que ha sido este rincón.
Dame un beso, mis ojos,

tosto sïa l'andata,
tenendo la tornata
como di' namorati;
siché per speso usato
nostra zoglia renovi,
nostro stato non trovi
la mala celosia.
Pàrtite, amore, adeo,
e vane tostamente
ch'one toa cossa t'azo
pareclata in presente.

16 Lèvati dalla mia porta, lassa ch'ora foss'io morta
lo giorno ch'i' t'amai.
Lèvati dalla mia porta, vattene alla tua via,
ché per te seria morta e non te ne encrescieria;
parti, valletto, pàrtiti per la tua cortesia,
dè vattene oramai.

RAIMBAUT DE VAQUEIRAS

17 Altas undas que venez suz la mar,
que fay lo vent çay e lay demenar,
de mun amic sabez novas comtar,
qui lay passet? No lo vei retornar!
Et oy Deu, d'amor!
Ad hora·m dona joi et ad hora dolor!
Oy, aura dulza, qui vens dever lai
un mun amic dorm e sejorn'e jai,
del dolz aleyn un beure m'aporta·y!
La bocha obre, per gran desir qu'en ai.
Et oy Deu, d'amor!
Ad hora·m dona joi et ad hora dolor!
Mal amar fai vassal d'estran pais,
car en plor tornan e sos jocs e sos ris.
Ja nun cudey mun amic me trays,
qu'eu li doney ço que d'amor me quis.
Et oy Deu, d'amor!
Ad hora·m dona joi et ad hora dolor!

y abrevia la partida,
con vuelta prometida
como pide el amor;
y, así, un día tras otro
gozaremos de nuevo,
sin que los malos celos
nos puedan descubrir.
Vete, amor mío, adiós,
márchate bien deprisa,
porque todas tus cosas
las he dejado listas.

16 Que te quites de mi puerta, que mejor me viera muerta,
triste, el día en que te amé.
Que te quites de mi puerta y que vayas por tu vía,
que por ti estaría muerta y no lo lamentarías;
vete, mozo, que te vayas, hazme esta cortesía,
vete para no volver.

RAIMBAUT DE VAQUEIRAS

17 Altas olas que venís por la mar
y el viento va moviendo acá y allá,
¿de mi amigo podéis nuevas contar,
que un día os cruzó, no lo veo tornar?
¡Y, ay, Dios, el amor!
Da gozo ahora y ahora dolor.
Aura dulce que vienes del país
donde mi amigo duerme y es feliz,
un poco de su aliento tráeme aquí.
Yo abro la boca, ya lo quiero asir.
¡Y, ay, Dios, el amor!
Da gozo ahora y ahora dolor.
Malo es amar a un hombre de otra tierra,
que terminan en llanto risa y fiestas.
Traidor nunca creí que se volviera,
pues del amor le di todas las prendas.
¡Y, ay, Dios, el amor!
Da gozo ahora y ahora dolor.

MARTIN CODAX

18 Ay ondas, que eu vin veer,
se me saberedes dizer
porque tarda meu amigo
sen min?
Ay ondas, que eu vin mirar,
se me sarebedes contar
porque tarda meu amigo
sen min?

AIRAS NUNEZ

19 ¿Quen amores á
como dormirá,
ai, bela frol?

PERO MEOGO

20 Ai cervos do monte, vínvos preguntar:
fois' o meu amigu' e, se alá tardar,
qué farei, velidas?
Ai cervos do monte, vínvolo dizer:
fois' o meu amigu' e querría saber
qué farei, velidas?

MARTIN CODAX

18 Olas, que nunca antes vi,
si me supierais decir
por qué mi amigo se tarda
sin mí.
Olas, que vengo a mirar,
si me supierais contar
por qué mi amigo se tarda
sin mí.

AIRAS NUNEZ

19 Quien amores ha
¿cómo dormirá?
¡Ay, bella flor!

PERO MEOGO

20 Ay, ciervos del monte, vengo a preguntar:
ido se ha mi amigo, y si va a tardar,
¿yo que haré, bonitas?
Ay, ciervos del monte, vengo a conocer:
ido se ha mi amigo, y querría saber
¿yo que haré, bonitas?

Francisco Rico

Chanson de Roland

Francia (hacia 1150)

Desde los mismos días de la batalla de Roncesvalles (778), donde fue desbaratada la retaguardia del ejército de Carlomagno, todos los indicios apuntan a la existencia de una actividad poética oral en torno a la muerte de Roldán, prefecto de la marca de Bretaña. En los alrededores del año 1000, y probablemente a mediados ya del siglo X, esa actividad debió de conocer una importante renovación por obra de un cantar de gesta uno de cuyos rasgos más apreciados fue la introducción del personaje de Oliveros como compañero del protagonista. En los últimos decenios del siglo XI, el cantar en cuestión, que había creado un nuevo estilo de epopeya, fue a su vez objeto, quizá con ayuda de la escritura, de una refundición excepcionalmente valiosa y afortunada que está en la raíz de todas las versiones hoy conocidas, y en especial, entre 1087 y 1095, de la versión anglonormanda del manuscrito de Oxford, para la que suele reservarse en exclusiva el título de *Chanson de Roland*. A medio camino entre el enérgico realismo del *Cantar de Mio Cid* y el desbordamiento fabuloso del *Nibelunglied*, la *Chanson* acierta a dar dimensiones humanas a los mitos heroicos y a situar los episodios y detalles, siempre sugestivos y llenos de viveza, en una firme jerarquía de valores y en el marco de una limpia visión de la historia.

Oliver est desur un pui muntet.
Or veit il ben d'Espaigne le regnet
E Sarrazins, ki tant sunt asemblez.
Luisent cil elme, ki ad or sunt gemmez,
E cil escuz e cil osbercs safrez,
E cil espiez, cil gunfanun fermez.
Sul les escheles ne pœt il acunter:
Tant en i ad que mesure n'en set;
E lui meïsme en est mult esguaret.
Cum il einz pout, del pui est avalet,
Vint as Franceis, tut lur ad acuntet.
Dist Oliver: «Jo ai paiens veüz:
Unc mais nuls hom en tere n'en vit plus.
Cil devant sunt .C. milie ad escuz,
Helmes laciez e blancs osbercs vestuz;
Dreites cez hanstes, luisent cil espiet brun.
Bataille avrez, unches mais tel ne fut.
Seignurs Franceis, de Deu aiez vertut!
El camp estez, que ne seium vencuz!»
Dient Franceis: «Dehet ait ki s'en fuit!
Ja pur murir ne vus en faldrat uns.» AOI.
Dist Oliver: «Paien unt grant esforz;
De noz Franceis m'i semblet aveir mult poi!
Cumpaign Rollant, kar sunez vostre corn,
Si l'orrat Carles, si returnerat l'ost.»
Respunt Rollant: «Jo fereie que fols!
En dulce France en perdreie mun los.
Sempres ferrai de Durendal granz colps;
Sanglant en ert li branz entresqu'a l'or.
Felun paien mar i vindrent as porz:
Jo vos plevis, tuz sunt jugez a mort.» AOI.
«Cumpainz Rollant, l'olifant car sunez,
Si l'orrat Carles, ferat l'ost returner,
Succurat nos li reis od tut sun barnet.»
Respont Rollant: «Ne placet Damnedeu
Que mi parent pur mei seient blasmet
Ne France dulce ja cheet en viltet!
Einz i ferrai de Durendal asez,
Ma bone espee que ai ceint al costet;
Tut en verrez le brant ensanglentet.
Felun paien mar i sunt asemblez:
Jo vos plevis, tuz sunt a mort livrez.» AOI. …

Oliveros entonces un picacho ha escalado,
ahora puede ver bien de España el reinado,
y a los Sarracenos, que tantos se han juntado.
Relúcenle los yelmos que son de oro incrustado,
sus escudos y cotas color azafranado,
todas aquellas picas, gonfalones atados.
Sólo los escuadrones no pueden ser contados,
tantos son los que hay, no puede numerarlos;
para consigo mismo se encuentra muy turbado.
Lo más pronto que pudo del pueyo se ha bajado,
vino hacia los Franceses, todo les ha contado.

Dice Oliveros: «Yo los paganos he visto,
jamás hombre en la tierra mayor número vido.
Ante nosotros hay cien mil escudos listos,
sus yelmos enlazados, mallas blancas vestidos,
con las lanzas enhiestas, dardos negros bruñidos.
La batalla tendréis, nunca mayor ha sido.
Mis señores Franceses, ¡de Dios seamos bienquistos!
¡Quedaos en el campo, no seamos vencidos!»
Y dicen los Franceses: «¡El que huya sea maldito!
Para morir allí ni uno habréis de perdido.» AOI.

Dice Oliveros: «Son los paganos de esfuerzo,
de los Franceses nuestros muy pocos tener creo.
Compañero Roldán, sonad con vuestro cuerno,
así Carlos lo oirá y tornará el ejército.»
Le responde Roldán: «Haría como necio
y en la dulce Francia perdería mi crédito,
daré con Durandarte grandes golpes sin cuento,
hasta el puño de oro, sangrante será el hierro
en mala hora paganos vinieron a los puertos,
os garantizo yo que todos serán muertos.» AOI.

«Sonad el olifante, compañero Roldán,
así lo oirá Carlos, la hueste hará tornar
con todos sus barones el rey nos salvará.»
Le responde Roldán: «A Dios no placerá
que por mí afrentados mis parientes serán,
ni que la dulce Francia caiga en vileza tal.
Pero con Durandarte golpearé tan asaz,
Con esta buena espada que a mi costado está,
que habéis de ver su hoja de sangre chorrear.
Los felones paganos reuniéronse por mal
pues yo os garantizo que todos morirán.» AOI. …

Rollant est proz e Oliver est sage;
Ambedui unt meveillus vasselage:
Puis que il sunt as chevals e as armes,
Ja pur murir n'eschiverunt bataille.
Bon sunt li cunte e lur paroles haltes.
Felun paien par grant irur chevalchent.
Dist Oliver: «Rollant, veez en alques:
Cist nus sunt prés, mais trop nus est loinz Carles.
Vostre olifan, suner vos nel deignastes;
Fust i li reis, n'i oüssum damage.
Guardez amunt devers les porz d'Espaigne:
Veeir pœz, dolente est la rereguarde;
Ki ceste fait, jamais n'en ferat altre.»
Respunt Rollant: «Ne dites tel ultrage!
Mal seit del cœr ki el piz se cuardet!
Nus remeindrum en estal en la place;
Par nos i ert e li colps e li caples.» AOI. ...
Li quens Rollant par mi le champ chevalchet,
Tient Durendal, ki ben trenchet et taillet,
Des Sarrazins lur fait mult grant damage.
Ki lui veïst l'un geter mort su l'altre,
Li sanc tuz clers gesir par cele place!
Sanglant en ad e l'osberc e la brace,
Sun bon cheval le col e les espalles.
E Oliver de ferir ne se target,
Li .XII. per n'en deivent aveir blasme,
E li Franceis i fierent e si caplent.
Mœrent paien e alquanz en i pasment.
Dist l'arcevesque: «Ben ait nostre barnage!»
—«Munjoie!» escriet, ço est l'enseigne Carle. AOI. ...
La bataille est aduree endementres.
Franc e paien merveilus colps i rendent.
Fierent li un, li altre se defendent.
Tant hanste i ad e fraite e sanglente,
Tant gunfanun rumpu e tant enseigne!
Tant bon Franceis i perdent lor juvente!
Ne reverrunt lor meres ne lor femmes,
Ne cels de France ki as porz les atendent. AOI.
Karles li Magnes en pluret, si se demente.
De ço qui calt? N'en avrunt sucurance,
Malvais servis le jur li rendit Guenes

Roldán es desmesura, Oliveros templanza;
pero ambos dos poseen valentía extraordinaria.
Cuando están a caballo y llevando las armas
por causa de morir no esquivarán batalla.
Valientes son los condes, sus palabras son altas,
los felones paganos con grande ira cabalgan.
Así dice Oliveros: «Ved sus tropas tamañas,
las de ellos están cerca, las de Carlos lejanas.
Tocar vuestro olifante no os dignasteis nada,
si aquí estuviera el rey no hubiéramos desgracia.
Mirad al monte arriba, a los puertos de España,
cuán débil podéis ver es nuestra retaguardia.
Quien de ella forma parte de otra no será ya.»
Respóndele Roldán: «No digáis tal falacia,
¡malhaya el corazón que un pecho acobarda!
Nosotros guardaremos firmemente la plaza,
para nosotros es, el golpe y la batalla.» AOI. ...

El conde Roldán por el campo cabalga
llevando a Durandarte que trincha bien y taja.
De Sarracenos hace una enorme matanza.
¡Un muerto sobre otro vierais cómo arrojaba!
La sangre por allí se extiende toda clara.
Sangrientos ha sus brazos y la cota de malla,
y el cuello hasta los hombros del corcel que cabalga.
Por parte de Oliveros, de herir no se retrasa,
que de los doce pares no se ha de decir tacha,
y los Franceses todos hieren bien y batallan.
Mueren los paganos, algunos se desmayan.
Y dice el Arzobispo: «¡Nuestra hueste bien haya!»
«¡Monjoya!» la señal de Carlos él exclama. AOI. ...

Entretanto la lucha se hizo más cruenta,
franceses y paganos danse cargas tremendas.
Unos atacan duro, otros a la defensa.
¡Cuánta lanza allí hay rota y sanguinolenta!
¡Cuánto gonfalón roto! ¡Cuántas astas y enseñas!
¡Tantos buenos Franceses su juventud entierran!
No verán ya a sus madres ni a sus mujeres buenas,
ni a aquellos de Francia que en los puertos esperan. AOI.
Carlos el Magno llora, por ello se lamenta.
Pero esto ¿a quién importa? No tendrán asistencia.
Mal servicio aquel día Ganelón les presenta,

Qu'en Sarraguce sa maisnee alat vendre;
Puis en perdit e sa vie e ses membres;
El plait ad Ais en fut juget a pendre,
De ses parenz ensembl'od lui tels trente
Ki de murir nen ourent esperance. AOI. …
Ço dit Rollant: «Forz est nostre bataille;
Jo cornerai, si l'orrat li reis Karles.»
Dist Oliver: «Ne sereit vasselage!
Quant jel vos dis, cumpainz, vos ne deignastes.
S'i fust li reis, n'i oüsum damage.
Cil ki la sunt n'en deivent aveir blasme.»
Dist Oliver: «Par ceste meie barbe,
Se puis veeir ma gente sorur Alde,
Ne jerreiez ja mais entre sa brace!» AOI.
Ço dist Rollant: «Pur quei me portez ire?»
E il respont: «Cumpainz, vos le feïstes,
Kar vasselage par sens nen est folie;
Mielz valt mesure que ne fait estultie.
Franceis sunt morz par vostre legerie.
Ja mais Karlon de nus n'avrat servise.
Sem creïsez, venuz i fust mi sire;
Ceste bataille oüsum faite u prise;
U pris u mort i fust li reis Marsilie.
Vostre prœcce, Rollant, mar la veïmes!
Karles li Magnes de nos n'avrat aïe.
N'ert mais tel home des qu'a Deu juïse.
Vos i murrez e France en ert hunie.
Oi nus defalt la leial cumpagnie:
Einz le vespre mult ert gref la departie.» AOI. …
Li quens Rollant, par peine e par ahans,
Par grant dulor sunet sun olifan.
Par mi la buche en salt fors li cler sancs.
De sun cervel le temple en est rumpant.
Del corn qu'il tient l'oïe en est mult grant;
Karles l'entent, ki est as porz passant.
Naimes li duc l'oïd, si l'escultent li Franc.
Ce dist li reis: «Jo oi le corn Rollant!
Unc nel sunast, se ne fust cumbatant.»
Guenes respunt: «De bataille est nïent!
Ja estes veilz e fluriz e blancs;
Par tels paroles vus resemblez enfant.» …

cuando allá en Zaragoza vendió la hueste entera.
Por ello perdió luego vida, miembros y hacienda,
juzgado en Aquisgrán a la horca lo entregan,
junto con sus parientes hasta llegar a treinta;
que de morir así no esperaron que fuera. AOI. …
    Así dice Roldán: «Fuerte es nuestra batalla:
el cuerno tocaré, lo oirá Carlos sin falta.»
Oliveros le dice: «¡Ya no habría arrogancia!
Cuando os lo dije, amigo, no os dignasteis nada.
Si aquí estuviese el rey no hubiéramos desgracia,
sobre los que allí están no debe caer tacha.»
Aún dice Oliveros: «Y por esta mi barba,
si puedo ver aún mi noble hermana Alda,
no yaceréis jamás teniéndola abrazada.» AOI.
    Así dice Roldán: «¿Por qué me tenéis ira?»
Responde él: «Compañero, así Vos lo queríais,
que valor con prudencia no es locura, os decía.
Vale más la mesura que no la estulticia.
Los Franceses han muerto por tu loca osadía;
Carlos con nuestra ayuda no contará ya un día.
Si creído me hubierais aquí venido habría,
y hecha esta batalla estaría vencida:
o prisionero o muerto el rey Marsil sería.
Vuestra hazaña, Roldán, en mal hora fue vista,
ayuda Carlomagno de nos no habrá en su vida.
No habrá jamás tal hombre hasta el último día,
vos moriréis y Francia quedará envilecida.
Hoy se terminará nuestra leal compañía
antes de anochecer, será dura partida.» AOI. …
    El conde Roldán con pena y anhelante,
con inmenso dolor suena su olifante;
por medio de la boca sale su clara sangre.
Las sienes del cerebro del esfuerzo se parten,
del cuerno que él empuña el sonido es muy grande.
Carlos así lo oye por los puertos pasante.
Lo oye el duque Naimón y los Francos restantes.
Dice el rey: «Oigo el cuerno que Roldán ahora tañe;
jamás lo sonaría si no hubiera combate.»
Ganelón le responde: «Batallando no hay nadie;
ya estás viejo y florido, de pelo blanqueante,
y con tales palabras parecéis tierno infante.» …

Rollant reguardet es munz e es lariz;
De cels de France i veit tanz morz gesir,
E il les pluret cum chevaler gentill:
«Seignurs barons, de vos ait Deus mercit!
Tutes voz anmes otreit il pareïs!
En seintes flurs il les facet gesir!
Meillors vassals de vos unkes ne vi.
Si lungement tuz tens m'avez servit,
A œs Carlon si grant païs cunquis!
Li empereres tant mare vos nurrit!
Tere de France, mult estes dulz païs,
Oi desertet a tant rubost exill!
Barons franceis, pur mei vos vei murir:
Jo ne vos pois tenser ne guarantir;
Aït vos Deus, ki unkes ne mentit!
Oliver, frere, vos ne dei jo faillir.
De dœl murra, s'altre ne m'i ocit.
Sire cumpainz, alum i referir!»
Li quens Rollant el champ est repairet.
Tient Durendal, cume vassal i fiert.
Faldrun de Pui i ad par mi trenchet,
E .XXIIII. de tuz les melz preisez:
Ja mais n'iert home plus se vœillet venger.
Si cum li cerfs s'en vait devant les chiens,
Devant Rollant si s'en fuient paiens.
Dist l'arcevesque: «Asez le faites ben!
Itel valor deit aveir chevaler
Ki armes portet e en bon cheval set:
En bataille deit estre forz e fiers,
U altrement ne valt .IIII. deners,
Einz deit monie estre en un de cez mustiers,
Si prierat tuz jurz por noz peccez.»
Respunt Rollant: «Ferez, nes esparignez!»
A icest mot l'unt Francs recumencet.
Mult grant damage i out de chrestïens. …
Ço sent Rollant que la mort li est prés;
Par les oreilles fors s'e ist la cervel.
De ses pers priet Deu ques apelt,
E pois de lui a l'angle Gabriel.
Prist l'olifan, que reproce n'en ait,
E Durendal s'espee en l'altre main.

Los montes y los cerros el conde Roldán ve,
viera de los de Francia tantos muertos yacer.
Como buen caballero su planto les va a hacer:
«¡Mis barones, Dios tenga de vosotros merced!
¡Que todas vuestras almas en Paraíso estén;
y entre sus santas flores los haga Él yacer!
Pues mejores vasallos nunca los pude ver.
Largamente en el tiempo a mí servido habéis.
En provecho de Carlos grandes países gané.
¡En mala hora Carlos os crió para él!
Tierra de Francia, cierto, muy dulce país eres,
hoy quedarás desierta por duro acontecer.
Mis barones Franceses, muerto por mí habéis,
ya no os seré garante ni os podré defender;
que Dios que nunca miente su ayuda os dé.
Oliveros, hermano, a Vos no os dejaré.
Si no muero de otra, de dolor moriré.
¡Mi señor compañero volvamos al quehacer!»
El conde don Roldán ha vuelto al campo presto,
empuña Durandarte, golpea cual caballero.
A Faldrún del Puí lo corta por el medio,
y a veinticuatro más todos del mismo aprecio.
Jamás habrá otro hombre de venganza más pleno.
Tal como el ciervo marcha delante de los perros,
delante de Roldán los paganos huyeron
y dice el arzobispo: «¡Asaz hacéis de bueno!
Un valor así debe tener un caballero.
El que viste las armas y ha caballo bueno;
en la batalla debe ser esforzado y fiero;
de otro modo no vale ni aun cuatro dineros,
o debe de ser monje en estos monasterios,
y rezar a diario por los pecados nuestros.»
Respóndele Roldán: «¡Heridlos bien, sin duelo!»
Oyendo estas palabras los Francos van de nuevo.
Allí de los cristianos hubo un desastre feo. …
De la muerte Roldán notando va ya el cerco;
por sus orejas fuera se le sale el cerebro.
Por sus pares a Dios que Él los llame es su ruego,
y al arcángel Gabriel para sí mismo luego.
Tomó el olifante, no haya reproche feo,
su espada Durandarte la otra mano teniendo.

Dun arcbaleste ne pœt traire un quarrel,
Devers Espaigne en vait en un guaret;
Muntet sur un tertre; desuz un arbre bel,
Quatre perruns i ad, de marbre faiz;
Sur l'erbe verte si est caeit envers;
La s'est pasmet, kar la mort li est prés. …
Ço sent Rollant la veüe ad perdue,
Met sei sur piez, quanqu'il pœt, s'esvertuet;
En sun visage sa culur ad perdue.
Dedevant lui ad une perre byse.
.X. colps i fiert par dœl e par rancune.
Cruist li acers, ne freint ne n'esgruignet.
E! dist li quens, «seinte Marie, aiüe!
E! Durendal, bone, si mare fustes!
Quant jo mei perd, de vos nen ai mais cure.
Tantes batailles en camp en ai vencues
E tantes teres larges escumbatues,
Que Carles tient, ki la barbe ad canue!
Ne vos ait hume ki pur altre fuiet!
Mult bon vassal vos ad lung tens tenue.
Ja mais n'ert tel en France l'asolue». …
Rollant ferit en une perre bise.
Plus en abat que jo ne vos sai dire.
L'espee cruist, ne fruisset, ne ne brise,
Cuntre ciel amunt est resortie.
Quant veit li quens que ne la freindrat mie,
Mult dulcement la pleinst a sei meïsme:
«E! Durendal, cum es bele e seintisme!
En l'oriet punt asez i ad reliques,
La dent seint Perre e del sanc seint Basilie,
E des chevels mun seignur seint Denise;
Del vestement i ad seinte Marie;
Il nen est dreiz que paiens te baillisent;
De chrestïens devez estre servie.
Ne vos ait hume ki facet cuardie!
Mult larges teres de vus avrai cunquises,
Que Carles tent, ki la barbe ad flurie,
E li empereres en est ber e riches.»
Ço sent Rollant que la mort le tresprent,
Devers la teste sur le quer li descent.
Desuz un pin i est alet curant,

allí donde un cuadrillo no arroja el ballestero
hacia el lado de España se va a un barbecho
se sube en un collado, bajo de un árbol bello,
allí hay cuatro escalones que de mármol son hechos;
sobre la yerba verde se ha caído al inverso,
allí se ha desmayado, la muerte va viniendo. ...
 Se da cuenta Roldán que ha perdido la vista,
se ha levantado en pie, fuerza cuanto podía.
La color de su cara toda tiene perdida.
Una piedra pardusca delante de él había
con duelo y con rencor con diez golpes la hería,
sin romper ni mellarse el acero crujía.
«¡Ay!, dice el conde, ¡Ayuda, dadme Santa María!
¡Ay!, buena Durandarte, ¡cuán grande es tu desdicha!
Ya no te tendré a cargo, pues pierdo yo mi vida.
¡Vencí tantas batallas por ti en rasa campiña!
¡Y tantas anchas tierras tenemos combatidas,
que tiene Carlos hoy de barba encanecida!
¡Hombre que huye ante otro no os posea un día!
Por un vasallo bueno habéis sido tenida.
Jamás no habrá otro así en Francia la santísima.» ...
 Roldán golpea la piedra de color renegrida.
Cuánto de ella abate decir no os sabría.
La espada cruje, cierto, más no mella o rompía.
Contra el cielo, a lo alto, rebota despedida.
Cuando el conde ve que no la quebraría,
para sí, dulcemente, así su planto hacía:
«¡Ay!, Durandarte, ¡eres bella y santísima!
En tu puño de oro asaz hay de reliquias:
el diente de San Pedro, de San Basilio habías
sangre, y de San Dionisio sus cabellos tenías.
Y del vestido allí hay de Santa María.
Que paganos te tengan justo ello no sería,
sólo por los cristianos debes de ser servida.
¡Que no os posea hombre capaz de cobardía!
Con vos he conquistado tantas tierras cumplidas,
que Carlos ahora tiene de la barba florida,
nuestro emperador rico y de gran valentía.»
 Se da cuenta Roldán que la muerte lo agarra,
pues desde la cabeza al corazón le baja.
Bajo de un pino entonces corriendo se marchaba,

Sur l'erbe verte s'i est culchet adenz,
Desuz lui met s'espee e l'olifan,
Turnat sa teste vers la paiene gent:
Pur ço l'ad fait que il vœlt veirement
Que Carles diet e trestute sa gent,
Li gentilz quens, qu'il fut mort cunquerant.
Cleimet sa culpe e menut e suvent,
Pur ses pecchez Deu en puroffrid lo guant. AOI.
    Ço sent Rollant de sun tens n'i ad plus.
Devers Espaigne est en un pui agut,
A l'une main si ad sun piz batud:
«Deus, meie culpe vers les tues vertuz
De mes pecchez, des granz e des menuz,
Que jo ai fait dés l'ure que nez fui
Tresqu'a cest jur que ci sui consoüt!»
Sun destre guant en ad vers Deu tendut.
Angles del ciel i descendent a lui. AOI. …

sobre la yerba verde boca abajo se echaba.
Debajo de él coloca su olifante y espada.
Con la cabeza vuelta hacia gente pagana.
Obró así por querer con verdadera gana,
que Carlos diga de él y gente de compaña,
murió el conde gentil venciendo la batalla.
Frecuente y a menudo sus pecados él clama,
y por ellos a Dios su guante tiende y alza.

Esto advierte Roldán que su tiempo es finido,
hacia España mirando, en un agudo pico,
con una de sus manos ha su pecho batido.
«¡Dios! por mis culpas todas, tus virtudes yo pido,
por mis pecados todos, los grandes y los chicos,
los que he hecho desde la hora en la que fui nacido,
hasta este mismo día en que soy consumido.»
Su diestro guante allí hacia Dios ha tendido.
Los ángeles del cielo a él han descendido. AOI. …

Luis Cortés Vázquez

Gautier de Châtillon

Francia (Lille, hacia 1135-Reims, hacia 1180)

Quizá nadie cifra mejor que Gautier la variedad y los logros de la poesía latina medieval. Estudiante en París y Reims, adquirió una formación literaria excepcionalmente buena. Anduvo al servicio de Enrique II de Inglaterra —a quien no perdonó el asesinato de Tomás Becket—, enseñó en Châtillon, cursó leyes en Bolonia, paseó Roma y, al fin, volvió a Reims, donde seguramente acabó sus días —quizá leproso—, al amparo del arzobispo don Guillermo. A él dedicó su obra máxima, la *Alexandreis* (concluida hacia 1176), donde las gestas del caudillo macedonio se proponen como modelo para un rey de Francia que en defensa de la fe domine «toto ... in orbe». Junto a los miles de limpios hexámetros de la *Alejandreida*, epopeya en la mejor tradición clásica, la lírica de Gautier podría parecer insignificante, y no es así. Gautier fue un fino poeta amoroso, capaz de manejar con elegancia y soltura excepcionales las formas y los temas en boga en sus días. Pero, por otra parte, en la poesía censoria y combativa no conoce rival. Erudito de Escrituras y autores latinos (cada estrofa de «Missus sum in vineam» acaba con un verso clásico), con un portentoso don imaginativo, una inteligencia agudísima y un profundo sentido del ritmo y el lenguaje, Gautier endereza contra la curia romana un buen puñado de invectivas de estremecedora belleza y efectividad. Algunas veces adopta el camino más llano, el de la denuncia sin trabas, con cristiana libertad; otras, recurre a figuraciones alegóricas, a medias palabras, primero oscuras, luego harto aclaradas por un Gautier que no calla nombres propios ni perdona detalles duros.

Verna redit temperies
prata depingens floribus,
telluris superficies
nostris arridet moribus,
quibus amor est requies,
cybus esurientibus.

Duo quasi contraria
miscent vires effectuum:
augendo seminaria
reddit natura mutuum,
ex discordi concordia
prodit fetura fetuum.

Letentur ergo ceteri,
quibus Cupido faverit,
sed cum de plaga veteri
male michi contigerit,
vita solius miseri
amore quassa deperit.

Ille nefastus merito
dies vocari debuit,
qui sub nature debito
natam michi constituit,
dies, qui me tam subito
relativum instituit.

Cresce tamen, puellula,
patris futura baculus;
in senectute querula,
dum caligabit oculus,
mente ministrans sedula
plus proderis quam masculus.

Declinante frigore,
picto terre corpore
tellus sibi credita
multo reddit fenore.
Eo surgens tempore
nocte iam emerita
resedi sub arbore.

Desub ulmo patula
manat unda garrula,

Retorna la estación primaveral
engalanando de flores los prados;
la faz de la tierra
sonríe a nuestras querencias:
solaz es el amor para nosotros,
yantar para el hambriento.
Dos cosas casi contrarias
mezclan el poder de sus efectos:
aumentando las cosechas,
sus deudas satisface la Natura;
de la concordia de lo discordante
resulta el embarazo de los fetos.
Alégrense, pues, todos aquellos
a quienes Cupido favorece.
A mí, que de la vieja dolencia
salí muy mal parado,
mi vida, de un mísero soltero,
por el amor destrozada, se consume.
Con razón debí llamar
nefasto el día
que, por la deuda de Natura,
me proporcionó una hija:
día que, de tan súbita manera,
en padre me convirtió.
Crece, no obstante, niñita,
báculo futuro de tu padre;
en la quejosa vejez,
cuando mi vista se nuble,
cuidándolo con solícito desvelo,
le serás de más ayuda que un varón.

M. A. Marcos Casquero y J. Oroz Reta

Al acabar el frío,
vestida la tierra de colores,
lo recibido devuelve
entre abundante verdor.
Me levanté uno de esos días,
ya pasada la noche,
y me senté bajo un árbol.
Bajo la fronda del olmo
mana fuente gorjeante,

ver ministrat gramine
fontibus umbracula,
qui per loca singula
profluunt aspergine
virgultorum pendula.
    Dum concentus avium
et susurri fontium
garriente rivulo
per convexa montium
removerent tedium,
vidi sinu patulo
venire Glycerium.
    Clamis multiphario
nitens artificio
dependebat vertice
cotulata vario.
Vestis erat Tyrio
colorata murice
opere plumario.
    Frons illius adzima.
labia tenerrima.
«Ades», inquam, «omnium
michi dilectissima,
cor meum et anima,
cuius forme lilium
mea pascit intima».
    «In te semper oscito,
vix ardorem domito;
a me quicquid agitur,
lego sive scriptito,
crucior et merito,
ni frui conceditur,
quod constanter optito».
    Ad hec illa frangitur,
humi sedit igitur,
et sub fronde tenera,
dum vix moram patitur,
subici compellitur.
Sed quis nescit cetera?
Predicatus vincitur.

y la primavera otorga hierba
a esas fuentes sombreadas,
que allí por donde pasan,
cubren de húmedo rocío
las inseguras hojas de los brotes.
Cuando el trino de las aves
y el susurro de las fuentes
y el rumor del regato
que corre por los convexos montes
ahuyentaban el tedio,
vi desnuda el pecho,
venir a Gliceria.
El manto lleno de adornos
de elegante factura,
le caía del hombro
en cuidadosos pliegues.
Y de múrice tirio
era el vestido, trabajado
de exquisito bordado.
Su frente era sin tacha
y tiernísimos los labios.
«Hela aquí, dije entonces,
entre todas queridísima,
mi corazón y mi alma,
tu lirio de hermosura
alimenta mis meditaciones.»
«Por ti suspiro siempre,
con dificultad domino mi ardor;
y todo cuanto hago,
leo o escribo,
con razón me atormenta,
si no se me concede
lo que sin pausa anhelo.»
Al llegar a este punto,
junto a mí se sentó en el suelo,
y bajo las tiernas frondas
se dejó hacer rápidamente
sin oponer resistencia.
¿El resto, quién lo ignora?
Es mejor que el decirlo.

Luis Antonio de Villena

Missus sum in vineam circa horam nonam,
suam quisque nititur vendere personam;
ergo quia cursitant omnes ad coronam:
«semper ego auditor tantum, nunquamne reponam?»

Rithmis dum lascivio, versus dum propino,
rodit forsan aliquis dente me canino,
quia nec afflatus sum pneumate divino
«neque labra prolui fonte caballino».

Licet autem proferam verba parum culta
et a mente prodeant satis inconsulta,
licet enigmatica non sint vel occulta,
«est quodam prodire tenus, si non datur ultra».

Cur sequi vestigia veterum refutem,
adipisci rimulis corporis salutem,
impleri divitiis et curare cutem?
«quod decuit magnos, cur michi turpe putem?».

Qui virtutes appetit, labitur in imum,
querens sapientiam irruit in limum;
imitemur igitur hec dicentem mimum:
«o cives, cives, querenda pecunia primum».

Hec est, que in sinodis confidendo tonat,
in electionibus prima grande sonat;
intronizat presules, dites impersonat:
«et genus et formam regina pecunia donat».

Adora pecuniam, qui deos adoras:
cur struis armaria, cur libros honoras?
Longas fac Parisius vel Athenis moras:
«si nichil attuleris, ibis, Homere, foras».

Disputet philosophus vacuo cratere,
sciat, quia minus est scire quam habere;
nam si pauper fueris, foras expellere,
«ipse licet venias musis comitatus, Homere».

Sciat artes aliquis, sit auctorum plenus,
quid prodest si vixerit pauper et egenus?
Illinc cogit nuditas vacuumque penus,
«hinc usura vorax avidumque in tempore fenus».

He sido enviado a la viña a eso de la hora nona;
cada uno pone su esfuerzo en vender su propia persona.
Pues que todos correr suelen para alzarse con el triunfo,
«¿voy tan sólo a ser siempre un oyente y a no responder nunca?»

Mientras disfruto con los ritmos, mientras que brindo versos,
otro quizá me está royendo con un diente canino,
porque no estoy inspirado por el divino soplo,
«ni humedecí mis labios en la fuente del caballo».

Sin embargo, aunque pronuncie palabras poco cultas
y broten de una mente bastante irreflexiva,
aunque no sean enigmáticas ni tampoco sean secretas,
«puédese avanzar un punto, si no se le permite el ir más lejos».

¿Por qué voy a rehusar seguir de los antiguos las huellas,
alcanzar la salud para las llagas del cuerpo,
colmarme de riquezas y curar mi pellejo?
«Lo que a los grandes conviene, ¿por qué pensar que es para mí vergonzoso?»

El que virtudes anhela, se precipita al abismo;
el que busca la sapiencia, rueda en el barro.
Imitemos, por lo tanto, a aquel actor que decía:
«¡Ciudadanos, ciudadanos! Buscad primero el dinero.»

Él es el que en los sínodos atruena con confianza,
el primero que con fuerza resuena en las elecciones,
el que entroniza prelados, el que a los ricos encumbra.
«Estirpe y belleza dona la reina Pecunia.»

Adora al dinero, tú, que adoras a los dioses.
¿Por qué ordenas anaqueles y tus códices respetas?
Haz prolongadas estancias en Atenas o en París:
«como nada, Homero, aportes, te marcharás a la calle».

Que el filósofo dispute con su cratera vacía,
y que sepa que el saber vale menos que el tener.
Pues si pobre resultares, a la calle te echarán,
«aunque acompañado, Homero, de las Musas te presentes en persona».

Que esté uno imbuido de las artes y a fondo conozca a los autores:
¿de qué va a aprovecharle si pobre es y es menesteroso?
Aquí, la desnudez lo oprime y su despensa vacía;
«allá, la usura voraz y el prestamista avaro en todo tiempo».

Si Ioseph in vinculis Christum prefigurat,
si tot plagis Pharao durum cor indurat,
si filiis Israel exitus obturat:
«quid valet hec genesis, si paupertas iecur urat?».
Quid ad rem, si populus sitit ante flumen,
si montis ascenderit Moses cacumem
et si archam federis obumbravit numen?
«Malo saginatas carnes quam triste legumen.»
Illud est, cur odiens studium repellam
paupertatem fugiens vitamque misellam;
quis ferret vigilias frigidamque cellam?
«Tutius est iacuisse thoro, tenuisse puellam.»
Quidam de scientia tantum gloriantur
et de pede Socratis semper cornicantur
et dicunt, quod opes his qui philosophantur
«non bene conveniunt nec in una sede morantur».
Idcirco divitias forsan non amatis,
ut eternam postmodum vitam capiatis.
Heü mentes perdite! Numquid ignoratis,
«quod semper multum nocuit differre paratis»?
Si pauper Diogenes fuit huius sortis,
si Socrates legitur sic fuisse fortis,
Iuvenalis extitit magister cohortis
«marmoreisque satur iacuit Lucanus in hortis».
Heu quid confert pauperi nobilis propago?
Quid Tityrus patula recubans sub fago?
Ego magis approbo rem de qua nunc ago;
«nam sine divitiis vita est quasi mortis imago».
Semper habet comitem paupertas merorem,
perdit fructum Veneris et amoris florem,
quia iuxta nobilem versificatorem
«non habet unde suum paupertas pascat amorem».
Adde quod superbia sequitur doctores:
inflati scientia respuunt minores;
ergo sic impletum est quod dicunt auctores:
«inquinat egregios adiuncta superbia mores».
Sit pauper de nobili genere gigantum,
sciat quantum currat sol et Saturnus quantum,

Si en la cárcel José a Cristo prefigura,
si el Faraón con las plagas su duro corazón más endurece,
si a los hijos de Israel la salida les impide,
«¿de qué vale ese linaje, si la pobreza el hígado te quema?».
¿Qué importa si el pueblo ante el río siente sed,
si Moisés llegó a ascender hasta la cima del monte,
y al arca de la alianza la protegió la deidad?
«Prefiero gruesos filetes antes que triste legumbre.»
He ahí por qué con odio rechazaré los estudios,
rehuyendo la pobreza y la vida miserable.
¿Quién soportaría vigilias y alguna heladora celda?
«Resulta más seguro haber yacido en diván y haber poseído a una muchacha.»
Hay quienes tan sólo se glorían de su ciencia,
y, basados en la autoridad de Sócrates, de continuo están graznando,
y afirman que las riquezas, para quienes filosofan,
«no resultan compatibles ni residen en un mismo domicilio».
Por eso tal vez no amáis las riquezas,
para poder algún día alcanzar la vida eterna.
¡Ay, mentes obtusas! ¿Acaso ignoráis
«que siempre perjudica la tardanza cuando ya se está dispuesto»?
Si pobre fue Diógenes de semejante suerte,
si se lee que Sócrates fuerte fue de tal manera,
Juvenal sobresalió como jefe de cohorte,
«y bien repleto se tumbó Lucano entre los mármoles de sus jardines».
¡Ay! ¿Qué puede otorgarle al pobre la progenie ennoblecida?
¿Qué lo que Títiro tumbado bajo una copuda haya?
Más convencido estoy de día en día de lo que ahora estoy tratando;
«pues sin riqueza es la vida una imagen de la muerte».
La pobreza siempre tiene por compañera a la tristeza;
pierde los frutos de Venus y las flores del amor,
ya que, según las palabras de un afamado poeta,
«la pobreza no tiene con qué alimentar su pasión».
Añade el que la soberbia siempre sigue a los más sabios:
hinchados por su sapiencia, desdeñan a los humildes;
así que siempre se cumple lo que dicen los autores:
«la soberbia acumulada corrompe las costumbres más excelsas».
Sea el pobre de la noble estirpe de los gigantes;
sepa cuánto corre el Sol y cuánto lo hace Saturno;

per se solus habeat totum fame cantum:
«gloria quantalibet quid erit si gloria tantum?»
Audi, qui de Socrate disputas et scribis:
miser, vaca potius potibus et cibis;
quod si dives fieri noles vel nequibis,
«inter utrumque tene, medio tutissimus ibis».

Versa est in luctum
cythara Waltheri,
non quia se ductum
extra gregem cleri
vel eiectum doleat
aut abiecti lugeat
vilitatem morbi,
sed quia considerat,
quod finis accelerat
improvisus orbi.
Libet intueri
iudices ecclesie,
quorum status hodie
peior est quam heri.
Umbra cum videmus
valles operiri,
proximo debemus
noctem experiri;
sed cum montes videris
et colles cum ceteris
rebus obscurari,
nec fallis nec falleris,
si mundo tunc asseris
noctem dominari.
Libet intueri
iudices ecclesie,
quorum status hodie
peior est quam heri.
Per convalles nota
laicos exleges,
notos turpi nota
principes et reges,

posea, gracias a él mismo, todo el canto de la fama:
«la gloria, por muy grande que sea, ¿qué es, sino tan sólo gloria?».
Escucha tú, que sobre Sócrates disputas y compones libros:
infeliz, mejor harías dedicándote a la bebida o a los yantares;
y si en rico es que no quieres o no puedes convertirte
«mantente entre un extremo y otro: por el medio irás seguro».

M. A. Marcos Casquero y J. Oroz Reta

Convertido se ha en luto
la cítara de Gualtero,
no porque se haya autoexcluso
fuera de la grey del clero
o de él expulso se vea
o porque afectado sea
por un morbo vergonzoso,
sino porque considera
que se acerca de esta era
el fin con pie presuroso.
Todos podemos bien ver
de la Iglesia los jüeces,
cuyo estado es hoy mil veces
peor que lo fue ayer.
Cuando ya los valles vemos
que la sombra ocupa y tiene,
todos sin duda sabemos
que la noche cerca viene;
pero cuando las colinas
e incluso las altas cimas
de tinieblas son cubiertas,
asegurar bien podrás
—ni engañas ni lo serás—
que al mundo la noche es cierta.
Todos podemos bien ver
de la Iglesia los jüeces,
cuyo estado es hoy mil veces
peor que lo fue ayer.
Por los valles sabe y nota
los laicos fuera de ley,
al que es de mala nota
príncipe malo y mal rey,

quos pari iudicio
luxus et ambitio
quasi nox obscurat,
quos celestis ultio
bisacuto gladio
perdere maturat.
Libet intueri
iudices ecclesie,
quorum status hodie
peior est quam heri.
Restat, ut per montes
figurate notes
scripturarum fontes,
Christi sacerdotes,
«colles» dicti mystice,
eo quod in vertice
Sion constituti
mundo sunt pro speculo,
si legis oraculo
vellent non abuti.
Libet intueri
iudices ecclesie,
quorum status hodie
peior est quam heri.
Iubent nostri colles
dari cunctis venum
et preferri molles
sanctitati senum;
fit hereditarium
Dei sanctuarium,
et ad Christi dotes
preponuntur hodie
expertes scientie
presulum nepotes.
Si rem bene notes,
succedunt in vitium
et in beneficium
terreni nepotes.
Veniat in brevi,
Iesu, bone Deus,
finis huius evi,
annus iubileus!

a quien placer y ambición,
sin ninguna distinción,
como noche los ofusca,
y la justicia del cielo
con espantoso flagelo
de castigarlos ya busca.
Todos podemos bien ver
de la Iglesia los jüeces,
cuyo estado es hoy mil veces
peor que lo fue ayer.
Por los montes, en figura,
se entiende, quiero que notes,
las fuentes de la Escritura;
de Cristo los sacerdotes
son las místicas «colinas»
porque, puestos en las cimas
del sacro monte Sión,
para el mundo son espejos,
de los divinos consejos
si no hicieran irrisión.
Todos podemos bien ver
de la Iglesia los jüeces,
cuyo estado es hoy mil veces
peor que lo fue ayer.
Ya nuestras colinas quieren
vender todo, paja o grano,
y la muelle edad prefieren
al recto y austero anciano;
el divino santuario
se ha hecho hoy hereditario,
y los oficios sagrados
se otorgan con preferencia
a desprovistos de ciencia,
parientes de los prelados.
Si en esto bien paras mientes,
advertirás que en el vicio
y en el mismo beneficio
les suceden sus parientes.
Que venga con brevedad,
oh buen Jesús, yo deseo
el término de esta edad,
el año del jubileo.

Moriar, ne videam
Antichristi frameam,
cuius precessores
iam non sani dogmatis
stant in monte crismatis
censuum censores.
Si rem bene notes,
succedunt in vicium
et in beneficium
terreni nepotes.

Alexandreis

Inde rapit cursum Frigiaeque per oppida tendit
Ilion et structos uiolato federe muros,
Ydaliosque legit saltus, quibus ore uenusto
Insignem puerum pedibus Iouis aliger uncis
Arripuit gratumque tulit super ethera munus.
Dumque uetustatis saltim uestigia querit
Sedulus, obicitur fluuiali consita riuo
Populus Oenones, ubi mechi falce notata
Scripta latent Paridis tenerique leguntur amores.
Densa subest uallis ubi litis causa iocosae
Tractata est cum iudicium temerauit adulter,
Vnde mali labes et prima effluxit origo
Yliaci casus et Pergama diluit ignis.
Nunc reputanda quidem parui, sed quanta fuerunt
Conicitur: testatur enim uetus illa ruina
Quam fuit inmensa Troie mensura ruentis.
Tot bellatorum Macedo dum busta pererrat
Argolicos inter cineres manesque sepultos,
Quos tamen accusant titulis epygrammata certis,
Ecce minora loco quam fama uidit Achillis
Forte sepulchra sui tali distincta sigillo:
«Hectoris Eacides domitor clam incautus inermis
Occubui, Paridis traiectus arundine plantas.»
Hec breuitas regem ducis ad spectacula tanti
Compulit, et sterilem mulso saciauit harenam,
Et suffire locum sumpta properauit acerra.

Que de mí no sea visto
el sable del Anticristo,
cuyos pravos precursores
con estragada doctrina
en la sagrada colina
se han hecho administradores.
Si en esto bien paras mientes,
advertirás que en el vicio
y en el mismo beneficio
les suceden sus parientes.

Miguel Requena

ALEJANDREIDA

Desde allí emprendió rápidamente la marcha y, a través de las plazas fuertes de Frigia, se dirigió a Troya y a las murallas levantadas de acuerdo con un pacto violado, y recorrió los bosques del Ida, en donde el ave de Júpiter arrebató con sus encorvadas garras al famoso joven de hermoso rostro, llevándoselo, como espléndido regalo, por los aires. Mientras busca minuciosamente con todo interés los restos de la Antigüedad, vino a dar, a orillas de un río, con el álamo de Enone, en el que yacen ocultas las palabras del adúltero Paris, grabadas con la punta de su propio cuchillo, y se pueden leer las dulces expresiones de su amor. Al lado se extiende un tupido valle en donde se celebró el juicio relacionado con la disputa festiva, cuando el adúltero mancilló un proceso que fue la causa de la desgracia y el punto de arranque de la destrucción de Troya y del incendio de Pérgamo. Ahora aquella ciudad puede ser considerada como de escaso valor, pero se puede conjeturar su primitiva importancia: aquellas antiguas ruinas son el testimonio de la inconmensurable grandeza de Troya en el momento de su caída.

Mientras, andando de un lado para otro, recorre las tumbas de tantos guerreros, entre las cenizas argólicas y los manes de los allí enterrados (sobre cuya identidad dan veraz información los epitafios), he aquí que el Macedonio divisó casualmente la tumba de su antepasado Aquiles, más pequeña de lo que su fama merecía, distinguida con esta inscripción: «Yo, el Eacida, vencedor de Héctor, caí alevosamente y cuando me encontraba desprevenido y sin armas, atravesado mi talón por la flecha de Paris.» La pequeñez del monumento le trajo al rey el recuerdo de las hazañas de tan gran

«O fortuna uiri superexcellentior, inquit
Cuius Meonium redolent preconia uatem,
Qui licet exanimem distraxerit Hectora, robur
Et patrem patriae, summum tamen illud honoris
Arbitror augmentum, quod tantum tantus habere
Post obitum meruit preconem laudis Homerum.
O utinam nostros resoluto corpore tantis
Laudibus attollat non inuida fama tryumphos!
Nam cum lata meas susceperit area leges,
Cum domitus Ganges et cum pessundatus Athlas,
Cum uires Macedum Boreas, cum senserit Hamon,
Et contentus erit sic solo principe mundus
Vt solo sole, hoc unum michi deesse timebo,
Post mortem cineri ne desit fama sepulto,
Elisiisque uelim solam hanc preponere campis...»

caudillo, roció la estéril arena con vino mezclado con miel y, tomando un incensario, se apresuró a purificar aquel lugar.

«¡Oh fortuna, la más excelsa, de tal héroe», dijo, «cuyas alabanzas exhalan el perfume del vate Meonio! Aunque arrastró por tierra el cadáver de Héctor, fortaleza y padre de su patria, por mi parte yo considero el más encumbrado timbre de gloria el hecho de, siendo él tan grande, haber encontrado tras su muerte un tan gran pregonero de su fama, Homero. ¡Ojalá que, al disolverse mi cuerpo, la Fama, no envidiosa, ensalce mis triunfos con alabanzas tan excelsas! Y es que, cuando las dilatadas regiones se hayan sometido a mis dictámenes; cuando el Ganges haya sido domeñado y el Atlas subyugado; cuando el Bóreas y Amón hayan sentido sobre sí las fuerzas macedonias; en fin, cuando el mundo se encuentre feliz por tener un solo Príncipe como lo está por tener un solo sol, mi único temor será el que, después de la muerte, la fama le falte a mis cenizas; la fama que, única, yo preferiría a los campos Elíseos...».

F. Pejenaute Rubio

Bernart de Ventadorn

Francia (Moustier-Ventadour, Corrèze, hacia 1147-1170)

«Non es meravelha s'eu chan / melhs de nul autre chantador» decía de sí mismo Bernart, y la tradición no ha dudado en confirmar ese sentir ni la convicción que lo justifica: «Que plus me tra·l cors vas amor / e melhs sui faihz a so coman.» En efecto, la obra de Bernat de Ventadorn (de quien apenas si sabemos otra cosa que su origen humilde y que dedicó un poema a Leonor de Aquitania) gira en torno a una noción en la Edad Media proclamada con más frecuencia que practicada: la perfección de la poesía depende de la perfección del amor y de la verdad con que se manifiesta. Frente a la perspectiva retórica adoptada por otros trovadores contemporáneos, como Raimbaut d'Aurenga o Giraut de Bornelh, que basan su arte en la elaboración formal, Bernart cultiva un *trobar leu* fundado en la claridad de concepto y estilo, centrado en la expresión del sentimiento e impregnado por entero de un personalísimo tono melancólico. De hecho, los tópicos y procedimientos comunes a la mayoría de los trovadores encuentran siempre en él una formulación tan fresca, de apariencia tan natural, que consiguen la sensación de experiencia vivida en propias carnes que Ventadorn pretende: déjense o no traducir a una realidad biográfica, la fluidez y la facilidad de la dicción no sólo crean sin más el efecto de autenticidad, sino que realizan de suyo la sinceridad en que se basa toda su poética.

Lo tems vai e ven e vire
per jorns, per mes e per ans,
et eu, las! no·n sai que dire,
c'ades es us mos talans.
Ades es us e no·s muda,
c'una·n volh e n'ai volguda,
don anc non aic jauzimen.

Pois ela no·n pert lo rire,
e m'en ven e dols e dans,
c'a tal joc m'a faih assire
don ai lo peyor dos tans,
—c'aitals amors es perduda
qu'es d'una part mantenguda—
tro que fai acordamen.

Be deuri' esser blasmaire
de me mezeis a razo,
c'anc no nasquet cel de maire
que tan servis en perdo;
e s'ela no m'en chastia,
ades doblara·lh folia,
que «Fols no tem, tro que pren».

Ja mais no serai chantaire
ni de l'escola N'Eblo,
que mos chantars no·m val gaire
ni mas voutas ni mei so;
ni res qu'eu fassa ni dia,
no conosc que pros me sia,
ni no·i vei melhuramen.

Si tot fatz de joi parvensa,
mout ai dins lo cor irat.
Qui vid anc mais penedensa
faire denan lo pechat?
On plus la prec, plus m'es dura
mas si·n breu tems no·s melhura
vengut er al partimen.

Pero ben es qu'ela·m vensa
a tota sa volontat,
que, s'el' a tort o bistensa,
ades n'aura pietat;
que so mostra l'escriptura:
causa de bon'aventura
val us sols jorns mais de cen.

El tiempo va y viene y vira,
por días, meses y años,
y yo, ay, no sé qué diga:
siempre es igual mi arrebato.
Siempre es igual, siempre el mismo,
que a una quiero y he querido
a quien no gocé jamás.
    Ella no pierde la risa,
y a mí viene duelo y daño,
pues me sienta a una partida
con la mitad de los dados
—porque es un amor perdido
el que en dos no halla cobijo—,
mientras no se haga la paz.
    Maldecirme bien debía
a mí mismo con razón,
que ha de nacer todavía
quien tan en balde sirvió;
y si ella no me da caña,
tendré locura doblada
(«dale al loco: aprenderá»).
    Ya no diré más cantigas,
ni las que Eblón me enseñó,
pues no me valen mis rimas
ni mis coplas ni mi son;
ni nada que diga ni haga
me aprovecha para nada,
ni veo cómo ir a más.
    Tengo de gozo apariencia
y el corazón angustiado.
¿Quién vio nunca penitencia
antes de que haya pecado?
A más ruegos, más desdenes:
si no trae remedio en breve,
por fuerza habré de escapar.
    Pero bueno es que me venza
a su albedrío colmado,
que si es remisa o aviesa
tendrá que apiadarse al cabo;
eso en la Biblia se lee:
para que la dicha llegue,
vale un día un centenar.

Ja no·m partrai a ma vida,
tan com sia saus ni sas,
que pois l'arma n'es issida,
balaya lonc tems lo gras.
E si tot no s'es cochada,
ja per me no n'er blasmada,
sol d'eus adenan s'emen.
Ai, bon'amors encobida,
cors be faihz, delgatz e plas!
Ai, frescha chara colorida,
cui Deus formet ab sas mas!
Totz tems vos ai dezirada,
que res autra no m'agrada.
Autr'amor no volh nien!
Dousa res ben ensenhada,
cel que·us a tan gen formada,
m'en do cel joi qu'eu n'aten!

Tant ai mo cor ple de joya,
tot me desnatura.
Flor blancha, vermelh'e groya
me par la frejura,
c'ab lo ven et ab la ploya
me creis l'aventura,
per que mos pretz mont'e poya
e mos chans melhura.
Tan ai al cor d'amor,
de joi e de doussor,
per que·l gels me sembla flor
e la neus verdura.

Anar posc ses vestidura,
nutz en ma chamiza,
car fin'amors m'asegura
de la freja biza.
Mas es fols qui·s desmezura,
e no·s te da guiza,
per qu'eu ai pres de me cura,
deis c'agui enquiza
la plus bela d'amor,

No me apartaré en la vida
mientras esté salvo y sano,
que vuela la cascarilla
cuando se suelta del grano;
y si ella prisa no tiene
no seré yo quien la increpe,
con tal que cambie al final.
¡Ay buen amor, ansia mía,
cuerpo bien hecho, delgado,
fresca cara colorida,
que Dios formó con sus manos!
Os he deseado siempre
y nada más me apetece.
No quiero otro amor buscar.
¡Cosa dulce y eminente,
el gozo que aguardo deme
Dios que os formó tan sin par!

Francisco Rico

Tengo mi corazón tan lleno de alegría,
que todo me lo transforma.
El frío me parece
una flor blanca, roja y amarilla,
pues con el viento y la lluvia
me crece la felicidad,
por lo que mi mérito aumenta y sube
y mi canto mejora.
Tengo en el corazón tanto amor,
tanto gozo y dulzura
que el hielo me parece flor
y la nieve, hierba.

Puedo ir sin vestido,
desnudo de camisa,
pues el amor puro me da fuerza
contra la fría brisa.
Pero está loco quien se excede
y no se comporta como es debido:
por eso he tenido cuidado conmigo
desde que requerí
de amor a la más bella,

don aten tan d'onor,
car en loc de sa ricor
no volh aver Piza.

De s'amistat me reciza!
mas be n'ai fiansa,
que sivals eu n'ai conquiza
la bela semblansa;
et ai ne a ma deviza
tan de benanansa,
que ja·l jorn que l'aurai viza,
non auria pezansa.
Mo cor ai pres d'Amor,
que l'esperitz lai cor,
mas lo cors es sai, alhor,
lonh de leis, en Fransa.

Eu n'ai la bon'esperansa.
Mas petit m'aonda,
c'atressi·m ten en balansa
com la naus en l'onda.
Del mal pes que·m desenansa,
no sai on m'esconda.
Tota noih me vir'e·m lansa
desobre l'esponda:
plus trac pena d'amor
de Tristan, l'amador,
que·n sofri manhta dolor
per Izeut la blonda.

Ai Deus! car no sui ironda,
que voles per l'aire
e vengues de noih prionda
lai dins so repaire?
Bona domna jauzionda,
mor se·l vostr'amaire!
Paor ai que·l cors me fonda,
s'aissi·m dura gaire.
Domna, per vostr'amor
jonh las mas et ador!
Gens cors ab frescha color,
gran mal me faitz traire!

de la que espero tal honor
que en vez de su riqueza
no quiero tener a Pisa.

Me aleja de su amistad
pero mantengo la esperanza
pues he conquistado
su hermoso semblante;
y, al dejarla, tengo
tanta felicidad,
que el día que la veo
no siento pesadumbre.
Mi corazón está cerca de Amor
y hacia allí corre mi espíritu,
pero el cuerpo está aquí,
lejos de ella, en Francia.

Sigo confiando:
poco me aprovecha,
pues me tiene en balanceo
como la ola a la nave.
De la pesadilla que me asalta
no sé dónde esconderme.
Toda la noche me da vueltas y me sacude
al borde de la cama:
sufro más pena de amor
que Tristán, el enamorado,
que padeció muchos sufrimientos
por Iseo, la rubia.

¡Ay, Dios! ¿Por qué no soy golondrina
que volase por el aire
y llegase en la profunda noche
allí, dentro de su morada?
Buena señora alegre,
¡se muere vuestro enamorado!
Temo que el corazón se me funda
si esto dura mucho.
Señora, por vuestro amor
junto las manos y adoro.
¡Gentil cuerpo de fresco color,
gran dolor me hacéis padecer!

Qu'el mon non a nul afaire
don eu tan cossire,
can de leis au re retraire,
que mo cor no i vire
e mo semblan no·m n'esclaire,
que que·m n'aujatz dire,
si c'ades vos er vejaire
c'ai talan de rire.
Tan l'am de bon'amor
que manhtas vetz en plor
per o que melhor sabor
m'en an li sospire.

Messatgers, vai e cor
e di·m a la gensor
la pena e la dolor
que·n trac, e·l martire.

Can vei la lauzeta mover
de joi sas alas contra·l rai,
que s'oblid'e·s laissa chazer
per la doussor c'al cor li vai,
ai! tan grans enveya m'en ve
de cui qu'eu veya jauzion,
meravilhas ai, car desse
lo cor de dezirer no·m fon.
Ai, las! tan cuidava saber
d'amor, e tan petit en sai!
car eu d'amar no·m posc tener
celeis don ja pro non aurai.
Tout m'a mo cor, e tout m'a me,
e se mezeis'e tot lo mon;
e can se·m tolc, no·m laisset re
mas dezirer e cor volon.
Anc non agui de me poder
ni no fui meus de l'or'en sai
que·m laisset en sos olhs vezer
en un miralh que mout me plai.
Miralhs, pus me mirei en te,
m'an mort li sospir de preon,

En el mundo no hay asunto
del que me preocupe tanto
que, cuando oigo cantar algo de ella,
mi corazón no se me vuelva
y mi rostro no se me ilumine,
de forma que cualquier cosa que me oigáis
os parecerá inmediatamente
que tengo ganas de reír.
La amo tanto con buen amor
que muchas veces lloro,
por lo que mejor sabor
tienen para mí los suspiros.

Mensajero, ve y corre
y dile a la más gentil
la pena, el dolor
y el martirio que padezco.

Cuando veo la alondra que mueve
de alegría sus alas contra el rayo de sol
y que se olvida y se deja caer
por la dulzura que le entra en el corazón,
¡ay!, entonces siento tal envidia
por cualquiera que vea alegre,
que me admira cómo al instante
el corazón no se me funde de deseo.
¡Ay, desdichado! ¡Creía saber tanto
de amor y sé tan poco!
pues no puedo abstenerme de amar
a aquella de la que no tendré beneficios.
Me ha quitado mi corazón y a mí
y a sí misma y a todo el mundo;
cuando se me fue, no me dejó nada,
sino deseo y corazón anhelante.
Ya no tuve dominio sobre mí
ni fui mío desde el momento
que me dejó mirar en sus ojos,
en un espejo que me agrada mucho.
Espejo, desde que me miré en ti,
me han matado los profundos suspiros,

c'aissi·m perdei com perdet se
lo bels Narcisus en la fon.

De las domnas me dezesper;
ja mais en lor no·m fiarai;
c'aissi com las solh chaptener,
enaissi las deschaptenrai.
Pois vei c'una pro no m'en te
vas leis que·m destrui e·m cofon,
totas las dopt'e las mescre,
car be sai c'atretals se son.

D'aisso·s fa be femna parer
ma domna, per qu'e·lh o retrai ,
car no vol so c'om deu voler,
e so c'om li deveda, fai.
Chazutz sui en mala merce,
et ai be faih co·l fols en pon;
e no sai per que m'esdeve,
mas car trop puyei contra mon.

Merces es perduda, per ver
—et eu non o saubi anc mai—,
car cilh qui plus en degr'aver,
no·n a ges; et on la querrai?
A! can mal sembla, qui la ve,
qued aquest chaitiu deziron
que ja ses leis non aura be,
laisse morir, que no l'aon!

Pus ab midons no·m pot valer
precs ni merces ni·l dreihz qu'eu ai,
ni a leis no ven a plazer
qu'eu l'am, ja mais no·lh o dirai.
Aissi·m part de leis e·m recre;
mort m'a, e per mort li respon,
e vau m'en, pus ilh no·m rete,
chaitius, en issilh, no sai on.

Tristans, ges no·n auretz de me,
qu'eu m'en vau, chaitius, no sai on.
De chantar me gic e·m recre,
e de joi e d'amor m'escon.

de modo que me perdí igual que se perdió
el hermoso Narciso en la fuente.

De las damas me desespero;
nunca más confiaré en ellas;
así como las solía defender,
así las atacaré;
pues veo que ni una sola me ayuda
para con aquella que me destruye y confunde,
dudo de todas, en ninguna creo,
porque sé que todas son iguales.

En eso parece mujer
mi señora, y se lo reprocho,
pues no quiere lo que se debe querer
y hace lo que se le prohíbe.
He caído en desgracia
y hago como el loco en el puente;
no sé por qué me ocurre,
sino porque subí demasiado alto.

En verdad, se ha perdido la compasión
—y no lo supe nunca—
pues aquella que debía ser más compasiva,
no lo es; ¿dónde la buscaré?
¡Ay! Qué mal parece, a quien lo ve,
que, a este desgraciado deseoso,
que sin ella no tendrá ningún bien,
que lo deje morir, sin ayudarle.

Ya que con mi señora no me valen
ruegos ni compasión, ni mi propio derecho,
y a ella no le agrada
que la ame, nunca se lo volveré a decir.
Así me alejo de ella y me aparto;
me ha muerto y como muerto le respondo,
me voy —ya que no me retiene—
desdichado, al exilio, no sé adónde.

Tristán, no tendréis nada de mí,
pues me voy, desdichado, no sé adónde.
Abandono y dejo de cantar,
y me escondo ante la alegría y el amor.

Carlos Alvar

Non es meravelha s'eu chan
melhs de nul autre chantador,
que plus me tra·l cors vas amor
e melhs sui faihz a so coman.
Cor e cors e saber e sen
e fors'e poder i ai mes;
si·m tira vas amor lo fres
que vas autra part no·m aten.

Ben es mortz qui d'amor no sen
al cor cal que dousa sabor;
e que val viure ses valor
mas per enoi far a la gen?
Ja Domnedeus no·m azir tan
qu'eu ja pois viva jorn ni mes,
pois que d'enoi serai mespres
ni d'amor non aurai talan.

Per bona fe e ses enjan
am la plus bel'e la melhor.
Del cor sospir e dels olhs plor,
car tan l'am eu, per que i ai dan.
Eu que·n posc mais, s'Amors me pren
e las charcers en que m'a mes,
no pot claus obrir mas merces,
e de merce no·i trop nien?

Aquest'amors me fer tan gen
al cor d'una dousa sabor:
cen vetz mor lo jorn de dolor
e reviu de joi autras cen.
Ben es mos mals de bel semblan,
que mais val mos mals qu'autre bes;
e pois mos mals aitan bos m'es,
bos er lo bes apres l'afan.

Ai Deus! car se fosson trian
d'entre·ls faus li fin amador;
e·lh lauzenger e·lh trichador
portesson corns el fron denan!
Tot l'aur del mon e tot l'argen
i volgr'aver dat, s'eu l'agues,
sol que ma domna conogues
aissi com eu l'am finamen.

No es maravilla si canto
mejor que cualquier otro cantor,
pues el corazón me arrastra más [que a otros] hacia amor
y estoy mejor hecho a su mandato.
He puesto en ello corazón y cuerpo, saber y juicio,
fuerza y poder; de tal modo
me atrae hacia amor el freno
que no me ocupo en nada más.

Bien muerto está el que no siente
en el corazón algún dulce sabor de amor;
y ¿para qué vale vivir sin valor
sino para dar tristeza a la gente?
Nuestro Señor no me odie tanto
[que permita] que yo viva día ni mes más,
en cuanto sea culpado de [tal] enojo
y deje de tener anhelo de amor.

Con buena fe y sin engaño
amo a la más bella y la mejor.
Con el corazón suspiro y con los ojos lloro
porque la amo tanto, lo que me causa daño.
¿Qué más puedo [hacer] si Amor me aprisiona
y de las cárceles en que me ha encerrado
no me puede abrir [otra] llave sino piedad,
y en ella no encuentro piedad ninguna?

Este amor me hiere tan gentilmente
el corazón con un dulce sabor
[que] cien veces al día muero de dolor
y revivo de alegría otras ciento.
Mi mal es realmente de hermoso aspecto,
pues más vale mi mal que cualquier otro bien;
y ya que mi mal para mí es tan bueno,
mejor será el bien después del afán.

¡Ay, Dios! ¡Ojalá se distinguiesen
los leales amadores entre los falsos;
y los aduladores y los traidores
llevasen cuernos en mitad de la frente!
Todo el oro y toda la plata del mundo
quisiera haber dado, si los tuviese,
sólo para que conociese mi señora
lo sinceramente que yo la amo.

Cant eu la vei, be m'es parven
als olhs, al vis, a la color,
car aissi tremble de paor
com fa la folha contra·l ven.
Non ai de sen per un efan,
aissi sui d'amor entrepres;
e d'ome qu'es aissi conques,
pot domn'aver almorna gran.

Bona domna, re no·us deman
mas que·m prendatz per servidor,
qu'e·us servirai com bo senhor,
cossi que del gazardo m'an.
Ve·us m'al vostre comandamen,
francs cors umils, gais e cortes!
ors ni leos non etz vos ges,
que·m aucizatz, s'a vos me ren.

A mo Cortes, lai on ilh es,
tramet lo vers, e ja no·lh pes
car n'ai estat tan lojamen.

Chantars no pot gaire valer,
si d'ins dal cor no mou lo chans;
ni chans no pot dal cor mover,
si no i es fin'amors coraus.
Per so es mos chantars cabaus
qu'en joi d'amor ai et enten
la boch'e·ls olhs e·l cor e·l sen.

Ja Deus no·m don aquel poder
que d'amor no·m prenda talans.
Si ja re no·n sabi'aver,
mas chascun jorn m'en vengues maus,
totz tems n'aurai bo cor sivaus;
e n'ai mout mais de jauzimen,
car n'ai bo cor, e m'i aten.

Amor blasmen per no-saber,
fola gens; mas leis no·n es dans,
c'amors no·n pot ges dechazer,
si non es amors comunaus.
Aisso non es amors: aitaus
no·n a mas lo nom e·l parven,
que re non ama si no pren!

Cuando la veo se me nota perfectamente
en los ojos, en el semblante, en el color,
pues así tiemblo de miedo
como hace la hoja contra el viento.
No tengo ni el juicio de un niño:
tan sobrecogido me tiene el amor;
y de un hombre conquistado de tal suerte,
una señora bien puede tener gran misericordia.
Excelente señora, nada os pido,
tan sólo que me toméis por servidor,
que os serviré como a un buen señor,
cualquiera que sea el premio que tenga.
Vedme a vuestro mandato,
franca criatura humilde, alegre y cortés:
no sois ningún oso ni ningún león
para matarme si me entrego a vos.
A mi Cortés, allí donde ella está,
le envío el verso, y que no le pese
que me haya alejado tanto de ella.

Poco puede valer el cantar
si el canto no surge de dentro del corazón,
y el canto no puede surgir del corazón
si en él no hay leal amor cordial.
Por esto mi cantar es perfecto,
porque tengo y empleo la boca, los ojos,
el corazón y el juicio en el gozo de amor.
Que nunca me dé Dios la posibilidad
de que no tenga deseo de amor.
Aunque supiera que [con el amor] no hubiera de conseguir nada,
sino que diariamente me llegara daño,
por lo menos siempre tendría corazón noble;
y estoy mucho más gozoso
porque tengo corazón noble y en él persevero.
La gente necia maldice del amor por ignorancia;
pero no le perjudica,
porque el amor no puede decaer,
si no es el amor común.
Esto no es amor;
sólo tiene su nombre y su apariencia,
pues no ama si no recibe [recompensa].

S'eu en volgues dire lo ver,
eu sai be de cui mou l'enjans:
d'aquelas c'amon per aver.
E son merchadandas venaus!
Messongers en fos eu e faus!
Vertat en dic vilanamen;
e peza me car eu no·n men!

En agradar et en voler
es l'amors de dos fis amans.
Nula res no i pot pro tener,
si·lh voluntatz non es egaus.
E cel es be fols naturaus
que de so que vol, la repren
e·lh lauza so que no·lh es gen.

Mout ai be mes mo bon esper,
cant cela·m mostra bels semblans
qu'eu plus dezir e volh vezer,
francha, doussa, fin'e leiaus,
en cui lo reis seria saus.
Bel'e conhd', ab cors covinen,
m'a faih ric ome de nien.

Re mais no·n am ni sai temer;
ni ja res no·m seri'afans,
sol midons vengues a plazer;
c'aicel jorns me sembla Nadaus
c'ab sos bels olhs espiritaus
m'esgarda; mas so fai tan len
c'us sols dias me dura cen!

Lo vers es fis e naturaus
e bos celui qui be l'enten;
e melher es, qui·l joi aten.

Bernartz de Ventadorn l'enten,
e·l di e·l fai, e·l joi n'aten!

Si quisiera decir la verdad,
yo sé bien de quién surge el engaño:
de aquellas que aman por dinero,
y son venales mercaderas.
¡Ojalá fuese yo mentiroso y falso,
[pero] digo duramente la verdad,
y me apesadumbra no mentir!
El amor de los leales amadores
está en agradar y en querer.
Nada puede ser provechoso
si la voluntad no es igual.
Y es bien necio por naturaleza
quien reprende [a su dama] por lo que ella quiere
y le elogia lo que no le es agradable.
Muy bien he colocado mi buena esperanza
cuando me muestra el bello rostro aquella
que yo más anhelo y más deseo ver:
generosa, dulce, sincera y leal,
con quien el rey sería feliz.
Hermosa, graciosa, con cuerpo agradable,
de nada [que era] me ha hecho ricohombre.
No amo ni puedo temer ninguna otra cosa;
ni nada ya me sería afanoso
con tal que ello pluguiera a mi señora;
me parece Navidad el día aquel
en que me mira con los bellos ojos espirituales;
pero lo hace tan raramente
que un solo día me dura tanto como ciento.
El verso es auténtico y perfecto,
y bueno para aquel que bien lo entiende,
y es mejor para quien espera el gozo.
Bernart de Ventadorn lo entiende,
lo dice, lo hace y espera el gozo.

Martín de Riquer

Walther von der Vogelweide

Austria (hacia 1170-1230)

Nunca en la escuela del *Minnesang* —la «canción de amor» que integra la lírica cortés en la literatura medieval de lengua alemana— una poesía profesional se alió con más poderosas dotes artísticas que en Walther von der Vogelweide, trovador «von minnen und als iemen sol» («del amor y del arte de vivir»). Hidalgo sin fortuna, erró muchos años de corte en corte, de Viena a Turingia y de nuevo a Viena, hasta que Federico II le otorgó un feudo en Würzburg. De esas andanzas y de las causas que defendió, por encargo de sus protectores o por convicción íntima, dejó largo testimonio en un centenar de *Sprüche* morales, políticos y religiosos, en los que el tono polémico y la multiplicidad de registros a menudo no encubren un lúcido pesimismo sobre el estado de la sociedad, que día a día ve disminuir la autoridad del Sacro Romano Imperio. La que ha hecho de Walther el más estimado de los *Minnesinger* es sin embargo la lírica amorosa, que en él cobra una concreción realista y humana hasta entonces insólita en su tradición. Walther ambienta sus composiciones con un rico sentido decorativo y simbólico, y en particular contempla los temas convencionales desde pespectivas siempre distintivamente propias y con frecuencia teñidas de ironía y humor. En sus últimos poemas se despide de la vida con un sereno y elegante desencanto.

«Nemt, frowe, disen kranz»:
alsô sprach ich zeiner wol getanen maget:
«sô zieret ir den tanz,
mit den schoenen bluomen, als irs ûffe traget.
het ich vil edele gesteine,
daz müest ûf ir houbet,
obe ir mirs gelobuet.
sêt mine triuwe, daz ichz meine».

Si nam daz ich ir bôt,
einem kinde vil gelîch daz êre hât.
ir wangen wurden rôt,
sam diu rôse, dâ si bî der liljen stât.
do erschampten sich ir liehten ougen:
doch neic si mir schône.
daz wart mir ze lône:
wirt mirs iht mêr, daz trage ich tougen.

«Ir sît sô wol getân,
daz ich iu mîn schapel gerne geben wil,
so ichz aller beste hân.
wîzer unde rôter bluomen weiz ich vil·
die stênt sô verre in jener heide,
dâ si schône entspringent,
unde die vogele singent,
dâ suln wir si brechen beide.»

Mich dûhte daz mir nie
lieber wurde, danne mir ze muote was.
die bluomen vielen ie
von dem boume bî uns niede an daz gras.
seht, dô muost ich von fröiden lachen.
do ich sô wünneclîche
was in troume rîche,
dô taget ez und muos ich wachen.

Mir ist von ir geschehen,
daz ich disen sumer allen meiden muoz
vast under dougen sehen:
lîhte wirt mir einiu: so ist mir sorgen buoz.
waz obe si gêt an disem tanze?
frowe, dur iur güete
rucket ûf die hüete.
owê gesæhe ichs under kranze!

«Tomad, señora, esta guirnalda»,
así hablé a una hermosa muchacha:
«así honraréis la danza,
con las bellas flores que os coronan.
Si tuviera piedras nobles
serían para vuestro cabello,
debéis creerme.
Por mi fe, esto digo».

Ella tomó lo que le ofrecía
como lo habría tomado un niño de buena crianza.
Sus mejillas enrojecieron,
igual que la rosa que está junto a los lirios.
Entonces se avergonzaron sus resplandecientes ojos:
no obstante se inclinó graciosamente.
Ésta fue mi recompensa:
si se hace más mía, lo guardaré en secreto.

«Sois tan apuesto,
que de buen grado os daré mi corona,
la mejor de cuantas tengo.
Sé de muchas otras flores blancas y rojas,
que están lejos en aquel brezal,
donde tan bellamente lucen,
y cantan los pájaros:
allí debemos cogerlos ambos.»

Creí que nunca
fui más dichoso de lo que fui entonces.
Las flores caían
de los árboles junto a nosotros en la yerba.
He aquí que reí de felicidad.
Cuando era tan maravillosamente
rico en mi sueño,
entonces vino el día y tuve que levantarme.

Tanto me ha turbado,
que este verano a todas las muchachas que encuentro
tengo que mirarlas profundamente a los ojos:
quizá alguna será mía: entonces se irán mis penas.
¿Y qué, si ella estaba en esta danza?
Damas, por favor, descubrid
un poco vuestros tocados.
¡Oh, si pudiera ver su faz bajo una guirnalda!

Josep M. Pujol

«Under der linden
an der heide,
dâ unser zweier bette was,
dâ muget ir vinden
schône beide
gebrochen bluomen unde gras.
vor dem walde in einem tal,
tandaradei,
schône sanc diu nahtegal.
Ich kam gegangen
zuo der ouwe:
dô was mîn friedel komen ê.
dâ wart ich enpfangen
hêre frouwe,
daz ich bin sælic iemer mê.
kuster mich? wol tûsentstunt:
tandaradei,
seht wie rôt mir ist der munt.
Dô het er gemachet
alsô rîche
von bluomen eine bettestat.
des wirt noch gelachet
inneclîche,
kumt iemen an daz selbe pfat.
bî den rôsen er wol mac,
tandaradei,
merken wâ mir'z houbet lac.
Daz er bî mir læge,
wesse'z iemen
(nu enwelle got!) sô schamt ich mich.
wes er mit mir pflæge,
nie mer niemen
bevinde daz, wan er unt ich,
und ein kleinez vogellîn:
tandaradei,
daz mac wol getriuwe sîn.»

Diu werlt was gelf, rôt unde blâ,
grüen in dem walde und anderswâ:
die kleinen vogele sungen dâ.

Bajo el asilo
del ancho tilo,
allí hicimos nuestra cama,
y, dispuestas no al azar,
podréis hallar
allí las flores y grama.
En el valle nemoroso,
tantarantó,
    canta el ruiseñor meloso.
    Por la pradera
fuime, andadera,
a donde estaba el que me ama,
que tan bien me recibió
como a alta dama:
¡siempre feliz seré yo!
¿Me besó? Mil y una vez.
Ved, si no, *tantaranté*,
    de mi boca la rojez.
    Había él hecho
un rico lecho
de fragantísima flor.
Seguro que en su interior
se sonreirá
quien pasare por allí:
por las rosas notará,
tantarantá,
    dó mi cabeza tendí.
    Si alguien supiera
lo que ocurriera
(no plega a Dios), ¡qué baldón!
Su solícita atención
ninguno sabe
sino solos yo y él
y una curiosilla ave,
tantaranté,
    que nos será siempre fiel.

Rojo, azul era el mundo y amarillo,
y al bosque y por doquier había verdor;
cantaba antes alegre el pajarillo,

nû schriet aber diu nebelkrâ.
pfligt si iht ander varwe? jâ:
sist worden bleich und übergrâ.
des rimpfet sich vil manic brâ.
Ich saz ûf eime grüenen lê:
da ensprungen bluomen unde klê
zwischen mir und eime sê.
der ougenweide ist dâ niht mê.
dâ wir schapel brâchen ê,
dâ lit nû rife und ouch der snê.
daz tuot den vogellînen wê.
Die tôren sprechen snîâ snî,
die armen liute owê owî.
des bin ich swaere alsam ein blî.
der wintersorge hân ich drî:
swaz der unt der ander sî,
der wurde ich alse schiere frî,
waer uns der sumer nâhe bî.
Ê danne ich lange lebt alsô
den krebz wolt ich ê ezzen rô;
sumer, mache uns aber frô:
dû zierest anger unde lô.
mit den bluomen spilt ich dô,
mîn herze swebt in sunnen hô:
daz jaget der winter in ein strô.
Ich bin verlegen als Êsaû:
mîn sleht hâr ist mir worden rû.
süezer sumer, wâ bist dû?
ja saehe ich gerner veltgebû.
ê daz ich lange in selher drû
beklemmet waere als ich bin nû,
ich wurde ê münch ze Toberlû.

Owê war sint verswunden alliu mîniu jâr!
ist mir mîn leben getroumet oder ist ez wâr?
daz ich ie wânde daz iht waere, was daz iht?
dar nâch hân ich geslâfen unde enweiz es niht.
nû bin ich erwachet und ist mir unbekant
daz mir hie vor was kündic als mîn ander hant.

y ahora sólo grazna la corneja.
¿Es que no tiene el mundo otro color?
Pues sí, pero él no deja su palor,
y eso hace que se frunza mucha ceja.
Antes yo me sentaba en esta loma:
todo el trébol y flores lo cubría
de aquí hasta allá por donde el lago asoma.
Ya desapareció tal maravilla;
do guirnaldas trenzábamos un día,
hoy sólo hay hielo, sólo nieve fría,
que tanto hacen penar a la avecilla.
«Sí, que nieve, que nieve» el loco grita,
y la mísera gente «Ay, ay» se queja.
Me ha traído el invierno triple cuita,
triple cuita que plúmbeo me deja.
De la una y la otra y la tercera
en breve liberado yo me viera
si el verano a las puertas estuviera.
Antes que así seguir día tras día,
crudo un cangrejo yo me comería.
Ven y danos, verano, un alegrón,
tú que exornas el bosque y pradería.
Yo con las flores me pondría a jugar,
y hasta el sol se alzaría mi corazón,
que ahora yace aturdido en un pajar.
Tan hambriento me veo como Esaú;
era antes liso, rufo es mi cabello.
Dulce verano, ¿dónde te andas tú?
El campo veo cultivado y bello.
Si he de ser del invierno prisionero,
como ahora, mucho tiempo, yo prefiero
convertirme en un monje en Toberlú.

Miguel Requena

¿Adónde han huido mis años?
¿Soñé mi vida o fue verdad?
¿Lo que creí que fue, existió?
No sé cuánto tiempo he dormido.
Ahora me he despertado y desconozco
todo lo que antes conocía como a mi propia mano.

liut unde lant, dâ ich von kinde bin erzogen,
die sint mir fremde worden, reht'als ez sî gelogen.
die mîne gespilen wâren, die sint traege und alt;
bereitet ist daz velt. verhouwen ist der walt:
wan daz daz wazzer fliuzet als ez wîlent flôz.
für wâr ich wânde, mîn unglücke wurde grôz.
mich grüezet maneger trâge, der mich bekande ê wol.
diu werlt ist allenthalben ungenâden vol:
als ich gedenke an manegen wünneclîchen tac,
die sint mir enpfallen gar als in daz mer ein slac.
iemer mêre, ouwê!
Owê wie jaemerlîche junge liute tuont!
den unvil riuweclîche ir gemüete ê stuont,
die kunnen nû wan sorgen: ouwê wie tuont sie sô?
swar ich zer werlte kêre, dâ ist nieman frô:
tanzen, lachen, singen, zergât mit sorgen gar.
nie kristenman gesach sô jaemerlîche schar.
nû merket, wie den frouwen ir gebende stât;
die stolzen ritter tragent dörpelîche wât.
uns sint unsenfte brieve her von Rôme komen:
uns ist erloubet trûren und freude gar benomen.
daz müet mich inneclîchen (wir lebten ie vil wol),
daz ich nû für mîn lachen weinen kiesen sol.
die wilden vogele, betrüebet unser klage:
waz wunders ist, ob ich dâ von vil gar verzage?
waz spriche ich tumber man durch mînen boesen zorn?
swer dirre wünne volget, der hât jene dort verlorn,
iemer mêre, ouwê!
Owê wie uns mit süezen dingen ist vergeben!
ich sihe die gallen mitten in dem honege sweben
diu werlt ist ûzen schoene wîz, grüen' unde rôt
und innen swarzer varwe, vinster sam der tôt.
swen si nû habe verleitet, der schouwe sînen trôst:
er wirt mit swache buoze grôzer sünde erlôst.
dar an gedenket, ritter, ez ist iuwer dinc:
ir traget die liehten helme und manegen herten rinc,
dar zuo die vesten schilte und diu gewîhten swert!
wolte got, waer'ich der sigenünfte wert!
sô wolte ich nôtic man verdienen rîchen solt.
joch meine ich niht die huoben noch der hêrren golt:
ich wolte selbe krône êweclîchen tragen;

Las gentes y las tierras donde me crié desde niño
me resultan extrañas, como una ilusión.
   A mis compañeros de juego los veo lentos y viejos;
el campo es distinto y el bosque ha cambiado:
sólo el agua va por donde iba antes.
En verdad podría decir que es una gran desgracia.
Me retira el saludo el que antes me conocía.
El mundo está en todas partes lleno de hostilidad.
¡Cuando pienso en algunos días felices,
que han pasado por mí como una tromba de agua!
Cada vez más, ¡ay!
   ¡Ay, qué lamentablemente actúan los jóvenes!
Los pocos que se arrepienten de corazón
tienen ahora motivo para preocuparse: ¿por qué obran así?
He dado la vuelta al mundo, nadie está contento:
   bailar, reír, cantar terminan con las preocupaciones.
Nunca se vio multitud que causara tanta pena.
Fíjate en los tocados de las damas;
los caballeros llevan, orgullosos, trajes de villanos;
   aquí nos llegan cartas inquietantes de Roma,
se nos permite lamentarnos y nos quitan la alegría.
Esto me afecta en el corazón (¡vivíamos tan a gusto!),
y debo cambiar mis risas en llantos:
a los pájaros silvestres aflige nuestra tristeza;
¿qué tiene de maravilloso si me desespero?
¿Qué digo, tonto de mí, impulsado por la cólera?
Quien sigue la alegría aquí, la perderá en el cielo.
Siempre más ¡ay!
   ¡Ay, cómo se nos ha engañado con dulces prendas!
Veo flotar las amarguras en medio de las mieles.
Por fuera, el mundo es bello, blanco, verde y rojo
y por dentro de color negro, oscuro como la muerte.
   Cuando por fin haya recuperado su consuelo,
habrá sido con débiles remedios frente a grandes calamidades.
Pensad bien en esto, caballeros, pues es cosa vuestra:
lleváis relucientes yelmos; algunos, duras mallas;
y todos, fuertes escudos y espadas bendecidas.
¡Quisiera Dios que mi valor fuera victorioso!
Así querría yo poder servir al hombre necesitado
y no me refiero a la tierra ni al oro de los señores:
yo mismo quisiera llevar corona eterna,

die möhte ein soldenaere mit sîme sper bejagen.
möht'ich die lieben reise gevaren über, sê,
sô wolte ich denne singen «wol» und niemer mêre «ouwê»,
niemer mêre «ouwê»!

Dô der sumer komen was
und die bluomen dur daz gras
wünneclîchen sprungen,
aldâ die vogele sungen,
dar kom ich gegangen
an einen anger langen,
dâ ein lûter brunne entspranc:
vor dem walde was sîn ganc,
dâ diu nahtegale sanc.

Bî dem brunnen stuont ein boum:
dâ gesach ich einen troum,
ich was von der sunnen
gegangen zuo dem brunnen,
daz diu linde maere
den küelen schaten baere.
bî dem brunnen ich gesaz,
mîner swaere ich gar vergaz,
schier entslief ich umbe daz.

Dô bedûhte mich zehant
wie mir dienten elliu lant,
wie mîn sêle waere
ze himel âne swaere,
und wie der lîp solte
gebâren swie er wolte.
dâne was mir niht ze wê.
got der walde's, swie'z ergê:
schœner troum enwart nie mê.

que al mesnadero le gustaría lograr con fuerte lanza.
Me gustaría hacer las expediciones por el mar
y entonces cantar «¡Afortunado!» y nunca más «¡Ay, desgraciado!»
y nunca más «¡Ay, desgraciado!».

Después de que llegara el verano
y que las flores salieran
alegres entre la hierba,
me dirigí
allí donde cantaban los pájaros:
era un gran prado
en el que manaba una clara fuente:
por el bosque corría el agua
y cantaba el ruiseñor.
Junto a la fuente crecía un árbol:
allí yo tuve un sueño;
alejándome del sol
fui hacia la fuente
para que el tilo
me diera fresca sombra.
Sentado junto a la fuente,
olvidé mi dolor
y me quedé dormido.
Al instante me pareció
como si todas las tierras fueran mías,
como si mi alma estuviera
en el cielo, sin dolor
y como si mi cuerpo pudiera
hacer según su antojo.
Allí yo no sufría ningún dolor.
Que Dios lo vea y lo mantenga:
nunca existió sueño más bello.

Carlos Alvar

Roman de la Rose, de Guillaume de Lorris

Francia (hacia 1230)

Con la ayuda de Ociosidad, el poeta franquea el muro de los vicios del enamorado cortés (Odio, Felonía, Villanía, Codicia...), y en el maravilloso jardín del Amor encuentra a Placer, Gozo, Cortesía, Largueza y otras virtudes. En la fuente de Narciso, donde se refleja todo el jardín, distingue un rosal con una rosa de la que se prenda; el Amor lo hiere con sus flechas, lo obliga a rendirse y le dicta sus leyes. Gracias a Buena Acogida, Franqueza, Piedad y Venus, y frente a Vergüenza, Celos y Maledicencia, consigue un pétalo y un beso de la rosa, que, como consecuencia de ello, queda cercada en el castillo de los Celos, bajo la custodia de la Vieja, para desesperación del galán. Tal es el sueño que cuenta el poeta en los cuatro mil versos del primitivo *Roman de la Rose*, «ou l'art d'Amours est toute enclose». Junto a elementos de la tradición ovidiana, el código y las situaciones propias del amor cortés cobran ahí forma de narración protagonizada por figuras alegóricas: el aristocrático refinamiento de la lírica nutre así una novela, un *roman*, llena de personajes, paisajes y pasiones que fascinaron a los lectores hasta el Renacimiento. El anonimato del autor, un tal Guillaume de Lorris que escribiría hacia 1230, fue desvelado medio siglo después por un poeta bien conocido, Jean de Meun, al acometer una extensa y popularísima continuación en la que el enamorado asalta el castillo y gana la rosa. El ideal cortés de Lorris se contradice ahora con un crudo naturalismo, y en Jean de Meun la estilización cede el paso a una multitud de disquisiciones cosmológicas, filosóficas y morales.

Ou miroër, entre mil choses
Choisi rosiers chargiés de roses
Qui estoient en un destour,
D'une haie clos tout entour;
Adont me prist si grant envie
Que ne lessasse por Pavie
Ne por Paris que je n'alasse
La ou je vi la grignor tasse.
Quant cele rage m'ot si pris,
Dont maint autre ont esté espris,
Vers les rosiers tantost me trés;
Et sachiés bien, quant j'en fui prés
L'odor des roses savorees
M'entra jusques en la coree,
Que por noiant fusse embasméz.
Estre assailliz ou mesaméz.
Se ne criensisse, j'en coillisse
Au moins une que je tenisse
En ma main por l'odor sentir.
Mes poor oi du repentir,
Car il en peüst de legier
Peser au seigneur du vergier.
Des roses y ot grant monciau,
Aussi beles n'avoit sous ciau;
Boutons y ot petis et clos,
Et tex qui sont un poi plus gros;
Si en y ot d'autre moison,
En tex leus y ot grant foison
Qui s'aprestoient d'espanir.
Et cil ne font pas a haïr:
Les roses ouvertes et lees
Sont en un jor toutes alees,
Et li bouton durent tuit frois
A tout le mains deux jors ou trois.
Et cil bouton mout m'abelurent,
Onc en nul leu si biau ne furent.
Qui em porroit un accrochier,
Il le devroit avoir mout chier;
Se chapel en peüsse avoir
Je n'amasse tant nul avoir.

En el espejo, y entre otras mil cosas,
distinguí un rosal cargado de rosas,
el cual se encontraba en lugar oculto,
cercado de un seto todo alrededor.
Y me sobrevino un tan gran deseo,
que, si se me diera a cambio Pavía
o incluso París, no me impedirían
que me dirigiera hacia aquel lugar.
Cuando tal furor se adueñó de mí,
el mismo furor que otros conocieron,
dirigí mis pasos hacia tal rosal.
Y, debéis creerme, cuando estuve cerca,
el olor a rosas, que era muy profundo,
en mí penetró hasta lo más hondo,
tanto, que creí perder el sentido.
Si una prohibición o acaso un castigo
no hubiese temido, hubiera cogido
una rosa al menos, y de esta manera
en mis propias manos yo la hubiese olido.
Pero tuve miedo de actuar así,
puesto que podría, aunque fuera un poco,
molestar al dueño del jardín aquel.

De rosas había grandes cantidades,
¡debajo del cielo no había más bellas!:
había capullos pequeños, cerrados,
y algunos que estaban algo más abiertos;
otros más había en otros rosales
por todo lugar y en gran abundancia
y estaban a punto de abrirse del todo:
aunque menos bellas, hay que aprovecharlas,
puesto que las rosas, una vez abiertas,
duran poco tiempo, mueren en un día,
mientras los capullos guardan su frescor
durante más tiempo, dos días o tres.
Todos los capullos me agradaban mucho,
y en ningún lugar se hallarán más bellos.
Aquel que pudiera quedarse con uno,
debería estar más que satisfecho:
¡si pudiera hacerme guirnalda con ellos
la preferiría a cualquier tesoro!

Entre ces boutons en eslui
Un si tres bel, qu'envers celui
Nus des autres riens ne prisé
Puisque je l'oi bien avisé;
Car une color l'enlumine
Qui est si vermeille et si fine
Con Nature la pot plus faire.
De foilles y ot quatre paire,
Que Nature par grant mestire
I ot assises tire a tire;
La cœ est droite comme jons
Et par dessus siet li boutons
Si qu'il ne cline ne ne pent.
L'odor de lui entor s'espent;
La soatume qui s'en ist
Toute la place replennist.
Quant je le senti si flairier,
Je n'oi talent de repairier,
Ains m'en apressai por lui prendre,
Se g'i osasse la main tendre;
Mes chardons agus et poignant
M'en aloient mout esloignant;
Espines tranchans et aguës,
Orties et ronces crochues
Ne me lessierent avant traire,
Que je m'en cremoie mal faire.
　　Li diex d'Amors, qui l'arc tendu
Avoit touz jors mout entendu
A moi porsivre et espier,
Arrestez ere lez un fier;
Et quant il ot aperceü
Que j'avoi ensint esleü
Ce bouton qui plus me plesoit
Que nus des autres ne fesoit,
Il a tantost pris une floiche
Et quant la corde fu en coche
Il entesa jusqu'à l'oreille
L'arc qui estoit fort a merveille,
Et trait a moi par tel devise
Que parmi l'œl m'a ou cors mise
La saiete par grant roidor.

Entre los capullos me incliné por uno
de una tal belleza, que a sí se bastaba
para que en los otros no se reparara,
capullo del cual me quedé prendado.
Un color tenía que lo iluminaba,
y era este color de un rojo muy fino:
Natura no pudo mejor dibujarlo.
Tenía en total cuatro pares de hojas:
Natura, empleando su gran maestría,
quiso que estuvieran puestas frente a frente,
puestas en un tallo recto como un junco,
al cabo del cual surgía el capullo
con gran altivez, que no se inclinaba.
Un bello perfume de él se desprendía,
y la suavidad de este grato aroma
dejaba impregnado todo aquel lugar.
Cuando yo sentí tan profundo olor,
era mi deseo no apartarme de él;
pensaba, al contrario, de él apoderarme
si no me frenara tener que cortarlo.
Pero algunos cardos de pinchos agudos
me obstaculizaban y me retraían,
y espinas muy grandes, agudas, punzantes,
y ortigas y ramas repletas de púas
no me permitían ir más adelante,
ya que me temía llenarme de heridas.
Entre tanto Amor, siempre con el arco,
que en ningún momento había dejado
de seguir mis pasos y estar al acecho,
se había parado cerca de una higuera.
Y cuando, por fin, pudo comprobar
que había elegido de entre los demás
el bello capullo, por mí preferido
a todos los otros que allí se encontraban,
sin perder más tiempo se dispuso a herirme.
Y una vez que tuvo la cuerda empulgada,
levantó, tensándolo hasta tras la oreja,
el arco, el cual era de una gran potencia,
y apuntó hacia mí, con tal puntería,
que a través del ojo me alcanzó en el cuerpo
con una saeta muy aguda y fina.

Et lors me prist une froidor
Dont j'ai dessous chaut peliçon
Sentue mainte grant friçon.
Quant j'oi issi esté bersés,
Tantost fui a terre versés;
Li cors me faut, li cuers me ment;
Pamez fui iluec longuement;
Et quant je vins de pameson
Et j'oi mon sens et ma reson,
Je fui tous sains, et si cuidié
Grant fez de sanc avoir vuidié;
Mes la saiete qui m'ot point
Ne trast onques sanc de moi point,
Ains fu la plaie toute soiche.
Je pris lors a deus mains la floiche
Et la commençai a tirer
Et en tirant a soupirer;
Et tant tirai que j'amené
Le fust o moi tout empené,
Mes la saiete barbelee
Qui Biautés estoit appellee
Fu si dedens mon cors fichie
Qu'ele n'en puet estre errachie,
Ains remest ens, encors l'i sans,
Car il n'en issi onques sans.
Angoisseus fui mout et troblez
Por le peril qui fu doublez;
Ne soi que faire ne que dire
Ne de la plaie ou trouver mire,
Que par herbe ne par racine
N'en atendoie medecine,
Mes vers le bouton se traioit
Mon cuer, qui avoir le vouloit.
Se je l'eüsse en ma baillie
Il m'eüst rendue la vie.
Le voir sans plus et l'odor
M'alejast mout de ma dolor.
Je me commençai lors a traire
Vers le bouton qui sœf flaire.
Et Amors avoit ja couvree
Une autre saiete ouvree;

Un frío mortal sentí por mi cuerpo,
el cual desde entonces, aun muy bien vestido,
me produciría múltiples temblores.
Nada más sentir en mí tal herida
inmediatamente me vi por los suelos:
mis fuerzas fallaron, perdí mi sentido
y estuve inconsciente durante algún tiempo.
Mas cuando volví a recuperar
el conocimiento y pude pensar,
vi que aún vivía, aunque suponía
que había perdido muchísima sangre;
pero la saeta que me atravesó
no había causado ninguna sangría,
sino que la herida se mostraba seca.
Cogí, pues, la flecha entre las dos manos
por ver si podía sacarla del cuerpo,
y mientras lo hacía lanzaba suspiros.
Y tanto tiré, que pude extraer
la totalidad de su larga vara;
en cuanto la punta, en forma dentada
y que por Belleza era conocida,
dentro se quedó, y tan fijamente,
que no podré nunca sacarla de mí:
ella quedó dentro, y yo aún la siento,
y, a mi parecer, en mí quedará.

Estaba angustiado, con gran turbación
dado que me hallaba en grave peligro;
tanto, que no supe qué decir o hacer,
ni para la herida encontrar remedio,
pues ni con las hierbas, ni con las raíces,
podía encontrar alivio ninguno:
sólo hacia el capullo ansioso miraba
mi espíritu ardiente, queriendo cogerlo.
De haber conseguido tenerlo en mis manos,
pienso que la vida me hubiera devuelto,
y que sólo al verlo y sentir su olor,
desapareciera todo mi dolor.
Así pues, a rastras fui aproximándome
hacia aquel capullo de suave aroma.

Entretanto, Amor había cogido
una flecha más, de gran calidad:

Simplece ot non, c'est la seconde,
Qui maint homme parmi le monde
Et mainte fame a fait amer.
Quant Amors me vit apresmer
Il trast a moi sans menacier
La floiche ou n'ot fer ni acier,
Si que par l'œl ou cors m'entra
La saiete, qui n'en istra
Jamés, ce croi, par homme né,
Car au tirer en amené
Le fust o moi sans nul contens,
Mes la saiete remest ens.
Or sachiés bien de verité
Que se j'avoie avant esté
Du bouton bien entalentés,
Or fu graindre ma volentés.
Et quant li maus plus m'angoissoit,
Et la volentés me croissoit
Touz jors d'aler vers la rosete
Qui oloit miex que violete;
Et si m'en venist miex ruser,
Mes ne pooie refuser
Car mes cuers le me commandoit;
Tout adés la ou il tendoit
Me convenoit aler par force.
Mes li archiers qui mout s'efforce
De moi grever, et mout se pene,
Ne m'i lest pas aler sans pene,
Ains m'a fait por miex afoler
La tierce floiche au cuer voler
Qui Cortoisie ert appellee.
La plaie fu parfonde et lee,
Si me convint cheoir pamé
Desoz un oliver ramé.
Grant piece jui sans remuer.
Quant je me poi resvertuer
Je pris la floiche et si osté
Tantost le fust de mon costé,
Mes la saiete n'en poi traire
Por riens que je peüsse faire.
    En mon seant lores m'assis
Mout angoisseus et mout pensis.

era Sencillez, la segunda de ellas,
aquella que a muchos hombres de este mundo
y a muchas mujeres hízolos amar.
En cuanto que Amor vio que me acercaba,
se vino hacia mí, y sin previo aviso
me lanzó esa flecha con tal puntería,
que me entró en el cuerpo a través del ojo;
y allí se quedó la punta alojada
de donde ninguno me la sacará,
puesto que, tirando, no logré extraer
excepto la vara, pero nada más,
por lo cual quedó la punta en mí hundida.
Y debéis creerme, pues digo verdad,
que si ya al principio me había quedado
del capullo aquel tan fuerte prendado,
fue mayor ahora por él mi deseo.
Y cuando el dolor me angustiaba más,
más la voluntad en mí se aumentaba
de ir donde estaba la pequeña rosa,
que hasta a las violetas vencía en aroma.
Y aunque yo quisiera sustraerme a ella
tal me resultaba del todo imposible,
pues mi corazón allí me empujaba:
hacia donde estaba tenía que ir,
aunque me costara un gran sacrificio.
Mientras, el Arquero seguía esforzándose
en herirme más, sin darme reposo,
y no me dejaba avanzar apenas.

Y con el propósito de herirme de nuevo,
la tercera flecha lanzó contra mí,
la cual Cortesía tenía por nombre.
Me causó una herida muy profunda y grande,
debido a la cual caí sin sentido
al lado del tronco de un frondoso olivo.
Largo tiempo estuve sin poder moverme.
Y cuando me vino de nuevo el sentido,
asiendo la flecha y con gran esfuerzo
extraje la vara que hincada tenía;
mas tampoco entonces me saqué la punta,
y eso que tiré con todas mi fuerzas.
Así pucs, quedéme un rato sentado,
turbado de angustia, y meditabundo.

Mout me destraint icelle plaie
Et me semont que je me traie
Vers le bouton qui m'atalente.
Mes li archiers me respœnte
Et me doit bien espœnter,
Qu'eschaudés doit yaue douter.
Mes grant chose a en estevoir:
Se je veïsse iluec plovoir
Carriaus et pierres pelle melle
Aussi espés comme chiet grelle,
Convenist il que g'i alasse;
Qu'Amors qui toutes choses passe,
Me donnoit cuer et hardement
De faire son commandement.
 Je me sui lors en piés levés,
Foibles et vains cum hons bercés,
Et mout m'efforçai de marchier
(Ne lessai onques por l'archier)
Vers le rosier ou mon cuer tent;
Mes espines y trouvé tant,
Chardons et ronces, c'onques n'oi
Pooir de passer l'espinoi
Si qu'au bouton peüsse ataindre.
Lés la haie m'estuet remaindre
Qui estoit au rosier joignans,
Fete d'espines bien poignans.
Mes mout bel me fu dont j'estoie
Si pres que du bouton sentoie
La douce odor qui en issoit,
Qui mout forment m'abelissoit
Si que le veoie a bandon;
S'en avoie tel guerredon
Que mon mal en entroblioie
Por le delit et por la joie.
Mout fui garis et mout fui aise,
Jamés n'iert riens qui tant me plaise
Cum estre ilueques a sejor;
N'en queïsse partir nul jour.
Mes quant g'i oi esté grant piece,
Li diex d'Amors qui tout depiece
Mon cuer dont il a fait bersaut,

Un dolor muy grande me hacía la herida,
la cual me empujaba con mayor deseo
siempre hacia el capullo que me cautivaba.
Pero aquel Arquero seguía al acecho
y me producía temible temor,
pues el escaldado teme al agua hirviendo.
Mas es poderosa la necesidad:
aunque hubiera visto caer desde el cielo
piedras y centellas todas sobre mí
tan copiosamente como en un granizo,
no sería obstáculo para detenerme,
debido a que Amor, que todo lo puede,
me proporcionaba valor y energía
para que cumpliera lo que me mandaba.

Así pues, de nuevo me puse de pie,
débil, vacilante y muy malherido,
y a muy duras penas pude encaminarme
(aunque no olvidaba jamás al Arquero)
hacia aquel rosal que me provocaba.
Pero estaba armado de tantas espinas,
cardos y matojos, que llegué a pensar
que jamás podría salvar ese obstáculo
para hacerme al fin con aquel capullo.
Así pues, me fue preciso quedarme
sin cruzar el seto que lo protegía
muy bien pertrechado de tantas espinas.
Mas era feliz, porque me encontraba
cerca del capullo y poder olía
el suave aroma que de él emanaba,
el cual me dejaba dulcemente en éxtasis
con sólo saber que estaba tan cerca;
ya sólo con verlo tenía bastante;
de cualquier herida podía olvidarme
por el gran deleite que me producía.
Grande fue el consuelo, grande fue el placer,
tal, que nunca creo que tendré mayor
como el que sentí en esta ocasión,
que nunca quisiera que se terminara.

Mas después de estar así largo rato,
este dios Amor, que seguía hiriendo
a mi corazón, con quien se ensañó,

Me redonne un novel assaut
Et trait, por moi metre a meschief,
Une autre floiche de rechief,
Si qu'ou cuer dessous la mamelle
Me fait une plaie novelle.
Compaignie ot nom la saiete,
Il n'est nulle qui si tost mete
A merci dame ou damoiselle.
La grant dolor me renovelle
De mes plaies de maintenant;
Trois fois me pame en un tenant.
Au revenir plains et soupire,
Car ma dolor croist et empire
Si fort que je n'ai esperance
De garison ne d'aligance.
Miex vousisse estre mors que vis,
Car en la fin, ce m'est avis,
Fera Amors de moi martir.
Je ne m'en puis par el partir.
Il a endementieres prise
Une autre floiche, qu'il mout prise,
Et je la tiens a mout poissant:
C'est Biau Semblant qui ne consent
A nul amant qu'il se repente
De bien amer por mal qu'il sente.
Elle est aguë por percier,
Et tranchans cum rasoir d'acier.
Mes Amors a mout bien la pointe
D'un oignement precieus ointe
Por ce que trop me peüst nuire,
Et il ne viaut pas que je muire,
Ains viaut que j'ai aligement
Par l'ointure de l'oignement
Qui estoit tous de confort plains.
Amors l'avoit fait a ses mains
Por les fins amans conforter,
Et por lor maus miex deporter.
Il a ceste floiche a moi traite,
Si m'a au cuer grant plaie faite;
Mes li oignemens s'espandi
Par les plaies, si me rendi

volvió a repetir otro asalto más.
Para más herirme, ya había sacado
una nueva flecha, tal como antes hizo,
y fue tan certero, que en medio del pecho
volvió a atravesarme y a herirme de nuevo.
La cuarta saeta era Compañía,
la que, como nadie, sabe cómo hacer
para desarmar damas y doncellas.
Un nuevo dolor me vino al costado
por estas heridas que Amor me produjo,
las cuales me hicieron desmayar tres veces.
Al volver en mí, me puse a llorar,
puesto que el dolor me iba en aumento,
y era tan agudo, que perdí esperanza
de poder sanar o encontrar alivio.
Mucho más quería morir que estar vivo,
puesto que al final, según me temía,
haría de mí un mártir Amor.
Pero no podía de allí separarme.
Empuñó otra vez, durante este tiempo,
una nueva flecha, que apuntó muy bien,
a la cual temía por ser muy aguda:
es Bello Semblante, que nunca consiente
a ningún amante el arrepentirse
de haber bien amado por mal que le fuera.
Es saeta aguda, propia para herir,
y tan cortadora como una cuchilla.
Pero el propio Amor en la misma punta
la había impregnado con precioso ungüento
para que la herida no fuera muy grave.
No quería, pues, que yo me muriera,
sino que sintiera incluso un alivio
gracias al ungüento que puso en la flecha,
el cual era fuente de todo consuelo.
Lo había hecho Amor con sus propias manos
para confortar a los amadores
y para aliviarlos de todos los males.
Así pues, Amor me lanzó esta flecha
y en el corazón hízome una brecha,
pero aquel ungüento se extendió muy bien
por aquella herida, el cual me dejó

Le cuer qui m'ere tous faillis.
Je fusse mors et mal baillis
Se li dous oignemens ne fust.
Lors ai a moi tiré le fust,
Mes la saiete est ens remese,
Qui de novel ot esté rese.
Si en y ot cinc encrotees
Qui onc n'en porent estre ostees.
Cis oignemens mout me valu,
Mes toute voie me dolu
La plaie, si que la dolor
Me fesoit muer la color.
Ceste floiche a tele coustume:
Douceur y a et amertume.
J'ai bien sentu et cogneü
Qu'el m'a aidié et m'a neü.
Que l'angoisse et la pointure
Si me rassouage l'ointure;
D'une part m'oint, d'autre me cuit,
Ici m'aïde, ici me nuit.
    Lors est tantost tout droit venus
Amors vers moi les saus menus.
A ce qu'il vint si m'escria:
«Vassiaus, pris es, noient n'i a
Du contredire ne du deffendre;
Ne fai pas dangier de toi rendre.
Quant plus volentiers te rendras,
Et plus tost a merci vendras.
Il est fos qui mene dangier
Vers celi qu'il doit losengier
Et qu'il convient a supploier.
Tu ne pues vers moi forçoier,
Et si te veil bien enseigner
Que tu ne pues riens gaaignier
En folie ne en orgueil;
Mes ren toi pris, car je le veil,
En pes et debonnerement.»
Et je respondi simplement:
«Sire, volentiers me rendré,
Ja vers vous ne me deffendré...»

sano el corazón, que estaba transido:
yo estaría muerto sin ningún remedio
si ese dulce ungüento no hubiera existido.
Y otra vez saqué la vara del pecho,
mas no conseguí extraer la punta
como ya ocurriera con las otras flechas.
Así pues, quedaron las puntas clavadas,
las cuales jamás me serán sacadas.
Pero aquel ungüento mucho me valió,
aunque ya por siempre mucho me dolió
tan mortal herida; tanto, que el dolor
hizo que mi cara de color cambiara.
Esa flecha, pues, la virtud tenía
de ser a la vez dulce y dolorosa:
desde aquel instante pude comprobar
que fue para mí martirio y consuelo,
y que el gran dolor de tan grave herida
quedaba sanado con aquel ungüento:
primero me hiere y después me alivia,
antes me destruye y luego me sana.

Así me encontraba cuando se acercó
Amor hacia mí con paso ligero,
y, estando a mi lado, me habló de esta forma:
«Ya eres mi vasallo, y sin remisión;
no tienes opción ni defensa alguna.
Así pues, más vale que ante mí te rindas,
porque, cuanto más a gusto lo hicieras,
podrás mucho antes obtener mi gracia.
Loco es todo aquel que atentar quisiera
contra su señor, al que está obligado
a prestar servicio y a tener contento
y ya que no puedes oponerte a mí,
más vale que sigas este buen consejo,
porque no podrás recibir favores
si para conmigo te muestras altivo.
Date por vencido, éste es mi deseo,
sin oposición y gustosamente.»

Yo le respondí con toda humildad:
«Señor, con agrado me rindo ante vos
y ya desde ahora siempre os serviré...»

Juan Victorio

Don Denís de Portugal

Portugal (Lisboa, 1261-Santarém, 1325)

Nieto de Alfonso el Sabio, hijo de Alfonso III de Portugal y de Beatriz de Castilla, en Don Denís, rey desde 1279, culmina en todos los sentidos una de las tradiciones más singulares de la poesía medieval: la llamada «lírica gallego-portuguesa», compuesta en esa lengua por trovadores de toda la Península. Si en su corte confluyeron muchos rimadores de primera fila, su propia producción, con casi centenar y medio de composiciones, es más extensa que la de cualquier otro y recoge y depura las mejores virtudes de la escuela. La «cantiga de amigo» o canción de la moza enamorada, cuya técnica paralelística está en deuda con las figuras recurrentes de la danza y cuya ejecución daba a las juglaresas especial ocasión de lucimiento, alcanza en Don Denís una cima de finura, unas veces por la limpidez simbólica de las imágenes y otras por la picardía del desarrollo. En la «cantiga de amor», masculina, atempera el obsesivo conceptismo de sus predecesores en gallego aprovechando la lección de los provenzales (y franceses), al igual que algunos ecos populares, para dotarla de una atractiva concreción. Todavía el Marqués de Santillana apreciaba sus «invenciones sotiles» y «graciosas e dulces palabras».

Ai flores, ai flores do verde pino,
se sabedes novas do meu amigo!
Ai Deus, e u é?
Ai flores, ai flores do verde ramo,
se sabedes novas do meu amado!
Ai Deus, e u é?
Se sabedes novas do meu amigo,
aquel que mentiu do que pos commigo?
Ai Deus, e u é?
Se sabedes novas do meu amado,
aquel que mentiu do que mh a jurado,
Ai Deus, e u é?
Vós preguntades polo voss' amigo?
E eu bem vos digo que é san' e vivo.
Ai Deus, e u é?
Vós preguntades polo voss' amado?
E eu bem vos digo que é viv' e sano.
Ai Deus, e u é?
E eu bem vos digo que é san' e vivo,
e será vosc' ant' o prazo saido.
Ai Deus, e u é?
E eu bem vos digo que é viv' e sano,
e será vosc' ant' o prazo passado.
Ai Deus, e u é?

Levantous' a velida,
levantou-s' alva,
e vai lavar camisas
e-no alto.
Vai-las lavar alva.
Levantou-s' a louçana,
levantou-s' alva,
e vai lavar delgadas
e-no alto.
Vai-las lavar alva.
E vai lavar camisas,
levantou-s' alva;
e vento lh' as desvia
e-no alto.
Vai-las lavar alva.

—¡Ay flores, ay flores del verde pino,
si tenéis noticias de mi amigo!,
¿ay Dios, y dónde está?
¡Ay flores, ay flores del verde ramo,
si tenéis noticias de mi amado!,
¿ay Dios, y dónde está?
Si tenéis noticias de mi amigo,
aquel que mintió sobre lo que acordó conmigo,
¿ay Dios, y dónde está?
Si tenéis noticias de mi amado,
aquel que mintió sobre lo que me ha jurado,
¿ay Dios, y dónde está?
—Vos me preguntáis por vuestro amigo,
y yo os aseguro que está sano y vivo.
—*¿Ay Dios, y dónde está?*
Vos me preguntáis por vuestro amado,
y yo os aseguro que está vivo y sano.
—*¿Ay Dios, y dónde está?*
Y yo os aseguro que está sano y vivo,
y estará con vos antes de que el plazo venza,
—*¿Ay Dios, y dónde está?*

Alzóse la garrida,
alzóse al alba,
y va a lavar las camisas
en el río.
Va a lavarlas al alba.
Alzóse la galana,
alzóse al alba,
y va a lavar las delgadas
en el río.
Va a lavarlas al alba.
Y va a lavar las camisas,
alzóse al alba,
el viento se las desvía
en el río.
Va a lavarlas al alba.

E vai lavar delgadas,
levantou-s' alva;
o vento lh' as levava
e-no alto.
Vai-las lavar alva.
O vento lh' as desvia,
levantou-s' alva;
meteu-s' alva em ira
e-no alto.
Vai-las lavar alva.
O vento lh' as levava,
levantou-s' alva;
meteu-s' alva em sanha,
e-no alto.
Vai-las lavar alva.

Quisera vosco falar de grado,
ai meu amigu' e meu namorado,
mais nom ous' oj' eu comvosc' a falar,
ca ei mui gram medo do irado;
irad' aja Deus quem me lhi foi dar.
Em cuidados de mil guisas travo
por vós dizer o com que m'agravo;
mais non ous' oj' eu comvosc' a falar,
ca ei mui gram medo do mal bravo;
mal brav' aja Deus quem me lhi foi dar.
Gram pesar ei, amigo, sofrudo
por vós dizer meu mal ascondudo;
mais non ous' oj' eu comvosc' a falar,
ca ei mui gram medo do sanhudo;
sanhud' aja Deus quem me lhi foi dar.
Senhor do meu coraçom, cativo
sodes em eu viver com quen vivo;
mais nom ous' oj' eu comvosc' a falar,
ca ei mui gram medo do esquivo;
esquiv' aja Deus quem me lhi foi dar.

Y va a lavar las delgadas,
alzóse al alba,
el viento se las llevaba
en el río.
Va a lavarlas al alba.
El viento se las desvía,
alzóse al alba,
se enfadó la blanca joven
en el río.
Va a lavarlas al alba.
El viento se las llevaba,
alzóse al alba,
se ensañó la blanca joven
en el río.
Va a lavarlas al alba.

Gema Vallín

Gustosamente quisiera hablar con vos
¡ay, mi amigo y mi enamorado!
Pero no me atrevo hoy a hablar con vos
porque tengo mucho miedo del enojado
¡Enojado tenga Dios a quien [tal señor] me ha dado!
Preocupaciones de mil modos me atenazan
por deciros lo que me acongoja
Pero no me atrevo hoy a hablar con vos
porque tengo mucho miedo del furioso
¡Enfurecido tenga Dios a quien [tal señor] me ha dado!
Gran pesar, amigo, he sufrido,
por deciros el mal que llevo oculto
Pero no me atrevo hoy a hablar con vos
porque tengo mucho miedo del colérico.
¡Encolerizado tenga Dios a quien [tal señor] me ha dado!
Señor de mi corazón, prisionero
sois al vivir yo como vivo,
Pero no me atrevo hoy a hablar con vos
porque tengo mucho miedo del desafiante.
¡Desafíe Dios a quien [tal señor] me ha dado!

O voss' amig', ai amiga,
de que vos muito fiades,
tanto quer' eu que sabhades
que unha que Deus maldiga,
vo-lo tem louqu' e tolheito,
e moir' end' eu com despeito.
Nom ei rem que vós asconda,
nem vos será encoberto;
mais sabede bem por certo
que ũa que Deus confonda,
vo-lo tem louqu' e tolheito,
e moir' end' eu com despeito.
Nom sei molher que se pague
de lh' outras o seu amigo
filhar, e porem vos digo
que ũa que Deus estrague
vo-lo tem louqu' e tolheito,
e moir' end' eu com despeito.
E faço mui gram dereito,
pois quero vosso proveito.

Oymais quer' eu ja leixá-lo trobar
e quero-me desemparar d'amor,
e quer' ir algunha terra buscar
u nunca possa seer sabedor
ela de mi nem eu de mha senhor,
pois que lh' e d'eu viver aqui pesar.
Mais Deus! que grave cousa d'endurar
que a mim será ir-me d'u ela fôr;
ca sei mui bem que nunca poss' achar
nenhũa cousa ond' aja sabor;
se nom da morte; mais ar ei pavor
de mh a nom querer Deus tam cedo dar.
Mais se fez Deus a tam gram coita par
come a de que serei sofredor,
quando m'agora ouver d'alongar
d'aquesta terra u est a melhor
de quantas som, e de cujo loor
nom se póde per dizer acabar.

Vuestro amigo, ¡ay amiga!
en el que tanto confiáis
quiero que sepáis
que una que Dios maldiga
os lo tiene loco y maltrecho
y eso me hace morir de rabia.
Nada hay que yo os oculte
ni que os encubra;
pero tened por cierto
que una que Dios confunda
os lo tiene loco y maltrecho
y eso me hace morir de rabia.
No entiendo que una mujer se complazca
en quitarle el amigo a otras
y por ello os digo
que una que Dios malogre
os lo tiene loco y maltrecho
y eso me hace morir de rabia.
Y hago muy bien [en decíroslo]
pues sólo quiero vuestro beneficio.

Hoy quiero dejar de trovar
y quiero desprenderme del amor
y quiero ir a buscar otra tierra
donde nunca tenga noticias
ni ella de mí ni yo de mi señora
ya que tanto pesar le causa que yo viva aquí.
Pero ¡Dios!, cuán difícil me será soportar
el alejarme de donde ella se encuentre,
pues estoy seguro de que nunca podré hallar
nada que me agrade
excepto la muerte; pero, además, siento pavor
de que Dios no quiera otorgármela enseguida.
Sólo Dios ha sufrido un dolor parejo
a aquel que deberé sufrir
cuando ahora tenga que alejarme
de esta tierra en donde se encuentra la mejor
de cuantas mujeres existen, y cuya alabanza
nunca podrá tener fin.

Como me Deus aguisou que vivesse
em gram coita, senhor, desque vos vi!
ca logo m'El guisou que vos oi
falar, desi quis que er conhocesse
o vosso bem a que El nom fez par;
e tod' aquesto m'El foi aguisar
ental que eu nunca coita perdesse.
  E tod' est' El quis que eu padecesse
por muito mal que me lh' eu mereci,
e de tal guisa se vingou de mi;
e com tod' esto nom quis que morresse,
porque era meu bem de nom durar
em tam gram coita nem tam gram pesar;
mais quis que tod' este mal eu sofresse.
  Assi nom er quis que m'eu percebesse
de tam gram meu mal, nem o entendi,
ante quis El que por viver assi,
e que gram coita nom mi falecesse,
que vos viss'eu, u m'El fez desejar
des entom morte que mi nom quer dar,
mais que vivendo peior attendesse.

Nostro senhor, ajades bom grado
por quanto m'oje mha senhor falou;
e tod' esto foi porque se cuidou
que andava d'outra namorado;
ca sei eu bem que mi nom falára
se de qual bem lh' eu quero cuidára.
  Porque mi falou oj'este dia,
ajades bom grado, nostro senhor;
e tod' esto foi porque mha senhor
cuidou que eu por outra moiria;
ca sei eu bem que mi nom falára,
se de qual bem lh' eu quero cuidára.
  Por quanto m' oje falou, aja Deus
bom grado, mais d'esto nom fôra rem,
se nom porque mha senhor cuidou bem
que d' outra eram os desejos meus;

¡De qué modo ha tramado Dios que yo viviese
en tan gran pena, señora, desde que os he visto!
Porque enseguida urdió que yo os oyese
hablar, y después planeó que también os conociese,
a vos, a quien ha hecho sin igual;
y todo esto ha tramado
de forma que nunca menguase mi pesar;
y ha querido que yo padezca todo esto
por el mal que según Él merezco,
y de esta forma se ha vengado de mí;
y no ha querido que esto me causase la muerte
porque para mí sería un alivio el no continuar soportando
tanto dolor ni tan grande pena,
sino que quiso que sufriese todo este mal.
Tampoco quiso que me diese cuenta
de la gravedad de mi pesar y no lo hice,
más bien quiso que para que viviese así
y que mi dolor no remitiese
que yo os viese y, desde ese mismo momento,
desease la muerte que no quiere concederme
sino que viviendo, no me queda más que esperar que la situación empeore.

Nuestro Señor, alegraos
por todo lo que hoy mi señora me ha hablado
Y todo ha sido porque creyó
que estaba enamorado de otra;
Porque sé bien que no me habría hablado
si supiese cuánto la quiero.
Porque me ha hablado en este día
alegraos Nuestro Señor
y todo ha sido porque mi señora
creyó que por otra me moría;
Porque sé bien que no me habría hablado
si supiese cuánto la quiero.
Por cuanto hoy me ha hablado, se alegre Dios
pero esto hubiese quedado en nada
si mi señora no hubiese creído
que de otra eran mis deseos,

ca sei eu bem que mi nom falára,
se de qual bem lh' eu quero cuidára.
Ca tal é que ante se matára
ca mi falar se o sol cuidára.

Proençaes soen mui bem trobar
e dizem eles que é com amor;
mais os que trobam no tempo da flor
e nom em outro, sei eu bem que nom
am tam gram coita no seu coraçom
qual m' eu por mha senhor vejo levar.
Pero que trobam e sabem loar
sas senhores o mais e o melhor
que eles pódem, sõo sabedor
que os que trobam quand' a frol sazom
á, e nom ante, se Deus mi perdom,
nom am tal coita qual eu ei sem par.
Ca os que trobam e que s' alegrar
vam e-no tempo que tem a color
a frol comsigu' e tanto que se fôr
aquel tempo, logu' em trobar razom
nom am, nem vivem em qual perdiçom
oj' eu vivo, que pois m' a de matar.

De Joan Bol' and' eu maravilhado
u foi sen siso, d' ome tan pastor
e led' e ligeiro cavalgador
que tragia rocin bel' e loução,
e disse-m' ora aqui un seu vilão
que o avia por mua cambiado.
E deste cambio foi el enganado
d' ir dar rocin feit' e corredor
por ũa muacha revelador
que non sei oj' ome que a tirasse
fora da vila, pero o provasse,
se x' el non for non sera tan ousado.
Mais non foi esto senon seu pecado
que el mereceu a Nostro Senhor
ir seu rocin, de que el gran sabor

Porque sé bien que no me habría hablado
si supiese cuánto la quiero.
Antes se habría matado
que pensar en hablarme.

Los provenzales suelen trovar muy bien
y dicen ellos que es con amor;
pero quienes trovan en la estación de la flor
y no en otra, yo sé bien que no
tienen tan grande pena en el corazón
como la que yo soporto por mi señora.
Aunque trovan y saben alabar
a sus señoras lo mejor que pueden
sé muy bien que los que trovan cuando la flor está en plena sazón
y no antes, ¡Dios me perdone!
no tienen la incomparable pena que yo siento.
Puesto que los que trovan y se alegran
en la época en la cual la flor muestra su color
y una vez pasado este momento, ya no encuentran la razón para trovar
no viven en la desesperación
en la que yo vivo, que acabará matándome.

Joan Bolo me tiene pasmado
del poco juicio [mostrado], hombre tan bueno
tan animoso y ligero jinete
que llevaba rocín hermoso y lozano
y acaba de decirme un siervo suyo
que lo ha cambiado por una mula.
En este cambio salió él malparado
al dar rocín bueno y corredor
por una mulacha sin domar
que no sé si habría hombre capaz de sacarla
de la ciudad, por mucho que lo intentase:
excepto él, nadie sería tan osado.
Pero esto no fue más que [el castigo] por su pecado
que mereció, según Nuestro Señor,
cambiar su rocín, que mucho le agradaba

avia, dar por mua mal manhada
que non queria, pero mi a doada
dessen, nen andar dela embargado.
    Melhor fora dar o rocin dõado
ca por tal muacha remusgador
que lh' ome non guardará se non for
el que xa vai ja quanto conhocendo;
mais se el fica, per quant' eu entendo,
seu cajon dela, est' aventurado.
    Mui mais queria, besta non avendo,
ant' ir de pé, ca d' el' encavalgado!

por una mula terca,
que no querría yo aunque me la diesen regalada,
ni tener que estar preocupado por ella.
Mejor hubiese sido regalar el rocín
que darlo a cambio de mulacha rezongadora
que nadie le prestará atención salvo él
que ya va viendo lo que hay,
pero si él obtiene, por lo que veo
beneficio de ella, tiene suerte.
Yo preferiría, de no tener bestia,
ir andando, antes que ir cavalgando en su situación.

Elvira Fidalgo

El romancero castellano

Siglos XIII-XVI

El romancero español es la versión más fértil y perdurable de una modalidad poética arraigada en toda Europa y con análogos en muchas otras culturas: la balada o canción narrativa de breve extensión. En los primeros tiempos del castellano, debieron de existir diversas formas a caballo de la épica y la lírica, pero, tal como desde el siglo XIV los conocemos, los romances están en deuda fundamental con los cantares de gesta. Ciertos fragmentos de las gestas especialmente apreciados se grabaron en la memoria de los aficionados y se entonaban también aislados en los espectáculos juglarescos. El gusto por tales fragmentos hubo de ser tan intenso, que a imagen y semejanza de ellos acabó modelándose la gran mayoría de las baladas. Los «romances viejos» (es decir, documentados antes de 1550) mantienen, pues, buena parte de los rasgos de estilo de las epopeyas de que derivan o en las que se inspiran, o bien aplican a relatos de nueva invención o a versiones poéticas de hechos históricos los hábitos expresivos de la tradición épica: la base métrica de ocho sílabas, la rima vocálica o asonancia, determinadas fórmulas y procedimientos descriptivos... Pero el romancero gusta de reforzar ciertas secuencias con un patetismo e impresionismo singulares, potenciar lo fragmentario y las escenas aisladas, y dar a las situaciones un eficaz tinte lírico. Con mayor o menor firmeza, el romance pervive a lo largo del mundo en la tradición oral de todas las comunidades de lengua española, y ha sido cultivado hasta nuestros días por todos los grandes poetas hispánicos.

Romance de las quejas de doña Lambra

—Mal me quieren en Castilla
los que me habían de aguardar;
los hijos de doña Sancha
mal amenazado me han,
que me cortarían las faldas
por vergonzoso lugar,
y cebarían sus halcones
dentro de mi palomar,
y me forzarían mis damas,
casadas y por casar;
matáronme un cocinero
so faldas de mi brial;
si desto no me vengáis,
yo mora me iré a tornar.
Allí habló don Rodrigo,
bien oiréis lo que dirá:
—Calledes, la mi señora,
vos no digades atal,
de los Infantes de Salas
yo vos pienso de vengar;
telilla les tengo ordida,
bien se la cuido tramar,
que nacidos y por nacer,
dello tengan que contar.

Romance de doña Alda

En París está doña Alda,
la esposa de don Roldán,
trescientas damas con ella
para bien la acompañar:
todas visten un vestido,
todas calzan un calzar,
todas comen a una mesa,
todas comían de un pan.
Las ciento hilaban el oro,
las ciento tejen cendal,

ciento tañen instrumentos
para a doña Alda alegrar.
Al son de los instrumentos
doña Alda adormido se ha;
ensoñado había un sueño,
un sueño de gran pesar.
Despertó despavorida
con un dolor sin igual,
los gritos daba tan grandes
se oían en la ciudad.
—¿Qué es aquesto, mi señora,
qué es lo que os hizo mal?
—Un sueño soñé, doncellas,
que me ha dado gran pesar:
que me veía en un monte,
en un desierto lugar,
y de so los montes altos
un azor vide volar;
tras dél viene una aguililla
que lo ahincaba muy mal.
El azor con grande cuita
metióse so mi brial;
el águila con gran ira
de allí lo iba a sacar;
con las uñas lo despluma,
con el pico lo deshace.
Allí habló su camarera,
bien oiréis lo que dirá:
—Aquese sueño, señora,
bien os lo entiendo soltar:
el azor es vuestro esposo,
que de España viene ya;
el águila sodes vos,
con la cual ha de casar,
y aquel monte era la iglesia
donde os han de velar.
—Si es así, mi camarera,
bien te lo entiendo pagar.

Otro día de mañana
cartas de lejos le traen;
tintas venían de fuera,

de dentro escritas con sangre,
que su Roldán era muerto
en la caza de Roncesvalles.
Cuando tal oyó doña Alda
muerta en el suelo se cae.

Romance de la jura de Santa Gadea

En Santa Gadea de Burgos
do juran los hijosdalgo,
allí toma juramento
el Cid al rey castellano,
sobre un cerrojo de hierro
y una ballesta de palo.
Las juras eran tan recias
que al buen rey ponen espanto.
—Villanos te maten, rey,
villanos, que non hidalgos;
abarcas traigan calzadas,
que no zapatos con lazo;
traigan capas aguaderas,
no capuces ni tabardos;
con camisones de estopa,
no de holanda ni labrados;
cabalguen en sendas burras,
que no en mulas ni en caballos;
las riendas traigan de cuerda,
no de cueros fogueados;
mátente por las aradas,
no en camino ni en poblado;
con cuchillos cachicuernos,
no con puñales dorados;
sáquente el corazón vivo,
por el derecho costado,
si no dices la verdad
de lo que te es preguntado:
si tú fuiste o consentiste
en la muerte de tu hermano.
Las juras eran tan fuertes
que el rey no las ha otorgado.

Allí habló un caballero
de los suyos más privado:
—Haced la jura, buen rey,
no tengáis de eso cuidado,
que nunca fue rey traidor,
ni Papa descomulgado.
Jura entonces el buen rey,
que en tal nunca se ha hallado.
Después habla contra el Cid
malamente y enojado:
—Mucho me aprietas, Rodrigo,
Cid, muy mal me has conjurado;
mas si hoy me tomas la jura,
después besarás mi mano.
—Aqueso será, buen rey,
como fuer galardonado,
porque allá en cualquiera tierra
dan sueldo a los hijosdalgo.
—¡Vete de mis tierras, Cid,
mal caballero probado,
y no me entres más en ellas
desde este día en un año!
—Que me place —dijo el Cid—,
que me place de buen grado,
por ser la primera cosa
que mandas en tu reinado.
Tú me destierras por uno,
yo me destierro por cuatro.

Ya se partía el buen Cid
sin al rey besar la mano;
ya se parte de sus tierras,
de Vivar y sus palacios:
las puertas deja cerradas,
los alamudes echados,
las cadenas deja llenas
de podencos y de galgos;
sólo lleva sus halcones,
los pollos y los mudados.
Con él iban los trescientos
caballeros hijosdalgo;
los unos iban a mula

y los otros a caballo;
todos llevan lanza en puño,
con el hierro acicalado,
y llevan sendas adargas
con borlas de colorado.
Por una ribera arriba
al Cid van acompañando;
acompañándolo iban
mientras él iba cazando.

Romance de Abenámar y el rey don Juan

—¡Abenámar, Abenámar,
moro de la morería,
el día que tú naciste
grandes señales había!
Estaba la mar en calma,
la luna estaba crecida:
moro que en tal signo nace
no debe decir mentira.
—No te la diré, señor,
aunque me cueste la vida.
—Yo te agradezco, Abenámar,
aquesta tu cortesía.
¿Qué castillos son aquéllos?
¡Altos son y relucían!
—El Alhambra era, señor,
y la otra la mezquita;
los otros los Alixares,
labrados a maravilla.
El moro que los labraba,
cien doblas ganaba al día,
y el día que no los labra
otras tantas se perdía;
desque los tuvo labrados
el rey le quitó la vida
porque no labre otros tales
al rey del Andalucía.
El otro es Torres Bermejas,

castillo de gran valía;
el otro Generalife,
huerta que par no tenía.
Allí hablara el rey don Juan,
bien oiréis lo que decía:
—Si tú quisieras, Granada,
contigo me casaría;
darete en arras y dote
a Córdoba y a Sevilla.
—Casada soy, rey don Juan,
casada soy, que no viuda;
el moro que a mí me tiene
muy grande bien me quería.
Hablara allí el rey don Juan,
estas palabras decía:
—Échenme acá mis lombardas
doña Sancha y doña Elvira;
tiraremos a lo alto
lo bajo ello se daría.
El combate era tan fuerte
que grande temor ponía.

Romance del prisionero

Que por mayo era, por mayo,
cuando hace la calor,
cuando los trigos encañan
y están los campos en flor,
cuando canta la calandria
y responde el ruiseñor,
cuando los enamorados
van a servir al amor;
sino yo, triste, cuitado,
que vivo en esta prisión;
que ni sé cuándo es de día
ni cuándo las noches son,
sino por una avecilla
que me cantaba al albor.
Matómela un ballestero;
dele Dios mal galardón.

ROMANCE DE FONTE FRIDA Y CON AMOR

Fonte frida, Fonte frida,
Fonte frida y con amor,
do todas las avecicas
van tomar consolación,
si no es la Tortolica,
que está viuda y con dolor.
Por allí fuera a pasar
el traidor de Ruiseñor;
las palabras que le dice
llenas son de traición:
—Si tú quisieses, señora,
yo sería tu servidor.
—Vete de ahí, enemigo,
malo, falso, engañador,
que ni poso en ramo verde
ni en prado que tenga flor;
que si el agua hallo clara
turbia la bebía yo;
que no quiero haber marido
porque hijos no haya, no;
no quiero placer con ellos,
ni menos consolación.
¡Déjame, triste enemigo,
malo, falso, ruin, traidor,
que no quiero ser tu amiga
ni casar contigo, no!

ROMANCE DEL INFANTE ARNALDOS

¡Quién hubiera tal ventura
sobre las aguas del mar
como hubo el infante Arnaldos
la mañana de San Juan!
Andando a buscar la caza
para su falcón cebar,
vio venir una galera
que a tierra quiere llegar;

las velas trae de sedas,
la ejarcia de oro torzal,
áncoras tiene de plata,
tablas de fino coral.
Marinero que la guía,
diciendo viene un cantar,
que la mar ponía en calma,
los vientos hace amainar;
los peces que andan al hondo,
arriba los hace andar;
las aves que van volando,
al mástil vienen posar.
    Allí habló el infante Arnaldos,
bien oiréis lo que dirá:
—Por tu vida, el marinero,
dígasme ora ese cantar.
    Respondióle el marinero,
tal respuesta le fue a dar:
—Yo no digo mi canción
sino a quien conmigo va.

Dante Alighieri

Italia (Florencia, 1265-Ravena, 1321)

Ninguna otra obra literaria medieval ha logrado una estimación más alta y duradera que la *Commedia* desde fecha temprana adjetivada como *Divina.* La razón de tal pervivencia probablemente no está en la doctrina filosófica y moral ni en el diseño de conjunto del colosal poema (más de catorce mil endecasílabos, con cien cantos en tercetos, que alegorizan el itinerario del alma hasta Dios a través del viaje del autor por el Infierno y el Purgatorio, guiado por Virgilio, para entrar luego en el Paraíso de la mano de Beatriz), sino más bien en el insuperable dramatismo de los episodios que lo componen, en la multiplicidad de registros lingüísticos y estilísticos, y en la genialidad del autor para los símiles y las formulaciones impresionistas. De familia güelfa de la pequeña nobleza, casado y con hijos, Dante tomó parte activa en las campañas militares y en la administración de su ciudad natal; desterrado en 1302, a la llegada de Enrique VII (1310) depositó en él sus esperanzas de un imperio universal que zanjara las querellas de la época, y cumplió funciones diplomáticas y cancillerescas en diversas cortes. En la *Vita nova* da forma y sentido a una serie de poemas breves, engarzados con pasajes en prosa, que cuentan el proceso de su amor por Beatriz, desde que la vio a los nueve años hasta que a su muerte buscó consuelo en una *donna gentile* que el *Convivio*, donde la historia se reelabora con mayor hondura intelectual, identifica como la filosofía. Las setenta piezas líricas sueltas que suelen agruparse como *Rime* fueron a su vez otras tantas exploraciones de temas y procedimientos expresivos que acabaron aprovechadas en los insaciables propósitos totalizadores de la *Commedia.*

Tutti li miei penser parlan d'Amore;
e hanno in lor sì gran varietate,
ch'altro mi fa voler sua potestate,
altro folle ragiona il suo valore,
altro sperando m'apporta dolzore,
altro pianger mi fa spesse fiate;
e sol s'accordano in cherer pietate,
tremando di paura che è nel core.
Ond'io non so da qual matera prenda;
e vorrei dire, e non so ch'io mi dica:
così mi trovo in amorosa erranza!
E se con tutti voi fare accordanza,
convenemi chiamar la mia nemica,
madonna la Pietà, che mi difenda.

Donne ch'avete intelletto d'amore,
i' vo' con voi de la mia donna dire,
non perch'io creda sua laude finire,
ma ragionar per isfogar la mente.
Io dico che pensando il suo valore,
Amor sì dolce mi si fa sentire,
che s'io allora non perdessi ardire,
farei parlando innamorar la gente.
E io non vo' parlar sì altamente,
ch'io divenisse per temenza vile;
ma tratterò del suo stato gentile
a respetto di lei leggeramente,
donne e donzelle amorose, con vui,
ché non è cosa da parlarne altrui.
Angelo clama in divino intelletto
e dice: «Sire, nel mondo si vede
maraviglia ne l'atto che procede
d'un'anima che 'nfin qua su risplende.»
Lo cielo, che non have altro difetto
che d'aver lei, al suo segnor la chiede,
e ciascun santo ne grida merzede.
Sola Pietà nostra parte difende,
ché parla Dio, che di madonna intende:
«Diletti miei, or sofferite in pace
che vostra spene sia quanto me piace

Todos mis pensamientos hablan de Amor;
y tienen entre sí tan gran variedad,
que uno me hace desear su dominio,
otro discute locamente su valor,
otro, confiado, es causa de dulzura,
otro me hace llorar muchas veces;
y sólo se conciertan en pedir piedad,
temblando por el miedo que hay en mi corazón.
Por lo que yo no sé de cuál tomar materia;
y querría hablar, y no sé qué decirme:
me encuentro así en amorosa incertidumbre.
Y si quiero que todos concierten,
habré de llamar a mi enemiga,
mi señora la Piedad, para que me defienda.

Damas que tenéis entendimiento de amor,
quiero hablar con vosotras de mi dama,
no porque crea agotar su alabanza,
sino para desahogar la mente conversando.
Digo que cuando pienso en su valor,
tan dulce Amor se me hace sentir,
que si entonces no perdiera el atrevimiento,
con mi hablar haría que se enamorase la gente.
Y no quiero hablar tan alto
que por temor me vuelva vil;
sino que trataré de su noble condición,
por respeto a ella, ligeramente
con vosotras, damas y doncellas enamoradas,
pues no es cosa que deba hablarse con ningún otro.
Un ángel invoca al divino intelecto
y dice: «Señor, en el mundo se ve
como maravilla el acto que procede
de un alma cuyo resplandor alcanza hasta aquí.»
El cielo, que no tiene otro defecto
que el de no tenerla, la reclama a su Señor,
y todos los santos suplican esa merced.
Sólo la Piedad nuestra parte defiende,
y habla Dios, que conoce bien a mi dama:
«Amados míos, sufrid con resignación
que vuestra esperanza esté ahora, y cuanto yo desee,

là 've'è alcun che perder lei s'attende,
e che dirà ne lo inferno: O mal nati,
io vidi la speranza de' beati.»
    Madonna è disiata in sommo cielo:
or voi di sua virtù farvi savere.
Dico, qual vuol gentil donna parere
vada con lei, che quando va per via,
gitta nei cor villani Amore un gelo,
per che onne lor pensero agghiaccia e pere;
e qual soffrisse di starla a vedere
diverria nobil cosa, o si morria.
E quando trova alcun che degno sia
di veder lei, quei prova sua vertute,
ché li avvien, ciò che li dona, in salute,
e sì l'umilia, ch'ogni offesa oblia.
Ancor l'ha Dio per maggior grazia dato
che non pò mal finir chi l'ha parlato.
    Dice di lei Amor: «Cosa mortale
come esser pò sì adorna e sì pura?»
Poi la reguarda, e fra se stesso giura
che Dio ne 'ntenda di far cosa nova.
Color di perle ha quasi, in forma quale
convene a donna aver, non for misura:
ella è quanto de ben pò far natura;
per essemplo di lei bieltà si prova.
De li occhi suoi, come ch'ella li mova,
escono spirti d'amore inflammati,
che feron li occhi a qual che allor la guati,
e passan sì che 'l cor ciascun retrova:
voi le vedete Amor pinto nel viso,
là 've non pote alcun mirarla fiso.
    Canzone, io so che tu girai parlando
a donne assai, quand'io t'avrò avanzata.
Or t'ammonisco, perch'io t'ho allevata
per figliuola d'Amor giovane e piana,
che là 've giugni tu dichi pregando:
«Insegnatemi gir, ch'io son mandata
a quella di cui laude so' adornata.»
E se non vuoli andar sì come vana,
non restare ove sia gente villana:
ingegnati, se puoi, d'esser palese

allí donde hay uno que espera perderla,
y que dirá en el infierno: ¡Oh mal nacidos!
Yo vi la esperanza de los bienaventurados.»

Mi dama es deseada en lo más alto del cielo:
ahora quiero haceros saber de su virtud.
Digo que la que quiera parecer noble dama,
vaya con ella, pues cuando pasa por la calle,
Amor arroja hielo en los corazones villanos,
y así congela y mata todos sus pensamientos;
y quien pudiera soportar el mirarla,
se ennoblecería, o moriría.
Y cuando encuentra a alguien que es digno
de contemplarla, ése prueba su virtud,
pues se le vuelve salud lo que ella le da,
y tanta humildad le entrega, que toda ofensa olvida.
Y todavía Dios le ha concedido, como excelente gracia,
que no pueda terminar mal quien le ha hablado.

Dice de ella Amor: «Algo mortal,
¿cómo puede ser tan hermoso y puro?»
Luego la mira, y jura para sí
que Dios pretendía hacer algo nuevo.
Tiene casi el color de las perlas, tal como
le conviene a una dama, no sin mesura:
ella es cuanto de bien puede hacer la naturaleza;
y la hermosura se prueba con su ejemplo.
De sus ojos, según ella los mueva,
brotan espíritus inflamados de amor,
que hieren los ojos de quien la mira,
y de tal manera lo atraviesan, que cada uno alcanza el corazón:
vosotras veis Amor pintado en su rostro,
allí donde nadie puede mirarla fijamente.

Canción, yo sé que irás hablando
a muchas damas, luego que te envíe.
Te aconsejo ahora, porque te he educado
como hija de Amor, joven y sencilla,
que allí donde vayas, suplicando digas:
«Mostradme el camino, pues me envían
a aquella de cuya alabanza estoy adornada.»
Y si no quieres andar en vano,
no permanezcas donde haya gente villana:
procura, si puedes, mostrarte

solo con donne o con omo cortese,
che ti merranno là per via tostana.
Tu troverai Amor con esso lei;
raccomandami a lui come tu dei.

Tanto gentile e tanto onesta pare
la donna mia quando ella altrui saluta,
ch'ogne lingua deven tremando muta,
e li occhi non l'ardiscon di guardare.
Ella si va, sentendosi laudare,
benignamente d'umiltà vestuta
e par che sia una cosa venuta
di cielo in terra a miracol mostrare.
Mostrasi si piacente a chi la mira,
che da per li occhi una dolcezza al core
che'ntender non la può chi non la prova,
e par che de la sua labbia si mova
un spirito soave pien d'amore
che va dicendo a l'anima: sospira.

Deh peregrini che pensosi andate,
forse di cosa che non v'è presente,
venite voi da sí lontana gente,
com' a la vista voi ne dimostrate,
che non piangete quando voi passate
per lo suo mezzo la città dolente,
come quelle persone che neente
par che 'ntendesser la sua gravitate?
Se voi restaste per volerlo audire,
certo lo cor de' sospiri mi dice
che lagrimando n'uscireste pui.
Ell'ha perduta la sua beatrice;
e le parole ch'om di lei pò dire
hanno vertú di far piangere altrui.

sólo a damas y hombres corteses:
ellos te guiarán por el camino más rápido.
Junto a ella encontrarás a Amor;
encomiéndame a él, como debes.

Julio Martínez Mesanza

Tan gentil, tan honesta, en su pasar,
es mi dama cuando ella a alguien saluda,
que toda lengua tiembla y queda muda
y los ojos no la osan contemplar.
Ella se aleja, oyéndose alabar,
benignamente de humildad vestida,
y parece que sea cosa venida
un milagro del cielo acá a mostrar.
Muestra un agrado tal a quien la mira
que al pecho, por los ojos, da un dulzor
que no puede entender quien no lo prueba.
Parece de sus labios que se mueva
un espíritu suave, todo amor,
que al alma va diciéndole: suspira.

Dámaso Alonso

«¡Oh peregrinos!, que pensando vais
tal vez en cosas que están presentes.
¿Es que venís de tan lejana tierra
como mostráis en vuestro aspecto,
pues no se os ve llorar cuando pasáis
por medio de la doliente ciudad
como personas que no se diesen
cuenta de la gravedad de sus actos?
Si os detuvierais a escuchar,
el corazón con suspiros me dice
que os veríamos marchar llorando.
La ciudad ha perdido a su Beatriz,
y las palabras que de ella pueden decirse
atesoran la virtud de hacer llorar a quien las oye.»

Nicolás González Ruiz

Guido, i' vorrei che tu e Lapo ed io
fossimo presi per incantamento,
e messi in un vasel ch'ad ogni vento
per mare andasse al voler vostro e mio,
sí che fortuna od altro tempo rio
non ci potesse dare impedimento,
anzi, vivendo sempre in un talento,
di stare insieme crescesse 'l disio.
E monna Vanna e monna Lagia poi
con quella ch'è sul numer de le trenta
con noi ponesse il buono incantatore:
e quivi ragionar sempre d'amore,
e ciascuna di lor fosse contenta,
sí come i' credo che saremmo noi.

Commedia

(*Inferno, V*)

Così discesi del cerchio primaio
giù nel secondo, che men loco cinghia
e tanto più dolor, che punge a guaio.
Stavvi Minòs orribilmente, e ringhia:
essamina le colpe ne l'intrata;
giudica e manda secondo ch'avvinghia.
Dico che quando l'anima mal nata
li vien dinanzi, tutta si confessa:
e quel conoscitor de le peccata
vede qual loco d'inferno è da essa;
cignesi con la coda tante volte
quantunque gradi vuol che giù sia messa.
Sempre dinanzi a lui ne stanno molte:
vanno a vicenda ciascuna al giudizio,
dicono e odono e poi son giù volte.
«O tu che vieni al doloroso ospizio»,
disse Minòs a me quando mi vide,
lasciando l'atto di cotanto offizio,
«guarda com'entri e di cui tu ti fide;
non t'inganni l'ampiezza de l'intrare!».
E 'l duca mio a lui: «Perché pur gride?

Guido, yo quisiera que tú y Lapo y yo
fuéramos sorprendidos por un encantamiento
y metidos en una barca que, obedeciendo a todo viento,
corriese por el mar conforme a vuestra voluntad y mía,
de tal suerte que ninguna tempestad o mal tiempo
lograse ponernos en mal trance,
antes, por el contrario, viviendo todos en un mismo querer,
creciese siempre más el anhelo de estar juntos.
Y D.ª Vana y D.ª Lagia después,
con aquella que está por encima de los treinta,
pusiese entre nosotros al buen encantador,
y así siempre hablaríamos del amor
y todas ellas estarían contentas,
como creo que estaríamos nosotros.

José Luis Gutiérrez García

La Divina Comedia

(*Infierno, V*)

Así bajé del círculo primero
al segundo, que menos trecho ciñe
con más dolor y es de ayes hervidero.
Minos horriblemente gruñe y riñe,
mientras juzga las culpas a la entrada,
y su rabo al juzgar ciñe y desciñe.
Digo que cuando el alma desdichada
se presenta ante él, confiesa todo;
y él, que en esta cuestión no ignora nada,
asígnale lugar de extraño modo:
tantas vueltas se encincha con la cola
cuantos grados señala a su acomodo.
Almas llegan ante él en batahola
y en turno comparecen para el juicio:
hablan, oyen y se hunden ola a ola.
«Oh tú que llegas al doliente hospicio»,
gritó advirtiendo la presencia mía,
mientras paraba su importante oficio,
«ve cuál se entra y de quién uno se fía:
no te engañe la anchura de la entrada».
«¿A qué esos gritos?», replicó mi guía.

Non impedir lo suo fatale andare:
vuolsi così colà dove si puote
ciò che si vuole, e più non dimandare.»
Or incomincian le dolenti note
a farmisi sentire; or son venuto
là dove molto pianto mi percuote.
Io venni in loco d'ogne luce muto,
che mugghia come fa mar per tempesta,
se da contrari venti è combattuto.
La bufera infernal, che mai non resta,
mena li spirti con la sua rapina;
voltando e percotendo li molesta.
Quando giungon davanti a la ruina,
quivi le strida, il compianto, il lamento;
bestemmian quivi la virtù divina.
Intesi ch'a così fatto tormento
enno dannati i peccator carnali,
che la ragion sommettono al talento.
E come li stornei ne portan l'ali
nel freddo tempo, a schiera larga e piena,
così quel fiato li spiriti mali
di qua, di là, di giù, di sù li mena;
nulla speranza li conforta mai,
non che di posa, ma di minor pena.
E come i gru van cantando lor lai,
faccendo in aere di sé lunga riga,
così vid'io venir, traendo guai,
ombre portate da la detta briga;
per ch'i' dissi: «Maestro, chi son quelle
genti che l'aura nera sì gastiga?»
«La prima di color di cui novelle
tu vuo' saper», mi disse quelli allotta,
«fu imperadrice di molte favelle.
A vizio di lussuria fu sì rotta,
che libito fé licito in sua legge,
per tòrre il biasmo in che era condotta.
Ell' è Semiramìs, di cui si legge
che succedette a Nino e fu sua sposa:
tenne la terra che 'l Soldan corregge.
L'altra è colei che s'ancise amorosa,

«No le impidas entrar, que su jornada
se ha decidido allí donde se puede
lo que se quiere, y ten boca cerrada.»
Ahora empiezo a escuchar, pues me precede,
dolorida quejumbre, y es que llego
a un lugar do el plañir tiene su sede.
Ese lugar sin luz pisamos luego,
mugidor como el mar que la tormenta
de sus vientos contrarios rinde al juego.
Pues la tromba infernal, siempre violenta,
a las almas arrastra en tremolina:
las voltea, sacude y atormenta.
Cuando llegan delante de la ruina,
allí el grito, y el llanto, y el lamento,
con la blasfemia a la virtud divina.
Condenados están a este tormento,
supe, los lujuriosos libertinos
que la razón someten al contento.
Y cual vemos volar los estorninos
en espesas bandadas cuando nieva,
esa tromba, en voraces torbellinos,
arriba, abajo, aquí y allí los lleva
sin la esperanza, que les dé consuelo,
de ver cesar o disminuir la prueba.
Y al igual que las grullas, en el cielo,
forman graznantes alargada hilera,
vi acercarse y plañir su desconsuelo
una turba arrastrada en ventolera,
por lo que pregunté: «¿Quién, esa gente
a la que el negro viento así lacera?»
«La primera de entre esa turba ingente
fue la reina», me dijo, «de un imperio
do se habló mucha lengua diferente.
Sirvió de la lujuria al ministerio
y dio fuerza de ley a la licencia
para hurtar su conducta al vituperio.
Semíramis es, pues: según la ciencia,
sucesora de Nino, como esposa,
en lo que es ahora del Soldán la herencia.
Muerte la otra se infirió amorosa,

e ruppe fede al cener di Sicheo;
poi è Cleopatràs lussurïosa.
    Elena vedi, per cui tanto reo
tempo si volse, e vedi 'l grande Achille,
che con amore al fine combatteo.
    Vedi Parìs, Tristano»; e più di mille
ombre mostrommi e nominommi a dito,
ch'amor di nostra vita dipartille.
    Poscia ch'io ebbi 'l mio dottore udito
nomar le donne antiche e' cavalieri,
pietà mi giunse, e fui quasi smarrito.
    I' cominciai: «Poeta, volontieri
parlerei a quei due che 'nsieme vanno,
e paion sì al vento esser leggieri.»
    Ed elli a me: «Vedrai quando saranno
più presso a noi; e tu allor li priega
per quello amor che i mena, ed ei verranno.»
    Sì tosto come il vento a noi li piega,
mossi la voce: «O anime affannate,
venite a noi parlar, s'altri nol niega!»
    Quali colombe dal disio chiamate
con l'ali alzate e ferme al dolce nido
vegnon per l'aere, dal voler portate;
    cotali uscir de la schiera ov' è Dido,
a noi venendo per l'aere maligno,
sì forte fu l'affettüoso grido.
    «O animal grazïoso e benigno
che visitando vai per l'aere perso
noi che tignemmo il mondo di sanguigno,
    se fosse amico il re de l'universo,
noi pregheremmo lui de la tua pace,
poi c'hai pietà del nostro mal perverso.
    Di quel che udire e che parlar vi piace,
noi udiremo e parleremo a voi,
mentre che 'l vento, come fa, ci tace.
    Siede la terra dove nata fui
su la marina dove 'l Po discende
per aver pace co' seguaci sui.
    Amor, ch'al cor gentil ratto s'apprende,
prese costui de la bella persona
che mi fu tolta; e 'l modo ancor m'offende.

infiel a las cenizas de Siqueo;
sígueles Cleopatra lujuriosa.
Mira a Helena también, por quien un feo
tiempo siguió, y contempla al gran Aquiles,
que al fin a lid de amor rindió el deseo.
Ve a Paris y a Tristán...». Así hasta miles
señaló con el dedo, que han perdido
la vida, del amor presas gentiles.
Cuando escuché a mi sabio, de corrido,
tanta dama nombrar y caballero,
ganado de piedad quedé aturdido.
«Poeta», sugerí, «te soy sincero:
a esa pareja hablar me gustaría
que al viento va con aire tan ligero».
Y él: «Espera a que pasen. Quien ansía
hablarles lo obtendrá, si se lo ruega
por el amor que sus afanes guía.»
Cuando el viento al pasar nos las allega,
alzo la voz: «Oh, almas torturadas,
venid a hablarnos, si otro no lo niega.»
Y como dos palomas enceladas
con ala abierta y firme al dulce nido
van por el aire del amor llevadas,
así del grupo donde se halla Dido
vinieron ellas por el aire inmundo,
tal mi afectuoso grito hirió su oído.
«Ser gracioso y benigno sin segundo,
que visitas en este clima adverso
a los que hemos teñido en sangre el mundo,
si fuese amigo el rey del universo,
haríamos votos por tu bienandanza,
pues que te apena nuestro mal perverso.
Cuanto de hablar y oír tu afán alcanza,
hablaremos y oiremos, si es que el viento
mantiene, como ahora, su bonanza.
La tierra en que nací tiene su asiento
sobre la costa en la que el Po desciende
para hallar en el mar acabamiento.
Amor, que pronto en almas nobles prende,
prendió en éste a favor de mi persona,
arrancada de un modo que aún me ofende.

Amor, ch'a nullo amato amar perdona,
mi prese del costui piacer sì forte,
che, come vedi, ancor non m'abbandona.
Amor condusse noi ad una morte.
Caina attende chi a vita ci spense.»
Queste parole da lor ci fuor porte.
Quand' io intesi quell'anime offense,
china' il viso, e tanto il tenni basso,
fin che 'l poeta mi disse: «Che pense?»
Quando rispuosi, cominciai: «Oh lasso,
quanti dolci pensier, quanto disio
menò costoro al doloroso passo!»
Poi mi rivolsi a loro e parla' io,
e cominciai: «Francesca, i tuoi martìri
a lagrimar mi fanno tristo e pio.
Ma dimmi: al tempo d'i dolci sospiri,
a che e come concedette amore
che conosceste i dubbiosi disiri?»
E quella a me: «Nessun maggior dolore
che ricordarsi del tempo felice
ne la miseria; e ciò sa 'l tuo dottore.
Ma s'a conoscer la prima radice
del nostro amor tu hai cotanto affetto,
dirò come colui che piange e dice.
Noi leggiavamo un giorno per diletto
di Lancialotto come amor lo strinse;
soli eravamo e sanza alcun sospetto.
Per più fïate li occhi ci sospinse
quella lettura, e scolorocci il viso;
ma solo un punto fu quel che ci vinse.
Quando leggemmo il disïato riso
esser basciato da cotanto amante,
questi, che mai da me non fia diviso,
la bocca mi basciò tutto tremante.
Galeotto fu 'l libro e chi lo scrisse:
quel giorno più non vi leggemmo avante.»
Mentre che l'uno spirto questo disse,
l'altro piangëa; sì che di pietade
io venni men così com' io morisse.
E caddi come corpo morto cade.

Amor, que a nadie amado amar perdona,
prendió por éste en mí placer tan fuerte
que aún, como tú ves, no me abandona.
Amor nos dirigió a la misma muerte:
a aquel que nos la dio los cainitas
en su recinto aguardan.» De esta suerte
hablaron las dos sombras, y a sus cuitas
me quedé tanto tiempo cabizbajo,
que el poeta me dijo: «¿Qué meditas?»
«¡Infelices!», repuse con trabajo,
«¡cuánto dulce deseo y pensamiento
a tan amarga situación les trajo!».
Luego a ellos me volví con triste acento,
diciéndoles: «Un llanto compasivo
me hace verter, Francesca, tu tormento.
Mas dime: entre el suspiro fugitivo,
¿cómo os puso en la mano Amor la llave
que a luz sacó el deseo más furtivo?»
Y ella me dijo: «No hay dolor más grave
que recordar la bienandanza en la hora
del infortunio: tu doctor lo sabe.
Si la raíz de nuestro amor, ahora,
tienes por conocer tanto deseo,
hablaré como lo hace el que habla y llora.
Leíamos un día por recreo
del gentil Lanzarote la aventura,
solos, mas sin afán de devaneo.
Varias veces quedó, con la lectura,
blanco el rostro y prendida la mirada;
mas fue un punto el que indujo la locura.
Al leer que la risa de la amada
se quebró con el beso del amante,
éste, que nunca se me aparte en nada,
la boca me besó todo temblante.
Galeoto el libro fue y quien lo escribiera:
ya la lectura no siguió adelante.»
Mientras que la una habló de esta manera,
lloraba el otro; en tanto quedé yerto
de pura compasión, cual si muriera,
y caí como cae un cuerpo muerto.

Abilio Echeverría

Francesco Petrarca

Italia (Arezzo, 1304-Arquà, 1374)

Una parte inmensa de la lírica europea posterior a Petrarca ha sido el intento unas veces de remedarlo y otras de descartarlo. De familia florentina en el exilio, Petrarca vivió primero al arrimo de la familia cardenalicia de los Colonna y en el ambiente de la curia pontificia de Aviñón, concentrado en el estudio de los clásicos y en una producción en latín que debía culminar en una epopeya y en unas semblanzas de romanos ilustres. Con la madurez, buscó acomodo en Italia bajo la protección de los Visconti y otros magnates, y orientó su quehacer a la filosofía moral, ilustrada en particular por sus dos grandes colecciones de cartas, *Familiares* y *Seniles*. Padre del humanismo, el movimiento que soñó una nueva civilización construida según los modelos de la Antigüedad, hoy se le recuerda sin embargo por la colección de poesías italianas (trescientas sesenta y seis, mayormente sonetos, con veintinueve canciones, nueve sestinas y varias baladas y madrigales) titulada *Canzoniere*, *Rime sparse* o, más exactamente, *Rerum vulgarium fragmenta*. Concebido como libro unitario, pero sin una estricta ordenación narrativa, el *Canzoniere* presenta la trayectoria espiritual del autor en las diversas fases y facetas de su amor —en vida y en muerte— por una dama a quien designa como «Laura». En los *Triumphi*, la misma trayectoria aspira a proyectarse en el marco general de la condición humana. La lírica petrarquesca parte de los trovadores provenzales y del *dolce stil novo* —de Guinizzelli a Dante— y los ennoblece con una sustancial aportación de sugerencias clásicas. El estilo, de una elegancia un tanto artificial y una sabia musicalidad, rehúye las estridencias léxicas y gramaticales; evita las referencias puntuales, a favor de una vaga alusividad, y se complace en la insistente variación de unos pocos elementos lingüísticos y retóricos.

RERUM VULGARIUM FRAGMENTA

XII

Se la mia vita da l'aspro tormento
si può tanto schermire, et dagli affanni,
ch'i' veggia per vertú degli ultimi anni,
donna, de' be' vostr'occhi il lume spento,
    e i cape' d'oro fin farsi d'argento,
et lassar le ghirlande e i verdi panni,
e 'l viso scolorir che ne' miei danni
a llamentar mi fa pauroso et lento:
    pur mi darà tanta baldanza Amore
ch'i' vi discovrirò de' mei martiri
qua' sono stati gli anni, e i giorni et l'ore;
    et se 'l tempo è contrario ai be' desiri,
non fia ch'almen non giunga al mio dolore
alcun soccorso di tardi sospiri.

LXI

Benedetto sia 'l giorno, e 'l mese, et l'anno,
et la stagione, e 'l tempo, et l'ora, e 'l punto,
e 'l bel paese, e 'l loco ov'io fui giunto
da' duo begli occhi che legato m'ànno;
    et benedetto il primo dolce affanno
ch'i' ebbi ad esser con Amor congiunto,
et l'arco, et le saette ond'i' fui punto,
et le piaghe che 'nfin al cor mi vanno.
    Benedette le voci tante ch'io
chiamando il nome de mia donna ò sparte,
e i sospiri, et le lagrime, e 'l desio;
    et benedette sian tutte le carte
ov'io fama l'acquisto, e 'l pensier mio,
ch'è sol di lei, sí ch'altra non v'à parte.

Rerum vulgarium fragmenta

XII

Si mi vida del áspero tormento
y de afanes pudiera defenderse,
tanto que viera a causa de los años
palidecer, señora, vuestros ojos,
    y volverse de plata el áureo pelo,
y no usar verdes telas ni guirnaldas,
y perder el color aquella cara
que me llena de miedo a lamentarme,
    me dará al fin Amor tanta osadía
que yo os descubriré de mis martirios
cuáles fueron los años y las horas;
    y si adverso es el tiempo a los deseos,
que a mi dolor al menos no le falte
algún socorro de suspiros tardos.

LXI

Bendito sea el día, el mes, y el año,
y la estación, la hora, y el instante,
y el país, y el lugar donde fui preso
de los dos bellos ojos que me ataron;
    y bendito el afán dulce primero
que al ser unido con Amor obtuve,
y el arco, y las saetas que me hirieron,
y las llagas que van hasta mi pecho.
    Benditas cuantas voces esparciera
al pronunciar el nombre de mi dueño,
y el llanto, y los suspiros, y el deseo;
    y sean benditos los escritos todos
con que fama le doy, y el pensar mío,
que pertenece a ella, y no a otra alguna.

LXII

Padre del ciel, dopo i perduti giorni,
dopo le notti vaneggiando spese,
con quel fero desio ch'al cor s'accese,
mirando gli atti per mio mal sí adorni,
piacciati omai col Tuo lume ch'io torni
ad altra vita et a piú belle imprese,
sí ch'avendo le reti indarno tese,
il mio duro adversario se ne scorni.
Or volge, Signor mio, l'undecimo anno
ch'i' fui sommesso al dispietato giogo
che sopra i piú soggetti è piú feroce.
Miserere del mio non degno affanno;
reduci i pensier' vaghi a miglior luogo;
ramenta lor come oggi fusti in croce.

CXVIII

Rimansi a dietro il sestodecimo anno
de' miei sospiri, et io trapasso inanzi
verso l'extremo; et parmi che pur dianzi
fosse 'l principio di cotanto affanno.
L'amar m'è dolce, et util il mio danno,
e 'l viver grave; et prego ch'egli avanzi
l'empia Fortuna, et temo no chiuda anzi
Morte i begli occhi che parlar mi fanno.
Or qui son, lasso, et voglio esser altrove;
et vorrei piú volere, et piú non voglio;
et per piú non poter fo quant'io posso;
et d'antichi desir' lagrime nove
provan com'io son pur quel ch'i' mi soglio,
né per mille rivolte anchor son mosso.

LXII

Padre del cielo, tras aquellos días
perdidos, y tras noches malgastadas
con ardientes deseos, contemplando
para mi mal sus gestos tan hermosos,
  dígnate ahora con tu luz que vuelva
a más altas empresas y a otra vida,
de modo que al tenderme en vano redes
mi enemigo feroz quede burlado.
  Ahora corre, Señor, el año undécimo
en que fui sometido al duro yugo
que es más cruel para aquellos que son débiles.
  Ten, pues, piedad de mi cuidado indigno;
conduce el pensamiento a mejor sitio;
y dile que en la cruz hoy estuviste.

Jacobo Cortines

CXVIII

Ya queda atrás el decimosexto año
de mis suspiros y hacia el final día
me adelanto. Parece sin embargo
que tanto afán apenas si principia.
  Dulce lo amargo me es, útil mi daño,
y el vivir pesa y ruego yo que dure
más que mi cruel fortuna; temo cierre
la Muerte antes los ojos por los que hablo.
  Aquí estoy y en otra parte quiero estar,
querría más querer, y más no quiero;
más no poder, hacer cuanto se pueda;
  nuevo llanto por viejo desear
prueba que soy aún lo que ser suelo,
ni me han movido aún más de mil vueltas.

Alicia Colombí-Monguió

CXXVI

Chiare, fresche et dolci acque,
ove le belle membra
pose colei che sola a me par donna;
gentil ramo ove piacque
(con sospir' mi rimembra)
a lei di fare al bel fiancho colonna;
herba et fior' che la gonna
leggiadra ricoverse
co l'angelico seno;
aere sacro, sereno,
ove Amor co' begli occhi il cor m'aperse:
date udïenzia insieme
a le dolenti mie parole extreme.
S'egli è pur mio destino,
e 'l cielo in ciò s'adopra,
ch'Amor quest'occhi lagrimando chiuda,
qualche gratia il meschino
corpo fra voi ricopra,
et torni l'alma al proprio albergo ignuda.
La morte fia men cruda
se questa spene porto
a quel dubbioso passo:
ché lo spirito lasso
non poria mai in piú riposato porto
né in piú tranquilla fossa
fuggir la carne travagliata et l'ossa.
Tempo verrà anchor forse
ch'a l'usato soggiorno
torni la fera bella et mansüeta,
et là 'v'ella mi scorse
nel benedetto giorno,
volga la vista disïosa et lieta,
cercandomi: et, o pieta!,
già terra in fra le pietre
vedendo, Amor l'inspiri
in guisa che sospiri
sí dolcemente che mercé m'impetre,
et faccia forza al cielo,
asciugandosi gli occhi col bel velo.

CXXVI

Claras y dulces aguas
donde los bellos miembros
puso aquella a quien sólo creo señora;
gentil rama en que quiso
(con suspiros me acuerdo)
hallar para su bello flanco apoyo;
hierba y flor que el vestido
gracioso recubriera
con su angélico seno;
sereno aire sagrado
en el que Amor me hirió con bellos ojos:
escuchad juntamente
mis postreras palabras doloridas.
Si ha de ser mi destino,
y de ello cuida el cielo,
que cierre Amor mis ojos sollozando,
que el cuerpo miserable
halle gracia en vosotros,
y vuelva a su mansión desnuda el alma.
La muerte menos dura
será si así lo espero
en el dudoso paso,
que el espíritu triste
nunca podría en puerto más sereno
ni en más tranquila fosa
escapar de la carne y de los huesos.
Acaso llegue un tiempo
en que al usado sitio
torne la fiera bella y apacible,
y donde me prendiera
aquel bendito día,
vuelva la vista alegre y deseosa,
buscándome, y ¡oh pena!,
ya tierra entre las piedras
viéndome, Amor le inspire
de forma que solloce
tan dulcemente que merced me implore,
y del cielo la obtenga,
secándose los ojos con el velo.

Da' be' rami scendea
(dolce ne la memoria)
una pioggia di fior' sovra 'l suo grembo;
et ella si sedea
humile in tanta gloria,
coverta già de l'amoroso nembo.
Qual fior cadea sul lembo,
qual su le treccie bionde,
ch'oro forbito et perle
eran quel dí a vederle;
qual si posava in terra, et qual su l'onde;
qual con un vago errore
girando parea dir: Qui regna Amore.
Quante volte diss'io
allor pien di spavento:
Costei per fermo nacque in paradiso.
Cosí carco d'oblio
il divin portamento
e 'l volto e le parole e 'l dolce riso
m'aveano, et sí diviso
da l'imagine vera,
ch'i' dicea sospirando:
Qui come venn'io, o quando?;
credendo esser in ciel, non là dov'era.
Da indi in qua mi piace
questa herba sí, ch'altrove non ò pace.
Se tu avessi ornamenti quant'ài voglia,
poresti arditamente
uscir del boscho, et gir in fra la gente.

CXLV

Ponmi ove 'l sole occide i fiori et l'erba,
o dova vince lui il ghiaccio et la neve;
ponmi ov'è 'l carro suo temprato et leve,
et ov'è chi ce 'l rende, o chi ce 'l serba;
ponmi in humil fortuna, od in superba,
al dolce aere sereno, al fosco et greve;
ponmi a la notte, al dí lungo ed al breve,
a la matura etate od a l'acerba;

De las ramas caía
(qué dulce en la memoria)
de flores una lluvia en su regazo;
y ella estaba sentada
humilde en tanta gloria,
por el nimbo amoroso recubierta.
Una cayó en el manto,
otra sobre las trenzas,
que oro pulido y perlas
mostrábanse aquel día;
posábase una en tierra, y otra en agua;
y alguna en leves giros
parecía decir: «Aquí Amor reina.»
Cuántas veces yo dije
de miedo lleno entonces:
«Ésta en verdad nació en el paraíso.»
Llenado así de olvido
las divinas maneras,
las palabras, el rostro y dulce risa
me habían, y apartado
de la verdad ya tanto
que suspirando dije:
«¿Cómo llegué aquí, o cuándo?»,
creyendo que en el cielo me encontraba.
Y tanto ya amo el prado
que no encuentro la paz en otro sitio.
Si adornarte supieras cual deseas,
con orgullo podrías
salir del bosque, e ir entre la gente.

CXLV

Ponme allí donde el sol mata las flores,
o allí donde lo vencen nieve y hielo;
ponme allí donde está su carro leve,
y donde está quien nos lo da, o lo quita;
ponme en humilde suerte, o en soberbia,
en dulce aire, o en sombrío y denso;
ponme en noche, o en día breve y largo,
en la madura edad o en la temprana;

ponmi in cielo, od in terra, od in abisso,
in alto poggio, in valle ima et palustre,
libero spirto, od a' suoi membri affisso;
ponmi con fama oscura, o con ilustre:
sarò qual fui, vivrò com'io son visso,
continüando il mio sospir trilustre.

CCXCIII

S'io avesse pensato che sí care
fossin le voci de' sospir' miei in rima,
fatte l'avrei, dal sospirar mio prima,
in numero piú spesse, in stil piú rare.
Morta colei che mi facea parlare,
et che si stava de' pensier' miei in cima,
non posso, et non ò piú sí dolce lima,
rime aspre et fosche far soavi et chiare.
Et certo ogni mio studio in quel tempo era
pur di sfogare il doloroso core
in qualche modo, non d'acquistar fama.
Pianger cercai, non già del pianto honore:
or vorrei ben piacer; ma quella altera
tacito stanco dopo sé mi chiama.

CCCXV

Tutta la mia fiorita et verde etade
passava, e 'ntepidir sentia già 'l foco
ch'arse il mio core, ed era giunto al loco
ove scende la vita ch'al fin cade.
Già incominciava a prender securtade
la mia cara nemica a poco a poco
de' suoi sospetti, et rivolgeva in gioco
mie pene acerbe sua dolce honestade.
Presso era 'l tempo dove Amor si scontra
con Castitate, et agli amanti è dato
sedersi inseme, et dir che lor incontra.

ponme en el cielo, en tierra, o en abismo,
en alta cumbre, o en profundo valle,
aferrado a la carne, o libre el alma;
ponme con fama oscura, o con ilustre:
seré el que fui, y viviré cual siempre,
siguiendo el suspirar de quince años.

Jacobo Cortines

CCXCIII

Si yo hubiese pensado que tan cara
fuese la voz del llanto mío en rima,
mucho más, desde que ella me lastima,
hubiera escrito, y con dicción más rara.
Pero, muerta quien hizo que yo hablara,
y era de mis conceptos la alta cima,
no puedo, al no tener tan dulce lima,
a mi oscura canción hacer más clara.
Y mi intención, por cierto, entonces era
tan sólo desahogar mis sinsabores
de cualquier modo, y no conquistar fama.
Llorar quise, mas no del llanto honores:
hoy querría gustar; mas mi altanera,
cansado y roto, tras de sí me llama.

Ángel Crespo

CCCXV

Mi verde edad florida transcurría,
y comenzaba ya a entibiarse el fuego
que abrasó al corazón, y era llegado
donde baja la vida que al fin cae.
Ya empezaba a sentirse más segura
mi querida enemiga poco a poco
de sus dudas, y en juego convertía
su dulce honestidad mis duras penas.
Cercano era el momento del encuentro
de Amor con Castidad, y a los amantes
era dado que hablasen los dos juntos.

Morte ebbe invidia al mio felice stato,
anzi a la speme; et feglisi a l'incontra
a mezza via come nemico armato.

CCCLXIV

Tennemi Amor anni ventuno ardendo,
lieto nel foco, et nel duol pien di speme;
poi che madonna e 'l mio cor seco inseme
saliro al ciel, dieci altri anni piangendo.
Omai son stanco, et mia vita reprendo
di tanto error che di vertute il seme
à quasi spento; et le mie parti extreme,
alto Dio, a te devotamente rendo:
pentito et tristo de' miei sí spesi anni,
che spender si deveano in miglior uso,
in cercar pace et in fuggir affanni.
Signor che 'n questo carcer m'ài rinchiuso,
tràmene, salvo da li eterni danni,
ch'i' conosco 'l mio fallo, et non lo scuso.

Trionfi

Triumphus aeternitatis

Questo pensava, e mentre più s'interna
la mente mia, veder mi parve un mondo
novo, in etate immobile ed eterna,
e 'l sole e tutto 'l ciel disfar a tondo
con le sue stelle, ancor la terra e 'l mare,
e rifarne un più bello e più giocondo.
Qual meraviglia ebb' io quando ristare
vidi in un punto quel che mai non stette,
ma discorrendo suol tutto cangiare!
E le tre parti sue vidi ristrette
ad una sola, e quella una esser ferma
sì che, come solea, più non s'affrette;

Y tuvo envidia Muerte de mi estado,
más bien de la esperanza; y le hizo frente
como armado enemigo en el camino.

CCCLXIV

Túvome Amor ardiendo veintiún años,
feliz y esperanzado entre las llamas;
y llorando otros diez desde que aquélla
al cielo fue llevándose mi pecho.
Cansado estoy ahora, y me arrepiento
de todos los errores que apagaron
de la virtud el germen, y te entrego,
oh mi Señor, aquello que me queda,
contrito por los años malgastados
que debieron gastarse en mejor uso,
en buscar paz y en rechazar afanes.
Señor que en esta cárcel me has metido,
ponme Tú a salvo del eterno daño:
reconozco mi error y no lo excuso.

Jacobo Cortines

Triunfos

Triunfo de la eternidad

Esto pensaba, y mientras más hundía
el pensamiento en ello, un mundo nuevo
me pareció entrever eterno y quieto,
y deshacerse el sol y todo el cielo
con sus astros, los mares y la tierra,
y surgir de entre aquello otro más bello.
¡Qué sorpresa sentí, cuando de golpe
vi parar lo que nunca estuvo quieto,
sino cambiando todo en su carrera!
Y vi que sus tres partes se quedaban
reducidas a una, y ésta inmóvil,
para que no corriese como hacía;

e quasi in terra d'erbe ignuda ed erma,
né «fia» né «fu» né «mai» né «innanzi» o «'ndietro»
ch'umana vita fanno varia e 'nferma! ...
O felici quelle anime che 'n via
sono o seranno di venire al fine
di ch'io ragiono, quandunque e' si sia!
E tra l'altre leggiadre e pellegrine
beatissima lei che Morte occise
assai di qua dal natural confine!
Parrano allor l'angeliche divise
e l'oneste parole e i pensier casti
che nel cor giovenil Natura mise.
Tanti volti, che Morte e 'l Tempo ha guasti,
torneranno al suo più fiorito stato,
e vedrassi ove, Amor, tu mi legasti,
ond'io a dito ne sarò mostrato:
«Ecco chi pianse sempre, e nel suo pianto
sovra 'l riso d'ogni altro fu beato!»
E quella di ch'ancor piangendo canto
avrà gran maraviglia di se stessa,
vedendosi fra tutte dar il vanto.
Quando ciò fia, nol so; se fu soppressa
tanta credenza a' più fidi compagni,
a sì alto segreto chi s'appressa? ...
Questi trionfi, i cinque in terra giuso
avem veduto ed alla fine il sesto,
Dio permettente, vederem lassuso.
E 'l Tempo, a disfar tutto così presto,
e Morte in sua ragion cotanto avara,
morti insieme saranno e quella e questo.
E quei che Fama meritaron chiara,
che 'l Tempo spense, e i be' visi leggiadri
che 'mpallidir fe' 'l Tempo e Morte amara,
l' oblivion, gli aspetti oscuri ed adri,
più che mai bei tornando, lasceranno
a morte impetuosa, a' giorni ladri;
ne l'età più fiorita e verde avranno
con immortal bellezza eterna fama.
Ma innanzi a tutte ch'a rifar si vanno,
è quella che piangendo il mondo chiama
con la mia lingua e con la stanca penna;
ma 'l ciel pur di vederla intera brama.

e igual que si de un yermo se tratara
no habrá «fue», ni «será», ni «antes», ni «ahora»,
que tan cambiantes hacen nuestras vidas. …
¡Oh felices las almas que al camino
del fin del que me ocupo se dirigen
o habrán alguna vez de dirigirse!
Y entre todas aquéllas, ¡felicísima
la que fue arrebatada por la Muerte
con tanta prontitud para sus años!
Podrá verse que allí Naturaleza
puso angélicas formas y palabras
y pensamientos castos en un pecho.
Rostros, desfigurados por la Muerte
y por el Tiempo, brillarán de nuevo,
y se verá, oh Amor, a quién me ataste,
y seré señalado con el dedo;
«¡Aquí está el que lloró, y el que en su llanto
fue más feliz que aquellos que rieron!».
Y aquélla por la cual sigo llorando
llegará a sorprenderse de sí misma,
al verse sobre todas preferida.
Mas cuándo ocurrirá, no sé decirlo,
que si no lo supieron los más fieles,
¿quién podrá penetrar en el secreto? …
Estos cinco triunfos en la tierra
hemos llegado a ver, y al fin el sexto,
si quiere Dios, veremos allá arriba.
Y el Tiempo, en deshacer todo tan presto,
y la Muerte en lo suyo tan avara,
yacerán muertos, juntos uno y otra.
Y aquellos que la Fama merecieron,
que extinguió el Tiempo, y cuyos bellos rostros
hizo afear el Tiempo con la Muerte,
cuando vuelvan de nuevo a ser hermosos,
dejarán a la Muerte la tristeza
y a los días ladrones el olvido;
en la edad más florida y más lozana
tendrán eterna fama y hermosura.
Mas delante de todas las que vuelvan
está la que llorando el mundo llama
con mi pluma cansada y con mi lengua,
y a la que entera el cielo ver desea.

A riva un fiume che nasce in Gebenna
Amor mi diè per lei sì lunga guerra
che la memoria ancora il cor accenna.
Felice sasso che 'l bel viso serra!
che, poi ch'avrà ripreso il suo bel velo,
se fu beato chi la vide in terra,
or che fia dunque a rivederla in cielo!

Ad Franciscum priorem Sanctorum Apostolorum de Florentia

Vivo, sed indignans quod nos in tristia fatum
secula dilatos peioribus intulit annis.
Aut prius aut multo decuit post tempore nasci;
nam fuit et fortassis erit felicius evum;
in medium sordes. In nostrum turpia tempus
confluxisse vides; gravium sentina malorum
nos habet; ingenium, virtus et gloria mundo
cesserunt regnumque tenent fortuna, voluptas,
dedecus. Ingenti nisu nisi surgimus, actum est:
ibimus in scopulos, torrente rotabimur atro,
ossa rigens tellus et inania nomina bustum
conteget exiguum; longo mox parta labore
fama cadet, cinerum custos intercidet urna,
aura feret cineres, attrito in marmore nomen
vix leget acclinis concisum in frusta viator.
Cunta premet tempus; si mens obstare prementi est,
attollamus humo spes fessas, nulla carinas
anchora mobilibus suffixa moretur arenis.
Hoc Helicone meo circumviridantibus herbis
fontis et ad ripam queruli sub rupe silenti
atque inter geminas properatum perlege lauros;
quas tibi, sacrata forsan sessure sub umbra,
dum sererem, heu quotiens suspirans «crescite» dixi.

A la orilla de un río, en Monginevra,
Amor me dio por ella tan gran guerra,
que el corazón se acuerda todavía.
¡Feliz la losa que su rostro cubre!
que, después de volver a su belleza,
si fue dichoso quien la vio en la tierra,
¿qué no ha de ser al verla allá en el cielo?

Jacobo Cortines y Manuel Carrera

A FRANCISCO, PRIOR DE LOS SANTOS APÓSTOLES DE FLORENCIA

Vivo, sí, mas rabioso de mi ingrato destino;
me dejó en el olvido hasta estos tristes tiempos,
me ha forzado a vivir en los peores años.
Mucho antes —o después— debiera haber nacido;
que hubo, y a lo mejor volverá todavía,
una edad más dichosa; lo de en medio es basura.
Bien ves que en nuestro tiempo confluyen las vilezas.
Todo es una sentina. Gloria, ingenio y virtud
del mundo se ausentaron; y ahora ejercen el mando
placer, fortuna y vicio. Si fuerte no luchamos,
ya todo está perdido: escollos nos aguardan
y un negro torbellino. Nuestros huesos la tierra,
y nuestros vanos nombres cubrirá breve fosa.
Caerá al punto la fama con gran tesón ganada,
y, quebrada la urna, por el aura esparcidas
serán nuestras cenizas. Inclinado, el viandante,
nuestros mútilos nombres podrá leer apenas
en los mármoles rotos. Todo el tiempo lo gasta.
Si batirlo queremos, levantemos del suelo
las flacas esperanzas, no anclemos nuestras naves
en móviles arenas. Lee, amigo, estos versos
que con prisas te escribo en mi Helicón, circuido
de un prado verdeante, bajo una muda roca,
junto al son de una fuente, entre los dos laureles
que, para ti al plantarlos, pensando que algún día
bajo su sacra sombra te vería sentado,
cuántas veces «Creced» repetí suspirando.

Francisco Rico y Miguel Requena

—Candida si niveis se nunc tua Laurea pennis
induat et pelago pulcra feratur avis,
nonne voles simili te transformasse figura,
mente manente quidem, sed variante coma?
Nonne libens quocumque gradum feret illa sequeris,
hac illac secum per freta cuncta vagus,
dilectaeque comes nanti simul atque volanti,
ut similis semper vita duobus eat?
—Sic fateor, sed plura petam: mihi dulcis amicus
haereat et lateri dulcis amica suo.
Gratior haec avibus contingat vita quaternis,
nil animos usquam quod nimis angat erit.

—Si ahora tu hermosa Laura revistiera
plumas de nieve de gaviota pura,
¿no te transformarías a su hechura,
el mismo en el amor, otro por fuera?
¿No quisieras seguirla por doquiera,
planear de los mares la llanura,
surcar con ella el agua o en la altura
igual vida tener que ella tuviera?
—Cierto que sí, pero aún pido otra cosa:
que tú y tu dulce amiga, dulce amigo,
no os separéis jamás de nuestro lado.
Juntos todos, ¡qué vida más dichosa!
Aves los cuatro y siempre ya conmigo,
¡qué gozo más en paz, más sin cuidado!

Francisco Rico

Ausiàs March

España (Valencia, hacia 1400-1459)

Tras una etapa de empresas militares en el Mediterráneo, bajo las enseñas de Alfonso el Magnánimo, lo que sabemos de la vida de March concierne principalmente a los pleitos familiares y a sus actividades de pequeño señor feudal, celoso de sus privilegios. No ya frente a la plana uniformidad de la herencia provenzal tardía que venía dominando la poesía que le era más cercana, sino en todo el panorama europeo de la época, su obra es de una asombrosa originalidad, unida como va a una concepción del amor, de la vida y de la muerte (nociones para él estrechamente unidas) que escapa a las clasificaciones. Núcleo obsesivo de su producción es el análisis de sus contradictorios estados de ánimo, imposibles de comunicar con recetas de escuela. Mientras ama (y escribe, pues ambas actividades son en él indisociables) reflexiona sobre lo que le ocurre: el deseo y la pasión y sus efectos, la participación del espíritu, las consecuencias morales, la desazón al no alcanzar el amor ideal..., temas a menudo abordados a través de comparaciones tan densas como insólitas en la literatura medieval y otras veces desmenuzados hasta la abstracción. March es sobre todo un poeta del dolor, sentimiento que indaga con rigor intelectual y que no necesita expresarse mediante una compleja elaboración formal ni en el convencional provenzal de sus predecesores inmediatos, sino libre de todo lo accesorio y en la modalidad valenciana del catalán, la lengua de la vida real, porque lo que los poemas cuentan, lo que él cuenta, es verdad.

I

Axí com cell qui 'n lo somni·s delita,
e son delit de foll pensament ve,
ne pren a mi, que·l temps passat me té
l'imaginar, qu'altre bé no·y abita,
sentint estar en aguayt ma dolor,
sabent de cert qu'en ses mans he de jaure.
Temps de venir en negun bé·m pot caure;
ço qu'és no-res a mi és lo millor.
    Del temps passat me trob en gran amor,
amant no-res, puys és ja tot finit;
d'aquest pensar me sogorn e·m delit,
mas quan lo pert s'esforça ma dolor,
sí com aquell qui és jutgat a mort
he de lonch temps la sab e s'aconorta,
e creure·l fan que li serà estorta,
e·l fan morir sens un punt de recort.
    Plagués a Déu que mon pensar fos mort,
e que passàs ma vida en durment!
Malament viu qui té son pensament
per enemich, fent-li d'enugs report;
e com lo vol d'algun plaer servir
li·n pren axí com don'ab son infant,
que si verí li demana plorant
ha tan poch seny que no·l sab contradir.
    Fóra millor ma dolor soferir
que no mesclar pocha part de plaer
entr'aquells mals qui·m giten de saber,
com del pensat plaer me cové 'xir.
Las! Mon delit dolor se convertex;
doble 's l'affany aprés d'un poch repòs,
sí co·l malalt qui per un plasent mos
tot son menjar en dolor se nodrex;
    com l'ermità, qu'enyorament no·l crex
d'aquells amichs qu'avia en lo món,
essent lonch temps qu'en loch poblat no fon:
furtuït cas un d'ells li aparex,
qui los passats plaés li renovella,
sí que·l passat present li fa tornar;
mas, com se·n part, l'és forçat congoxar:
lo bé, com fuig, ab grans crits mal apella.

I

Como aquel que en el sueño se deleita
con un loco placer imaginado,
así estoy yo, porque el pasado apresa
mi mente, y no hay lugar para otros bienes,
sabiendo que el dolor está al acecho
y que sin duda yaceré en sus manos.
Del porvenir no espero bien alguno;
es mejor para mí lo que no es nada.
  Amo con desmesura lo pasado,
que es no amar nada, porque ya se ha ido;
con este pensamiento me deleito,
pero sin él aumenta mi dolor,
como le ocurre al condenado a muerte
que lo sabe hace tiempo y se conforta,
y, haciéndole creer en el indulto,
lo llevan a morir sin un recuerdo.
  ¡Si Dios quisiese que mi pensamiento
muriese y mi vivir pasase en sueños!
Mal vive aquel que al pensamiento tiene
por enemigo que su mal le aviva,
y cuando le concede algún placer,
hace como la madre que, si el hijo
le pide entre sollozos un veneno,
es tan loca que no sabe negárselo.
  Mejor sería soportar mi pena
que mezclar un contento tan pequeño
con aquellos tormentos que me impiden
salir de este placer imaginado.
Ay, mi alegría se convierte en pena
y aumenta mi dolor tras el reposo,
como enfermo que ansía un buen bocado
y alimenta tan solo su dolor.
  O como el ermitaño, que hace tiempo
que no sabe del mundo y que no añora
a los viejos amigos, pero un día
uno de ellos acude por azar,
renueva los placeres más remotos
y convierte en presente su pasado;
cuando se va, lo deja con su angustia:
el bien que huye llama al mal a gritos.

Plena de seny, quant amor és molt vella,
absència és lo verme que la gasta,
si fermetat durament no contrasta
e creure poch si l'envejós consella.

XXIX

Sí com lo taur se·n va fuyt pel desert
quant és sobrat per son semblant qui·l força,
ne torna may fins ha cobrada força
per destruir aquell qui l'ha desert:
tot enaxí·m covénlunyar de vós,
car vostre gest mon esforç ha confús;
no tornaré fins del tot haja fus
la gran pahor qui·m toll ser delitós.

XLII

Vós qui sabeu de la tortra·l costum,
e si no·u feu, plàcia·l-vos hoyr.
Quant mort li tol son par, se vol jaquir
d'obres d'amor, ne beu aygua de flum,
ans en los clots ensutza primer l'aygua,
ne·s possa may en vert arbre fullat.
Mas contr'açò és vostra qualitat,
per gran desig no cast qu'en vós se raygua.
E no cuydeu, dona, que bé·us escaygua
que, puys agués tastat la carn gentill,
ha mercader liuràs vostre cors vill:
e son dret nom En Jo-ha-·n me pens caygua.
E si voleu que·us ne dón conexença:
sa faç és gran, ab la vista molt losca,
sos fonaments són de lagost o mosca;
cert no merex draps vendre de Florença.
E conexent la vostra gran fallença,
volgué·s muntar, en amar, cavaller;
e sabent ell tot vostre fet en ver,
en vós amar, se tengr'a consciença,
sabent molt clar la 'nsutzeada vida,

Toda cordura, si el amor es viejo,
la ausencia es el gusano que lo roe,
a no ser que se oponga la firmeza
y no se preste oído al envidioso.

XXIX

Como el toro que huido va al desierto
cuando su semejante lo ha vencido,
y no vuelve si no ha cobrado fuerzas
para destruir a aquel que lo ha humillado,
así de vos conviene que me aleje,
pues vuestro gesto confundió mi esfuerzo:
no he de volver hasta que no se acabe
el gran temor que impide mi deleite.

XLII

Conocéis las costumbres de la tórtola,
y si no, deteneos a escucharlas:
cuando se muere el compañero, deja
las labores de amor, no bebe el agua
del río, y aun ensucia la del charco,
ni se posa jamás en árbol verde.
Vuestra naturaleza es la contraria,
pues un sucio deseo arraiga en vos.
Y no creáis, señora, que os convenga,
después de haber probado carne noble,
dar vuestro cuerpo vil a un mercader:
Tomás se llama, con razón sin duda.
Si queréis os lo puedo describir:
tiene grande la cara y corta vista,
de langosta o de mosca son sus piernas.
¡Buen vendedor de paños de Florencia!
Y conociendo vuestra grave falta,
quiso al amor montar, cual caballero;
de saber con detalle vuestros hechos,
tendría más escrúpulo en amaros,
si bien supiese vuestra inmunda vida,

prenent publich les pagues del peccat.
Vostre cors leg per drap és baratat;
vostre servir és bo sol per a dida.
E no cuydeu filla·us agués jaquida,
vós aletant aquell'ab vostra let,
car vostre cors és de verí replet,
e mostren hó vostres pèls fora mida;
car si·us jaquiu vostra barba criada
e la·us toleu, puys, ab los pèls dels braços,
poran-se·n fer avantajosos laços,
prenints perdius e tortra o bequada.
Quant hoyreu: «Alcavota provada!»,
responeu tost, que per vós ho diran;
e puys per nom propi vos cridaran,
ja no·us mostreu en l'oyr empatxada,
enterrogant: «Amichs, e qué voleu?
En dret d'amor ha·y res que yo fer pusca?
Tracte semblant jamés me trobe cusca,
presta seré a quant demanareu.»
Tots los qui trob'o cunçament volreu
en fets d'amor, enprau Na Monbohí;
ella·us farà tot lo que féu a mi:
no·s pot saber l'endreç que·y trobareu.

XLVI

Veles e vents han mos desigs complir,
ffahent camins duptosos per la mar.
Mestre i ponent contra d'ells veig armar;
xaloch, levant los deuen subvenir
ab lurs amichs lo grech e lo migjorn,
ffent humils prechs al vent tremuntanal
qu·en son bufar los sia parcial
e que tots cinch complesquen mon retorn.
Bullirà ·l mar com la caçola ·n forn,
mudant color e l'estat natural,
e mostrarà voler tota res mal
que sobre si atur hun punt al jorn;
grans e pochs peixs a recors correran

con la pública paga del pecado.
Como un trapo se vende vuestro cuerpo,
ya tan solo servís como nodriza.
Y no penséis que sobreviviría
la hija que mamase vuestra leche;
vuestro cuerpo está lleno de veneno,
y lo muestran los pelos desmedidos,
pues si os dejáis crecer la barba y luego
la cortáis, con los pelos de los brazos
pueden hacerse lazos y con ellos
cazar perdiz o tórtola o becada.
Cuando oigáis: «¡Alcahueta comprobada!»,
responded pronto, que por vos lo dicen,
y os llamarán después por vuestro nombre;
no mostréis al oírlo empacho alguno
y preguntad: «Amigos, ¿qué queréis?
¿Puedo hacer algo que al amor ataña?
Nunca soy lenta para tales tratos
y lo que me pidáis haré al momento.»
Cuantos queráis algún apaño en cosas
de amor, buscad a doña Monbohí;
os hará todo lo que a mí me ha hecho:
quién sabe qué aderezo encontraréis.

José María Micó

XLVI

Velas y vientos cumplirán mis ansias
en caminos dudosos por la mar.
Mistral, Poniente les oponen armas;
en su ayuda Jaloque va, y Levante,
con sus amigos el Gregal y el Noto,
rogando humildemente al Aquilón
que en su alentar les sea favorable,
y así los cinco cumplan mi regreso.
Como cazuela en horno hervirá el mar,
color mudando, y natural estado,
y a todo mostrará que daño quiere
lo que sobre sí pare un punto al día.
Peces grandes y chicos correrán

e cerquaran amaguatalls secrets:
ffugint al mar, hon són nudrits e fets,
per gran remey en terra exiran.
Los pelegrins tots ensemps votaran
e prometran molts dons de cera fets;
la gran paor traurà ·l lum los secrets
que al confés descuberts no seran.
En lo perill no·m caureu del esment,
ans votaré hal Déu qui·ns ha ligats,
de no minvar mes fermes voluntats
e que tots temps me sereu de present.
Yo tem la mort per no sser-vos absent,
per què Amor per mort és anul·lats;
mas yo no creu que mon voler sobrats
pusqua esser per tal departiment.
Yo só gelós de vostr· escàs voler,
que, yo morint, no meta mi ·n oblit;
sol est penssar me tol del món delit
—car nós vivint, no creu se pusqua fer—:
aprés ma mort, d'amar perdau poder,
e sia tots en ira convertit,
e, yo forçat d'aquest món ser exit,
tot lo meu mal serà vós no veher.
O Déu!, ¿per què terme no·y à ·n amor,
car prop d'aquell yo·m trobara tot sol?
Vostre voler sabera quant me vol,
tement, fiant de tot l'avenidor.
Yo són aquell pus estrem amador,
aprés d'aquell a qui Déu vida tol:
puys yo són viu, mon cor no mostra dol
tant com la mort per sa strema dolor.
A bé o mal d'amor yo só dispost,
mas per mon fat Fortuna cas no·m porta;
tot esvetlat, ab desbarrada porta,
me trobarà faent humil respost.
Yo desig ço que·m porà sser gran cost,
y aquest esper de molts mals m'aconorta;
a mi no plau ma vida sser estorta
d'un cas molt fér, qual prech Déu sia tost.
Ladonchs les gents no·ls calrrà donar fe
al que Amor fora mi obrarà;

a buscar los secretos escondrijos;
del mar huidos, que los engendrara,
por gran remedio irán a dar en tierra.
    Votos harán todos los peregrinos,
prometiendo de cera mil ofrendas;
el gran pavor revelará secretos
no descubiertos nunca al confesor.
En el peligro no os olvidaré,
y haré votos al Dios que nos ha unido
de no menguar mis firmes voluntades
y en todo tiempo veros en presencia.
    La Muerte temo que de vos me ausente,
ya que, por Muerte, Amor es anulado;
no juzgo, empero, superarse pueda
mi firme amor por tal separación.
Bien me malicio que el querer escaso
que me mostráis me olvide, una vez muerto;
me hace infeliz tan sólo un pensamiento,
pues, vivos ambos, dudo que acontezca;
    que, muerto yo, de amar perdáis poder,
y sea pronto en ira convertido,
y yo, forzado a abandonar el mundo,
en no veros tendré todo mi mal.
¿Por qué, cielos, no hay término en amor,
pues a su vera me hallaría solo?
Supiera qué querer me tenéis vos,
temeroso, fiando en el futuro.
    Soy aquel amador más extremado,
tras los que Dios de la existencia priva;
pues vivo estoy, mi corazón no enluto
como por Muerte con dolor extremo.
A bien o mal de Amor estoy dispuesto,
mas Fortuna ninguno me depara;
desvelado la espero a puerta abierta
y respondiendo humilde me hallará.
    Deseo lo que más puede costarme,
y de mi mal consuélame el deseo;
mi vida no quisiera liberada
de un fiero caso, y Dios no lo demore.
El vulgo no habrá entonces de dar fe
a lo que amor fuera de mí obrará;

lo seu poder en acte ·s mostrarà
e los meus dits ab los fets provaré.
Amor, de vós, yo·n sent més que no·n sé,
de què la part pijor me'n romandrà;
e de vós sab lo qui sens vós està.
A joch de daus vos acompararé.

Cant espiritual

Puys que sens Tu algú a Tu no basta,
dóna'm la mà o pels cabells me lleva;
si no estench la mia ·nvers la tua,
casi forçat a Tu mateix me tira.
Yo vull anar envers Tu al encontre;
no sé per què no faç lo que volria,
puys yo són cert haver voluntat franca
e no sé què aquest voler m'enpacha.
Llevar mi vull e prou no mi esforce:
ço fa lo pes de mes terribles colpes;
ans que la mort lo procès a mi cloga,
plàcia't, Déu, puys teu vull ser, que·hu vulles;
fes que ta sanch mon cor dur amollesca:
de semblant mal guarí ella molts altres.
Ja lo tardar ta ira ·m denuncia;
ta pietat no troba ·n mi què obre.
Tan clarament en l'entendre no peque
com lo voler he carregat de colpa.
¡Ajuda'm, Déu! Mas follament te prege
car Tu no vals sinó al qui·s ajuda,
e tots aquells qui a Tu se apleguen,
no·ls pots fallir, e mostren-ho tos braços.
¿Què faré yo, que no meresch m'ajudes
car tant com puch conech que no·m esforce?
Perdona mi si follament te parle.
De passió partexen mes paraules.
Yo sent paor d'infern, al qual faç via;
girar-la vull e no hy disponch mos passos.
Mas yo·m recort que meritist lo Lladre:
tant quant hom veu no hy bastaven ses obres.

en actos su poder demostrará
y mis dichos con hechos probaré.
Amor, siento de vos lo que no sé
y la parte peor me tocará;
sabe de vos el que sin vos está.
Así a los dados os compararé.

Pere Gimferrer

CANTO ESPIRITUAL

Pues que sin Ti nadie Te alcanza,
dame la mano o levántame por los cabellos;
si no extiendo la mía hacia la tuya
casi forzado tira de mí hacia Ti mismo.
Quiero ir hacia Ti al encuentro;
no sé por qué no hago lo que querría,
pues seguro estoy de tener la voluntad franca
y no sé qué me impide este deseo.
Alzarme quiero y no me esfuerzo bastante en ello;
esto lo causa el peso de mis terribles culpas;
antes que la muerte el proceso me cierre,
plázcate, Dios, pues quiero ser tuyo, que lo quieras;
haz que tu sangre ablandezca mi duro corazón:
ella sanó de semejante mal a otros muchos.
Ya la demora me denuncia tu ira;
tu piedad no encuentro que obre en mí.
Tan claramente no peco con el entendimiento
como he cargado de culpa la voluntad.
¡Ayúdame, Dios! Pero locamente te ruego
pues Tú no auxilias sino a quien se ayuda
y a todos aquellos que se allegan a Ti
no les puedes desamparar y muéstranlo tus brazos.
¿Qué haré yo, que no merezco que me ayudes,
porque sé que no me esfuerzo tanto como puedo?
Perdóname si te hablo locamente.
Apasionadamente surgen mis palabras.
Siento pavor del infierno, hacia el cual hago camino;
dar vuelta quiero y no dispongo mis pasos para ello.
Pero me acuerdo que favoreciste al Ladrón;
hasta donde sabemos no le bastaban sus obras;

Ton spirit lla on li plau spira:
com ne per què no sab qui en carn visca.
Ab tot que só mal crestià per obra,
ira no·t tinc ne de res no t'encolpe;
yo són tot cert que per tostemps bé obres
e fas tant bé donant mort com la vida.
Tot és egual quant surt de ta potença,
d'on tinch per foll qui vers Tu ·s vol irèxer.
Amor de mal e de bé ignorança
és la raó que·ls hòmens no·t conexen.
A Tu deman que lo cor m'enfortesques
sí que·l voler ab ta voluntat lligue;
e, puys que sé que lo món no·m profita,
dóna'm esforç que del tot l'abandone,
e lo delit que·l bon hom de Tu gusta
fes-me'n sentir una poca sentilla
perquè ma carn, qui·m està molt rebel·le,
haj· afalach, que del tot no·m contraste.
Ajuda'm, Déu, que sens Tu no·m puch moure,
perquè·l meu cors és més que paralítich.
Tant són en mi envellits los mals hàbits
que la virtut al gustar m'és amarga.
¡O Déu, mercè! Revolta'm ma natura,
que mala és per la mia gran colpa;
e, si per mort yo puch rembre ma falta,
esta serà ma dolça penitença. ...
Prech-te, Senyor, que la vida ·m abreuges
ans que pejors cassos a mi ·nseguesquen;
en dolor visch faent vida perverssa,
e tem dellà la mort per tostemps llonga.
Donchs, mal deçà e dellà mal sens terme.
Pren-me al punt que millor en mi trobes;
lo detardar no sé a què·m servesca;
no té repós lo qui té fer viatge. ...
No té repòs qui null· altra fi guarda
car en res àls lo voler no reposa;
ço sent cascú, e no hy cal suptilesa,
que fora Tu lo voler no·s atura.
Sí com los rius a la mar tots acorren
axí les fins totes en Tu se'n entren.
Puys te conech, esforça'm que yo·t ame:
¡Vença l'amor a la por que yo·t porte!

tu espíritu alienta allá donde le place,
cómo ni por qué no lo sabe quien en carne vive.
Aunque por conducta soy mal cristiano,
no te tengo ira ni te culpo de nada;
completamente seguro estoy que siempre obras bien
y haces tanto bien dando la muerte como la vida:
todo es igual cuanto sale de tu potencia,
por lo que tengo por loco quien hacia Ti quiere airarse.
Amor al mal e ignorancia del bien
es la razón por la que no te conocen los hombres.
A Ti te pido que me fortalezcas el corazón,
para que mi voluntad con tu voluntad se ate,
y pues que sé que el mundo no me aprovecha,
dame el esfuerzo para que del todo lo abandone,
y del deleite que el hombre bueno gusta de Ti,
hazme sentir una poca chispa
para que mi carne, que me es muy rebelde,
sienta halago y del todo no se me enfrente.
¡Ayúdame, Dios, pues sin Ti no puedo moverme,
porque mi cuerpo está más que paralítico!
Tan envejecidos están en mí los malos hábitos
que la virtud me es amarga al probarla.
¡Oh Dios, piedad! Cambia mi condición,
que es mala por mi gran culpa,
y si por la muerte puedo remediar mi falta,
ésta será mi dulce penitencia. ...
Te ruego, Señor, que me abrevies la vida
antes que casos peores me sucedan;
vivo en dolor haciendo vida perversa,
y temo del más allá la muerte para siempre eterna.
Entonces, mal acá y mal más allá sin término.
Tómame en el instante que mejor me encuentres;
la dilación no sé para que me sirva:
no tiene reposo el que tiene que emprender viaje. ...
No tiene reposo quien algún otro fin procura,
porque la voluntad no reposa en ninguna otra cosa;
esto lo perciben todos y no precisa sutileza
de que fuera de Ti el querer no se detiene.
Así como los ríos todos corren a la mar,
también todos los fines se adentran en Ti.
Pues te conozco, esfuérzame que te ame:
venza el amor al miedo que te tengo.

E si amor   tanta com vull no·m entra,
creix-me la por,   sí que, tement, no peque
car no pecant,   yo perdré aquells hàbits
que són estats,   perquè no·t am, la causa.
Muyren aquells   qui de Tu m'apartaren
puys m'han mig mort   e·m tolen que no visca.
¡O senyor Déu!   Fes que la vida· m llargue
puys me apar   qu· envers Tu yo·m acoste. ...

Tu creist mé   perquè l'ànima salve
e pot-se fer   de mi sabs lo contrari.
Si és axí,   ¿per què, donchs, me creaves
puix fon en Tu   lo saber infal·lible?
Torn a no-res,   yo·t suplich, lo meu ésser
car més me val   que tostemps l'escur càrcer;
yo crech a Tu   com volguist dir de Judes
que·l fóra bo   no fos nat al món home.

Per mi segur,   havent rebut batisme,
no fos tornat   als braços de la vida,
mas a la mort   hagués retut lo deute,
e de present   yo no viuria ·n dubte.
Major dolor   d'infern los hòmens senten
que los delits   de paraís no jutjen:
lo mal sentit   és d'aquell altr· exemple,
e paradís   sens lo sentir se jutja.

Dóna'm esforç   que prenga de mi venge.
Yo·m trob ofès   contra Tu ab gran colpa,
e, si no hy bast,   Tu de ma carn te farta,
ab que no·m tochs   l'esperit, qu· a Tu sembla;
e sobretot   ma fe que no vacil·le
e no tremol   la mia esperança;
no·m fallirà   caritat, elles fermes,
e, de la carn   si·t suplich, no me'n oges.

¿O, quant serà   que regaré les galtes
d'aygua de plor   ab les llàgremes dolces?
Contrictió   és la font d'on emanen:
aquesta ·s clau   que·l cel tancat nos obre.
D'atrictió   parteixen les amargues
perquè ·n temor,   més qu·en amor, se funden;
mas, tals quals són,   d'aquestes me abunda,
puix són camí   e via per les altres.

Y si el amor no me colma tanto como quiero,
kréceme el miedo, así que, temiendo, no peque,
porque no pecando perderé los hábitos
que han sido la causa para que no te ame.
¡Mueran los que de Ti me apartaron
pues me tienen medio muerto y no me dejan que viva!
¡Oh señor Dios! Haz que la vida se me alargue
pues me parece que hacia Ti yo me acerco. ...
Tú me creaste para que salve el alma
y sabes que puede ocurrirme lo contrario.
Si así es, ¿por qué, entonces, me creaste
pues en Ti está el saber infalible?
Vuelve mi ser a la nada, yo te lo suplico
porque más me vale que la oscura cárcel para siempre.
Yo creo en Ti cuando quisiste decir de Judas
que le fuera mejor no haber nacido hombre en el mundo.
¡Seguro para mí, habiendo recibido el bautismo,
no hubiese vuelto a los brazos de la vida,
sino que hubiese restituido a la muerte la deuda
y, ahora, ya no viviría en la duda!
Los hombres sienten mayor dolor del infierno
puesto que no consideran los deleites del paraíso;
el mal que se siente es de aquel otro ejemplo
y sin sentirlo se juzga paraíso.
Dame fuerzas para que de mí tome venganza.
Yo me encuentro culpable ante Ti con gran culpa,
y si no lo consigo, hártate Tú de mi carne,
con tal que no toques el espíritu que a Ti se asemeja;
y, sobre todo, que mi fe no vacile
y no tiemble mi esperanza.
No me faltará caridad, ellas firmes [la fe y la esperanza],
y si te suplico por la carne, no me escuches.
¡Oh cuándo será que regaré las mejillas
con lágrimas dulces de agua de lloro!
La contrición es la fuente de donde manan:
ésta es la llave que nos abre el cerrado cielo.
De atrición nacen las amargas,
porque en temor más que en amor se fundan;
tal cual son, prodígame de éstas
pues son camino y vía para las otras.

Rafael Ferreres

François Villon

Francia (París, hacia 1431-hacia 1463)

Los documentos conocidos invitan a reconstruirle una vida tan novelesca y anómala, que más de un estudioso moderno se niega a aceptar que «François Villon» fuera un hombre de carne y hueso, autor efectivo de las obras que corren a su nombre, y no más bien un mero personaje literario, inspirado si acaso en la figura real de un maleante homónimo. No obstante, son suficientemente fiables los datos que arguyen que «François de Montcorvier» o «des Loges, autrement dit Villon» había sido prohijado por un clérigo, Guillaume, del que tomó el apellido; que alcanzó en la Sorbona el título de maestro en artes (1452), y que su relación con la bohemia y la delincuencia parisina lo llevaron varias veces a manos de la justicia —implicado, por ejemplo en el asesinato de un sacerdote y en un robo al colegio de Navarra—, hasta el punto de ser condenado a muerte en dos ocasiones. A la segunda (1463), tras conmutársele la pena por diez años de destierro de París, François desaparece sin dejar más rastro que un reguero de leyendas. En el *Lais* (*Legado*, 1456) muestra ya la conjunción de ironía y realismo, de implicación y distancia, que culminan en su obra maestra, *El testamento* (1461), especialmente volcada hacia la reflexión melancólica o satírica sobre la fugacidad del tiempo y la insignificancia de la vida. El tono de cínica franqueza, la precisión del lenguaje, la aplicación de citas doctas y prestigiosos ecos literarios a asuntos de ínfima categoría dan a la poesía de Villon una fisonomía inconfundible.

Le testament

Je plains le temps de ma jeunesse,
Ouquel j'ay plus qu'autre gallé
Jusqu'a l'entree de viellesse,
Qui son partement m'a cellé:
Il ne s'en est a pié alé
N'a cheval, helas! comment don?
Soudainement s'en est vollé
Et ne m'a laissié quelque don. …
    Bien sçay, se j'eusse etudïé
Ou temps de ma jeunesse folle
Et a bonnes meurs dedïé,
J'eusse maison et couche molle...
Mais quoy! je fuyoie l'escolle
Comme fait le mauvaiz enffant.
En escripvant ceste parolle,
A peu que le cueur ne me fent. ...

Ballade des dames du temps jadis

Dictes moy ou n'en quel pays
Est Flora la belle Romaine,
Archipïadés ne Thaÿs,
Qui fut sa cousine germaine,
Echo parlant quant bruyt on maine
Dessus riviere ou sur estan,
Qui beaulté ot trop plus qu'umaine.
Mais ou sont les neiges d'anten?
    Ou est la tres saige Esloÿs,
Pour qui chastré fut et puis moyne
Pierre Esbaillart a Saint Denys?
Pour son amour eust ceste essoyne.
Semblablement, ou est la royne
Qui commanda que Buriden
Fust gecté en ung sac en Saine?
Mais ou sont les neiges d'anten?
    La Royne Blanche comme liz
Qui chantoit a voix de seraine,
Berte au plat pié, Bietrix, Aliz,

El testamento

Yo lamento el tiempo de mi juventud
(el cual, más que nunca, pasé en diversiones
hasta bien entrado en la madurez),
de cuyo transcurso consciente no fui.
Su marcha no ha sido a pie, paso a paso,
tampoco a caballo. ¿Pues cómo se fue?
Se fue de repente, en rápido vuelo,
y no me ha dejado ningún beneficio. ...
¡Ay, Dios, si a su tiempo yo hubiese estudiado
en vez de vivir loca juventud,
y buenas costumbres hubiese aprendido!
Tendría mi casa, mi lecho muy blando.
¿Para qué llorar? Odiaba la escuela,
como ocurre siempre con los niños malos.
Y ahora que escribo este testamento,
con este recuerdo se me parte el alma. ...

Balada de las damas de antaño

Decídmelo, ¿dónde, dónde, en qué país
dónde se halla Flora, la bella romana,
y dónde Arquipiades, y dónde Taís,
la bella Taís, que es su prima hermana?;
¿y dónde está Eco, hablando en tu voz
por aguas del río, por aguas del lago,
y cuya belleza era más que humana?
Pero, ¿dónde están las nieves de antaño?
¿Y dónde se encuentra la sabia Eloísa
por quien fue castrado y se metió a monje
aquel Abelardo que entró en San Denís?
Por su gran amor soportó tal prueba.
¿Dónde está la reina (¿acaso la veis?)
que diera la orden que aquel Buridán
en un saco fuera arrojado al Sena?
Pero, ¿dónde están las nieves de antaño?
La gran reina Blanca, blanca como el lis,
cuya voz sonaba cual voz de sirena,
Berta, la del pie, Beatriz y Alís,

Haranburgis qui tint le Maine,
Et Jehanne la bonne Lorraine
Qu'Engloys brulerent a Rouen,
Ou sont ilz, ou, Vierge souveraine?
Mais ou sont les neiges d'anten?
Prince, n'enquerrez de sepmaine
Ou elles sont ne de cest an
Qu'a ce reffraing ne vous remaine:
Mais ou sont les neiges d'anten? ...

Premier doue de ma povre ame
La gloriëuse Trinité,
Et la commande a Nostre Dame,
Chambre de la divinité. ...
Item, mon corps j'ordonne et laisse
A nostre grant mere la terre;
Les vers n'y trouveront grant gresse,
Trop lui a fait fain dure guerre.
Or lui soit delivré grant erre,
De terre vint, en terre tourne!
Toute chose, se par trop n'erre,
Voulentiers en son lieu retourne.
Item, et a mon plus que pere,
Maistre Guillaume de Villon,
Qui esté m'a plus doulx que mere,
Enffant eslevé de maillon
—Degecté m'a de maint boullon
Et de cestuy pas ne s'esjoye;
Sy lui requier a genoullon
Qu'il m'en laisse toute la joye—,
Je lui donne ma librarye
Et le roumant du Pet au Deable,
Lequel maistre Guy Tabarye
Grossa, qui est homs veritable.
Par cayeulx est soubz une table;
Combien qu'il soit rudement fait,
La matiere est si tres notable
Qu'elle admende tout le meffait.

también Haremburgis, la dueña del Maine,
como Juana de Arco, la gran lorenesa
que ingleses quemaron dentro de Ruán,
¿dónde, dónde están, Virgen soberana?
Pero, ¿dónde están las nieves de antaño?
Príncipe, no busques en estos momentos
el sitio en que están, ni ahora ni nunca,
pues este estribillo debes recordar:
pero, ¿dónde están las nieves de antaño?

Juan Victorio

Primero, doy mi pobre alma
a la bendita Trinidad,
y la encomiendo a Nuestra Señora,
cámara de la divinidad. ...
Item, entrego y dejo mi cuerpo
a nuestra gran madre la tierra;
los gusanos no encontrarán mucha grasa,
el hambre le ha combatido con dureza.
Que sea devuelto con rapidez:
de la tierra vino, a la tierra vuelva;
todo, si mucho no me equivoco,
vuelve con gusto a su lugar.
Item, y a mi más que padre
maestro Guillaume de Villon,
que me ha sido más dulce que madre
con hijo al que se le quitan los pañales:
me ha sacado de muchos jaleos
y no se alegra de éste;
también le pido de rodillas
que me deje ahora toda la «alegría»;
Le doy mi biblioteca,
con el *Libro del Pedo del Diablo,*
por maestro Guy Tabarie
copiado, hombre de verdad.
En cuadernos está bajo una mesa;
aunque hecho de forma ruda,
el tema es tan notable
que excusa toda imperfección.

Item, donne a ma povre mere,
Pour saluer nostre Maistresse,
Qui pour moy ot douleur amere,
Dieu le scet, et mainte tritresse
—Autre chastel n'ay ne forteresse
Ou me retraye corps ne ame
Quant sur moy court malle destresse,
Ne ma mere, la povre femme—.

BALLADE POUR PRIER NOSTRE DAME

Dame du ciel, regente terïenne,
Emperiere des infernaulx paluz,
Recevez moy, vostre humble crestïenne,
Que comprinse soye entre voz esleuz,
Ce non obstant qu'oncques riens ne valuz.
Les biens de vous, ma dame, ma maistresse,
Sont trop plus grans que ne suis pecheresse,
Sans lesquelz biens ame ne peult merir
N'avoir les cieulx; je n'en suis jangleresse:
En ceste foy je vueil vivre et mourir.

A vostre Filz dictes que je suis scienne;
De luy soient mes pechiez aboluz.
Pardonne moy comme a l'Egipcïenne,
Ou comme il fist au clerc Theophiluz,
Lequel par vous fut quicte et absoluz,
Combien qu'il eust au deable fait promesse.
Preservez moy que ne face jamaiz ce,
Vierge portant, sans rompture encourir,
Le sacrement c'on celebre a la messe:
En ceste foy je vueil vivre et mourir.

Femme je suis povrecte et ancïenne,
Qui riens ne sçay, oncques lettres ne leuz.
Au moustier voy, dont suis parroissïenne,
Paradiz paint, ou sont harpes et leuz,
Et ung enffer, ou dampnez sont bouluz;
L'un me fait paour, l'autre joye et lïesse.
La joye avoir me fais, haulte deesse,
A qui pecheurs doivent tous recourir,
Comblés de foy, sans faincte ne parresse:
En ceste foy je vueil vivre et mourir.

Item, hago un don a mi pobre madre
—para que rece a Nuestra Señora—,
que por mí tuvo amargo dolor,
—Dios lo sabe— y muchas tristezas;
no tengo otro castillo ni fortaleza,
en que retirar cuerpo y alma
cuando sobre mí cae la peor miseria,
¡ni mi madre, pobre mujer!

Balada para rogar a Nuestra Señora

Dama del Cielo, regente de la Tierra,
Emperatriz de los infernales pantanos,
recibidme, de vos humilde cristiana.
Que sea incluida entre vuestras elegidas,
a pesar de que nunca valiera nada.
Vuestras bondades, mi Dama y Señora,
son mucho mayores que mis pecados
y sin ellas ninguna alma puede merecer
ni lograr los cielos. No miento:
en esta creencia quiero vivir y morir.
Decidle a vuestro Hijo que soy suya;
que por Él sean absueltos mis pecados:
que me perdone como a la Egipcíaca,
o como hizo con el clérigo Teófilo,
que por vos quedó libre y absuelto,
aunque hubiera hecho promesa al Diablo.
Preservadme de hacer eso jamás,
Virgen que llevaste, sin caer en mancha,
el sacramento que se celebra en la misa.
En esta creencia quiero vivir y morir.
Soy mujer pobrecita y vieja,
no sé nada; nunca leí una letra.
Veo en la iglesia de la que soy feligresa,
pintado el paraíso, donde hay arpas y laúdes,
y un infierno donde hierven los condenados:
lo uno me da miedo; lo otro, alegría y gozo.
Hacedme obtener el gozo, alta Diosa,
a quien todos los pecadores deben recurrir,
colmados de fe, sin engaño ni tardanza.
En esta creencia quiero vivir y morir.

Vous portastes, digne Vierge, princesse,
Jhesus regnant qui n'a ne fin ne cesse.
Le Tout Puissant, prenant nostre foiblesse,
Laissa les cieulx et nous vint secourir,
Offrit a mort sa tres clere jeunesse.
Nostre Seigneur tel est, tel le confesse:
En ceste foy je veul vivre et mourir. …

Ballade de la Grosse Margot

Se j'ayme et sers la belle de bon het,
M'en devez vous tenir ne vil ne sot?
Elle a en soy des biens affin soubzhet;
Pour son amour seins boucler et passot.
Quant viennent gens, je cours et happe ung pot,
Au vin m'en voys sans demener grant bruyt;
Je leur tens eaue, froumaige, pain et fruyt.
S'ilz paient bien, je leur diz: «*Bene stat*,
Retournez cy, quant vous serez en ruyt,
En ce bordeau ou tenons nostre estat.»
Mais adoncques, il y a grant deshet,
Quant sans argent s'en vient coucher Mergot;
Voir ne la puis, mon cueur a mort la het.
Sa robe prens, demy seint et seurcot,
Sy lui jure qu'il tendra pour l'escot.
Par les costez se prent, c'est Antecrist,
Crye et jure par la mort Jhesucrist
Que non fera. Lors empoingne ung esclat,
Dessus son nez lui en faiz ung escript,
En ce bordeau ou tenons nostre estat.
Puis paix se fait et me fait ung groz pet,
Plus enffle q'un velimeux escarbot.
Riant m'assiet son poing sur mon sommet,
Gogo me dit, et me fiert le jambot;
Tous deux yvres dormons comme ung sabot.
Et au resveil, quant le ventre lui bruyt,
Monte sur moy, que ne gaste son fruyt,
Soubz elle geins, plus q'un aiz me fait plat;
De paillarder tout elle me destruyt,
En ce bordeau ou tenons nostre estat.

Vos habéis llevado, Virgen, digna princesa,
a Jesús reinante, que no tiene fin ni término.
El Todopoderoso, tomando nuestra debilidad,
dejó los cielos y vino a socorrernos,
ofreció a la muerte su muy querida juventud;
Nuestro Señor es tal, tal lo confieso.
En esta creencia quiero vivir y morir. ...

Balada de Margot la Gorda

Si amo y sirvo a mi señora de buen corazón,
¿me tendréis por vil o tonto?
Ella tiene en sí virtudes para un gusto sutil.
Por su amor ciño escudo y daga;
cuando vienen gentes, corro y tomo una jarra
y me voy discretamente, sin hacer gran ruido;
les sirvo agua, queso, pan y fruta.
Si pagan bien, les digo *bene stat*,
volved por aquí cuando estéis en celo,
a este burdel donde trabajamos.
Pero hay gran enfado
cuando Margot va a acostarse sin dinero;
no la puedo ver, mi corazón la odia a muerte.
Tomo su vestido, su cinturón y su camisa,
le juro que lo tendrá en pago.
A los lados se me agarra: «¡Es el Anticristo!»,
grita y jura por la muerte de Jesucristo
que no será así. Empuño entonces un trozo de lo que sea
y sobre la nariz le dejo un escrito,
en este burdel donde trabajamos.
Después se hace la paz y me suelta un gran pedo,
más gordo que un escarabajo venenoso.
Riendo me pone la mano sobre la cabeza,
«¡go, go!», me dice y me golpea el muslo...
Borrachos los dos, dormimos como un zueco.
Al despertar, cuando le suena el vientre,
se monta sobre mí, para que no estropee su fruto.
Gimo bajo ella, que me deja más liso que una tabla;
con tantos excesos me agota
en este burdel donde trabajamos.

Vente, gresle, gesle, j'ay mon pain cuyt.
Je suis paillart, la paillarde me suyt.
Lequel vault mieulx? Chacun bien s'entressuyt,
L'un vault l'autre, c'est a mau rat mau chat.
Ordure aimons, ordure nous affuyt,
Nous deffuyons honneur, il nous deffuyt,
En ce bordeau ou tenons nostre estat. ...

Ballade

Icy se clost le testament
Et finist du povre Villon
Venez a son enterrement,
Quant vous orez le carrillon,
Vestuz rouge com vermeillon,
Car en amours mourut martir;
Ce jura il sur son coullon,
Quant de ce monde voult partir.
Et je croy bien que pas n'en ment,
Car chassié fut comme ung soullon
De ses amours, hayneusement,
Tant que d'icy a Roussillon
Brosses n'y a ne brossillon
Qui n'eust, ce dit il sans mentir,
Ung lambeau de son cotillon,
Quant de ce monde voult partir.
Il est ainsi et tellement:
Quant mourut, n'avoit q'un haillon;
Qui plus, en mourant, mallement
L'espoignoit d'Amours l'esguillon;
Plus agu que le ranguillon
D'un baudrier lui faisoit sentir
—C'est de quoy nous esmerveillon—,
Quant de ce monde voult partir.
Prince gent comme esmerillon,
Saichiez qu'il fist au departir:
Ung traict but de vin morillon,
Quant de ce monde voult partir.

Haga viento, granice, hiele, tengo mi pan cocido.
Soy lujurioso, la lujuria me persigue.
¿Qué vale más? Cada uno imita a otro.
Ambos son equivalentes; a mala rata, mal gato.
Nos gusta la suciedad, la suciedad nos colma.
Huimos del honor, él nos rehúye,
en este burdel donde trabajamos. ...

Balada

Aquí termina el testamento,
y acaba, del pobre Villon.
Venid a su entierro
cuando oigáis el carillón,
vestidos de rojo vivo,
pues murió mártir de amor;
esto juró sobre un cojón suyo,
cuando iba a partir del mundo.
Y bien creo que no miente,
pues fue perseguido como un cerdo,
odiado por aquella a quien amaba;
tanto que, de aquí al Rosellón,
no hay arbusto ni broza
que no tuviera —esto lo dijo sin mentir—
un jirón de su ropa,
cuando iba a partir del mundo.
Así es y de tal forma,
que cuando murió no tenía más que un harapo.
Y lo que es más, al morir, de mala manera
le picaba el aguijón del Amor;
más agudo que punzón
de talabartero se lo hacía sentir,
de eso nos admiramos,
cuando iba a partir del mundo.
Príncipe, gentil como azor,
sabed lo que hizo al marcharse:
se echó un trago de vino tinto,
cuando iba a partir del mundo.

Carlos Alvar

L'EPITAPHE VILLON
OU BALLADE DES PENDUS

Freres humains, qui après nous vivez,
N'ayez les cueurs contre nous endurcis,
Car, se pitié de nous povres avez,
Dieu en aura plus tost de vous mercis.
Vous nous voiez cy attachez, cinq, six:
Quant de la chair, que trop avons nourrie,
El est pieçà devorée et pourrie,
Et nous, les os, devenons cendre et pouldre.
De nostre mal personne ne se rie,
Mais priez Dieu que tous nous vueille absouldre.

Se freres vous clamons, pas n'en devez
Avoir desdaing, quoy que fusmes occis
Par justice... touteffois vous sçavez
Que tous hommes n'ont pas le sens rassis.
Excusez nous, puis que sommes transis,
Envers le filz de la Vierge Marie:
Que sa grace ne soit pour nous tarie,
Nous preservant de l'infernale fouldre.
Nous sommes mors, ame ne nous harie,
Mais priez Dieu que tous nous vueille absouldre.

La pluye nous a debuez et lavez
Et le soleil deseichez et noircis.
Pies, corbeaulx nous ont les yeulx cavez
Et arraché la barbe et les sourcilz.
Jamais nul temps nous ne sommes assis:
Puis çà, puis là, comme le vent varie,
A son plaisir sans cesser nous charie,
Plus becquetez d'oyseaulx que dez à coudre.
Ne soiez donc de nostre confrairie,
Mais priez Dieu que tous nous vueille absouldre.

Prince Jesus, qui sur tous a maistrie,
Garde qu'Enfer n'ait de nous seigneurie:
A luy n'ayons que faire ne que souldre.
Humains, icy n'a point de mocquerie,
Mais priez Dieu que tous nous vueille absouldre.

Epitafio de Villon
o balada de los ahorcados

Hermanos que nos sobreviviréis,
no seáis con nosotros duros de corazón,
que si piedad sentís por nuestra miseria
Dios os lo pagará con su clemencia.
Cinco o seis de los nuestros veis colgados aquí:
la carne, que tan bien alimentamos,
ya podrida ha sido devorada,
y los huesos que quedamos pronto serán ceniza, polvo.
Que nadie se ría de nuestro mal,
¡sino rogad a Dios que a todos nos absuelva!
Si os llamamos, hermanos, no debéis
despreciarnos, aunque hayamos sido ejecutados
con justicia... Pues bien sabéis
que no todos los hombres son sensatos;
perdonadnos, ya hemos muerto, estamos
ante aquél nacido de María,
y que su gracia no se agote
y nos preserve de los rayos infernales.
Muertos somos, que nadie nos moleste,
¡sino rogad a Dios que a todos nos absuelva!
La lluvia nos ha vaciado y lavado
y el sol ennegrecido y resecado;
las urracas y cuervos vaciaron nuestros ojos,
arrancaron las barbas y las cejas.
Cuando vivíamos nunca descansamos;
ahora, según el viento,
a su antojo al fin nos balancea,
más picoteados que un dedal.
No seáis nunca de nuestra cofradía,
¡sino rogad a Dios que a todos nos absuelva!
Príncipe Jesús, que sobre todo reinas,
no dejes al Infierno devorarnos:
allí nada tenemos que saldar.
Y vosotros, no os burléis de nosotros,
¡sino rogad a Dios que a todos nos absuelva!

José María Álvarez

Jorge Manrique

España (hacia 1440-Santa María del Campo, Cuenca, 1479)

Las crónicas del siglo XV suelen referirse a Jorge Manrique como el «fijo del maestre don Rodrigo», y la mención no podría ser más exacta, biográfica y literariamente. Perteneciente a la casa de Lara, una de las más ilustres de la nobleza castellana, fue caballero de Santiago y hubo de seguir los destinos de su padre, el maestre de la Orden, y de su familia, apoyando el bando de la princesa Isabel y participando en numerosas acciones militares, en una de las cuales, el asalto al castillo de Garcimuñoz, fue herido de muerte. Como escritor, compuso con buen tino la poesía de salón propia de un aristócrata de la época, pero su fama descansa exclusivamente en el acierto total que son las *Coplas a la muerte de su padre* (1476). Quizá ni una sola línea del poema puede considerarse original: temas, ideas, técnicas tienen una larguísima tradición desde la Antigüedad y fueron particularmente asendereados en la espiritualidad medieval. Pero las *Coplas* consiguen hacernos asentir a cuanto nos proponen porque lo dicen con el ritmo de una prodigiosa naturalidad, tan gentilmente rotunda, que parece sin réplica posible, y porque lo transportan todo a una orden de perfección estética absoluta y sin embargo cercana: la muerte misma se vuelve hermosa por la dignidad y la altura de ánimo con que la afronta don Rodrigo.

Coplas a la muerte de don Rodrigo Manrique

Recuerde el alma dormida,
avive el seso y despierte,
contemplando
cómo se pasa la vida,
cómo se viene la muerte
tan callando;
cuán presto se va el plazer,
cómo después, de acordado,
da dolor;
cómo, a nuestro parescer,
cualquiera tiempo pasado
fue mejor.

Y pues vemos lo presente
cómo en un punto se es ido
y acabado,
si juzgamos sabiamente,
daremos lo no venido
por pasado.
No se engañe nadie, no,
pensando que ha de durar
lo que espera,
más que duró lo que vio,
porque todo ha de pasar
por tal manera.

Nuestras vidas son los ríos
que van a dar en la mar
que es el morir;
allí van los señoríos
derechos a se acabar
y consumir;
allí los ríos caudales,
allí los otros, medianos
y más chicos,
allegados son iguales
los que viven por sus manos
y los ricos.

Dexo las invocaciones

de los famosos poetas
y oradores;
no curo de sus ficciones,
que traen yerbas secretas
sus sabores.
A Aquél solo me encomiendo,
Aquél solo invoco yo,
de verdad,
que en este mundo viviendo
el mundo no conosció
su deidad.

Este mundo es el camino
para el otro, que es morada
sin pesar;
mas cumple tener buen tino
para andar esta jornada
sin errar.
Partimos cuando nascemos,
andamos mientras vivimos,
y llegamos
al tiempo que fenescemos;
así que, cuando morimos,
descansamos.

Este mundo bueno fue
si bien usáremos dél
como debemos,
porque, según nuestra fe,
es para ganar aquél
que atendemos.
Y aun el hijo de Dios,
para sobirnos al cielo,
descendió
a nascer acá entre nos
y vivir en este suelo
do murió.

Ved de cuán poco valor
son las cosas tras que andamos
y corremos,
que, en este mundo traidor,
aun primero que muramos,

las perdemos:
dellas deshaze la edad,
dellas casos desastrados
que acaescen,
dellas, por su calidad,
en los más altos estados
desfallescen.

Dezidme, la hermosura,
la gentil frescura y tez
de la cara,
la color y la blancura
cuando viene la vejez,
¿cuál se para?
Las mañas y ligereza
y la fuerça corporal
de juventud,
todo se torna graveza
cuando llega al arrabal
de senectud.

Pues la sangre de los godos,
el linaje y la nobleza
tan crescida,
¡por cuántas vías y modos
se sume su gran alteza
en esta vida!:
Unos, por poco valer,
por cuán baxos y abatidos
que los tienen;
otros que, por no tener,
con oficios no debidos
se mantienen.

Los estados y riqueza
que nos dexan a deshora
¿quién lo duda?
No les pidamos firmeza,
pues que son de una señora
que se muda;
que bienes son de Fortuna
que revuelve con su rueda
presurosa,
la cual no puede ser una,

ni estar estable ni queda
en una cosa.
    Pero digo que acompañen
y lleguen hasta la huesa
con su dueño:
por eso no nos engañen,
pues se va la vida apriesa
como sueño.
Y los deleites de acá
son, en que nos deleitamos,
temporales,
y los tormentos de allá,
que por ellos esperamos,
eternales.
    Los plazeres y dulçores
desta vida trabajada
que tenemos,
¿qué son sino corredores
y la muerte, la celada
en que caemos?
No mirando a nuestro daño,
corremos a rienda suelta
sin parar;
desque vemos el engaño
y queremos dar la vuelta,
no hay lugar.
    Si fuese en nuestro poder
tornar la cara fermosa
corporal,
como podemos hazer
el ánima gloriosa
angelical,
¡qué diligencia tan viva
toviéramos toda hora,
y tan presta,
en componer la cativa,
dexándonos la señora
descompuesta!
    Esos reyes poderosos
que vemos por escrituras
ya pasadas,

con casos tristes, llorosos,
fueron sus buenas venturas
trastornadas.
Así que no hay cosa fuerte,
que a papas y emperadores
y perlados,
así los trata la muerte
como a los pobres pastores
de ganados.

Dexemos a los troyanos,
que sus males no los vimos
ni sus glorias;
dexemos a los romanos,
aunque oímos y leímos
sus historias.
No curemos de saber
lo de aquel siglo pasado
qué fue d'ello;
vengamos a lo de ayer,
que también es olvidado
como aquello.

¿Qué se hizo el rey don Juan?
¿Los Infantes de Aragón,
qué se hizieron?
¿Qué fue de tanto galán?
¿Qué fue de tanta invención
como truxieron?
Las justas y los torneos,
paramentos, bordaduras
y cimeras,
¿fueron sino devaneos?,
¿qué fueron sino verduras
de las eras?

¿Qué se hizieron las damas,
sus tocados, sus vestidos,
sus olores?
¿Qué se hizieron las llamas
de los fuegos encendidos
de amadores?
¿Qué se hizo aquel trovar,
las músicas acordadas

que tañían?
¿Qué se hizo aquel dançar,
aquellas ropas chapadas
que traían?
Pues el otro, su heredero,
don Enrique, ¡qué poderes
alcançaba!,
¡cuán blando, cuán halaguero
el mundo con sus plazeres
se le daba!
Mas veréis, ¡cuán enemigo,
cuán contrario, cuán cruel
se le mostró!;
habiéndole sido amigo,
¡cuán poco duró con él
lo que le dio!
Las dádivas desmedidas,
los edificios reales
llenos de oro,
las vaxillas tan febridas,
los enriques y reales
del tesoro,
los jaezes y caballos
de su gente, y atavíos
tan sobrados,
¿dónde iremos a buscallos?;
¿qué fueron, sino rocíos
de los prados?
Pues su hermano, el inocente
que, en su vida, sucesor
se llamó,
¡qué corte tan excelente
tuvo y cuánto gran señor
que le siguió!
Mas, como fuesse mortal,
metióle la muerte luego
en su fragua.
¡Oh, juïzio divinal!,
cuando más ardía el fuego
echaste agua.
Pues aquel gran Condestable,

maestre que conoscimos
tan privado,
no cumple que dél se hable,
sino sólo que lo vimos
degollado.
Sus infinitos tesoros,
sus villas y sus lugares,
su mandar,
¿qué le fueron sino lloros?,
¿fuéronle sino pesares
al dexar?

Pues los otros dos hermanos,
maestres tan prosperados
como reyes,
que a los grandes y medianos
truxeron tan sojuzgados
a sus leyes;
aquella prosperidad
que tan alto fue subida
y ensalzada,
¿qué fue sino claridad
que, estando más encendida,
fue amatada?

Tantos duques excelentes,
tantos marqueses y condes,
y barones
como vimos tan potentes,
di, Muerte, ¿dó los escondes
y traspones?
Y las sus claras hazañas
que hizieron en las guerras
y en las pazes,
cuando tú, cruda, te ensañas,
con tu fuerça las atierras
y deshazes.

Las huestes innumerables,
los pendones y estandartes
y banderas,
los castillos impugnables,
los muros y baluartes
y barreras,
la cava honda, chapada,

o cualquier otro reparo
¿qué aprovecha?
Que si tú vienes airada,
todo lo pasas de claro
con tu flecha.

Aquel, de buenos abrigo,
amado por virtuoso
de la gente,
el maestre don Rodrigo
Manrique, tan famoso
y tan valiente;
sus grandes hechos y claros
no cumple que los alabe,
pues los vieron,
ni los quiero hazer caros,
pues el mundo todo sabe
cuáles fueron.

¡Qué amigo de sus amigos!
¡Qué señor para criados
y parientes!
¡Qué enemigo de enemigos!
¡Qué maestro de esforçados
y valientes!
¡Qué seso para discretos!
¡Qué gracia para donosos!
¡Qué razón!
¡Qué benigno a los sujetos,
y a los bravos y dañosos,
un león!

En ventura, Octavïano;
Julio César, en vencer
y batallar;
en la virtud, Africano;
Aníbal, en el saber
y trabajar;
en la bondad, un Trajano;
Tito, en liberalidad
con alegría;
en su braço, Aurelïano;
Marco Atilio, en la verdad
que prometía.

Antonio Pío, en clemencia;

Marco Aurelio, en igualdad
del semblante;
Adrïano, en elocuencia;
Teodosio, en humanidad
y buen talante;
Aurelio Alexandre fue
en disciplina y rigor
de la guerra;
un Constantino, en la fe;
Camilo, en el gran amor
de su tierra.

No dexó grandes tesoros,
ni alcançó grandes riquezas
ni vaxillas,
mas hizo guerra a los moros
ganando sus fortalezas
y sus villas.
Y en las lides que venció,
muchos moros y caballos
se perdieron,
y en este oficio ganó
las rentas y los vasallos
que le dieron.

Pues por su honra y estado,
en otros tiempos pasados,
¿cómo se hubo?:
Quedando desamparado,
con hermanos y criados
se sostuvo.
Después que hechos famosos
hizo en esta dicha guerra
que hazía,
hizo tratos tan honrosos
que le dieron aun más tierra
que tenía.

Estas sus viejas estorias
que con su braço pintó
en la joventud,
con otras nuevas victorias
agora las renovó
en la senectud.
Por su gran habilidad,

por méritos y ancianía
bien gastada,
alcançó la dignidad
de la gran caballería
de la Espada.
    Y sus villas y sus tierras,
ocupadas de tiranos
las halló,
mas por cercos y por guerras,
y por fuerça de sus manos
las cobró.
Pues nuestro Rey natural,
si de las obras que obró
fue servido,
dígalo el de Portugal,
y en Castilla quien siguió
su partido.
    Después de puesta la vida
tantas vezes por su ley
al tablero,
después de tan bien servida
la corona de su Rey
verdadero,
después de tanta hazaña
a que no puede bastar
cuenta cierta,
en la su villa de Ocaña
vino la Muerte a llamar
a su puerta.
    Diziendo: «Buen caballero,
dexad el mundo engañoso
y su halago,
vuestro coraçón de azero
muestre su esfuerço famoso
en este trago;
y pues de vida y salud
hezistes tan poca cuenta
por la fama,
esforçad vuestra virtud
para sofrir esta afruenta
que os llama.
    »No se os haga tan amarga

la batalla temerosa
que esperáis,
pues otra vida más larga
de fama tan gloriosa
acá dexáis.
Aunque esta vida de honor
tampoco no es eternal
ni verdadera,
mas con todo es muy mejor
que la otra temporal,
perescedera.
»El vivir que es perdurable
no se gana con estados
mundanales,
ni con vida deleitable
en que moran los pecados
infernales.
Mas los buenos religiosos
gánanlo con oraciones
y con lloros;
los caballeros famosos,
con trabajos y aflicciones
contra moros.
»Y pues vos, claro varón,
tanta sangre derramastes
de paganos,
esperad el galardón
que en este mundo ganastes
por las manos;
y con esta confiança,
y con la fe tan entera
que tenéis,
partid con buena esperança,
que esta otra vida tercera
ganaréis.»

Responde el Maestre

«No gastemos tiempo ya
en esta vida mezquina
por tal modo,
que mi voluntad está

conforme con la divina
para todo;
y consiento en mi morir
con voluntad plazentera,
clara y pura,
que querer hombre vivir,
cuando Dios quiere que muera,
es locura.»

Oración

«Tú, que por nuestra maldad
tomaste forma servil
y baxo nombre;
Tú, que a tu divinidad
juntaste cosa tan vil
como el hombre;
Tú, que tan grandes tormentos
sufriste sin resistencia
en tu persona;
no por mis merescimientos,
mas por tu sola clemencia,
me perdona.»

Cabo

Así, con tal entender,
todos sentidos humanos
conservados,
cercado de su mujer,
y de hijos, y hermanos,
y criados,
dio el alma a quien gela dio,
el cual la ponga en el cielo
en su gloria.
Y aunque la vida murió,
nos dexó harto consuelo
su memoria.

Michele Marullo

Bizancio (Constantinopla, 1453-Italia, 1500)

La literatura latina del humanismo registra una cantidad incalculable de excelentes versos de circunstancias, abundantes composiciones de exquisita hechura formal, ilegibles epopeyas de gran empaque, fáciles elegías y madrigales amorosos... Pero el aliento de la gran poesía quizá se encuentra sólo en los *Himnos naturales* de Marullo. «Constantinopolitano» en el exilio, primero en Ragusa, donde se crió, luego en Italia, Marullo fue de profesión mercenario, y como tal combatió en numerosas batallas, en la Escitia (quizá bajo Matías Corvino), en la campaña italiana de Carlos VIII o en la defensa de Forlì contra los Borgia, en un empeño que probablemente quería seguir en Piombino cuando se ahogó al cruzar a caballo el río Cecina. Un papel importante en su formación tuvo sin duda la estancia en Nápoles, en el círculo de Giovanni Pontano y Iacopo Sannazzaro, pero desde 1489 su centro estuvo en Florencia, y allí polemizó con Poliziano y lo retrató Botticelli. En la primera edición de sus *Epigrammata* (1489), son de una consumada delicadeza los madrigales a Neera. La segunda (1497) apareció aumentada, sobre todo, con los cuatro libros de los *Hymni naturales*, que, «vagando por el vacío inexplorado del mundo» (resume el propio autor), celebran «la perpetua continuidad de los seres, desde Júpiter a las regiones de la Tierra», en «sólida cadena que pende del cielo». Las figuraciones neoplatónicas, las resonancias órficas y en general los motivos paganos traslucen ahí una comunión mística con el universo, como recuperación de la «patria antigua» del alma, de excepcional fuerza poética.

Ad Neaeram

Sic me, blanda, tui, Neaera, ocelli,
sic candentia colla, sic patens frons,
sic pares minio genae perurunt,
ex quo visa mihi et simul cupita es,
ut, ni me lacrimae rigent perennes,
totus in tenues eam favillas.
Sic rursum lacrimae rigant perennes,
ex quo visa mihi et simul cupita es,
ut ni, blanda, tui, Neaera, ocelli,
ni candentia colla, ni patens frons
ni pares minio genae perurant,
totus in riguos eam liquores.
O vitam miseram et cito caducam!

Sic istos oculos tuos, Neaera,
avertis, quotiens perire me vis,
tanquam perdere non queas tuendo:
sed tu ne peream times beatus.
Ne time: ah, miser, ah miser peribo!
Sed hoc tam miserum —ut putas— perire,
tuo servitio magis beatum est.

Has violas atque haec tibi candida lilia mitto:
legi hodie violas, candida lilia heri:
lilia, ut instantis monearis virgo senectae,
tam cito quae lapsis marcida sunt foliis;
illae, ut vere suo doceant ver carpere vitae,
invida quod miseris tam breve Parca dedit.
Quod si tarda venis, non ver breve, non violas, sed
—proh facinus!— sentes cana rubosque metes.

Suaviolum invitae rapio dum, casta Neaera,
imprudens vestris liqui animam in labiis,
exanimusque diu, cum nec per se ipsa rediret
et mora lethalis quantulacunque foret,

A Neera

Así dulce Neera, tus ojillos,
tu blanco cuello, tu frente amplia,
tus mejillas de minio rojo me queman y consumen,
desde que te vi y te deseé a un mismo tiempo,
que si el constante llanto no me baña,
todo yo me deshago en finas cenizas.
De otro modo, el constante llanto me baña de tal forma,
desde que te vi y te deseé a un mismo tiempo,
que si tus ojillos, dulce Neera,
si tu blanco cuello, tu frente amplia,
tus mejillas de rojo minio no me queman y consumen,
todo yo humedecido me deshago en agua.
¡Ay vida miserable y breve, pronto pasada!

Así estos ojos tuyos, Neera,
apartas, cuando me quieres matar,
como si no pudieses mirar matando,
pero tú lo que temes es que muera feliz.
No temas, ay infeliz, moriré desgraciado.
Pero esta muerte que crees tan desgraciada,
es más felicidad que el servicio de amor en el que he estado.

Te envío estas violetas y estos blancos lirios:
hoy corté las violetas, ayer los blancos lirios:
los lirios, para que te avisen muchacha de la vejez que apremia,
que tan pronto se marchitan y caen sus hojas.
Las violetas, para que con su primavera te enseñen a gozar la primavera de la vida,
que la odiosa Parca nos concedió breve a los infelices.
Pues si vienes tarde, ni una breve primavera, ni violas, sino
cosecharás canosa, ay dolor, cardos y espinas.

Neera, a vuestro pesar,
robo breve y tierno un beso
dejando sin esperarlo
el alma en el labio honesto.

misi cor quaesitum animam; sed cor quoque blandis
captum oculis nunquam deinde mihi rediit.
Quod, nisi suaviolo flammam quoque, casta Neaera,
hausissem, quae me sustinet exanimum,
ille dies misero, mihi crede, supremus amanti
luxisset, rapui cum tibi suaviolum.

Iovi Optimo Maximo

Ab Iove principium: Iovis est quodcunque movemus;
Prima mihi graviore sono dicenda potestas
Est Iovis: hinc magni divum tot numina mundi,
Hinc rerum natura parens, hinc lucidus aether,
Quaeque sub incurvo variantur plurima coelo.
Sed neque Pieridum praesentia vatibus antra
Nec tu, care, satis nostris, Pimplee, Camaenis
Parnasusque biceps facundaque flumina largae
Phocidos: ipse animum vati, mentem ipse ministra,
Sancte pater, sive aetherio delapsus Olympo
Enthea divino praecordia concutis oestro
Ignotasque vias aperis teque ipse recludis
Sive iubes cinctum solis caput igne tuentem,
Ingenio mentisque oculis ad inane levatis,
Eminus informi quaesitum ostendere in umbra
Effigiemque tuam primos et ducere vultus.
Nam, quamvis solusque reples solusque gubernas
Omnia et occasus aeque moderaris et ortus,

Exánime largo tiempo,
el alma no se me ha vuelto
y la tardanza, aunque leve,
letal se me muestra en eso.
El corazón a buscarla
envié con gran presteza
mas fijado en vuestros ojos
olvidóse y no regresa.
Por eso, si con el beso
la llama a la vez no apuro,
Neera, que me sostiene
sin alma el cuerpo inseguro,
aquel día se contara,
el que los besos robara,
para el infelice amante
como su último instante.

A Júpiter Óptimo Máximo

De Júpiter viene el principio, de Júpiter es todo lo que movemos;
el primer poder que he de cantar en son más grave del que he usado antes
es el de Júpiter: de él vienen todos los númenes de los dioses del gran mundo,
de él la naturaleza madre de las cosas, de él el lúcido éter del aire,
y los múltiples elementos cambiantes que están bajo el curvo cielo.
Pero ni los antros de las Piérides que usan los poetas,
ni tú, sagrado monte Pimpleo, sois suficientes para nuestras Musas,
ni el Parnaso de doble cima, ni los elocuentes ríos de la amplia
Fócide: tú mismo da aliento e inteligencia al poeta,
santo padre, sea que bajando del celeste Olimpo
hagas sonar con divino estro las entrañas llenas del dios,
y abras caminos desconocidos y te muestres a ti mismo,
sea que ordenes al que mira la cabeza del sol ceñida de fuego,
levantados al vacío los ojos de la mente y el ingenio,
ponernos delante al que buscamos desde lejos entre la informe sombra,
y trazar tu imagen y tus rostros primeros.
Pues aunque tú solo llenas y tú solo gobiernas
todo y riges igualmente los ocasos y los nacimientos,

Quamvis quicquid adest, quodcunque ubicunque videmus,
Ipse idem es penitusque nihil nisi Iuppiter usquam,
Quis tamen infirmi comprendat pectoris haustu,
Quem mare, quem tellus, vacui quem nubila coeli
Non capiunt sanctique patens plaga lucida regni?
Effugit humanos divina potentia fines
Mortalesque hebetat captus et pectora pigra,
Ex quo coelicolae, natali sede relicta,
Invalidos artus terrenaque membra subimus,
Corpoream iussi molem compage tueri.
Nam, simulac tenebris et inerti carcere clausi
Mortiferum Stygiae somnum potavimus undae,
Excidit offecto solidum de pectore verum,
Pro rebusque leves nequicquam amplectimur umbras,
Antiquae patriae ac verae rationis inanes.
Hinc rapit ambitio, rapit hinc furiosa libido,
Inde metus bella aspra movent et gaudia et irae
Raraque in humanis non mendax gloria rebus.
Ipsi, inter facies simulachraque mille ferarum
Impia Circaeae depasti pocula mensae,
Obscoaenis stabulamur haris, nec tecta paterna
Respicimus dulcemque Ithaco de culmine fumum,
Iam pridem in foedas dociles transire figuras;
Sed te moly tamen nobis tribuente beatum,
Securi dominae atque dapis, qua numina monstrant,
Nitimur immensum venerari carmine puro,
Et rerum auctorem dominumque agnoscimus aethrae,
Quem non principium, non ulla extrema fatigant,
Expertem ortus atque obitus; qui cuncta gubernas
Nescius imperii totusque in te ipse vicesque
Despicis aeternus et tempora sufficis aevo,
Unigenam sancto prolem complexus amore
Aeterno aeternam et perfectam labe carente,
Cui rerum late custodia tradita cessit
Et regni tutela tui, consorsque potestas

aunque todo lo que hay y todo lo que vemos en cualquier lugar,
eres también tú mismo y absolutamente nada hay en ninguna
parte sino Júpiter,
¿pero quién puede abarcar con el inseguro aliento de su pecho
al que ni el mar, ni la tierra, ni las nubes del vacío cielo,
encierran y la extensa región luciente del divino reino?
Escapa el divino poder a los límites humanos,
ciega los sentidos mortales y los corazones indolentes,
a partir del momento en que como habitantes del cielo, tras
abandonar nuestro lugar natal,
entramos en débiles articulaciones y miembros terrenos,
obligados a proteger por el ensamblaje la mole del cuerpo.
Pues en cuanto que encerrados en las tinieblas y la cárcel inerte
hemos bebido el sueño mortífero del agua de la laguna Estigia
desaparece del pecho ofuscado la firme verdad,
y en vez de objetos abrazamos en vano tenues sombras,
vacíos de la verdadera razón y de la antigua patria.
A partir de entonces se apodera de nosotros la ambición y
el furioso deseo,
después los miedos mueven guerras crueles y los gozos y las iras
y la gloria que raras veces no es engañosa entre los hombres.
Por nuestra parte, nosotros, entre caras e imágenes de mil fieras,
alimentados de los impíos vasos de la mesa de Circe,
habitamos en obscenas pocilgas y ni la casa de nuestro padre
miramos y el dulce humo de las alturas de Ítaca,
desde hace tiempo acostumbrados a transformarnos en
formas de sucio aspecto;
pero si tú nos das la bienaventurada hierba «moly» que rompió
el encantamiento
de Ulises, resguardados de la comida de la señora, como
enseñan los dioses,
nos entregamos a venerar en pura poesía al inmenso
y te reconocemos como autor de las cosas y señor de los cielos,
al que no incomoda ni principio ni fin alguno,
sin tener nacimiento ni muerte; que gobiernas todas las cosas
sin sufrir órdenes, todo en ti mismo, y las variaciones
miras desde tu alta eternidad y das tiempos a la eternidad,
abrazando a Atenea, tu descendencia unigénita, con santo amor
eterno, exento de toda mancha, a ella que es perfecta y eterna,
y en la que recayó el encargo de custodiar el amplio universo
y la protección de tu reino y como poder copartícipe

Temperat acceptas sine fine et tempore habenas;
Qui varios rebus tribuis nascentibus ortus,
Qui sua naturae praescribis iura potenti,
Qui terras, coelum, aera, aquas, vertisque regisque
Contentusque tua varias quaecunque quiete,
Mille per augustum spargens miracula mundum.
Nam, cum tota gravi torperet machina acervo
Noxque Chaos densis circumdaret atra tenebris
Perque superiectas volitaret spiritus undas,
Mole recens orta, et vacuum sola inane teneret,
Primus opes bonus ipse bonas partiris in orbem
Squallentemque novo massam fulgore serenas
Et tenebras luce et tenebris lucem eximis atris
Appellasque diem et nocti sua nomina ponis,
Primus aquis secernis aquas coelumque profundum
Erigis aequoreasque iubes discludere moles;
Tum mare substernis tumidum, tum lege verenda
Imponis finesque suos et littora Nereo
Aridaque ostentas mediis sola prodiga in undis:
Apparent subitae, dictu mirabile, terrae,
Divitiisque suis capitur iustissima Tellus
Atque animum facies movet et variantia rerum—
Nanque videbat uti modo coelum tangeret ipsum
Rupibus aeriis, ima modo valle dehiscens
Infernum Chaos et nigrantes proderet umbras,
Nunc sola pacato diffunderet aemula ponto
Temperie verisque opibus foecunda benigni:
Seque repentinis fluviorum spectat in undis—;
Tum nova suspendis rutilanti sydera mundo
Anguesque volucresque et Pleadas Atlanteas,
Utque pruinosis lunares noctibus axes,
Portantem Aurorae praeponis lumina Solem,
Solem sydereae moderantem frena choreae,
Obliquumque iubes currus agitare per orbem;
Tum liquidum mutis foecundas piscibus aequor
Aeriumque leves spargis per inane volucres,
Tum latas replere iubes animalia sylvas

rige las riendas recibidas sin fin y sin tiempo;
tú que atribuyes nacimientos diversos a la naturaleza que surge,
tú que prescribes sus leyes a la poderosa natura,
tú que revuelves y riges las tierras, el cielo, el aire, las aguas,
y contento con tu inmovilidad haces variar todas las cosas,
esparciendo mil milagros por el augusto mundo.
Pues cuando toda la maquinaria del mundo se movía
dificultosamente a causa de la pesada carga
y cuando la Noche oscura envolvía con sus densas tinieblas el Caos
y cuando su espíritu se cernía sobre las aguas que lo inundaban
todo
apenas nacida la materia y cuando el vacío inconsistente era
la sustancia de la tierra,
primero repartes bondadoso entre el orbe los bienes
y con nuevo fulgor temperas la masa embarrada
y apartas de la luz las tinieblas y de las negras tinieblas la luz
y llamas al día y pones sus nombres a la noche.
Primero separas las aguas de las aguas y la bóveda celeste
eriges y ordenas que se cierren las niveladas moles de los mares;
entonces extiendes abajo el mar hinchado, entonces
con leyes venerables
impones sus límites y sus costas a Nereo
y sacas las tierras secas y fértiles en medio de las aguas:
aparecen súbitamente las tierras, es maravilla contarlo,
y la justísima Tierra es ocupada por sus riquezas
y su aspecto y su variedad natural mueve el ánimo—
pues parecía que unas veces tocaba el mismo cielo
con sus montañas aéreas, otras veces abriéndose en valles profundos
desvelaba el Caos infernal y las sombras ennegrecidas,
ahora extiende las tierras émulas del mar
fecundas por la bonanza y por los frutos de la benigna primavera:
y se mira en las repentinas aguas de los ríos—;
ahora cuelgas nuevos astros del rutilante mundo
y serpientes, aves y las Pléyades hijas de Atlas,
y como los carros lunares a las noches de escarcha,
pones delante de la Aurora al Sol que guía las luces,
el Sol que gobierna los frenos de los coros siderales,
y obligas a conducir su carro por un circuito oblicuo;
ahora fecundas el líquido mar con silenciosos peces
y esparces ligeras aves por el aire vacío,
ahora ordenas llenar los anchos bosques de animales

Deque solo genus humanum producis inerti
Et mentem inspiras melioris origine formae,
Cui quicquid mare, quicquid habent sola subiicis ipsa,
Exutosque olim terrenae pondera molis
Rursus in antiquam patriam das posse reverti,
Unde hominum curas tot despectemus inanes
Incertasque vices rerum metuendaque fata
Et quanta mortale genus nox occupet umbra.
Salve, sancte parens, vere pater optime rerum,
Vere opifex, terraeque mala compage gravatos
Dum data vincla nefas dirumpere carceris atri,
Eripe tot pelagi iactatos tristibus undis,
Tot caecis pressos tenebris, pater; exue vota
Impia: nil vanum, nil admiremur inane,
Antiquae memores patriae; et quem corporis aegri
Non licet, ingenii quaeramus lumine puro.

Terrae

Extrema est dea Terra mihi quoque iure canenda,
Ultima, sed meritis quae primos aequet honores:
Turriferens, foecunda, potens, quam nomine Magnae
Sacrarunt veteres adyto monstrante Parentis,
Sive quod inde hominum gnavum genus, inde ferarum,
Quaeque virent campis herbae, quaeque ardua sylvae
Taygeta horrentisque tenent pineta Lycaei,
Unde animale genus generatim vivit adauctum,
Sive quod, omnia cum interdum mortalibus aegris
Irasci atque modo soleant furere acta novercae,

y del inerte suelo sacas el linaje de los hombres
y les inspiras una inteligencia de belleza superior a su origen,
a la que sometes cuanto tiene el mar y cuanto tienen las mismas tierras,
y a los que algún día se libran del peso de la mole terrena
concedes poder volver de nuevo a su antigua patria,
desde cuya altura contemplemos todas las cuitas sin sentido de los hombres
los inciertos cambios de las cosas y la temible muerte
y con cuánta oscuridad embarga la noche al linaje de los mortales.
Salve, santo creador, óptimo y verdadero padre de las cosas,
verdadero artífice, y a los que están cubiertos por el perverso ensamblaje de la tierra,
mientras no es lícito romper las cadenas dadas de la negra cárcel,
salva a cuantos han sido echados en las tristes aguas del piélago,
cuantos están oprimidos por las oscuras tinieblas, padre; límpianos de deseos
impíos; que no admiremos nada vano, nada vacío,
recordando nuestra antigua patria; y al que no podemos buscar
por la debilidad del cuerpo, busquémoslo con la luz pura de la inteligencia.

A la Tierra

Acabando mis versos cantaré también a la diosa Tierra, como es razón hacerlo,
la más apartada del comienzo, pero es la que hace que correspondan los honores del primero a sus méritos:
ciñe corona mural, es fecunda y poderosa; es la que con el nombre de la Gran
Madre consagraron los antiguos mostrándola su santuario
sea porque de ella proviene el activo linaje de los hombres, de ella el de las fieras
y las hierbas que verdean en los campos y los bosques
que pueblan el agreste monte Taygete y los pinares del tenebroso monte Liceo,
de ella el linaje de los animales vive según su especie y se acrecienta,
sea porque, aun cuando a veces todas las cosas en relación a los tristes mortales
suelen airarse y mover su furor irracional como dirigidas de una madrastra,

Una pios tenet affectus sine fine parentis
Indulgetque suis, una exagitata quiescit
Scrutandosque sinus impune et viscera praebet—
Usque adeo scelera interdum leve ferre suorum est!—,
Quamvis utiliter Stygio tegat illa baratro
Plurima, materiem tantarum haud inscia cladum.
Hinc neque deformes iunxerunt curribus ursos
Nec grege de molli capreas cervosque fugaces,
Sed fulvis horrenda iubis generosa leonum
Colla, quod egregiis quantum quisque eminet ausis,
Aequius hoc debet senium grave ferre parentum.
Nam biiugis invecta, nihil nisi vincula bina
Aurarumque profundarum laticisque liquentis
Significat terras atque inter lucida templa,
Quis innixa suo medio est neque pondere pressa
Desinit a fuso circum pendere ligatu,
Undique flammarum spatiis distantibus aeque.
Nec vero sine consilio causaque potenti
Omniparae steriles matri servire catervas
Crediderim: neque enim curam gerat ille parentum,
Interea stimulis viroque agitatus amoris
Siquis, et ingratos qui ponere nesciat ignes.
Adde quod, ut superos, ipsos quoque sola parentes
Delectant pura, a superis qui proximus ordo est;
Adde quod officium natis praestamus habendis
Nostra sponte bona (quis enim hoc dubitaverit unquam?),
Nec nisi Naturae memores plerumque novercae,
At matri quaecunque accepta rependimus ante:

ella sola mantiene su piadoso afecto maternal que no tiene límites
y perdona a los suyos, ella sola aunque se la pinche y remueva
se queda tranquila
y ofrece los senos de sus minas para que los exploren
impunemente y sus entrañas
—¡hasta tal punto resulta a veces fácil soportar las maldades de
los del propio linaje!—
por más que con buen sentido ella cubra con el infierno de la
laguna Estigia
muchísimas más cosas, a sabiendas de que serán materia
de tantas desgracias.

Por esta razón ni uncieron deformes osos al carro de Cibeles
ni cabras sacadas de una grey obediente ni ciervos espantadizos,
sino los cuellos de leones por sus rubias melenas horrendos
y nobles,
pues cuanto cada uno sobresale por sus egregias empresas,
con más razón por esto debe soportar la pesada decrepitud
de sus padres.
Pues el que Cibeles sea arrastrada por un carro de dos
yugos no denota otra cosa
que los dos eslabones entre los cielos profundos y las líquidas
aguas,
entre las tierras y los lucientes templos del cielo,
y apoyada en el medio de ellas, empujada por su peso
no deja de colgar de la red de trabazones que se extienden
a su alrededor,
manteniendo separados de todas partes por igual los espacios
llenos de fuego.
Y no creería que sin motivo ni propósito a la madre poderosa
generadora de todo sirven las catervas de castrados Galos:
ni que tenga el cuidado del creador como su sacerdote,
si alguno se agita al mismo tiempo por los aguijones y por
el veneno del amor
y no sabe deponer los fuegos ingratos.
Añade que, como a los seres celestiales, a los propios padres, que en
jerarquía siguen después de los dioses, sólo les agrada la pureza;
añade que prestamos nuestro oficio para tener hijos
por nuestra buena voluntad (¿quién habrá dudado nunca de esto?)
Y siempre acordándonos de la Naturaleza generalmente
como madrastra,
pero devolvemos a la madre todo lo que hemos recibido antes:

Ingrati prorsus, nec vitae munere digni,
Siquos progenies sperataque cura nepotum
Ubera quam matrisque piae studiumque fidele
Plus movet et decimum in mensem tolerata pericla,
Ante repentino coeli quam territus haustu
Vagiat aetheriam in lucem novus editus infans,
Cum proiectus humi nudus iacet, indigus, exsors
Auxilii, infirmusque pedum infirmusque palati,
Atque uno non tantum infelix, quod sua damna
Non capit et quantum superat perferre laborum:
Et dubitem caris debere parentibus omnia?
Aut aliud totque aera putem crepitantia velle
Aeribus armatasque manus et cymbala circum,
Quam partes armis maternaque iura tuenda,
Nullius in nostras admissis vocibus aures?
Quid, quod Oaxeis contectus Iuppiter antris
Ereptumque patri ius et tam prompta iuventus
Curetum contra Saturni regia iussa,
De plano monet, interdum vel morte parata
Tormentisque piae matris commissa tegenda?
Tantus honor sancti reverentia nominis haec est,
Ipsum quo rectorem etiam appellare deorum
Non piget atque hominum magnum usurpare parentem.
Verum quid iuvat eximie iam vocibus uti,
Si pia tam foedis sceleramus nomina factis
Turbamusque malis inter nos quaeque rapinis,
Partiri communem ausi per vulnera matrem?
Hinc versum fas atque nefas sceleratque bella
Invasere, tenet furor exitialis habendi
Luxuriesque, nec imperii spe turbidi inanis
Cessamus placidam gentis turbare quietem,
Immemores eadem in terra mox esse cubandum

verdaderamente ingratos e indignos del regalo de la vida,
si a alguno la progenie esperada y la preocupación de los nietos
le tira más que las ubres de una madre piadosa y un afán fiel
y los peligros soportados hasta el décimo mes
antes que aterrado por la emanación repentina del cielo
berree como niño recién nacido a la luz del éter,
cuando yace desnudo lanzado al suelo, indigente, privado
de auxilio, incapaz de caminar ni de alimentarse,
y afortunado sólo por una cosa, porque sus desgracias
no conoce ni cuantos trabajos le quedan por pasar:
¿y puedo yo dudar que lo debo todo a los padres queridos?
¿o puedo pensar que quieran significar otra cosa tantos bronces
repiqueteando
contra el bronce y las manos armadas y los címbalos de los Galos
que el deber de proteger con las armas los intereses y el
derecho de la madre,
sin admitir en nuestros oídos otras voces?
¿Y qué significa el hecho de que Júpiter estuviera oculto
en los antros Oaxeos
y el derecho arrancado a su padre y los jóvenes Curetes
tan bien dispuestos contra los regios mandamientos de Saturno,
no enseña claramente, que a veces incluso hasta la muerte y
bajo tormentos
deben de ocultarse los secretos de la piadosa madre
encomendados?
Tanto honor tiene esta reverencia del nombre santo
por el que incluso llamar al propio señor de los dioses
no avergüenza ni designar al gran padre de los hombres.
Pero ¿de qué sirve usar en tono elevado en este momento de
estos vocablos
si escarnecemos los piadosos nombres con acciones tan
repugnantes
y entre nosotros lo destrozamos todo con violencia destructora
osando desgarrar la madre común a fuerza de herirla?
Por ello está revuelto lo sacrílego con lo legítimo y
las criminales guerras
nos han invadido, nos posee la furia mortal de acaparar cosas
y la intemperancia, y ni por la esperanza de un poder inconsistente
dejamos de correr perturbados a perturbar el plácido
descanso del pueblo,
sin recordar que pronto nos acostaremos todos en la misma tierra,

Omnibus, assueta ducibus confundere egenos
Affectuque pari natos quoscunque fovere
Materno exceptos gremio per saecula longa.
At tu, magna parens, quando omnis adempta quietis
Spes aliter, iam tandem adsis et nos quoque humatis
Adiice, tot duros genitrix miserata labores.

que está acostumbrada a mezclar a los pobres con los generales
y con parejo afecto arropar a los hijos por igual
recogidos en el seno materno por largos siglos.
Pero tú, Gran Madre, cuando nos ha sido arrebatada
de una forma u otra
toda esperanza de paz, acude y con los que han sido enterrados
júntanos, creadora, compadecida de tantos trabajos y tan duros.

Juan F. Alcina

Ludovico Ariosto

Italia (Reggio, 1474-Ferrara, 1533)

La vida de Ariosto se deja compendiar en el servicio a la familia ducal de Ferrara, los Este, y en la escritura y reescritura del *Orlando furioso.* El cardenal Ippolito d'Este y luego su hermano, el duque Alfonso, le encomendaron los quehaceres más variados, desde embajadas ante el Papa hasta el gobierno de Garfagnana, pasando por todo tipo de trajines domésticos. La comedia tuvo en él un brillante cultivador, y siempre se han valorado el gracejo y la inteligencia de sus siete *Sátiras.* Pero la obra a la que dedicó todo su talento, revisándola no ya edición tras edición (1516, 1521, 1532), sino incluso a medida que la imprenta iba tirando pliegos, es el *Orlando furioso,* en 46 cantos en octavas reales. En cuanto al argumento, es continuación declarada del *Innamoramento de Orlando* de Matteo Maria Boiardo, en que a su vez culminaban el proceso de transformación de los cantares de gesta en novelas de aventuras y su confluencia con la materia de Bretaña. En el marco de las guerras y guerrillas entre francos y moros, el poema cuenta los amores de Orlando (es decir, Roldán) por Angélica y del sarraceno Ruggiero por la cristiana Bradamante. Pero esa trama principal se enlaza, mejor o peor, con docenas de otros episodios románticos o caballerescos. Nunca se ponderará bastante la variedad del *Orlando,* en alas de una fantasía inagotable que nos lleva de las escenas de magia y los lances prodigiosos a los momentos humorísticos y las observaciones de realismo pintoresco, sin que en medio de esa selva de maravillas perdamos de vista la sonrisa comprensiva y el gozo creador del poeta.

Satira III

So ben che dal parer dei piú mi tolgo
che 'l stare in corte stimano grandezza,
ch'io pel contrario a servitú rivolgo.
    Stiaci volentier dunque chi la apprezza;
fuor n'uscirò ben io, s'un dí il figliuolo
di Maia vorrà usarmi gentilezza.
    Non si adatta una sella o un basto solo
ad ogni dosso; ad un non par che l'abbia,
all'altro stringe e preme e gli dà duolo.
    Mal può durar il rosignuolo in gabbia,
piú vi sta il gardelino, e piú il fanello;
la rondine in un dí vi mor di rabbia.
    Chi brama onor di sprone o di capello,
serva re, duca, cardinale o papa;
io no, che poco curo questo e quello.
    In casa mia mi sa meglio una rapa
ch'io cuoca, e cotta s'un stecco me inforco,
e mondo, e spargo poi di acetto e sapa,
    che all'altrui mensa tordo, starna o porco
selvaggio; e cosí sotto una vil coltre,
come di seta o d'oro, ben mi corco.
    E piú mi piace di posar le poltre
membra, che di vantarle che alli Sciti
sien state, agli Indi, alli Etiopi, et oltre.
    Degli uomini son varii li appetiti:
a chi piace la chierca, a chi la spada,
a chi la patria, a chi li strani liti.
    Chi vuole andare a torno, a torno vada:
vegga Inghelterra, Ongheria, Francia e Spagna;
a me piace abitar la mia contrada.
    Visto ho Toscana, Lombardia, Romagna,
quel monte che divide e quel che serra
Italia, e un mare e l'altro che la bagna.
    Questo mi basta; il resto de la terra,
senza mai pagar l'oste, andrò cercando
con Ptolomeo, sia il mondo in pace o in guerra;
    e tutto il mar, senza far voti quando
lampeggi il ciel, sicuro in su le carte
verrò, piú che sui legni, volteggiando.

SÁTIRA III

Sé que me aparto del sentir común,
que estima honor estar en una corte;
yo, al contrario, lo estimo servidumbre.
Quédese ahí a su gusto quien la aprecia,
que yo me escaparé si un día el hijo
de Maia me concede alguna gracia.
Una silla o albarda no se adapta
a cualquier lomo: hay quien no la nota
y a otro le duele, aprieta y martiriza.
No durará en la jaula el ruiseñor;
el pintón y el jilguero son más fuertes;
la golondrina morirá en un día.
Quien busca honor de espuela o de capelo
sirva a rey, duque, cardenal o papa;
yo no, que nada de eso me preocupa.
Mejor me sabe en casa cualquier nabo
que yo guiso y ensarto y mondo y luego
me aliño con vinagre y con arrope,
que en mesa ajena codorniz o tordo
o jabalí; y debajo de vil manta
duermo igual que si fuese de oro o seda.
Prefiero reposar mis pobres miembros
que presumir de haberlos paseado
entre indios, etíopes o escitas.
Los gustos de los hombres son diversos:
uno quiere tonsura y otro espada,
uno su patria y otro extrañas tierras.
Quien quiera viajar, viaje y vea
Hungría, Francia, España e Inglaterra;
yo prefiero vivir en mi comarca.
Vi Toscana, Romaña, Lombardía,
el monte que divide y el que cierra
Italia, y los dos mares que la bañan.
Esto me basta; el resto de la tierra,
sin pagar hospedaje, lo iré viendo
(esté en guerra o en paz) con Tolomeo,
y el mar entero surcaré en los mapas,
sin hacer votos cuando el cielo anuncie
tormenta, y más seguro que en un leño.

Orlando furioso

Le donne, i cavallier, l'arme, gli amori,
le cortesie, l'audaci imprese io canto,
che furo al tempo che passaro i Mori
d'Africa il mare, e in Francia nocquer tanto,
seguendo l'ire e i giovenil furori
d'Agramante lor re, che si diè vanto
di vendicar la morte di Troiano
sopra re Carlo imperator romano.
    Dirò d'Orlando in un medesmo tratto
cosa non detta in prosa mai né in rima:
che per amor venne in furore e matto,
d'uom che sì saggio era stimato prima;
se da colei che tal quasi m'ha fatto,
che 'l poco ingegno ad or ad or mi lima,
me ne sarà però tanto concesso,
che mi basti a finir quanto ho promesso. ...
    Lo strano corso che tenne il cavallo
del Saracin pel bosco senza via,
fece ch'Orlando andò duo giorni in fallo,
né lo trovò, né poté averne spia.
Giunse ad un rivo che parea cristallo,
ne le cui sponde un bel pratel fioria,
di nativo color vago e dipinto,
e di molti e belli arbori distinto.
    Il merigge facea grato l'orezzo
al duro armento et al pastore ignudo;
sì che né Orlando sentia alcun ribrezzo,
che la corazza avea, l'elmo e lo scudo.
Quivi egli entrò per riposarvi in mezzo;
e v'ebbe travaglioso albergo e crudo,
e più che dir si possa empio soggiorno,
quell'infelice e sfortunato giorno.
    Volgendosi ivi intorno, vide scritti
molti arbuscelli in su l'ombrosa riva.
Tosto che fermi v'ebbe gli occhi e fitti,
fu certo esser di man de la sua diva.
Questo era un di quei lochi già descritti,
ove sovente con Medor veniva
da casa del pastore indi vicina
la bella donna del Catai regina.

Orlando furioso

Canto las damas y los caballeros,
las armas, los amores, las audaces
y corteses empresas de aquel tiempo
en que los Moros dieron guerra a Francia
cruzando el mar de África y siguiendo
a su rey Agramante, airado y fiero,
para vengar la muerte de Troyano
sobre el rey Carlo, emperador romano.

Diré a la vez de Orlando cierta cosa
que ni en prosa ni en verso ha sido dicha:
quien por hombre tan sabio era tenido
se volvió por amor furioso y loco,
si es que aquella que casi igual me tiene
y que lima mi ingenio por momentos
permite que me sea concedido
el que baste a acabar lo prometido. ...

La alocada carrera del caballo
del infiel desbocado por el bosque
hizo vagar a Orlando sin provecho
durante un par de días, sin ver huellas.
Llegó al fin junto a un río cristalino
a cuya vera un prado florecía
de vistosos colores matizado
y de frondosos árboles ornado.

Daba frescor la sombra al mediodía
a la grey seca y al pastor desnudo,
tal, que ni al mismo Orlando molestaban
la coraza y el yelmo y el escudo.
Se adentró, pues, en busca de reposo
y lo que halló fue lúgubre y maldito,
porque tuvo la estancia más sombría
en aquel infeliz e infausto día.

Mirando en derredor vio en la ribera
muchos troncos con muchas inscripciones.
Cuando fijó con atención los ojos
reconoció la mano de su diosa.
Era uno de los sitios ya descritos,
cerca de casa del pastor, en donde,
siempre de su Medoro acompañada,
la bella reina del Catay gozaba.

Angelica e Medor con cento nodi
legati insieme, e in cento lochi vede.
Quante lettere son, tanti son chiodi
coi quali Amore il cor gli punge e fiede.
Va col pensier cercando in mille modi
non creder quel ch'al suo dispetto crede:
ch'altra Angelica sia, creder si sforza,
ch'abbia scritto il suo nome in quella scorza.

Poi dice: —Conosco io pur queste note:
di tal'io n'ho tante vedute e lette.
Finger questo Medoro ella si puote:
forse ch'a me questo cognome mette.—
Con tali opinïon dal ver remote
usando fraude a se medesmo, stette
ne la speranza il mal contento Orlando,
che si seppe a se stesso ir procacciando.

Ma sempre più raccende e più rinuova,
quanto spenger più cerca, il rio sospetto:
come l'incauto augel che si ritrova
in ragna o in visco aver dato di petto,
quanto più batte l'ale e più si prova
di disbrigar, più vi si lega stretto.
Orlando viene ove s'incurva il monte
a guisa d'arco in su la chiara fonte.

Aveano in su l'entrata il luogo adorno
coi piedi storti edere e viti erranti.
Quivi soleano al più cocente giorno
stare abbracciati i duo felici amanti.
V'aveano i nomi lor dentro e d'intorno,
più che in altro dei luoghi circonstanti,
scritti, qual con carbone e qual con gesso,
e qual con punte di coltelli impresso.

Il mesto conte a piè quivi discese;
e vide in su l'entrata de la grotta
parole assai, che di sua man distese
Medoro avea, che parean scritte allotta.
Del gran piacer che ne la grotta prese,
questa sentenzi in versi avea ridotta.
Che fosse culta in suo linguaggio io penso;
et era ne la nostra tale il senso:

—Liete piante, verdi erbe, limpide acque,

Ve a Angélica y Medoro con cien nudos
y en cien diversos troncos enlazados.
Todas las letras son ardientes clavos
con los que Amor el corazón le hiende.
De mil modos intenta no dar crédito
a lo que, a su pesar, vieron sus ojos,
y desea creer que fue otra Angélica
la que escribió su nombre en las cortezas.
Dice después: —Lo cierto es que esta letra
la conozco y la he visto muchas veces.
Medoro será un nombre imaginario
que ella ha escogido para designarme.—
Con esta explicación tan alejada
de la verdad, el contrariado Orlando
se engañaba a sí mismo y consolaba
alimentando falsas esperanzas.
Pero más se enardece la sospecha
cuanto se esfuerza más en extinguirla,
como el incauto pájaro caído
en la liga o la red, que cuando bate
con más fuerza las alas por librarse,
se enreda más y más en el engaño.
Llega Orlando a un paraje en que se curva
el monte como un arco y da a una gruta.
La entrada del lugar estaba ornada
de trepadora hiedra y vid silvestre.
Allí los dos amantes se abrazaban
en las horas más cálidas del día.
Era en ese lugar y en su contorno
donde más abundaban los dos nombres,
ya con carbón o ya con yeso escritos,
o impresos con la punta de un cuchillo.
Descendió del caballo el triste conde
y vio en la entrada de la gruta algunas
palabras que Medoro había escrito
recientemente de su propia mano.
Dejó en ellas cifrado en bellos versos
el gran deleite que gozó en la gruta.
Creo que eran muy cultas en su lengua,
y es esto lo que dicen en la nuestra:
—Alegres plantas, límpida corriente,

spelunca opaca e di fredde ombre grata,
dove la bella Angelica che nacque
di Galafron, da molti invano amata,
spesso ne le mie braccia nuda giacque;
de la commodità che qui m'è data,
io povero Medor ricompensarvi
d'altro non posso, che d'ognior lodarvi:

e di pregare ogni signore amante,
e cavallieri e damigelle, e ognuna
persona, o paesana o vïandante,
che qui sua volontà meni o Fortuna;
ch'all'erbe, all'ombre, all'antro, al rio, alle piante
dica: benigno abbiate e sole e luna,
e de le ninfe il coro, che proveggia
che non conduca a voi pastor mai greggia.—

Era scritto in arabico, che 'l conte
intendea così ben come latino:
fra molte lingue e molte ch'avea pronte,
prontissima avea quella il paladino;
e gli schivò più volte e danni et onte,
che si trovò tra il popul saracino:
ma non si vanti, se già n'ebbe frutto;
ch'un danno or n'ha, che può scontargli il tutto.

Tre volte e quattro e sei lesse lo scritto
quello infelice, e pur cercando invano
che non vi fosse quel che v'era scritto;
e sempre lo vedea più chiaro e piano:
et ogni volta in mezzo il petto afflitto
stringersi il cor sentia con fredda mano.
Rimase al fin con gli occhi e con la mente
fissi nel sasso, al sasso indifferente.

Fu allora per uscir del sentimento
sì tutto in preda del dolor si lassa.
Credete a chi n'ha fatto esperimento,
che questo è 'l duol che tutti gli altri passa.
Caduto gli era sopra il petto il mento,
la fronte priva di baldanza e bassa;
né poté aver (che 'l duol l'occupò tanto)
alle querele voce, o umore al pianto.

L'impetuosa doglia entro rimase,
che volea tutta uscir con troppa fretta.

opaca cavidad de frescas sombras,
donde la bella Angélica, nacida
de Galafrón, por tantos pretendida,
aquí yació desnuda entre mis brazos;
el enorme placer que aquí me disteis,
yo, el muy pobre Medoro, solo alcanzo
a pagarlo alabándoos sin descanso,
    y suplicando a todo fiel amante,
ya sea dama o caballero u otra
persona del lugar o pasajera
que llegue aquí por gusto o por fortuna,
diga a las hierbas, sombras, gruta y río:
Que os sea favorable el sol, la luna,
y el coro de las ninfas os dé amparo,
y no os holle el pastor con su rebaño.—
    Estaba escrito en árabe, que el conde
entendía tan bien como el latín:
entre las muchas lenguas que sabía,
la que más dominaba era la arábiga,
que muchas veces lo sacó de aprietos
entre los sarracenos, pero ahora
bien que lo lamentó, pues las ventajas
con un solo dolor son anuladas.
    El infeliz volvió a leer tres veces
y cuatro y cinco y seis aquel escrito,
imaginando haberse equivocado,
pero en cada lectura resultaba
más y más claro y él, con fría mano,
sentía el corazón más afligido.
Se quedó inmóvil con los ojos fijos
en la piedra, y en piedra convertido.
    Casi fuera de sí por la tristeza,
se abandonó al dolor, por él vencido.
Creed a quien, pues lo probó, lo sabe,
que no hay dolor que pueda comparársele.
Después hundió en el pecho la cabeza,
ya sin ningún orgullo ni arrogancia,
y era tal su dolor, que no halló modo
de dar voz a su queja o vía al lloro.
    Este inmenso dolor se quedó dentro
deseando escapar precipitado.

Così veggiàn restar l'acqua nel vase,
che largo il ventre e la bocca abbia stretta;
che nel voltar che si fa in su la base,
l'umor che vorria uscir, tanto s'affretta,
e ne l'angusta via tanto s'intrica,
ch'a goccia a goccia fuore esce a fatica.

Poi ritorna in sé alquanto, e pensa come
possa esser che non sia la cosa vera:
che voglia alcun così infamare il nome
de la sua donna e crede e brama e spera,
o gravar lui d'insoportabil some
tanto di gelosia, che se ne pèra;
et abbia quel, sia chi si voglia stato,
molto la man di lei bene imitato.

In così poca, in così debol speme
sveglia gli spirti e gli rifranca un poco;
indi al suo Brigliadoro il dosso preme,
dando già il sole alla sorella loco.
Non molto va, che da le vie supreme
dei tetti uscir vede il vapor del fuoco,
sente cani abbaiar, muggiare armento:
viene alla villa, e piglia alloggiamento.

Languido smonta, e lascia Brigliadoro
a un discreto garzon che n'abbia cura;
altri il disarma, altri gli sproni d'oro
gli leva, altri a forbir va l'armatura.
Era questa la casa ove Medoro
giacque ferito, e v'ebbe alta avventura.
Corcarsi Orlando e non cenar domanda,
di dolor sazio e non d'altra vivanda.

Quanto più cerca ritrovar quïete,
tanto ritrova più travaglio e pena;
che de l'odiato scritto ogni parete,
ogni uscio, ogni finestra vede piena.
Chieder ne vuol: poi tien le labra chete;
che teme non si far troppo serena,
troppo chiara la cosa che di nebbia
cerca offuscar, perché men nuocer debbia.

Poco gli giova usar fraude a se stesso;
che senza domandarne, è chi ne parla.
Il pastor che lo vede così oppresso

Como le ocurre al agua en la vasija
de ancho vientre y cuello muy estrecho:
cuando le dan la vuelta se amontona
precipitado líquido en el cuello
del angosto bocal y apenas logra
salir de la vasija gota a gota.

Al cabo de algún tiempo se repuso
imaginando que era todo falso:
deseaba pensar que alguien quería
cubrir de infamia el nombre de su dama,
o pretendía provocar su muerte
con el grave tormento de los celos;
y que, fuese quien fuese, con gran traza
falsificó la letra de su amada.

Con esta vana y débil esperanza
repuso y alivió su triste espíritu,
y se volvió a montar en Brilladoro
cuando el sol a su hermana daba paso.
Al poco tiempo distinguió a lo lejos
tejados humeantes y ladridos
de perros y el balar de las ovejas,
y en busca de posada entró en la aldea.

Triste desmonta y deja a Brilladoro
a un diligente mozo, mientras otros
lo desarman, le quitan las espuelas
doradas y le pulen la armadura.
Era la casa en que Medoro estuvo
malherido y vivió su gran ventura.
Orlando, sin cenar, se hundió en el lecho,
saciado de dolor, no de alimento.

Cuanta más paz y más sosiego busca,
encuentra más dolor y más tormento:
las paredes, las puertas, las ventanas
están repletos del odiado escrito.
Quisiera preguntar, mas no despega
los labios porque teme que resulte
demasiado evidente lo que espera
que, si lo oculta más, menos le duela.

De poco le sirvió mentirse tanto,
porque sin preguntar se lo contaron,
y es que el pastor, al verlo tan hundido

da sua tristizia, e che voria levarla,
l'istoria nota a sé, che dicea spesso
di quei duo amanti a chi volea ascoltarla,
ch'a molti dilettevole fu a udire,
gl'incominciò senza rispetto a dire:

come esso a' prieghi d'Angelica bella
portato avea Medoro alla sua villa,
ch'era ferito gravemente; e ch'ella
curò la piaga, e in pochi dì guarilla:
ma che nel cor d'una maggior di quella
lei ferì Amor; e di poca scintilla
l'accese tanto e sì cocente fuoco,
che n'ardea tutta, e non trovava loco:

e sanza aver rispetto ch'ella fusse
figlia del maggior re ch'abbia il Levante,
da troppo amor constretta si condusse
a farsi moglie d'un povero fante.
All'ultimo l'istoria si ridusse,
che 'l pastor fe' portar la gemma inante,
ch'alla sua dipartenza, per mercede
del buono albergo, Angelica gli diede.

Questa conclusïon fu la secure
che 'l capo a un colpo gli levò dal collo,
poi che d'innumerabil battiture
si vide il manigoldo Amor satollo.
Celar si studia Orlando il duolo; e pure
quel gli fa forza, e male asconder pòllo:
per lacrime e suspir da bocca e d'occhi
convien, voglia o non voglia, al fin che scocchi.

Poi ch'allargare il freno al dolor puote
(che resta solo e senza altrui rispetto),
giù dagli occhi rigando per le gote
sparge un fiume di lacrime sul petto:
sospira e geme, e va con spesse ruote
di qua di là tutto cercando il letto;
e più duro ch'un sasso, e più pungente
che se fosse d'urtica, se lo sente.

In tanto aspro travaglio gli soccorre
che nel medesmo letto in che giaceva,
l'ingrata donna venutasi a porre
col suo drudo più volte esser doveva.

en la tristeza, le contó la historia,
que él conocía bien, de los amantes,
que solía contar continuamente
para alivio y solaz de pasajeros,
y así empezó a contar sin miramiento:

dijo que a ruego de la bella Angélica
condujo hasta su albergue al malherido
Medoro, y añadió que fue la dama
quien curó en pocos días sus heridas,
mas que en su corazón abrió al momento
otra herida el Amor, y que en su pecho
de breve chispa se encendió tal fuego,
que se abrasaba sin hallar sosiego;

y que sin importarle el ser la hija
del rey más poderoso del Oriente,
su desmedido amor la llevó a darse
a un humilde soldado por esposa.
El pastor puso fin a su relato
enseñándole a Orlando el brazalete
que a su partida Angélica le diera
por su hospitalidad y gentileza.

Fue el remate final que como un hacha
le separó de un golpe la cabeza,
después de innumerables bastonazos
con que el verdugo Amor lo atormentara.
Quiere encubrir Orlando su calvario,
pero excede su límite y es fuerza,
quiera o no quiera, que por boca y ojos
revienten sus suspiros y sus lloros.

En cuanto se ve solo y sin testigo,
pudiendo al fin soltar la rienda al duelo,
vierte un río de lágrimas que baja
por sus mejillas y le inunda el pecho:
suspira y gime, y un sinfín de veces
se revuelca en la cama, y le parece
que tiene de una roca la dureza
y de un lecho de ortigas la aspereza.

Y un nuevo mal acude a atormentarlo,
pues, en el mismo lecho en que yacía,
la ingrata dama habría reposado
abrazada a su amante muchas veces.

Non altrimenti or quella piuma abborre,
né con minor prestezza se ne leva,
che de l'erba il villan che s'era messo
per chiuder gli occhi, e vegga il serpe appresso.

Quel letto, quella casa, quel pastore
immantinente in tant'odio gli casca,
che senza aspettar luna, o che l'albóre
che va dinanzi al nuovo giorno nasca,
piglia l'arme e il destriero, et esce fuore
per mezzo il bosco alla più oscura frasca;
e quando poi gli è aviso d'esser solo,
con gridi et urli apre le porte al duolo.

Di pianger mai, mai di gridar non resta;
né la notte né 'l dì si dà mai pace.
Fugge cittadi e borghi, e alla foresta
sul terren duro al discoperto giace.
Di sé si maraviglia ch'abbia in testa
una fontana d'acqua sì vivace,
e come sospirar possa mai tanto;
e spesso dice a sé così nel pianto:

—Queste non son più lacrime, che fuore
stillo dagli occhi con sì larga vena.
Non suppliron le lacrime al dolore:
finîr, ch'a mezzo era il dolore a pena.
Dal fuoco spinto ora il vitale umore
fugge per quella via ch'agli occhi mena;
et è quel che si versa, e trarrà insieme
e 'l dolore e la vita all'ore estreme.

Questi ch'indizio fan del mio tormento,
sospir non sono, né i sospir son tali.
Quelli han triegua talora; io mai non sento
che 'l petto mio men la sua pena esali.
Amor che m'arde il cor, fa questo vento,
mentre dibatte intorno al fuoco l'ali.
Amor, con che miracolo lo fai,
che 'n fuoco il tenghi, e nol consumi mai?

Non son, non sono io quel che paio in viso:
quel ch'era Orlando è morto et è sotterra;
la sua donna ingratissima l'ha ucciso:
sì, mancando di fé, gli ha fatto guerra.
Io son lo spirto suo da lui diviso,

Con tal asco se alzó, con tal presteza
de las odiosas plumas, cual villano
que a punto de dormir sobre la hierba
advierte que se acerca una culebra.
    Siente por aquel lecho, aquella casa
y aquel pastor tal odio de repente,
que no aguarda a la luz ni de la luna
ni de la claridad del nuevo día:
toma las armas y el corcel y parte
cruzando la espesura, y cuando advierte
que está solo, con gritos y lamentos
abre por fin la puerta a su tormento.
    No da tregua a sus llantos y alaridos;
no descansa de noche ni de día;
evita las ciudades y los pueblos;
duerme al raso en mitad de la floresta;
se asombra de tener para sus lágrimas
un vivo manantial en la cabeza
y una fuente infinita de suspiros,
y no deja de hablar consigo mismo:
    —No son lágrimas estas que he vertido
con tan largo caudal desde mis ojos;
no cesó mi dolor con tantas lágrimas,
pues se han secado y mi dolor persiste.
Es el humor vital que el fuego manda
por el mismo camino hasta los ojos,
y lo iré derramando hasta que un día
con mi dolor acabe y con mi vida.
    Y estos que dan señal de mi tormento
no son suspiros, no, pues los suspiros
nos dan algún reposo, mas mi pecho
no cesa de exhalar su enorme pena.
Es el Amor que el corazón me abrasa
y provoca este viento con sus alas.
¿Por qué es tan milagroso, Amor, tu fuego,
sin consumirse eternamente ardiendo?
    No soy yo, no lo soy, el que parezco:
Orlando ya está muerto y enterrado;
su ingratísima amada lo ha matado,
y faltando a su fe, lo ha sometido.
Yo soy su errante espíritu, que vaga

ch'in questo inferno tormentandosi erra,
acciò con l'ombra sia, che sola avanza,
esempio a chi in Amor pone speranza.—

Pel bosco errò tutta la notte il conte;
e allo spuntar della dïurna fiamma
lo tornò il suo destin sopra la fonte
dove Medoro insculse l'epigramma.
Veder l'ingiuria sua scritta nel monte
l'accese sì, ch'in lui non restò dramma
che non fosse odio, rabbia, ira e furore;
né più indugiò, che trasse il brando fuore.

Tagliò lo scritto e 'l sasso, e sin al cielo
a volo alzar fe' le minute schegge.
Infelice quell'antro, et ogni stelo
in cui Medoro e Angelica si legge!
Così restâr quel dì, ch'ombra né gielo
a pastor mai non daran più, né a gregge:
e quella fonte, già sì chiara e pura,
da cotanta ira fu poco sicura;

che rami e ceppi e tronchi e sassi e zolle
non cessò di gittar ne le bell'onde,
fin che da sommo ad imo sì turbolle,
che non furo mai più chiare né monde.
E stanco al fin, e al fin di sudor molle,
poi che la lena vinta non risponde
allo sdegno, al grave odio, all'ardente ira,
cade sul prato, e verso il ciel sospira.

Afflitto e stanco al fin cade ne l'erba,
e ficca gli occhi al cielo, e non fa motto.
Senza cibo e dormir così si serba,
che 'l sole esce tre volte e torna sotto.
Di crescer non cessò la pena acerba,
che fuor del senno al fin l'ebbe condotto.
Il quarto dì, da gran furor commosso,
e maglie e piastre si stracciò di dosso.

Qui riman l'elmo, e là riman lo scudo,
lontan gli arnesi, e più lontan l'usbergo:
l'arme sue tutte, in somma vi concludo,
avean pel bosco differente albergo.
E poi si squarciò i panni, e mostrò ignudo
l'ispido ventre e tutto 'l petto e 'l tergo;

por este oscuro infierno, atormentado,
para dar con su sombra un escarmiento
a cuantos en Amor ponen su anhelo.—

Erró toda la noche por el bosque,
y al despuntar la luz de la mañana
lo llevó su destino nuevamente
donde esculpió Medoro su epigrama.
Al ver su afrenta por el monte escrita,
ardió con fuerza tal, que no hubo pizca
de su cuerpo sin ira, rabia y saña,
y sin dudarlo desnudó su espada.

Cortó la roca y la inscripción haciendo
volar sus mil pedazos hasta el cielo.
¡Desgraciada caverna y pobres árboles
en que se lea «Angélica y Medoro»!
Desde aquel día no han de dar más sombra
ni frescura a pastor ni grey alguna.
Ni aquella fuente cristalina y pura
pudo de tanta ira estar segura,

pues arrojó en sus aguas sin descanso
ramas, raíces, troncos, piedras, barro,
para enturbiarla hasta su mismo fondo.
¡Y pensar que más limpias no las hubo!
Al fin, cansado y de sudor bañado,
cuando en su exhausto aliento no cabía
su implacable desdén, ira y desprecio,
cayó en el prado suspirando al cielo.

Se desplomó cansado y afligido,
mirando al cielo sin decir palabra.
Tres veces salió el sol y tres se puso,
mientras él ni comía ni dormía.
No dejó de crecer su amarga pena
y acabó por perder del todo el juicio.
Al cuarto día, consumido en furia,
las mallas se arrancó con la armadura.

Por aquí tiró el yelmo, allí el escudo,
más allá el espaldar y la coraza;
os lo resumo, en fin: todas sus armas
quedaron esparcidas por el bosque.
Y rasgó sus vestidos descubriendo
el vientre hirsuto, el pecho y las espaldas.

e cominciò la gran follia, sì orrenda,
che de la più non sarà mai ch'intenda.
In tanta rabbia, in tanto furor venne,
che rimase offuscato in ogni senso.
Di tor la spada in man non gli sovenne;
che fatte avria mirabil cose, penso.
Ma né quella, né scure, né bipenne
era bisogno al suo vigore immenso.
Quivi fe' ben de le sue prove eccelse,
ch'un alto pino al primo crollo svelse:
e svelse dopo il primo altri parecchi,
come fosser finocchi, ebuli o aneti;
e fe' il simil di querce e d'olmi vecchi,
di faggi e d'orni e d'illici e d'abeti.
Quel ch'un ucellator che s'apparecchi
il campo mondo, fa, per por le reti,
dei giunchi e de le stoppie e de l'urtiche,
facea de cerri e d'altre piante antiche.
I pastor che sentito hanno il fracasso,
lasciando il gregge sparso alla foresta,
chi di qua, chi di là, tutti a gran passo
vi vengono a veder che cosa è questa.
Ma son giunto a quel segno il qual s'io passo
vi potria la mia istoria esser molesta;
et io la vo' più tosto diferire,
che v'abbia per lunghezza a fastidire.

Así es como empezó su gran locura,
más terrible y horrenda que ninguna.
    Cayó en tan gran furor, en tanta rabia,
que todos sus sentidos se ofuscaron.
No conservó la espada, y me parece
que con ella obraría maravillas.
Mas su inmenso vigor no precisaba
ni espada, ni segur, ni doble hacha.
Hizo demostración de su gran brío:
con el primer tirón arrancó un pino,
    y después otro y otro, cual si fuesen
manojillos de hinojo o de romero;
y también arrancó grandes encinas,
olmos, hayas, abetos, fresnos, robles.
Igual que un cazador cuando desbroza
de ortigas, zarzas, juncos el terreno
para tender sus redes, así hace
Orlando con los árboles más grandes.
    Al oír el estruendo, los pastores,
dejando sus rebaños esparcidos
por la floresta, acuden con gran prisa
para ver y saber qué es lo que ocurre.
Pero he llegado al punto en que mi historia
puede, si continúo, ser molesta,
de modo que prefiero diferirla
antes de que os fastidie por prolija.

José María Micó

Garcilaso de la Vega

España (Toledo, hacia 1500-Le Muy, Provenza, 1536)

Hacia 1535, la lírica europea, de Italia a Inglaterra, acomete con más decisión que nunca hasta entonces la empresa de renovar el legado de Petrarca con la incorporación de géneros grecolatinos como la oda, la epístola, la elegía... Garcilaso es uno de los más altos protagonistas de tal renovación. Toledano, de la insigne familia del Marqués de Santillana y Diego Hurtado de Mendoza, sirvió a Carlos V frente a los Comuneros, en el sitio de Rodas y contra Francisco I, hasta hallar una muerte heroica en un episodio de la infortunada campaña francesa del Emperador. La exquisita educación humanística que había recibido se acendró a lo largo de sus estancias en Bolonia y, sobre todo, en Nápoles, y en la relación con hombres de letras como Castiglione, Bembo y Bernardo Tasso. El tema mayor de la poesía de Garcilaso (no publicada hasta 1543, junto a la de Juan Boscán) es, desde luego, el amor, ya vivido en debate con la razón, ya rememorado desde lejos o tras la muerte de la amada, a menudo en doloroso contraste con la idílica belleza de los escenarios del recuerdo. Pero es grande también el logro de los poemas en tercetos o versos sueltos, al acompasar el lenguaje a una música que nos suena familiar, casi coloquial, pero que a la vez reconocemos como estilizada y noblemente distinta.

Cuando me paro a contemplar mi estado,
y a ver los pasos por dó me han traído,
hallo, según por do anduve perdido,
que a mayor mal pudiera haber llegado;
mas cuando del camino estó olvidado,
a tanto mal no sé por dó he venido;
sé que me acabo, y más he yo sentido
ver acabar comigo mi cuidado.
Yo acabaré, que me entregué sin arte
a quien sabrá perderme y acabarme,
si quisiere, y aun sabrá querello;
que pues mi voluntad puede matarme,
la suya, que no es tanto de mi parte,
pudiendo, ¿qué hará sino hacello?

Escrito está en mi alma vuestro gesto
y cuanto yo escribir de vos deseo;
vos sola lo escribistes, yo lo leo
tan solo, que aun de vos me guardo en esto.
En esto estoy y estaré siempre puesto;
que aunque no cabe en mí cuanto en vos veo,
de tanto bien lo que no entiendo creo,
tomando ya la fe por presupuesto.
Yo no nací sino para quereros;
mi alma os ha cortado a su medida;
por hábito del alma misma os quiero;
cuanto tengo confieso yo deberos;
por vos nací, por vos tengo la vida,
por vos he de morir y por vos muero.

¡Oh dulces prendas por mi mal halladas,
dulces y alegres cuando Dios quería,
juntas estáis en la memoria mía,
y con ella en mi muerte conjuradas!
¿Quién me dijera, cuando las pasadas
horas que en tanto bien por vos me vía,
que me habíades de ser en algún día
con tan grave dolor representadas?

Pues en una hora junto me llevastes
todo el bien que por términos me distes,
llevame junto el mal que me dejastes;
si no, sospecharé que me pusistes
en tantos bienes, porque deseastes
verme morir entre memorias tristes.

A Dafne ya los brazos le crecían
y en luengos ramos vueltos se mostraban;
en verdes hojas vi que se tornaban
los cabellos que el oro escurecían;
de áspera corteza se cubrían
los tiernos miembros que aún bullendo estaban;
los blancos pies en tierra se hincaban
y en torcidas raíces se volvían.
Aquel que fue la causa de tal daño,
a fuerza de llorar, crecer hacía
este árbol, que con lágrimas regaba.
¡Oh miserable estado, oh mal tamaño,
que con llorarla crezca cada día
la causa y la razón por que lloraba!

En tanto que de rosa y de azucena
se muestra la color en vuestro gesto,
y que vuestro mirar ardiente, honesto,
con clara luz la tempestad serena;
y en tanto que el cabello, que en la vena
del oro se escogió, con vuelo presto,
por el hermoso cuello blanco, enhiesto,
el viento mueve, esparce y desordena:
coged de vuestra alegre primavera
el dulce fruto, antes que el tiempo airado
cubra de nieve la hermosa cumbre.
Marchitará la rosa el viento helado,
todo lo mudará la edad ligera
por no hacer mudanza en su costumbre.

Pasando el mar Leandro el animoso,
en amoroso fuego todo ardiendo,
esforzó el viento, y fuese embraveciendo
el agua con un ímpetu furioso.
Vencido del trabajo presuroso,
contrastar a las ondas no pudiendo,
y más del bien que allí perdía muriendo
que de su propia vida congojoso,
como pudo esforzó su voz cansada
y a las ondas habló desta manera,
mas nunca fue su voz dellas oída:
«Ondas, pues no se excusa que yo muera,
dejadme allá llegar, y a la tornada
vuestro furor esecutá en mi vida.»

A Boscán desde la goleta

Boscán, las armas y el furor de Marte,
que con su propia fuerza el africano
suelo regando, hacen que el romano
imperio reverdezca en esta parte,
han reducido a la memoria el arte
y el antiguo valor italïano,
por cuya fuerza y valerosa mano
África se aterró de parte a parte.
Aquí donde el romano encendimiento,
donde el fuego y la llama licenciosa
sólo el nombre dejaron a Cartago,
vuelve y revuelve amor mi pensamiento,
hiere y enciende el alma temerosa,
y en llanto y en ceniza me deshago.

Canción tercera

Con un manso rüido
de agua corriente y clara
cerca el Danubio una isla, que pudiera
ser lugar escogido
para que descansara

quien como estó yo agora, no estuviera;
do siempre primavera
parece en la verdura
sembrada de las flores;
hacen los ruiseñores
renovar el placer o la tristura
con sus blandas querellas,
que nunca, día ni noche, cesan dellas.
Aquí estuve yo puesto,
o por mejor decillo,
preso y forzado y solo en tierra ajena;
bien pueden hacer esto
en quien puede sufrillo
y en quien él a sí mismo se condena.
Tengo sola una pena,
si muero desterrado
y en tanta desventura:
que piensen por ventura
que juntos tantos males me han llevado;
y sé yo bien que muero
por sólo aquello que morir espero.
El cuerpo está en poder
y en mano de quien puede
hacer a su placer lo que quisiere;
mas no podrá hacer
que mal librado quede,
mientras de mí otra prenda no tuviere.
Cuando ya el mal viniere
y la postrera suerte,
aquí me ha de hallar,
en el mismo lugar:
que otra cosa más dura que la muerte
me halla y me ha hallado;
y esto sabe muy bien quien lo ha probado.
No es necesario agora
hablar más sin provecho,
que es mi necesidad muy apretada;
pues ha sido en un hora
todo aquello deshecho
en que toda mi vida fue gastada.
¿Y al fin de tal jornada

presumen de espantarme?
Sepan que ya no puedo
morir sino sin miedo;
que aun nunca qué temer quiso dejarme
la desventura mía,
que el bien y el miedo me quitó en un día.
Danubio, rio divino,
que por fieras naciones
vas con tus claras ondas discurriendo,
pues no hay otro camino
por donde mis razones
vayan fuera de aquí, sino corriendo
por tus aguas y siendo
en ellas anegadas;
si en tierra tan ajena
en la desierta arena
de alguno fueren a la fin halladas,
entiérrelas siquiera
porque su error se acabe en tu ribera.
Aunque en el agua mueras,
canción, no has de quejarte,
que yo he mirado bien lo que te toca.
Menos vida tuvieras
si hubiera de igualarte
con otras que se me han muerto en la boca.
Quién tiene culpa en esto
allá lo entenderás de mí muy presto.

Ode ad florem Gnidi

Si de mi baja lira
tanto pudiese el son que un momento
aplacase la ira
del animoso viento
y la furia del mar y el movimiento;
y en ásperas montañas
con el süave canto enterneciese
las fieras alimañas,
los árboles moviese
y al son confusamente los trujiese,

no pienses que cantado
sería de mí, hermosa flor de Gnido,
el fiero Marte airado,
a muerte convertido,
de polvo y sangre y de sudor teñido;
ni aquellos capitanes
en las sublimes ruedas colocados,
por quien los alemanes,
el fiero cuello atados,
y los franceses van domesticados;
mas solamente aquella
fuerza de tu beldad seria cantada,
y alguna vez con ella
también seria notada
el aspereza de que estás armada:
y cómo por ti sola,
y por tu gran valor y hermosura
convertido en vïola,
llora su desventura
el miserable amante en tu figura.
Hablo de aquel cativo,
de quien tener se debe más cuidado,
que está muriendo vivo,
al remo condenado,
en la concha de Venus amarrado.
Por ti, como solía,
del áspero caballo no corrige
la furia y gallardía,
ni con freno la rige,
ni con vivas espuelas ya le aflige.
Por ti, con diestra mano
no revuelve la espada presurosa,
y en el dudoso llano
huye la polvorosa
palestra como sierpe ponzoñosa.
Por ti, su blanda musa,
en lugar de la cítara sonante,
tristes querellas usa,
que con llanto abundante
hacen bañar el rostro del amante.
Por ti, el mayor amigo

le es importuno, grave y enojoso;
yo puedo ser testigo,
que ya del peligroso
naufragio fui su puerto y su reposo.
    Y agora en tal manera
vence el dolor a la razón perdida,
que ponzoñosa fiera
nunca fue aborrecida
tanto como yo dél, ni tan temida.
    No fuiste tú engendrada
ni producida de la dura tierra;
no debe ser notada
que ingratamente yerra
quien todo el otro error de sí destierra.
    Hágate temerosa
el caso de Anajárete, y cobarde,
que de ser desdeñosa
se arrepentió muy tarde,
y así su alma con su mármol arde.
    Estábase alegrando
del mal ajeno el pecho empedernido,
cuando, abajo mirando,
el cuerpo muerto vido
del miserable amante allí tendido;
    y al cuello el lazo atado,
con que desenlazó de la cadena
y el corazón cuitado,
y con su breve pena
compró la eterna punición ajena.
    Sentió allí convertirse
en piedad amorosa el aspereza.
¡Oh tarde arrepentirse!
¡Oh última terneza!
¿Cómo te sucedió mayor dureza?
    Los ojos se enclavaron
en el tendido cuerpo que allí vieron;
los huesos se tornaron
más duros y crecieron,
y en sí toda la carne convertieron;
    las entrañas heladas
tornaron poco a poco en piedra dura;

por las venas cuitadas
la sangre su figura
iba desconociendo y su natura;
    hasta que, finalmente,
en duro mármol vuelta y transformada,
hizo de sí la gente
no tan maravillada
cuanto de aquella ingratitud vengada.
    No quieras tú, señora,
de Némesis airada las saetas
probar, por Dios, agora;
baste que tus perfetas
obras y hermosura a los poetas
    den inmortal materia,
sin que también en verso lamentable
celebren la miseria
de algún caso notable
que por ti pase triste, miserable.

Al duque de Alba, en la muerte de don Bernaldino de toledo

... ¡Oh miserables hados, oh mezquina
suerte, la del estado humano, y dura,
do por tantos trabajos se camina,
    y agora muy mayor la desventura
de aquesta nuestra edad cuyo progreso
muda de un mal en otro su figura!
    ¿A quién ya de nosotros el exceso
de guerras, de peligros y destierro
no toca y no ha cansado el gran proceso?
    ¿Quién no vio desparcir su sangre al hierro
del enemigo? ¿Quién no vio su vida
perder mil veces y escapar por yerro?
    ¡De cuántos queda y quedará perdida
la casa, la mujer y la memoria,
y de otros la hacienda despendida!
    ¿Qué se saca de aquesto? ¿Alguna gloria?
¿Algunos premios o agradecimiento?
Sabralo quien leyere nuestra historia:

verase allí que como polvo al viento,
así se deshará nuestra fatiga
ante quien se endereza nuestro intento.
No contenta con esto la enemiga
del humano linaje, que envidiosa
coge sin tiempo el grano de la espiga,
nos ha querido ser tan rigurosa
que ni a tu juventud, don Bernaldino,
ni ha sido a nuestra pérdida piadosa.
¿Quién pudiera de tal ser adivino?
¿A quién no le engañara la esperanza,
viéndote caminar por tal camino?
¿Quién no se prometiera en abastanza
seguridad entera de tus años,
sin temer de natura tal mudanza?
Nunca los tuyos, más los propios daños
dolernos deben, que la muerte amarga
nos muestra claros ya mil desengaños:
hanos mostrado ya que en vida larga,
apenas de tormentos y de enojos
llevar podemos la pesada carga;
hanos mostrado en ti que claros ojos
y juventud y gracia y hermosura
son también, cuando quiere, sus despojos.
Mas no puede hacer que tu figura,
después de ser de vida ya privada,
no muestre el artificio de natura;
bien es verdad que no está acompañada
de la color de rosa que solía
con la blanca azucena ser mezclada,
porque el calor templado que encendía
la blanca nieve de tu rostro puro,
robado ya la muerte te lo había;
en todo los demás, como en seguro
y reposado sueño descansabas,
indicio dando del vivir futuro.
Mas ¿qué hará la madre que tú amabas,
de quien perdidamente eras amado,
a quien la vida con la tuya dabas?
Aquí se me figura que ha llegado
de su lamento el son, que con su fuerza

rompe el aire vecino y apartado,
tras el cual a venir se esfuerza
el de las cuatro hermanas, que teniendo
va con el de la madre a viva fuerza;
a todas las contemplo desparciendo
de su cabello luengo el fino oro,
al cual ultraje y daño están haciendo. ...
Tú, gran Fernando, que entre tus pasadas
y tus presentes obras resplandeces,
y a mayor fama están por ti obligadas,
contempla dónde estás, que si falleces
al nombre que has ganado entre la gente,
de tu virtud en algo te enflaqueces,
porque al fuerte varón no se consiente
no resitir los casos de Fortuna
con firme rostro y corazón valiente;
y no tan solamente esta importuna,
con proceso cruel y riguroso,
con revolver del sol, de cielo y luna,
mover no debe un pecho generoso
ni entristecello con funesto vuelo,
turbando con molestia su reposo,
mas si toda la máquina del cielo
con espantable son y con ruido,
hecha pedazos, se viniere al suelo,
debe ser aterrado y oprimido
del grave peso y de la gran ruina,
primero que espantado y conmovido.
Por estas asperezas se camina
de la inmortalidad al alto asiento,
do nunca arriba quien de aquí declina.
Y en fin, señor, tornando al movimiento
de la humana natura, bien permito
a nuestra flaca parte un sentimiento,
mas el exceso de esto vedo y quito,
si alguna cosa puedo, que parece
que quiere proceder en infinito.
A lo menos el tiempo, que descrece
y muda de las cosas el estado,
debe bastar, si la razón fallece. ...

ÉGLOGA PRIMERA

Nemoroso

«Corrientes aguas puras, cristalinas;
árboles que os estáis mirando en ellas,
verde prado de fresca sombra lleno,
aves que aquí sembráis vuestras querellas,
hiedra que por los árboles caminas,
torciendo el paso por su verde seno;
yo me vi tan ajeno
del grave mal que siento,
que de puro contento
con vuestra soledad me recreaba,
donde con dulce sueño reposaba,
o con el pensamiento discurría
por donde no hallaba
sino memorias llenas de alegría.
»Y en este mismo valle, donde agora
me entristezco y me canso en el reposo,
estuve ya contento y descansado.
¡Oh bien caduco, vano y presuroso!
Acuérdome, durmiendo aquí algún hora,
que despertando, a Elisa vi a mi lado.
¡Oh miserable hado!
¡Oh tela delicada,
antes de tiempo dada
a los agudos filos de la muerte!
Más convenible fuera aquesta suerte
a los cansados años de mi vida,
que es más que el hierro fuerte,
pues no la ha quebrantado tu partida.
»¿Dó están agora aquellos claros ojos
que llevaban tras sí, como colgada,
mi alma doquier que ellos se volvían?
¿Dó está la blanca mano delicada,
llena de vencimientos y despojos
que de mí mis sentidos le ofrecían?
Los cabellos que vían
con gran desprecio al oro,
como a menor tesoro,
¿adónde están; adónde el blanco pecho?

¿Dó la columna que el dorado techo
con proporción graciosa sostenía?
Aquesto todo agora ya se encierra,
por desventura mía,
en la escura, desierta y dura tierra.
»¿Quién me dijera, Elisa, vida mía,
cuando en aqueste valle al fresco viento
andábamos cogiendo tiernas flores,
que había de ver, con largo apartamiento,
venir el triste y solitario día
que diese amargo fin a mis amores?
El cielo en mis dolores
cargó la mano tanto,
que a sempiterno llanto
y a triste soledad me ha condenado;
y lo que siento más es verme atado
a la pesada vida y enojosa,
solo, desamparado,
ciego, sin lumbre, en cárcel tenebrosa.
»Después que nos dejaste, nunca pace
en hartura el ganado ya, ni acude
el campo al labrador con mano llena.
No hay bien que en mal no se convierta y mude:
la mala hierba al trigo ahoga, y nace
en lugar suyo la infelice avena;
la tierra, que de buena
gana nos producía
flores con que solía
quitar en sólo vellas mil enojos,
produce agora en cambio estos abrojos,
ya de rigor de espinas intratable.
Yo hago con mis ojos
crecer, lloviendo, el fruto miserable.
»Como al partir del sol la sombra crece,
y en cayendo su rayo se levanta
la negra escuridad que el mundo cubre,
de do viene el temor que nos espanta,
y la medrosa forma en que se ofrece
aquella que la noche nos encubre,
hasta que el sol descubre
su luz pura y hermosa,

tal es la tenebrosa
noche de tu partir, en que he quedado
de sombra y de temor atormentado,
hasta que muerte el tiempo determine
que a ver el deseado
sol de tu clara vista me encamine.
»Cual suele el ruiseñor con triste canto
quejarse, entre las hojas escondido,
del duro labrador que cautamente
le despojó su caro y dulce nido
de los tiernos hijuelos, entre tanto
que del amado ramo estaba ausente,
y aquel dolor que siente,
con diferencia tanta,
por la dulce garganta
despide, que a su canto el aire suena,
y la callada noche no refrena
su lamentable oficio y sus querellas,
trayendo de su pena
el cielo por testigo y las estrellas;
»desta manera suelto yo la rienda
a mi dolor, y ansí me quejo en vano
de la dureza de la muerte airada.
Ella en mi corazón metió la mano,
y de allí me llevó mi dulce prenda;
que aquel era su nido y su morada.
¡Ay, muerte arrebatada!
Por ti me estoy quejando
al cielo y enojando
con importuno llanto al mundo todo.
El desigual dolor no sufre modo.
No me podrán quitar el dolorido
sentir, si ya del todo
primero no me quitan el sentido.
»Tengo una parte aquí de tus cabellos,
Elisa, envueltos en un blanco paño,
que nunca de mi seno se me apartan;
descójolos, y de un dolor tamaño
enternecer me siento, que sobre ellos
nunca mis ojos de llorar se hartan.
Sin que de allí se partan,

con sospiros calientes,
más que la llama ardientes,
los enjugo del llanto, y de consuno
casi los paso y cuento uno a uno;
juntándolos, con un cordón los ato.
Tras esto el importuno
dolor me deja descansar un rato.

»Mas luego a la memoria se me ofrece
aquella noche tenebrosa, escura,
que siempre aflige esta ánima mezquina
con la memoria de mi desventura.
Verte presente agora me parece
en aquel duro trance de Lucina,
y aquella voz divina
con cuyo son y acentos
a los airados vientos
pudieron amansar, que agora es muda,
me parece que oigo que a la cruda,
inexorable diosa demandabas
en aquel paso ayuda;
y tú, rústica diosa, ¿dónde estabas?

»¿Íbate tanto en perseguir las fieras?
¿Íbate tanto en un pastor dormido?
¿Cosa pudo bastar a tal crüeza,
que, comovida a compasión, oído
a los votos y lágrimas no dieras
por no ver hecha tierra tal belleza,
o no ver la tristeza
en que tu Nemoroso
queda, que su reposo
era seguir tu oficio, persiguiendo
las fieras por los montes, y ofreciendo
a tus sagradas aras los despojos?
¿Y tú, ingrata, riendo,
dejas morir mi bien ante mis ojos?

»Divina Elisa, pues agora el cielo
con inmortales pies pisas y mides,
y su mudanza ves, estando queda,
¿por qué de mí te olvidas y no pides
que se apresure el tiempo en que este velo
rompa del cuerpo, y verme libre pueda,

y en la tercera rueda,
contigo mano a mano,
busquemos otro llano,
busquemos otros montes y otros ríos,
otros valles floridos y sombríos,
donde descanse siempre y pueda verte
ante los ojos míos,
sin miedo y sobresalto de perderte?»
Nunca pusieran fin al triste lloro
los pastores, ni fueran acabadas
las canciones que sólo el monte oía,
si mirando las nubes coloradas,
al tramontar del sol bordadas de oro,
no vieran que era ya pasado el día.
La sombra se veía
venir corriendo apriesa
ya por la falda espesa
del altísimo monte, y recordando
ambos como de sueños, y acabando
el fugitivo sol, de luz escaso,
su ganado llevando,
se fueron recogiendo paso a paso.

ÉGLOGA TERCERA

... Cerca del Tajo, en soledad amena,
de verdes sauces hay una espesura,
toda de hiedra revestida y llena,
que por el tronco va hasta el altura,
y así la teje arriba y encadena,
que el sol no halla paso a la verdura;
el agua baña el prado con sonido,
alegrando la hierba y el oído.
Con tanta mansedumbre el cristalino
Tajo en aquella parte caminaba,
que pudieran los ojos el camino
determinar apenas que llevaba.
Peinando sus cabellos de oro fino,
una ninfa, del agua, do moraba,

la cabeza sacó, y el prado ameno
vido de flores y de sombra lleno.
Moviola el sitio umbroso, el manso viento,
el suave olor de aquel florido suelo;
las aves en el fresco apartamiento
vio descansar del trabajoso vuelo;
secaba entonces el terreno aliento
el sol, subido en la mitad del cielo;
en el silencio sólo se escuchaba
un susurro de abejas que sonaba. ...
La blanca Nise no tomó a destajo
de los pasados casos la memoria,
y en la labor de su sotil trabajo
no quiso entretejer antigua historia;
antes, mostrando de su claro Tajo
en su labor la celebrada gloria,
la figuró en la parte donde él baña
la más felice tierra de la España.
Pintado el caudaloso rio se vía,
que en áspera estrecheza reducido,
un monte casi alrededor ceñía,
con ímpetu corriendo y con rüido;
querer cercallo todo parecía
en su volver, mas era afán perdido;
dejábase correr, en fin, derecho,
contento de lo mucho que había hecho.
Estaba puesta en la sublime cumbre
del monte, y desde allí por él sembrada,
aquella ilustre y clara pesadumbre,
de antiguos edificios adornada.
De allí, con agradable mansedumbre,
el Tajo va siguiendo su jornada
y regando los campos y arboledas
con artificio de las altas ruedas.
En la hermosa tela se veían
entretejidas las silvestres diosas
salir de la espesura, y que venían
todas a la rivera presurosas,
en el semblante tristes, y traían
cestillos blancos de purpúreas rosas,

las cuales, esparciendo, derramaban
sobre una ninfa muerta que lloraban.
  Todas, con el cabello desparcido,
lloraban una ninfa delicada,
cuya vida mostraba que había sido
antes de tiempo y casi en flor cortada.
Cerca del agua, en un lugar florido,
estaba entre las hierbas degollada,
cual queda el blanco cisne cuando pierde
la dulce vida entre la hierba verde.
  Una de aquellas diosas que en belleza
al parecer a todas ecedía,
mostrando en el semblante la tristeza
que del funesto y triste caso había,
apartada algún tanto, en la corteza
de un álamo unas letras escribía,
como epitafio de la ninfa bella,
que hablaban ansí por parte della:
  «Elisa soy, en cuyo nombre suena
y se lamenta el monte cavernoso,
testigo del dolor y grave pena
en que por mí se aflige Nemoroso,
y llama "¡Elisa!", "¡Elisa!" a boca llena
responde el Tajo, y lleva presuroso
al mar de Lusitania el nombre mío,
donde será escuchado, yo lo fío.» ...
  Más claro cada vez el son se oía
de dos pastores que venian cantando
tras el ganado, que también venía
por aquel verde soto caminando,
y a la majada, ya pasado el día,
recogido le llevan, alegrando
las verdes selvas con el son süave,
haciendo su trabajo menos grave.
  Tirreno destos dos el uno era,
Alcino el otro, entrambos estimados,
y sobre cuantos pacen la ribera
del Tajo con sus vacas enseñados;
mancebos de una edad, de una manera
a cantar juntamente aparejados
y a responder, aquesto van diciendo,
cantando el uno, el otro respondiendo:

Tirreno

«Flérida, para mí dulce y sabrosa
más que la fruta del cercado ajeno,
más blanca que la leche y más hermosa
que el prado por abril, de flores lleno;
si tú respondes pura y amorosa
al verdadero amor de tu Tirreno,
a mi majada arribarás primero
que el cielo nos amuestre su lucero.»

Alcino

«Hermosa Filis, siempre yo te sea
amargo al gusto más que la retama,
y de ti despojado yo me vea
cual queda el tronco de su verde rama,
si más que yo el murciélago desea
la escuridad, ni más la luz desama,
por ver ya el fin de un término tamaño
deste dia, para mí mayor que un año.»

Tirreno

«Cual suele, acompañada de su bando,
aparecer la dulce primavera,
cuando Favonio y Céfiro, soplando,
al campo tornan su beldad primera,
y van, artificiosos, esmaltando
de rojo, azul y blanco la ribera,
en tal manera, a mí Flérida mía
viniendo, reverdece mi alegría.»

Alcino

«¿Ves el furor del animoso viento,
embravecido en la fragosa sierra,
que los antigos robles ciento a ciento
y los pinos altísimos atierra,
y de tanto destrozo aun no contento,
al espantoso mar mueve la guerra?
Pequeña es esta furia comparada
a la de Filis con Alcino airada.»

Tirreno

«El blanco trigo multiplica y crece;
produce el campo en abundancia tierno
pasto al ganado; el verde monte ofrece
a las fieras salvajes su gobierno;
adoquiera que miro me parece
que derrama la Copia todo el cuerno;
mas todo se convertirá en abrojos
si dello aparta Flérida sus ojos.»

Alcino

«De la esterilidad es oprimido
el monte, el campo, el soto y el ganado;
la malicia del aire corrompido
hace morir la hierba mal su grado;
las aves ven su descubierto nido,
que ya de verdes hojas fue cercado;
pero si Filis por aquí tornare,
hará reverdecer cuanto mirare.»

Tirreno

«El álamo de Alcides escogido
fue siempre, y el laurel del rojo Apolo;
de la hermosa Venus fue tenido
en precio y en estima el mirto solo;
el verde sauz de Flérida es querido,
y por suyo entre todos escogiolo;
doquiera que sauces de hoy más se hallen,
el álamo, el laurel y el mirto callen.»

Alcino

«El fresno por la selva en hermosura
sabemos ya que sobre todos vaya,
y en aspereza y monte de espesura
se aventaja la verde y alta haya,
mas el que la beldad de tu figura
dondequiera mirado, Filis, haya,
al fresno y a la haya en su aspereza
confesará que vence tu belleza.»

Esto cantó Tirreno, y esto Alcino
le respondió; y habiendo ya acabado

el dulce son, siguieron su camino
con paso un poco más apresurado.
Siendo a las ninfas ya el rumor vecino,
juntas se arrojan por el agua a nado,
y de la blanca espuma que movieron
las cristalinas ondas se cubrieron.

Pierre de Ronsard

Francia (La Possonière, 1524-Saint-Côme-lès-Tours, 1567)

Cuando unas fiebres le dejaron medio sordo, obligado a abandonar la carrera de las armas y la diplomacia, Ronsard entró a estudiar griego y humanidades en el Collège de Coqueret parisino (donde formó con Baïf y Du Bellay «La Brigade» que con el tiempo desembocaría en la célebre «Pléiade») y en pocos años se convirtió en el primer poeta de Francia, coronado y protegido como tal por Carlos IX, en cuya corte vivió y cuyos intereses sirvió lealmente. La variedad de su obra no responde simplemente a las razones ocasionales que lo llevaron a componer los *Hymnes* (1555) políticos y religiosos, el *Discours de misères de ce temps* (1563), en medio de las calamidades de la guerra civil, o cuatro cantos de una fallida *Franciade* (1572). Ronsard fue un auténtico experimentador, particularmente incansable en el intento de acomodar a su lengua géneros, motivos y modos clásicos. Gran parte de su poesía nace de la erudición y el estudio, pero en los mejores momentos su arte consiste justamente en dar a los materiales espigados en diversos lugares, de Anacreonte a Petrarca, un aire de naturalidad, asimilándolos y reformulándolos desde dentro, como si salieran de la inspiración y el sentimiento más espontáneos. Así sobre todo en los versos de amor de las *Odas* (1550), *Les amours* (1552) y sus varias secuelas, y los inmarcesibles *Sonnets pour Hélène* (1578).

Je voudroy bien richement jaunissant
En pluye d'or goute à goute descendre
Dans le giron de ma belle Cassandre,
Lors qu'en ses yeux le somne va glissant.
 Puis je voudroy en toreau blanchissant
Me transformer pour sur mon dos la prendre,
Quand en avril par l'herbe la plus tendre
Elle va, fleur, mille fleurs ravissant.
 Je voudroy bien pour alleger ma peine,
Estre un Narcisse et elle une fontaine,
Pour m'y plonger une nuict à sejour;
 Et si voudroy que ceste nuict encore
Fust eternelle, et que jamais l'Aurore
Pour m'esveiller ne rallumast le jour.

Quand au temple nous serons
Agenouillez, nous ferons
Les devots selon la guise
De ceux qui pour loüer Dieu
Humbles se courbent au lieu
Le plus secret de l'Eglise.
 Mais quand au lict nous serons
Entrelassez, nous ferons
Les lascifs selon les guises
Des Amans qui librement
Pratiquent folastrement
Dans les draps cent mignardises.
 Pourquoy donque, quand je veux
Ou mordre tes beaux cheveux,
Ou baiser ta bouche aimée,
Ou toucher à ton beau sein,
Contrefais-tu la nonnain
Dedans un cloistre enfermée?
 Pour qui gardes-tu tes yeux
Et ton sein délicieux,
Ton front, ta lévre jumelle?
En veux-tu baiser Pluton
Là bas, apres que Charon
T'aura mise en sa nacelle?

¡Ah, quisiera, pletórico amarillo,
gota a gota bajar en lluvia de oro
de mi bella Casandra en el regazo
cuando en sus ojos se desliza el sueño!
Quisiera transformarme en toro blanco
y delicadamente hacerla mía
cuando en abril es más tierna la hierba
y ella es flor que a mil flores va ofuscando.
Para aliviar mi pena, bien quisiera
ser Narciso y saber que ella es la fuente,
y sumergirme allí toda una noche.
Y quisiera también que fuese eterna
esta noche, para que nunca el alba
con nuevo fuego iluminase el día.

Cuando los dos estemos en el templo
arrodillados, vamos a imitar
la postura que tienen los devotos,
que para hablar con Dios, humildemente
se inclinan con fervor en el rincón
más secreto y oscuro de la iglesia.
No obstante, cuando estemos en la cama
entrelazados, vamos a imitar
las posturas que adoptan los lascivos,
como amantes que indóciles y libres
retozan y se entregan entre sábanas
a cien juegos de amor y picardía.
¿Por qué, pues, cuando lo que más deseo
es morder tus cabellos hermosísimos
o besar esos labios adorados
o acariciar tu pecho sin igual,
tienes esos remilgos cual de monja
que vive en unos claustros recluida?
Oh, dime, ¿para qué guardas tus ojos
y para quién tus deliciosos pechos,
o la gemela flor de tus dos labios?
¿Piensas besar con ellos a Plutón
en los abismos, cuando ya Caronte
te lleve pasajera de su barca?

Apres ton dernier trespas,
Gresle, tu n'auras là bas
Qu'une bouchette blesmie;
Et quand mort je te verrois
Aux Ombres je n'avou'rois
Que jadis tu fus m'amie.

Ton test n'aura plus de peau,
Ny ton visage si beau
N'aura veines ny arteres:
Tu n'auras plus que les dents
Telles qu'on les voit dedans
Les testes de cimeteres.

Donque tandis que tu vis,
Change, Maistresse, d'avis,
Et ne m'espargne ta bouche.
Incontinent tu mourras,
Lors tu te repentiras
De m'avoir esté farouche.

Ah, je meurs! ah, baise moy!
Ah, Maistresse, approche toy!
Tu fuis comme un fan qui tremble.
Au-moins souffre que ma main
S'esbate un peu dans ton sein,
Ou plus bas, si bon te semble.

Quand vous serez bien vieille, au soir à la chandelle,
Assise aupres du feu, devidant et filant,
Direz chantant mes vers, en vous esmerveillant:
«Ronsard me celebroit du temps que j'estois belle.»

Lors vous n'aurez servante oyant telle nouvelle,
Desja sous le labeur à demy sommeillant,
Qui au bruit de mon nom ne s'aille resveillant,
Benissant vostre nom de louange immortelle.

Je seray sous la terre, et fantôme sans os
Par les ombres myrteux je prendray mon repos;
Vos serez au fouyer une vieille accroupie,

Regrettant mon amour et vostre fier desdain.
Vivez, si m'en croyez, n'attendez à demain:
Cueillez dés aujourdhuy les roses de la vie.

Más allá de tus últimos suspiros,
descarnada, no pienses que tendrás
algo más que una boca seca y mustia.
Y cuando yo haya muerto, y entre sombras
vuelva a verte, jamás voy a decir
que tú fuiste mi amor en otro tiempo.
En la cabeza ya no tendrás piel,
y en tu cara que ahora es tan hermosa
no pienses que tendrás venas y arterias:
en tu cara no habrá más que los dientes,
como los puedes ver en calaveras
que rebosan en tantos camposantos.
Piénsalo bien, y mientras estés viva
muda, señora mía, de actitud,
y entrégame tu boca sin reserva.
Porque no tardará en llegar tu muerte,
y entonces ¡cómo vas a arrepentirte
de haber sido conmigo tan esquiva!
¡Ah, me muero de amor! ¡Ah, dame un beso!
¡Oh, amada mía, acércate, no tardes!
Huyes cual cervatillo tembloroso.
Déjame al menos que mi mano vaya
a acariciar la curva de tu pecho,
o que descienda más si no te importa.

Carlos Pujol

Cuando seas muy vieja, al claror de una vela
junto al fuego, de noche, devanando e hilando,
recitando mis versos, dirás, maravillando:
Ronsard me celebraba, cuando yo era muy bella.
Ante tal nueva, ni una habrá, de tus doncellas,
ya sobre sus labores a medias dormitando,
que al rumor de mi nombre no vaya desvelando,
con eterna alabanza bendiciendo tu estrella.
Yo estaré bajo tierra: fantasma nebuloso,
entre mirtos umbríos tomaré mi reposo:
Tú, en el hogar, serás una anciana encogida,
lamentando mi afecto y tu desdén, puritana.
Vive, créeme, ahora: no aguardes el mañana:
Recoge desde hoy mismo las rosas de la vida.

Javier Lentini

Elégie

Six ans étaient coulés, et la septième année
Était presque entière en ses pas retournée,
Quand loin d'affection, de désir et d'amour,
En pure liberté je passais tout le jour,
Et franc de tout souci qui les âmes dévore,
Je dormais dès le soir jusqu'au point de l'aurore.
Car seul maître de moi j'allais, plein de loisir,
Où le pied me portait, conduit de mon désir,
Ayant toujours ès mains pour me servir de guide
Aristote ou Platon ou le docte Euripide,
Mes bons hôtes muets qui ne fâchent jamais:
Ainsi que je les prends, ainsi je les remets.
O douce compagnie, et utile et honnête!
Un autre en caquetant m'étourdirait la tête.
Puis du livre ennuyé, je regardais les fleurs,
Feuilles, tiges, rameaux, espèces et couleurs,
Et l'entrecoupement de leurs formes diverses,
Peintes de cent façons, jaunes, rouges et perses,
Ne me pouvant saouler, ainsi qu'en un tableau,
D'admirer la Nature, et ce qu'elle a de beau,
Et de dire en parlant aux fleurettes écloses:
Celui est presque Dieu qui connaît toutes choses,
Éloigné du vulgaire, et loin des courtisans,
De fraude et de malice impudents artisans.
Tantôt j'errais seulet par les forêts sauvages,
Sur les bords enjonchés des peinturés rivages,
Tantôt par les rochers reculés et déserts,
Tantôt par les taillis, verte maison des cerfs.
J'aimais le cours suivi d'une longue rivière,
Et voir onde sur onde allonger sa carrière,
Et flot à l'autre flot en roulant s'attacher,
Et pendu sur le bord me plaisait d'y pêcher,
Étant plus réjoui d'une chasse muette
Troubler des écaillés la demeure secrète,
Tirer avec la ligne en tremblant emporté
Le crédule poisson pris à l'haim appâté,
Qu'un grand Prince n'est aise ayant pris à la chasse
Un cerf qu'en haletant tout un jour il pourchasse.
Heureux, si vous eussiez d'un mutuel émoi

Elegía

Transcurridos seis años y encontrándose el séptimo
ya cercano al final de sus pasos en rueda,
cuando lejos de afectos, de deseo y de amor
en cabal libertad todo el día pasaba
sin saber de la pena que las almas consume,
yo dormía hasta el punto en que raya la aurora,
pues señor de mí mismo iba sin prisa alguna
donde el pie me llevaba, tras la voz del deseo
y llevando en las manos a manera de guía
a Platón o Aristóteles, o al doctísimo Eurípides,
buenos huéspedes mudos que no enfadan jamás.
Cuando quiero los tomo, cuando quiero los dejo.
¡Compañía tan dulce, razonable y fructuosa!
Cualquier otro me aturde con su ruin parloteo.
Al cansarme del libro contemplaba las flores,
hojas, tallos, ramaje, variedades, color,
de qué modo se mezcla su diversa apariencia,
de cien formas pintadas, gualdas, rojas, azules,
sin poderme saciar ante aquel bello cuadro
de admirar la Natura y lo hermoso que encierra.
Y decir conversando con las flores abiertas:
«Casi es Dios quien conoce toda cosa que vive,
apartado del vulgo, de la Corte, artesana
sin vergüenza de fraudes y de toda malicia.»
Solitario vagaba por los bosques salvajes
y por gayas riberas recubiertas de juncos,
cuando no por peñascos alejados, desiertos,
o por sotos que son mansión verde de ciervos.
Me gustaba el fluir continuado de un río,
ver cómo ola tras ola alargaban su curso,
persiguiéndose el agua a sí misma sin tregua,
e inclinado en la orilla me gustaba pescar,
más dichoso sintiéndome con la caza callada
que turbaba el refugio de escamosas criaturas,
y tirar de la caña que nos saca temblando
a aquel crédulo pez que ha mordido el anzuelo,
que un gran príncipe goza cuando logra cazar
tras un día de acoso y jadeos un ciervo.
Ojalá vos hubierais con recíproca fiebre

Pris l'appât amoureux aussi bien comme moi,
Que tout seul j'avalai, quand par trop désireuse
Mon âme en vos yeux but la poison amoureuse.
Puis, alors que Vesper vient embrunir nos yeux,
Attaché dans le ciel je contemple les cieux,
En qui Dieu nous écrit en notes non obscures
Les sorts et les destins de toutes créatures.
Car lui, en dédaignant, comme font les humains,
D'avoir encre et papier et plume entre les mains,
Par les astres du ciel qui sont ses caractères,
Les choses nous prédit et bonnes et contraires.
Mais les hommes chargés de terre et du trépas
Méprisent tel écrit et ne le lisent pas.
Or le plus de mon bien pour décevoir ma peine,
C'est de boire à longs traits les eaux de la fontaine
Qui de votre beau nom se brave et en courant
Par les prés vos honneurs va toujours murmurant,
Et la Reine se dit des eaux de la contrée:
Tant vaut le gentil soin d'une Muse sacrée
Qui peut vaincre la mort, et les sorts inconstants,
Sinon pour tout jamais, au moins pour un long temps.
Là, couché dessus l'herbe, en mes discours je pense
Que pour aimer beaucoup j'ai peu de récompense,
Et que mettre son cœur aux Dames si avant,
C'est vouloir peindre en l'onde et arrêter le vent,
M'assurant toutefois qu'alors que le vieil âge
Aura comme un sorcier changé votre visage,
Et lors que vos cheveux deviendront argentés,
Et que vos yeux d'amour ne seront plus hantés,
Que toujours vous aurez, si quelque soin vous touche,
En l'esprit mes écrits, mon nom en votre bouche.
Maintenant que voici l'an septième venir,
Ne pensez plus, Hélène, en vos lacs me tenir.
La raison m'en délivre, et votre rigueur dure,
Puis il faut que mon âge obéisse à Nature.

Mignonne, allons voir si la rose
Qui ce matin avoit desclose
Sa robe de pourpre au Soleil,
A point perdu ceste vesprée

como yo haber mordido aquel cebo amoroso
que fui solo en tragar, cuando ansioso en exceso
el veneno de amor absorbí en vuestros ojos.
    Y al llegar el crepúsculo que ensombrece los ojos,
enfrentado a la altura yo contemplo los cielos
donde Dios nos escribe con sus diáfanas letras
los destinos y el rumbo de los seres creados.
Puesto que Él que desdeña lo que es propio de humanos,
usar tinta y papel, manejando la pluma,
por los astros del cielo que le sirven de signos
nos predice las cosas favorables o adversas.
Pero el hombre agobiado por la tierra y la muerte
desconoce su escrito y no acierta a leerlo.
    Yo me siento feliz, engañando mi pena,
al beber largos sorbos de esta fuente, orgullosa
de llevar vuestro nombre, tan hermoso, y que corre
por los prados cantando vuestro elogio incesante,
y que dice ser reina de las aguas del campo;
tanto puede la fuerza de una musa sagrada
que se impone a la muerte y al destino voluble,
no tal vez para siempre, pero sí largo tiempo.
Sobre un lecho de hierba cavilando me digo
que por dar tanto amor poca es mi recompensa,
que poner toda el alma a los pies de una amada
es pintar en el mar, detener a los vientos.
Aunque sé sin embargo que vendrá la vejez
que con artes de bruja mudará vuestro rostro,
y que vuestros cabellos van a hacerse de plata,
y que ya no habrá amor que os habite los ojos;
y que entonces tendréis, si os asaltan congojas,
en la mente mis versos y en los labios mi nombre.
    Ahora que va a cumplirse vuestro séptimo año
no esperéis retenerme de mi Helena cautivo.
La Razón y el rigor que mostráis me hacen libre,
y me exige la edad que obedezca a Natura.

Vamos a ver, muchacha, si la rosa
que esta misma mañana se vistió
con ropaje de púrpura a la luz,
no habrá perdido ya al caer la tarde

Les plis de sa robe pourprée,
Et son teint au vostre pareil.
Las! voyez comme en peu d'espace,
Mignonne, elle a dessus la place
Las! las! ses beautez laissé cheoir!
O vrayment marastre Nature,
Puis qu'une telle fleur ne dure
Que du matin jusques au soir!
Donc, si vous me croyez, mignonne,
Tandis que vostre âge fleuronne
En sa plus verte nouveauté,
Cueillez, cueillez vostre jeunesse:
Comme à ceste fleur la vieillesse
Fera ternir vostre beauté.

Fay refraischir mon vin de sorte
Qu'il passe en froideur un glaçon;
Fay venir Janne, qu'elle apporte
Son luth pour dire une chanson:
Nous ballerons tous trois au son;
Et dy à Barbe qu'elle vienne,
Les cheveux tors à la façon
D'une follastre Italienne.
Ne vois-tu que le jour se passe?
Je ne vy point au lendemain.
Page, reverse dans ma tasse,
Que ce grand verre soit tout plain.
Maudit soit qui languit en vain,
Ces vieux Medecins je n'appreuve:
Mon cerveau n'est jamais bien sain,
Si beaucoup de vin ne l'abreuve.

A Charles, cardinal de Lorraine

Monseigneur, je n'ay plus ceste ardeur de jeunesse
Qui me faisoit chanter les passions d'amour;
J'ay le sang refroidy, le jour suivant le jour
En desrobant mes ans les donne à la vieillesse.

los purpúreos pliegues de su manto
y su color tan semejante al tuyo.
Pero ya ves cómo en tan breve tiempo,
ay, muchacha, se empieza a deshojar
y caen en la tierra sus bellezas.
¡Oh, tú, naturaleza, cruel madrastra,
pues una flor así tan sólo dura
desde que sale el sol hasta la noche!
Hazme caso, muchacha, mientras luzcas
ese esplendor que dan los años jóvenes,
cuando todo es galano y recién hecho,
goza tu juventud, no esperes más,
pues la vejez lo mismo que a esta flor
marchitará algún día tu belleza.

Haz refrescar mi vino de tal modo
que sobrepase al hielo en frialdad;
dile a Jeanne que venga y que me traiga
el laúd que acompañe una canción;
bailaremos los tres con su tonada;
y también dile a Barbe que no deje
de acudir con el pelo bien trenzado,
como las italianas retozonas.
¿Es que no ves que el tiempo pasa aprisa?
Yo me niego a vivir para mañana.
Paje, escancia en mi copa, no te olvides
de hacer que quede llena hasta los bordes.
Maldito sea quien en vano sufre,
a estos médicos viejos no hago caso;
mi cerebro no está sano del todo
si no queda empapado por el vino.

A Charles, cardenal de Lorena

Monseñor, he perdido el ardor juvenil
que me hacía cantar las pasiones de amor;
se ha entibiado la sangre, y los días que pasan
al robarme los años los dan a la vejez.

Plus Phœbus ne me plaist, ny Venus la Déesse,
Et la Grecque fureur qui bouillonnoit autour
De mon cœur, qui estoit son fidele sejour,
Comme vin escumé sa puissance r'abaisse.
Maintenant je resemble au vieil cheval guerrier,
Qui souloit couronner son maistre de Laurier:
Quand il oit la trompette, il est d'ardeur espris,
Et courageux en vain se pousse en la carriere;
Mais, en lieu de courir, demeure seul derrière,
et r'apporte au logis la honte pour le pris.

Pourtant si ta maitresse est un petit putain,
Tu ne dois pour cela te courrousser contre elle.
Voudrois-tu bien hayr ton ami plus fidelle
Pour estre un peu jureur ou trop haut à la main?
Il ne faut prendre ainsi tous pechés à dedain,
Quand la faute en pechant n'est pas continuelle;
Puis il faut endurer d'une maitresse belle
Qui confesse sa faute, et s'en repent soudain.
Tu me diras qu'honneste et gentille est t'amie,
Et je te respondrai qu'honneste fut Cynthie,
L'amie de Properce en vers ingenieus,
Et si ne laissa pas de faire amour diverse:
Endure donq, Ami, car tu ne vaus pas mieux
Que Catulle valut, que Tibulle et Properce.

Je n'ay plus que les os, un squelette je semble,
Decharné, denervé, demusclé, depoulpé,
Que le trait de la Mort sans pardon a frappé:
Je n'ose voir mes bras que de peur je ne tremble.
Apollon et son filz, deux grans maistres ensemble,
Ne me sçauroient guerir; leur mestier m'a trompé,
Adieu, plaisant Soleil! mon œil estoupé,
Mon corps s'en va descendre où tout se desassemble.
Quel amy me voyant en ce point despouillé
Ne remporte au logis un œil triste et mouillé,
Me consolant au lict et me baisant la face,
En essuiant mes yeux par la Mort endormis?
Adieu, chers compaignons, adieu, mes chers amis!
Je m'en vay le premier vous preparer la place.

Febo ya no me gusta, me he olvidado de Venus,
y aquel griego furor que me hervía en el pecho,
que era su fiel morada, desbravado cual vino,
ha perdido la fuerza que antes pudo tener.
Ahora soy un caballo de batalla ya viejo
que dio muchos laureles tiempo atrás al jinete:
al oír la trompeta siente fuego en las venas,
y aunque en vano, se lanza a correr animoso;
pero en vez de trotar va aflojando su paso,
y regresa llevando la vergüenza por premio.

Aunque veas que es algo puta tu bienamada,
no debieras por eso enojarte con ella;
¿odiarías acaso a tu amigo más fiel
porque jura a menudo y es un poco colérico?
Es mejor que no tomes aversión a pecados
cuando no se cometen de una forma continua;
con la amada más bella que confiesa su culpa
y te pide perdón, ¿por qué no ser clemente?
Me dirás que tu amiga es honesta y gentil,
yo te digo que Cintia fue también muy honesta,
a la que sabios versos dedicara Propercio,
sin dejar de tener otros muchos amores;
buen amigo, paciencia, porque tú no eres más
de lo que fue Catulo y Tibulo y Propercio.

Sólo huesos me quedan, igual que un esqueleto,
descarnado, reseco, macilento y escuálido,
con el sello inclemente que me ha puesto la Muerte;
no me miro los brazos por no echarme a llorar.
Unos sabios maestros como Apolo y su hijo
no sabrían curarme; ya no creo en sus artes,
¡adiós, fiesta del sol! Me han cegado los ojos,
caeré donde el cuerpo sé que se desbarata.
Los amigos, al verme despojado de todo,
se despiden con lágrimas y miradas muy tristes,
quieren darme consuelo y me besan la cara,
enjugando mis ojos que la Muerte ha dormido.
Adiós, buenos y fieles compañeros, me voy
el primero al lugar que también os espera.

Ah! longues Nuicts d'hyver, de ma vie bourrelles
Donnez-moy patience, et me laissez dormir!
Vostre nom seulement et suer et fremir
Me fait par tout le corps, tant vous m'estes cruelles.
    Le Sommeil tant soit peu n'esvente de ses ailes
Mes yeux tousjours ouvers, et ne puis affermir
Paupiere sur paupiere, et ne fais que gemir,
Souffrant comme Ixion des peines eternelles.
    Vieille umbre de la terre, ainçois l'umbre d'Enfer,
Tu m'as ouvert les yeux d'une chaisne de fer,
Me consumant au lict, navré de mille pointes:
    Pour chasser mes douleurs ameine moy la Mort.
Hà! Mort, le port commun, des hommes le confort,
Viens enterrer mes maux, je t'en prie à mains jointes!

Largas noches de invierno, de mi vida verdugos,
concededme paciencia y dejadme dormir.
Solamente al nombraros siento por todo el cuerpo
el sudor y el temblor, pues me sois tan crueles.
Con sus alas jamás roza el sueño mis ojos,
siempre abiertos, no puedo conseguir que se junte
uno con otro párpado, no hago más que gemir
como Ixión, que sufría las torturas eternas.
Vieja sombra terrena, más que sombra infernal,
me has abierto los ojos con cadenas de hierro,
y en el lecho me hieren infinitos puñales.
Ven y trae la muerte, y así no sufriré.
¡Muerte, puerto común, el consuelo mayor,
ven a verme te pido como si te rezara!

Carlos Pujol

Luis de Camões

Portugal (¿Lisboa?, 1524-Lisboa, 1580)

Con justicia *Os Lusíadas* ha merecido el raro honor de seguir siendo considerado una obra maestra después de que la épica perdiera todo su antiguo prestigio, pero la lírica de Camões, en portugués y en castellano, no le va en zaga en calidad, por la honda transparencia y por la disección intelectual de la pasión. De joven, Luís Vaz de Camões había combatido en Ceuta, y en 1553, tras un tiempo de vida desarreglada (hasta dar en la cárcel por una riña callejera), marchó a la India, de nuevo como soldado, para establecerse luego en Goa, donde se le ofreció algún puesto en la administración, y por uno o dos años en África oriental. Vuelto a Lisboa hacia 1570, la dedicatoria de *Os Lusíadas* (1572) al rey don Sebastián le procuró hasta su muerte una modesta pensión. Las experiencias y las reflexiones ultramarinas del autor no pudieron por menos de determinar muchos aspectos del gran poema que consagró a celebrar el origen y el esplendor del imperio portugués a través de las conquistas de Vasco da Gama y sus sucesores, y en general de los héroes del pueblo lusitano, de *os lusíadas*. La tramoya mitológica y la obligada observancia de todas las convenciones de la epopeya clásica (descripciones, profecías, parlamentos, etc.) no impiden que el brío épico de la obra, por encima de la variedad de episodios y perspectivas, resida primariamente en «l'imagination dans l'expression» (Voltaire) con que transmite su verdad histórica.

Mudam-se os tempos, mudam-se as vontades,
muda-se o ser, muda-se a confiança;
todo o mundo é composto de mudança,
tomando sempre novas qualidades.
Continuamente vemos novidades,
diferentes em tudo da esperança;
do mal ficam as mágoas na lembrança,
e do bem (se algum houve), as saudades.
O tempo cobre o chão de verde manto,
que já coberto foi de neve fria,
e, enfim, converte em choro o doce canto.
E, afora este mudar-se cada dia,
outra mudança faz de mor espanto,
que não se muda já como soia.

Sete anos de pastor Jacob servia
Labão, pai de Raquel, serrana bela;
mas não servia ao pai, servia a ela,
e a ela só por prémio pretendia.
Os dias, na esperança de um só dia,
passava, contentando-se com vê-la;
porém o pai, usando de cautela,
em lugar de Raquel lhe dava Lia.
Vendo o triste pastor que com enganos
lhe fora assi negada a sua pastora,
como se a não tivera merecida;
começa de servir outros sete anos,
dizendo: —Mais servira, se não fora
para tão longo amor tão curta a vida.

Os Lusíadas

As armas e os barões assinalados,
que da ocidental praia Lusitana,
por mares nunca de antes navegados,
passaram ainda além da Taprobana,
em perigos e guerras esforçados

Múdanse tiempos, mudan voluntades,
múdase el ser, se muda la confianza,
todo el mundo es compuesto de mudanza,
tomando siempre nuevas cualidades,
constantemente vemos novedades
contrarias al deseo y la esperanza;
nunca el recuerdo los crueles lanza;
quedan del bien, si le hubo, las «saudades».
El tiempo cubre con florido manto
el suelo que cubrió la nieve fría,
y, en mí, convierte en lloro el dulce canto;
y ahora hace este mudarse cada día
una mudanza de mayor espanto:
el no mudarse ya como solía.

José María de Cossío

Siete años de pastor Jacob servía
al padre de Raquel, serrana bella;
mas no servía a él, servía a ella,
que a ella sólo por premio pretendía.
Los días, en memoria de aquel día,
pasaba contentándose con vella,
mas Labán, cauteloso, en lugar de ella,
ingrato a su lealtad, le diera a Lía.
Viendo el triste pastor que, con engaños,
le quitan a Raquel y el bien que espera
por tiempo, amor y fe la merecía,
volvió a servir de nuevo otros siete años;
y mil sirviera más, si no tuviera
para tan largo amor, tan corta vida.

Francisco de Quevedo

Los Lusíadas

Las armas y varones señalados
que de occidental playa lusitana,
por mares antes nunca navegados,
pasaron más allá de Taprobana,
en peligros y guerras esforzados

mais do que prometia a força humana,
e entre gente remota edificaram
Novo Reino, que tanto sublimaram;

E também as memórias gloriosas
daqueles reis que foram dilatando
a Fé, o Império, e as terras viciosas
de África e de Ásia andaram devastando,
e aqueles que, por obras valerosas,
se vão da lei da morte libertando,
cantando espalharei por toda a parte,
se a tanto me ajudar o engenho e arte.

Cessem do sábio grego e do troiano
as navegações grandes que fizeram;
cale-se de Alexandro e de Trajano
a fama das vitórias que tiveram;
que eu canto o peito ilustre lusitano,
a quem Neptuno e Marte obedeceram.
Cesse tudo o que a Musa antiga canta,
que outro valor mais alto se alevanta.

E vós, Tágides minhas, pois criado
tendes em mi um novo engenho ardente,
se sempre, em verso humilde, celebrado
foi de mi vosso rio alegremente,
dai-me agora um som alto e sublimado,
um estilo grandíloco e corrente,
por que de vossas águas Febo ordene
que não tenham inveja às de Hipocrene.

Dai-me ũa fúria grande e sonorosa,
e não de agreste avena ou frauta ruda,
mas de tuba canora e belicosa,
que o peito acende e a cor ao gesto muda;
dai-me igual canto aos feitos da famosa
gente vossa, que a Marte tanto ajuda:
que se espalhe e se cante no universo,
se tão sublime preço cabe em verso.

más que lo prometiera fuerza humana,
y entre gente remota edificaron
Nuevo Reino, que tanto sublimaron.
Y también las memorias gloriosas
de aquellos reyes que iban dilatando
la fe, el imperio, tierras viciosas
del África y el Asia devastando,
y aquellos que, por obras valerosas,
de la ley de morir se van librando,
cantando esparciré por todas partes,
si me ayudan a tanto ingenio y artes.
Cese el cantar al griego y al troyano
por los periplos grandes que siguieron;
cállese de Alejandro y de Trajano
la fama de victorias que tuvieron;
yo canto al pecho ilustre lusitano,
a quien Neptuno y Marte obedecieron.
Cese cuanto la musa antigua canta,
que otro valor más alto se levanta.
Y vos, Tájides mías, pues criado
habéis en mí un ingenio nuevo ardiente,
si siempre, en verso humilde, celebrado
fue por mí vuestro río alegremente,
dadme ahora un son alto y sublimado,
un estilo grandílocuo y fluyente,
porque de vuestras aguas Febo ordene
no puedan envidiar las de Hipocrene.
Dadme una furia grande y sonorosa,
no de zampoña agreste o flauta ruda,
mas de trompa canora y belicosa,
que el pecho enciende y la color demuda;
dadme un canto que iguale a la famosa
gente vuestra, que a Marte tanto ayuda:
que se extienda en el canto al universo,
si tan sublime precio cabe en verso.

José Filgueira Valverde

Inês de Castro

Passada esta tão próspera vitória,
Tornado Afonso à Lusitana terra,
A se lograr da paz com tanta glória
Quanta soube ganhar na dura guerra,
O caso triste, e digno da memória
Que do sepulcro os homens desenterra,
Aconteceu da mísera e mesquinha
Que depois de ser morta foi Rainha.

Tu, só tu, puro Amor, com força crua,
Que os corações humanos tanto obriga,
Deste causa à molesta morte sua,
Como se fora pérfida inimiga.
Se dizem, fero Amor, que a sede tua
Nem com lágrimas tristes se mitiga,
É porque queres, áspero e tirano,
Tuas aras banhar em sangue humano.

Estavas, linda Inês, posta em sossego,
De teus anos colhendo doce fruto,
Naquele engano da alma, ledo e cego,
Que a Fortuna não deixa durar muito,
Nos saudosos campos do Mondego,
De teus formosos olhos nunca enxuto,
Aos montes ensinando e às ervinhas
O nome que no peito escrito tinhas.

Do teu Príncipe ali te respondiam
As lembranças que na alma lhe moravam,
Que sempre ante seus olhos te traziam,
Quando dos teus formosos se apartavam;
De noite, em doces sonhos, que mentiam,
De dia, em pensamentos que voavam.
E quanto, enfim, cuidava e quanto via
Eram tudo memórias de alegria.

De outras belas senhoras e Princesas
Os desejados tálamos enjeita,
Que tudo, enfim, tu, puro amor, desprezas
Quando um gesto suave te sujeita.
Vendo estas namoradas estranhezas,
O velho pai sesudo, que respeita
O murmurar do povo e a fantasia
Do filho, que casar-se não queria,

Inés de Castro

Pasada esta tan próspera victoria,
tornado Alfonso a lusitana tierra,
a gozar de la paz con tanta gloria
cuanta supo ganar en dura guerra,
el caso triste y digno de memoria,
que del sepulcro al hombre desentierra,
ocurrió de la triste, cuya suerte
fue ser reina después de hallar la muerte.

Tú solo, puro amor, con fuerza cruda,
que al corazón humano tanto obliga,
diste causa a su muerte atroz sin duda
como si fuera pérfida enemiga.
Si dicen, fiero amor, que tu alma ruda
ni con lágrimas tristes se mitiga,
es porque quieres, áspero tirano,
bañar en sangre humana tu altar vano.

Estabas, linda Inés, puesta en sosiego,
de tus años cogiendo el dulce fruto,
en ese engaño de las almas, ciego,
que la Fortuna presto torna en luto;
en los saudosos campos del Mondego,
de tus hermosos ojos nunca enjuto,
enseñando a los montes y a las hierbas
el nombre que en el corazón conservas.

De tu príncipe allí te respondían
recuerdos que en el alma le moraban;
que siempre ante sus ojos te traían,
cuando de los dos tuyos se apartaban;
de noche, en dulces sueños que mentían,
de día, en pensamientos que volaban.
Y cuanto en fin pensaba, cuanto veía
eran todo memorias de alegría.

De otras bellas señoras y princesas
el deseado tálamo no acepta,
que todo, en fin, amor, desprecias de ésas
cuando un gesto suave te sujeta.
Viendo estas amorosas extrañezas,
el viejo rey sesudo, que respeta
el murmurar del pueblo, y fantasía
del hijo que casarse no quería,

Tirar Inês ao mundo determina,
Por lhe tirar o filho que tem preso,
Crendo co'o sangue só da morte indina
Matar do firme amor o fogo aceso.
Que furor consentiu que a espada fina
Que pôde sustentar o grande peso
Do furor Mauro, fosse alevantada
Contra uma fraca dama delicada?
Traziam-na os horríficos algozes
Ante o Rei, já movido a piedade;
Mas o povo, com falsas e ferozes
Razões, à morte crua o persuade.
Ela, com tristes e piedosas vozes,
Saídas só da mágoa e saudade
Do seu Príncipe e filhos, que deixava,
Que mais que a própria morte a magoava,
Para o céu cristalino alevantando,
Com lágrimas, os olhos piedosos
(Os olhos, porque as mãos lhe estava atando
Um dos duros ministros rigorosos);
E depois nos meninos atentando,
Que tão queridos tinha e tão mimosos,
Cuja orfandade como mãe temia,
Para o avô cruel assim dizia:
Se já nas brutas feras, cuja mente
Natura fez cruel de nascimento,
E nas aves agrestes, que sòmente
Nas rapinas aéreas tem o intento,
Com pequenas crianças viu a gente
Terem tão piedoso sentimento
Como co'a mãe de Nino já mostraram,
E co'os irmãos que Roma edificaram:
Ó tu, que tens de humano o gesto e o peito
(Se de humano é matar uma donzela,
Fraca e sem força, só por ter sujeito
O coração a quem soube vencê-la),
A estas criancinhas tem respeito,
Pois o não tens à morte escura dela;
Mova-te a piedade sua e minha,
Pois te não move a culpa que não tinha.

Quitar a Inés del mundo determina
para quitarle el hijo, que cautivo
tiene, que en sangre sólo y muerte opina
matar del firme amor el fuego vivo.
¿Qué furor hizo que la espada fina,
que pudo sostener el peso altivo
del furor moro, fuese levantada
contra una flaca dama delicada?

La traen los verdugos más atroces
ante su rey, que la piedad invade;
mas el pueblo con falsas y feroces
razones a la muerte lo persuade.
Ella con tristes y piadosas voces,
salidas de la pena y la saudade
de su príncipe e hijos que dejaba,
que más que morir ella la apenaba,

Al cielo cristalino levantando
con lágrimas los ojos lastimosos
(los ojos, pues las manos le iba atando
uno de los ministros rigurosos)
y después, a los niños estrechando
que tan queridos tiene y tan mimosos,
cuya orfandad con ansiedad temía,
al abuelo cruel así decía:

«Si ya en las brutas fieras, cuya mente
Natura hizo cruel de nacimiento,
y en las aves agrestes, que talmente
tienen en la rapiña el pensamiento,
con sus pequeñas crías vio la gente
asomar tan piadoso sentimiento,
como con Nino y con su madre asoma,
con los hermanos que fundaron Roma;

»Tú, que humano pareces y discreto
(si es de humano matar a una doncella
flaca y sin fuerza, por tener sujeto
el corazón de quien el suyo huella)
por estas criaturas ten respeto,
pues no lo tienes por la muerte de ella:
muévate la piedad suya y la mía,
ya que la culpa no, que no tenía.

E se, vencendo a Maura resistência,
A morte sabes dar com fogo e ferro,
Sabe também dar vida, com clemência,
A quem para perdê-la não fez erro.
Mas, se to assim merece esta inocência,
Põe-me em perpétuo e mísero desterro,
Na Cítia fria ou lá na Líbia ardente,
Onde em lágrimas viva eternamente.

Põe-me onde se use toda a feridade,
Entre leões e tigres, e verei
Se neles achar posso a piedade
Que entre peitos humanos não achei.
Ali, co'o amor intrínseco e vontade
Naquele por quem morro, criarei
Estas relíquias suas que aqui viste,
Que refrigério sejam da mãe triste.

Queria perdoar-lhe o Rei benigno,
Movido das palavras que o magoam;
Mas o pertinaz povo e seu destino
(Que desta sorte o quis) lhe não perdoam.
Arrancam das espadas de aço fino
Os que por bom tal feito ali apregoam.
Contra uma dama, ó peitos carniceiros,
Feros vos amostrais e cavaleiros?

Qual contra a linda moça Policena,
Consolação extrema da mãe velha,
Porque a sombra de Aquiles a condena,
Co'o ferro duro Pirro se aparelha;
Mas ela, os olhos com que o ar serena
(Bem como paciente e mansa ovelha)
Na mísera mãe postos, que endoidece,
Ao duro sacrifício se oferece:

Tais contra Inês os brutos matadores,
No colo de alabastro, que sustinha
As obras com que Amor matou de amores
Aquele que depois a fez Rainha,
As espadas banhando, e as brancas flores,
Que ela dos olhos seus regadas tinha,
Se encarniçavam, férvidos e irosos,
No futuro castigo não cuidosos.

»Y si, al vencer la mora resistencia,
la muerte sabes dar con fuego y hierro,
sabe también dar vida con clemencia
a quien para morir no ha hecho yerro;
mas, si te lo merece esta inocencia,
ponme en perpetuo y mísero destierro,
en fría Escitia, o en la Libia ardiente,
donde en lágrimas viva eternamente.

»Ponme donde haya más ferocidad,
entre leones y tigres, y veré
si entre ellos hallar puedo la piedad
que entre pechos humanos nunca hallé;
allí con amor puro y voluntad
en aquel por quien muero, criaré
estas reliquias suyas, que aquí viste,
que sean consuelo de la madre triste.»

Quería perdonarla el rey mohíno,
que sus palabras ya lo desazonan;
mas el pueblo tenaz, y su destino
(que así lo fue a querer) no la perdonan.
Las espadas extraen de acero fino
los que por bueno tal hecho pregonan.
¿Contra una dama, oh pechos carniceros,
feroces os mostráis, y caballeros?

Como contra la linda Polixena,
último amparo de la madre vieja,
pues la sombra de Aquiles la condena,
con hierro el duro Pirro se apareja;
y ella los ojos, plácida, serena
(igual que una paciente y mansa oveja)
pone en la triste madre, que enloquece,
y al duro sacrificio el pecho ofrece:

Así de Inés los brutos matadores
en el cuello que, blanco sostenía
las obras con que Amor mató de amores
a aquel que reina luego la ungiría,
las espadas bañando, y blancas flores
que ella regado con su llanto había,
se encarnizaban, férvidos, airados,
del futuro castigo descuidados.

Bem puderas, ó Sol, da vista destes,
Teus raios apartar aquele dia,
Como da seva mesa de Tiestes,
Quando os filhos por mão de Atreu comia.
Vós, ó côncavos vales, que pudestes
A voz extrema ouvir da boca fria,
O nome do seu Pedro, que lhe ouvistes,
Por muito grande espaço repetistes.
Assim como a bonina que cortada
Antes do tempo foi, cândida e bela,
Sendo das mãos lascivas maltratada
Da menina que a trouxe na capela,
O cheiro traz perdido e a cor murchada:
Tal está, morta, a pálida donzela,
Secas do rosto as rosas e perdida
A branca e viva cor, co'a doce vida.
As filhas do Mondego a morte escura
Longo tempo chorando memoraram,
E, por memória eterna, em fonte pura
As lágrimas choradas transformaram.
O nome lhe puseram, que inda dura,
Dos amores de Inês, que ali passaram.
Vede que fresca fonte rega as flores,
Que lágrimas são a água e o nome Amores.

[O velho do Restelo]

Mas um velho de aspeito venerando,
que ficava nas praias, entre a gente,
postos em nós os olhos, meneando
tres vezes a cabeça, descontente,
a voz pesada um pouco alevantando,
que nós no mar ouvimos claramente,
co'um saber só de experiências feito,
tais palavras tirou do experto peito:
—«Ó glória de mandar! Ó vã cubiça
desta vaidade a quem chamamos fama!
Ó fraudulento gosto que se atiça
co'ũa aura popular que honra se chama!

Bien pudieras, oh sol, tu luz celeste
apartar de esta vista en aquel día,
cual de la mesa trágica de Tieste
cuando sus propios hijos se comía.
Cóncavos valles donde el eco agreste
tomó la voz de aquella boca fría,
el nombre de su Pedro, que le oísteis,
por espacio muy grande repetisteis.

Como la margarita, que cortada
antes de tiempo fue, cándida y bella,
por las manos lascivas maltratada
de la muchacha que se ornó con ella,
el aroma perdido, mustia, ajada:
muerta está así la pálida doncella,
secas las rosas de su faz, perdida
la color viva y blanca, con la vida.

Las hijas del Mondego tan oscura
muerte con largo llanto recordaron;
y, por memoria eterna, en fuente pura
las lágrimas lloradas transformaron:
un nombre le pusieron, que aún perdura
«Los amores de Inés», que allí pasaron.
Ved que la fuente fresca riega flores,
lágrimas son el agua, el nombre amores.

Aquilino Duque

[El viejo del Restelo]

Pero un viejo de aspecto venerando,
que en las playas quedaba, entre la gente,
mirando hacia nosotros, meneando
tres veces la cabeza tristemente,
la voz pesada apenas levantando,
aunque en el mar la oímos claramente,
con saber sólo de experiencias hecho,
sacó estos dichos del experto pecho:

—«¡Oh gloria de mandar! ¡Vana codicia
de vanidades que llamamos fama!
¡Oh fraudulento gusto que se vicia
con aura popular que honra se llama!

Que castigo tamanho e que justiça
fazes no peito vão que muito te ama!
Que mortes, que perigos, que tormentas,
que crueldades neles exprimentas!
»Dura inquietação de alma e da vida,
fonte de desemparos e adultérios,
sagaz consumidora conhecida
de fazendas, de reinos e de impérios!
Chamam-te ilustre, chamam-te subida,
sendo dina de infames vitupérios;
chamam-te Fama e Glória soberana,
nomes com quem seo povo néscio engana!
»A que novos desastres determinas
de levar estes Reinos a esta gente?
Que perigos, que mortes lhe destinas
debaixo dalgum nome preminente?
Que promessas de reinos e de minas
de ouro, que lhe farás tão fàcilmente?
Que famas lhe prometerás?, que histórias?,
que triunfos?, que palmas?, que vitórias?
»Mas ó tu, gèração daquele insano,
cujo pecado e desobediência
nao sòmente do Reino soberano
te pôs neste desterro e triste ausência,
mas inda doutro estado mais que humano
da quieta e da simpres inocencia,
da idade de ouro, tanto te privou,
que na de ferro e de armas te deitou,
»já que nesta gostosa vaidade
tanto enlevas a leve fantasia,
já que à bruta crueza e feridade
puseste nome esforço e valentia,
já que prezas em tanta quantidadc
o desprezo da vida, que devia
de ser sempre estimada, pois que já
temeu tanto perdê-la quem a dá,
»não tens junto contigo o Ismaelita,
com quem sempre terás guerras sobejas?
Não segue ele do Arábio a lei maldita,
se tu pola de Cristo só pelejas?
Não tem cidades mil, terra infinita,

¡Qué castigo tremendo y qué justicia
haces al pecho vano que te ama!
¡Qué muertes, qué peligros, qué tormentas,
qué crueldades en él experimentas!

»¡Dura inquietud del alma y de la vida,
fuente de desamparos y adulterios,
sagaz consumidora conocida,
de haciendas, y de reinos, y de imperios!
Llámante ilustre, alta, engrandecida,
siendo digna de infames vituperios;
llámante Fama, Gloria soberana,
nombres que sólo al pueblo necio gana.

»¿A qué nuevos desastres determinas
llevar aquestos reinos y esta gente?
¿Qué peligros, qué muertes les destinas
debajo de algún nombre preeminente?
¿Qué promesas de reinos y de minas
de oro les harás tan fácilmente?
¿Qué fama les prometes o qué historias,
qué triunfos, qué palmas, qué victorias?

»Mas tú, generación del loco vano
cuyo pecado fue desobediencia,
que no sólo del Reino soberano
te puso en el destierro y triste ausencia,
más aún de otro estado más que humano
el de simple y pacífica inocencia,
que de la edad dorada te privó
y en la de hierro y armas te lanzó,

»ya que esta gustosa vanidad
tanto encanta tu leve fantasía,
ya que a bruta dureza y crueldad
diste nombre de esfuerzo y valentía,
ya que aprecias en tanta cantidad
el despreciar la vida (que debía
ser estimada siempre, pues temió
tanto perderla el mismo que la dio),

»¿no tienes bien cercano al Ismaelita
con quien siempre tendrás sobradas guerras?
¿No sigue del de Arabia la maldita
ley mientras que a la de Cristo tú te aferras?
¿No tiene mil ciudades e infinita

se terras e riqueza mais desesjas?
Não é ele por armas esforçado,
se queres por vitórias ser louvado?
»Deixas criar às portas o inimigo
por ires buscar outro de tão longe,
por quem se despovoe o Reino antigo,
se enfraqueça e se vá deitando a longe!
Buscas o incerto e incógnito perigo,
por que a fama te exalte e te lisonje,
chamando-te senhor, com larga cópia,
da Índia, Pérsia, Arábia e de Etiópia!
»Oh!, maldito o primeiro que no mundo
nas ondas vela pôs em seco lenho!
Dino da eterna pena do Profundo,
se é justa a justa lei que sigo e tenho!
Nunca juízo algum, alto e profundo,
nem cítara sonora ou vivo engenho
te dê por isso fama nem memória,
mas contigo se acabe o nome e glória!
»Trouxe o filho de Jápeto do céu
o fogo que ajuntou ao peito humano.
Fogo que o mundo em armas acendeu,
em mortes, em desonras. Grande engano!
Quanto melhor nos fora, Prometeu,
e quanto pera o mundo menos dano,
que a tua estátua ilustre não tivera
fogo de altos desejos que a movera!
»Não cometera o moço miserando
o carro alto do pai, nem o ar vazio
o grande arquitector co'o filho, dando
um nome ao mar, e o outro, fama ao rio.
Nenhum cometimento alto e nefando,
por fogo, ferro, água, calma e frio,
deixa intentado a humana gèração!
Mísera sorte! Estranha condição!»

tierra, si es que ambicionas oro y tierras?
¿No es acaso en las armas esforzado
si quieres por victorias ser loado?
»Prospera tu enemigo aquí contiguo,
por ir otros lejanos tú buscando,
por ello se despuebla el Reino antiguo
y se va, enflaquecido, desangrando.
Buscas peligro incógnito y ambiguo
halagos de la fama procurando,
te haces llamar Señor, con nombradía,
de India, Persia, Arabia y Etiopía.
»¡Ah! ¡Maldito el primero que en el mundo
sobre olas puso vela en seco leño!
Digno es de pena eterna en el profundo,
si hay justicia en la ley que con empeño
sigo. ¡Nunca alto juicio ni profundo,
ni cítara sonora o vivo ensueño
te dé, por eso, fama ni memoria,
mas contigo se acaben nombre y gloria!
»El hijo de Japeto robó el cielo
y el pecho humano unió el fuego extraño,
que al mundo en armas puso, con desvelo,
con muertes y deshonras. ¡Grande engaño!
¡Cuánto mejor nos fuera, Prometeo,
y cuánto para el mundo menos daño,
que tu estatua ilustre no tuviera
fuego de alto deseo que la moviera!
»Jamás osara el mozo miserando
al carro alto del padre, ni el vacío
el grande constructor y su hijo, dando
nombre uno al mar, y el otro, fama a un río.
A atrevimiento alguno alto o nefando,
por fuego, hierro, agua, calma o frío,
se niega la mortal generación.
¡Mísera suerte, extraña condición!»

José Filgueira Valverde

San Juan de la Cruz

España (Fontiveros, Ávila, 1542-Úbeda, Jaén, 1591)

La poesía de San Juan es ante todo un instrumento al servicio de una doctrina y una lucha por hacer del lenguaje medio adecuado para transmitir una experiencia mística por definición inefable. Por ahí, es también parte de la labor reformadora y fundadora que el carmelita (en el siglo, Juan de Yepes y Álvarez), licenciado por Salamanca, emprendió en 1567, junto a Santa Teresa de Jesús, y que le costó ser perseguido por la fracción de los frailes Descalzos y verse encarcelado en Toledo. Es la suya una lírica de una sensualidad vuelta a lo divino, hecha de símbolos y semejanzas que insinúan más que muestran, en la que concurren motivos y formas clásicos, de la poesía amorosa profana, popular o culta, y bíblicos, en especial del *Cantar de los Cantares*, hilo conductor del *Cántico espiritual.* La amada, es decir, el alma, se encuentra ahí con el amado, Dios, tras una búsqueda anhelosa en la que pueden reconocerse (según confirman los comentarios en prosa del propio autor) las vías de acceso a la divinidad señaladas por la teología mística. El mensaje de amor y de sentimiento, en comunión con la naturaleza y con Dios, la emotividad del lenguaje, la fascinación enigmática de esa selva de imágenes y visiones han llevado a muchos a juzgar que el *Cántico espiritual* es la cumbre de la poesía en español.

Cántico espiritual

Canciones entre el alma y el esposo

Esposa

¿Adónde te escondiste,
Amado, y me dejaste con gemido?
Como el ciervo huiste,
habiéndome herido;
salí tras ti clamando, y eras ido.

Pastores los que fuerdes
allá por las majadas al otero,
si por ventura vierdes
Aquel que yo más quiero,
decilde que adolezco, peno y muero.

Buscando mis amores,
iré por esos montes y riberas,
ni cogeré las flores,
ni temeré las fieras,
y pasaré los fuertes y fronteras.

Pregunta a las criaturas

¡Oh bosques y espesuras,
plantadas por la mano del Amado!,
¡oh prado de verduras,
de flores esmaltado!,
decid si por vosotros ha pasado.

Respuesta de las criaturas

Mil gracias derramando,
pasó por estos sotos con presura,
y yéndolos mirando,
con sola su figura
vestidos los dejó de hermosura.

Esposa

¡Ay, quién podrá sanarme!
Acaba de entregarte ya de vero,
no quieras enviarme
de hoy más ya mensajero,
que no saben decirme lo que quiero.

Y todos cuantos vagan
de ti me van mil gracias refiriendo,
y todos más me llagan,
y déjame muriendo
un no sé qué que quedan bulbuciendo.
Mas ¿cómo perseveras,
¡oh vida!, no viviendo donde vives,
y haciendo por que mueras
las flechas que recibes,
de lo que del Amado en ti concibes?
¿Por qué, pues has llagado
aqueste corazón, no le sanaste?
Y pues me le has robado,
¿por qué así le dejaste,
y no tomas el robo que robaste?
Apaga mis enojos,
pues que ninguno basta a deshacellos,
y véante mis ojos,
pues eres lumbre dellos,
y sólo para ti quiero tenellos.
Descubre tu presencia,
y máteme tu vista y hermosura;
mira que la dolencia
de amor que no se cura
sino con la presencia y la figura.
¡Oh cristalina fuente,
si en esos tus semblantes plateados
formases de repente
los ojos deseados,
que tengo en mis entrañas dibujados!
Apártalos, Amado,
que voy de vuelo.

Esposo
Vuélvete, paloma,
que el ciervo vulnerado
por el otero asoma
al aire de tu vuelo, y fresco toma.

Esposa

Mi Amado, las montañas,
los valles solitarios nemorosos,
las ínsulas extrañas,
los ríos sonorosos,
el silbo de los aires amorosos;

la noche sosegada
en par de los levantes del aurora,
la música callada,
la soledad sonora,
la cena que recrea y enamora.

Nuestro lecho florido,
de cuevas de leones enlazado,
en púrpura tendido,
de paz edificado,
de mil escudos de oro coronado.

A zaga de tu huella
las jóvenes discurren el camino
al toque de centella,
al adobado vino,
emisiones de bálsamo divino.

En la interior bodega
de mi Amado bebí, y cuando salía
por toda aquesta vega,
ya cosa no sabía,
y el ganado perdí, que antes seguía.

Allí me dio su pecho,
allí me enseñó ciencia muy sabrosa,
y yo le di de hecho
a mí, sin dejar cosa;
allí le prometí de ser su esposa.

Mi alma se ha empleado
y todo mi caudal en su servicio:
ya no guardo ganado,
ni ya tengo otro oficio,
que ya sólo en amar es mi ejercicio.

Pues ya si en el ejido
de hoy más no fuere vista ni hallada,
diréis que me he perdido,
que, andando enamorada,
me hice perdidiza, y fui ganada.

De flores y esmeraldas
en las frescas mañanas escogidas,
haremos las guirnaldas,
en tu amor florecidas
y en un cabello mío entretejidas.
En solo aquel cabello
que en mi cuello volar consideraste,
mirástele en mi cuello,
y en él preso quedaste,
y en uno de mis ojos te llagaste.
Cuando tú me mirabas,
tu gracia en mí tus ojos imprimían;
por eso me adamabas,
y en eso merecían
los míos adorar lo que en ti vían.
No quieras despreciarme,
que si color moreno en mí hallaste,
ya bien puedes mirarme,
después que me miraste,
que gracia y hermosura en mí dejaste.
Cazadnos las raposas,
que está ya florecida nuestra viña,
en tanto que de rosas
hacemos una piña,
y no parezca nadie en la montiña.
Detente, cierzo muerto;
ven, austro, que recuerdas los amores,
aspira por mi huerto,
y corran sus olores,
y pacerá el Amado entre las flores.

Esposo
Entrádose ha la Esposa
en el ameno huerto deseado,
y a su sabor reposa,
el cuello reclinado
sobre los dulces brazos del Amado.
Debajo del manzano,
allí conmigo fuiste desposada,
allí te di la mano,
y fuiste reparada
donde tu madre fuera violada.

A las aves ligeras,
leones, ciervos, gamos saltadores,
montes, valles, riberas,
aguas, aires, ardores,
y miedos de las noches veladores,
por las amenas liras
y canto de serenas os conjuro
que cesen vuestras iras,
y no toquéis al muro,
por que la Esposa duerma más seguro.

Esposa
¡Oh ninfas de Judea!,
en tanto que en las flores y rosales
el ámbar perfumea,
morá en los arrabales,
y no queráis tocar nuestros umbrales.
Escóndete, Carillo,
y mira con tu haz a las montañas,
y no quieras decillo;
mas mira las compañas
de la que va por ínsulas extrañas.

Esposo
La blanca palomica
al arca con el ramo se ha tornado,
y ya la tortolica
al socio deseado
en las riberas verdes ha hallado.
En soledad vivía,
y en soledad ha puesto ya su nido,
y en soledad la guía
a·solas su querido,
también en soledad de amor herido.

Esposa
Gocémonos, Amado,
y vámonos a ver en tu hermosura
al monte y al collado,
do mana el agua pura;
entremos más adentro en la espesura.

Y luego a las subidas
cavernas de la piedra nos iremos,
que están bien escondidas,
y allí nos entraremos,
y el mosto de granadas gustaremos.
Allí me mostrarías
aquello que mi alma pretendía,
y luego me darías
allí tú, vida mía,
aquello que me diste el otro día.
El aspirar del aire,
el canto de la dulce Filomena,
el soto y su donaire,
en la noche serena
con llama que consume y no da pena.
Que nadie lo miraba,
Aminadab tampoco parecía,
y el cerco sosegaba,
y la caballería
a vista de las aguas descendía.

NOCHE OSCURA

CANCIONES DEL ALMA QUE SE GOZA DE HABER LLEGADO AL ALTO ESTADO DE LA PERFECCIÓN, QUE ES LA UNIÓN CON DIOS, POR EL CAMINO DE LA NEGACIÓN ESPIRITUAL

En una noche oscura,
con ansias, en amores inflamada,
¡oh dichosa ventura!,
salí sin ser notada,
estando ya mi casa sosegada.
A escuras y segura
por la secreta escala, disfrazada,
¡oh dichosa ventura!,
a escuras y en celada,
estando ya mi casa sosegada.
En la noche dichosa
en secreto, que nadie me veía,
ni yo miraba cosa,

sin otra luz y guía
sino la que en el corazón ardía.
Aquesta me guiaba
más cierto que la luz del mediodía,
adonde me esperaba
quien yo bien me sabía,
en parte donde nadie parecía.
¡Oh noche, que guiaste!
¡Oh noche amable más que el alborada!
¡Oh noche que juntaste
Amado con amada,
amada en el Amado transformada!
En mi pecho florido,
que entero para él solo se guardaba,
allí quedó dormido,
y yo le regalaba,
y el ventalle de cedros aire daba.
El aire de la almena,
cuando yo sus cabellos esparcía,
con su mano serena
en mi cuello hería,
y todos mis sentidos suspendía.
Quedeme y olvideme,
el rostro recliné sobre el Amado;
cesó todo, y dejeme,
dejando mi cuidado
entre las azucenas olvidado.

Llama de amor viva

Canciones del alma en la íntima comunicación de unión de amor de Dios

¡Oh llama de amor viva,
que tiernamente hieres
de mi alma en el más profundo centro!,
pues ya no eres esquiva,
acaba ya si quieres,
rompe la tela deste dulce encuentro!
¡Oh cauterio süave!
¡Oh regalada llaga!

¡Oh mano blanda! ¡Oh toque delicado,
que a vida eterna sabe
y toda deuda paga!
Matando, muerte en vida la has trocado.
¡Oh lámparas de fuego,
en cuyos resplandores
las profundas cavernas del sentido,
que estaba oscuro y ciego,
con extraños primores
calor y luz dan junto a su querido!
¡Cuán manso y amoroso
recuerdas en mi seno,
donde secretamente solo moras!
Y en tu aspirar sabroso,
de bien y gloria lleno,
¡cuán delicadamente me enamoras!

Cantar del alma que se huelga de conocer a Dios por fe

Que bien sé yo la fonte que mana y corre,
aunque es de noche.
Aquella eterna fonte está ascondida,
que bien sé yo do tiene su manida,
aunque es de noche.
Su origen no lo sé, pues no le tiene,
mas sé que todo origen de ella viene,
aunque es de noche.
Sé que no puede ser cosa tan bella
y que cielos y tierra beben de ella,
aunque es de noche.
Bien sé que suelo en ella no se halla,
y que ninguno puede vadealla,
aunque es de noche.
Su claridad nunca es escurecida,
y sé que toda luz de ella es venida,
aunque es de noche.
Sé ser tan caudalosas sus corrientes,
que infiernos, cielos riegan, y las gentes,
aunque es de noche.

El corriente que nace de esta fuente
bien sé que es tan capaz y omnipotente,
aunque es de noche.
El corriente que de estas dos procede
sé que ninguna de ellas le precede,
aunque es de noche.
Aquesta eterna fonte está escondida
en este vivo pan por darnos vida,
aunque es de noche.
Aquí se está llamando a las criaturas,
y de esta agua se hartan, aunque a escuras,
porque es de noche.
Aquesta viva fuente, que deseo,
en este pan de vida yo la veo,
aunque de noche.

Agrippa d'Aubigné

Francia (Pons Saintonge, 1552-Ginebra, Suiza, 1630)

Hugonote hasta la médula, llevó a los siete libros de *Les tragiques* (publicados clandestinamente en 1616) el mismo ardor y la misma rabia con que vivió la noche de San Bartolomé y toda la causa del protestantismo en Francia. Théodore-Agrippa d'Aubigné debió empezar el poema en 1577, cuando, ya con larga experiencia en la lírica y en los campos de batalla, era escudero y hombre de confianza de Enrique de Navarra; lo terminó en sus heredades de Poitou, adonde se había retirado tras la conversión de Enrique, que desaprobó desde el primer momento. En 1620, la condena de su personalísima *Historia universal* de la segunda mitad del Quinientos lo llevó todavía al exilio en Ginebra. En tonos visionarios y proféticos, de clara raigambre bíblica, *Les tragiques* explican las desdichas que Francia ha sufrido en las guerras de religión, por culpa de los Valois y de una sociedad podrida, y anuncian que la justicia de Dios acabará vengando a los mártires y decretando el triunfo final de los reformados. El lector moderno siente el peso de los ingredientes alegóricos, pero no puede sino admirar la grandiosidad del cuadro y rendirse ante la expresividad, con todos sus excesos y desbordamientos, del estilo de Aubigné.

Je n'escris plus les feux d'un amour inconu,
Mais, par l'affliction plus sage devenu,
J'entreprens bien plus haut, car j'apprens à ma plume
Un autre feu, auquel la France se consume.
Ces ruisselets d'argent, que les Grecs nous feignoyent,
Où leurs poëtes vains beuvoyent et se baignoyent,
Ne courent plus ici: mais les ondes si claires
Qui eurent les sapphirs et les perles contraires
Sont rouges de nos morts; le doux bruit de leurs flots,
Leur murmure plaisant heurte contre des os.
Telle est en escrivant ma non-commune image:
Autre fureur qu'amour reluit en mon visage;
Sous un inique Mars, parmi les durs labeurs
Qui gastent le papier et l'ancre de sueurs,
Au lieu de Thessalie aux mignardes vallees
Nous avortons ces chants au milieu des armees,
En delassant nos bras de crasse tous rouillez
Qui n'osent s'esloigner des brassards despouillez.
Le luth que j'accordois avec mes chansonnettes
Est ores estouffé de l'esclat des trompettes;
Ici le sang n'est feint, le meurtre n'y defaut,
La mort jouë elle mesme en ce triste eschaffaut,
Le Juge criminel tourne et emplit son urne.
D'ici la botte en jambe, et non pas le cothurne,
J'appelle Melpomene en sa vive fureur,
Au lieu de l'Hippocrene esveillant cette sœur
Des tombeaux rafraischis, dont il faut qu'elle sorte
Eschevelée, affreuse, et bramant en la sorte
Que faict la biche apres le fan qu'elle a perdu.
Que la bouche luy saigne, et son front esperdu
Face noircir du ciel les voutes esloignees,
Qu'elle esparpille en l'air de son sang deux poignees
Quand espuisant ses flancs de redoublez sanglots
De sa voix enroüee elle bruira ces mots:
«O France desolee! ô terre sanguinaire,
Non pas terre, mais cendre! ô mere, si c'est mere
Que trahir ses enfants aux douceurs de son sein
Et quand on les meurtrit les serrer de sa main!
Tu leur donnes la vie, et dessous ta mammelle
S'esmeut des obstinez la sanglante querelle;
Sur ton pis blanchissant ta race se debat,
Là le fruict de ton flanc faict le champ du combat.» ...

Ya no escribo por el fuego de un amor desconocido,
porque, más prudente por la aflicción, cambiado,
miro más alto, y a mi pluma señalo
otro fuego, en el que Francia se consume.
Esos arroyos plateados que los griegos simulaban,
en los que vanos poetas bebían y se bañaban,
ya no corren por aquí: las olas tan claras
plenas de zafiros y perlas preciosas,
rojas están por nuestros muertos; el suave ruido de su flujo,
su grato murmullo, rompe contra los huesos.
Tal es, al escribir, mi inusual imagen:
otra pasión que el amor, brilla en mi rostro;
bajo el inicuo Marte, en medio de duros trabajos
que dañan el papel y la tinta con sudores,
en vez de Tesalia la de los dulces valles
abortamos estos cantos en medio de los ejércitos,
descansando nuestros brazos, llenos de miseria,
que no osan alejarse de los despojados brazaletes.
El laúd que tañía con mis cancioncillas
se ve ahora con estruendo de trompetas apagado;
aquí la sangre no es fingida, el crimen no falta,
la muerte, a sí misma, se representa en este triste estado,
el juez, criminal se vuelve, y llena su urna.
Desde aquí, con las botas puestas, y no al coturno,
llamo a Melpómene en su arrebato,
y no a Hipocrene, recordando a esta hermana
de las frescas tumbas, de las que debe salir
despeinada, horrorosa, y bramando como
la cierva tras perder su heno.
Sangrando por la boca, alocada, hace
que ennegrezcan el cielo y las lejanas bóvedas,
esparciendo en el aire dos puñados de su sangre
y apurando sus flancos con redoblados sollozos
con la voz enronquecida murmurará estas palabras:
«¡Oh Francia desolada! ¡Oh tierra sanguinaria!
¡Qué digo tierra, ceniza! ¡Oh madre, si madre es
la que descubre a sus hijos la dulzura de su seno
y cuando los matan los sujeta con su mano!
Tú les das la vida, y al amparo de tu seno
se forja, en los obstinados, la sangrienta disputa;
en tus ubres blanquecinas tu raza se debate
y hará del fruto de tu flanco el campo de batalla.» ...

J'ai veu le reistre noir foudroyer au travers
Les masures de France, et comme une tempeste,
Emporter ce qu'il peut, ravager tout le reste;
Cet amas affamé nous fit à Mont-moreau
Voir la nouvelle horreur d'un spectacle nouveau.
Nous vinsmes sur leurs pas, une trouppe lassee
Que la terre portoit, de nos pas harassee.
Là de mille maisons on ne trouva que feux,
Que charongnes, que morts ou visages affreux.
La faim va devant moi, force est que je la suive.
J'oy d'un gosier mourant une voix demi-vive:
Le cri me sert de guide, et fait voir à l'instant
D'un homme demi-mort le chef se debattant,
Qui sur le sueil d'un huis dissipoit sa cervelle.
Ce demi-vif la mort à son secours appelle
De sa mourante voix, cet esprit demi-mort
Disoit en son patois (langue de Perigort):
«Si vous estes François, François, je vous adjure,
Donnez secours de mort, c'est l'aide la plus seure
Que j'espere de vous, le moyen de guerir;
Faictes-moi d'un bon coup et promptement mourir.
Les reistres m'ont tué par faute de viande,
Ne pouvant ni fournir ni ouïr leur demande;
D'un coup de coutelats l'un d'eux m'a emporté
Ce bras que vous voyez pres du lict à costé;
J'ai au travers du corps deux balles de pistolle.»
Il suivit, en couppant d'un grand vent sa parolle:
«C'est peu de cas encor et de pitié de nous;
Ma femme en quelque lieu, grosse est morte de coups.
Il y a quatre jours qu'ayans esté en fuitte
Chassez à la minuict, sans qu'il nous fust licite
De sauver nos enfans liez en leurs berceaux,
Leurs cris nous appelloyent, et entre ces bourreaux
Pensans les secourir nous perdismes la vie.
Helas! si vous avez encore quelque envie
De voir plus de mal-heur, vous verrez là dedans
Le massacre piteux de nos petits enfans.»
J'entre, et n'en trouve qu'un, qui lié dans sa couche
Avoit les yeux flestris, qui de sa pasle bouche
Poussoit et retiroit cet esprit languissant
Qui, à regret son corps par la faim delaissant,

He visto el reitre negro aterrar por las casas
en ruinas de Francia, y como un tornado,
llevarse lo que puede, y arrasar lo que quede;
esta masa hambrienta nos hizo en Montmoreau
ver el nuevo horror de un espectáculo nuevo.
Vimos, tras su paso, una tropa agotada
que la tierra soportaba y por nosotros agobiada.
De mil casas sólo encontramos fuego
sólo carroña, sólo muertos u horribles rostros.
El hambre me precede, forzado estoy de seguirla.
Oigo, de una garganta agonizante, una voz medio muerta:
el grito me sirve de guía y veo al instante
a un hombre medio muerto golpeando su cabeza,
quien en el umbral de la puerta sus sesos derramaba.
Este medio vivo a la muerte su llegada suplicaba
con su voz mortecina, este espíritu, medio muerto,
decía en su charabía (lengua del Périgord):
«Si eres francés, te suplico, francés,
socórreme en la muerte, es la ayuda más segura,
que espero de ti el modo de curarme;
dame un buen tajo y pronto moriré.
Los reitres me han matado por no tener comida,
sin poder servir ni oír su demanda,
de un machetazo uno de ellos me ha cortado
ese brazo que ves cerca de la cama;
y tengo en el cuerpo dos balas de pistola.»
Continuó, cortando con un gran respiro sus palabras:
«Poco se apiadaron y poca piedad tuvieron
mi mujer, preñada, en algún lugar a golpes la mataron.
Hace cuatro días que, huyendo, fuimos
descubiertos a media noche, sin que nos fuera lícito
salvar a nuestros hijos, arropados en sus cunas,
sus gritos nos llamaban, y entre estos verdugos
pensando socorrerlos perdimos la vida.
¡Ay! Si todavía tienes alguna gana
de ver más desgracias, verás ahí dentro
la masacre lastimosa de nuestras criaturas.»
Entro y sólo veo a una que liada en su pañal
tenía marchitos los ojos y su lívida boca
empujaba y retiraba ese espíritu lánguido
que, a pesar de su cuerpo por el hambre abandonado,

Avoit lassé sa voix bramant apres sa vie.
Voici apres entrer l'horrible anatomie
De la mere assechee: elle avoit de dehors
Sur ses reins dissipez trainé, roulé son corps,
Jambes et bras rompus, une amour maternelle
L'esmouvant pour autrui beaucoup plus que pour elle.
A tant ell' approcha sa teste du berceau,
La releva dessus; il ne sortoit plus d'eau
De ses yeux consumez; de ses playes mortelles
Le sang mouilloit l'enfant; point de laict aux mammelles,
Mais des peaux sans humeur: ce corps seché, retraict,
De la France qui meurt fut un autre portraict.

había dejado su boca bramando después de su vida.
Tras entrar, me encuentro con la horrible anatomía
de la madre desangrada: desde fuera, había
sobre sus riñones maltratados, arrastrado su cuerpo
piernas y brazos rotos. Con amor maternal
se había preocupado por los otros, no por ella.
De esta guisa acercó su cabeza a la cuna,
miró por encima; ya no salían lágrimas
de sus ojos consumidos; de sus mortales heridas
mojaba de sangre al niño; sin leche en los pechos,
sino pieles resecas: este cuerpo, seco, contraído,
era el vivo retrato de la Francia moribunda.

A. González Alcaraz

Luis de Góngora

España (Córdoba, 1561-1627)

Estudiante en Córdoba y Salamanca, su destino social fue la carrera eclesiástica, pero él solía aliviarse con los versos y los naipes. Sintió como pocos el hastío de la corte y el fracaso de sus pretensiones de favor, tan endémicas como sus apuros. Retirado en su ciudad natal, cada vez más enfermo y desengañado, hacia 1612-1614 se refugió en la altiva creación de las *Soledades* y la *Fábula de Polifemo y Galatea.* Para entonces, la lírica de don Luis de Góngora y Argote había tocado ya todos los géneros, populares y cultos, hasta llevarlos a sus últimas consecuencias o renovarlos completamente, como en el caso del romancero; y sus composiciones menores, letrillas y villancicos, muchas veces burlescos, circulaban incluso oralmente. Los dos grandes logros de su madurez buscaban una poesía «no para los muchos», cargada de referencias sabias y con un castellano forzado a calcar el latín, cuya confesada «obscuridad» hiciera «avivar el ingenio» y lo encandilara descubriéndole facetas inesperadas de las cosas. Era un empeño allanado en el *Polifemo* por lo bien conocido del argumento mitológico, pero que en las *Soledades*, por la debilidad del hilo narrativo (el peregrino de amor que vaga por montes y riberas), se volvía ejercicio sin red: el lector tenía que enfrentarse solo con el universo de insólita belleza, mayúscula o minúscula, favorable u hostil, que se le ofrecía como enigma.

Hermana Marica,
mañana, que es fiesta,
no irás tú a la amiga
ni yo iré a la escuela.
　　Pondraste el corpiño
y la saya buena,
cabezón labrado,
toca y albanega,
　　y a mí me pondrán
mi camisa nueva,
sayo de palmilla,
media de estameña;
　　y si hace bueno
trairé la montera
que me dio la Pascua
mi señora abuela,
　　y el estadal rojo
con lo que le cuelga,
que trajo el vecino
cuando fue a la feria.
　　Iremos a misa,
veremos la iglesia,
daranos un cuarto
mi tía la ollera.
　　Compraremos de él
(que nadie lo sepa)
chochos y garbanzos
para la merienda;
　　y en la tardecica,
en nuestra plazuela,
jugaré yo al toro
y tú a las muñecas
　　con las dos hermanas
Juana y Madalena
y las dos primillas
Marica y la tuerta;
　　y si quiere madre
dar las castañetas,
podrás tanto de ello
bailar en la puerta;

y al son del adufe
cantará Andrehuela:
«no me aprovecharon,
madre, las hierbas»;
y yo de papel
haré una librea
teñida con moras
por que bien parezca,
y una caperuza
con muchas almenas;
pondré por penacho
las dos plumas negras
del rabo de gallo
que acullá en la huerta
anaranjeamos
las Carnestolendas;
y en la caña larga
pondré una bandera
con dos borlas blancas
en sus tranzaderas;
y en mi caballito
pondré una cabeza
de guadamecí,
dos hilos por riendas,
y entraré en la calle
haciendo corvetas;
yo, y otros del barrio,
que son más de treinta,
jugaremos cañas
junto a la plazuela
por que Barbolilla
salga acá y nos vea:
Bárbola, la hija
de la pandera,
la que suele darme
tortas con manteca,
porque algunas veces
hacemos yo y ella
las bellaquerías
detrás de la puerta.

La más bella niña
de nuestro lugar,
hoy viuda y sola,
ayer por casar,
viendo que sus ojos
a la guerra van,
a su madre dice,
que escucha su mal:
«*Dejadme llorar*
orillas del mar.

»Pues me distes, madre,
en tan tierna edad
tan corto el placer,
tan largo el pesar,
y me cautivastes
de quien hoy se va
y lleva las llaves
de mi libertad:
dejadme llorar
orillas del mar.

»En llorar conviertan
mis ojos, de hoy más,
el sabroso oficio
del dulce mirar,
pues que no se pueden
mejor ocupar,
yéndose a la guerra
quien era mi paz:
dejadme llorar
orillas del mar.

»No me pongáis freno
ni queráis culpar;
que lo uno es justo,
lo otro por demás.
Si me queréis bien
no me hagáis mal;
harto peor fuera
morir y callar:
dejadme llorar
orillas del mar.

»Dulce madre mía,
¿quién no llorará
aunque tenga el pecho
como un pedernal,
y no dará voces
viendo marchitar
los más verdes años
de mi mocedad?
Dejadme llorar
orillas del mar.
»Váyanse las noches,
pues ido se han
los ojos que hacían
los míos velar;
váyanse y no vean
tanta soledad,
después que en mi lecho
sobra la mitad:
dejadme llorar
orillas del mar.»

FÁBULA DE PÍRAMO Y TISBE

[*Introducción*]

La ciudad de Babilonia,
famosa, no por sus muros
–fuesen de tierra cocidos
o sean de tierra crudos–,
sino por los dos amantes,
celebrados hijos suyos,
que, muertos y en un estoque,
han peregrinado el mundo;
citarista, dulce hija
del Archipoeta rubio,
si al brazo de mi instrumento
le solicitas el pulso,
digno sujeto será
de las orejas del vulgo;

popular aplauso quiero,
perdónenme sus tribunos.
Píramo fueron y Tisbe
los que en verso hizo culto
el licenciado Nasón,
bien romo o bien narigudo,
dejar el dulce candor
lastimosamente oscuro,
al que túmulo de seda
fue de los dos casquilucios,
moral que los hospedó,
y fue condenado al punto,
si del Tigris no en raíces,
de los amantes en frutos.
Estos, pues, dos Babilonios
vecinos nacieron, mucho,
y tanto, que una pared
de oídos no muy agudos,
en los años de su infancia
oyó a las cunas los tumbos,
a los niños los gorjeos
y a las amas los arrullos. ...

[*La belleza de Tisbe*]

Terso marfil su esplendor
(no sin modestia) interpuso
entre las ondas de un sol
y la luz de dos carbunclos.
Libertad dice llorada
el corvo süave luto
de unas cejas, cuyos arcos
no serenaron diluvios.
Luciente cristal lascivo,
la tez digo de su vulto,
vaso era de claveles
y de jazmines confusos.
Árbitro de tantas flores
lugar el olfato obtuvo
en forma, no de nariz,

sino de un blanco almendruco.
Un rubí concede o niega
(según alternar le plugo)
entre veinte perlas netas,
doce aljófares menudos.
De plata bruñida era
proporcionado cañuto
el órgano de la voz,
la cerbatana del gusto.
Las pechugas, si hubo Fénix,
suyas son; si no lo hubo,
de los jardines de Venus
pomos eran no maduros.
El *etcétera* es de mármol,
cuyos relieves ocultos
ultraje mórbido hicieran
a los divinos desnudos,
la vez que se vistió Paris
la garnacha de Licurgo,
cuando Palas por vellosa
y por zamba perdió Juno.
Ésta, pues, desde el glorioso
umbral de su primer lustro,
niña la estimó el Amor
de los ojos que no tuvo.
Creció deidad, creció invidia
de un sexo y otro. ¿Qué mucho
que la fe erigiese aras
a quien la emulación culto?

Ándeme yo caliente
y ríase la gente.
Traten otros del gobierno
del mundo y sus monarquías,
mientras gobiernan mis días
mantequillas y pan tierno,
y las mañanas de invierno
naranjada y agua ardiente,
y ríase la gente.

Coma en dorada vajilla
el príncipe mil cuidados,
como píldoras dorados;
que yo en mi pobre mesilla
quiero más una morcilla
que en el asador reviente,
y ríase la gente.

Cuando cubra las montañas
de blanca nieve el Enero,
tenga yo lleno el brasero
de bellotas y castañas,
y quien las dulces patrañas
del Rey que rabió me cuente,
y ríase la gente.

Busque muy en hora buena
el mercader nuevos soles;
yo conchas y caracoles
entre la menuda arena,
escuchando a Filomena
sobre el chopo de la fuente,
y ríase la gente.

Pase a media noche el mar
y arda en amorosa llama
Leandro por ver su dama;
que yo más quiero pasar
del golfo de mi lagar
la blanca o roja corriente,
y ríase la gente.

Pues Amor es tan crüel,
que de Píramo y su amada
hace tálamo una espada
do se junten ella y él,
sea mi Tisbe un pastel,
y la espada sea mi diente,
y ríase la gente.

Alegoría de la brevedad de las cosas humanas

Aprended, flores, en mí
lo que va de ayer a hoy,
que ayer maravilla fui,
y sombra mía aun no soy.
La Aurora ayer me dio cuna,
la noche ataúd me dio;
sin luz muriera, si no
me la prestara la Luna.
Pues de vosotras ninguna
deja de acabar así,
aprended, flores, en mí
lo que va de ayer a hoy,
que ayer maravilla fui,
y sombra mía aun no soy.
Consuelo dulce el clavel
es a la breve edad mía,
pues quien me concedió un día,
dos apenas le dio a él;
efímeras del vergel,
yo cárdena, él carmesí,
aprended, flores, en mí
lo que va de ayer a hoy,
que ayer maravilla fui,
y sombra mía aun no soy.
Flor es el jazmín, si bella,
no de las más vividoras,
pues dura pocas más horas
que rayos tiene de estrella;
si el ámbar florece, es ella
la flor que él retiene en sí.
Aprended, flores, en mí
lo que va de ayer a hoy,
que ayer maravilla fui,
y sombra mía aun no soy.
Aunque el alhelí grosero
en fragancia y en color,
más días ve que otra flor,
pues ve los de un mayo entero,

morir maravilla quiero,
y no vivir alhelí.
Aprended, flores, en mí
lo que va de ayer a hoy,
que ayer maravilla fui,
y sombra mía aun no soy.
A ninguna al fin mayores
términos concede el sol
si no es al girasol,
Matusalén de las flores;
ojos son aduladores
cuantas en él hojas vi.
Aprended, flores, en mí
lo que va de ayer a hoy,
que ayer maravilla fui,
y sombra mía aun no soy.

Mientras por competir con tu cabello
oro bruñido al sol relumbra en vano;
mientras con menosprecio en medio el llano
mira tu blanca frente el lilio bello;
mientras a cada labio, por cogello,
siguen más ojos que al clavel temprano,
y mientras triunfa con desdén lozano
del luciente cristal tu gentil cuello,
goza cuello, cabello, labio y frente,
antes que lo que fue en tu edad dorada
oro, lilio, clavel, cristal luciente,
no sólo en plata o víola troncada
se vuelva, mas tú y ello juntamente
en tierra, en humo, en polvo, en sombra, en nada.

A Córdoba

¡Oh excelso muro, oh torres coronadas
de honor, de majestad, de gallardía!
¡Oh gran río, gran rey de Andalucía,
de arenas nobles, ya que no doradas!

¡Oh fértil llano, oh sierras levantadas,
que privilegia el cielo y dora el día!
¡Oh siempre gloriosa patria mía,
tanto por plumas cuanto por espadas!
Si entre aquellas rüinas y despojos
que enriquece Genil y Dauro baña
tu memoria no fue alimento mío,
nunca merezcan mis ausentes ojos
ver tu muro, tus torres y tu río,
tu llano y sierra, ¡oh patria, oh flor de España!

De un caminante enfermo que se enamoró donde fue hospedado

Descaminado, enfermo, peregrino
en tenebrosa noche, con pie incierto
la confusión pisando del desierto,
voces en vano dio, pasos sin tino.
Repetido latir, si no vecino,
distincto, oyó de can siempre despierto,
y en pastoral albergue mal cubierto
piedad halló, si no halló camino.
Salió el sol, y entre armiños escondida,
soñolienta beldad con dulce saña
salteó al no bien sano pasajero.
Pagará el hospedaje con la vida;
más le valiera errar en la montaña,
que morir de la suerte que yo muero.

Cosas, Celalba mía, he visto extrañas:
cascarse nubes, desbocarse vientos,
altas torres besar sus fundamentos,
y vomitar la tierra sus entrañas;
duras puentes romper, cual tiernas cañas,
arroyos prodigiosos, rios violentos
mal vadeados de los pensamientos
y enfrenados peor de las montañas;
los días de Noé, gentes subidas

en los más altos pinos levantados,
en las robustas hayas más crecidas;
  pastores, perros, chozas y ganados
sobre las aguas vi, sin forma y vidas,
y nada temí más que mis cuidados.

En la partida del Conde de Lemus y del Duque de Feria a Nápoles y a Francia

El Conde mi señor se fue a Napóles;
el Duque mi señor se fue a Francía:
príncipes, buen vïaje, que este día
pesadumbre daré a unos caracoles.
  Como sobran tan doctos españoles,
a ninguno ofrecí la Musa mía;
a un pobre albergue sí, de Andalucía,
que ha resistido a grandes, digo Soles.
  Con pocos libros libres (libres digo
de expurgaciones) paso y me paseo,
ya que el tiempo me pasa como higo.
  No espero en mi verdad lo que no creo:
espero en mi conciencia lo que digo,
mi salvación, que es lo que más deseo.

Soledades

Era del año la estación florida
en que el mentido robador de Europa,
media luna las armas de su frente,
y el Sol todo los rayos de su pelo,
  luciente honor del cielo,
en campos de zafiro pace estrellas,
cuando el que ministrar podía la copa
a Júpiter mejor que el garzón de Ida,
náufrago y desdeñado sobre ausente,
lagrimosas de amor dulces querellas
  da al mar; que condolido,
  fue a las ondas, fue al viento
  el mísero gemido,

segundo de Arïón dulce instrumento.
Del siempre en la montaña opuesto pino
    al enemigo Noto,
    piadoso miembro roto,
breve tabla, delfín no fue pequeño
al inconsiderado peregrino
que a una Libia de ondas su camino
    fio, y su vida a un leño.
Del Océano, pues, antes sorbido,
    y luego vomitado
no lejos de un escollo coronado
de secos juncos, de calientes plumas,
    alga todo y espumas,
halló hospitalidad donde halló nido
    de Júpiter el ave.
Besa la arena, y de la rota nave
    aquella parte poca
que lo expuso en la playa dio a la roca,
    que aun se dejan las peñas
lisonjear de agradecidas señas.
Desnudo el joven, cuanto ya el vestido
    Océano ha bebido,
restituir le hace a las arenas,
    y al sol lo extiende luego,
    que, lamiéndolo apenas
su dulce lengua de templado fuego,
lento lo embiste, y con süave estilo
la menor onda chupa al menor hilo.
No bien, pues, de su luz los horizontes
que hacían desigual, confusamente,
montes de agua y piélagos de montes,
    desdorados los siente,
cuando, entregado el mísero extrajero
en lo que ya del mar redimió fiero,
entre espinas crepúsculos pisando,
riscos que aun igualara mal, volando,
    veloz, intrépida ala,
menos cansado que confuso, escala.
    Vencida al fin la cumbre,
    del mar siempre sonante,
    de la muda campaña

árbitro igual e inexpugnable muro,
con pie ya más seguro
declina al vacilante
breve esplendor de mal distinta lumbre:
farol de una cabaña
que sobre el ferro está en aquel incierto
golfo de sombras anunciando el puerto. ...

FÁBULA DE POLIFEMO Y GALATEA

Donde espumoso el mar sicilïano
el pie argenta de plata al Lilibeo
(bóveda o de las fraguas de Vulcano,
o tumba de los huesos de Tifeo),
pálidas señas cenizoso un llano
–cuando no del sacrílego deseo–
del duro oficio da. Allí una alta roca
mordaza es a una gruta, de su boca.

Guarnición tosca de este escollo duro
troncos robustos son, a cuya greña
menos luz debe, menos aire puro
la caverna profunda, que a la peña;
caliginoso lecho, el seno obscuro
ser de la negra noche nos lo enseña
infame turba de nocturnas aves,
gimiendo tristes y volando graves.

De este, pues, formidable de la tierra
bostezo, el melancólico vacío
a Polifemo, horror de aquella sierra,
bárbara choza es, albergue umbrío
y redil espacioso donde encierra
cuanto las cumbres ásperas cabrío,
de los montes, esconde: copia bella
que un silbo junta y un peñasco sella.

Un monte era de miembros eminente
este (que, de Neptuno hijo fiero,
de un ojo ilustra el orbe de su frente,
émulo casi del mayor lucero)
cíclope, a quien el pino más valiente,
bastón, le obedecía, tan ligero,

y al grave peso junco tan delgado,
que un día era bastón y otro cayado.
Negro el cabello, imitador undoso
de las obscuras aguas del Leteo,
al viento que lo peina proceloso,
vuela sin orden, pende sin aseo;
un torrente es su barba impetüoso,
que (adusto hijo de este Pirineo)
su pecho inunda, o tarde, o mal, o en vano
surcada aun de los dedos de su mano.
No la Trinacria en sus montañas, fiera
armó de crüeldad, calzó de viento,
que redima feroz, salve ligera,
su piel manchada de colores ciento:
pellico es ya la que en los bosques era
mortal horror al que con paso lento
los bueyes a su albergue reducía,
pisando la dudosa luz del día. ...
Ninfa, de Doris hija, la más bella,
adora, que vio el reino de la espuma.
Galatea es su nombre, y dulce en ella
el terno Venus de sus Gracias suma.
Son una y otra luminosa estrella
lucientes ojos de su blanca pluma:
si roca de cristal no es de Neptuno,
pavón de Venus es, cisne de Juno.
Purpúreas rosas sobre Galatea
la Alba entre lilios cándidos deshoja:
duda el Amor cuál más su color sea,
o púrpura nevada, o nieve roja.
De su frente la perla es, eritrea,
émula vana. El ciego dios se enoja,
y, condenado su esplendor, la deja
pender en oro al nácar de su oreja. ...
Salamandria del Sol, vestido estrellas,
latiendo el Can del cielo estaba, cuando
(polvo el cabello, húmidas centellas,
si no ardientes aljófares, sudando)
llegó Acis; y, de ambas luces bellas
dulce Occidente viendo al sueño blando,
su boca dio, y sus ojos cuanto pudo,
al sonoro cristal, al cristal mudo.

Era Acis un venablo de Cupido,
de un fauno, medio hombre, medio fiera,
en Simetis, hermosa ninfa, habido,
gloria del mar, honor de su ribera.
El bello imán, el ídolo dormido
que acero sigue, idólatra venera,
rico de cuanto el huerto ofrece pobre,
rinden las vacas y fomenta el robre. ...

De los nudos, con esto, más süaves,
los dulces dos amantes desatados,
por duras guijas, por espinas graves
solicitan el mar con pies alados:
tal, redimiendo de importunas aves
incauto meseguero sus sembrados,
de liebres dirimió copia, así, amiga,
que vario sexo unió y un surco abriga.

Viendo el fiero jayán, con paso mudo
correr al mar la fugitiva nieve
(que a tanta vista el líbico desnudo
resgistra el campo de su adarga breve)
y al garzón viendo, cuantas mover pudo
celoso trueno, antiguas hayas mueve:
tal, antes que la opaca nube rompa,
previene rayo fulminante trompa.

Con vïolencia desgajó infinita,
la mayor punta de la excelsa roca,
que al joven, sobre quien la precipita,
urna es mucha, pirámide no poca.
Con lágrimas la ninfa solicita
las deidades del mar, que Acis invoca:
concurren todas, y el peñasco duro
la sangre que exprimió, cristal fue puro.

Sus miembros lastimosamente opresos
del escollo fatal fueron apenas,
que los pies de los árboles más gruesos
calzó el líquido aljófar de sus venas.
Corriente plata al fin sus blancos huesos,
lamiendo flores y argentando arenas,
a Doris llega, que, con llanto pío,
yerno lo saludó, lo aclamó río.

Lope de Vega

España (Madrid, 1562-1635)

Cada episodio de la nutrida biografía de Lope Félix de Vega y Carpio (los pleitos de juventud y el consiguiente destierro, la Armada, la relación con el duque de Sessa, las muertes de los suyos, la crisis religiosa, las polémicas, las últimas angustias...), cada uno de sus amores, dentro o fuera del matrimonio (desde la nunca olvidada pasión por Elena Osorio hasta la llama última por Marta de Nevares), tuvo sitio, y no pequeño, en su obra: Lope, gracias a su facilidad para componer versos y a su maestría técnica, convertía en literatura cuanto vivía. Como escritor, pagó tributo a todas las modas de su tiempo, del poema épico a la novela bizantina, y abrió asimismo abundantes direcciones nuevas y sobre todo dejó fijado para siempre el modelo del teatro clásico español. En la lírica, no rehuyó los ensayos de alambicamiento ni las exhibiciones de cultura, pero sus grandes momentos los tiene cuando deja oír su voz más propia, con infalible acierto para encontrar lo natural sin vulgaridad y lo selecto sin estridencia. La frescura y el interés humano de sus «romances nuevos», de disfraz pastoril o morisco, han hecho que alguno perviviera hasta hoy en la tradición oral.

BELARDO A AMARILIS

Agora creo, y en razón lo fundo,
Amarilis indiana, que estoy muerto,
pues que vos me escribís del otro mundo.

Lo que en duda temí tendré por cierto,
pues, desde el mar del Sur, nave de pluma
en las puertas del alma toma puerto.

¡Qué clara, qué copiosa y dulce suma!
Nunca la hermosa vida de su dueño
voraz el tiempo consumir presuma.

Bien sé que en responder crédito empeño;
vos, de la línea equinocial, sirena,
me despertáis de tan profundo sueño.

¡Qué rica tela, qué abundante y llena
de cuanto al más retórico acompaña!
¡Qué bien parece que es indiana vena!

Yo no lo niego, ingenios tiene España:
libros dirán lo que su musa luce,
y en propia rima imitación extraña;

mas los que el clima antártico produce
sutiles son, notables son en todo;
lisonja aquí ni emulación me induce.

Apenas de escribiros hallo el modo,
si bien me le enseñáis en vuestros versos,
a cuyo dulce estilo me acomodo.

En mares tan remotos y diversos,
¿cómo podré yo veros, ni escribiros
mis sucesos, o prósperos o adversos?

Del alma que os adora sé deciros
que es gran tercera la divina fama;
por imposible me costáis suspiros.

Amo naturalmente a quien me ama,
y no sé aborrecer quien me aborrece:
que a la naturaleza el odio infama.

Yo os amo justamente, y tanto crece
mi amor, cuanto en mi idea os imagino
con el valor que vuestro honor merece.

A vuestra luz mi pensamiento inclino,
de cuyo sol antípoda me veo,
cual suele lo mortal de lo divino,

aunque para correr libre el deseo
es rémora pequeña el mar de España
y todo el golfo del mayor Nereo.
El ciego, que jamás se desengaña,
imagina mayor toda hermosura,
y le deleita más lo que le engaña;
así yo, penetrando la luz pura
de vuestro sin igual entendimiento,
tendré más sol en noche más escura.
Mas ¿qué os diré de mí? Porque no siento
que un átomo merezca de alabanza
quien tiene presunción de su talento.
Deciros faltas es desconfianza,
y porque yo jamás las dije ajenas,
no quiero hacer de mí tan gran mudanza:
que no era gala de quien sirve apenas
pintarse con defetos a quien tiene
aquellas obras cuales son por buenas.
Si me decís quién sois, y que previene
un platónico amor vuestro sentido,
que a provocaros desde España viene,
para quereros yo licencia os pido:
que dejaros de amar injuria fuera,
por eso mismo que de vos lo he sido.
Pues escuchad de mi persona afuera,
que dicen que fue buena no ha mil años,
y donde algún aliento persevera,
partes, sin dar a la distancia engaños:
que adonde amor es alma, el cuerpo es sombra,
y la misma alabanza desengaños.
Tiene su silla en la bordada alfombra
de Castilla el valor de la Montaña
que el valle de Carriedo España nombra.
Allí otro tiempo se cifraba España,
allí tuve principio; mas ¿qué importa
nacer laurel y ser humilde caña?
Falta dinero allí, la tierra es corta;
vino mi padre del solar de Vega:
así a los pobres la nobleza exhorta.
Siguióle hasta Madrid, de celos ciega,
su amorosa mujer, porque él quería
una española Elena, entonces griega.

Hicieron amistades, y aquel día
fue piedra en mi primero fundamento
la paz de su celosa fantasía.
En fin, por celos soy, ¡qué nacimiento!
Imaginalde vos, que haber nacido
de tan inquieta causa fue portento.
Apenas supe hablar cuando, advertido
de las febeas musas, escribía
con pluma por cortar versos del nido.
Llegó la edad y del estudio el día,
donde sus pensamientos engañando
lo que con vivo ingenio prometía,
de los primeros rudimentos dando
notables esperanzas a su intento,
las artes hice mágicas volando.
Aquí luego engañó mi pensamiento
Raimundo Lulio, laberinto grave,
rémora de mi corto entendimiento.
Quien por sus cursos estudiar no sabe,
no se fíe de cifras, aunque alguno
de lo infuso de Adán su genio alabe.
Matemática oí: que ya importuno
se me mostraba con la flor ardiente
cualquier trabajo, y no admití ninguno.
Amor, que Amor en cuanto dice miente,
me dijo que a seguirle me inclinase:
lo que entonces medré mi edad lo siente.
Mas como yo beldad ajena amase,
dime a letras humanas, y con ellas
quiso el poeta Amor que me quedase.
Favorecido, en fin, de mis estrellas,
algunas lenguas supe, y a la mía
ricos aumentos adquirí por ellas.
Lo demás preguntad a mi poesía:
que ella os dirá, si bien tan mal impresa,
de lo que me ayudé cuando escribía.
Dos veces me casé, de cuya empresa
sacaréis que acerté, pues porfiaba:
que nadie vuelve a ver lo que le pesa.
Un hijo tuve, en quien mi alma estaba;
allá también sabréis por mi elegía
que Carlos de mis ojos se llamaba.

Siete veces el sol retrocedía
desde la octava parte al Cancro fiero,
igualando la noche con el día,
a círculos menores, lisonjero,
y el de su nacimiento me contaba,
cuando perdió su luz mi sol primero.
Allí murió la vida que animaba
la vida de Jacinta. ¡Ay muerte fiera,
la flecha erraste al componer la aljaba!
¡Cuánto fuera mejor que yo muriera
que no que en los principios de su aurora
Carlos tan larga noche padeciera!
Lope quedó, que es el que vive agora.
¿No estudia Lope? ¿Qué queréis que os diga,
si él me dice que Marte le enamora?
Marcela con tres lustros ya me obliga
a ofrecérsela a Dios, a quien desea;
si Él se sirviere, que su intento siga.
Aquí, pues no ha de haber nadie que crea
amor de un padre, no es decir exceso
que no fue necia y se libró de fea.
Feliciana el dolor me muestra impreso
de su difunta madre en lengua y ojos:
de su parto murió. ¡Triste suceso!
Porque tan gran virtud a sus despojos
mis lágrimas obliga y mi memoria:
que no curan los tiempos mis enojos.
De sus costumbres santas hice historia
para mirarme en ellas cada día,
envidia de su muerte y de su gloria.
Dejé las galas que seglar vestía;
ordeneme, Amarilis, que importaba
el ordenarme a la desorden mía.
Quien piensa que yo amé cuanto miraba,
vanamente juzgó por el oído;
engaño que aun apenas hoy se acaba.
Los dulces versos tiernamente han sido
pidadosa culpa en los primeros años.
¡Ay, si los viera yo cubrir de olvido!
Bien hayan los poetas que en extraños
círculos enigmáticos escriben,
pues por ocultos no padecen daños.

Los claros pensamientos que perciben
sin molestia, Amarilis, los oídos
menos seguros de ser castos viven.
Tiernos concetos del amor nacidos
no son para la vida imperfecciones,
ni está sujeta el alma a los sentidos.
Matemáticas son demostraciones,
la variedad del gusto y la mudanza
indigna de los ínclitos varones.
No pienso que a la vida parte alcanza,
juzgando bien de la amorosa pluma,
si el alma es posesión, la fe esperanza.
Dígalo mi salud cuando presuma
mayor descompostura el maldiciente,
que forma torres sobre blanda espuma.
Y así podréis amarme justamente,
como yo os amo, pues las almas vuelan
tan ligeras, que no hay amor ausente.
Ésta es mi vida; mis deseos anhelan
sólo a buen fin, sin pretensiones locas,
que por tan corta vida se desvelan.
Dijo el Petrarca con razones pocas
que de Laura esperaba la hermosura
(¡oh casto amor, que a lo inmortal provocas!)
después de muerta en la celeste y pura
parte que peregrinas impresiones
no admite, como aquí la noche escura.
Mi vida son mis libros, mis acciones
una humildad contenta, que no envidia
las riquezas de ajenas posesiones.
La confusión a veces me fastidia,
y aunque vivo en la Corte, estoy más lejos
que está de la Moscovia la Numidia.
Tócanme solamente los reflejos
de los grandes palacios a mis ojos,
más solos que las hayas y los tejos.
Para dar a la tierra los despojos
que sirvieron al alma de cortina,
¿quién trueca blanda paz por sus enojos?
Yo tengo una fortuna peregrina,
que tarde la venció poder humano:
así me destinó fuerza divina.

Tal vez la estimación me finge enano,
tal vez gigante, y yo con igual frente
ni pierdo triste ni contento gano.
Séneca lo enseñó divinamente,
que el aplauso vulgar y el vituperio
han de sentir los sabios igualmente.
El hombre que gobierna bien su imperio
desprecia la objeción y la alabanza
deste, aunque infame, breve cautiverio;
porque dar él mordaz desconfianza
al hombre ya provecto no es cordura,
que por ventura dice lo que alcanza.
Estimo la amistad sincera y pura
de aquellos virtuosos que son sabios:
que sin virtud no hay amistad segura.
Que de la ingratitud tal vez mis labios
formen alguna queja, no es delito:
que han hecho muchos necios los agravios.
De mi vida, Amarilis, os he escrito
lo que nunca pensé; mirad si os quiero,
pues tantas libertades me permito.
No he querido con vos ser lisonjero
llamándoos hija del divino Apolo,
que mayores hipérboles espero.
Pues aunque os tenga tan distinto polo,
os podrán alcanzar mis alabanzas
a vos, de la virtud ejemplo solo.
Que no son menester las esperanzas
donde se ven las almas inmortales,
ni sujetas a olvidos ni a mudanzas.
No se pondrá jamás en los umbrales
deste horizonte el sol, aunque perciba
Anfitrite sus perlas y corales,
sin que le diga yo que así la esquiva
Dafne sus rayos amorosa espere,
presa en laurel la planta fugitiva;
os diga cuánto el pensamiento os quiere;
que os quiere el pensamiento, y no los ojos:
que éste os ha de querer mientras no os viere.
Sin ojos ¿quién amó? ¿Quién en despojos
rindió sin vista el alma? ¡Oh gran victoria,
amor sin pena y gloria sin enojos!

Que no hay gloria mortal, si llaman gloria
la que es mortal, como querer adonde
se baña en paz del alma la memoria.
Aquí los celos el amor esconde,
aunque os he dicho que nací de celos,
y si ellos no le llaman, no responde.
Por varios mares, por distintos cielos
muchas cosas se dicen que no tienen
tanta verdad al descubrir los velos.
Celias de sólo el cielo me entretienen;
no las temáis, que Celias de la tierra
a ser infiernos de las almas vienen.
Si tanta tierra y mar el paso cierra
a celos, y no amor imaginado,
huya de nuestra paz tan fiera guerra.
Y pues habéis el alma consagrado
al cándido pastor de Dorotea,
que inclinó la cabeza en su cayado,
cantad su vida vos, pues que se emplea
virgen sujeto en casto pensamiento,
para que el mundo sus grandezas vea.
Que vuestro celestial entendimiento
le dará gloria accidental cantando
entre las luces del impíreo asiento.
Honrad la patria vuestra propagando
de tan heroicos padres la memoria,
su valor generoso eternizando,
pues lo que con la espada su vitoria
ganó a su sangre, vos, en dulce suma,
coronando laurel de mayor gloria,
dos mundos de Filipe vuestra pluma.

«Mira, Zaide, que te aviso
que no pases por mi calle
ni hables con mis mujeres,
ni con mis cautivos trates,
ni preguntes en qué entiendo
ni quién viene a visitarme,
qué fiestas me dan contento
o qué colores me aplacen;

basta que son por tu causa
las que en el rostro me salen,
corrida de haber mirado
moro que tan poco sabe.
Confieso que eres valiente,
que hiendes, rajas y partes
y que has muerto más cristianos
que tienes gotas de sangre;
que eres gallardo jinete,
que danzas, cantas y tañes,
gentil hombre, bien criado
cuanto puede imaginarse;
blanco, rubio por extremo,
señalado por linaje,
el gallo de las bravatas,
la nata de los donaires.
Y pierdo mucho en perderte
y gano mucho en amarte,
y que si nacieras mudo,
fuera posible adorarte;
y por este inconviniente
determino de dejarte,
que eres pródigo de lengua
y amargan tus libertades,
y habrá menester ponerte
quien quisiere sustentarte
un alcázar en el pecho
y en los labios un alcaide.
Mucho pueden con las damas
los galanes de tus partes,
porque los quieren briosos,
que rompan y que desgarren;
mas tras esto, Zaide amigo,
si algún convite te hacen
al plato de sus favores,
quieren que comas y calles.
Costoso fue el que te hice;
venturoso fueras, Zaide,
si conservarme supieras
como supiste obligarme.
Apenas fuiste salido

de los jardines de Tarfe
cuando heciste de la tuya
y de mi desdicha alarde.
 A un morito mal nacido
me dicen que le enseñaste
la trenza de los cabellos
que te puse en el turbante.
 No quiero que me la vuelvas
ni quiero que me la guardes,
mas quiero que entiendas, moro,
que en mi desgracia la traes.
 También me certificaron
cómo le desafiaste
por las verdades que dijo,
que nunca fueran verdades.
 De mala gana me río;
¡qué donoso disparate!
No guardas tú tu secreto
¿y quieres que otri le guarde?
 No quiero admitir disculpa;
otra vez vuelvo a avisarte
que ésta será la postrera
que me hables y te hable.»
 Dijo la discreta Zaida
a un altivo bencerraje
y al despedirle repite:
«Quien tal hace, que tal pague.»

A mis soledades voy,
de mis soledades vengo,
porque para andar conmigo
me bastan mis pensamientos.
 No sé qué tiene el aldea
donde vivo, y donde muero,
que con venir de mí mismo,
no puedo venir más lejos.
 Ni estoy bien ni mal conmigo;
mas dice mi entendimiento
que un hombre que todo es alma
está cautivo en su cuerpo.

Entiendo lo que me basta,
y solamente no entiendo
cómo se sufre a sí mismo
un ignorante soberbio.
De cuantas cosas me cansan,
fácilmente me defiendo;
pero no puedo guardarme
de los peligros de un necio.
Él dirá que yo lo soy,
pero con falso argumento;
que humildad y necedad
no caben en un sujeto.
La diferencia conozco,
porque en él y en mí contemplo
su locura en su arrogancia,
mi humildad en mi desprecio.
O sabe naturaleza
más que supo en este tiempo,
o tantos que nacen sabios
es porque lo dicen ellos.
«Sólo sé que no sé nada»,
dijo un filósofo, haciendo
la cuenta con su humildad,
adonde lo más es menos.
No me precio de entendido,
de desdichado me precio;
que los que no son dichosos,
¿cómo pueden ser discretos?
No puede durar el mundo,
porque dicen, y lo creo,
que suena a vidro quebrado
y que ha de romperse presto.
Señales son del jüicio
ver que todos le perdemos,
unos por carta de más,
otros por carta de menos.
Dijeron que antiguamente
se fue la verdad al cielo:
tal la pusieron los hombres,
que desde entonces no ha vuelto.

En dos edades vivimos
los propios y los ajenos:
la de plata los extraños,
y la de cobre los nuestros.
¿A quién no dará cuidado,
si es español verdadero,
ver los hombres a lo antiguo,
y el valor a lo moderno?
Todos andan bien vestidos,
y quéjanse de los precios,
de medio arriba romanos,
de medio abajo romeros.
Dijo Dios que comería
su pan el hombre primero
en el sudor de su cara
por quebrar su mandamiento;
y algunos, inobedientes
a la vergüenza y al miedo,
con las prendas de su honor
han trocado los efetos.
Virtud y filosofía
peregrinan como ciegos;
el uno se lleva al otro,
llorando van y pidiendo.
Dos polos tiene la tierra,
universal movimiento:
la mejor vida, el favor;
la mejor sangre, el dinero.
Oigo tañer las campanas,
y no me espanto, aunque puedo,
que en lugar de tantas cruces
haya tantos hombres muertos.
Mirando estoy los sepulcros,
cuyos mármoles eternos
están diciendo sin lengua
que no lo fueron sus dueños.
¡Oh! ¡Bien haya quien los hizo,
porque solamente en ellos
de los poderosos grandes
se vengaron los pequeños!
Fea pintan a la envidia;

yo confieso que la tengo
de unos hombres que no saben
quién vive pared en medio.
Sin libros y sin papeles,
sin tratos, cuentas ni cuentos,
cuando quieren escribir,
piden prestado el tintero.
Sin ser pobres ni ser ricos,
tienen chimenea y huerto;
no los despiertan cuidados,
ni pretensiones ni pleitos,
ni murmuraron del grande,
ni ofendieron al pequeño;
nunca, como yo, firmaron
parabién, ni Pascuas dieron.
Con esta envidia que digo,
y lo que paso en silencio,
a mis soledades voy,
de mis soledades vengo.

Ir y quedarse, y con quedar partirse;
partir sin alma, y ir con alma ajena;
oír la dulce voz de una sirena
y no poder del árbol desasirse;
arder como la vela y consumirse
haciendo torres sobre tierna arena;
caer de un cielo, y ser demonio en pena,
y de serlo jamás arrepentirse;
hablar entre las mudas soledades;
pedir prestada, sobre fe, paciencia,
y lo que es temporal llamar eterno;
creer sospechas y negar verdades,
es lo que llaman en el mundo ausencia,
fuego en el alma y en la vida infierno.

Un soneto me manda hacer Violante,
que en mi vida me he visto en tanto aprieto;
catorce versos dicen que es soneto;
burla burlando van los tres delante.

Yo pensé que no hallara consonante,
y estoy a la mitad de otro cuarteto;
mas si me veo en el primer terceto,
no hay cosa en los cuartetos que me espante.
Por el primer terceto voy entrando,
y parece que entré con pie derecho,
pues fin con este verso le voy dando.
Ya estoy en el segundo, y aun sospecho
que voy los trece versos acabando;
contad si son catorce, y está hecho.

Esparcido el cabello por la espalda
que fue del sol desprecio y maravilla,
Silvia cogía por la verde orilla
del mar de Cádiz conchas en su falda.
El agua entre el hinojo de esmeralda,
para que entrase más, su curso humilla;
tejió de mimbre una alta canastilla,
y púsola en su frente por guirnalda.
Mas cuando ya desamparó la playa,
«Mal haya, dijo, el agua, que tan poca
con su sal me abrasó pies y vestidos.»
Yo estaba cerca y respondí: «Mal haya
la sal que tiene tu graciosa boca,
que así tiene abrasados mis sentidos.»

Escribe a un amigo el suceso de una jornada

Claudio, después del rey y los tapices,
de tanto grande y forastero incauto,
no tiene la jornada, a ver el auto,
qué te pueda escribir que solemnices.
Fue todo cortesanas meretrices
de las que pinta en sus comedias Plauto;
anduve casto, porque ya soy cauto
en ayunarlas o comer perdices.
Ya los ventores, con el pico al norte,

andaban por las damas circunstantes:
que al recibir las cartas se da el porte.
Partióse el Rey, llevóse a los amantes,
quedó al lugar un breve olor de Corte,
como aposento en que estuvieron guantes.

A UNA CALAVERA

Esta cabeza, cuando viva, tuvo
sobre la arquitectura destos huesos
carne y cabellos, por quien fueron presos
los ojos que, mirándola, detuvo.
Aquí la rosa de la boca estuvo,
marchita ya con tan helados besos;
aquí los ojos de esmeralda impresos,
color que tantas almas entretuvo.
Aquí la estimativa en que tenía
el principio de todo el movimiento,
aquí de las potencias la armonía.
¡Oh hermosura mortal, cometa al viento!,
¿donde tan alta presunción vivía
desprecian los gusanos aposento?

¿Qué tengo yo, que mi amistad procuras?
¿Qué interés se te sigue, Jesús mío,
que a mi puerta cubierto de rocío
pasas las noches del invierno escuras?
¡Oh cuánto fueron mis entrañas duras,
pues no te abrí! ¡Qué extraño desvarío,
si de mi ingratitud el hielo frío
secó las llagas de tus plantas puras!
¡Cuántas veces el Ángel me decía:
«Alma, asómate agora a la ventana,
verás con cuánto amor llamar porfía»!
¡Y cuántas, hermosura soberana,
«Mañana le abriremos», respondía,
para lo mismo responder mañana!

LETRAS PARA CANTAR

¡Hola!, que me lleva la ola;
¡hola!, que me lleva la mar.
¡Hola!, que llevarme dejo
sin orden y sin consejo,
y que del cielo me alejo,
donde no puedo llegar.
¡Hola!, que me lleva la ola;
¡hola!, que me lleva la mar.

Río de Sevilla,
¡cuán bien pareces
con galeras blancas
y ramos verdes!

Que de noche le mataron
al caballero,
la gala de Medina,
la flor de Olmedo.
Sombras le avisaron
que no saliese, y le aconsejaron
que no se fuese
el caballero,
la gala de Medina,
la flor de Olmedo.

Una voz Este niño se lleva la flor,
que los otros no.
Este niño atán garrido,
Todos se lleva la flor,
Voz que es hermoso y bien nacido;
Todos se lleva la flor.
Voz La dama que le ha parido,
Todos se lleva la flor.

Voz Cuando llegue a estar crecido,
ha de ser un gran señor.
Este niño se lleva la flor,
que los otros no.

William Shakespeare

Gran Bretaña (Stratford-upon-Avon, 1564-1616)

Si poco sabemos de la vida privada de Shakespeare, menos aún se nos alcanza sobre las anécdotas biográficas que pueda haber tras los *Sonetos*. Publicados en 1609 por el editor Thomas Thorpe, y dedicados por éste (como era entonces corriente), no por el autor, a cierto «Mr. W.H.» a quien se presenta como único «begetter» del volumen («begetter» ¿quiere decir «inspirador» o «fautor»?), la crítica y los fisgones se han esforzado por descifrar esas iniciales y con ellas y los textos construir tramas más o menos novelescas. Pero el *tú* y el *yo* del libro de 1609 no tienen por qué no ser personajes tan ficticios (y a la vez tan creíbles) como las criaturas que pueblan la gigantesca obra dramática del autor. Los dos temas básicos de los *Sonetos* son el «fair friend» y, con menor relieve, la «dark lady» que el poeta lleva en el corazón. Con el joven «fair friend», de rango superior y a quien exhorta una y otra vez a perpetuar sus cualidades mediante el matrimonio, mantiene un vínculo afectivo con todos los rasgos de la pasión amorosa (deslumbramiento ante la hermosura del ser querido, celos, reafirmaciones de fidelidad...), pero que sin embargo no puede tildarse de homosexual. El deseo carnal sí desempeña en cambio un papel sobresaliente en las relaciones con la «dark lady», cuyos atractivos y tachas se evocan más en línea con la tradición petrarquesca, aunque a veces irónicamente y siempre con luminosa originalidad. Común a ambos ciclos son la preocupación por el paso del tiempo, con sus destructores efectos, y la tersura y la música únicas del lenguaje.

When I do count the clock that tells the time,
And see the brave day sunk in hideous night;
When I behold the violet past prime,
And sable curls all silvered o'er with white;
When lofty trees I see barren of leaves,
Which erst from heat did canopy the herd,
And summer's green, all girded up in sheaves,
Bone on the bier with white and bristly beard;
Then of thy beauty do I question make,
That thou among the wastes of time must go,
Since sweets and beauties do themselves forsake,
And die as fast as they see others grow;
And nothing 'gainst Time's scythe can make defence
Save breed to brave him when he takes thee hence.

When I consider every thing that grows
Holds in perfetion but a little moment,
That this huge stage presenteth nought but shows
Whereon the stars in secret influence comment;
When y perceive that men as plants increase,
Cheered and check'd even by the self-same sky,
Vaunt in their youthful sap, at height decrease,
And wear their brave state out of memory;
Then the conceit of this inconstant stay
Sets you, most rich in youth, before my sight,
Where wasteful Time debateth with Decay,
To change your day of youth to sullied night;
And, all in war with Time for love of you,
As he takes from you, I engraft you new.

Shall I compare thee to a summer's day?
Thou art more lovely and more temperate:
Rough winds do shake the darling buds of May,
And summer's lease hath all too short a date.
Sometime too hot the eye of heaven shines,
And often is his gold complexion dimm'd;
And every fair from fair sometime declines,
By chance or nature's changing course untrimm'd;

Cuando cuento las horas que jalonan el tiempo
viendo al día radiante convertirse en la noche,
cuando al fin contemplamos las violetas marchitas
y los rizos oscuros recubiertos de plata;
o la altiva arboleda despojada del verde,
que era palio de sombra para todo un rebaño,
y la mies del estío abrazada en gavillas
en su carro de muerte con sus barbas hirsutas,
me pregunto qué suerte correrá tu belleza;
te veré entre las ruinas que son obra del tiempo
ya que toda belleza deja atrás lo que fue,
muere al fin mientras otras surgen ante sus ojos.
Nada puede afrontar la guadaña del tiempo,
sólo un hijo quizá cuando tú ya no estés.

Carlos Pujol

Cuando pienso que todo lo que crece
su perfección conserva un mero instante;
que las funciones de este gran proscenio
se dan bajo la influencia de los astros;
y que el hombre florece como planta
a quien el mismo cielo alienta y rinde,
primero ufano y abatido luego,
hasta que su esplendor nadie recuerda:
la idea de una estada tan fugaz
a mis ojos te muestra más vibrante,
mientras que Tiempo y Decadencia traman
mudar tu joven día en noche sórdida.
Y, por tu amor guerreando con el Tiempo,
si él te roba, te injerto nueva vida.

Manuel Mújica Laínez

¿Diré que eres un día de verano?
Tú eres más adorable y más serena.
El viento abate flores en la arena,
y breve es mayo para el ser humano.
A veces quema el sol con fuego insano,
se nubla el oro de la luna llena.
Cuanto es hermoso sufre la condena
de ajarse, por algún misterio arcano.

But thy eternal summer shall not fade,
Nor lose possession of that fair thou owest;
Nor shall Death brag thou wander'st in his shade,
When in eternal lines to time thou grow'st:
So long as men can breathe, or eyes can see,
So long lives this, and this gives life to thee.

As an unperfect actor on the stage,
Who with his fear is put besides his part,
Or some fierce thing replete with too much rage,
Whose strength's abundance weakens his own heart;
So I, for fear of trust, forget to say
The perfect ceremony of love's rite,
And in mine own love's strength seem to decay,
O'ercharged with burden of mine own love's might.
O, let my books be then the eloquence
And dumb presagers of my speaking breast,
Who plead for love and look for recompense
More than that tongue that more hath more expressed.
O, learn to read what silent love hath writ;
To hear with eyes belongs to love's fine wit.

Weary with toil, I haste me to my bed,
The dear repose for limbs with travel tired;
But then begins a journey in my head,
To work my mind when body's work's expired:
For then my thoughts, from far where I abide,
Intend a zealous pilgrimage to thee,
And keep my drooping eyelids open wide,
Looking on darkness which the blind do see:
Save that my soul's imaginary sight
Presents thy shadow to my sightless view,
Which, like a jewel hung in ghastly night,
Makes black night beauteous and her old face new.
Lo, thus by day my limbs, by night my mind,
For thee and for myself no quiet find.

Pero tu estío es siempre inmarchitable.
Tú posees eterna la belleza.
Y la muerte ha de verte a ti inmutable,
creciendo siempre en líneas de grandeza,
mientras exista un hombre que te mire,
un corazón que viéndote suspire.

Vicente Gaos

Como un torpe actor que una vez en escena
no consigue por miedo recitar su papel,
o como un iracundo que rebosa de enojo,
cuya fuerza excesiva debilita sus ánimos,
así yo, sin fe en mí, he olvidado cumplir
la cabal ceremonia de los ritos de amor,
y mi impulso amoroso agobiado declina
por el peso terrible de un exceso amatorio.
Que te sirva este libro de elocuencia y de mudo
mensajero del alma, que por él es locuaz;
que reclame tu amor y que exija su premio
con más voz que una lengua que se exprese hábilmente.
Lo que escribe amor mudo deberías leer,
porque oír con los ojos es de amante sutil.

Carlos Pujol

Cansado de los tráfagos del día
en solitario lecho me reposo.
Mas nada puedo yo contra el acoso
de tu imagen, y soy de ella vigía
hora tras hora. De la lejanía
en que te pierdes, mi idear fogoso
te me hace tan como eres que es penoso
saberte hija de mi fantasía.
No duermes, sino velas, a mi lado.
No traes paz, sino desasosiego.
Querer asirte es verse condenado
a no cejar de dar palos de ciego.
Y ni un momento, en tanto esto concibo,
he dejado, a mi ver, de estar contigo.

Carlos Peregrín Otero

Not marble nor the gilded monuments
Of princes shall outlive this powerful rhyme,
But you shall shine more bright in these contents
Than unswept stone, besmeared with sluttish time.
When wasteful war shall statues overturn,
And broils root out the work of masonry,
Nor Mars his sword nor war's quick fire shall burn
The living record of your memory.
'Gainst death and all-oblivious enmity
Shall you pace forth; your praise shall still find room
Even in the eyes of all posterity
That wear this world out to the ending doom.
So, till the judgement that yourself arise,
You live in this, and dwell in lovers' eyes.

Since brass, nor stone, nor earth, nor boundless sea,
But sad mortality o'er-sways their power,
How with this rage shall beauty hold a plea,
Whose action is no stronger than a flower?
O, how shall summer's honey breath hold out
Against the wrackful siege of battering days,
When rocks impregnable are not so stout,
Nor gates of steel so strong, but Time decays?
O fearful meditation! where, alack,
Shall Time's best jewel from Time's chest lie hid?
Or what strong hand can hold his swift foot back?
Or who his spoil of beauty can forbid?
O, mone, unless this miracle have might,
That in black ink my love may still shine bright.

That time of year thou mayst in me behold
When yellow leaves, or none, or few, do hang
Upon those boughs which shake against the cold,
Bare ruined choirs where late the sweet birds sang.
In me thou seest the twilight of such day
As after sunset fadeth in the west,
Which by and by black night doth take away,
Death's second self, that seals up all in rest.

Los dorados y regios monumentos, los mármoles
vivirán mucho menos que estos versos perennes;
porque más brillaréis que la piedra mohosa
ensuciada por obra de lo impuro del tiempo.
Cuando guerras crueles las estatuas derrumben
y tumultos abatan construcciones de piedra,
ni la espada de Marte ni su incendio podrán
borrar esta presencia de tu vida en nosotros.
A pesar de la muerte y de hostiles olvidos
seguirás existiendo, seguirán alabándote
los que habiten la tierra en los siglos futuros
esperando escuchar las trompetas del Juicio.
Vivirás hasta entonces en mis propias palabras
y tendrás tu morada en los ojos amantes.

Carlos Pujol

Si la muerte domina al poderío
de bronce, roca, tierra y mar sin límites,
¿cómo le haría frente la hermosura
cuando es más débil que una flor su fuerza?
Con su hálito de miel, ¿podrá el verano
resistir el asedio de los días,
cuando peñascos y aceradas puertas
no son invulnerables para el Tiempo?
¡Atroz meditación! ¿Dónde ocultarte,
joyel que para su arca el Tiempo quiere?
¿Qué mano detendrá sus pies sutiles?
Y ¿quién prohibirá que te despojen?
Ninguna, a menos que un prodigio guarde
el brillo de mi amor en negra tinta.

Manuel Mújica Laínez

En mí ves la estación en que colgar
se ven solo unas hojas amarillas
de las ramas –que el frío hace temblar–
do cantaron gentiles avecillas.
En mí ves el ocaso que convierte
el día, al degradar, en noche obscura,
cual otro Yo distinto de la Muerte
que envuelve toda cosa en su negrura.

In me thou seest the glowing of such fire
That on the ashes of his youth doth lie,
As the deathbed whereon it must expire,
Consumed with that which it was nourished by.
This thou perceiv'st, which makes thy love more strong,
To love that well which thou must leave ere long.

How like a winter hath my absence been
From thee, the pleasure of the fleeting year!
What freezings have I felt, what dark days seen—
What old December's bareness everywhere!
And yet this time removed was summer's time,
The teeming autumn, big with rich increase,
Bearing the wanton burden of the prime,
Like widowed wombs after their lord's decease.
Yet this abundant issue seemed to me
But hope of orphans and unfathered fruit;
For summer and his pleasures wait on thee,
And, thou away, the very birds are mute;
Or if they sing, 'tis with so dull a cheer
That leaves look pale, dreading the winter's near.

When in the chronicle of wasted time
I see descriptions of the fairest wights,
And beauty making beautiful old rhyme
In praise of ladies dead and lovely knights;
Then, in the blazon of sweet beauty's best,
Of hand, of foot, of lip, of eye, of brow,
I see their antique pen would have expressed
Even such a beauty as you master now.
So all their praises are but prophecies
Of this our time, all you prefiguring,
And, for they looked but with divining eyes,
They had not skill enough your worth to sing:
For we, which now behold these present days,
Have eyes to wonder, but lack tongues to praise.

En mí ves el ardor de un fuego tal,
cual vio la juventud que ya es ceniza;
como el lecho de muerte sobre el cual
quien prestárale vida ahora agoniza.
Bien lo ves, pues temiendo que me muera,
me vas amando ya de otra manera.

Fernando Maristany

Lejos de ti mi ausencia ha sido invierno,
de ti, placer del año fugitivo.
Cuántos hielos sentí, qué oscuros días,
y de viejo Diciembre qué penuria.
Era entonces de veras el verano,
el otoño ferviente y ya más rico,
grávido nuncio de una primavera
como la entraña viuda de su dueño.
Pero tal efusión es esperanza
de huérfanos, de frutos sin raíces.
Te esperan el estío y sus delicias,
y lejos tú las aves enmudecen.
Si cantan, con tan triste gozo cantan
que es pálido el follaje ante ese invierno.

Jorge Guillén

Si en crónicas de tiempos olvidados
veo descritos los seres más selectos,
y, en rimas ensalzadas, ensalzados
la extinta dama y el galán perfectos,
sé que habiendo lo más bello cantado
de manos, ojos, pies, labios y frente,
la antigua pluma hubiera diseñado
la belleza que tienes actualmente.
Las loas, pues, sólo eran profecías
de nuestro tiempo al presentir tu encanto;
pues sólo imaginaban cuál serías,
no pudo ser muy fiel su pobre canto.
Los que ojos para verte ahora tenemos,
para loarte de lengua carecemos.

Fernando Maristany

Let me not to the marriage of true minds
Admit impediments. Love is not love
Which alters when it alteration finds,
Or bends with the remover to remove:
O, no! it is an ever-fixed mark,
That looks on tempests and is never shaken;
It is the star to every wandering bark,
Whose worth's unknown, although his height be taken.
Love's not Time's fool; though rosy lips and cheeks
Within his bending sickle's compass come;
Love alters not with his brief hours and weeks,
But bears it out even to the edge of doom.
If this be error, and upon me prov'd,
I never writ, nor no man ever lov'd.

Th' expense of spirit in a waste of shame
is lust in action; and, till action, lust
is perjured, murd'rous, bloody, full of blame,
savage, extreme, rude, cruel, not to trust;
enjoyed no sooner but despisèd straight;
past reason hunted, and, no sooner had,
past reason hated, as a swallowed bait
on purpose laid to make the taker mad,
mad in pursuit, and in possession so,
had, having, and in quest to have, extreme;
a bliss in proof, and proved, a very woe;
before, a joy proposed; behind, a dream.
All this the world well knows, yet none knows well
to shun the heaven that leads men to this hell.

My mistress' eyes are nothing like the sun;
Coral is far more red than her lips' red;
If snow be white, why then her breasts are dun;
If hairs be wires, black wires grow on her head.
I have seen roses damasked, red and white,
But no such roses see I in her cheeks,

Que a la unión de las almas que son fieles, jamás
yo admita impedimento: No es amor el amor
que muda si percibe una mudanza
o que voluble muéstrase con el voluble.
Oh no, pues es inmóvil faro
que sin nunca estremecerse contempla tempestades;
la Estrella Polar del rumbo de los barcos,
que, aunque medir sepamos, misteriosa permanece.
El amor no es juguete del Tiempo; aunque a los rojos labios y mejillas
alcance con su guadaña corva,
ni horas ni semanas alteran el amor,
sino que persevera hasta el fin de los días.
Si estoy equivocado y alguien puede probarlo,
ni jamás yo he escrito ni jamás amó nadie.

José María Álvarez

Despilfarro de aliento en derroche de afrenta
es lujuria en acción; y hasta la acción, lujuria
es perjura, ultrajante, criminal, sangrienta,
brutal, sin fe, extremosa, presa de su furia;
disfrutada no más que despreciada presto;
más que es razón buscada, y no bien poseída,
más que es razón odiada, como cebo puesto
adrede a volver loco al que a beber convida,
en la demanda loco, loco en posesión,
habido, habiendo y en haber poniendo empeño;
gloria dada a probar; probada, perdición;
antes, gozo entrevisto, y después, un sueño.
Todo esto el mundo sabe, y nadie sabe modos
de huir de un cielo que a este infierno arroja a todos.

Agustín García Calvo

No comparo los ojos de mi amada con soles,
es más rojo el coral que el color de sus labios
y si es blanca la nieve son sus pechos morenos;
si el cabello es de hierro, negro hierro la ciñe.
Sé de rosas de Oriente que son rojas y blancas,
mas no veo estas rosas en lugar de mejillas;

And in some perfumes is there more delight
Than in the breath that from my mistress reeks.
    I love to hear her speak, yet well I know
That music hath a far more pleasing sound.
I grant I never saw a goddess go;
My mistress when she walks treads on the ground.
    And yet, by heaven, I think my love as rare
As any she belied with false compare.

When my love swears that she is made of truth,
I do believe her, though I know she lies,
That she might think me some untutor'd youth,
Unlearned in the world's false subtleties,
    Thus vainly thinking that she thinks me young,
Although she knows my days are past the best,
Simply I credit her false-speaking tongue:
On both sides thus is simple truth suppress.
    But wherefore says she not she is unjust?
And wherefore say not I that I am old?
O! love's best habit is in seeming trust,
And age in love loves not to have years told:
    Therefore I lie with her, and she with me,
And in our faults by lies we flatter'd be.

y en algunos perfumes hay delicias mayores
que el aliento que sale de la boca que yo amo.
Me enamora escucharla, y no obstante sé bien
que la música tiene un sonido más dulce;
reconozco que nunca vi el andar de una diosa,
ella cuando camina va pisando la tierra.
Pero, oh cielos, sólo ella es así, sin igual,
no como otras burladas por ridículos símiles.

Carlos Pujol

Cuando jura mi amada que sólo hay verdad en ella,
simulo que la creo, aunque sé que me engaña.
Pero así le parezco tan joven, sin malicia,
tan ignorante de las sutiles falsedades de este mundo,
que en esa falsa juventud me regocijo
—tan lejos ya mis días mejores—
y como un bobo creo cuanto su boca dice.
¿Qué nos importa la verdad ni a mí ni a ella?
¿Por qué persiste ella en sus mentiras?
¿Y por qué oculto yo que no soy joven?
Ah, es que el amor se alimenta de presencia,
y huye de lo que dejan los años al pasar.
Así, los dos mentimos
y la misma mentira nos requiebra.

José María Álvarez

John Donne

Gran Bretaña (Londres, 1572-1631)

En su mocedad católica y viajera, de estudiante y soldado (en las expediciones navales del conde de Essex contra Cádiz y las Azores), compuso la mayor parte de la lírica erótica y punzante de las *Satyres* y los *Songs and Sonnets*. Tras la conversión al anglicanismo, hacia 1602, y tras los años de estrechez económica en que trabajó como abogado y asistiendo a Thomas Norton en sus panfletos antirromanos, se ordenó de sacerdote en 1615, logró justa fama como predicador y en 1621 fue nombrado deán de la Catedral de San Pablo. Es la producción de esa segunda mitad de su vida la consagrada hoy como la muestra más excelente de la «poesía metafísica» (etiqueta, originariamente despectiva, acuñada por Samuel Johnson). El «Wit», vale decir, la agudeza conceptuosa que es emblema de la escuela, tiene en los *Holy Sonnets* y otras piezas religiosas una carga de aspereza, acentuada por la irregularidad formal del verso, que atenúa el artificio y trasluce una dramática sinceridad. La combinación de la lengua coloquial con las metáforas más valientes y sutiles es en Donne espléndido trasunto de la lucha de la carne por hacerse una con el espíritu, por vencer el pecado y la muerte, y del ansia de encontrar en Dios la guía a través de los laberintos de la entera realidad, mientras por otro lado testimonia una capacidad experimental que modernamente ha ejercido notable influencia.

TO HIS MISTRESS GOING TO BED

Come, Madam, come, all rest my powers defy,
Until I labour, I in labour lie.
The foe oft-times having the foe in sight,
Is tired with standing though they never fight.
Off with that girdle, like heaven's zone glistering,
But a far fairer world encompassing.
Unpin that spangled breastplate which you wear,
That th'eyes of busy fools may be stopped there.
Unlace yourself, for that harmonious chime
Tells me from you, that now 'tis your bed time.
Off with that happy busk, which I envy,
That still can be, and still can stand so nigh.
Your gown going off, such beauteous state reveals,
As when from flowery meads th'hill's shadow steals.
Off with that wiry coronet and show
The hairy diadem which on you doth grow:
Now off with those shoes, and then safely tread
In this love's hallowed temple, this soft bed.
In such white robes heaven's angels used to be
Received by men; thou angels bring'st with thee
A heaven like Mahomet's paradise; and though
Ill spirits walk in white, we easily know
By this these angels from an evil sprite,
Those set our hairs, but these our flesh upright.
    Licence my roving hands, and let them go
Before, behind, between, above, below.
O my America, my new found land,
My kingdom, safeliest when with one man manned,
My mine of precious stones, my empery,
How blessed am I in this discovering thee!
To enter in these bonds, is to be free;
Then where my hand is set, my seal shall be.
    Full nakedness, all joys are due to thee.
As souls unbodied, bodies unclothed must be,
To taste whole joys. Gems which you women use
Are like Atlanta's balls, cast in men's views,
That when a fool's eye lighteth on a gem,
His earthly soul may covet theirs, not them.
Like pictures, or like books' gay covering made

Cuando se acuesta su amada

Ven, acércate, amada, no descansan mis ímpetus,
la impaciencia me arrastra, muero en esta impaciencia.
El soldado que ve una vez y otra vez
ante sí al enemigo, se consume en la espera
con las armas a punto, sin entrar en combate.
Ven y quítate el cinto, que es como el cinturón
deslumbrante de Orión, pero que ciñe un mundo
de mayor hermosura. Suelta tu reluciente
corselete, que atrae las miradas más necias.
Y desata esas cintas: tu armonioso reloj
ya me anuncia que es hora de acostarse por fin.
Quítate ese justillo tan feliz al que envidio
por estar tan calmoso y pegado a tu cuerpo.
Y al quitarte el vestido es tan bello el paisaje
como un prado florido que cubría la sombra
de colinas cercanas. Quítate esa corona,
y que brille tan sólo tu cabello, diadema
que de ti forma parte. Y una vez ya descalza,
pisa con pies seguros de este templo de amor
nuestro tan blando lecho. Con ropajes tan blancos
como el tuyo, los ángeles de los cielos solían
presentarse a los hombres; también ángel, tú traes
hasta mí un Paraíso igual que el de Mahoma.
Y aunque hay malos espíritus que se visten de blanco,
no es difícil saber distinguir a los ángeles
de los malos espíritus: puesto que unos erizan
los cabellos, en tanto que otros alzan la carne.
Permíteme el pillaje de mis manos,
atrás, delante, en medio, abajo, arriba.
¡Mi América! ¡Mi propia Terranova!
¡Mi reino con tan sólo un habitante,
oh mi mina de gemas, oh mi imperio,
cuánta felicidad el descubrirte!
Sufrir tus ataduras es ser libre,
pondré mi sello donde está mi mano.
¡Completa desnudez! Todos los goces
residirán en ti. Como las almas
desencarnadas, han de estar los cuerpos
desvestidos también para la dicha.

For laymen, are all women thus arrayed;
Themselves are mystic books, which only we
Whom their imputed grace will dignify
Must see revealed. Then since I may know,
As liberally, as to a midwife, show
Thyself: cast all, yea, this white linen hence,
Here is no penance, much less innocence.
    To teach thee, I am naked first, why then
What needst thou have more covering than a man.

A LECTURE UPON THE SHADOW

Stand still, and I will read to thee
A Lecture, Love, in loves philosophy.
        These three houres that we have spent,
        Walking here, Two shadowes went
Along with us, which we our selves produc'd;
But, now the Sunne is just above our head,
        We doe those shadowes tread;
        And to brave clearnesse all things are reduc'd.
    So whilst our infant loves did grow,
    Disguises did, and shadowes, flow
    From us, and our cares; but now'tis not so.
That love hath not attain'd the high'st degree,
Which is still diligent lest others see.
Except our loves at this noone stay,
We shall new shadowes make the other way.

Las joyas que vosotras las mujeres
soléis llevar son como las manzanas
de Atalanta, arrojadas a los hombres,
y que hacen que los necios se distraigan
codiciando con almas terrenales
lo que ellas poseen, y no a ellas.
Como estampas o igual que las cubiertas
vistosas de los libros para indoctos,
así son las mujeres ataviadas.
Libros místicos son, y solamente
a nosotros (por obra de la gracia
que nos conceden) deben revelarse.
Así, para que sepa, tú, confiada
como ante una partera, ven y muéstrame
cómo eres de verdad. Aparta, aparta
estos cándidos lienzos, que no es hora
esta de penitencia, y mucho menos
del color que acompaña a la inocencia.
Te doy ejemplo, ya me he desnudado;
¿de qué te va a servir el que te cubras
con algo más que un hombre como yo?

Carlos Pujol

Una lección sobre la sombra

Estate quieta y yo te explicaré
una lección, mi amor, sobre la filosofía del amor.
Estas tres horas que hemos pasado
caminando aquí, dos sombras nos
acompañaron que nosotros mismos producíamos.
Pero ahora el sol está justo sobre nuestras cabezas,
nosotros esas sombras pisamos,
y a cruda claridad todas las cosas están reducidas.
Así, mientras nuestros amores niños crecían,
disfraces y sombras fluían
de nosotros y nuestras ansiedades; pero ahora no es así.
Aquel amor no ha alcanzado el sumo grado
que todavía se afana no sea que los demás vean.
A no ser que nuestros amores permanezcan en este mediodía
nuevas sombras haremos del otro lado.

As the first were made to blinde
Others, these which come behinde
Will worke upon our selves, and blind our eyes.
If our loves faint, and westwardly decline;
To me thou, falsly, thine,
And I to thee mine actions shall disguise.
The morning shadowes weare away,
But these grow longer all the day,
But oh, loves day is short, if love decay.
Love is a growing, or full constant light;
And his first minute, after noone, is night.

THE GOOD-MORROW

I wonder, by my troth, what thou and I
Did, till we lov'd? were we not wean'd till then?
But suck'd on country pleasures, childishly?
Or snorted we in the seven sleepers den?
'Twas so; but this, all pleasures fancies be.
If ever any beatuty I did see,
Which I desir'd, and got, 'twas but a dream of thee.
And now good-morrow to our waking souls,
Which watch not one another out of fear;
For love all love of other sights controls,
And makes one little room an everywhere.
Let sea-discoverers to new worlds have gone,
Let maps to other, worlds on worlds have shown,
Let us possess one world; each hath one, and is one.
My face in thine eye, thine in mine appears,
And true plain hearts do in the faces rest;
Where can we find two better hemispheres
Without sharp North, without declining West?
What ever dies, was not mixt equally;
If our two loves be one, or thou and I
Love so alike that none do slacken, none can die.

Como las primeras eran hechas para cegar
a otros, éstas que vienen detrás
actuarán sobre nosotros mismos y cegarán nuestros ojos.
Si nuestros amores flaquean y hacia el oeste declinan,
a mí tú, falsamente, las tuyas
y yo a ti mis acciones cubriré de apariencias.
Las sombras de la mañana se disipan,
pero éstas se hacen más largas todo el día;
pero, ¡oh!, el día del amor es corto si el amor decae.
El amor es una luz creciente o en constante plenitud;
y su primer minuto, tras el mediodía, es noche.

Luis C. Benito Cardenal

Los buenos días

Pregunto, por mi fe: ¿qué hacíamos tú y yo
hasta que nos amamos? ¿Sin destetar seguíamos,
chupando puerilmente placeres ignorantes?
¿O estábamos dormidos en una cueva mágica?
Así fue, y los placeres sólo eran fantasías.
Si vi alguna belleza
que deseé y obtuve, era un sueño de ti.
Ahora, «Buenos días»: despiertan nuestras almas,
sin mirarse entre sí, por temor; pues amor
domina todo amor a otras cosas visibles
y hace de un rinconcito el espacio de todo.
Sí, los descubridores hallaron mundos nuevos,
los mapas han mostrado mundos y mundos a otros,
uno es nuestro: cada uno tiene uno, y son uno.
Mi cara está en tus ojos, y la tuya en los míos,
y las almas sinceras descansan en las caras:
¿dónde halláramos dos hemisferios mejores,
sin norte asolador, sin decadente oeste?
Cuanto muere no estaba por igual bien mezclado:
si son nuestros amores uno, y tan por igual
sin ceder nos amamos, ninguno ha de morir.

José María Valverde

THE SUN RISING

Busy old fool, unruly Sun,
Why dost thou thus,
Through windows, and through curtains, call on us?
Must to thy motions lovers' seasons run?
Saucy pedantic wretch, go chide
Late schoolboys, and sour prentices,
Go tell court-huntsmen that the King will ride,
Call country ants to harvest offices;
Love, all alike, no season knows, nor clime,
Nor hours, days, months, which are the rags of time.
Thy beams, so reverend and strong
Why shouldst thou think?
I could eclipse and cloud them with a wink,
But that I would not lose her sight so long:
If her eyes have not blinded thine,
Look, and tomorrow late, tell me
Whether both Indias, of spice, and mine,
Be where thou leftst them, or lie here with me.
Ask for those Kings whom thou saw'st yesterday
And thou shalt hear: «All here in one bed lay.»
She is all States, and all Princes I,
Nothing else is:
Princes do but play us; compar'd to this,
All honour's mimic, all wealth alchemy.
Thou, sun, art half as happy as we,
In that the world's contracted thus;
Thine age asks ease, and since thy duties be
To warm the world, that's done in warming us.
Shine here to us, and thou art everywhere;
This bed thy centre is, these walls, thy sphere.

THE CANONIZATION

For God's sake hold your tongue, and let me love,
Or chide my palsy, or my gout,
My five grey hairs, or ruin'd fortune flout,
With wealth your state, your mind with arts improve,

El amanecer

Viejo afanoso, tonto, Sol inquieto,
¿Por qué entre las ventanas
y cortinas nos visitas?
Las estaciones de los amantes ¿deben seguir tus movimientos?
Infeliz, pedante, descarado, ve y riñe
a escolares rezagados, a avinagrados aprendices;
ve y di a los cazadores de la Corte que el rey cabalgará;
convoca a las hormigas campesinas a tareas de cosecha.
El amor, siempre igual, no conoce estaciones, clima,
horas, días, meses, harapos tan sólo del tiempo.
Tus rayos, tan dignos de reverencia y poderosos
¿por qué ibas a creerlos?
Podría eclipsarlos y nublarlos con un guiño,
no quisiera yo tan largo plazo estar sin verla.
Si sus ojos los tuyos no han cegado,
mira, y mañana por la tarde, dime
si ambas Indias, la de especias, la de minas,
yacen donde las dejaste, o a mi lado.
Pregunta por los reyes que ayer viste,
y oirás decir: «Todos aquí, en un lecho, yacen.»
Ella es todos los Estados; yo, todos los Príncipes.
Nada más es.
Los príncipes nos imitan. Comparado con esto,
todo el honor es fingido; toda riqueza, oropel.
Tú, Sol, eres la mitad de feliz que nosotros
al contraerse así el mundo.
Tu edad pide descanso, y, pues que tu deber es
calentar el mundo, eso, al calentarnos, está hecho.
Brilla aquí para nosotros y estarás en todas partes.
Esta cama es tu centro; estos muros, tu esfera.

Purificación Ribes

La canonización

Por amor de Dios, contened vuestra lengua y dejadme amar.
Censurad mi parálisis o mi gota;
de mis cinco grises cabellos o arruinada fortuna burlaos;
con riqueza vuestro rango, vuestra mente con las artes mejorad;

Take you a course, get you a place,
Observe his Honour, or his Grace,
Or the King's real, or his stamped face
Contemplate, what you will, approve,
So you will let me love.
Alas, alas, who's injur'd by my love?
What merchant's ships have my sighs drown'd?
Who says my tears have overflow'd his ground?
When did my colds a forward spring remove?
When did the heats which my veins fill
Add one more to the plaguy bill?
Soldiers find wars, and lawyers find out still
Litigious men, which quarrels move,
Though she and I do love.
Call us what you will, we are made such by love;
Call her one, me another fly,
We'are tapers too, and at our own cost die,
And we in us find the'eagle and the dove.
The ph{oe}nix riddle hath more wit
By us; we two being one, are it.
So, to one neutral thing both sexes fit,
We die and rise the same, and prove
Mysterious by this love.
We can die by it, if not live by love,
And if unfit for tombs and hearse
Our legend be, it will be fit for verse;
And if no piece of chronicle we prove,
We'll build in sonnets pretty rooms;
As well a well-wrought urn becomes
The greatest ashes, as half-acre tombs,
And by these hymns all shall approve
Us Canoniz'd for love;
And thus invoke us: «You, whom reverend love
Made one another's hermitage;
You, to whom love was peace, that now is rage;
Who did the whole world's soul contract, and drove
Into the glasses of your eyes
(So made such mirrors, and such spies,
That they did all to you epitomize)
Countries, towns, courts: beg from above
A pattern of your love!»

emprended una carrera, obtened una posición,
sed obsequiosos con Su Señoría o con Su Gracia;
del rey la real o su impresa cara
contemplad; probad lo que queráis,
así me dejéis amar.
¡Ay, ay! ¿quién es perjudicado por mi amor?
¿qué barcos de mercaderes han mis suspiros hundido?
¿quién dice que mis lágrimas han inundado su tierra?
¿cuándo mis fríos una pujante primavera retardaron?
¿cuándo los ardores que mis venas llenan
añadieron uno más a la cuenta de la peste?
Los soldados hallan guerras y los abogados encuentran todavía
hombres litigantes que inicien querellas,
aunque ella y yo amemos.
Llamadnos lo que queráis; nos hace tales el amor.
Llamad a ella una, a mí otra mariposa;
somos bujías también, y a nuestra propia costa morimos.
Y en nosotros descubrimos el águila y la paloma.
El enigma del fénix tiene más sentido
por nosotros; nosotros dos, siendo uno, lo constituimos.
De tal forma a un solo elemento neutro ambos sexos se ajustan
que morimos y resurgimos lo mismo, y nos mostramos
misteriosos por el amor.
Podemos morir de él, ya que no vivir del amor;
y si no idónea para tumbas y catafalcos
es nuestra leyenda, será idónea para el verso;
y si no resultamos ser fragmento de crónica,
construiremos en sonetos bellas estancias;
tan bien una bien labrada urna conviene
a las cenizas más ilustres como tumbas de medio acre.
Y por estos himnos todos nos alabarán
canonizados por el amor.
Y así nos invocarán: ¡Vosotros, a quienes sacro amor
hizo uno del otro ermita;
vosotros, para quienes fue paz el amor que ahora es furia;
que contrajisteis el alma del mundo entero, y llevasteis
a los cristales de vuestros ojos,
(así hechos tales espejos y tales catalejos
que ello todo os compendiaban)
países, ciudades, cortes: implorad de lo alto
una réplica de vuestro amor!

Luis C. Benito Cardenal

A NOCTURNAL UPON ST. LUCY'S DAY

'Tis the year's midnight, and it is the day's,
Lucy's, who scarce seven hours herself unmasks;
The sun is spent, and now his flasks
Send forth light squibs, no constant rays;
The world's whole sap is sunk;
The general balm the hydroptic earth hath drunk,
Whither, as to the bed's-feet, life is shrunk,
Dead and interr'd; yet all these seem to laugh,
Compar'd with me, who am their epitaph.
Study me then, you who shall lovers be
At the next world, that is, at the next Spring;
For I am every dead thing,
In whom love wrought new alchemy.
For his art did express
A quintessence even from nothingness,
From dull privations, and lean emptiness:
He ruin'd me, and I am re-begot
Of absence, darkness, death: things which are not.
All others, from all things, draw all that's good,
Life, soul, form, spirit, whence they being have;
I, by Love's limbeck, am the grave
Of all that's nothing. Oft a flood
Have we two wept, and so
Drown'd the whole world, us two; oft did we grow
To be two Chaoses, when we did show
Care to aught else; and often absences
Withdrew our souls, and made us carcasses.
But I am by her death (which word wrongs her)
Of the first nothing the elixir grown;
Were I a man, that I were one
I needs must know; I should prefer,
If I were any beast,
Some ends, some means; yea plants, yea stones detest,
And love; all, all some properties invest;
If I an ordinary nothing were,
As shadow, a light and body must be here.
But I am none; nor will my sun renew.
You lovers, for whose sake the lesser sun
At this time to the Goat is run

El nocturno de Santa Lucía

Medianoche: lo es
del año y del día,
y de Santa Lucía, luz desenmascarada
siete horas apenas.
Las exhaustas redomas
del sol arrojan buscapiés, ya no rayos constantes;
por entero la savia del mundo consumida queda.
El bálsamo de todos
se lo bebió hidrópica la tierra;
y como a la bajura de su lecho
la vida yace corrugada,
bien muerta y sepultada.
Mas semejantes cosas
sonrisa parecieran comparadas conmigo,
que meramente soy su epitafio.
Estudiadme vosotros, cuantos seréis amantes
en el próximo mundo (la entrante primavera):
porque soy cualesquier objetos fallecidos
que al amor han servido para su nueva alquimia;
cuyo arte depara aun la quintaesencia
de la nada;
de sordas privaciones y del magro vacío.
Por él, que me deshizo, heme regenerado
a partir de la ausencia, la oscuridad,
la muerte: cosas nulas.
Las demás cosas de otras cosas derivan existencias
—vida, alma, forma, espíritu— que dan ser a su ser;
yo, por el alambique del amor, soy la tumba
de todo lo que es nada.
Diluvios a menudo
hemos llorado ambos, y con ésos
anegado los dos al mundo; hemos crecido
a ser un doble Caos cuando manifestábamos
un interés por algo;
a menudo la ausencia
aislaba nuestras almas, tornándolas despojos.
Ahora muerta ella (y por esta palabra, revocada)
decrezco a ser elíxir de la nada primera.
Si un hombre fuera yo,

To fetch new lust, and give it you,
Enjoy your summer all;
Since she enjoys her long night's festival,
Let me prepare towards her, and let me call
This hour her vigil, and her eve, since this
Both the year's, and the day's deep midnight is.

THE RELIC

When my grave is broke up again
Some second guest to entertain,
(For graves have learn'd that woman-head,
To be to more than one a bed),
And he that digs it spies
A bracelet of bright hair about the bone,
Will he not let us alone,
And think that there a loving couple lies,
Who hop'd that this device might be some way
To make their souls, at the last busy day,
Meet at this grave, and make a little stay?
If this fall in a time, or land,
Where mis-devotion doth command,
Then he that digs us up will bring
Us to the Bishop, and the King,
To make us relics; then

sabría que lo era;
si fuera un animal
me moverían, sin hurgarlos,
algunos fines, ciertos medios.
Hasta los vegetales y las piedras
aman y odian, sí; todo reviste
determinadas cualidades;
incluso una nonada común, tal una sombra,
reclama, para darse, un cuerpo y una luz.
Pero yo no soy Nadie; ni mi sol se renueva.
Por vuestro bien, amantes, otro sol menos grave
al Capricornio se aproxima hoy
para reconquistar su fuerza, y ofrecérosla:
gozad del pleno estío;
y pues ella
disfruta de su largo nocturno festival.
he de llegar devoto allí, trocando
esta sazón en su vigilia
y llamándola Víspera,
ya que a la vez del año y del día
se abre la profunda medianoche.

Jaime García Terrés

La reliquia

Cuando otra vez mi tumba abran,
y a un segundo huésped acoja,
(que las tumbas aprendieron de la mujer
el dar lecho a más de uno), y el que la cave
entrevea un brazalete de brillante pelo
alrededor del hueso, ¿solos no ha de dejarnos,
al pensar que una pareja amante ahí reposa,
quienes creyeron que tal artificio
de alguna manera podría hacer que sus almas
se encontraran en esta tumba,
en el último atareado día, y detenerse allí un rato?
Si esto tuviera lugar
en países o tierra donde faltase
la devoción, entonces quien cavara
al obispo, al rey nos llevaría como reliquias;

Thou shalt be a Mary Magdalen, and I
    A something else thereby;
All women shall adore us, and some men;
And, since at such time miracles are sought,
I would have that age by this paper taught
What miracles we harmless lovers wrought.
        First, we lov'd well and faithfully,
    Yet knew not what we lov'd, nor why;
    Difference of sex we never knew
    No more than our guardian angels do;
    Coming and going, we
Perchance might kiss, but not bet wixt those meals;
    Our hands ne'er touch'd the seals
Which nature, injur'd by late law, sets free;
These miracles we did; but now, alas,
All measure, and all language, I should pass,
Should I tell what a miracle she was.

I am a little world made cunningly
Of elements, and an angelic sprite,
But black sin hath betrayed to endless night
My world's both parts, and, oh, both parts must die.
You which beyond that heaven which was most high
Have found new spheres, and of new lands can write,
Pour new seas in mine eyes, that so I might
Drown my world with my weeping earnestly,
Or wash it if it must be drowned no more:
But oh it must be burnt; alas the fire
Of lust and envy have burnt it heretofore,
And made it fouler; let their flames retire,
And burn me O Lord, with a fiery zeal
Of thee and thy house, which doth in eating heal.

María Magdalena tú serías, y alguien,
cerca de ti, también yo. Todas las mujeres,
y algunos hombres, nos venerarían;
y como en dicho tiempo se precisa de milagros,
este papel quiero que enseñe
a tal edad, las maravillas que nosotros,
amantes sin daño, forjamos.
    Bien amarnos, fielmente, lo primero.
Mas sin saber qué amábamos, ni por qué;
no mejor que lo saben nuestros ángeles
custodios, diferencia entre los sexos
no supimos. Yendo o viniendo,
tal vez nos besamos, pero nunca ante los otros;
nuestras manos jamás irritaron
esos sellos que la naturaleza libera,
ofendida por la ley tardía.
Estos fueron nuestros milagros, mas hoy,
toda medida, todo idioma,
ay, tendría que vencer,
si decir quisiera qué milagro fue ella.

José María Martín Triana

Soy un mundo en pequeño hábilmente tejido
de materia y de espíritu que es de origen angélico,
pero el negro pecado hunde en la noche eterna
de mi mundo ambas partes, y ambas deben morir.
    Los que habéis encontrado más allá de altos cielos
nuevos orbes, pudiendo describir nuevas tierras,
derramad nuevos mares en mis ojos, y así
que se ahogue mi mundo con mi llanto, o lo lave
    si no está destinado a sufrir un naufragio.
¡Pero no, que ha de arder! Hasta ahora las llamas
de lujuria y de envidia lo han quemado y lo han hecho
    aún más ruin. Haz, Señor, que este fuego se apague,
y que yo arda por Ti y tu casa con celo
encendido que sana y consume a la vez.

Carlos Pujol

Hymn to God my God, in my sickness

Since I am coming to that Holy room,
Where, with thy Quire of Saints for evermore,
I shall be made thy Music; as I come
I tune the Instrument here at the door,
And what I must do then, think here before.
Whilst my Physicians by their love are grown
Cosmographers, and I their Map, who lie
Flat on this bed, that by them may be shown
That this is my South-west discovery
Per fretum febris, by these straits to die,
I joy, that in these straits, I see my West;
For, though their currents yield return to none,
What shall my West hurt me? As West and East
In all flat Maps (and I am one) are one,
So death doth touch the Resurrection.
Is the Pacific Sea my home? Or are
The Eastern riches? Is *Jerusalem*?
Anyan, and *Magellan*, and *Gibraltar*,
All straits, and none but straits, are ways to them,
Whether where *Japhet* dwelt, or *Cham*, or *Shem*.
We think that *Paradise* and *Calvary*,
Christ's Cross, and *Adam's* tree, stood in one place;
Look Lord, and find both *Adams* met in me;
As the first *Adam's* sweat surrounds my face,
May the last *Adam's* blood my soul embrace.
So, in His purple wrapp'd, receive me Lord,
By these His thorns, give me His other Crown;
And as to others' souls I preach'd Thy word,
Be this my Text, my Sermon to mine own,
Therefore that He may raise the Lord throws down.

Himno a Dios, mi Dios, en mi enfermedad

Puesto que voy a entrar en la sagrada estancia
donde, junto a tu coro de santos, para siempre
quedaré hecho tu música, al llegar
afino el instrumento aquí en la puerta
y pienso lo que debo hacer entonces.
Mientras se hacen mis médicos celosos
cosmógrafos, y yo su mapa, abierto
en la cama, que puedan enseñar
que es éste mi pasaje al sudoeste,
el estrecho a morir, *per fretum febris*,
me alegra, en tal estrecho, ver mi oeste,
pues, aunque su corriente arrastre a todos,
¿qué de malo me hará? Si este y oeste
se hacen lo mismo en mapamundis —y yo soy uno—,
así en resurrección cambia la muerte.
¿Es mi meta el Pacífico? ¿O acaso lo será
la riqueza oriental? ¿Jerusalén?
Bering, y Gibraltar, y Magallanes
son estrechos tan sólo que nos llevan
donde vivió Jafet, o Cam, o Sem.
Pensamos que el Calvario y el Edén,
la cruz de Cristo y el árbol de Adán,
estaban en un mismo sitio: a los dos Adanes
mira aquí y mientras moja el sudor del primero
mi faz, se bañe mi alma en la sangre del último.
Así, envuelto en su púrpura, recíbeme, Señor;
por estas sus espinas dame su otra corona;
y, si a las almas de otros prediqué tu palabra,
sea éste mi texto, mi sermón a la mía,
para que resucite quien derribó el Señor.

José María Valverde

Francisco de Quevedo

España (Madrid, 1580-Ciudad Real, 1645)

Aunque la vida de Quevedo, en la España de los validos, está hecha de intrigas y prisiones, de medros y fracasos de un áspero moralismo que no desterró los episodios risibles, de amores no deseados y de deseos poco amorosos, todavía más nos sorprende la variedad de su obra, en la que coinciden la política y la picaresca, la escatología y la erudición, la historia y la parodia (todas igualmente conservadoras), pero cuyo vértice es sin duda la poesía. El conjunto de sus versos resulta quizá más abarcable si se admite una dualidad entre «la poesía como expresión de la autenticidad del ser y la poesía como juego» (José Manuel Blecua) y se postula una personalidad escindida entre el neoestoico y el socarrón. Conviven en él los humores festivos y una angustiada inquietud por el ser-en-el-tiempo, la visión espiritual del amor y la complacencia en la más baja sexualidad, la exigencia ética y el cinismo extremo. Una proteica sensibilidad lo lleva a hablar de las miserias de la condición humana y de sus encarnaciones más caricaturescas (siempre en los grupos marginales de la sociedad) unas veces con seriedad impecable y otras con jovialidad aún más cruel. La concentración y el impresionismo del lenguaje, el arte de lo hiperbólico y lo grotesco, el genio para convertirlo todo en objeto verbal son señas infalibles de la escritura quevedesca.

Represéntase la brevedad de lo que se vive y cuán nada parece lo que se vivió

«¡Ah de la vida!» ... ¿Nadie me responde?
¡Aquí de los antaños que he vivido!
La Fortuna mis tiempos ha mordido;
las Horas mi locura las esconde.
¡Que sin poder saber cómo ni adónde
la salud y la edad se hayan huido!
Falta la vida, asiste lo vivido,
y no hay calamidad que no me ronde.
Ayer se fue; mañana no ha llegado;
hoy se está yendo sin parar un punto:
soy un fue, y un será, y un es cansado.
En el hoy y mañana y ayer, junto
pañales y mortaja, y he quedado
presentes sucesiones de difunto.

Significase la propria brevedad de la vida, sin pensar, y con padecer, salteada de la muerte

¡Fue sueño ayer; mañana será tierra!
¡Poco antes, nada; y poco después, humo!
¡Y destino ambiciones, y presumo,
apenas punto al cerco que me cierra!
Breve combate de importuna guerra,
en mi defensa, soy peligro sumo;
y mientras con mis armas me consumo,
menos me hospeda el cuerpo, que me entierra.
Ya no es ayer; mañana no ha llegado;
hoy pasa, y es, y fue, con movimiento
que a la muerte me lleva despeñado.
Azadas son la hora y el momento
que, a jornal de mi pena y mi cuidado,
cavan en mi vivir mi monumento.

Enseña cómo todas las cosas avisan de la muerte

Miré los muros de la patria mía,
si un tiempo fuertes, ya desmoronados,
de la carrera de la edad cansados,
por quien caduca ya su valentía.
Salíme al campo: vi que el sol bebía
los arroyos del yelo desatados,
y del monte quejosos los ganados,
que con sombras hurtó su luz al día.
Entré en mi casa; vi que, amancillada,
de anciana habitación era despojos;
mi báculo, más corvo y menos fuerte;
vencida de la edad sentí mi espada.
Y no hallé cosa en que poner los ojos
que no fuese recuerdo de la muerte.

Desde la torre

Retirado en la paz de estos desiertos,
con pocos, pero doctos libros juntos,
vivo en conversación con los difuntos
y escucho con mis ojos a los muertos.
Si no siempre entendidos, siempre abiertos,
o enmiendan, o fecundan mis asuntos;
y en músicos callados contrapuntos
al sueño de la vida hablan despiertos.
Las grandes almas que la muerte ausenta,
de injurias de los años, vengadora,
libra, ¡oh gran don Iosef!, docta la emprenta.
En fuga irrevocable huye la hora;
pero aquélla el mejor cálculo cuenta
que en la lección y estudios nos mejora.

A Roma sepultada en sus ruinas

Buscas en Roma a Roma, ¡oh, peregrino!,
y en Roma misma a Roma no la hallas:
cadáver son las que ostentó murallas,
y tumba de sí proprio el Aventino.
Yace donde reinaba el Palatino;
y limadas del tiempo, las medallas
más se muestran destrozo a las batallas
de las edades que blasón latino.
Sólo el Tibre quedó, cuya corriente,
si ciudad la regó, ya, sepoltura,
la llora con funesto son doliente.
¡Oh, Roma!, en tu grandeza, en tu hermosura,
huyó lo que era firme, y solamente
lo fugitivo permanece y dura.

Memoria inmortal de don Pedro Girón, Duque de Osuna, muerto en la prisión

Faltar pudo su patria al grande Osuna,
pero no a su defensa sus hazañas;
diéronle muerte y cárcel las Españas,
de quien él hizo esclava la Fortuna.
Lloraron sus invidias una a una
con las proprias naciones las extrañas;
su tumba son de Flandres las campañas,
y su epitafio la sangrienta luna.
En sus exequias encendió al Vesubio
Parténope, y Trinacria al Mongibelo;
el llanto militar creció en diluvio.
Diole el mejor lugar Marte en su cielo;
la Mosa, el Rhin, el Tajo y el Danubio
murmuran con dolor su desconsuelo.

Amante agradecido a las lisonjas mentirosas de un sueño

¡Ay, Floralba! Soñé que te... ¿Dirélo?
Sí, pues que sueño fue: que te gozaba.
¿Y quién, sino un amante que soñaba,
juntara tanto infierno a tanto cielo?
Mis llamas con tu nieve y con tu hielo,
cual suele opuestas flechas de su aljaba,
mezclaba Amor, y honesto las mezclaba,
como mi adoración en su desvelo.
Y dije: «Quiera Amor, quiera mi suerte,
que nunca duerma yo, si estoy despierto,
y que si duermo, que jamás despierte.»
Mas desperté del dulce desconcierto;
y vi que estuve vivo con la muerte,
y vi que con la vida estaba muerto.

Afectos varios de su corazón fluctuando en las ondas de los cabellos de Lisi

En crespa tempestad del oro undoso,
nada golfos de luz ardiente y pura
mi corazón, sediento de hermosura,
si el cabello deslazas generoso.
Leandro, en mar de fuego proceloso,
su amor ostenta, su vivir apura;
Ícaro, en senda de oro mal segura,
arde sus alas por morir glorioso.
Con pretensión de fénix, encendidas
sus esperanzas, que difuntas lloro,
intenta que su muerte engendre vidas.
Avaro y rico y pobre, en el tesoro,
el castigo y la hambre imita a Midas,
Tántalo en fugitiva fuente de oro.

Amor constante más allá de la muerte

Cerrar podrá mis ojos la postrera
sombra que me llevare el blanco día,
y podrá desatar esta alma mía
hora a su afán ansioso lisonjera;
    mas no, de esotra parte, en la ribera,
dejará la memoria, en donde ardía:
nadar sabe mi llama la agua fría,
y perder el respeto a ley severa.
    Alma a quien todo un dios prisión ha sido,
venas que humor a tanto fuego han dado,
medulas que han gloriosamente ardido,
    su cuerpo dejará, no su cuidado;
serán ceniza, mas tendrá sentido;
polvo serán, mas polvo enamorado.

A un hombre de gran nariz

Érase un hombre a una nariz pegado,
érase una nariz superlativa,
érase una alquitara medio viva,
érase un peje espada mal barbado;
    era un reloj de sol mal encarado,
érase un elefante boca arriba,
érase una nariz sayón y escriba,
un Ovidio Nasón mal narigado.
    Érase el espolón de una galera,
érase una pirámide de Egito,
las doce tribus de narices era;
    érase un naricísimo infinito,
frisón archinariz, caratulera,
sabañón garrafal, morado y frito.

Poderoso caballero
es don Dinero.

Madre, yo al oro me humillo;
él es mi amante y mi amado,
pues, de puro enamorado,
de contino anda amarillo;
que pues, doblón o sencillo,
hace todo cuanto quiero,
poderoso caballero
es don Dinero.
Nace en las Indias honrado,
donde el mundo le acompaña;
viene a morir en España,
y es en Génova enterrado.
Y pues quien le trae al lado
es hermoso, aunque sea fiero,
poderoso caballero
es don Dinero.
Es galán y es como un oro,
tiene quebrado el color,
persona de gran valor,
tan cristiano como moro.
Pues que da y quita el decoro
y quebranta cualquier fuero,
poderoso caballero
es don Dinero.
Son sus padres principales,
y es de nobles descendiente,
porque en las venas de Oriente
todas las sangres son reales;
y pues es quien hace iguales
al duque y al ganadero,
poderoso caballero
es don Dinero.
Mas ¿a quién no maravilla
ver en su gloria sin tasa
que es lo menos de su casa
doña Blanca de Castilla?
Pero, pues da al bajo silla
y al cobarde hace guerrero,

poderoso caballero
es don Dinero.
Sus escudos de armas nobles
son siempre tan principales,
que sin sus escudos reales
no hay escudos de armas dobles;
y pues a los mismos robles
da codicia su minero,
poderoso caballero
es don Dinero.
Por importar en los tratos
y dar tan buenos consejos,
en las casas de los viejos
gatos le guardan de gatos.
Y pues él rompe recatos
y ablanda al juez más severo,
poderoso caballero
es don Dinero.
Y es tanta su majestad
(aunque son sus duelos hartos),
que con haberle hecho cuartos,
no pierde su autoridad;
pero, pues da calidad
al noble y al pordiosero,
poderoso caballero
es don Dinero.
Nunca vi damas ingratas
a su gusto y afición;
que a las caras de un doblón
hacen sus caras baratas;
y pues las hace bravatas
desde una bolsa de cuero,
poderoso caballero
es don Dinero.
Más valen en cualquier tierra
(¡mirad si es harto sagaz!)
sus escudos en la paz
que rodelas en la guerra.
Y pues al pobre le entierra
y hace proprio al forastero,
poderoso caballero
es don Dinero.

Epístola satírica y censoria contra las costumbres presentes de los castellanos, escrita a don Gaspar de Guzmán, conde de Olivares, en su valimiento

No he de callar, por más que con el dedo,
ya tocando la boca, o ya la frente,
silencio avises, o amenaces miedo.
  ¿No ha de haber un espíritu valiente?
¿Siempre se ha de sentir lo que se dice?
¿Nunca se ha de decir lo que se siente?
  Hoy, sin miedo que, libre, escandalice,
puede hablar el ingenio, asegurado
de que mayor poder le atemorice.
  En otros siglos pudo ser pecado
severo estudio y la verdad desnuda,
y romper el silencio el bien hablado.
  Pues sepa quien lo niega, y quien lo duda,
que es lengua la verdad de Dios severo,
y la lengua de Dios nunca fue muda.
  Son la verdad y Dios, Dios verdadero,
ni eternidad divina los separa,
ni de los dos alguno fue primero.
  Si Dios a la verdad se adelantara,
siendo verdad, implicación hubiera
en ser, y en que verdad de ser dejara.
  La justicia de Dios es verdadera,
y la misericordia, y todo cuanto
es Dios, todo ha de ser verdad entera.
  Señor Excelentísimo, mi llanto
ya no consiente márgenes ni orillas:
inundación será la de mi canto.
  Ya sumergirse miro mis mejillas,
la vista por dos urnas derramada
sobre las aras de las dos Castillas.
  Yace aquella virtud desaliñada,
que fue, si rica menos, más temida,
en vanidad y en sueño sepultada.
  Y aquella libertad esclarecida,
que en donde supo hallar honrada muerte,
nunca quiso tener más larga vida.

Y pródiga de l'alma, nación fuerte,
contaba, por afrentas de los años,
envejecer en brazos de la suerte.
Del tiempo el ocio torpe, y los engaños
del paso de las horas y del día,
reputaban los nuestros por extraños.
Nadie contaba cuánta edad vivía,
sino de qué manera: ni aun un'hora
lograba sin afán su valentía.
La robusta virtud era señora,
y sola dominaba al pueblo rudo;
edad, si mal hablada, vencedora.
El temor de la mano daba escudo
al corazón, que, en ella confiado,
todas las armas despreció desnudo.
Multiplicó en escuadras un soldado
su honor precioso, su ánimo valiente,
de sola honesta obligación armado.
Y debajo del cielo, aquella gente,
si no a más descansado, a más honroso
sueño entregó los ojos, no la mente.
Hilaba la mujer para su esposo
la mortaja, primero que el vestido;
menos le vio galán que peligroso.
Acompañaba el lado del marido
más veces en la hueste que en la cama;
sano le aventuró, vengole herido.
Todas matronas, y ninguna dama:
que nombres del halago cortesano
no admitió lo severo de su fama.
Derramado y sonoro el Oceano
era divorcio de las rubias minas
que usurparon la paz del pecho humano.
Ni los trujo costumbres peregrinas
el áspero dinero, ni el Oriente
compró la honestidad con piedras finas.
Joya fue la virtud pura y ardiente;
gala el merecimiento y alabanza;
sólo se cudiciaba lo decente.
No de la pluma dependió la lanza,
ni el cántabro con cajas y tinteros
hizo el campo heredad, sino matanza.

Y España, con legítimos dineros,
no mendigando el crédito a Liguria,
más quiso los turbantes que los ceros.
Menos fuera la pérdida y la injuria,
si se volvieran Muzas los asientos;
que esta usura es peor que aquella furia.
Caducaban las aves en los vientos,
y expiraba decrépito el venado:
grande vejez duró en los elementos.
Que el vientre, entonces bien diciplinado,
buscó satisfación, y no hartura,
y estaba la garganta sin pecado.
Del mayor infanzón de aquella pura
república de grandes hombres, era
una vaca sustento y armadura.
No había venido al gusto lisonjera
la pimienta arrugada, ni del clavo
la adulación fragrante forastera.
Carnero y vaca fue principio y cabo,
y con rojos pimientos, y ajos duros,
tan bien como el señor, comió el esclavo. ...
Hoy desprecia el honor al que trabaja,
y entonces fue el trabajo ejecutoria,
y el vicio gradüó la gente baja.
Pretende el alentado joven gloria
por dejar la vacada sin marido,
y de Ceres ofende la memoria.
Un animal a la labor nacido,
y símbolo celoso a los mortales,
que a Jove fue disfraz, y fue vestido;
que un tiempo endureció manos reales,
y detrás de él los cónsules gimieron,
y rumia luz en campos celestiales,
¿por cuál enemistad se persuadieron
a que su apocamiento fuese hazaña,
y a las mieses tan grande ofensa hicieron?
¡Qué cosa es ver un infanzón de España
abreviado en la silla a la jineta,
y gastar un caballo en una caña!
Que la niñez al gallo le acometa
con semejante munición apruebo;
mas no la edad madura y la perfeta.

Ejercite sus fuerzas el mancebo
en frentes de escuadrones; no en la frente
del útil bruto l'asta del acebo.
El trompeta le llame diligente,
dando fuerza de ley el viento vano,
y al son esté el ejército obediente.
¡Con cuánta majestad llena la mano
la pica, y el mosquete carga el hombro,
del que se atreve a ser buen castellano!
Con asco, entre las otras gentes, nombro
al que de su persona, sin decoro,
más quiere nota dar, que dar asombro.
Jineta y cañas son contagio moro;
restitúyanse justas y torneos,
y hagan paces las capas con el toro.
Pasadnos vos de juegos a trofeos,
que sólo grande rey y buen privado
pueden ejecutar estos deseos. ...

John Milton

Gran Bretaña (Londres, 1608-1674)

Hasta entrar en la cincuentena, toda la vida de Milton puede entenderse como una preparación literaria y humana, deliberada o inevitable, para componer *El Paraíso perdido (Paradise Lost).* Hijo de una familia acaudalada y culta de la burguesía puritana, Milton estudió en Cambridge, viajó por Europa, cultivó la poesía en latín, inglés e italiano, se implicó en las disputas político-religiosas de su patria, y la ferviente toma de posición a favor de Cromwell lo llevó a ocupar cargos que tuvo que abandonar en 1652 al quedar completamente ciego. *El Paraíso perdido* está escrito en decasílabos blancos (es decir, no rimados) y en la primera edición (1667) consta de diez libros, que en la segunda (1674) se convierten en doce. Los temas centrales son la caída de Satanás y la desobediencia de Adán y Eva, con su consiguiente expulsión del Jardín del Edén. El propósito de Milton era dar a la lengua inglesa el gran poema que la pusiera a la altura de Homero y Virgilio, conjugando la perfección de las formas clásicas con la transcendencia de la verdad cristiana. Consciente siempre de tan alto objetivo, más de una vez engola demasiado la voz o se demora en menudencias doctrinales. Pero la regla es que tanto la dicción como el pensamiento y el sentimiento hagan justicia a la grandeza del proyecto, con su poderosa contraposición del orden y el caos, la luz y las tinieblas, Dios y el diablo. Menos vigor tiene *Paradise Regained* (1671), sobre las tentaciones de Cristo, mientras no faltan quienes opinan que el logro más permanente de Milton es la tragedia de tema bíblico *Samson Agonistes.*

Cyriack, this three years' day these eyes, though clear
To outward view of blemish or of spot,
Bereft of light, their seeing have forgot;
Nor to their idle orbs doth sight appear
    Of sun or moon or star throughout the year,
Or man or woman. Yet I argue not
Against Heaven's hand or will, nor bate a jot
Of heart or hope, but still bear up and steer
    Right onward. What supports me, dost thou ask?
The conscience, Friend, to have lost them overplied
In Liberty's defence, my noble task,
    Of which all Europe talks from side to side.
This thought might lead me through the world's vain mask,
Content though blind, had I no better guide.

Paradise lost

Of Man's first disobedience, and the fruit
Of that forbidden tree, whose mortal taste
Brought death into the world, and all our woe,
With loss of Eden, till one greater Man
Restore us, and regain the blissful seat,
Sing Heav'nly Muse, that on the secret top
Of Oreb, or of Sinai, didst inspire
That shepherd, who first taught the chosen seed,
In the beginning how the heav'ns and earth
Rose out of Chaos: or if Sion hill
Delight thee more, and Siloa's brook that flowed
Fast by the oracle of God; I thence
Invoke thy aid to my advent'rous song,
That with no middle flight intends to soar
Above th' Aonian mount, while it pursues
Things unattempted yet in prose or rhyme.
And chiefly Thou, O Spirit, that dost prefer
Before all temples th' upright heart and pure,
Instruct me, for Thou know'st; Thou from the first
Wast present, and with mighty wings outspread
Dove-like satst brooding on the vast abyss

Ciriaco, hace tres años que estos ojos, aunque limpios
de faltas o de manchas para los que los ven,
privados de luz, han olvidado su vista;
no aparece a sus vanas órbitas visión
de sol o luna o estrella durante todo el año,
ni de hombre o mujer. Sin embargo, no protesto
contra la mano o la voluntad del cielo, ni cedo un punto
de corazón o esperanza, sino que sigo soportando y navegando
siempre adelante. ¿Qué me sostiene, me preguntas?
La conciencia, amigo mío, de haberlos perdido abrumado
en defensa de la libertad, mi noble tarea,
de la que toda Europa habla de cabo a cabo.
Este pensamiento me puede guiar a través de la vana máscara del mundo
contento aunque ciego, no necesito mejor lazarillo.

A. Saravia

El paraíso perdido

Del hombre la primera desobediencia, el fruto
del árbol prohibido, cuyo sabor mortífero
trajo al mundo la muerte y todos nuestros males,
del Edén con la pérdida, hasta que Hombre más alto
nos devolvió al salvarnos la beatífica sede,
canta, oh Musa celeste, que en las secretas cumbres
de Horeb y Sinaí al pastor inspiraste
que primero enseñara a la raza escogida
cuál del Caos surgieron los cielos y la tierra
en el principio. Pero, si de Sión el cerro
prefieres, y el arroyo de Siloé, fluyente
de Dios cabe el oráculo, desde ellos yo conjuro
tu ayuda en beneficio de mi atrevido canto,
que remontarse intenta con no frenado vuelo
sobre el monte de Aonia, mientras persigue cosas
que nadie en prosa o verso hasta ahora ha perseguido.
Tú, sobre todo, Espíritu, tú que a todos los templos
un corazón prefieres que sea recto y puro,
instrúyeme, pues sabes: tú en el primer instante,
desplegando tus alas poderosas al modo
de paloma que incuba, cubriste el vasto Abismo

And mad'st it pregnant: what in me is dark
Illumine, what is low raise and support;
That to the highth of this great argument
I may assert Eternal Providence,
And justify the ways of God to men. ...

Now to th' ascent of that steep savage hill
Satan had journeyed on, pensive and slow;
But further way found none, so thick entwined,
As one continued brake, the undergrowth
Of shrubs and tangling bushes had perplexed
All path of man or beast that passed that way:
One gate there only was, and that looked east
On th' other side: which when th' Arch-felon saw
Due entrance he disdained, and in contempt,
At one slight bound high overleaped all bound
Of hill or highest wall, and sheer within
Lights on his feet. As when a prowling wolf,
Whom hunger drives to seek new haunt for prey,
Watching where shepherds pen their flocks at eve
In hurdled cotes amid the field secure,
Leaps o'er the fence with ease into the fold:
Or as a thief bent to unhoard the cash
Of some rich burgher, whose substantial doors,
Cross-barred and bolted fast, fear no assault,
In at the window climbs, or o'er the tiles;
So clomb this first grand thief into God's fold:
So since into his Church lewd hirelings climb.
Thence up he flew, and on the Tree of Life,
The middle tree and highest there that grew,
Sat like a cormorant; yet not true life
Thereby regained, but sat devising death
To them who lived; nor on the virtue thought
Of that life-giving plant, but only used
For prospect, what well used had been the pledge
Of immortality. So little knows
Any, but God alone, to value right
The good before him, but perverts best things
To worst abuse, or to their meanest use.
Beneath him with new wonder now he views
To all delight of human sense exposed

y lo hiciste fecundo. Lo oscuro en mí ilumina,
lo en mí abatido eleva y manténlo elevado,
porque desde la altura de este tema grandioso,
afirmando ante todos la eterna Providencia,
las vías justifique de Dios hacia los hombres. ...

Satán iba subiendo la escarpada colina
meditabundo y lento, mas no tardó en hallarse
sin camino; a tal punto, enredando sus ramas,
formaba una continua maraña el sotobosque
de zarzales y arbustos que a hombre o bestia impedían
todo posible paso. Sólo abría una puerta,
y ésta, del lado opuesto, hacia oriente miraba.
Cuando el Archiperverso esto vio, desdeñando
la entrada verdadera, franqueó despectivo
de un salto limpio el cerco que formaban la loma
y la muralla altísima, y cayó de pies dentro.
    Tal, merodeante lobo al que el hambre echa en busca
de un nuevo cazadero, acecha el sitio donde
los pastores encierran de noche su rebaño,
un redil bien cerrado en campo bien seguro;
mas, saltando la cerca, penetra en el aprisco.
O cual ladrón resuelto a robar el tesoro
de un rico ciudadano cuyas puertas macizas
asaltos desafían con cerrojos y barras;
pero él trepa ventanas o escala techos y entra:
el gran ladrón primero entró así en el aprisco
de Dios, como en su Iglesia luego viles logreros.
    Por fin tendió su vuelo y se posó en el Árbol
de la Vida, el más céntrico y alto del Paraíso,
cual cormorán. Mas vida no cobró allí, la auténtica,
sino a quienes la gozan meditó allí la muerte;
ni a la virtud del árbol que da vida hizo caso,
sino que usó tan sólo cual puesto de vigía
lo que, bien empleado, de inmortal vida es prenda.
Pues, si no es Dios, no hay nadie que en su valía justa
valore aquellos bienes que tiene ante sus ojos,
sino que hasta las cosas mejores las pervierte
con el peor abuso o el uso más innoble.
    Con nuevo asombro admira, expuesto en breve espacio
para que los sentidos del hombre hallen deleite,

In narrow room Nature's whole wealth, yea more,
A Heav'n on earth, for blissful paradise
Of God the garden was, by him in the east
Of Eden planted; Eden stretched her line
From Auran eastward to the royal tow'rs
Of great Seleucia, built by Grecian kings,
Or where the sons of Eden long before
Dwelt in Telassar: in this pleasant soil
His far more pleasant garden God ordained;
Out of the fertile ground he caused to grow
All trees of noblest kind for sight, smell, taste;
And all amid them stood the Tree of Life,
High eminent, blooming ambrosial fruit
Of vegetable gold; and next to Life
Our death the Tree of Knowledge grew fast by,
Knowledge of good bought dear by knowing ill. ...

Thus talking, hand in hand, alone they pass'd
On to their blissful bow'r: it was a place
Chose by the Sov'reign Planter, when He fram'd
All things to man's delightful use: the roof,
Of thickest covert, was inwoven shade,
Laurel, and myrtle; and what higher grew,
Of firm and fragrant leaf: on either side
Acanthus, and each od'rous bushy shrub,
Fenc'd up the verdant wall: each beauteous flow'r,
Iris all hues, roses, and jessamin
Rear'd high their flourish'd heads between, and wrought
Mosaic: underfoot the violet,
Crocus, and hyacinth, with rich in-lay
Broider'd the ground; more colour'd than with stone
Of costliest emblem: other creature here,
Beast, bird, insect, or worm, durst enter none;
Such was their awe of man! In shady bow'r
More sacred, and sequester'd, though but feign'd,
PAN, or SILVANUS, never slept; nor Nymph,
Nor FAUNUS, haunted. Here, in close recess,
With flowers, garlands, and sweet-smelling herbs,
Espoused EVE deck'd first her nuptial bed:

el inmenso tesoro de la Naturaleza:
todo un cielo en la tierra. Pues no era el Paraíso
sino el jardín de Dios, por él mismo plantado
al este del Edén, que extendía su línea
desde Aurán hacia oriente hasta las torres regias
de aquella Gran Seleucia, que alzaron reyes griegos,
o hasta donde los hijos del Edén tiempos antes
en Telassar vivieron. Más grato todavía,
en ese grato suelo su jardín Dios dispuso
y en su tierra fecunda los árboles más nobles
colocó para el goce del gusto, olfato y vista;
se erguía entre esos árboles, destacando entre todos,
el Árbol de la Vida, que florecía en frutos
de ambrosía y en oro vegetal. Muerte nuestra,
el Árbol de la Ciencia crece junto a la Vida:
¡caro del bien la ciencia con la del mal se compra! ...

Hablando así, cogidos de la mano, entran solos
en su feliz retiro. Era éste una glorieta
que eligió el soberano Plantador mientras hizo
toda cosa para uso deleitoso del hombre.
Remataba la cúpula de la espesa techumbre
umbroso entrelazado de laurel y de mirto
con fragante corona de compacto follaje.
Del uno y otro lado, el acanto y, frondosos,
arbustos odoríferos alzaban verde muro;
suntuosa flor cada uno, policromados lirios
y rosas y jazmines intercalaban altas
sus cabezas floridas, componiendo un mosaico;
a los pies la violeta, azafrán y jacinto,
con rica taracea, daban diseño al suelo
y color, que envidiara la más preciosa piedra.
Ni un animal —cuadrúpedo, reptil, insecto o ave—
entrar allí no osaba: tal, su respeto al hombre.
Nunca en glorieta umbrosa más sagrada y secreta,
ni aun en ficción de fábula, durmió Pan, ni Silvano,
vivieron Fauno o Ninfa.
Allí, en claustro recóndito,
con flores y guirnaldas y aromáticas hierbas,
Eva, por vez primera, adornó el nupcial tálamo,

And heav'nly Choirs the Hymenæan sung,
What day the genial Angel to our sire
Brought her, in naked beauty more adorn'd,
More lovely, than PANDORA; whom the Gods
Endow'd with all their gifts, (and O, too like
In sad event!) when to th'un-wiser son
Of JAPHET brought by HERMES, she insnar'd
Mankind with her fair looks, to be aveng'd
On him who had stole JOVE's authentic fire.
Thus at their shady Lodge arriv'd, both stood,
Both turn'd, and under open sky ador'd
The GOD that made both sky, air, earth, and heav'n,
Which they beheld; the moon's resplendent globe,
And starry Pole: Thou also mad'st the night,
Maker Omnipotent! and Thou the day,
Which we in our appointed work employ'd
Have finish'd, happy in our mutual help,
And mutual love, the crown of all our bliss
Ordain'd by Thee; and this delicious place,
For us too large; where Thy abundance wants
Partakers, and un-crop'd falls to the ground.
But Thou has promis'd from us two a race
To fill the earth, who shall with us extol
Thy goodness infinite, both when we wake,
And when we seek, as now, Thy gift of sleep.
This said unanimous, and other rites
Observing none, but adoration pure,
Which GOD likes best, into their inmost bow'r
Handed they went; and (eas'd the putting off
These troublesome disguises which we wear,)
Straight side by side were laid: nor turn'd, I ween,
ADAM from his fair spouse; nor EVE the rites
Mysterious of connubial love refus'd:
Whatever hypocrites austerely talk
Of purity, and place, and innocence;
Defaming as impure what GOD declares
Pure; and commands to some, leaves free to all.
Our Maker bids increase; who bids abstain,
But our destroyer, foe to GOD, and man?
Hail wedded love! mysterious law, true source
Of human offspring, sole propriety

mientras su epitalamio cantaron coros célicos.
Ante Adán, ese día, del himeneo el ángel
la llevó, en su desnuda belleza, más graciosa
y ornada que Pandora, a quien todos los dones
prodigaron los dioses, ¡ah!, y triste semejanza
por el fin tan funesto, cuando, al hijo insensato
de Japeto llevada por Hermes, seductora,
fascinó a los humanos para vengar a Júpiter
del hombre que le había robado el fuego sacro.
Llegando la pareja a su umbroso retiro,
se detuvo, volvióse y bajo el ancho cielo
adoró al Dios que hizo firmamento, aire, tierra
y el cielo que miraban, el lunar globo fúlgido
y el estrellado polo: «También la noche hiciste,
Creador omnipotente, igual que has hecho el día
al que hemos dado empleo y fin en la tarea
asignada, felices de la asistencia mutua
y del mutuo amor nuestro, corona de la dicha
por ti ordenada, como hiciste este paraje
de placer, demasiado grande para nosotros,
donde, al no haber partícipes, viene a dar tu abundancia,
no recogida, al suelo. Mas tú nos prometiste,
para llenar la tierra, una prole que ensalce
tu bondad infinita con nosotros, ya en vela,
ya en búsqueda, como ahora, de este tu don del sueño.»
Así oraron unánimes y sin más ceremonia
ni rito que la pura adoración, más grato
que otro al Señor, entraron al privado más íntimo
de la glorieta, asidos. Sin tener que quitarse
esas ropas incómodas con que nos disfrazamos,
acostáronse al lado uno del otro. Apuesto
a que Adán de su esposa no se apartó ni un ápice,
ni ésta eludió tampoco los ritos misteriosos
del amor conyugal, mal pese a cuanto digan
austeros los hipócritas de pureza, inocencia,
y sitios, difamando de impuro eso que puro
Dios dicta, ordena a algunos y lo permite a todos.
Multiplicarse manda el Creador: abstenerse,
¿quién sino el Destructor, hostil a Dios y al hombre?
¡Salve, amor conyugal, ley misteriosa, origen
de la humana progenie, propiedad sola y única

In Paradise, of all things common else.
By thee adult'rous lust was driv'n from men,
Among the bestial herds to range; by thee,
(Founded in reason, loyal, just, and pure)
Relations dear, and all the charities
Of father, son, and brother, first were known.
Far be it, that I should write thee sin or blame!
Or think thee unbefitting holiest place;
Perpetual fountain of domestic sweets!
Whose bed is undefil'd and chaste pronounc'd,
Present, or past; as saints and patriarchs us'd.
Here, Love his golden shafts employs; here lights
His constant lamp; and waves his purple wings;
Reigns here and revels: not in the bought smile
Of harlots, loveless, joyless, un-endear'd;
Casual fruition! nor in Court-amours,
Mix'd dance, or wanton mask, or midnight ball,
Or serenate, which the starv'd lover sings
To his proud Fair; best quitted with disdain.
These, lull'd by nightingales, embracing slept;
And on their naked limbs the flow'ry roof
Shower'd roses, which the morn repair'd. Sleep on,
Blest pair! and O! yet happiest, if ye seek
No happier state, and know to know no more.

Ad patrem

Nunc mea Pierios cupiam per pectora fontes
Irriguas torquere vias, totumque per ora
Volvere laxatum gemino de uertice riuum;
Ut tenues oblita sonos audacibus alis
Surgat in officium uenerandi Musa parentis.
Hoc utcunque tibi gratum pater optime carmen
Exiguum meditatur opus, nec nouimus ipsi
Aptiùs a nobis quæ possunt munera donis

en el Edén, donde era todo bien bien de todos!
Tú la lascivia adúltera ahuyentaste del hombre
y relegaste al hato de bestias; tú fundaste
en la razón leal, la razón recta y pura,
las tiernas relaciones; a conocer tú diste
todo afecto del padre, del hijo y del hermano.
Lejos de mí pintarte cual pecado o vergüenza,
o de juzgarte impropio para el más santo sitio,
a ti, hontanar perpetuo de placeres domésticos,
cuyo lecho, ahora y antes, se ha pronunciado puro
y casto, cual convino a santos y patriarcas.
Sus flechas de oro emplea aquí el amor, enciende
aquí su eterna lámpara, mueve aquí alas purpúreas,
aquí reina y se huelga; no en la risa comprada
de rameras, deleite casual, que de alegría
y cariño no sabe, ni en amores de corte,
ni en confundidas danzas, máscaras lujuriosas,
saraos y serenatas que hambriento amante canta
a su bella, a quien fuera mejor dejar esquivo.
Mecidos por el canto del ruiseñor, durmieron
uno en brazos del otro, y en sus miembros desnudos
el techo llovió rosas, que repondría el alba.
¡Duerme, feliz pareja, más feliz si no buscas
un más feliz estado y a aprender más no aprendes!

Abilio Echeverría

A SU PADRE

Ahora querría que las fuentes de las Musas derramaran
sus conductos de agua por mi pecho y que desde la doble cumbre
precipitaran toda la corriente suelta,
fluyendo por entre mis labios;
así, olvidando los delicados sonidos, con osadas alas
mi musa se levantaría para cumplir con la obligación de
honrar a mi padre.
Ella concibe, ¡mi querido padre!, este insignificante trabajo
como un poema que te pueda resultar agradable, y nosotros
no conocemos
presente alguno con el que poder corresponder, de manera más
conveniente, a tus dones.

Respondere tuis, quamuis nec maxima possint
Respondere tuis, nedum ut par gratia donis
Esse queat, uacuis quæ redditur arida uerbis.
Sed tamen hæc nostros ostendit pagina census,
Et quod habemus opum chartâ numerauimus istâ
Quæ mihi sunt nullæ, nisi quas dedit aurea Clio
Quas mihi semoto somni peperere sub antro,
Et nemoris laureta sacri Parnassides umbræ.
Nec tu uatis opus diuinum despice carmen,
Quo nihil æthereos ortus, et semina cæli,
Nil magis humanam commendat origine mentem,
Sancta Promethéæ retinens uestigia flammæ.
Carmen amant superi, tremebundaque Tartara carmen
Ima ciere ualet, diuosque ligare profundos,
Et triplici duros Manes adamante coercet.
Carmine sepositi retegunt arcana futuri
Phœbades, et tremulæ pallentes ora Sibyllæ;
Carmina sacrificus sollennes pangit ad aras
Aurea seu sternit motantem cornua taurum;
Seu cùm fata sagax fumantibus abdita fibris
Consulit, et tepidis Parcam scrutatur in extis.
Nos etiam patrium tunc cum repetemus Olympum,
Æternæque moræ stabunt immobilis æui,
Ibimus auratis per cæli templa coronis,
Dulcia suauiloquo sociantes carmina plectro,
Astra quibus, geminique poli conuexa sonabunt.
Spiritus et rapidos qui circinat igneus orbes,
Nunc quoque sydereis intercinit ipse choreis
Immortale melos, et inenarrabile carmen;
Torrida dum rutilus compescit sibila serpens,
Demissoque ferox gladio mansuescit Orion;
Stellarum nec sentit onus Maurusius Atlas.
Carmina regales epulas ornare solebant,
Cum nondum luxus, uastæque immensa uorago
Nota gulæ, et modico spumabat coena Lyæo.

Los mayores presentes ni siquiera pueden corresponder a tus
dones,
y tanto menos el mezquino agradecimiento que se devuelve con
huecas palabras podría igualar tus dones.
Con todo, esta página pretende mostrar nuestros bienes;
cuantas riquezas poseemos las hemos incluido en este papel.
No tengo apenas riquezas, salvo aquellas que me concedió la
dorada Clío,
aquellas que en una remota caverna me procuraron los sueños
y las arboledas de laureles del bosque sagrado, las sombras
del Parnaso.

No te burles de la divina actividad del poeta, de su canto,
que retiene sagrados vestigios de la llama de Prometeo.
No hay cosa alguna que haga más preciados los principios
celestiales y las semillas del cielo,
que haga más preciada la mente humana en su origen.
Los dioses aman el canto; el canto es capaz de agitar
las temblorosas profundidades del Tártaro y de sujetar a los
dioses del abismo.
El canto puede contener a los duros Manes en triple acero.
Con cantos las sacerdotisas de Apolo y las Sibilas,
trémulas y de pálido rostro, revelan los secretos del lejano futuro.
Quienes ofrecen sacrificios cantan en altares consagrados,
si derriban al toro que mueve sus cuernos dorados
o cuando con agudeza consultan el destino escondido en
entrañas ahumadas
y escudriñan a la Parca en vísceras todavía calientes.

También nosotros, cuando regresemos al Olimpo patrio
y permanezcan las eternas pausas del tiempo inmóvil,
recorreremos los espacios del cielo con coronas de oro,
acompañando dulces cantos con la melodiosa lira, a los que
resonarán los astros y las bóvedas de ambos polos.
El ardiente espíritu, que forma rápidos círculos,
ahora canta entre el movimiento circular de las estrellas
una música immortal y un canto indescriptible,
mientras la rutilante serpiente contiene su seco silbido,
el fiero Orión depone su espada y se sosiega y el mauritano Atlas
no siente ya el peso de las estrellas.
Con cantos se solían adornar has fiestas reales
cuando la ostentación y la sima sin límites de ingente gula no
eran todavía conocidas
y la cena transcurría con moderado vino.

Tum de more sedens festa ad conuiuia uates
Æsculeâ intonsos redimitus ab arbore crines,
Heroumque actus, imitandaque gesta canebat,
Et chaos, et positi latè fundamina mundi,
Reptantesque Deos, et alentes numina glandes,
Et nondum Ætneo quæsitum fulmen ab antro.
Denique quid uocis modulamen inane juuabit,
Verborum sensusque uacans, numerique loquacis?
Siluestres decet iste choros, non Orphea cantus,
Qui tenuit fluuios et quercubus addidit aures
Carmine, non citharâ, simulachraque functa canendo
Compulit in lacrymas: habet has a carmine laudes.

Nec tu perge precor sacras contemnere Musas,
Nec uanas inopesque puta, quarum ipse peritus
Munere, mille sonos numeros componis ad aptos,
Milibus et uocem modulis uariare canoram
Doctus, Arionii meritò sis nominis hæres.
Nunc tibi quid mirum, si me genuisse poëtam
Contigerit, charo si tam propè sanguine juncti
Cognatas artes, studiumque affine sequamur:
Ipse uolens Phœbus se dispertire duobus,
Altera dona mihi, dedit altera dona parenti,
Diuiduumque Deum genitorque puerque tenemus.

Tu tamen ut simules teneras odisse camoenas,
Non odisse reor, neque enim, pater, ire jubebas
Quà uia lata patet, quà pronior area lucri,
Certaque condendi fulget spes aurea nummi:
Nec rapis ad leges, malè custoditaque gentis
Jura, nec insulsis damnas clamoribus aures.
Sed magis excultam cupiens ditescere mentem,

Entonces, según la costumbre, el poeta, participando en el banquete y en la fiesta,
con sus largos cabellos adornados con una rama de encina,
cantaba las hazañas de los héroes y sus acciones dignas de ser imitadas;
cantaba el caos, los orígenes del mundo que se extiende a lo ancho,
los dioses que se arrastran, las bellotas que alimentan a las divinidades
y el rayo todavía no obtenido en la caverna del Etna.
Además, ¿qué placer produce una vacía melodía
que carece de los significados de las palabras y del ritmo que da el lenguaje?
Esa canción está bien a los coros de los bosques y no a Orfeo,
que contuvo a los ríos y que dio oídos a las encinas
no con su lira sino con su canto. Con su canto provocó las lágrimas de espectros ya muertos y a su canto aquél debe su fama.

Y no sigas, te lo ruego, despreciando a las Musas
ni las consideres vanas y pobres, pues tú mismo,
diestro gracias a su presente,
conciertas mil sonidos con ritmos adecuados.
Experto en cómo alterar tu melodiosa voz con mil matices,
tú eres con razón heredero del nombre de Arión.
¿Por qué te resulta extraño ahora que a mí me haya correspondido haber nacido poeta,
si, unidos en tan querido vínculo de sangre,
proseguimos artes semejantes y afín estudio?
Febo, deseoso de dividirse en dos,
me concedió a mí unos dones y concedió otros a mi padre, y padre e hijo poseemos un dios dividido.

Aunque finjas odio a las tiernas Musas,
no creo, padre, que las odies pues tú nunca me ordenaste que caminara
donde la senda ancha se extiende, donde el terreno es más propicio al lucro
y donde la dorada esperanza de ahorrar dinero brilla segura.
Ni me empujas al derecho y a las imperfectas leyes de nuestro pueblo
ni condenas mis oídos al necio griterío.
En cambio, deseoso de que mi cultivada mente se enriquezca,

Me procul urbano strepitu, secessibus altis
Abductum Aoniæ jucunda per otia ripæ
Phœbæo lateri comitem sinis ire beatum.
Officium chari taceo commune parentis,
Me poscunt majora, tuo pater optime sumptu
Cùm mihi Romuleæ patuit facundia linguæ,
Et Latii ueneres, et quæ Jouis ora decebant
Grandia magniloquis elata uocabula Graiis,
Addere suasisti quos jactat Gallia flores,
Et quam degeneri nouus Italus ore loquelam
Fundit, Barbaricos testatus uoce umultus,
Quæque Palæstinus loquitur mysteria uate.
Denique quicquid habet cœlum, subjectaque cœlo
Terra parens, terræque et cœlo interfluus aer,
Quicquid et unda tegit, pontique agitabile marmor,
Per te nosse licet, per te, si nosse libebit.
Dimotaque uenit spectanda scientia nube,
Nudaque conspicuos inclinat ad oscula uultus,
Ni fugisse uelim, ni sit libâsse molestum.
    I nunc, confer opes quisquis malesanus auitas
Austriaci gazas, Perüanaque regna præoptas.
Quæ potuit majora pater tribuisse, uel ipse
Jupiter, excepto, donâsset ut omnia, cœlo?
Non potiora dedit, quamuis et tuta fuissent,
Publica qui juueni commisit lumina nato
Atque Hyperionios currus, et fræna diei,
Et circum undantem radiatâ luce tiaram.
Ergo ego jam doctæ pars quamlibet ima cateruæ
Victrices hederas inter, laurosque sedebo,
Jamque nec obscurus populo miscebor inerti,
Vitabuntque oculos uestigia nostra profanos.

permites que me aleje de los ruidos de la ciudad, en profundo
retiro,
gracias al agradable sosiego de la costa aonia, cual feliz
compañero al lado de Apolo.
No menciono las comunes obligaciones de un padre afectuoso;
a mí cosas mayores me llaman. De tu bolsillo, ¡padre querido!,
cuando se me hubo revelado la elocuencia en la lengua de
los romanos,
los encantos del Lacio y la elocuencia
de los sublimes griegos que a Júpiter convenía,
me aconsejaste que añadiera las flores de las que Francia se jacta
y el lenguaje que de su degenerada boca produce el moderno
italiano
cuando atestigua con sus palabras las bárbaras convulsiones
y los secretos que declara el profeta palestino.
En definitiva, no importa qué posean los cielos, nuestra
madre tierra
que se extiende bajo el cielo y el aire que fluye entre tierra y cielo,
no importa qué cubran las olas
y la sinuosa superficie del mar,
permites que estudie y permitirás que estudie si lo deseo.
Apartadas las nubes, la ciencia llega,
dispuesta a ser contemplada, y, desnuda, inclina su
notable rostro
para recibir un beso, a no ser que yo la quiera evitar,
a no ser que me moleste besarla.

¡Ahora márchate! ¡Reúne tus riquezas, seas quien
seas que con deseo malsano anhelas
los tesoros ancestrales de Austria y los reinos del Perú.
¿Qué cosas más dignas pudo haber concedido un padre,
o el mismo Júpiter, si hubiera entregado todo a excepción
del cielo?
Aunque hubieran sido seguras, cosas más importantes
no pudo otorgar aquel que confió a su joven hijo las luces públicas,
el carro de Hiperión, las bridas del día
y la tiara que se agita alrededor con luz resplandeciente.
Pues yo, aunque ínfima parte de la docta caterva,
me sentaré entre la victoriosa yedra y el laurel,
no me mezclaré, obscuro, con el torpe populacho,
y mis pasos evitarán sus ojos comunes.

Este procul uigiles curæ, procul este querelæ,
Inuidiæque acies tansuerso tortilis hirquo,
Sæua nec anguiferos extende Calumnia rictus;
In me triste nihil fædissima turba potestis,
Nec uestri sum juris ego; securaque tutus
Pectora, uipereo gradiar sublimis ab ictu.
At tibi, chare pater, postquam non æqua merenti
Posse referre datur, nec dona rependere factis,
Sit memorâsse satis, repetitaque munera grato
Percensere animo, fidæque reponere menti.
Et uos, O nostri, juuenilia carmina, lusus,
Si modo perpetuos sperare audebitis annos,
Et domini superesse rogo, lucemque tueri,
Nec spisso rapient obliuia nigra sub Orco,
Forsitan has laudes, decantatumque parentis
Nomen, ad exemplum, sero seruabitis æuo.

Alejaos, preocupaciones que me impedís dormir, alejaos, lamentos
y retorcidas miradas de envidia, y no abras, cruel
Calumnia, tus fauces de serpiente.
Repugnante muchedumbre, sobre mí no tienes un funesto efecto
ni estoy bajo tu jurisdicción.
Seguro y a salvo, caminaré elevado, lejos de los golpes viperinos.
Pero ya que no me es dado restituirte con algo que
iguale tus méritos
ni corresponder a tus dones con acciones, ¡mi querido padre!,
baste recordarte y hacer el recuento de tus frecuentes presentes
en mi alma agradecida y guardarlos en mi resuelta mente.
Y vosotros, ¡nuestras diversiones, cantos de juventud!,
si sólo osáis anhelar años sin fin,
sobrevivir a la pira de vuestro soberano y ver la luz,
y si el negro olvido no os arrastra al atestado Orco,
quizás conservaréis estas alabanzas y el nombre de mi padre,
ensalzado como ejemplo para los tiempos que habrán de venir.

Alejandro Coroleu

Jean de La Fontaine

Francia (Château-Thierry, 1621-París, 1695)

Entre los amigos de La Fontaine se contaron algunos de los máximos escritores franceses de la época, como Boileau, Molière y Racine; entre sus protectores, la flor y nata de la política y la aristocracia: el ministro de finanzas Fouquet, la amante del rey Madame de Montespan, la Duquesa de Orléans, Madame de la Sablière. Al arrimo de unos y de otros, La Fontaine pudo vivir sin perseverar en ninguno de los caminos ni profesiones que ensayó: novicio de la Congregación del Oratorio, maestre de aguas y bosques, abogado... Bastante olvidadas están hoy sus recreaciones de Terencio (*Eunuque*, 1654) y de Ovidio (*Les amours de Psychè et de Cupidon*, 1656); algo menos, sus *Nouvelles en vers tirés de Boccace et de l'Arioste* (1665). Pero perfectamente vivas y actuales siguen siendo muchas de las *Fables* en las que trabajó durante más de veinte años y que fue publicando en tres entregas (1668, 1678, 1698). Los viejos temas de Esopo, Fedro y la tradición medieval se animan en La Fontaine gracias a unas espléndidas dotes narrativas servidas por una métrica dúctil y variada. Retrato alegórico y mordaz de su época, de los caracteres y vicios contemporáneos, las *Fábulas* acabaron por constituir una amplísima y verdadera «comedia humana», paradójicamente con disfraz animalesco y cuyo pesimismo último se suaviza con buenas dosis de sentido común y sabiduría casera.

LE LOUP ET L'AGNEAU

La raison du plus fort est toujours la meilleure:
Nous l'allons montrer tout à l'heure.
Un agneau se désaltérait
Dans le courant d'une onde pure.
Un loup survient à jeun, qui cherchait aventure,
Et que la faim en ces lieux attirait.
«Qui te rend si hardi de troubler mon breuvage?
Dit cet animal plein de rage:
Tu seras châtié de ta témérité.
—Sire, répond l'agneau, que Votre Majesté
Ne se mette pas en colère;
Mais plutôt qu'elle considère
Que je me vas désaltérant
Dans le courant,
Plus de vingt pas au-dessous d'Elle;
Et que par conséquent, en aucune façon,
Je ne puis troubler sa boisson.
—Tu la troubles, reprit cette bête cruelle,
Et je sais que de moi tu médis l'an passé.
—Comment l'aurais-je fait si je n'étais pas né?
Reprit l'agneau; je tette encor ma mère
—Si ce n'est toi, c'est donc ton frère.
—Je n'en ai point. —C'est donc quelqu'un des tiens:
Car vous ne m'épargnez guère,
Vous, vos bergers et vos chiens.
On me l'a dit: il faut que je me venge.»
Là-dessus, au fond des forêts
Le loup l'emporte et puis le mange,
Sans autre forme de procès.

El lobo y el cordero

Que la razón que triunfa es del potente
en esta historia quedará patente.
Bebía un corderito
en las límpidas aguas de una fuente,
cuando se hace presente
un lobo que corría aquel distrito.
—¿Cómo osas enturbiarme la corriente?
—gruñe el lobo, furente—.
No ha de quedar inulto tu delito.
—Ruego a su señoría no se altere;
antes bien considere
que bebo en el regajo
más de cuarenta pasos por debajo,
y, así, es cosa clara
no poder ser que yo se la enturbiara.
—Tú me la enturbias —díjole el mal bicho—.
Y, además, se me ha dicho
que las pasadas yerbas
diciendo ibas de mí cosas acerbas.
—¿Cómo puedo haber sido
si yo aún no había nacido?
Yo mamo aún —el corderito dijo.
—Si tú no fuiste, las diría tu hermano.
—Aún no tiene mi madre otro hijo
—repuso el inocente al tirano.
—Pues alguno será de tus parientes.
Vosotros, los pastores y los perros
nunca cesáis de cometerme yerros.
Tomaré la venganza con mis dientes.
Al punto al bosque se lo lleva preso,
y allí lo traga, sin mediar proceso.

Les deux coqs

Deux coqs vivaient en paix: une poule survint,
Et voilà la guerre allumée.
Amour, tu perdis Troie; et c'est de toi que vint
Cette querelle envenimée
Où du sang des Dieux même on vit le Xanthe teint.
Longtemps entre nos coqs le combat se maintint;)
Le bruit s'en répandit par tout le voisinage:
La gent qui porte crête au spectacle accourut.
Plus d'une Hélène au beau plumage
Fut le prix du vainqueur. Le vaincu disparut:
Il alla se cacher au fond de sa retraite,
Pleura sa gloire et ses amours,
Ses amours qu'un rival, tout fier de sa défaite,
Possédait à ses yeux. Il voyait tous les jours
Cet objet rallumer sa haine et son courage;
Il aiguisait son bec, battait l'air et ses flancs,
Et, s'exerçant contre les vents,
S'armait d'une jalouse rage.
Il n'en eut pas besoin. Son vainqueur sur les toits
S'alla percher, et chanter sa victoire.
Un vautour entendit sa voix;
Adieu les amours et la gloire;
Tout cet orgueil périt sous l'ongle de vautour
Enfin, par un fatal retour
Son rival autour de la poule
S'en revint faire le coquet:
Je laisse à penser quel caquet;
Car il eut des femmes en foule.
La fortune se plaît à faire de ces coups;
Tout vainqueur insolent à sa perte travaille.
Défions-nous du Sort, et prenons garde à nous
Après le gain d'une bataille.

Los dos gallos

Vivían sin pelea
dos gallos, pero, ¡ea!
vino a encender discordias una polla.
Tú, Amor, perdiste a Troya
con tanto enconamiento y odio tanto
que la sangre de dioses tiñó el Janto.
Breve no fue la gallomaquia esta,
y armó por los contornos gran revuelo.
No había ave con cresta
que no quisiera contemplar el duelo.
Más de una Helena de gentil plumaje
al gallo vencedor rindió homenaje.
El gallo perdedor desaparece,
deplorando su gloria y sus amores,
de que ahora ante sus ojos
el plúmeo campeón se enorgullece,
haciendo sean mayores,
cada día que pasaba, sus enojos.
Aguza el pico y sus alas bate,
y contra el recio viento se ejercita,
con rabia preparándose al combate,
que, al fin, ¡no necesita!:
va el gallo vencedor de techo en techo,
hinchado y satisfecho,
proclamando a los vientos su victoria,
cuando lo oye un halcón,
y adiós a los amores y a la gloria:
acabó entre sus garras su hinchazón.
Por este cambio de fortuna fiero
sin lid ganó el vencido el gallinero.
Así Fortuna hace
y en estos bruscos cambios se complace.
Su ruina labra el vencedor ufano.
Nadie en la suerte fíe,
y si a ti la victoria te sonríe,
procura irte a la mano.

Miguel Requena

Les deux pigeons

Deux Pigeons s'amaient d'amour tendre:
L'un d'eux, s'ennuyant au logis
Fut assez ou pour entreprendre
Un voyoage en lointain pays.
L'autre lui dit: «Qu'allez-vous faire
Voulez-vous quitter votre frère?
L'absence est le plus grand des maux:
Non pas pour vous, cruel! Au moins, que les travaux,
Les dangers, les soins du voyage,
Changent un peu votre courage!
Encor, si la saison s'avançait davantage!
Attendez les zéphyrs: qui vous presse? un corbeau
Tout à l'heure annonçait malheur à quelque oiseau.
Je ne songerai plus que rencontre funeste,
Que faucons, que réseaux. «Hélas, dirai-je, il pleut:
«Mon frère a-t-il tout ce qu'il veut,
«Bon soupé, bon gîte, et le reste?»
Ce discours ébranla le cœur
De notre imprudent voyageur;
Mais le désir de voir et l'humeur inquiète
L'emportèrent enfin. Il dit: «Ne pleurez point.
Trois jours au plus rendront mon âme satisfaite;
Je reviendrai dans peu conter de point en point
Mes aventures à mon frère;
Je le désennuirai. Quiconque ne voit guère
N'a guère à dire aussi. Mon voyage dépeint–
Vous sera d'un plaisir extrême.
Je dirai: «J'étais là; telle chose m'avint;»
Vous y croirez être vous-même.»
A ces mots, en pleurant, ils se dirent adieu.
Le voyageur s'éloigne; et voilà qu'un nuage
L'oblige de chercher retraite en quelquc lieu.
Un seul arbre s'offrit, tel encor que l'orage
Maltraita le Pigeon en dépit du fauillage.
L'air devenur serein, il part tout morfondu,
Sèche du mieux qu'il peut son corps chargé de pluie,
Dans un champ à l'écart voit du blé répandu,
Voit un pigeon auprès; cela lui donne envie;
Il y vole, il est pris: ce blé couvrait d'un las

LAS DOS PALOMAS

Amábanse una vez dos palomas tiernamente
y, aburriéndose una de ellas, en su nido
fue lo bastante loca para emprender
viaje a un país lejano.
«¿Qué vais a hacer —le dijo la otra—,
«¿Queréis abandonar a vuestra hermana?
«La ausencia es el peor mal.
«Pero no para vos, cruel. ¡Que al menos las fatigas,
«las zozobras y peligros del viaje
«enmienden algo vuestra resolución!
«Aún, ¡si estuviera la estación más avanzada!
«Aguardad los céfiros: ¿qué os apremia? un cuervo
«ahora mismo presagiaba a las aves un mal augurio.
«Yo, no soñaré más que en nuestro reencuentro funesto,
«en redes y en halcones.» «Ay —me diré—, llueve,
«¿tendrá mi hermana cuanto desee,
«buena cena, buena estancia... y todo lo demás?»
Este discurso rompió el corazón
de nuestra imprudente viajera,
pero su ansia de ver mundo y su humor inconstante
se la llevaron al fin; y: «no lloréis más», dijo,
«Tres días bastarán sólo para saciar mi alma.
«Volveré dentro de poco sin omitir detalle
«de mis peripecias a mi hermana,
«y la reconfortaré. Que quien nada ha visto,
«de nada hablar puede. Cuando os describa mi viaje
«os dará un placer extremo que os diga:
«estuve allí, sucediome esto y esto otro,
y vos creeréis haberlo visto.»
Y, a estas palabras, llorando, se despidieron.
Se aleja la viajera y de ahí que una nube
le obliga a buscar refugio en cualquier parte.
Se le ofrece un solo árbol y, a pesar de su follaje,
maltrata la tempestad a la Paloma
hasta que, el aire sereno de nuevo, parte alicaída,
seca lo mejor que puede su cuerpo de lluvia empapado,
ve extenderse el trigo por un campo apartado
y atrae su atención una paloma reclamo:
vuela hacia allá, queda atrapada: con un lazo

Les menteurs et traîtes appas.
Le las étais usé!; si bien que, de son aile,
De ses pieds, de son bec, l'oiseau le rompt enfin.
Quelque plume y périt; et le pis du destin
Fut qu'un certain vautour à la serre cruelle
Vit notre malheureux qui, trainant la ficelle
Et les morceaux du las qui l'avait attrapé,
Semblait un forcat échappé.
Le vautour s'en allait le lier, quand des nues
Fond à son tour un aigle aux ailes étendues.
Le Pigeon profita du conflit des voleurs
S'envola, s'abattit auprès d'une masure,
Crut, pour ce coup, que ses malheurs
Finiraient par cette aventure;
Mais un fripon d'enfant (cet âge est sans pitié)
Prit sa fronde et, du coup, tua plus d'à moitié
La volatile malheureuse,
Qui, maudissant sa curiosité,
Traînant l'aile et tirant le pié,
Demi-morte et demi-boiteuse,
Droite au logis s'en retourna:
Que bien, que mal, elle arriva–
Sans autre aventure fâcheuse.
Voilà nos gens rejoints; et je laisse à juger
De combien de plaisirs ils payèrent leurs peines.
Amants, heureus amants, voulez-vous voyager?
Que ce soit aux rivess prochaines.
Soyez-vous l'un à l'autre un monde toujours beau,
Toujours divers, toujours nouveau;
Tenez-vous lieu de tout, comptez pour rien le reste.
J'ai quelquefois aimé: Je n'aurais pas alors,
Contre le Louvre et ses trésors,
Contre le firmament et sa voûte céleste,
Changé les bois, changé les lieux
Honorés par les pas, éclairés par les yeux
De l'aimable et jeune bergère
Pour qui, sous le fils de Cythère,
Je servir, engagé par mes premiers serments.
Hélas! quand reviendront de semblables moments?

disimulaba el trigo sus atractivos
mendaces, traicioneros. Y, aunque el lazo la apresara,
el ave lo rompió con sus alas, pico y patas.
Y alguna pluma se dejó en ello. Pero lo peor de su destino
fue que cierto buitre de zarpa cruel vio
a aquella infeliz que, arrastrando el bramante
y los jirones del lazo que la había atrapado,
fugitiva, parecía un forzado.
El buitre iba a agarrarla ya, cuando un nublado impone
a un águila, a su vez, con las alas desplegadas.
Aprovecha la paloma aquel conflicto de voladores
para darse al vuelo, abatiéndose luego
cerca de una casuca, creyendo esta vez
que aquella aventura pondría
fin a sus calamidades; pero un tuno
de chiquillo —esta edad tan incompasiva—
toma su honda y, de pronto, deja medio muerto
a aquel ser volador, infeliz, que,
su curiosidad maldiciendo,
arrastrando el ala y boqueando,
embarrada y moribunda,
volvió directa a su nido
para, bien que mal, llegar
sin mayores contratiempos.
Ya están otra vez reunidas nuestras heroínas. Y no digo
con cuántos placeres compensaron sus penurias.
Amantes, felices amantes, ¿queréis viajar?
Que sea a unos pagos bien cercanos.
Sed el uno para el otro un mundo siempre bello,
siempre distinto, siempre nuevo;
ocupaos siempre en vosotros, sin tomar
en cuenta a lo demás. Yo,
me he enamorado algunas veces, y en ese estado no hubiera
ni por el Louvre y sus tesoros,
ni por el firmamento y su bóveda celeste
trocado los bosques, trocado los parajes
que honraron los pasos, que alumbraron los ojos
de la amable pastorcilla
de quien fui, bajo el hijo de Citerea,
fiel servidor, comprometido por mis juramentos primeros.
Ay, ¿cuándo volverán semejantes momentos?

Faut-il que tant d'objets si doux et si charmants
Me laissent vivre au gré de mon âme inquiète?
Ah! si mon cœur osait encor se renflammer!
Ne sentirai-je plus de charme qui m'arrête?
Ai-je passé le temps d'aimer?

Conte tiré d'Athénée

Axiochus avec Alcibiades,
jeunes, bien faits, galants, et vigoureux,
par bon accord, comme grands camarades,
en même nid furent pondre tous deux.
Qu'arrive-t-il? l'un de ces amoureux
tant bien exploite autour de la donzelle,
qu'il en naquit une fille si belle
qu'ils s'en vantaient tous deux également.
Le temps venu que cet objet charmant
put pratiquer les leçons de sa mère,
chacun des deux en voulut être amant;
plus n'en voulut l'un ni l'autre être père.
«Frère, dit l'un, ah! vous ne sauriez faire
que cet enfant ne soit vous tout craché.
—Parbieu, dit l'autre, il est à vous, compère:
Je prends sur moi le hasard du péché.»

Conte tiré d'Athénée

Du temps des Grecs deux sœurs disaient avoir
aussi beau cul que fille de leur sorte;
la question nc fut que de savoir
quelle des deux dessus l'autre l'emporte.
Pour en juger un expert étant pris,
a la moins jeune il accorde le prix,
Puis l'épousant lui fait don de son âme;
a son exemple un sien frère est épris
de la cadette, et la prend pour sa femme.
Tant fut entre eux à la fin procédé,

¿Tantas figuras dulces y encantadoras
dejáranme vivir a discreción de mi alma inquieta?
¡Ah si mi corazón osara aún volver a arder!
¿No sentiría ya este sortilegio que me enerva?
¿Pasó ya para mí el tiempo de amar?

Pedro Ugalde

Los dos amigos

Alcibiades y Axioco, compañeros
de cuerpo juvenil, bello y fornido,
concertaron sus ansias, y pusieron
semillas de su amor en igual nido.
Sucedió que uno de ellos, diligente,
trabajó tanto a la sin par doncella,
que una niña nació, niña tan bella,
que los dos se jactaban igualmente
de ser el padre de ella.
Cuando ya fue mujer y rozagante
pudo seguir la escuela de su madre,
al par los dos quisieron ser su amante,
ninguno de ellos quiso ser su padre.
«¡Ah! hermano, dijo el uno, a fe os digo
que es de vuestras facciones un dechado.
—¡Error! el otro dijo; es vuestra, amigo;
¡dejadme a mí cargar con el pecado!

La Venus Callipyga

Hubo en la Grecia dos siracusanas,
que tenían un trasero portentoso;
y, por saber la cual de las hermanas
lo tenía más gentil, duro y carnoso,
desnudas se mostraron a un perito
que, después de palpar con dulce apremio,
ofreció a la mayor su mano, en premio.
Tomó su hermano el no menos bonito
de la menor; alegres se casaron,
y, tras más de una grata peripecia,

que par les sœurs un temple fut fondé
dessous le nom de Vénus belle-fesse.
Je ne sais pas à quelle intention;
mais c'eût été le temple de la Grèce
pour qui j'eusse eu plus de dévotion.

en honor de las dos un templo alzaron,
con el nombre de: «Venus, nalga recia.»
No sé qué intención hubiera sido,
mas fuera aqueste el templo de la Grecia
al que más devoción habría tenido.

Leopoldo García Ramón

Alexander Pope

Gran Bretaña (Londres, 1688-Twickenham, 1744)

Rico, católico y enfermizo, Pope ocupó siempre un lugar un tanto marginal, aunque privilegiado (así, se le vedó el acceso a la universidad, pero contó con excelentes preceptores privados), y pudo dedicarse a una paciente labor poética guiada más por el estudio que por la inspiración. No inventó formas nuevas, pero su precisión imitativa y el dominio de la métrica lo convirtieron en el poeta más sobresaliente del clasicismo inglés, al que dio su evangelio con el tratado en verso *An Essay on Criticism* (1711), donde los preceptos de la antigüedad y el ejemplo de Boileau culminan en el *Ars poetica* que otros autores británicos habían intentado en vano. Las traducciones de la *Ilíada* (1715-1720) y de la *Odisea* (1725-1726), que en parte notable se deben de hecho a ayudantes a sueldo, le consiguieron un polémico prestigio. Pero sus mayores aciertos están en la dirección del poema filosófico (*Essay on Man*, 1734; *Moral Essays*, 1731-1735) y de la parodia y la sátira literarias. La prolija *Dunciada* (1728), epopeya cómica contra los zopencos *(dunces)*, se estima hoy menos que *The Rape of the Lock* (*El rapto del bucle*, 1712 y 1714), obra maestra de ligereza, que juega a aplicar a un asunto trivial los tópicos de la tradición literaria, de Homero al petrarquismo: la historia de cómo un galán consiguió cortarle un bucle a la hermosa Belinda está contada con singular gracejo y pinta un estupendo retrato de la buena sociedad y los salones de la época.

AN ESSAY ON CRITICISM

Of all the causes which conspire to blind
Man's erring judgment, and misguide the mind,
What the weak head with strongest biass rules,
Is Pride, the never-failing vice of fools.
Whatever Nature has in worth deny'd,
She gives in large recruits of needful pride;
For as in bodies, thus in souls, we find
What wants in blood and spirits, swell'd with wind:
Pride, where wit fails, steps in to our defence,
And fills up all the mighty void of sense!
If once right reason drives that cloud away,
Truth breaks upon us with resistless day;
Trust not yourself; but your defects to know,
Make use of ev'ry friend –and ev'ry foe.
    A little learning is a dang'rous thing;
Drink deep, or taste not the *Pierian* spring:
There shallow draughts intoxicate the brain,
And drinking largely sobers us again.
Fir'd at first sight with what the Muse imparts,
In fearless youth we tempt the heights of Arts,
While from the bounded level of our mind,
Short views we take, nor see the length behind;
But more advanc'd, behold with strange surprize
New distant scenes of endless science rise!
So pleas'd at first the tow'ring Alps we try,
Mount o'er the vales, and seem to tread the sky,
Th' eternal snows appear already past,
And the first clouds and mountains seem last:
But, those attain'd, we tremble to survey
The growing labours of the lengthen'd way,
Th' increasing prospect tires our wand'ring eyes.
Hills peep o'er hills, and *Alps* on *Alps* arise!

Ensayo sobre la crítica

Entre todas las causas que conspiran para cegar
el errátil juicio del hombre, y extraviar su entendimiento,
la que manda con mayor prejuicio en la débil cabeza
es el orgullo, indefectible tara del necio.
Los quilates que la Naturaleza niega,
los compensa con sobra de orgullo,
pues en las almas, como en los cuerpos,
lo que carece de sangre y espíritu, lo infla el viento.
El orgullo, cuando el genio falta, acude a defendernos,
y ocupa el gran vacío del intelecto.
Si alguna vez la razón ahuyenta aquel nubarrón,
la verdad se nos impone con irresistible esplendor,
No confiad en vosotros mismos, sino que para conocer vuestros defectos
haced uso de todos los amigos. Y de todos los enemigos.
El poco saber es cosa peligrosa.
Bebed largo, o no bebed, en la fuente Pieria.
Allí los tragos cortos embriagan el cerebro,
mas los largos lo tornan sereno.
Enardecidos al pronto por lo que la musa imparte,
en la intrépita juventud intentamos las cimas del arte,
más desde nuestro limitado plano mental,
poco vemos por delante, y nada por detrás.
Pero más adelante, con extraña sorpresa, vemos
alzarse nuevas y lejanas vistas de interminable ciencia.
Así, complacidos al principio, los encumbrados Alpes iniciamos,
los valles remontamos y hollar el cielo semejamos.
Las nieves perpetuas se encuentran ya rebasadas,
y las primeras nubes y montañas parecen ya las postreras;
pero éstas alcanzadas, temblamos al contemplar
que el camino se prolonga y los trabajos aumentan.
La creciente prespectiva cansa nuestros errantes ojos,
¡colinas tras colinas se asoman, y Alpes tras Alpes se alzan!

José Siles Artés

THE RAPE OF THE LOCK

What dire offence from amorous causes springs,
What mighty contests rise from trivial things,
I sing. This verse to Caryl, Muse! is due:
This, even Belinda may vouchsafe to view:
Slight is the subject, but not so the praise,
If she inspire, and he approve my lays.
Say what strange motive, Goddess! could compel
A well-bred lord to assault a gentle belle?
O say what stranger cause, yet unexplored,
Could make a gentle belle reject a lord?
In tasks so bold, can little men engage,
And in soft bosoms dwells such mighty rage?
Sol through white curtains shot a timorous ray,
And oped those eyes that must eclipse the day:
Now lap-dogs give themselves the rousing shake,
And sleepless lovers, just at twelve, awake:
Thrice rung the bell, the slipper knocked the ground,
And the pressed watch returned a silver sound. ...
This nymph, to the destruction of mankind,
Nourished two locks, which graceful hung behind
In equal curls, and well conspired to deck
With shining ringlets the smooth iv'ry neck.
Love in these labyrinths his slaves detains,
And mighty hearts are held in slender chain.
With hairy springes we the birds betray,
Slight lines of hair surprise the finny prey,
Fair tresses man's imperial race ensnare,
And beauty draws us with a single hair.
The adventurous Baron the bright locks admired;
He saw, he wished, and to the prize aspired.
Resolved to win, he meditates the way,
By force to ravish, or by fraud betray;
For when success a lover's toil attends,
Few ask, if fraud or force attained his ends.
For this, ere Phœbus rose, he had implored
Propitious heaven, and every Power adored,
But chiefly Love –to Love an altar built,
Of twelve vast French romances, neatly gilt,
There lay three garters, half a pair of gloves;

EL RAPTO DEL BUCLE

Esa injuria terrible que del amor naciera,
grandes pugnas que surgen de las cosas triviales,
cantaré. Y a ti, musa, Caryl, debo mis versos.
Aceptará mi aserto aun la misma Belinda:
el tema es baladí, pero no la alabanza,
si ella inspira y aprueba el galán mis canciones.
Di: ¿qué extraño motivo, oh diosa, impeliría
a un noble caballero a asaltar a una dama?
¿O qué causa, aun más rara, que no indagó ninguno,
pudo hacer que una hermosa rechace a un caballero?
¿Tan osadas tareas buscarán hombrecitos
y en los pechos suaves habrá tan fuerte enojo?
El Sol, entre cortinas, lanzó un tímido rayo
y abría aquellos ojos que han de eclipsar al día;
ya los perros falderos se agitan para alzarse
y amantes desvelados, a las doce, despiertan;
sonó la campanita tres veces; hirió el suelo
la zapatilla; inquieto, dio el reloj son de plata. ...
    Esta ninfa, con daño de todos los humanos,
dos bucles poseía, que pendían, graciosos,
con sus ondas iguales, y ornaban al unísono
con su brillo la fina garganta marfileña.
En tales laberintos tiene Amor sus esclavos
y fuertes corazones atan leves cadenas.
Con los lazos de pelo engañamos al ave,
cae en la red pilosa la presa con aletas,
el hombre, imperial raza, queda en trenzas prendido
y con sólo un cabello nos lleva la hermosura.
El osado barón los bucles admiraba:
veía y deseaba, y aspiraba a tal premio.
Resuelto a la victoria, sobre el modo medita:
si rapto por la fuerza o conquista con fraude;
pues si el éxito logra el empeño amoroso,
pocos preguntarán si hubo fuerza o engaño.
Por eso, antes que Febo surgiera, sus plegarias
elevó al cielo amable y dió culto a los dioses,
sobre todo al Amor: hizo un altar con doce
libros franceses, largos y de dorado canto.
Tres ligas puso allí y medio par de guantes

And all the trophies of his former loves;
With tender billet-doux he lights the pyre,
And breathes three amorous sighs to raise the fire.
Then prostrate falls, and begs with ardent eyes
Soon to obtain, and long possess the prize:
The Powers gave ear, and granted half his prayer,
The rest the winds dispersed in empty air.
But now secure the painted vessel glides,
The sun-beams trembling on the floating tides:
While melting music steals upon the sky,
And softened sounds along the waters die;
Smooth flow the waves, the zephyrs gently play,
Belinda smiled, and all the world was gay. ...
    Close by those meads, for ever crowned with flowers,
Where Thames with pride surveys his rising towers,
There stands a structure of majestic frame,
Which from the neighb'ring Hampton takes its name.
Here Britain's statesmen oft the fall foredoom
Of foreign tyrants and of nymphs at home;
Here thou, great Anna! whom three realms obey,
Dost sometimes counsel take, and sometimes tea.
Hither the heroes and the nymphs resort,
To taste awhile the pleasures of a court;
In various talk the instructive hours they passed,
Who gave the ball, or paid the visit last;
One speaks the glory of the British queen,
And one describes a charming Indian screen;
A third interprets motions, looks, and eyes.
At every word a reputation dies.
Snuff, or the fan, supply each pause of chat,
With singing, laughing, ogling, and all that. ...
    Straight hover round the fair her airy band;
Some, as she sipped, the fuming liquor fanned,
Some o'er her lap their careful plumes displayed,
Trembling, and conscious of the rich brocade.
Coffee (which makes the politician wise,
And see through all things with his half-shut eyes)
Sent up in vapours to the Baron's brain
New stratagems, the radiant lock to gain.
    But when to mischief mortals bend their will,
How soon they find fit instruments of ill!

y todos los trofeos de sus otros amores;
con los tiernos billetes nutrió toda una pira:
tres suspiros de amor elevaron la llama.
Se postra luego y pide, con encendidos ojos,
que el don logre en seguida y mucho lo posea.
Los dioses su plegaria a medias escucharon:
el resto, en el vacío dispersaron los vientos.
Mas, segura, la nave de colores resbala
y los rayos del sol tiemblan sobre las ondas;
y, en tanto, dulce música se desliza a lo alto
y blandos sones mueren en las aguas tendidas;
finas fluyen las olas, dulces juegan los céfiros,
se sonríe Belinda y hay en todo alborozo. ...

Junto a los prados, siempre coronados de flores,
donde, orgulloso, el Támesis sus altas torres mira,
se eleva un edificio de líneas mayestáticas,
al que el Hampton vecino da nombre. Gobernantes
de Inglaterra allí dictan, a veces, la caída
del tirano extranjero y de indígenas ninfas.
Allí tú, ¡ilustre Ana!, señora de tres reinos,
tomas consejo o té, según las ocasiones.
Aquel lugar los héroes y las ninfas frecuentan
para gustar un poco placeres de la Corte;
pasan útiles horas en su charla diversa
de quien dio el baile o fue la última visita;
dice alguno la gloria de la Reina británica;
otro describe un lindo biombo de la India;
interpreta un tercero ojos, semblantes, gestos.
Una reputación muere a cada palabra.
Abanico y rapé todas las pausas llenan:
risas, miradas, cantos y cosas parecidas. ...

En torno de la bella vuela el aéreo bando
abanican los elfos cuando sorbe humeante
licor; en su regazo muestran otros las plumas,
temblorosos, conscientes de aquel rico brocado.
El café (que prudencia confiere a los políticos,
y, así, en todo penetran sus ojos entornados,
sugiere, entre vapores que ciñen su cerebro,
al barón nuevas mañas para lograr el bucle.

Mas, cuando los mortales su voluntad inclinan
al mal, ¡qué pronto encuentran instrumento adecuado!

Just then, Clarissa drew with tempting grace
A two-edged weapon from her shining case:
So ladies in romance assist their knight,
Present the spear, and arm him for the fight.
He takes the gift with reverence, and extends
The little engine on his finger's ends;
This just behind Belinda's neck he spread,
As o'er the fragrant steam she bends her head.
Swift to the lock a thousand sprites repair,
A thousand wings, by turns, blow back the hair;
And thrice they twitched the diamond in her ear:
Thrice she looked back, and thrice the foe drew near.
Just in that instant, anxious Ariel sought
The close recesses of the virgin's thought;
As on the nosegay in her breast reclined,
He watched the ideas rising in her mind,
Sudden he viewed, in spite of all her art,
An earthly lover lurking at her heart.
Amazed, confused, he found his power expired,
Resigned to fate, and with a sigh retired.
The peer now spreads the glittering forfex wide,
To inclose the lock; now joins it, to divide.
    The meeting points the sacred hair dissever
From the fair head, for ever, and for ever!
Then flashed the living lightning from her eyes,
And screams of horror rend the affrighted skies.
Not louder shrieks to pitying heaven are cast,
When husbands, or when lap-dogs breathe their last;
Or when rich China vessels fallen from high,
In glittering dust and painted fragments lie!
«Let wreaths of triumph now my temples twine
(The victor cried) the glorious prize is mine.
While fish in streams, or birds delight in air,
Or in a coach and six the British fair...
While visits shall be paid on solemn days,
When numerous wax-lights in bright order blaze,
While nymphs take treats, or assignations give,
So long my honour, name, and praise shall live! ...
    See, fierce Belinda, on the Baron flies,
With more than usual lightning in her eyes:
Nor feared the chief the unequal fight to try,

Sacó, entonces, Clarisa, con gracia tentadora,
de su brillante arqueta un arma de dos filos:
así sirve en la fábula la dama al caballero,
le da la lanza y todas las armas con que lucha.
El barón toma el don con reverencia;
pone la punta de los dedos en el leve instrumento
y muy junto a la nuca de Belinda lo abre,
cuando sobre el vapor oloroso se inclina.
Raudos, hacia aquel bucle acuden mil espíritus;
se suceden mil alas frente al negro cabello;
tres veces el diamante en su oreja sacuden;
tres veces volvió el rostro y tornó el enemigo.
Precisamente entonces, Ariel buscaba, ansioso,
en las intimidades del pensamiento virgen;
y mientras, reclinado en las flores del seno,
miraba las ideas que en su mente surgían,
vio de pronto que, pese al arte de Belinda,
un amante terreno su corazón sitiaba.
Asombrado y confuso, ya perdida su fuerza,
resignose al destino y se fue, suspirando.
Entonces abre el noble las brillantes tijeras,
que el bucle ciñan; luego, las cierra y va a cortarlo...
Sus puntos, al unirse, separan el cabello
sagrado de la hermosa cabeza, ¡ay, para siempre!
Surgió un vivo relámpago de sus ojos, y gritos
de horror los temerosos celajes desgarraron.
Nunca al piadoso Cielo se alzó mayor chillido
si maridos o perros dan el último aliento,
o si ricas vasijas de porcelana caen
y son brillante polvo y pintados añicos.
«¡Las guirnaldas triunfales a mis sienes se ciñan
(exclamó el vencedor): el gran premio ya es mío!
Mientras peces y pájaros en aire y agua gocen
o en carroza una iglesia linda (con seis caballos),
mientras haya visitas en los días solemnes,
cuando muchas bujías resplandecen en orden,
y reciban obsequios las ninfas o den citas,
han de vivir mi honor, mi nombre y mi alabanza. ...
Ved a Belinda: fiera, contra el barón se lanza;
con luz inusitada sus ojos centellean;
mas no teme el caudillo tan desigual combate,

Who sought no more than on his foe to die.
But this bold lord with manly strength endued,
She with one finger and a thumb subdued:
Just where the breath of life his nostrils drew,
A charge of snuff the wily virgin threw;
The gnomes direct, to every atom just,
The pungent grains of titillating dust.
Sudden, with starting tears ech eye o'erflows,
And the high dome re-echoes to his nose.
«Now meet thy fate», incensed Belinda cried,
And drew a deadly bodkin from her side.
«Boast not my fall» (he cried) «insulting foe!
Thou by some other shalt be laid as low,
Nor think, to die dejects my lofty mind:
All that I dread is leaving you behind!
Rather than so, ah, let me still survive,
And burn in Cupid's flames —but burn alive».
«Restore the lock!» she cries, and all around
«Restore the lock!» the vaulted roofs rebound.
Not fierce Othello in so loud a strain
Roared for the handkerchief that caused his pain.
But see how oft ambitious aims are crossed,
And chiefs contend till all the prize is lost!
The lock, obtained with guilt, and kept with pain,
In every place is sought, but sought in vain:
With such a prize no mortal must be blest,
So heaven decrees! with heaven who can contest? ...

que apetece la muerte si es tal el enemigo.
Al bravo caballero, de varonil pujanza,
ha vencido Belinda tan sólo con dos dedos:
donde sorben aliento de vida las ventanas
de su nariz, rapé puso la astuta virgen:
y los elfos dirigen, sin olvidar un átomo,
esos granos picantes de tembloroso polvo.
De pronto, ya los ojos se le arrasan en lágrimas
y a su nariz responde la bóveda con ecos.
«¡Llegó tu sino!» exclama, irritada, Belinda,
y quitóse una aguja terrible del costado. ...
«Si caí, no te jactes» (gritó él) «¡insolente
enemigo! Algún otro también ha de abatirte;
ni pienses que el morir me abrume el alto espíritu:
lo que temo es dejarte con vida en este mundo.
Prefiero que me dejes sobrevivir, ardiendo
en llamas de Cupido: quemando, pero vivo».
«¡Devuelve el bucle!», exclama Belinda; en torno suyo
el techo abovedado grita: «¡Devuelve el bucle!»
No rugió el fiero Otelo con voces más airadas
pidiendo aquel pañuelo que causó su amargura.
Mas ved cómo a menudo la ambición se malogra
y luchan jefes, hasta que todo está perdido.
El bucle, con delito ganado y con trabajo
retenido, buscose por doquier vanamente;
tal galardón no debe brindarse a los mortales:
así decretó el Cielo; con él, ¿quién lucharía? ...

Marià Manent

Johann Wolfgang von Goethe

Alemania (Francfort del Main, 1749-Weimar, 1832)

De Quevedo dijo Jorge Luis Borges que era menos un hombre que toda una literatura; de Goethe podría afirmarse que fue toda la literatura, o, en cualquier caso, toda la literatura alemana a lo largo de un siglo. Hijo de un alto funcionario y descendiente por línea materna de una distinguida familia de juristas, la parte más significativa de su vida se desarrolló en Weimar bajo la protección del duque Carlos Augusto. Tuvo muchos amores y muchas amantes, y en 1786-1788 hizo un viaje por Italia que lo marcó profundamente. Poeta, novelista, dramaturgo, aspiró a un saber enciclopédico, que junto a la filosofía y la música incluía las ciencias (escribió un tratado de óptica y otro sobre «la metamorfosis de las plantas») y ni siquiera desdeñaba el ocultismo. La novela *Werther* (1774), tan celebrada como denostada en toda Europa, le consiguió una inmensa fama, que luego se acreció con la autoridad que le dieron *Los años de aprendizaje de Wilhelm Meister*, (1796), *Las afinidades electivas* (1809), *Poesía y verdad* (1811-1831) y en especial el drama poético *Fausto*, concluido en 1831, tras decenios de trabajo. De su afiliación juvenil al movimiento prerromántico *Sturm und Drang* («tormenta e ímpetu») fue evolucionando, no sin zigzagueos, hacia un clasicismo centrado en el equilibrio de las formas, la contención emocional y la objetividad. Como poeta, tocó también todas las cuerdas, desde la canción de tipo popular, al arrimo de las enseñanzas de Herder, hasta el *Diván de Oriente y Occidente* (1819) inspirado en la lírica persa, pasando por las *Elegías romanas* (1788-1790), que funden en una, vivacísimamente, las imágenes de la Roma antigua y la contemporánea.

Der König in Thule

Es war ein König in Thule
Gar treu bis an das Grab,
Dem sterbend seine Buhle
Einen goldnen Becher gab.
Es ging ihm nichts darüber,
er leert' ihn jeden Schmaus;
die Augen gingen ihm über,
so oft er trank daraus.
Und als er kam zu sterben,
zählt' er seine Städt' im Reich',
gönnt' alles seinem Erben,
den Becher nicht zugleich.
Er sass beim Königsmahle,
die Ritter um ihn her,
auf hohem Vätersaale,
dort auf dem Schloss am Meer.
Dort stand der alte Zecher,
trank letzte Lebensglut,
und warf den heil'gen Becher
hinunter in die Flut.
Er sah ihn stürzen, trinken
und sinken tief ins Meer.
Die Augen täten ihm sinken;
trank nie einen Tropfen mehr.

Mignon

Kennst du das Land, wo die Zitronen blühn,
Im dunkeln Laub die Goldorangen glühn,
Ein sanfter Wind vom blauen Himmel weht,
Die Myrte still und hoch der Lorbeer steht,
Kennst du es wohl?
Dahin! Dahin
Möcht' ich mit dir, o mein Geliebter, ziehn.
Kennst du das Haus? Auf Säulen ruht sein Dach,
Es glänzt der Saal, es schimmert das Gemach,
Und Marmorbilder stehn und sehn mich an:

El rey de Tule

Vivía allá en Tule un rey
que hasta la tumba fue fiel,
al que, al expirar, su amada
le dio una copa dorada.
Nada quería el rey tanto,
la apuraba en las jaranas.
Cada vez rompía en llanto
que de aquel vaso tomaba.
Y cuando le llegó la hora
contó los pueblos del reino,
legó todo a su heredero,
pero no le dio la copa.
Sentado en la cena real,
por caballeros rodeado,
en el castillo del mar,
en sala de antepasados,
el viejo beodo bebía
su última llama de vida:
lanzó la sagrada copa
abajo, hacia las olas.
La vio caer y beber,
hundirse en el mar la vio.
Sus ojos también se hundieron;
ni una gota más bebió.

Adán Kovacsis

Canción a Mignon

¿Conoces el país del limonero en flor,
donde entre oscuras hojas refulgen las naranjas
de oro, y un suave viento sopla del cielo azul,
inmóvil se alza el mirto, y, en lo alto, el laurel?
¿Lo conoces de veras? Allí, allí
querría huir contigo, amado mío.
¿Conoces tú la casa? En columnas reposa
su techumbre, y la sala fulge, y el cuarto brilla,
y hay estatuas de mármol que se alzan preguntándome:
«Mi pobre niña, ¿qué es lo que te han hecho?»

«Was hat man dir, du armes Kind, getan?»
Kennst du es wohl?
Dahin! Dahin
Möcht' ich mit dir, o mein Beschützer, ziehn.
Kennst du den Berg und seinen Wolkensteg?
Das Maultier sucht im Nebel seinen Weg;
In Höhlen wohnt der Drachen alte Brut;
Es stürzt der Fels und über ihn die Flut,
Kennst du ihn wohl?
Dahin! Dahin
Geht unser Weg, o Vater, lass uns ziehen!

Froh empfind' ich mich nun auf klassischem Boden begeistert;
Vor- und Mitwelt spricht lauter und reizender mir.
Hier befolg' ich den Rat, durchblättre die Werke der Alten
Mit geschäftiger Hand, täglich mit neuem Genuß.
Aber die Nächte hindurch hält Amor mich anders beschäftigt;
Werd' ich auch halb nur gelehrt, bin ich doch doppelt beglückt.
Und belehr' ich mich nicht, indem ich des lieblichen Busens
Formen spähe, die Hand leite die Hüftfen hinab?
Dann versteh' ich den Marmor erst recht; ich denk' und vergleiche,
Sehe mit fühlendem Aug', fühle mit sehender Hand.
Raubt die Liebste denn gleich mir einige Stunden des Tages,
Gibt sie Stunden der Nacht mir zur Entschädigung hin.
Wird doch nicht immer geküßt, es wird vernünftig gesprochen;
Überfällt sie der Schlaf, lieg' ich und denke mir viel.
Oftmals hab ich auch schon in ihren Armen gedichtet
Und des Hexameters Maß leise mit fingernder Hand
Ihr auf den Rücken gezählt. Sie atmet in lieblichem Schlummer,
Und es durchglühet ihr Hauch mir bis in's Tiefste die Brust.
Amor schüret die Lamp' indes und denket der Zeiten,
Da er den nämlichen Dienst seinen Triumvirn getan.

¿Lo conoces de veras? Allí, allí
quiero contigo huir, mi defensor.
¿Conoces la montaña y el sendero entre nubes?
Entre la niebla busca la mula su camino;
hay dragones de raza fabulosa en las cuevas,
la peña se desploma y sobre ella el torrente.
¿Lo conoces de veras? Allí, allí
marcha nuestro camino; padre, vamos a andar.

José María Valverde

Feliz me siento en suelo clásico, entusiasmado,
pasado y presente me hablan más fuerte y claro.
Sigo el consejo y ojeo la obra de los antiguos,
mano presurosa, placer que cada día se renueva.
Pero de las noches las manos en otro lugar pongo,
y si sólo a medias aprendo, soy el doble de feliz.
¿Y acaso no aprendo cuando el pecho amado
acecho las formas y por sus caderas deslizo la mano?
Sólo entonces comprendo al mármol: pienso y comparo,
veo con ojos que tocan, toco con manos que ven.
Y si la amada algunas horas del día me roba,
devuélvemelas de la noche y así me resarce.
No todo son besos, que también hablamos,
apenas mi tesoro se adormece reposo y medito.
A menudo he sido poeta entre sus brazos
y el ritmo del hexámetro, con mano leve,
en su espalda he medido. Respira sueño amoroso
y su piel el pecho me inspira hasta lo más profundo.
Atiza Amor la lámpara y los tiempos recuerda
en los que a su triumvirato, con placer, servía.

Salvador Mas Torres

Eines ist mir verdriesslich vor allen Dingen, ein andres
Bleibt mir abscheulich, empört jegliche Faser in mir,
Nur der blosse Gedanke. Ich will es euch, Freunde, gestehen:
Gar verdriesslich ist mir einsam das Lager zu Nacht
Aber ganz abscheulich ist's, auf dem Wege der Liebe
Schlangen zu fürchten und Gift unter den Rosen der Lust,
Wenn im schönsten Moment der hin sich gebenden Freude
Deinem sinkenden Haupt lispelnde Sorge sich naht.
Darum macht Faustine mein Glück; sie teilet das Lager
Gerne mit mir und bewart Treue dem Treuen genau.
Reizendes Hindernis will die rasche Jugend; ich liebe,
Mich des versicherten Guts lange bequem zu erfreun.
Welche Seligkeit ist's! wir wechseln sichere Küsse,
Atem und Leben getrost saugen und flössen wir ein.
So erfreuen wir uns der langen Nächte, wir lauschen,
Busen an Busen gedrängt, Stürmen und Regen und Guss.
Und so dämmert der Morgen heran; es bringen die Stunden
Neue Blumen herbei, schmücken uns festlich den Tag.
Gönnet mir, o Quiriten! das Glück, und jedem gewähre
Aller Güter der Welt erstes und letztes der Gott!

Das goettliche

Edel sei der Mensch,
Hülfreich und gut!
Denn das allein
unterscheidet ihn
von allen Wesen,
die wir kennen.
Heil den unbekannten
höhern Wesen,
die wir ahnen!
Sein Beispiel lehr uns
jene glauben.
Denn unfühlend
ist die Natur:
Es leuchtet die Sonne
über Bös und Gute,

Una cosa hay que me disgusta más que todas; otra
que me resulta odiosa, su solo pensamiento me trastorna.
Quiero confesároslo amigos:
me disgusta el yacer solitario en la noche.
Pero lo más odioso es temer serpientes en el camino
del amor y veneno entre las rosas del placer,
cuando en el más bello momento de la alegría que se entrega,
a tu cabeza hundida se aproxima la pena.
Por eso Faustina me hace feliz, comparte contenta el lecho conmigo
y permanece fiel.
La ardiente juventud desea obstáculos; a mí me complace
gozar el bien seguro.
¡Qué dulzura! Cambiamos besos,
aspiramos, confiados, respiración y vida.
Así gozamos de la larga noche, unidos
nuestros pechos y escuchamos lluvias, torrentes y aguaceros.
Así alborea la mañana, y las horas nos traen nuevas
flores, con que adornar el día alegremente.
¡Concededme, oh Quírites, la felicidad y que el dios
dispense a cada cual el primero y último de todos los bienes
de la tierra!

Carmen Bravo Villasante

Lo divino

¡Que el hombre sea noble,
acogedor y bueno!
Pues esto solamente
puede diferenciarle
de todos cuantos seres
conocemos nosotros.
Benditos los ignotos
entes que presentimos,
¡seamos sus semejantes!
El hombre nos enseña
a confiar en ellos.
Pues la Naturaleza
es insensible a todo:
los rayos del sol brillan
en lo bueno y lo malo;

und dem Verbrecher
glänzen, wie dem Besten,
der Mond und die Sterne.
    Wind und Ströme,
Donner und Hagel
Rauschen ihren Weg,
und ergreifen,
vorübereilend,
einen um den andern.
    Auch so das Glück
tappt unter die Menge,
fasst bald des Knaben
lockige Unschuld,
bald auch den kahlen
schuldigen Scheitel.
    Nach ewigen, ehrnen,
grossen Gesetzen
müssen wir alle
unseres Daseins
Kreise vollenden.
    Nur allein der Mensch
vermag das Unmögliche;
Er unterscheidet,
wählet und richtet;
er kann dem Augenblick
Dauer verleihen.
    Er allein darf
den Guten lohnen,
den Bösen strafen,
heilen und retten;
alles Irrende, Schweifende
nützlich verbinden.
    Und wir verehren
die Unsterblichen,
als wären sie Menschen,
täten im Grossen,
was der Beste im kleinen
tut oder möchte.
    Der edle Mensch
sei hülfreich und gut!
Unermüdet schaff er

lucen para el culpable
igual que para el justo
la luna y las estrellas.
Torrentes y huracanes
y truenos y granizo
susurran en sus sendas
y con veloces pasos
sorprenden de igual forma
al uno como al otro.
La ventura anda a tientas
entre la muchedumbre,
y ora da en el cabello
de un muchacho inocente,
y ora en el mondo cráneo
de algún hombre culpable.
Hemos de dar al cabo
cumplimiento a los círculos
de toda nuestra vida,
según las grandes leyes
de bronce, las eternas.
Tan sólo el hombre puede
domeñar lo imposible:
el hombre diferencia,
puede elegir y juzga;
puede lograr que dure
cualquier pequeño instante.
En su mano está el premio
del bueno y el castigo
del que en el mal se mueve;
su mano sana y salva
y enlaza en lo que es útil
lo descarriado y suelto.
A los dioses amamos
como si fueran hombres;
aquéllos realizaron
en grande lo que el hombre
mejor, en más pequeño,
realiza o hacer quiere.
¡Que el hombre noble sea
acogedor y bueno!
Pues crea sin cansancio

das Nützliche, Rechte,
sei uns ein Vorbild
jener geahneten Wesen!

Elegie

Und wenn der Mensch in seiner Qual verstummt,
Gab mir ein Gott zu sagen was ich leide.

Was soll ich nun vom Wiedersehen hoffen,
Von dieses Tages noch geschloßner Blüthe?
Das Paradies, die Hölle steht dir offen;
Wie wankelsinnig regt sich's im Gemüthe! –
Kein Zweifeln mehr! Sie tritt an's Himmelsthor,
Zu ihren Armen hebt sie dich empor.

So warst du denn im Paradies empfangen,
Als wärst du werth des ewig schönen Lebens;
Dir blieb kein Wunsch, kein Hoffen, kein Verlangen,
Hier war das Ziel des innigsten Bestrebens,
Und in dem Anschaun dieses einzig Schönen
Versiegte gleich der Quell sehnsüchtiger Thränen.

Wie regte nicht der Tag die raschen Flügel,
Schien die Minuten vor sich her zu treiben!
Der Abendkuß, ein treu verbindlich Siegel:
So wird es auch der nächsten Sonne bleiben.
Die Stunden glichen sich in zartem Wandern
Wie Schwestern zwar, doch keine ganz den andern.

Der Kuß der letzte, grausam süß, zerschneidend
Ein herrliches Geflecht verschlungner Minnen.
Nun eilt, nun stockt der Fuß die Schwelle meidend,
Als trieb ein Cherub flammend ihn von hinnen;
Das Auge starrt auf düstrem Pfad verdrossen,
Es blickt zurück, die Pforte steht verschlossen.

Und nun verschlossen in sich selbst, als hätte
Dieß Herz sich nie geöffnet, selige Stunden
Mit jedem Stern des Himmels um die Wette
An ihrer Seite leuchtend nicht empfunden;
Und Mißmuth, Reue, Vorwurf, Sorgenschwere
Belasten's nun in schwüler Atmosphäre.

lo útil y lo justo,
¡sea la imagen de esos
entes que presentimos!

Jaime Bofill y Ferro y Fernando Gutiérrez

Elegía de Marienbad

«Y aunque el hombre enmudece en el tormento,
un dios me dio decir lo que padezco.»

¿Qué he de esperar ahora de una nueva visión,
de la flor todavía cerrada el día de hoy?
Ante ti están abiertos Paraíso e Infierno;
vacilan los sentidos en mi ánimo agitado.
No puedes dudar ya: a la puerta del Cielo
ella avanza, y te quiere elevar a sus brazos.

Así en el Paraíso fuiste acogido entonces,
como si fueras digno de hermosa vida eterna;
no te quedó deseo, ni anhelo, ni esperanza:
aquí estaba la meta del más íntimo afán,
y en la contemplación de esa hermosa sin par
se agostó el manantial de lágrimas nostálgicas.

¡Cómo movía el día las alas presurosas,
pareciendo empujar ante sí los minutos!
¡El beso del ocaso, sello del alma fiel:
tal lo será también para el próximo sol.
Las horas, en su tierno andar, se asemejaban
como hermanas: ninguna del todo a las demás.

El beso último, dulce con crueldad, ha cortado
un enrejado espléndido de enredados amores.
Ya se apresura el pie, ya escapa del umbral,
como si un llameante querubín le empujara;
la mirada se para con enojo en la senda
desierta, y mira atrás: la puerta está cerrada.

Y en sí mismas se cierran, como si el corazón
nunca se hubiera abierto, horas de bienandanza
a porfía con todas las estrellas del cielo,
que brillan a su lado sin ser nunca observadas;
y mal humor, reproche pena, arrepentimiento
pasan ahora en una atmósfera opresiva.

Ist denn die Welt nicht übrig? Felsenwände
Sind sie nicht mehr gekrönt von heiligen Schatten?
Die Ernte reift sie nicht? Ein grün Gelände
Zieht sich's nicht hin am Fluß durch Busch und Matten?
Und wölbt sich nicht das überweltlich Große,
Gestaltenreiche, bald Gestaltenlose?

Wie leicht und zierlich, klar und zart gewoben,
Schwebt, Seraph gleich, aus ernster Wolken Chor,
Als glich es ihr, am blauen Aether droben,
Ein schlank Gebild aus lichtem Duft empor!
So sahst du sie in frohem Tanze walten,
Die Lieblichste der lieblichsten Gestalten.

Doch nur Momente darfst dich unterwinden,
Ein Luftgebild statt ihrer fest zu halten,
In's Herz zurück, dort wirst du's besser finden,
Dort regt sie sich in wechselnden Gestalten;
Zu Vielen bildet Eine sich hinüber,
So tausendfach, und immer immer lieber.

Wie zum Empfang sie an den Pforten weilte
Und mich von dannauf stufenweis beglückte;
Selbst nach dem letzten Kuß mich noch ereilte,
Den letztesten mir auf die Lippen drückte:
So klar beweglich bleibt das Bild der Lieben
Mit Flammenschrift in's treue Herz geschrieben.

In's Herz, das fest wie zinnenhohe Mauer
Sich ihr bewahrt und sie in sich bewahret,
Für sie sich freut an seiner eignen Dauer,
Nur weiß von sich, wenn sie sich offenbaret,
Sich freier fühlt in so geliebten Schranken
Und nur noch schlägt, für alles ihr zu danken.

War Fähigkeit zu lieben, war Bedürfen
Von Gegenliebe weggelöscht, verschwunden;
Ist Hoffnungslust zu freudigen Entwürfen,
Entschlüssen, rascher That sogleich gefunden!
Wenn Liebe je den Liebenden begeistet,
Ward es an mir auf's lieblichste geleistet;

Und zwar durch sie! – Wie lag ein innres Bangen
Auf Geist und Körper, unwillkommner Schwere:
Von Schauerbildern rings der Blick umfangen
Im wüsten Raum beklommner Herzensleere;
Nun dämmert Hoffnung von bekannter Schwelle,
Sie selbst erscheint in milder Sonnenhelle.

¿No queda, pues, el mundo? ¿Las paredes de roca
no siguen coronadas por las sagradas sombras?
Las mieses ¿no maduran? ¿No se extiende una verde
llanura junto al río por bosques y praderas?
Sobre el mundo ¿no se abre la excelsitud en bóveda
rica a veces en forma, otras veces sin forma?

¡Qué suave y ligera, hecha de tierna luz,
flota, como un querube, sobre el coro de nubes
graves, iguales que ella por el éter azul,
una esbelta figura, toda de leve aroma!
Así la viste tú reinar en las alegres
danzas, a la más bella de las bellas figuras.

Pero sólo un momento te puedes contentar
con tener una forma aérea en vez de ella;
vuelve a tu corazón; mejor allí la encuentras:
allí vive y se mueve en figuras cambiantes;
en muchas va cambiándose ella, que es una misma,
a través de mil formas, y cada vez más bella.

Como para acogerme aguardaba en la puerta
dándome dicha desde arriba, poco a poco,
tras del último beso, me alcanzó todavía,
apretando en mis labios otro beso final:
tan clara así se mueve la imagen del amor
puesta en el alma fiel con líneas de fuego.

Su firme corazón, como muro almenado,
en ella se conserva, conservándola en sí;
para ella disfruta de su perennidad,
y de sí sólo sabe cuando ella se revela,
sintiéndose más libre en tan dulce escondite
y latiendo ya sólo para darle las gracias.

Si hubo capacidad de amar, quedó el anhelo
disipado y borrado por la respuesta amante;
si hubo esperanza y gozo, para alegres proyectos
en seguida se hallaron decisiones y acción:
¡si alguna vez amor entusiasmó a un amante,
ello ocurrió conmigo del modo más hermoso!

Y por ella, por cierto, ¡qué íntimo temor hubo
en cuerpo y en espíritu, qué opresión dolorosa!
De visiones horribles cercada la mirada
en el baldío espacio del corazón vacío;
la esperanza alborea en el umbral amado,
y aparece ella misma con suave luz solar.

Dem Frieden Gottes, welcher euch hienieden
Mehr als Vernunft beseliget – wir lesen's –
Vergleich' ich wohl der Liebe heitern Frieden
In Gegenwart des allgeliebten Wesens;
Da ruht das Herz und nichts vermag zu stören
Den tiefsten Sinn, den Sinn, ihr zu gehören.

In unsers Busens Reine wogt ein Streben,
Sich einem Höhern, Reinern, Unbekannten
Aus Dankbarkeit freiwillig hinzugeben,
Enträthselnd sich den ewig Ungenannten;
Wir heißen's: fromm sein! Solcher seligen Höhe
Fühl' ich mich theilhaft, wenn ich vor ihr stehe.

Vor ihrem Blick, wie vor der Sonne Walten,
Vor ihrem Athem, wie vor Frühlingslüften,
Zerschmilzt, so längst sich eisig starr gehalten,
Der Selbstsinn tief in winterlichen Grüften;
Kein Eigennutz, kein Eigenwille dauert,
Vor ihrem Kommen sind sie weggeschauert.

Es ist als wenn sie sagte: Stund um Stunde
Wird uns das Leben freundlich dargeboten,
Das Gestrige ließ uns geringe Kunde,
Das Morgende, zu wissen ist's verboten;
Und wenn ich je mich vor dem Abend scheute,
Die Sonne sank und sah noch was mich freute.

Drum thu' wie ich und schaue, froh verständig,
Dem Augenblick in's Auge! Kein Verschieben!
Begegn' ihm schnell, wohlwollend wie lebendig,
Im Handeln sen's, zur Freude, sei's dem Lieben;
Nur wo du bist, sei alles, immer kindlich,
So bist du alles, bist unüberwindlich.»

Du hast gut reden, dacht' ich, zum Geleite
Gab dir ein Gott die Gunst des Augenblickes,
Und jeder fühlt an deiner holden Seite
Sich augenblicks den Günstling des Geschickes;
Mich schreckt der Wink, von dir mich zu entfernen,
Was hilft es mir, so hohe Weisheit lernen!

Nun bin ich fern! Der jetzigen Minute
Was ziemt denn der? Ich wüßt' es nicht zu sagen;
Sie bietet mir zum Schönen manches Gute,
Das lastet nur, ich muß mich ihm entschlagen;
Mich treibt umher ein unbezwinglich Sehnen,
Da bleibt kein Rath als gränzenlose Thränen.

A la divina paz, que aquí abajo os da más
dicha que la razón –así dicen los libros–,
yo quiero comparar la alegre paz de amar
estando en la presencia de la criatura amada;
descansa el corazón y nada ha de alterar
el hondo sentimiento de que ella es nuestra dueña.

Late un deseo en nuestra pureza del alma: darse
por libertad a un Ser más elevado y puro,
a un Ser desconocido por agradecimiento,
descifrándose así al eterno Innombrado:
eso es ser piadoso. Siento que participo
de tan feliz altura estando en su presencia.

Ante sus ojos, como ante el poder del sol,
ante un hálito, como brisas de primavera,
se funde, tanto tiempo heladamente inmóvil,
el egoísmo, hundido en grietas invernales;
ya no se piensa en sí mismo ni en nada propio;
a la venida de ella van a esconderse huyendo.

Es como si dijera ella: «Hora tras hora
se nos está ofreciendo con amistad la vida;
lo de ayer, muy escasas huellas nos ha dejado;
lo que vendrá mañana, saberlo está vedado;
y cuando alguna vez tuve miedo a la tarde,
el sol cayó, y aún vi algo que me alegrara.

»Por eso haz como yo, y mira, con alegre
acuerdo, cara a cara, al instante. ¡Nada aplaces!
Sal a su encuentro pronto, benévolo y vivaz,
y de su trato saca alegría y amor;
sólo donde estás tú siga todo infantil,
y así lo serás todo, y serás invencible.»

Pensé: «Bien has hablado; para tu compañía
un dios te dio el favor del instante presente,
y a tu lado propicio cualquiera ha de sentirse,
por un momento al menos mimado del destino;
me espanta la señal de que de ti me aleje:
¡de qué me sirve ahora mi alta sabiduría!»

¡Ahora estoy lejano! Al minuto de ahora
¿qué le conviene, pues? No sabría decirlo.
Me ofrece muchos bienes para lograr belleza,
pero sólo me abruman, y tengo que esquivarlos;
un deseo invencible me hace errar dando vueltas:
no queda más recurso que lágrimas sin fin.

So quellt denn fort und fließet unaufhaltsam!
Doch nie geläng's die innre Gluth zu dämpfen!
Schon rast's und reißt in meiner Brust gewaltsam,
Wo Tod und Leben grausend sich bekämpfen.
Wohl Kräuter gäb's, des Körpers Qual zu stillen;
Allein dem Geist fehlt's am Entschluß und Willen,
Fehlt's am Begriff: wie sollt' er sie vermissen?
Er wiederholt ihr Bild zu tausendmalen.
Das zaudert bald, bald wird es weggerissen,
Undeutlich jetzt, und jetzt im reinsten Strahlen;
Wie könnte dieß geringstem Troste frommen?
Die Ebb' und Fluth, das Gehen wie das Kommen!
Verlaßt mich hier, getreue Weggenossen!
Laßt mich allein am Fels, in Moor und Moos,
Nur immer zu! euch ist die Welt erschlossen,
Die Erde weit, der Himmel hehr und groß;
Betrachtet, forscht, die Einzelheiten sammelt,
Naturgeheimniß werde nachgestammelt.
Mir ist das All, ich bin mir selbst verloren,
Der ich noch erst den Göttern Liebling war;
Sie prüften mich, verliehen mir Pandoren,
So reich an Gütern, reicher an Gefahr;
Sie drängten mich zum gabeseligen Munde,
Sie trennen mich, und richten mich zu Grunde.

¡Brotad, lágrimas, pues, y fluid sin parar!
Jamás apagaréis el fuego de mi alma.
Ya se enfurece, y rompe, poderoso, en mi pecho,
en donde se combaten, cruelmente, muerte y vida.
Para calmar la pena del cuerpo habría plantas,
pero faltan al alma deseo y decisión.
Le fallan las ideas: ¿cómo siente su falta?
Repetirá su imagen en mil y mil pinturas.
Unas veces vacila, otras es arrastrada,
tan pronto vuelta opaca como en rayos purísimos.
¡Cómo me serviría este escaso consuelo,
el flujo y el reflujo, el marchar y el volver!

José Luis Reina Palazón

William Blake

Gran Bretaña (Londres, 1757-1827)

Poeta, dibujante, grabador e ilustrador de sus propios libros, William Blake es una figura original e inquietante: aislado de los grupos y corrientes de su época, es sin embargo un conspicuo representante del prerromanticismo europeo por su concepción singular del artista como profeta iluminado. Autodidacta en materia literaria, su poesía, de carácter altamente simbólico, alegórico y visionario, presenta una clara influencia del filósofo ocultista Jakob Böhme (1575-1624) y del místico sueco Emanuel Swedenborg (1688-1772). Su primera producción (*Poetical Sketches*, 1783; *Songs of Innocence*, 1789; *Songs of Experience*, 1794) se caracteriza por una sensibilidad mística y alucinada, cuya expresión es con todo sobria y clara. Las correspondencias entre los *Cantos de inocencia* y los *Cantos de experiencia* conforman un paralelismo y un contraste entre «los dos estados opuestos del alma humana»: la concepción lírica, inocente e imaginativa del mundo infantil frente al desencanto vital de la experiencia sensible. En la fase de los «libros proféticos» (*The marriage of Heaven and Hell*, 1790; *Visions of the Daughters of Albion*, 1793; *The Gates of Paradise*, 1793; *Milton*, 1804, y *Jerusalem*, 1820), la expresión de Blake se vale de un lenguaje oscuro e irracional cuyo simbolismo exaltado alcanza las más altas cimas poéticas. *Las bodas del cielo y el infierno*, en prosa y en verso, gira alrededor de la contienda entre las buenas y malas pasiones (cielo e infierno: razón y energía, amor y odio) como fundamento de la existencia humana, puesto que «sin contrarios no hay progreso».

TO THE EVENING STAR

Thou fair-hair'd angel of the evening,
Now, whilst the sun rests on the mountains, light
Thy bright torch of love; thy radiant crown
Put on, and smile upon our evening bed!
Smile on our loves, and, while thou drawest the
Blue curtains of the sky, scatter thy silver dew
On every flower that shuts its sweet eyes
In timely sleep. Let thy west wind sleep on
The lake; speak silence with thy glimmering eyes,
And wash the dusk with silver. Soon, full soon,
Dost thou withdraw; then the wolf rages wide,
And the lion glares thro' the dun forest:
The fleeces of our flocks are cover'd with
Thy sacred dew: protect them with thine influence.

THE LITTLE BLACK BOY

My mother bore me in the southern wild,
And I am black, but O! my soul is white;
White as an angel is the English child,
But I am black, as if bereav'd of light.
My mother taught me underneath a tree,
And sitting down before the heat of day,
She took me on her lap and kissed me,
And pointing to the east, began to say:
«Look on the rising sun: there God does live,
»And gives his light, and gives his heat away;
»And flowers and trees and beasts and men receive
»Comfort in morning, joy in the noonday.
»And we are put on earth a little space,
»That we may learn to bear the beams of love;
»And these black bodies and this sunburnt face
»Is but a cloud, and like a shady grove.
»For when our souls have learn'd the heat to bear,
»The cloud will vanish; we shall hear his voice,
»Saying: "Come out from the grove, my love & care,
»"And round my golden tent like lambs rejoice."»

A la estrella del atardecer

¡Tú, ángel nocturno de rubia cabellera,
ahora, mientras el sol reposa en las montañas, enciende
tu brillante antorcha de amor; ponte tu corona radiante,
y sonríe a nuestro lecho de la noche!
Sonríe a nuestros amores, y mientras llevas
las cortinas azules del cielo, esparce tu rocío de plata
en cada flor que cierra sus dulces ojos al
oportuno sueño. Deja que en el lago duerma tu viento
del oeste; habla en silencio con tus ojos luminosos,
y baña al crepúsculo de plata. Pronto, muy pronto,
te retiras; entonces el lobo se enfurece,
y el león mira iracundo en el oscuro bosque:
los vellones de nuestros rebaños se han cubierto
de tu rocío sagrado: protégelos con tu magia.

Enrique Caracciolo

El niño negro

Vida me dio mi madre allá en el sur agreste
y aunque es blanca mi alma, yo soy negro.
Es blanco el niño inglés igual que un ángel.
Mas yo, como de luz privado, negro soy.
Bajo un árbol sentada me aleccionó mi madre
antes de que creciera el día caluroso,
puesto yo en su regazo, y con un beso,
señalando el oriente me decía:
«Mira el sol levantarse. Dios allí vive
dando luz y calor, que proporcionan
al hombre, al animal, a la flor como al árbol,
bienestar en el alba, gozo en el mediodía.
Si estamos en la tierra unos momentos
es para acostumbrarnos al amor luminoso.
Estos cuerpos oscuros y esta cara quemada
sólo son una nube, un boscaje sombrío.
Cuando tengan costumbre del calor nuestras almas,
ya disuelta la nube, Su voz escucharemos
diciendo “Salid fuera del bosque, amores míos,
y en mi toldo de oro gozad como corderos”.»

Thus did my mother say, and kissed me;
And thus I say to little English boy:
When I from black and he from white cloud free,
And round the tent of God like lambs we joy,
I'll shade him from the heat, till he can bear
To lean in joy upon our father's knee;
And then I'll stand and stroke his silver hair,
And be like him, and he will then love me.

THE DIVINE IMAGE

To Mercy, Pity, Peace, and Love
All pray in their distress;
And to these virtues of delight
Return their thankfulness.
For Mercy, Pity, Peace, and Love
Is God, our father dear,
And Mercy, Pity, Peace, and Love
Is Man, his child and care.
For Mercy has a human heart,
Pity a human face,
And Love, the human form divine,
And Peace, the human dress.
Then every man, of every clime,
That prays in his distress,
Prays to the human form divine,
Love, Mercy, Pity, Peace.
And all must love the human form,
In heathen, turk, or jew;
Where Mercy, Love, & Pity dwell
There God is dwelling too.

Así dijo mi madre y me dio un beso,
y así al niño inglés digo. Cuando libres,
de mi negrura yo y él de su blancura,
junto al toldo de Dios gocemos tal corderos,
contra el calor yo sombra le daré, hasta que pueda
gozoso en las rodillas del Padre reclinarse,
y acariciando entonces su pelo plateado,
yo seré como él y él me tendrá cariño.

Luis Cernuda

LA IMAGEN DIVINA

A la Misericordia, a la Piedad, a la Paz y al Amor
ruegan todos en su sufrimiento,
y a estas virtudes deleitosas
muestran todos su agradecimiento.
Porque la Misericordia, la Piedad, la Paz y el Amor
es Dios, nuestro padre amado;
y la Misericordia, la Piedad, la Paz y el Amor
es el Hombre, su hijo y su cuidado.
Porque la Misericordia tiene humano el corazón,
la Piedad, humano el semblante,
y el Amor, humana su forma divina,
y la Paz, humano el ropaje.
Luego todo hombre, de cualquier clima,
que ruega en su desventura,
ruega a la humana forma divina,
Al Amor, a la Piedad, a la Paz, a la Misericordia.
Y todos deben amar la humana forma,
en pagano, turco o judío;
donde la Misericordia, el Amor y la Piedad se alojan,
se aloja también Dios.

HOLY THURSDAY

'Twas on a Holy Thursday, their innocent faces clean,
The children walking two & two, in red & green,
Grey-headed beadles walk'd before, with wands as white as now,
Till into the high dome of Paul's they like Thames' waters flow.
O what a multitude they seem'd, these flowers of London town!
Seated in companies they sit with radiance all their own.
The hum of multitudes was there, but multitudes of lambs,
Thousands of little boys & girls raising their innocent hands.
Now like a mighty wind they raise to heaven the voice of song,
Or like harmonious thunderings the seats of heaven among.
Beneath them sit the aged men, wise guardians of the poor;
Then cherish pity, lest you drive an angel from your door.

THE CLOD AND THE PEBBLE

«Love seeketh not Itself to please,
»Nor for itself hath any care,
»But for another gives its ease,
»And builds a Heaven in Hell's despair.»
So sung a little Clod of Clay
Trodden with the cattle's feet,
But a Pebble of the brook
Warbled out these metres meet:
«Love seeketh only Self to please,
»To bind another to Its delight,
»Joys in another's loss of ease,
»And builds a Hell in Heaven's despite.»

Jueves Santto

Fue un Jueves Santo, limpias sus caras inocentes,
de dos en dos los niños caminando, en rojo, y azul, y verde;
bedeles de cabezas grises caminan delante, con varas blancas
como la nieve,
hasta que en el alto recinto de San Pablo como aguas del
Támesis desembocan.
¡Oh qué muchedumbre parecían, las flores de la ciudad
de Londres!
Sentados en grupos están, con un particular resplandor propio.
El rumor de las muchedumbres hacían, pero eran
muchedumbres de corderos,
niños y niñas a miles levantando sus manos inocentes.
Como un viento potente ya elevan al cielo la voz del canto,
o como una armonía de truenos entre los sitiales del cielo.
Debajo de ellos se hallan los ancianos, sabios guardianes del pobre.
Cultiva, entonces, la piedad, no sea que alejes a un ángel de
tu puerta.

Helena Valentí

El terrón y el guijarro

«No busca Amor su deleite
ni por sí busca contento,
sino da a otros consuelo
y hace un Cielo del Infierno.»
Cantó así el Terrón de Arcilla
por el ganado aplastado;
y un Guijarro del arroyo
murmuró estos justos versos:
«Amor busca su deleite,
y a su deleite ata el de otro,
goza si otro la paz pierde,
y hace un Infierno del Cielo.»

Ricardo Silva Santisteban

THE SICK ROSE

O Rose, thou art sick!
The invisible worm
That flies in the night,
In the howling storm,
    Has found out thy bed
Of crimson joy:
And his dark secret love
Does thy life destroy.

THE TYGER

Tyger! Tyger! burning bright
In the forests of the night,
What immortal hand or eye
Could frame thy fearful symmetry?
    In what distant deeps or skies
Burnt the fire of thine eyes?
On what wings dare he aspire?
What the hand dare seize the fire?
    And what shoulder, and what art,
Could twist the sinews of thy heart?
And when thy heart began to beat,
What dread hand? and what dread feet?
    What the hammer? what the chain?
In what furnace was thy brain?
What the anvil? what dread grasp
Dare its deadly terros clasp?
    When the stars threw down their spears,
And water'd heaven with their tears,
Did he smile his work to see?
Did he who made the Lamb make thee?
    Tyger! Tyger! burning bright
In the forests of the night,
What immortal hand or eye,
Dare frame thy fearful symmetry?

La rosa enferma

¡Está enferma la rosa!
El gusano invisible
que en la noche vuela,
al aullar la tormenta
a tu lecho llega
de alegría escarlata;
y su oscuro amor secreto
tu vida avasalla.

Ángel Rupérez

El tigre

Tigre, tigre que relumbras
en las forestas sombrías,
¿qué mano u ojo inmortal
hizo tu cruel simetría?
¿En qué simas o en qué cielos
ardió el fuego de tus ojos?
¿Con qué alas emprende el vuelo?
¿Qué mano cogerlo osa?
¿Y qué hombro rudo, qué maña,
forjaron tu corazón?
¿Qué terribles pies y manos
cuando el corazón latió?
¿Qué martillo, qué cadena?
¿Por qué formidable puño
fue forjado tu cerebro?
¿En qué hornalla? ¿En qué yunque?
El astro lanzó sus dardos
llorando en el alto cielo...
¿Entonces sonrió a su obra
el Dios que hizo al Cordero?
Tigre, tigre que relumbras
en las forestas sombrías,
¿qué mano u ojo inmortal
hizo tu cruel simetría?

Agustí Bartra

THE GARDEN OF LOVE

I went to the Garden of Love,
And saw what I never had seen:
A Chapel was built in the midst
Where I used to play on the green.
    And the gates of this Chapel were shut,
And «thou shalt not» writ over the door;
So I turn'd to the Garden of Love
That so many many sweet flowers bore;
    And I saw it was filled with graves,
And tomb-stones where flowers should be;
And Priests in black gowns were walking their rounds,
And binding with briars my joys & desires.

LONDON

I wander thro' each charter'd street,
Near where the charter'd Thames does flow,
And mark in every face I meet
Marks of weakness, marks of woe.
    In every cry of every Man,
In every Infant's cry of fear,
In every voice, in every ban,
The mind-forg'd manacles I hear.
    How the Chimney-sweeper's cry
Every black' ning church appalls,
And the hapless soldier's sigh
Runs in blood down Palace walls.
    But most thro' midnight streets I hear
How the youthful Harlot's curse
Blasts the new born Infant's tear,
And blights with plagues the Marriage hearse.

El jardín del amor

Al jardín del amor yo me introduje
y miré lo que nunca había visto:
en su centro erigida una capilla
donde jugar solía entre la yerba.
    Y sus rejas estaban clausuradas
y el mandato «No debes» en su puerta;
al jardín del amor entré de nuevo,
adornado con tantas dulces flores,
    y colmado lo vi de sepulturas,
en vez de estar con flores alfombrado,
y clérigos de negro lo cruzaban
anudando con zarzas mis anhelos.

Ricardo Silva Santisteban

Londres

Vagando voy por todas las calles de la ciudad,
cerca del lugar donde el Támesis privilegiado corre,
y descubro en cada cara que encuentro
indicios mortales de flaqueza y de dolor.
    En el grito de cada hombre,
en cada grito del terror infantil,
en cada voz, en cada anatema,
oigo chirriar las cadenas forjadas por nuestro espíritu.
    Es el grito del deshollinador
consternando a las Iglesias ensombrecedoras;
o el lamento del infortunado soldado
dejando un reguero de sangre por los muros palatinos.
    Pero, sobre todo, oigo en las calles a medianoche,
la Maldición de la tierna Prostituta
secar las lágrimas del recién nacido,
y contagiar pestífera el carro fúnebre del matrimonio.

Madeleine L. Cazamián

THE HUMAN ABSTRACT

Pity would be no more
If we did not make somebody Poor;
And Mercy no more could be
If all were as happy as we.
    And mutual fear brings peace,
Till the selfish loves increase:
Then Cruelty knits a snare,
And spreads his baits with care.
    He sits down with holy fears,
And waters the ground with tears;
Then Humility takes its root
Underneath his foot.
    Soon spreads the dismal shade
Of Mystery over his head;
And the Catterpiller and Fly
Feed on the Mystery.
    And it bears the fruit of Deceit,
Ruddy and sweet to eat;
And the Raven his nest has made
In its thickest shade.
    The Gods of the earth and sea
Sought thro' Nature to find this Tree;
But their search was all in vain:
There grows one in the Human Brain.

A MEMORABLE FANCY

As I was walking among the fires of hell, delighted with the enjoyments of Genius, which to Angels look like torment and insanity, I collected some of their Proverbs; thinking that as the sayings used in a nation mark its character, so the Proverbs of Hell show the nature of Infernal wisdom better than any description of buildings or garments.

When I came home: on the abyss of the five senses, where a flat sided steep frowns over the present world, I saw a mighty Devil folded in black clouds, hovering on the sides of the rock: with corro-

El hombre esencial

La Piedad dejara de existir
si no empobreciésemos a Alguien;
y la Compasión fuera irreal,
de ser todos tan felices como nosotros.
El Temor mutuo trae la paz
pero se multiplican los amores egoístas;
entonces la Crueldad urde sus ardides,
y prepara con esmero sus cebos.
Asociándose él a los piadosos temores
riega el suelo con sus lágrimas:
entonces la Humildad arraiga
debajo de sus pies.
Pronto se extiende la sombra funesta
del Misterio por encima de su cabeza;
y la Oruga con la Mosca
se nutren del Árbol del Misterio.
Queda el fruto de la Malicia
bermejo y sabroso;
el Cuervo ha construido su nido
en lo más profundo de su sombra.
Los Dioses de la tierra y de los mares
lo han buscado en la Naturaleza entera
pero su búsqueda fue vana:
el árbol reside en el cerebro humano.

Cristóbal Serra

Visión memorable

Mientras iba por las llamas del infierno, deleitado con los gozos del Genio que a los Ángeles parecen tormentos y locura, recogí algunos de sus proverbios pensando que, así como los dichos de un pueblo señalan su carácter, así los Proverbios del Infierno muestran la naturaleza de la Sabiduría Infernal mejor que cualquier descripción de edificios o vestiduras.

Al volver a mi casa: sobre el abismo de los cinco sentidos, donde un precipicio de acantilados lisos con ceño fruncido mira el mundo presente, vi un inmenso Demonio envuelto en nubes negras que se

ding fires he wrote the following sentence now perceived by the minds of men, & read by them on earth:

How do you know but ev'ry Bird that cuts the airy way,
Is an immense world of delight, clos'd by your senses five?

cernía sobre las paredes de las rocas; con llamas corrosivas escribió la sentencia siguiente ahora percibida por las mentes de los hombres, y por ellos leída en la tierra:

¿No sabéis que cada pájaro que hiende el airoso camino
es un inmenso mundo de deleite cerrado por tus cinco sentidos?

Enrique Caracciolo

Friedrich Hölderlin

Alemania (Lauffen-am-Neckar, 1793-Tubinga, 1843)

En la lírica de Hölderlin, una subjetividad intensa y exaltada atempera su expresividad con una contención y una armonía de cuño clasicista. Después de estudiar teología en Tubinga (1793), donde trabó amistad con Hegel y Schelling, y de seguir en Jena los cursos de Fichte, trabajó como preceptor para varias familias de la nobleza, entre ellas la de una amante, casada, a quien en sus versos llamó «Diótima». En 1807, perdió la razón por completo y desde entonces hasta su muerte vivió recluido en la célebre torre del ebanista Zimmer, en las inmediaciones del Neckar. Su poesía muestra una síntesis panteísta entre el espíritu dionisíaco y el cristianismo, en un intento por conciliar al hombre con lo divino y de imaginarse a sí mismo como profeta de una nueva era de la humanidad (y en especial de la patria alemana) alentada por el espíritu de Grecia. Hölderlin concibe vida y poesía como una misma entidad, a la manera romántica, pero en la factura del verso y de la estrofa trabaja con delicadeza la métrica tradicional, y, por otro lado, en su producción última se abre a una efectiva elasticidad formal, con vasta influencia en la literatura posterior. El relato epistolar *Hyperión* y la tragedia inconclusa *Empédocles* están asimismo impregnados de hondo aliento lírico. En el drama, el filósofo presocrático que se inmola a sí mismo arrojándose dentro del cráter del Etna es una transparente encarnación espiritual del poeta que se evade del mundo material inmediato, hacia el mundo de la luz y la clarividencia celestial, en una asociación del espíritu órfico y la figura de Jesucristo.

Hyperions Schicksalslied

Ihr wandelt droben im Licht
Auf weichem Boden, selige Genien!
Glänzende Götterlüfte
Rühren euch leicht,
Wie die Finger der Künstlerin
Heilige Saiten.
Schicksallos, wie der schlafende
Säugling, atmen die Himmlischen;
Keusch bewahrt
In bescheidener Knospe,
Blühet ewig
Ihnen der Geist,
Und die seligen Augen
Blicken in stiller
Ewiger Klarbeit.
Doch uns ist gegeben,
Auf keiner Stätte zu ruhn,
Es schwinden, es fallen
Die leidenden Menschen
Blindlings von einer
Stunde zur andern,
Wie Wasser von Klippe
Zu Klippe geworfen,
Jahrlang ins Ungewisse hinab.

Da ich ein Knabe war

Da ich ein Knabe war,
Rettet' ein Gott mich oft
Vom Geschrei und der Rute der Menschen.
Da spielt' ich sicher und gut
Mit den Blumen des Hains,
Und die Lüftchen des Himmels
Spielten mit mir.
Und wie du das Herz
Der Pflanzen erfreuest,
Wenn sie entgegen dir
Die zarten Arme strecken,

Canción del destino de Hiperión

¡Andáis arriba, en la luz,
por blando suelo, genios felices!
Espléndidas brisas divinas
os rozan apenas,
como los dedos de la artista
las cuerdas sagradas.
Carentes de destino, como el niño
dormido, respiran los celestes;
con pudor preservado
en humilde capullo,
florece eternamente
el espíritu en ellos,
y sus ojos felices
contemplan la tranquila
y eterna claridad.
Pero a nosotros no nos es dado
descansar en ninguna parte;
desaparecen, sufren
los hombres, caen
ciegamente de una
hora en otra,
como agua, de roca
en roca arrojada
durante años a la incertidumbre.

Jesús Munárriz

Cuando era niño...

Cuando era niño
un dios a menudo me salvaba
del griterío y la palmeta de los hombres.
Así, jugaba tranquilo y sin temor
con las flores del soto,
y las brisas del cielo
jugaban conmigo.
Y al igual que derramas gozo
en las plantas,
que hacia ti tienden sus débiles brazos,
colmabas de gozo mi corazón,

So hast du mein Herz erfreut,
Vater Helios! und wie Endymion
War ich dein Liebling,
Heilige Luna.
O all ihr treuen
Freundlichen Götter!
Dass ihr wüsstest,
Wie euch meine Seele geliebt!
Zwar damals rief ich noch nicht
Euch mit Namen, auch ihr
Nanntet mich nie, wie Menschen sich nennen,
Als kennten sie sich.
Doch kannt ich euch besser
Als ich je die Menschen gekannt
Ich verstand die Stille der Äthers,
Der Menschen Wort verstand ich nie.
Mich erzog der Wohllaut
Des säuselnden Hains,
Und lieben lernt' ich
Unter den Blumen.
Im Arm der Götter wuchs ich gross.

Gesang des Deutschen

O heilig Herz der Völker, o Vaterland!
Allduldend gleich der schweigenden Mutter Erd'
Und allverkannt, wenn schon aus deiner
Tiefe die Fremden ihr Bestes haben.
Sie ernten den Gedanken, den Geist von dir,
Sie pflücken gern die Traube, doch höhnen sie
Dich, ungestalte Rebe! dass du
Schwankend den Boden und wild umirrest.
Du Land des hohen ernsteren Genius!
Du Land der Liebe! Bin ich der deine schon,
Oft zürnt' ich weinend, dass du immer
Blöde die eigene Seele leugnest.
Doch magst du manche Schöne nicht bergen mir,
Oft stand ich, überschauend das holde Grün
Den weiten Garten, hoch in deinen
Lüften auf hellem Gebirg und sah dich.

¡oh Helios, Padre mío!
Y como Endimión
yo era tu favorito, ¡sagrada Luna!
¡Fieles dioses,
dioses bienhechores!
¡Si supiérais
cuánto os he querido!
Verdad es que entonces
no os llamaba por vuestros nombres,
y tampoco vosotros
me nombrábais a la manera de los hombres
como si se conocieran.
Nunca conocí tan bien a los hombres
como a vosotros.
Comprendía el silencio del Éter,
pero jamás entendí las palabras del hombre.
Yo fui educado
por el murmullo armonioso del bosque,
y aprendí a querer
entre las flores.
He crecido en brazos de los dioses...

Canto alemán

¡Oh corazón sagrado de los pueblos, oh patria
silenciosa y paciente como la tierra materna,
ignorada de todos, aunque los extranjeros
sacan de tu seno lo mejor que tienen!
Cosechan las ideas, el alma que viene de ti,
les place cortar el racimo, pero se mofan,
viña deforme, porque vagabundeas
tambaleante y desgreñada por el suelo.
¡Tierra del supremo, grave genio,
y del amor! Aunque te pertenezco entero,
a veces he llorado de rabia al verte
siempre estúpidamente renegando de tu alma.
Pero no puedes ocultarme tus bellezas.
Abarcando con la mirada el tierno verde
de tu vasto jardín, mucho te contemplé,
erguido en pleno cielo sobre la clara montaña.

An deinen Strömen ging ich und dachte dich,
Indes die Töne schüchtern die Nachtigall
Auf schwanker Weide sang und still auf
Dämmerndem Grunde die Sonne weilte.
Und an den Ufern sah ich die Städte blühn,
Die Edeln, wo der Fleiss in der Werkstatt schweigt,
Die Wissenschaft, wo deine Sonne
Milde dem Künstler zum Ernste leuchtet.
Kennst du Minervas Kinder? sie wählten sich
Den Ölbaum früh zum Lieblinge, kennst du sie?
Noch lebt, noch waltet der Athener
Seele, die göttliche, still bei Menschen,
Wenn Platons frommer Garten auch schon nicht mehr
Am stillen Strome grünt, und ein dürftger Mann
Die Heldenasche pflügt, und scheu der
Vogel der Nacht auf der Säule trauert.
O heilger Wald! o Attika! traf Er doch
Mit seinem furchtbarn Strahle dich auch, so bald?
Und eilten sie, die dich belebt, die
Flammen entbunden zum Äther über?
Doch wie der Frühling wandelt der Genius
Von Land zu Land. Und wir? ist denn Einer auch
Von unsern Jünglingen, der nicht ein
Ahnden, ein Rätsel der Brust, verschwiege?
Den deutschen Frauen danket! sie haben uns
Der Götterbilder freundlichen Geist bewahrt,
Und täglich sühnt der holde klare
Friede das böse Gewirre wieder.
Wo sind sonst Dichter, denen der Gott es gab,
Wie unsern Alten, freudig und fromm zu sein,
Wo Weise, wie die unsren sind, die
Kalten und kühnen, die Unbestechbarn?
Nun! sei in deinem Adel, mein Vaterland
Mit neuem Namen, reifeste Frucht der Zeit!
Du letzte und du erste aller
Musen, Urania! sei gegrüsst mir!

Pensando en ti, he seguido la costa de tus ríos,
mientras el tímido ruiseñor cantaba
en el flexible sauce, y el sol sobre un fondo
de bruma, planeaba suspendido.
Y he visto desplegarse en tus riberas
nobles ciudades donde silenciosamente
se trabaja en los talleres y tu luz solar
inspira en el artista austeros pensamientos.
¿Conoces a los hijos de Minerva? Desde siempre,
eligieron como favorito al olivo. ¿Lo conoces?
En alguno de nosotros sobrevive y obra todavía
aunque callada, el alma de Atenas, la divina,
a pesar de que el sagrado jardín de Platón
allí en la orilla del apacible río,
haya perdido su verdor y modestos humanos
roturen la ceniza de los héroes y, huraño,
el pájaro nocturno se queje posado en la columna.
¡Oh sagrada floresta! ¡Oh Ática! ¿También a ti
un dios te hirió con su temible rayo? ¿Tan pronto?
¿Y los que te animaban, liberados por la llama,
se volvieron entonces al Éter?
Pero, como la primavera, el genio emigra
de país en país. ¿Y nosotros? ¿Hay alguno
entre nosotros que no esconda en su pecho
algún presentimiento, algún problema?
¡Agradeced a la mujer alemana! Ella nos conservó
el alma propicia de las estatuas divinas,
y cada día su serenidad clara y amorosa
aplaca la malignidad de nuestros conflictos.
¿En qué otra parte hallar poetas
a quienes Dios haya dado, como a los nuestros,
jovialidad y caridad al mismo tiempo?
¿Dónde hallar sabios como fueron los nuestros,
lúcidos, incorruptibles y audaces?
¡Y bien, querida patria, sé en tu nobleza
el fruto más maduro de este tiempo!
¡A ti, última y también primera de las musas,
yo te saludo, Urania!

Noch säumst und schweigst du, sinnest ein freudig Werk,
Und sinnst, das von dir zeuge, ein neu Gebild,
Das einzig wie du selber, das aus
Liebe geboren und gut, wie du, sei.
Wo ist dein Delos, wo dein Olympia,
Dass wir uns alle finden am höchsten Fest?
Doch wie errät der Sohn, was du den
Deinen, Unsterbliche, längst bereitest?

Heidelberg

Lange lieb' ich dich schon, möchte dich, mir zur Lust
Mutter nennen und dir schenken ein kunstlos Lied,
Ou, der Vaterlandstädte
Ländlich schönste, so viel ich sah.
Wie der Vogel des Walds über die Gipfel fliegt,
Schwingt sich über den Strom, wo er vorbei dir glänzt,
Leicht und kräftig die Brücke,
Die von Wagen und Menschen tönt.
Wie von Göttern gesandt, fesselt' ein Zauber einst
Auf die Brücke mich an, da ich vorüberging,
Und herein in die Berge
Mir die reizende Ferne schien,
Und der Jüngling, der Strom, fort in die Ebne zog,
Traurig froh, wie das Herz, wenn es, sich selbst zu schön,
Liebend unterzugehen,
In die Fluten der Zeit sich wirft.
Quellen hattest du ihm, hattest dem Flüchtigen
Kühle Schatten geschenkt, und die Gestade sahn
All' ihm nach, und es bebte
Aus den Wellen ihr lieblich Bild.
Aber schwer in das Tal hing die gigantische
Schicksalskundige Burg, nieder bis auf den Grund
Von den Wettern zerrissen;
Doch die ewige Sonne goss
Ihr verjüngendes Licht über das alternde
Riesenbild, und umher grünte lebendiger
Efeu; freundliche Wälder
Rauschten über die Burg herab.

Te demoras todavía y callas, meditando
alguna obra feliz, alguna creación nueva que te nombre,
única como lo eres, igualmente
buena y nacida del amor.
¿Dónde está tu Delos y tu Olimpia
para reunirnos todos allí, en fiesta suprema?
¿Pero cómo puede adivinar tu hijo —¡oh inmortal!—
lo que desde hace mucho reservas a los tuyos?

Federico Gorbea

HEIDELBERG

Mi antiguo y largo amor quiere, para su gozo,
llamarte madre, dándote una canción sin arte,
a ti, de las ciudades patrias
la más bella que vi en los campos.
Como el ave del bosque vuela sobre la cumbre,
tal sobre tu reflejo en el río se cierne
el puente, leve y poderoso,
sonoro de hombres y carruajes.
Acaso por los dioses enviado, un hechizo
me encadenaba al puente cuando lo atravesaba,
y me mostraba en las montañas,
incitante, la lejanía.
El río adolescente se perdía en el llano,
gozosamente triste, como el corazón, cuando,
harto de su belleza, quiere
hundirse en el cauce del tiempo.
Le habías dado fuentes, frescas sombras cubrían
al fugitivo, y le iban las orillas mirando
pasar, y llevarse en las ondas,
temblando, su amorosa imagen.
Mas sobre el valle pende gravemente el gigante
castillo, sabedor del destino, hasta el suelo
desgarrado por lluvia y viento;
pero el sol eterno ha vertido
la luz remozadora sobre su envejecida
corpulencia, y, ciñéndole, hizo verdear viviente
yedra, mientras amigos bosques
le envolvían en su murmullo.

Sträuche blühten herab, bis wo im heitern Tal,
An den Hügel gelehnt, oder dem Ufer hold
Deine fröhlichen Gassen
Unter duftenden Gärten ruhn.

Heimat

... ...
... ...
Und niemand weiss
... ...
... ...
... ...
... ...
Indessen lass mich wandeln
Und wilde Beeren pflücken,
Zu löschen die Liebe zu dir
An deinen Pfaden, o Erd
Hier wo ... ...
... ... und Rosendornen
Und süsse Linden duften neben
Den Buchen, des Mittags, wenn im falben Kornfeld
Das Wachstum rauscht, an geradem Halm,
Und den Nacken die Ähre seitwärts beugt
Dem Herbste gleich, jetzt aber unter hohem
Gewölbe der Eichen, da ich sinn
Und aufwärts frage, der Glockenschlag
Mir wohlbekannt
Fernher tönt, goldenklingend, um die Stunde, wenn
Der Vogel wieder wacht. So gehet es wohl.

Los arbustos bajaban floreciendo hasta donde
en el valle, el regazo del monte, o inclinándose
suaves, a la orilla, las calles
entre olor de jardines quedan.

José María Valverde

Tierra nativa

... ...
... ...
Y nadie sabe;
... ...
... ...
... ...
... ...
Mientras tanto déjame divagar,
coger bayas silvestres
por tus senderos, oh tierra,
para apagar el amor hacia ti.
Aquí donde ... ...
... ... rosas, espinas
y dulces tilos olorosos al lado
de las hayas, al mediodía, cuando en el pálido trigal
crece un ímpetu por cada tallo recto
y pliega la espiga el cuello a un lado
lo mismo que el otoño; mas ahora, bajo la alta
bóveda de encinas donde yo reflexiono
e interrogo a la altura, una campana
de antiguo conocida
suena a la hora con dejo áureo allá en la lejanía
en tanto vela el pájaro otra vez. Quizá así sea posible.

Der Kirchhof

Du stiller Ort, der grünt mit jungem Grase,
Da liegen Mann und Frau, und Kreuze stehn,
Wohin hinaus geleitet Freunde gehn,
Wo Fenster sind glänzend mit hellem Glase.
    Wenn glänzt an dir des Himmels hohe Leuchte
Des Mittags, wann der Frühling dort oft weilt,
Wenn geistige Wolke dort, die graue, feuchte,
Wenn sanft der Tag vorbei mit Schönheit eilt!
    Wie still ists nicht an jener grauen Mauer.
Wo drüber her ein Baum mit Früchten hängt;
Mit schwarzen tauigen, und Laub voll Trauer,
Die Früchte aber sind sehr schön gedrängt.
    Dort in der Kirch ist eine dunkle Stille
Und der Altar ist auch in dieser Nacht geringe,
Noch sind darin einige schöne Dinge,
Im Sommer aber singt auf Feldern manche Grille.
    Wenn Einer dort Reden des Pfarrherrn hört,
Indeß die Schaar der Freunde steht daneben,
Die mit dem Todten sind, welch eignes Leben
Und welcher Geist, und fromm seyn ungestört.

Wenn aus der Ferne...

Wenn aus der Ferne, da wir geschieden sind,
Ich dir noch kennbar bin, die Vergangenheit
O du Theilhaber meiner Leiden!
Einiges Gute bezeichnen dir kann,
    So sage, wie erwartet die Freundin dich?
In jenen Gärten, da nach entsezlicher
Und dunkler Zeit wir uns gefunden?
Hier an den Strömen der heilgen Urwelt.
    Das muss ich sagen, einiges Gutes war
In deinen Bliken, als in den Fernen du
Dich einmal fröhlich umgesehen
Immer verschlossener Mensch, mit finstrem
    Aussehn. Wie flossen Stunden dahin, wie still
War meine Seele über der Wahrheit dass
Ich so getrennt gewesen wäre?
Ja! ich gestand es, ich war die deine.

El cementerio

Silencioso lugar verdeante de hierba joven,
donde yace hombre y mujer y se yerguen las cruces,
adonde van acompañados los amigos,
donde fulguran en claro vidrio las ventanas.
Cuando en ti fulge la alta llama del cielo
a mediodía, cuando la primavera te frecuenta y se demora
y va la espiritual nube húmeda y gris,
con hermosura el día escapa dulcemente.
Qué tranquilidad hay cerca del muro grisáceo
encima del cual pende un árbol con frutos:
negror mojado de rocío, follaje todo duelo;
pero los frutos son densos preciosamente.
Hay en la iglesia una tranquilidad oscura
y también el altar en esa noche se recoge;
aún allá quedan varias cosas hermosas,
mas en verano canta alguna cigarra en el campo.
allí, cuando las oraciones del pastor se escuchan
en tanto al lado está el grupo de amigos
que con el muerto van, qué vida singular
y qué espíritu, devotamente descuidado.

Luis Cernuda

Si desde lejos

Si desde lejos, aunque separados,
me reconoces todavía, y el pasado,
—¡oh tú, partícipe de mis penas!—
significa algo hermoso para ti,
entonces dime, ¿cómo tu amada espera?
¿En aquel jardín donde nos encontramos
después de un tiempo terrible y oscuro?
Aquí en los ríos del mundo sagrado.
He de admitirlo, había algo hermoso
en tu mirada, cuando desde lejos
alegre volviste tu cabeza,
hombre siempre reservado, de sombrío
aspecto. ¿Cómo pasaron las horas, cómo
mi alma pudo estar serena
ante la verdad de la separación?
¡Sí!, confieso que fui tuya.

Wahrhafftig! wie du alles Bekannte mir
In mein Gedächtniss bringen und schreiben willst,
Mit Briefen, so ergeht es mir auch
Dass ich Vergangenes alles sage.
Wars Frühling? war es Sommer? die Nachtigall
Mit süssem Liede lebt mit Vögeln, die
Nicht ferne waren im Gebüsche
Und mit Gerüchen umgaben Bäum' uns.
Die klaren Gänge, niedres Gesträuch und Sand
Auf dem wir traten, machten erfreulicher
Und lieblicher die Hyacinthe
Oder die Tulpe, Viole, Nelke.
Um Wänd und Mauern grünte der Epheu, grünt'
Ein seelig Dunkel hoher Alleeen. Offt
Des Abends, Morgens waren dort wir
Redeten manches und sahn uns froh an.
In meinen Armen lebte der Jüngling auf,
Der, noch verlassen, aus den Gefilden kam,
Die er mir wies, mit einer Schwermuth,
Aber die Nahmen der seltnen Orte.
Und alles Schöne hatt' er behalten, das
An seeligen Gestaden, auch mir sehr werth
Im heimatlichen lande blühet
Oder verborgen, aus hoher Aussicht,
Allwo das Meer auch einer beschauen kann,
Doch keiner seyn will. Nehme vorlieb, und denk
An die, die noch vergnügt ist, darum,
Weil der entzükende Tag uns anschien,
Der mit Geständmiss oder der Hände Druk
Anhub, der uns vereinet. Ach! wehe mir!
Es waren schöne Tage. Aber
Traurige Dämmerung folgte nachher.
Du seiest so allein in der schönen Welt
Behauptest du mir immer, Geliebter! das
Weist aber du nicht...

¡Es cierto! Me traes a la memoria
cuanto ya sé y lo escribes
en tus cartas, también
yo recordaré el pasado.
¿Era primavera? ¿Era verano? El ruiseñor
entonaba su dulce canto entre pájaros
de arbustos cercanos
y con sus aromas los árboles nos envolvían.
Los claros caminos, el matorral, y la arena
sobre la que caminábamos, tornaban más alegres
y dulces los jacintos
o los tulipanes, el clavel, la violeta.
Entre paredes y murallas verdeaba la hiedra, verdeaba
una sacra oscuridad de altas alamedas. Tantas
noches, tantas mañanas allí estuvimos
hablando de cualquier cosa y mirándonos con gozo.
Resucitaba en mis brazos el joven
que perdido llegó de los campos,
el que con melancolía me hizo contemplarlos,
hasta guardar los nombres
de aquellos lugares que tanto amó,
la belleza que sobre la tierra patria florece
o se oculta en sagradas orillas, y desde lo alto
contemplar es posible hasta donde el mar se pierde
y nadie quiere estar. Alégrate y piensa
en la que todavía se complace
porque para nosotros brilló el radiante día,
el que con declaraciones comenzara, entrelazando
las manos, uniéndonos. ¡Ay de mí!
Fueron hermosos días. Pero
una triste oscuridad llegó tras ellos.
¡Que muy solo te encuentras en el hermoso mundo
siempre me aseguras, amado mío!
Mas no sabes...

Txaro Santoro y José María Álvarez

William Wordsworth

Gran Bretaña (Cockermouth, 1770-Rydal Mounth, 1850)

La vida agreste y el paisaje de los Lagos ingleses moldearon desde la niñez la personalidad de Wordsworth, y con razón se le recuerda, junto con Coleridge (y Robert Southey), como arquetipo de los «poetas laguistas». En colaboración precisamente con Coleridge, publicó en 1798, anónimas, las *Baladas líricas* cuyo prólogo es considerado como el manifiesto del romanticismo en Gran Bretaña. Los temas principales de su poesía nacen de la observación directa de la naturaleza por los sentidos y de una intención de liberar al hombre en el ámbito político, religioso y sexual, intención no ajena a la simpatía que en una época sintió por la Revolución Francesa, contra cuyos ideales acabó sin embargo por reaccionar. La renovación del lenguaje poético que propugnó y practicó consiste básicamente en el alejamiento de la jerga convencional de la literatura, a favor de una dicción más cercana al habla común. Su vasta producción, cuya joya es quizá el autobiográfico *The Prelude* (1805, pero publicado póstumo), tiende a evitar los materiales tópicamente poéticos para explotar en cambio la expresividad del lenguaje ordinario y la nobleza de los temas rústicos. Central en Wordsworth es la distancia que establece entre la experiencia inmediata, en bruto, y el recuerdo de esa experiencia tal como se revive en el poema: la poesía es la «emoción rememorada en la tranquilidad».

Pure element of waters

Pure element of waters! wheresoe'er
Thou dost forsake thy subterranean haunts,
Green herbs, bright flowers, and berry-beating plants
Rise into life and in thy train appear;
And, through the sunny portion of the year,
Swift insects shine, thy hovering pursuivants;
And, if thy bounty fail, the forest pants;
And hart and hind and hunter with his spear,
Languish and droop together. Nor unfelt
In man's perturbèd soul thy sway benign;
And, haply, far within the marble belt
Of central earth, where tortured Spirits pine
For grace and goodness lost, thy murmurs melt
Their anguish, –and they blend sweet songs with thine.

My heart leaps up when I behold
A rainbow in the sky:
So was it when my life began:
So it is now I am a man:
So be it when I shall grow old,
Or let me die!
The Child is father of the Man;
And I could wish my days to be
Bound each to each by natural piety.

The world is too much with us: late and soon.
Getting and spending, we lay waste our powers:
Little we see in Nature that is ours;
We have given our hearts away, a sordid boon!
This Sea that bares her bosom to the moon;
The winds that will be howling at all hours,
And are up-gathered now like sleeping flowers;
For this, for every thing, we are out of tune;
It moves us not. –Great God! I'd rather be
A Pagan suckled in a creed outworn:
So might I, standing on this pleasant lea,

Agua, puro elemento...

Agua, puro elemento, dondequiera abandonas
tu mansión subterránea, hierbas verdes y flores
de brillante color y plantas con sus bayas,
surgiendo hacia la vida, adornan tu cortejo;
y en el estío, cuando el sol arde, veloces
insectos resplandecen y, volando, te siguen.
Si falta tu bondad, resuella el bosque, y ciervo
y cierva y cazador con su venablo, juntos
languidecen y caen. No deja de sentirse
en el alma turbada tu benigna influencia;
y tal vez en la entraña marmórea de la tierra,
donde sufren tormento espíritus que lloran
gracia y bondad perdidas, tus murmullos apagan
su angustia y a los tuyos mezclan sus dulces cantos.

Marià Manent

Mi corazón da un brinco cuando observo
el iris en el cielo:
así fue, igual, al empezar mi vida,
así es ahora cuando soy un hombre,
así será cuando me vuelva un viejo,
¡o dejadme morir!
El Niño es padre del Hombre: ojalá
mis días estuvieran vinculados
por natural piedad unos con otros.

José María Valverde

El mundo con exceso está en nosotros;
pronto o tarde las fuerzas agotamos;
poco que sea nuestro aquí encontramos,
y el corazón lo damos a los otros.
    Este mar, que a luna da su seno,
los vientos, que aullarán dentro unas horas,
y ahora duermen cual flores soñadoras,
todo, todo a nuestra alma le es ajeno.
    Nada nos mueve. Ansiara ahora tener
las creencias antiguas de un pagano
y desde esa llanura poder ver,

Have glimpses that would make me less forlorn;
Have sight of Proteus rising from the sea;
Or hear old Triton blow his wreathèd horn.

Where lies the Land to which yon Ship must go?
Fresh as a lark mounting at break of day,
Festively she puts forth in trim array;
Is she for tropic suns, or polar snow?
What boots the enquiry? Neither friend nor foe
She cares for; let her travel where she may,
She finds familiar names, a beaten way
Ever before her, and a wind to blow.
Yet still I ask, what Haven is her mark?
And, almost as it was when ships were rare,
(From time to time, like Pilgrims, here and there
Crossing the waters) doubt, and something dark,
Of the old Sea some reverential fear,
Is with me at thy farewell, joyous Bark!

The Forsaken

The peace which others seek they find;
The heaviest storms not longest last;
Heaven grants even to the guiltiest mind
An amnesty for what is past;
When will my sentence be reversed?
I only pray to know the worst;
And wish, as if my heart would burst.
O weary struggle! silent years
Tell seemingly no doubtful tale;
And yet they leave it short, and fears
And hopes are strong and will prevail.
My calmest faith escapes not pain;
And, feeling that the hope is vain,
I think that he will come again.

—sintiendo menos solo el corazón—
cual Proteo al surgir del océano,
u oír sonar el cuerno de Tritón.

Fernando Maristany

¿Dónde está la Tierra que aquel Barco persigue?
Alegre se aleja con avíos de fiesta
ligero como alondra que se eleva al alba.
¿Qué importa si busca el sol del trópico
o la nieve polar? Tampoco le preocupan
amigos o enemigos; dejadle ir a donde pueda
encontrar nombres familiares, siempre ante él
rutas ya surcadas, y el empuje del viento.
Aún me pregunto qué Puerto es su meta.
Y, casi como cuando eran raros los barcos,
(como Peregrinos, de vez en cuando, aquí y allá,
cruzando el océano), algo sombrío, y una duda,
del viejo Mar algún temor profundo,
me acompañan cuando te digo adiós, ¡Barco feliz!

Ángel Rupérez

Los desamparados

Ellos encuentran la paz que otros persiguen;
las tormentas más fuertes no son las que más duran;
el cielo otorga incluso al más culpable espíritu
amnistía por todo lo pasado;
¿Cuándo será mi pena revocada?
Únicamente ruego conocer lo peor;
y siento ansias, tal como si mi corazón fuese a estallar.
¡Oh fatigosa lucha! Silenciosos años
historia no dudosa narran, al parecer;
y, pese a todo, entera no llegan a contarla,
temores y esperanzas son intensos, y prevalecerán.
No escapa al dolor mi más plácida fe;
y sintiendo que vana es la esperanza,
creo que él de nuevo volverá.

Jaime Siles y Fernando Toda

Ode

INTIMATIONS OF IMMORTALITY
FROM RECOLLECTIONS OF EARLY CHILDHOOD

There was a time when meadow, grove, and stream,
The earth, and every common sight,
    To me did seem
    Apparelled in celestial light,
The glory and the freshness of a dream.
It is not now as it hath been of yore; –
    Turn wheresoe'er I may,
    By night or day,
The things which I have seen I now can see no more. ...
    Ye blessed Creatures, I have heard the call
    Ye to each other make; I see
The heavens laugh with you in your jubilee;
    My heart is at your festival,
    My head hath its coronal,
The fulness of your bliss, I feel – I feel it all.
Oh evil day! if I were sullen
While Earth herself is adorning,
This sweet May-morning,
And the Children are culling
On every side,
In a thousand valleys far and wide,
Fresh flowers; while the sun shines warm,
And the Babe leaps up on his Mother's arm: –
I hear, I hear, with joy I hear!
– But there's a Tree, of many, one,
A single Field which I have looked upon,
Both of them speak of something that is gone;
The Pansy at my feet
Doth the same tale repeat:
Whither is fled the visionary gleam?
Where is it now, the glory and the dream? ...
    O joy! that in our embers
Is something that doth live,
That nature yet remembers
What was so fugitive!
The thought of our past years in me doth breed

Oda

Indicios de inmortalidad en los recuerdos de la primera infancia

Hubo un tiempo en que prados, arroyuelos y bosques,
la tierra y sus visiones cotidianas,
a mí me parecían
aureolados por una luz divina,
por la gloria y frescura de algún sueño.
Ya no es lo mismo ahora como antaño;
doquiera que me vuelva,
ya de noche o de día,
aquello que yo viera ya no me es dado verlo. ...
Benditas criaturas, oí vuestra llamada
mutua; y he contemplado
el reír de los cielos al ver vuestro alborozo;
mi pecho os acompaña,
y en mi frente se ostenta su guirnalda:
siento la plenitud de vuestra gloria.
¡Oh, día infortunado!, si estuviese sombrío
mientras la Tierra se engalana,
este día de mayo tan hermoso,
y los Niños recogen
en todas partes,
en mil valles distantes y espaciosos,
lozanas flores; cuando el sol entibia,
y el Niño se encarama en brazos de su Madre,
¡oigo, oigo, oigo con júbilo!
Pero, entre tantos, hay un Árbol, uno,
y un Prado entre los prados:
ambos expresan algo ya extinguido;
la margarita, a mis pies, repite
aquella misma historia;
¿adónde huyó el destello visionario?
¿Dónde, ahora, la gloria y el ensueño? ...
¡Qué júbilo saber que en nuestras brasas
hay algo que aún vive,
que la naturaleza aún recuerda
lo que fue tan fugaz!
Al pensar en mis años del pasado, alimento

Perpetual benediction; not indeed
For that which is most worthy to be blest;
Delight and liberty, the simple creed
Of Childhood, whether busy or at rest,
With new-fledged hope still fluttering in his breast: –
Not for these I raise
The song of thanks and praise;
But for those obstinate questionings
Of sense and outward things,
Fallings from us, vanishings;
Blank misgivings of a Creature
Moving about in worlds not realised,
High instincts before which our mortal Nature
Did tremble like a guilty Thing surprised:
But for those first affections,
Those shadowy recollections,
Which, be they what they may,
Are yet the fountain-light of all our day,
Are yet a master-light of all our seeing;
Uphold us, cherish, and have power to make
Our noisy years seem moments in the being
Of the eternal Silence: truths that wake,
To perish never:
Which neither listlessness, nor mad endeavour,
Nor Man nor Boy,
Nor all that is at enmity with joy,
Can utterly abolish or destroy!
Hence in a season of calm weather
Though inland far we be,
Our Souls have sight of that immortal sea
Which brought us hither,
Can in a moment travel thither,
And see the Children sport upon the shore,
And hear the mighty waters rolling evermore.
Then sing, ye Birds, sing, sing a joyous song!
And let the young Lambs bound
As to the tabor's sound!
We in thought will join your throng,
Ye that pipe and ye that play,
Ye that through your hearts to-day
Feel the gladness of the May!

perpetuas bendiciones, no por cierto
por aquello más digno de alabanza;
deleite y libertad, el simple credo
de la Niñez, tranquila o atareada
con reciente esperanza agitándole el pecho;
no es por esto que entono
el canto de alabanza y gratitud;
sino por las preguntas obstinadas
del sentido y las cosas exteriores
que emergen de nosotros y se esfuman;
confusos titubeos de Algún ser
que se mueve por mundos ilusorios,
elevados instintos que nuestro Ser mortal
cual Cosa estremecían en culpa sorprendida;
y recuerdos obscuros,
que, fueren lo que fueren,
son manantial de luz, aún en nuestro día,
y aún faro de luz a nuestra entera vista;
nos elevan, preservan y transforman
nuestros años vivaces, momentos en el ser
del eterno Silencio: verdades que despiertan
para nunca morir;
¡que ni la indiferencia, ni los locos esfuerzos,
ni el Hombre ni el Muchacho,
ni nada que es hostil a la alegría
abolir o asolar pueden del todo!
Por eso en estaciones de apacible sosiego,
aunque muy tierra adentro penetremos,
vislumbran nuestras Almas aquel mar inmortal
que a este lugar nos trajo,
hasta allí pueden ir en un instante,
y observar a los Niños que juegan en la playa,
y oír las recias aguas que por siempre se agitan.
¡Cantad, cantad, oh Pájaros, un canto jubiloso!
¡Que brinquen corderillos
al son de un tamboril!
¡Yendo en vuestro cortejo con sólo el pensamiento,
sea con los que canten, sea con los que juegan,
con aquellos que sienten en su pecho
la alegría de mayo!

What though the radiance which was once so bright
Be now for ever taken from my sight,
Though nothing can bring back the hour
Of splendour in the grass, of glory in the flower;
We will grieve not, rather find
Strength in what remains behind;
In the primal sympathy
Which having been must ever be;
In the soothing thoughts that spring
Out of human suffering;
In the faith that looks through death,
In years that bring the philosophic mind.

Pues aunque el esplendor, que tan brillante fuera,
sea ahora apartado de mi vista,
aunque ya nada pueda devolverme el instante
de esplendor en la hierba y de gloria en las flores;
no nos lamentaremos, y más bien
hallamos nuevas fuerzas en lo que aún perdura;
en esa simpatía primigenia
que, habiendo existido, existirá por siempre;
en los parsimoniosos pensamientos que brotan
del sufrimiento humano;
en la fe que penetra a través de la muerte,
y en los años que forman la mente reflexiva.

Ricardo Silva Santisteban

Samuel Taylor Coleridge

Gran Bretaña (Ottery St. Mary, 1772-Londres, 1834)

Coleridge se destacó como el mayor teórico de la primera generación del romanticismo inglés, en el grupo de los «poetas laguistas», en particular al lado de Wordsworth, con quien compartió muchos ideales y proyectos. La adicción al opio, un carácter voluble y la vocación de «ser un hombre echado a perder» (T. S. Eliot) no le permitieron dejar una obra poética más contundente, pero la *Balada del viejo marinero* (incluida entre las *Baladas líricas* que publicó con Wordsworth) y el *Kubla Khan* (1816) bastan para reconocerle una fisonomía propia, por su efusiva evocación de lo fantástico y de lo exótico. En la misma línea va el inconcluso *Cristabel.* Especial influencia y popularidad consiguió merced a sus escritos filosóficos y críticos. La *Biographia literaria* (1817), sobre todo, diagnosticó con bastante anticipación el peligro que aún había de acusarse en el romanticismo posterior: evaluar la obra de un autor por su mitología personal más que por su hechura literaria. Muy traída y llevada ha sido su distinción entre la «fantasía» *(fancy)* y la «imaginación»: la primera se limita a acumular desordenadamente imágenes e impresiones; la segunda, las elabora y reduce a la unidad.

Kubla Khan

In Xanadu did Kubla Khan
A stately pleasure-dome decree:
Where Alph, the sacred river, ran
Through caverns measureless to man
  Down to a sunless sea.
So twice five miles of fertile ground
With walls and towers were girdled round:
And there were gardens bright with sinuous rills,
Where blossomed many an incense-bearing tree;
And here were forests ancient as the hills,
Enfolding sunny spots of greenery.
  But oh! that deep romantic chasm which slanted
Down the green hill athwart a cedarn cover!
A savage place! as holy and enchanted
As e'er beneath a waning moon was haunted
By woman wailing for her demon-lover!
And from this chasm, with ceaseless turmoil seething,
As if this earth in fast thick pants were breathing,
A mighty fountain momently was forced:
Amid whose swift half-intermitted burst
Huge fragments vaulted like rebounding hail,
Or chaffy grain beneath the thresher's flail:
And 'mid these dancing rocks at once and ever
It flung up momently the sacred river.
Five miles meandering with a mazy motion
Through wood and dale the sacred river ran,
Then reached the caverns measureless to man,
And sank in tumult to a lifeless ocean:
And 'mid this tumult Kubla heard from far
Ancestral voices prophesying war!
  The shadow of the dome of pleasure
  Floated midway on the waves;
  Where was heard the mingled measure
  From the fountain and the caves.
It was a miracle of rare device,
A sunny pleasure-dome with caves of ice!
  A damsel with a dulcimer
In a vision once I saw:

EL KHAN KUBLA

En Xanadú, el Khan Kubla decretó
alzar una solemne cúpula de placeres:
donde Alph, el río sacro, iba fluyendo
por cavernas que el hombre nunca pudo
medir, hasta llegar a un mar sin sol.
Así diez millas de terreno fértil
se ciñeron de muros y de torres:
y hubo jardines con brillar de arroyos
sinuosos, con árboles del incienso floridos;
y había en las colinas viejos bosques
envolviendo lugares de verdor soleado.
Pero ¡ah el profundo abismo romántico, bajando
al sesgo por la verde colina, entre los cedros!
¡Lugar silvestre! ¡Santo y encantado,
como en el que una vez, bajo una luna vaga,
aguardó una mujer a su amante-demonio!
De este abismo, en fermento siempre de torbellinos,
como si en apretados y rápidos jadeos
alentara la tierra, una fuente surgía
poderosa, con fuerza:
entre cuyo veloz brotar intermitente
grandes trozos de roca saltaban como en bóveda
de granizo, o el trigo que el trillador azota
con el mayal, quitándole su tamo;
y entre esas rocas, siempre brusco y fuerte,
saltaba el sacro río.
Después de cinco millas en meandros danzantes
por bosques y por valles corriendo, el río sacro
llegaba a las cavernas que nunca mide el hombre,
hundiéndose en un mar sin vida, con tumulto,
¡y en medio del tumulto Kubla oyó desde lejos
voces de antepasados profetizando guerra!
La sombra de la cúpula de placeres flotaba
a mitad de camino entre las ondas;
donde se oían los mezclados ritmos
de la fuente y las cuevas.
¡Era un raro milagro: una soleada
cúpula de placer con cavernas de hielo!

It was an Abyssinian maid,
And on her dulcimer she played,
Singing of Mount Abora.
Could I revive within me
Her symphony and song,
To such a deep delight 'twould win me,
That with music loud and long,
I would build that dome in air,
That sunny dome! those caves of ice!
And all who heard should see them there,
And all should cry, Beware! Beware!
His flashing eyes, his floating hair!
Weave a circle round him thrice,
And close your eyes with holy dread,
For he on honey-dew hath fed,
And drunk the milk of Paradise.

THE RIME OF THE ANCIENT MARINER

'I fear thee, ancient Mariner!
I fear thy skinny hand!
And thou art long, and lank, and brown,
As is the ribbed sea-sand.
    I fear thee and thy glittering eye,
And thy skinny hand, so brown'.–
'Fear not, fear not, thou Wedding-Guest!
This body dropt not down.
    Alone, alone, all, all alone,
Alone on a wide wide sea!
And never a saint took pity on
My soul in agony.
    The many men, so beautiful!
And they all dead did lie:
And a thousand thousand slimy things
Lived on; and so did I.
    I looked upon the rotting sea,
And drew my eyes away;
I looked upon the rotting deck,
And there the dead men lay.

Y, un dulcémer tañendo, una doncella
vi una vez en visión: una abisinia
que, al son de su dulcémer, cantaba al monte Abora.
¡Ojalá reviviera en mi interior
su música y su canto!
Con tal hondo placer me vencería
que, con música fuerte y duradera,
podría construir en el aire esa cúpula,
¡la cúpula soleada; esas cuevas de hielo!
Y cuantos escucharan las verían allí,
y gritarían todos: ¡Mira, mira
sus ojos destellantes, su cabellera al viento!
Teje un círculo en torno de él tres veces,
y con sacro temor cierra los ojos,
porque se ha alimentado de rocío de mieles
y ha bebido la leche del Edén.

José María Valverde

La balada del viejo marinero

«Miedo me das, anciano Marinero.
Miedo me da tu mano descarnada:
eres alto, escuálido y curtido
como la arena en ondas de las playas.
¡Miedo me dan tus relucientes ojos!
¡Miedo me da tu renegrida mano descarnada!»
«No temas, Invitado: no, no temas: este cuerpo
logró no sucumbir a la desgracia!»
Solo, solo, completa y absolutamente solo:
solo sobre un mar más que infinito,
sin que ni un solo santo se apiadara
de mi dolor y corazón contrito.
Tantos hombres: tantos y tan hermosos
y todos allí muertos reposaban
mientras miles de seres repugnantes
vivían, como yo, sin razón clara.
Miré el putrefacto mar, pero no pude
retener mucho tiempo la mirada:
miré el putrefacto puente y la cubierta
donde cientos de muertos reposaban.

I looked to heaven, and tried to pray;
But or ever a prayer had gusht,
A wicked whisper came, and made
My heart as dry as dust.
I closed my lids, and kept them close,
And the balls like pulses beat;
For the sky and the sea, and the sea and the sky
Lay like a load on my weary eye,
And the dead were at my feet.
The cold sweat melted from their limbs
Nor rot nor reek did they:
The look with which they looked on me
Had never passed away.
An orphan's curse would drag to hell
A spirit from on high;
But oh! more horrible than that
Is the curse in a dead man's eye!
Seven days, seven nights, I saw that curse,
And yet I could not die.
The moving Moon went up the sky.
And no where did abide:
Softly she was going up,
And a star or two beside–
Her beams bemocked the sultry main,
Like April hoar-frost spread;
But where the ship's huge shadow lay,
The charméd water burnt alway
A still and awful red.
Beyond the shadow of the ship,
I watched the water-snakes:
They moved in tracks of shining white,
And when they reared, the elfish light
Fell off in hoary flakes.
Within the shadow of the ship
I watched their rich attire:
Blue, glossy green, and velvet black,
They coiled and swam; and every track
Was a flash of golden fire.
O happy living things! no tongue
Their beauty might declare:
A spring of love gushed from my heart,

Alcé al cielo los ojos e intenté
musitar, como fuera, una plegaria
y un silbido maligno me secó
no sólo el corazón: también el alma.
Mucho tiempo mantuve los párpados cerrados.
Los globos de los ojos latían sin cesar:
flotaban dentro de ellos y eran su carga muerta
—como a mis pies los muertos—
el mar y el cielo, el cielo y el mar.
Intacta, la carne ni siquiera hedía:
fundía sus cuerpos un frío sudor.
Pero las miradas con que me miraban
seguían clavadas en mi propio yo.
Si la maldición de un huérfano a un espíritu
desde lo alto hasta el infierno arrastra,
más horrible aún es la de un muerto
que maldice sólo con su mirada.
Siete días enteros y siete noches largas
estuve —y no morí— frente a aquella mirada.
Sin detener su paso, la Luna
recorría su curso por el cielo
y ascendía, suave,
Con una o dos estrellas como séquito.
Sus rayos, derramados como en abril la escarcha,
parecían burlarse del sofoco del agua.
Sólo bajo la sombra de la nave arbolada
en quietos resplandores,
rojas ardían, las aguas hechizadas.
Más allá de la sombra del barco se veía
brillar el blanco movimiento
de serpientes marinas:
que, en su fluir, dejaban
caer la magia y luz de sus blancas escamas.
A la sombra del barco contemplaba
sus ricos atuendos:
azul, verde brillantes y negro terciopelo.
Enroscadas nadaban, y cada movimiento
era una estela de oro: de oro y de fuego.
¡Criaturas dichosas!: sin lengua
que describa vuestra belleza insólita.
Un torrente de amor surgía de mi pecho

And I blessed them unaware:
Sure my kind saint took pity on me,
And I blessed them unaware.
    The self-same moment I could pray;
And from my neck so free
The Albatross fell off, and sank
Like lead into the sea.

y, de modo inconsciente, bendije todo aquello.
Sin duda mi patrón se apiadaba de esto
y, de modo inconsciente, bendije todo aquello.
En ese mismo instante me vi capaz de orar:
de mi cuello se desprendió el Albatros
y libre, como un plomo,
se sumergió en el mar.

Jaime Siles

Novalis

Alemania (Oberwiederstedt, 1772-Weissenfels, 1801)

A medio camino entre los ideales enciclopédicos de la ilustración y el idealismo alemán, base sustancial de gran parte del misticismo romántico, la obra de Novalis (pseudónimo del barón Friedrich Leopold von Hardenberg) data en la mayor parte de los cinco últimos años de su corta vida. Hijo de una familia pietista tradicional, estudió leyes en Jena, Leipzig y Wittenberg; fue amigo y discípulo de Schiller y de Fichte, y se interesó por los más variados saberes, de la mineralogía a la filosofía. El sistema poético que creó, conocido como «idealismo mágico», tiene hondas raíces en esa curiosidad universal, en su familiaridad con los místicos alemanes (como el filósofo ocultista Jakob Böhme) y en la hermenéutica de Schleiermacher. La muerte de Sophia von Kühn en 1797, con quien se había comprometido en 1794, cuando ella contaba tan sólo trece años, originó en gran medida la concepción místico-sensual que se refleja en sus *Himnos a la noche* (1800), en los que la muerte se contempla y se anhela como principio de la auténtica vida, y que dieron inicio al nuevo género del poema en prosa. Otro aspecto importante de tal concepción inspira los *Cánticos espirituales* (1799), donde Novalis identifica el amor espiritual con el sentimiento religioso y funde las imágenes de Cristo y de Sophia von Kühn. En la novela *Enrique de Ofterdingen* da forma a los mitos poéticos de la flor azul de la poesía y del reino de la noche. La idea de que la Iglesia católica debiera aglutinar una nueva Europa, como en la Edad Media, anima un ensayo cuyo título ha hecho fortuna: *Die Christenheit oder Europa*.

Welcher Lebendige, Sinnbegabte, liebt nicht vor allen Wundererscheinungen des verbreiteten Raums um ihn, das allerfreuliche Licht – mit seinen Farben, seinen Strahlen und Wogen; seiner milden Allgegenwart, als weckender Tag. Wie des Lebens innerste Seele atmet es der rastlosen Gestirne Riesenwelt, und schwimmt tanzend in seiner blauen Flut – atmet es der funkelnde, ewigruhende Stein, die sinnige, saugende Pflanze, und das wilde, brennende, vielgestaltete Tier – vor allen aber der herrliche Fremdling mit den sinnvollen Augen, dem schwebenden Gange, und den zartgeschlossenen, tonreichen Lippen. Wie ein König der irdischen Natur ruft es jede Kraft zu zahllosen Verwandlungen, knüpft und löst unendliche Bündnisse, hängt sein himmlisches Bild jedem irdischen Wesen um. – Seine Gegenwart allein offenbart die Wunderherrlichkeit der Reiche der Welt.

Abwärts wend ich mich zu der heiligen, unaussprechlichen, geheimnisvollen Nacht. Fernab liegt die Welt – in eine tiefe Gruft versenkt – wüst und einsam ist ihre Stelle. In den Saiten der Brust weht tiefe Wehmut. In Tautropfen will ich hinuntersinken und mit der Asche mich vermischen. – Fernen der Erinnerung, Wünsche der Jugend, der Kindheit Träume, des ganzen langen Lebens kurze Freuden und vergebliche Hoffnungen kommen in grauen Kleidern, wie Abendnebel nach der Sonne Untergang. In andern Räumen schlug die lustigen Gezelte das Licht auf. Sollte es nie zu seinen Kindern wiederkommen, die mit der Unschuld Glauben seiner harren?

Was quillt auf einmal so ahndungsvoll unterm Herzen, und verschluckt der Wehmut weiche Luft? Hast auch du ein Gefallen an uns, dunkle Nacht? Was hältst du unter deinem Mantel, das mir unsichtbar kräftig an die Seele geht? Köstlicher Balsam träuft aus deiner Hand, aus dem Bündel Mohn. Die schweren Flügel des Gemüts hebst du empor. Dunkel und unaussprechlich fühlen wir uns bewegt – ein ernstes Antlitz seh ich froh erschrocken, das sanft und andachtsvoll sich zu mir neigt, und unter unendlich verschlungenen Locken der Mutter liebe Jugend zeigt. Wie arm und kindisch dünkt mir das Licht nun – wie erfreulich und gesegnet des Tages Abschied – Also nur darum, weil die Nacht dir abwendig macht die Dienenden, säetest du in des Raumes Weiten die leuchtenden Kugeln, zu verkünden deine Allmacht – deine Wiederkehr – in den Zeiten deiner Entfernung. Himmlischer, als jene blitzenden Sterne, dünken uns die unendlichen Augen, die die Nacht in uns geöffnet. Weiter sehn sie, als die blässesten jener zahllosen Heere – unbedürf-

¿Qué ser que vive, piensa y siente no ama, por sobre todas las maravillas que aparecen en el dilatado espacio circundante, la luz, júbilo del universo, — con sus colores, sus rayos y sus ondas, con su dulce omnipresencia cuando es día y despertar? Alma íntima de la vida, la respira el mundo gigantesco de los astros incesantes que flota danzando en su piélago azul — la respiran la piedra centellante en eterno reposo, la planta sensitiva que absorbe la vida de la tierra, y el animal salvaje, ardiente, multiforme — pero más que todos el egregio extranjero de ojos pensativos y labios tiernamente entrecerrados en los que abunda el canto. Como una reina de la naturaleza terrestre, convoca cada fuerza a innúmeras metamorfosis, anuda y disuelve infinitas alianzas, suspende en torno a todas las criaturas de la tierra su celeste aureola —. Sólo su presencia revela el prodigioso esplendor de los reinos de este mundo.

Apartado de ella, yo me vuelvo hacia la sagrada inefable misteriosa noche. Lejos yace el mundo — sepultado en honda cripta — desierto y solitario está su lugar. Un hálito de profunda melancolía hace vibrar las cuerdas de mi alma. Yo quisiera precipitarme en rocío y amalgamarme en las cenizas —. Lejanías del recuerdo, deseos de la juventud, sueños de la infancia, las breves alegrías, las vanas esperanzas de toda una larga vida acuden vestidas de gris como la niebla de la noche cuando el sol se ha puesto. En otros espacios ha levantado la luz sus tiendas de alegría. ¿No volverá ya nunca más a sus hijos que la aguardan impacientes con la fe de la inocencia?

¿Qué repentino presentimiento surge del fondo del corazón absorbiendo el aire suave de la melancolía? ¿También tú, oscura noche, te complaces en nosotros? ¿Qué tienes bajo tu manto? ¿Qué poder invisible que me penetra el alma? Un bálsamo precioso gotea de tu mano, de tu ramo de amapolas. Tú levantas las alas del ánimo caído. Oscura inefable emoción nos invade; veo — gozo y temor — un rostro grave que se me acerca con dulce fervor: bajo un cielo de rizos brilla el suave encanto de la madre — su juventud en flor. ¡Qué pobre, qué pueril me parece entonces la luz — cuán halagüeña y bendita la despedida del día! — Sólo pues porque la noche aleja de ti a tus servidores has sembrado en la inmensidad del espacio esas esferas luminosas, sólo para proclamar tu omnipotencia — tu retorno — durante el tiempo en que te alejas. Más celestes que los de esos brillantes luceros nos parecen los ojos infinitos que la noche ha abierto en nosotros. Ellos ven más lejos que las más pálidas de aquellas innumerables legiones — sin necesidad de la luz su mirada penetra en lo más hondo de un alma amante — llenando de indecibles deleites un

tig des Lichts durchschaun sie die Tiefen eines liebenden Gemüts – was einen höhern Raum mit unsäglicher Wollust füllt. Preis der Weltkönigin, der hohen Verkündigerin heiliger Welten, der Pflegerin seliger Liebe – sie sendet mir dich – zarte Geliebte – liebliche Sonne der Nacht, – nun wach ich – denn ich bin Dein und Mein – du hast die Nacht mir zum Leben verkündet – mich zum Menschen gemacht – zehre mit Geisterglut meinen Leib, daß ich luftig mit dir inniger mich mische und dann ewig die Brautnacht währt.

... Das furchtbar zu den frohen Tischen trat
Und das Gemüt in wilde Schrecken hüllte.
Hier wußten selbst die Gotter keinen Rat
Der die beklommne Brust mit Trost erfüllte.
Geheimnisvoll war dieses Unholds Pfad
Des Wut kein Flehn und keine Gabe stillte;
Es war der Tod, der dieses Lustgelag
Mit Angst und Schmerz und Tränen unterbrach.
Auf ewig nun von allen abgeschieden,
Was hier das Herz in süßer Wollust regt,
Getrennt von den Geliebten, die hinieden
Vergebne Sehnsucht, langes Weh bewegt,
Schien matter Traum dem Toten nur beschieden,
Ohnmächtiges Ringen nur ihm auferlegt.
Zerbrochen war die Woge des Genusses
Am Felsen des unendlichen Verdrusses.
Mit kühnem Geist und hoher Sinnenglut
Verschönte sich der Mensch die grause Larve,
Ein sanfter Jüngling löscht das Licht und ruht–
Sanft wird das Ende, wie ein Wehn der Harfe.
Erinnerung schmilzt in kühler Schattenflut,
So sang das Lied dem traurigen Bedarfe.
Doch unenträtselt blieb die ewge Nacht,
Das ernste Zeichen einer fernen Macht. ...

espacio más alto. ¡Loor a la reina del universo, a la sublime mensajera de los mundos sagrados, a la protectora del amor feliz — ella te envía a mí — mi tierna amada — adorable sol de la noche — ahora sí estoy velando — pues ya soy tuyo y mío — tú me has anunciado que la noche es la vida — me has hecho hombre — consume mi cuerpo en la llama espectral y convertido en aire me uniré en fusión más íntima contigo y la noche de bodas será eterna.

... Turbaba los placeres de la fiesta,
llenaba el alma de profundo espanto,
y el angustiado corazón humano
ya ni los dioses consolar podían.
Por ocultos senderos se acercaba
el monstruo y ni ofrendas ni plegarias
aplacaban su furia;
era la muerte — angustia, duelo y lágrimas —
que sorprendía a los felices hombres
en medio del festín.
    Separado por siempre ya de todo
lo que deleita al alma en esta tierra,
de los seres amados que atrás quedan
y que anhelan en vano en largo duelo,
el muerto no era sino vaga sombra
de un sueño, combatiente
de impotente combate.
Y las olas del gozo se rompían
contra las rocas de un dolor sin fin
    y los hombres quisieron
— noble sentido de almas valerosas —
embellecer el hórrido fantasma:
un tierno adolescente
deja extinguir su antorcha y se adormece;
dulce es el fin como el tañer de un harpa;
    en la fresca corriente del Leteo
se disipa el recuerdo.
Así cantaban los poetas: triste
necesidad dictaba sus palabras;
pero la noche eterna, indescifrada,
símbolo grave de extranjera fuerza,
guardaba su secreto. ...

Sehnsucht nach dem Tode

Hinunter in der Erde Schoß,
Weg aus des Lichtes Reichen,
Der Schmerzen Wut und wilder Stoß
Ist froher Abfahrt Zeichen.
Wir kommen in dem engen Kahn
Geschwind am Himmelsufer an,
    Gelobt sei uns die ewge Nacht,
Gelobt der ewge Schlummer.
Wohl hat der Tag uns warm gemacht,
Und welk der lange Kummer.
Die Lust der Fremde ging uns aus,
Zum Vater wollen wir nach Haus.
    Was sollen wir auf dieser Welt
Mit unsrer Lieb und Treue.
Das Alte wird hintangestellt,
Was soll uns dann das Neue.
O! einsam steht und tiefbetrübt,
Wer heiß und fromm die Vorzeit liebt.
    Die Vorzeit wo die Sinne licht
In hohen Flammen brannten,
Des Vaters Hand und Angesicht
Die Menschen noch erkannten.
Und hohen Sinns, einfältiglich
Noch mancher seinem Urbild glich.
    Die Vorzeit, wo noch blütenreich
Uralte Stämme prangten,
Und Kinder für das Himmelreich
Nach Qual und Tod verlangten.
Und wenn auch Lust und Leben sprach
Doch manches Herz für Liebe brach.
    Die Vorzeit, wo in Jugendglut
Gott selbst sich kundgegeben
Und frühem Tod in Liebesmut
Geweiht sein süßes Leben.
Und Angst und Schmerz nicht von sich trieb,
Damit er uns teuer blieb.
    Mit banger Sehnsucht sehn wir sie
In dunkle Nacht gehüllet,
In dieser Zeitlichkeit wird nie

Anhelo de la muerte

Abajo, al seno de la tierra,
lejos del reino de la luz.
El dolor, sus golpes salvajes,
es signo del viaje feliz.
En la rápida estrecha barca
tocamos ya el puerto del cielo.
Loada seas, noche eterna,
loado seas, sueño eterno.
Nos abrasó el calor del día,
nos marchitó la larga cuita.
Ya el deseo de extrañas tierras
se ha desprendido de nosotros:
volvamos al padre, al hogar.
Qué hemos de hacer en este mundo
con nuestro amor, con nuestra fe;
pues todos desprecian lo antiguo,
lo nuevo qué nos puede importar.
Qué soledad y qué tristeza
la del que, devoto y ferviente,
ama el tiempo que ya pasó.
El antaño en que los sentidos
ardiendo en altas llamaradas
nos alumbraban con su luz.
Cuando el hombre aún reconocía
la faz y la mano del Padre
y tantas nobles criaturas
tan simplemente semejaban
a su imagen original.
El antaño en que aún florecían
antiguas razas del origen,
y los niños para ir al cielo
pedían el tormento y la muerte,
y pese al placer y al instinto
más de un hombre murió de amor.
Antaño: en juventud ardiente
Dios mismo se anunció a los hombres
y por amor su dulce vida
entregó a la temprana muerte
y no apartó el amargo cáliz

Der heiße Durst gestillet.
Wir müssen nach der Heimat gehn,
Um diese heilge Zeit zu sehn.
Was hält noch unsre Rückkehr auf,
Die Liebsten ruhn schon lange.
Ihr Grab schließt unsern Lebenslauf,
Nun wird uns weh und bange.
Zu suchen haben wir nichts mehr –
Das Herz ist satt – die Welt ist leer.
Unendlich und geheimnisvoll
Durchströmt uns süßer Schauer –
Mir deucht, aus tiefen Fernen scholl
Ein Echo unsrer Trauer.
Die Lieben sehnen sich wohl auch
Und sandten uns der Sehnsucht Hauch.
Hinunter zu der süßen Braut,
Zu Jesus, dem Geliebten –
Getrost, die Abenddämmrung graut
Den Liebenden, Betrübten.
Ein Traum bricht unsre Banden los
Und senkt uns in des Vaters Schoß.

Bergmannslied

Der ist der Herr der Erde,
Wer ihre Tiefen mißt
Und jeglicher Beschwerde
In ihrem Schoß vergißt.
Wer ihrer Felsenglieder
Geheimen Bau versteht

de la angustia y de los tormentos
para vivir en nuestro amor.
Trémulos de angustia y anhelo
vemos los tiempos del pasado
ocultarse en la noche oscura;
la sed ardiente no se aplaca
en esta vida temporal;
para ver el tiempo divino
regresemos a nuestro hogar.
¿Qué detiene nuestro regreso?
Nuestros amados duermen ya;
sus tumbas cierran nuestra vida,
nos muerden afán y dolor;
nada buscamos en el mundo,
el universo está vacío,
se siente hastiado el corazón.
Infinito y misterïoso,
voluptuoso estremecimiento
recorre todo nuestro ser.
Me parece como si un eco
en las profundas lejanías
repitiese nuestro clamor.
También nuestros seres amados
nos anhelan y con nostalgia
nos reclaman para el amor.
Abajo, con la dulce novia
y con nuestro amado Jesús —
valor, ya la noche recubre
a los amantes y a los tristes.
Un sueño rompe nuestros vínculos
y nos hunde en el seno del Padre.

Américo Ferrari

CANTO AL MINERO

Es el señor de la tierra
mide su profundidad
y en el seno de ella encierra
toda su penalidad.
Quien los ignotos colores
de sus peñascos entiende

Und unverdrossen nieder
Zu ihrer Werkstatt geht.
Er ist mit ihr verbündet
Und inniglich vertraut
Und wird von ihr entzündet,
Als wär' sie seine Braut.
Er sieht ihr alle Tage
Mit neuer Liebe zu
Und scheut nicht Fleiß und Plage;
Sie läßt ihm keine Ruh'.
Die mächtigen Geschichten
Der längstverfloßnen Zeit
Ist sie ihm zu berichten
Mit Freundlichkeit bereit.
Der Vorwelt heil'ge Lüfte
Umwehn sein Angesicht,
Und in die Nacht der Klüfte
Strahlt ihm ein ew'ges Licht.
Er trifft auf allen Wegen
Ein wohlbekanntes Land,
Und gern kommt sie entgegen
Den Werken seiner Hand.
Ihm folgen die Gewässer
Hülfreich den Berg hinauf,
Und alle Felsenschlösser
Tun ihre Schätz' ihm auf.
Er führt des Goldes Ströme
In seines Königs Haus
Und schmückt die Diademe
Mit edlen Steinen aus.
Zwar reicht er treu dem König
Den glückbegabten Arm,
Doch frägt er nach ihm wenig
Und bleibt mit Freuden arm.
Sie mögen sich erwürgen
Am Fuß um Gut und Geld,
Er bleibt auf den Gebirgen
Der frohe Herr der Welt.

y a sus propios obradores
infatigable desciende.
Está con ella ligado,
íntimamente fundido,
y por ella es inflamado
como si fuera marido.
Con un nuevo y gran amor
cada día la corteja
no ahorra esfuerzo ni dolor
aunque ella ni paz le deja.
Grandes historias y charlas
de tiempo ya bien pasado
está dispuesta a contarlas
con indiscutible agrado.
Del mundo antiguo aires mismos
le soplarán por la cara
y en noches de los abismos
la luz eterna le ampara.
Por los caminos, ufano
tierra conocida corta
y en las obras de su mano
con gusto ella le conforta.
Benéficas aguas locas
por montes le seguirán
y los castillos de rocas
sus tesoros le abrirán.
Lleva de oro caudales
y orna las grandes diademas
de todas las casas reales
con las más hermosas gemas.
Aunque bien entrega al rey
su brazo capaz y honesto
no pregunta por su ley
y prefiere ser modesto.
Podrían estrangularse
sin más por dinero y fundo;
en los montes va a quedarse
como gran señor del mundo.

J. Francisco Elvira Hernández

Hymne

Wenige wissen
Das Geheimnis der Liebe,
Fühlen Unersättlichkeit
Und ewigen Durst.
Des Abendmahls
Göttliche Bedeutung
Ist den irdischen Sinnen Rätsel;
Aber wer jemals
Von heißen, geliebten Lippen
Atem des Lebens sog,
Wem heilige Glut
In zitternde Wellen das Herz schmolz,
Wem das Auge aufging,
Daß er des Himmels
Unergründliche Tiefe maß,
Wird essen von seinem Leibe
Und trinken von seinem Blute
Ewiglich.
Wer hat des irdischen Leibes
Hohen Sinn erraten?
Wer kann sagen,
Daß er das Blut versteht?
Einst ist alles Leib,
Ein Leib,
In himmlischem Blute
Schwimmt das selige Paar. –
O! daß das Weltmeer
Schon errötete,
Und in duftiges Fleisch
Aufquölle der Fels!
Nie endet das süße Mahl,
Nie sättigt die Liebe sich.
Nicht innig, nicht eigen genug
Kann sie haben den Geliebten.
Von immer zärteren Lippen
Verwandelt wird das Genossene
Inniglicher und näher.
Heißere Wollust
Durchbebt die Seele.

Himno

Sólo unos cuantos
gozan del misterio del amor,
y desconocen la insatisfacción
y no sufren la eterna sed.
El significado divino de la Cena
es un enigma para el entendimiento humano;
pero quien sólo una vez,
en los ardientes y amados labios
haya aspirado el aliento de la vida,
quien haya sentido fundir su corazón
con el escalofrío de las ondas
de la divina llama,
quien, con los ojos abiertos,
haya medido el abismo
insondable del cielo,
ése comerá de su cuerpo
y beberá de su sangre
para la eternidad.
¿Quién ha descifrado
el sublime significado
del cuerpo terrenal?
¿Quién puede asegurar
que ha comprendido la sangre?
Un día todo será cuerpo,
un único cuerpo,
y en la sangre celestial
se bañará la feliz pareja.
¡Oh!, ¿acaso no se tiñe de rojo
el inmenso océano?
¿no es ya la roca que emerge
pura carne perfumada?
Es interminable el delicioso banquete,
el amor no se sacia jamás,
y nunca se acaba de poseer al ser amado,
nunca el abrazo es suficiente.
Los labios se tornan más delicados,
el alimento se transforma de nuevo
y se vuelve más profundo, más íntimo y cercano.
El alma se estremece y tiembla

Durstiger und hungriger
Wird das Herz:
Und so währet der Liebe Genuß
Von Ewigkeit zu Ewigkeit.
Hätten die Nüchternen
Einmal gekostet,
Alles verließen sie,
Und setzten sich zu uns
An den Tisch der Sehnsucht,
Der nie leer wird.
Sie erkennten der Liebe
Unendliche Fülle,
Und priesen die Nahrung
Von Leib und Blut.

con mayor voluptuosidad,
el corazón tiene siempre hambre y sed,
y así, para la eternidad,
el amor y la voluptuosidad se perpetúan.
Si los que ayunan
lo hubiesen saboreado sólo una vez
lo abandonarían todo
para venir a sentarse con nosotros
a la mesa servida y nunca vacía
del ferviente deseo.
Y de ese modo reconocerían
la inagotable plenitud del amor,
y celebrarían la consumación
del cuerpo y de la sangre.

Rodolfo Häsler

Lord Byron

Gran Bretaña (Londres, 1788-Missolongi, Grecia, 1824)

Los versos de Byron pueden sonarnos hoy a ratos arcaicos y superficiales, pero nadie como él ha encarnado el mito del poeta rebelde, aventurero y transgresor. De cuna aristocrática, culto, atractivo y guapo (aunque es cierto que cojeaba ligeramente), George Gordon Byron comenzó su carrera con un libro de poemas, *Horas de ocio*, a cuya mala acogida reaccionó con una composición satírica, *Bardos ingleses y críticos escoceses*, que le congració en cambio el favor del público. En 1812, a la vuelta del «Grand Tour» que lo había llevado a Lisboa, Sevilla, Cádiz y el próximo Oriente, publicó los dos primeros cantos de *Pilgrimage of Childe Harold (Las peregrinaciones del joven Harold)*, poema narrativo de tono autobiográfico destinado a tener gran éxito. Las deudas y los escándalos (como los de su separación matrimonial y la relación amorosa con su hermanastra) le fueron cerrando puertas y le aconsejaron marcharse primero a Suiza (cerca del lago Leman, junto a Shelley y su mujer) y luego a Italia, donde vivió una apasionada historia con una condesa veneciana y tomó partido por la independencia de Grecia. Unas fiebres acabaron con él cuando ya estaba próximo a unirse a los insurrectos. Las obras más celebradas de Byron, hasta constituir formidables *best-sellers*, fueron los poemas narrativos en la línea de *Childe Harold*, como *The Corsair* (1814), *Mazeppa* (1819) y el que mejor ha soportado el paso del tiempo, *Don Juan* (1819-1824), cuyo héroe, inteligente y altivo, tierno y pecador, pasea por el mundo una mirada burlona y habla con el desenfado del buen conversador. La última fase de su poesía pierde espectacularidad y desgarro y gana en hondura psicológica e intelectual.

LINES INSCRIBED UPON A CUP FORMED FROM A SKULL

Start not–nor deem my spirit fled;
In me behold the only skull,
From which, unlike a living head,
Whatever flows is never dull.
I lived, I loved, I quaff'd, like thee:
I died: let earth my bones resign;
Fill up–thou canst not injure me;
The worm hath fouler lips than thine.
Better to hold the sparkling grape,
Than nurse the earth-worm's slimy brood;
And circle in the goblet's shape
The drink of gods, than reptile's food.
Where once my wit, perchance, hath shone,
In aid of others' let me shine;
And when, alas! our brains are gone,
What nobler substitute than wine?
Quaff while thou canst: another race,
When thou and thine, like me, are sped,
May rescue thee from earth's embrace,
And rhyme and revel with the dead.
Why not? since through life's little day
Our heads such sad effects produce;
Redeem'd from worms and wasting clay,
This chance is theirs, to be of use.

THE DESTRUCTION OF SENNACHERIB

The Assyrian came down like the wolf on the fold,
And his cohorts were gleaming in purple and gold;
And the sheen of their spears was like stars on the sea,
When the blue wave rolls nightly on deep Galilee.
Like the leaves of the forest when Summer is green,
That host with their banners at sunset were seen:
Like the leaves of the forest when Autumn hath blown,
That host on the morrow lay wither'd and strown.
For the Angel of Death spread his wings on the blast,
And breathed in the face of the foe as he pass'd;

VERSOS GRABADOS EN UNA COPA HECHA CON UN CRÁNEO

Ni te sobresaltes ni creas que mi espíritu huyó;
en mí contempla al único cráneo,
del que, al revés de una viviente cabeza,
todo lo que fluye nunca es aburrido.
Viví, amé, bebí a grandes tragos como tú:
morí: que la tierra renuncie a mis huesos;
lléname: tú no puedes hacerme daño;
el gusano tiene labios más viles que los tuyos.
Mejor es contener a la uva burbujeante,
que criar la viscosa progenie del gusano terrestre,
y rodear en la forma de la copa
a la bebida de los dioses, que no al alimento del reptil.
Cuando por casualidad una vez mi ingenio brilla,
en ayuda de los demás, deja que brille;
y cuando, ¡ay!, nuestros cerebros hayan desaparecido,
¿qué substituto más noble habrá que el vino?
Bebe a grandes tragos mientras puedas: otra raza
cuando tú y la tuya, como la mía, se haya perdido,
puede que te rescate del abrazo de la tierra,
y rime y se deleite con los muertos.
¿Por qué no? Ya que mediante el breve día del vivir,
nuestras cabezas efectos tan tristes engendran,
redimidas de los gusanos y de la arcilla desgastada,
esta posibilidad tienen de ser provechosas.

José María Martín Triana

LA DESTRUCCIÓN DE SENAQUERIB

Bajaron los asirios como al redil el lobo:
brillaban sus cohortes con el oro y la púrpura;
sus lanzas fulguraban como en el mar luceros,
como en tu onda azul, Galilea escondida.
Tal las ramas del bosque en el estío verde,
la hueste y sus banderas traspasó en el ocaso:
tal las ramas del bosque cuando sopla el otoño,
yacía marchitada la hueste, al otro día.
Pues voló entre las ráfagas el Ángel de la Muerte
y tocó con su aliento, pasando, al enemigo:

And the eyes of the sleepers wax'd deadly and chill,
And their hearts but once heaved, and for ever grew still.
And there lay the steed with his nostril all wide,
But through it there roll'd not the breath of his pride:
And the foam of his gasping lay white on the turf,
And cold as the spray of the rock-beating surf.
And there lay the rider distorted and pale,
With the dew on his brow, and the rust on his mail,
And the tents were all silent, the banners alone,
The lances uplifted, the trumpet unblown.
And the widows of Ashur are loud in their wail,
And the idols are broke in the temple of Baal;
And the might of the Gentile, unsmote by the sword,
Hath melted like snow in the glance of the Lord!

On this day I complete my thirty-sixth year

Missolonghi, Jan. 22, 1824

'Tis time this heart should be unmoved,
Since others it hath ceased to move:
Yet, though I cannot be beloved,
Still let me love!
My days are in the yellow leaf;
The flowers and fruits of love are gone;
The worm, the canker, and the grief
Are mine alone!
The fire that on my bosom preys
Is lone as some volcanic isle;
No torch is kindled at its blaze–
A funeral pile.
The hope, the fear, the jealous care,
The exalted portion of the pain
And power of love, I cannot share,
But wear the chain.
But 'tis not *thus*–and 'tis not *here*–
Such thoughts should shake my soul, nor *now*,
Where glory decks the hero's bier,
Or binds his brow.

los ojos del durmiente fríos, yertos, quedaron,
palpitó el corazón, quedó inmóvil ya siempre.
Y allí estaba el corcel, la nariz muy abierta,
mas ya no respiraba con su aliento de orgullo:
al jadear, su espuma quedó en el césped, blanca,
fría como las gotas de las olas bravías.
Y allí estaba el jinete, contorsionado y pálido,
con rocío en la frente y herrumbre en la armadura,
y las tiendas calladas y solas las banderas,
levantadas las lanzas y el clarín silencioso.
Y las viudas de Asur con gran voz se lamentan
y el templo de Baal ve quebrarse sus ídolos,
y el poder del Gentil, que no abatió la espada,
al mirarle el Señor se fundió como nieve.

Marià Manent

Al cumplir mis treinta y seis años

Missolonghi, 22 de enero, 1824

Debe mi corazón ya detenerse,
puesto que otros cesaron de moverse,
pero aunque no pueda yo ser amado,
¡dejad que ame de nuevo!
En la hoja marchita están mis días;
los frutos del amor ya se extinguieron;
¡y el gusano, la llaga y la desdicha
son mi único dominio!
El fuego que consume mis entrañas
como una isla volcánica está solo,
no arde ninguna antorcha con su fuego
cual pira funeraria.
La esperanza, el terror, el sobresalto,
la exaltada porción de la congoja
y el poder del amor, no puedo darlos,
sólo usar la cadena.
Mas no es así ni aquí ni en este instante,
que agiten mi alma tales pensamientos,
que la gloria orne al héroe ya extinto
o en su frente se ciña.

The sword, the banner, and the field,
Glory and Greece, around me see!
The Spartan, borne upon his shield,
Was not more free.
Awake! (not Greece–she *is* awake!)
Awake, my spirit! Think through *whom*
Thy life-blood tracks its parent lake,
And then strike home!
Tread those reviving passions down,
Unworthy manhood!–unto thee
Indifferent should the smile or frown
Of beauty be.
If thou regrett'st thy youth, *why live?*
The land of honourable death
Is here:–up to the field, and give
Away thy breath!
Seek out–less often sought than found–
A soldier's grave, for thee the best;
Then look around, and choose thy ground,
And take thy rest.

DON JUAN

The isles of Greece, the isles of Greece!
Where burning Sappho loved and sung,
Where grew the arts of war and peace,
Where Delos rose, and Phoebus sprung,
Eternal summer gilds them yet,
But all, except their sun, is set.
The Scian and the Teian Muse,
The hero's harp, the lover's lute
Have found the fame your shores refuse.
Their place of birth alone is mute
To sounds which echo further west
Than your sires' 'Islands of the Blest'.
The mountains look on Marathon,
And Marathon looks on the sea.
And musing there an hour alone,
I dreamed that Greece might still be free,

¡En torno de mí veo el estandarte,
la espada y el erial, la Gloria y Grecia!
No se hallaba más libre el espartano
cubierto por su escudo.
¡Despierta! (¡no la Grecia ya despierta!)
¡Despierta oh mi espíritu, e indaga
por quiénes va tu sangre hacia su origen
y colma tus anhelos!
Abate esas pasiones renacientes,
¡virilidad indigna!, la sonrisa,
la inquina y la belleza que se vuelvan
para ti indiferentes.
¿Por qué vivir? ¿La juventud deploras?
Te encuentras frente al campo de batalla,
¡la muerte con honor brindar te exige
hasta el último aliento!
Buscar y hallar son cosas diferentes;
la tumba del soldado es tu presea;
mira en redor entonces, luego elige
donde por fin reposes.

Ricardo Silva Santisteban

DON JUAN

Islas de Grecia, islas de Grecia
cuando la ardiente Safo amaba y cantaba,
donde crecían las artes de la guerra y la paz,
donde Delos se alzaba y Febo tensaba su arco,
un verano eterno las dora aún
porque todo se ha puesto menos el sol.
La Musa de Quíos y Teos,
el arpa del héroe, el laúd del amador
encontraron la fama que vuestras orillas le negaron.
Su lugar de nacimiento ha enmudecido solo
a unos sones que repite un poniente más allá
de vuestros hombres: «Islas de la Felicidad».
Se abren ante Maratón las montañas
y Maratón se abre ante el mar.
Y meditando allí una hora entera,
soñé que Grecia podía ser libre aún,

For standing on the Persian's grave,
I could not deem myself a slave.
    A king sate on the rocky brow
    Which looks o'er sea-born Salamis;
And ships by thousands lay below,
    And men in nations –all were his!
He counted them at break of day,
And when the sun set where were they?
    And where are they? And where art thou,
    My country? On thy voiceless shore
The heroic lay is tuneless now,
    The heroic bosom beats no more!
And must thy lyre, so long divine,
Degenerate into hands like mine?
    'Tis something in the dearth of fame,
    Though linked among a fettered race,
To feel at least a patriot's shame,
    Even as I sing, suffuse my face.
For what is left the poet here?
For Greeks a blush, for Greece a tear.
    Must we but weep o'er days more blest?
    Must we but blush? Our fathers bled.
Earth! Render back from out thy breast
    A remnant of our Spartan dead!
Of the three hundred grant but three,
To make a new Thermopylae!
    What, silent still? And silent all?
    Ah no! The voices of the dead
Sound like a distant torrent's fall
    And answer, 'Let one living head,
But one arise –we come, we come!'
'Tis but the living who are dumb. ...

'There is a tide in the affairs of men
    Which taken at the flood' – you know the rest,
And most of us have found it now and then;
    At least we think so, though but few have guessed
The moment, till too late to come again.

pues resistiendo a la destrucción persa
no podría calificarme de esclavo.
Un rey sentado en un acantilado rocoso
que contempla Salamina nacida del mar
y miles de barcos bajo sus pies,
gentes y ejércitos todos suyos,
así él los contaba al clarear el día
y, ¿dónde quedaron ya puesto el sol?
¿Dónde están ahora? ¿Y dónde estás tú,
patria mía? ¡En la orilla silenciosa,
enmudecido ahora el canto heroico,
donde ya no late ningún corazón así!
¿Y tu lira tan divina habrá
de fallecer en manos como las mías?
Hay algo en la ausencia de fama,
aunque vinculado con una raza en cadenas,
que provoca al fin el oprobio del patriota
y hasta, si canto, el rubor de mis mejillas,
¿pues qué ha dejado el poeta aquí?
Sonrojo para los griegos y lágrimas para Grecia.
¿Habremos de llorar tiempos mejores?
¿Ruborizarnos sólo? Nuestros mayores fallecieron.
¡Tierra, retorna de tu seno los restos
de nuestros cadáveres espartanos!
¡Concédenos sólo tres, de los trescientos,
para forjar unas nuevas Termópilas!
¿Qué, y aún callan? ¿Todos callados?
¡Ah no, las voces de los muertos suenan
como la catarata distante de un torrente
que responde: «Dejad que viva una cabeza»!,
una tan sólo. «Vamos, vamos.»
Son los vivos los que callan. ...

«Hay una marea en los negocios del hombre
que, si aprovechamos su corriente...» Lo demás ya lo sabéis.
La mayoría tiene de ello alguna experiencia.
Al menos, así creo yo, aunque pocos han adivinado cuándo
hasta que ya es demasiado tarde para que vuelva.

But no doubt everything is for the best,
Of which the surest sign is in the end;
When things are at the worst they sometimes mend. ...
I love the sex and sometimes would reverse
The tyrant's wish 'that mankind only had
One neck, which he with one fell stroke might pierce'.
My wish is quite as wide, but not so bad
And much more tender on the whole than fierce,
It being (not now, but only while a lad)
That womankind had but one rosy mouth,
To kiss them all at once from north to south. ...

Of all the barbarous Middle Ages, that
Which is the most barbarous is the middle age
Of man. It is –I really scarce know what;
But when we hover between fool and sage
And don't know justly what we would be at,
A period something like a printed page,
Black letter upon foolscap, while our hair
Grows grizzled and we are not what we were,
Too old for youth, too young at thirty-five
To herd with boys or hoard with good threescore.
I wonder people should be left alive,
But since they are, that epoch is a bore.
Love lingers still, although 'twere late to wive,
And as for other love, the illusion's o'er;
And money, that most pure imagination,
Gleams only through the dawn of its creation ...

A HOUSE-PARTY

The gentlemen got up betimes to shoot,
Or hunt: the young, because they liked the sport–
The first thing boys like after play and fruit;
The middle-aged, to make the day more short;
For *ennui* is a growth of English root,
Though nameless in our language: –we retort

Pero todo lo que sucede es para bien, sin duda,
y el signo más evidente radica en su final:
cuando las cosas están peor, se corrigen a veces. ...
Amo el sexo y a veces invertiría aquel deseo
del déspota de que «los hombres tuvieran un solo cuello
que, con fuerte mandoble, él cortaría en dos».
Mi deseo es así de ambicioso, pero más inofensivo
y mucho más tierno, después de todo, que agresivo
(y no sólo ahora, sino cuando era aún muchacho):
que todas las mujeres tuvieran una sola boca
que yo pudiera besar a la vez. ...

De cualquier bárbara edad media, no hay
edad media más bárbara que la del hombre.
Y yo no sé por qué en realidad
pero, oscilando entre la necedad y la experiencia
e ignorando por qué lado inclinarse,
es una etapa que se parece a una página impresa,
letras negras sobre papel de barba en tanto
el pelo se nos agrisa y ya no somos lo que éramos antes.
Demasiado viejos para ser jóvenes y demasiado jóvenes
a los treinta y cinco
para ir con la pandilla o ser juntado con los de sesenta.
Y me pregunto si habrían de seguir con vida
pues, siendo tal como son, esta edad es una lata.
El amor persiste aunque sea tarde para casarse
mientras para cualquier otro se ha disipado la ilusión:
y el dinero, la fantasía más absoluta, relumbra sólo
en la alborada de su creación. ...

Pedro Ugalde

Una fiesta

Los hombres se levantaban temprano para tirar al blanco
o cazar; los jóvenes, por amor al deporte
—lo primero que aman los niños tras el juego y los dulces—;
los de mediana edad, para hacer más corto el día,
pues «ennui» es hierba que crece en Inglaterra
aunque no tenga nombre en nuestra lengua: devolvemos

The fact for words, and let the French translate
That awful yawn which sleep cannot abate.
　　The elderly walk'd through the library,
　　And tumbled books, or criticised the pictures,
Or saunter'd through the gardens piteously,
　　And made upon the hot-house several strictures,
Or rode a nag which trotted not too high,
　　Or on the morning papers read their lectures,
Or on the watch their longing eyes would fix,
Longing at sixty for the hour of six.
　　But none were 'gêné': the great hour of union
　　Was rung by dinner's knell; till then all were
Masters of their own time –or in communion,
　　Or solitary, as they chose to bear
The hours, which how to pass is but to few known.
　　Each rose up at his own, and had to spare
What time he chose for dress, and broke his fast
When, where, and how he chose for that repast.
　　The ladies –some rouged, some a little pale–
　　Met the morn as they might. If fine, they rode,
Or walk'd; if foul, they read, or told a tale,
　　Sung, or rehearsed the last dance from abroad;
Discuss'd the fashion which might next prevail,
　　And settled bonnets by the newest code,
Or cramm'd twelve sheets into one little letter,
To make each correspondent a new debtor.
　　For some had absent lovers, all had friends.
　　The earth has nothing like a she epistle,
And hardly heaven –because it never ends.
　　I love the mystery of a female missal,
Which, like a creed, ne'er says all it intends,
　　But full of cunning as Ulysses' whistle,
When he allured poor Dolon: –you had better
Take care what you reply to such a letter.
　　Then there were billiards; cards, too, but *no* dice;–
　　Save in the clubs no man of honour plays;–
Boats when 't was water, skating when 't was ice,
　　And the hard frost destroy'd the scenting days:
And angling, too, that solitary vice,
　　Whatever Izaak Walton sings or says:
The quaint, old, cruel coxcomb, in his gullet
Should have a hook, and a small trout to pull it.

hechos por palabras y dejamos que el francés traduzca
ese horrible bostezo que ni en sueños cede.
Los mayores paseaban por la biblioteca
y entresacaban libros o comentaban cuadros,
o recorrían el jardín penosamente
y vertían sus críticas sobre el invernadero,
o montaban jacas que apenas cabalgaban
o leían en los periódicos sus artículos,
o con ansia y fijeza miraban al reloj,
sesentones anhelando que llegaran las seis.
Nadie estaba a disgusto: una campanilla
recordaba el gran momento de la cena; disponía
cada cual de su tiempo hasta entonces— en compañía
o en soledad, según su deseo de consumir
las horas, arte que muy pocos manejan con destreza.
Cada uno se levantaba a su antojo y empleaba
en vestirse el tiempo apetecido y tomaba el desayuno
como, cuando y donde su capricho quisiera.
Las damas —algunas maquilladas, otras pálidas—
pasaban como podían las mañanas. Si hacía bueno,
montaban a caballo o paseaban; si no, leían, se contaban historias,
cantaban o ensayaban novedosas danzas;
comentaban la moda que podría venir,
se colocaban los sombreros a la última
o embutían doce cuartillas en un pequeño sobre
para hacerse acreedoras de correspondencia.
Pues las había con amantes y con amigos, todas.
Nada iguala en la tierra o el cielo
las interminables cartas que escriben las mujeres.
Adoro el misterio de un misal femenino
que como un credo oculta su propósito,
aunque posea la astucia del silbido de Ulises
que supo atraer al infeliz Dolón: harías bien
en pensar cómo contestar una carta así.
Jugaban al billar y a las cartas pero no a los dados;
(sólo en los clubs juegan los hombres honorables).
Remaban en los lagos, patinaban sobre el hielo
y las fuertes heladas destruían los perfumados días.
Y también pescaban, solitario vicio
a pesar de lo que cante o diga Isaac Walton,
viejo necio cruel y pintoresco que debiera tener
un anzuelo en su garganta y una trucha tirando de él.

With evening came the banquet and the wine;
The conversazione; the duet,
Attuned by voices more or less divine
(My heart or head aches with the memory yet).
The four Miss Rawbolds in a glee would shine;
But the two youngest loved more to be set
Down to the harp –because to music's charms
They added graceful necks, white hands and arms.
Sometimes a dance (though rarely on field days,
For then the gentlemen were rather tired)
Display'd some sylph-like figures in its maze;
Then there was small-talk ready when required;
Flirtation –but decorous; the mere praise
Of charms that should or should not be admired.
The hunters fought their fox-hunt o'er again,
And then retreated soberly –at ten.
The politicians, in a nook apart,
Discuss'd the world, and settled all the spheres;
The wits watch'd every loophole for their art,
To introduce a bon-mot head and ears;
Small is the rest of those who would be smart,
A moment's good thing may have cost them years
Before they find an hour to introduce it;
And then, even *then*, some bore may make them lose it.
But all was gentle and aristocratic
In this our party; polish'd, smooth, and cold,
As Phidian forms cut out of marble Attic.
There now are no Squire Westerns as of old;
And our Sophias are not so emphatic,
But fair as then, or fairer to behold.
We have no accomplish'd blackguards, like Tom Jones,
But gentlemen in stays, as stiff as stones.
They separated at an early hour;
That is, ere midnight –which is London's noon;
But in the country ladies seek their bower
A little earlier than the waning moon.
Peace to the slumbers of each folded flower–
May the rose call back its true colour soon!
Good hours of fair cheeks are the fairest tinters,
And lower the price of rouge –at least some winters. ...

Llegaban con la noche el banquete y el vino;
la conversazione; el dueto
entonado por voces más o menos divinas
(el corazón se resiente aún con su recuerdo).
Resplandecían de alegría las hermanas Rawbolds;
se sentaban junto al arpa
las dos más pequeñas y al encanto de la música
añadían sus gráciles cuellos y sus pálidas manos.
A veces un baile (aunque raramente en los días de campo,
pues entonces los hombres se encontraban cansados)
mostraba un laberinto de sílfides bailando;
se conversaba entonces cuando era preciso;
amores con decoro; halagos mesurados
de encantos que debieran o no ser admirados.
Libraban los cazadores su cacería de nuevo
y se retiraban luego, a las diez, con discreción.
Los políticos, en un rincón aparte,
arreglaban el mundo y todas las esferas;
los ingeniosos aguardaban el instante oportuno
de colocar sus gracias fuera como fuera;
escaso es el descanso de los ingeniosos:
les ha llevado años forjar sus ocurrencias
que llegado el momento querrán desempolvar
y puede que entonces se las chafe algún pelma.
Pero todo era aristocrático y suave
en nuestras fiestas; frío, calmo y refinado
como las formas fidias sobre mármol ático.
Ya no quedan Señores como aquellos de antes;
y nuestras Sofías ya no son tan enérgicas,
aunque sí tan hermosas, incluso más hermosas.
No tenemos ya consumados granujas como Tom Jones
sino encorsetados caballeros, rígidos cual piedras.
Se despedían pronto, antes de la medianoche,
que es el mediodía en Londres.
Mas en el campo las damas buscan su retiro
un poco antes que la luna menguante.
Paz para los sueños de cada flor dormida
—¡que pronto recobre la rosa su color!—
Es su lozanía el mejor colorete para una mejilla
y hace bajar el precio de las cremas, al menos en invierno. ...

Ángel Rupérez

Percy Bysshe Shelley

Gran Bretaña (Field Place, 1792-La Spezia, Italia, 1822)

Junto con Byron y Keats, Shelley forma el gran triunvirato de la segunda generación de románticos ingleses. Como miembro de una familia distinguida, se educó en Eton y Oxford y pudo vivir gracias a las pensiones y herencias de los suyos, por más que sus matrimonios y amores le causaron no pocos problemas, llevándolo a instalarse en Suiza y luego, desde 1818, en Italia, donde se ahogó en el naufragio de su yate. Había sido expulsado de la universidad a raíz de la publicación del ensayo *La necesidad del ateísmo* (1811), acorde ya con los ideales racionalistas y revolucionarios que pronto articuló en su poema *Queen Mab* (1813), luego muy difundido, y que lo volcaron un tiempo en la agitación política. Su obra, irregular y a veces un tanto desdibujada, se distingue por el aliento visionario, la inspiración utópica y una rica vena meditativa, presente también en muchas de sus piezas líricas y en el extenso *Prometheus unbound* (*Prometeo desencadenado*, 1820). La plenitud de su poesía la alcanzó sin duda en *Adonais* (1821), elegía a la memoria de su amigo John Keats y a la vez apasionada proclamación de la fuerza de la poesía para superar las adversidades. El ensayo *A Defence of Poetry*, del mismo año, insiste en la función social y el carácter profético de los poetas.

HYMN TO INTELLECTUAL BEAUTY

The awful shadow of some unseen Power
Floats though unseen among us– visiting
This various world with as inconstant wing
As summer winds that creep from flower to flower –
Like moonbeans that behind some piny mountain shower,
It visits with inconstant glance
Each human heart and countenance;
Like hues and harmonies of evening –
Like clouds in starlight widely spread –
Like memory of music fied –
Like aught that for its grace may be
Dear, and yet dearer for its mystery.
Spirit of Beauty, that dost consecrate
With thine own hues all thou dost shine upon
Of human thought or form, – where art thou gone?
Why dost thou pass away and leave our state,
This dim vast vale of tears, vacant and desolate?
Ask why the sunlight not for ever
Weaves rainbows o'er yon mountain-river,
Why aught should fail and fade that once is shown,
Why fear and dream and death and birth
Cast on the daylight of this earth
Such gloom, – why man has such a scope
For love and hate, despondency and hope?
No voice from some sublimer world hath ever
To sage or poet these responses given –
Therefore the names of Demon, Ghost, and Heaven,
Remain the records of their vain endeavour,
Frails spells – whose uttered charm might not avail to sever,
From all we hear and all we see,
Doubt, chance and mutability.
Thy light alone – like mist o'er mountains driven,
Or music by the might-wind sent
Through strings of some still instrument,
Or moonlight on a midnight stream,
Gives grace and truth to life's unquiet dream.
Love, Hope, and Self-esteem, like clouds depart
And come, for some uncertain moments lent.
Man were immortal, and omnipotent,

Himno a la belleza intelectual

La abrumadora sombra de algún Poder no visto
entre nosotros flota, aun sin verse: visita
este variado mundo con alas tan cambiantes
como vientos de estío que van de flor en flor;
como rayo de luna tras la lluvia entre pinos,
visita con mirada inconstante, asomando
a cada corazón humano, a cada rostro;
como las armonías y matices de ocaso,
como nubes dispersas en la luz estelar,
como recuerdo de una música que escapó,
como cuanto podría amarse por su gracia
y aún más por su misterio.

Alma de la Belleza, que consagras así
con tus olores todo aquello en que refulges
de forma o pensamiento humano, ¿a dónde has ido?
¿Por qué desapareces y dejas nuestro ser,
este valle de lágrimas, borroso y desolado?
Pregunta por qué el sol no teje para siempre
un arco iris encima de ese río de monte,
por qué sueños y miedo, y muerte y nacimiento
lanzan sobre la luz del día de esta tierra
tal tiniebla; ¿por qué es tan capaz el hombre
para el amor y el odio, esperanza y hastío?

Ninguna voz de un mundo más sublime jamás
ha dado esas respuestas al sabio o al poeta,
y, por tanto, los nombres de Espíritu, Demonio
y Cielo son recuerdos sólo de un vano empeño,
frágiles dichos cuyo encanto pronunciado
no cabe separar de cuanto se oye y ve,
la duda y el azar, la mutabilidad.
Sola tu luz: neblina por montes empujada,
o música que envía el viento de la noche
a través de las cuerdas de un callado instrumento,
o la luz de la luna en un río nocturno,
al sueño inquieto de esta vida, es verdad y gracia.

Amor, estima propia, esperanza: se van
y vienen como nubes, y en préstamo fugaz
como si el hombre fuera inmortal, poderoso,

Didst thou, unknown and awful as thou art,
Keep with thy glorious train firm state within his heart.
    Thou messenger of sympathies,
    That wax and wane in lovers' eyes –
Thou – that to human thought art nourishment,
    Like darkness to a dying flame!
    Depart not as thy shadow came,
    Depart not – lest the grave should be,
Like life and fear, a dark reality.
    While yet a boy I sought for ghosts, and sped
    Through many a listening chamber, cave and ruin,
    And starlight wood, with fearful steps pursuing
Hopes of high talk with the departed dead.
I called on poisonous names with which our youth is fed;
    I was not heard – I saw them not –
    When musing deeply on the lot
Of life, at that sweet time when winds are wooing
    All vital things that wake to bring
    News of birds and blossoming –
    Sudden, thy shadow fell on me;
I shrieked, and clasped my hands in ecstasy!
    I vowed that I would dedicate my powers
    To thee and thine – have I not kept the vow?
    With beating heart and streaming eyes, even now
I call the phantoms of a thousand hours
Each from his voiceless grave; they have in visioned bowers
    Of studious zeal or love's delight
    Outwatched with me the envious night –
They know that never joy illumined by brow
    Unlinked with hope that thou wouldst free
    This world from its dark slavery,
    That thou – O awful Loveliness.
Wouldst give whate'er these words cannot express.
    The day becomes more solemn and serene
    When noon is past – there is a harmony
    In autumn, and a lustre in its sky,
Which through the summer is not heard or seen,
As if it could not be, as if it had not been!
    Thus let thy power, which like the truth
    Of nature on my passive youth
Descended, to my onward life supply

tú, la desconocida y temible, en su espíritu
te estableces en firme con tu gloriosa escolta.
¡Oh tú, la mensajera de esos entendimientos
que crecen y descienden en los ojos que se aman,
tú que das alimento al pensamiento humano,
como la oscuridad a una llama que muere!
No te marches de aquí como llegó tu sombra,
no te marches, no sea que vaya a ser la tumba,
como el miedo y la vida, una realidad negra.

Muchacho aún, buscaba espíritus, corriendo
por ámbitos que oían, por cavernas y ruinas,
y bosques estrellados, persiguiendo con miedo
esperanzas de un alto conversar con los muertos.
Palabras venenosas grité, con que se nutre
nuestra juventud: no me oyeron, no les vi,
mientras que meditaba la suerte de esta vida
en ese dulce tiempo en que el viento corteja
todas las cosas vivas que despiertan trayendo
noticias sobre pájaros y sobre floraciones:
de repente, tu sombra cayó sobre mí: ¡di
un grito y apreté en éxtasis mis manos!

Entonces hice voto de consagrar mis fuerzas
a ti y lo tuyo: ¿acaso no lo cumplí? Con ojos
llenos y corazón apresurado, ahora
a los fantasmas llamo de mil horas, cada uno
de su tumba sin voz: en visionarias frondas
de celo cuidadoso o de placer de amor
tras la envidiosa noche, han velado conmigo:
saben que nunca el gozo iluminó mi frente
sin tener la esperanza de que liberarías
al mundo de su oscura esclavitud; que tú,
oh abrumadora gracia amable, donarías
todo lo que no pueden expresar las palabras.

El día se va haciendo más solemne y sereno
después del mediodía; una armonía crece
en otoño, y un brillo en el cielo, que nunca
se escuchó ni se vio a través del verano,
¡como si no pudiera ser, y no hubiera sido!
Así haz que tu poder, que, como la verdad
de la naturaleza en mi niñez pasiva,
descendió, proporcione a mi vida interior

Its calm – to one who worships thee,
And every form containing thee,
Whom, Spirit fair, thy spells did bind
To fear himself, and love all human kind.

OZYMANDIAS

I met a traveller from an antique land
Who said: Two vast and trunkless legs of stone
Stand in the desert... Near them, on the sand,
Half sunk, a shattered visage lies, whose frown,
And wrinkled lip, and sneer of cold command,
Tell that its sculptor well those passions read
Which yet survive, stamped on these lifeless things,
The hand that mocked them, and the heart that fed:
And on the pedestal these words appear:
«My name is Ozymandias, king of kings:
Look on my works, ye Mighty, and despair!»
Nothing beside remains. Round the decay
Of that colossal wreck, boundless and bare
The lone and level sands stretch far away.

ODE TO THE WEST WIND

O wild West Wind, thou breath of Autumn's being,
Thou, from whose unseen presence the leaves dead
Are driven, like ghosts from an enchanter fleeing,
Yellow, and black, and pale, and hectic red,
Pestilence-stricken multitudes: O thou,
Wha chariotest to their dark wintry bed
The wingèd seeds, where they lie cold and low,
Each like a corpse within its grave, until
Thine azure sister of the Spring shall blow
Her clarion o'er the dreaming earth, and fill
(Driving sweet buds like flocks to feed in air)
With living hues and odours plain and hill:

su calma —para mí, para éste que te adora
y adora toda forma que te contiene a ti,
a quien, hermoso Espíritu, ligaron tus conjuros
a temerse y a amar a la humanidad toda.

José María Valverde

Ozymandías

Encontré un viajero de comarcas remotas,
que me dijo: «Dos piernas de granito, sin tronco,
yacen en el desierto. Cerca, en la arena, rotas,
las facciones de un rostro duermen... El ceño bronco,
el labio contraído por el desdén, el gesto
imperativo y tenso, del escultor conservan
la penetrante fuerza que al esculpir ha puesto
en su mano la burla del alma que preservan.
Estas palabras solas el pedestal conmina:
"Me llamo Ozymandías, rey de reyes. ¡Aprende
en mi obra, oh poderoso, y al verla desespera!"
Nada más permanece. Y en torno a la ruina
del colosal naufragio, sin límites, se extiende
la arena lisa y sola que en el principio era.»

Leopoldo Panero

Oda al Viento del Oeste

Oh Viento del Oeste altivo y fiero,
por quien las muertas hojas —cual fantasmas
que huyeran con pavor de un hechicero—
negruzcas, y rojizas, y amarillas,
vuelan en asquerosas multitudes.
Tú, que a su lecho llevas las semillas
aladas, que reposan en espera
—lo mismo que en su tumba los cadáveres—
de que tu hermana la áurea primavera
toque el clarín, y engendren las entrañas
de la tierra rebaños de capullos
perfumados, en valles y montañas,

Wild Spirit, which art moving everywhere;
Destroyer and preserver; hear, oh, hear!
Thou on whose steam, mid the steep sky's commotion,
Loose clouds like earth's decaying leves are shed,
Shook from the tangled boughs of Heaven and Ocean,
Angels of rain and lightning: there are spread
On the blue surface of thine aëry surge,
Like the bright hair uplifted from the head
Of some fierce Maenad, even from the dim verge
Of the horizon to the zenith's height,
The locks of the approaching storm. Thou dirge
Of the dying year, to which this closing night
Will be the dome of a vast sepulchre,
Vaulted with all thy congregated might
Of vapours, from whose solid atmosphere
Black rain, and fire, and hail will burst: oh, hear!
Thou who didst waken from his summer dreams
The blue Mediterranean, where he lay,
Lulled by the coil of his crystalline streams,
Beside a pumice isle in Baiae's bay,
And saw in sleep old palaces and towers
Quivering within the wave's intenser day,
All overgrown with azure moss and flowers
So sweet, the sense faints picturing them! Thou
For whose path the Atlantic's level powers
Cleave themselves into chasms, while far below
The sea-blooms and the oozy woods which wear
The sapless foliage of the ocean, know
Thy voice, and suddenly grow gray with fear,
And tremble and despoil themselves: oh, hear!
If I were a dead leaf thou mightest bear;
If I were a swift cloud to fly with thee;
A wave to pant beneath thy power, and share
The impulse of thy strength, only less free
Than thou, O uncontrollable! If even
I were as in my boyhood, and could be
The comrade of thy wanderings over Heaven,
As then, when to outstrip thy skiey speed
Searce seemed a vision; I would ne'er have striven
As thus with thee in prayer in my sore need.
Oh, lift me as a wave, a leaf, a cloud!
I fall upon the thorns of life! I bleed!

oh poderoso espíritu de lucha,
oh destructor y amparador: ¡Escucha!:
Tú que desprendes de los blancos velos
—como las hojas secas de los árboles
enlazados del mar y de los cielos—
los rayos y la lluvia, que esparramas
en la azulada aérea superficie
—como erizada cabellera en llamas
de algún Maenad terrible— desde el lúgubre
borde del mismo zénit a las puertas
de la nueva borrasca, el canto fúnebre
del año en estertor —del cual la noche
que fine es la alta cúpula de un vasto
sepulcro levantado con derroche
de vapores, de cuya inmensa lucha
fuego y granizo estallarán— ¡escucha!:
Tú que del sueño estivo despertaste
al mar Mediterráneo, que dormía
mecido en las corrientes que formaste
de la isla de Baiæ en la bahía,
do vio en sueños mil mágicos castillos
brillar llenos de musgo, al claro día,
con aspecto tan dulce y tan romántico
que al pintarlo temblaran los pinceles;
tú por quien los poderes del Atlántico
se abren en un arcano indescriptible,
mientras, lejos, los bosques y las flores
se asustan al oír tu voz terrible,
y locos de terror, con un lamento
se despojan, ¡escucha, escucha, oh Viento!:
Si, hoja muerta, tu aliento me arrastrara,
si, alba nube, llevárasme en tu vuelo,
si, ola sujeta a ti, participara
de tu valiente impulso, aun cuando fuera
menos ágil que tú; si por mi dicha
fuera como en la infancia, si pudiera
contigo recorrer el firmamento,
y, como entonces, al querer vencerte,
corriera cual visión, jamás violento
contigo fuera en la hora del vencido.
Como onda u hoja o nube, ¡oh Viento! ensálzame,
que las zarzas del mundo me han herido.

A heavy weight of hours has chained and bowed
One too like thee: tameless, and swift, and proud.
Make me thy lyre, even as the forest is:
What if my leaves are falling like its own!
The tumult of thy mighty harmonies
Will take from both a deep, autumnal tone,
Sweet though in sadness. Be thou, Spirit fierce,
My spirit! Be thou me, impetuous one!
Drive my dead thoughts over the universe
Like withered leaves to quicken a new birth!
And, by the incantation of this verse,
Scatter, as from an unextinguished hearth
Ashes and sparks, my words among mankind!
Be through my lips to unawakened earth
The trumpet of a prophecy! O, Wind,
If Winter comes, can Spring be far behind?

Adonais

I

I weep for Adonais – he is dead!
O, weep for Adonais! though our tears
Thaw not the frost which binds so dear a head!
And thou, sad Hour, selected from all years
To mourn our loss, rouse thy obscure compeers,
And teach them thine own sorrow, say: «With me
Died Adonais; till the Future dares
Forget the Past, his fate and fame shall be
An echo and a light unto eternity!» …

Las horas han vencido lentamente
a alguien cual tú fugaz, libre y valiente.
Tu lira sea cual la selva umbría,
y, si caen mis hojas cual las suyas,
su poderosa y mágica armonía
de ambos recabará un canto otoñal
dulce aun en la tristeza. Que tu espíritu
sea el mío, ¡oh Espíritu Vital!
Mis pensamientos lleva al Universo
—¡también fecundan las marchitas hojas!—
y, por la dulce magia de este verso,
dispersa —cual de lumbre inextinguida
centellas y cenizas— mis palabras,
y sean a la tierra adormecida
profético clarín, que ¡oh Viento! espera
tras del Invierno el áurea Primavera!

Fernando Maristany

Adonais

I

Murió Adonais y por su muerte lloro.
Llorad por Adonais, aunque las lágrimas
no deshagan la escarcha que le cubre.
Y tú, su hora fatal, la que entre todas
fuiste elegida para nuestro daño,
despierta a tus oscuras compañeras,
muéstrales tu tristeza y di: conmigo
murió Adonais, y en tanto que el futuro
a olvidar al pasado no se atreva,
perdurarán su fama y su destino
como una luz y un eco eternamente. ...

III

Oh, weep for Adonais – he is dead!
Wake, melancholy Mother, wake and weep!
Yet wherefore? Quench within their burning bed
Thy fiery tears, and let thy loud heart keep
Like his, a mute and uncomplaining sleep;
For he is gone, where all things wise and fair
Descend; – oh, dream not that the amorous Deep
Will yet restore him to the vital air;
Death feeds on his mute voice, and laughs at our despair. ...

XXXV

What softer voice is hushed over the dead?
Athwart what brow is that dark mantle thrown?
What form leans sadly o'er the white death-bed,
In mockery of monumental stone,
The heavy heart heaving without a moan?
If it be He, who, gentlest of the wise,
Taught, soothed, loved, honoured the departed one,
Let me not vex, with inharmonious sighs,
The silence of that heart's accepted sacrifice. ...

LII

The One remains, the many change and pass;
Heaven's light forever shines, Earth's shadows fly;
Life, like a dome of many-coloured glass,
Stains the white radiance of Eternity,
Until Death tramples it to fragments.–Die,

III

Llora por Adonais puesto que ha muerto.
Oh madre melancólica, despierta,
despierta y vela y llora todavía.
Apaga cerca de su ardiente lecho
tus encendidas lágrimas y deja
que tu clamante corazón, lo mismo
que el suyo, guarde un impasible sueño.
Él cayó ya en el hueco a donde todo
cuanto era hermoso y noble descendiera.
No sueñes, ay, que el amoroso abismo
te lo devuelva al aire de la vida.
Su muda voz la devoró la muerte,
que ahora se ríe al vernos sin consuelo. ...

XXXV

¿Qué voz tan dulce muda está ante el muerto?
¿Qué rostro es el que cubre el negro manto?
¿Quién es la triste forma que se inclina,
burlando la gran losa funeraria,
sobre el inmaculado catafalco,
su corazón latiendo sin gemido?
Ay, si es aquél, gentil entre los sabios,
que honra y amor, alivio y enseñanza
diera al que ya ha emprendido la partida,
no turbéis más con tan horrendo llanto
este silencio con que, sin quejarse,
su corazón le rinde sacrificio. ...

LII

Indestructible es la unidad del mundo.
Sólo apariencia son cambio y olvido.
La luz del cielo brilla eternamente.
Las sombras de la tierra se disipan.
La abigarrada bóveda de vidrio
de la existencia mancha la radiante
blancura de lo Eterno, hasta que un día
la Muerte la hace añicos. Muere, muere,

If thou wouldst be with that which thou dost seek!
Follow where all is fled!–Rome's azure sky,
Flowers, ruins, statues, music, words, are weak
The glory they transfuse with fitting truth to speak.

Wake the serpent not

Wake the serpent not – lest he
Should not know the way to go, –
Let him crawl which yet lies sleeping
Through the deep grass of the meadow!
Not a bee shall hear him creeping,
Not a may-fly shall awaken
From its cradling blue-bell shaken,
Not the starlight as he's sliding
Through the grass with silent gliding.

si a confundirte plenamente aspiras
con todo lo que anhelas. Marcha pronto
adonde todo ha huido. El deslumbrante
y azul cielo de Roma, las estatuas,
la música, las flores, las ruïnas
y las palabras, todo es impotente
para expresar en su verdad exacta
toda la gloria que transfunden ellos.

Vicente Gaos

No despertéis jamás a la serpiente

No despertéis jamás a la serpiente,
por miedo a que ella ignore su camino;
dejad que se deslice mientras duerme
sumida en la honda yerba de los prados.
Que ni una abeja la oiga al arrastrarse,
que ni una mosca efímera resurja
de su sueño, acunada en la campánula,
ni las estrellas, cuando se escabulla
silente entre la yerba, escurridiza.

Juan Abeleira y Alejandro Valero

John Keats

Gran Bretaña (Londres, 1795-Roma, 1821)

A diferencia de Byron y Shelley, Keats no se preocupó por la política ni por la religión, sino que condensó su esfuerzo creativo en la elaboración de una poética y una estética ideales, no carentes sin embargo de convicciones éticas. Proveniente de una familia humilde y cirujano de oficio, entró en el mundo literario hacia los veinte años y tuvo una vida marcada por las desgracias y la enfermedad. Pese a que los *Poems* de 1817 fueron recibidos con tanta acritud como el largo *Endymion* de 1818, está claro que Keats es el maestro de las formas breves del romanticismo inglés. En efecto, carente de la habilidad narrativa de Byron, lo más logrado de su obra es de carácter lírico y se encuentra en algunos de los sonetos de la etapa inicial, en *Lamia and other Poems* (1820) y en otras piezas de los últimos años, tales *La belle dame sans merci*, *La víspera de Santa Inés* e *Hiperión*. Justamente estimadas han sido siempre la *Oda a un ruiseñor (Ode to a Nightingale)*, en la que la belleza del canto del ave supera con creces la muerte y el dolor humanos, y la *Oda a una urna griega (Ode on a Grecian Urn)* donde la belleza, inmortalizada por el arte, se contrapone a la caducidad de la vida, a la cual se superpone. La limpidez expresiva y la gracia verbal dan a la lírica de Keats una tonalidad inconfundible.

A thing of beauty is a joy for ever:
Its loveliness increases; it will never
Pass into nothingness; but still will keep
A bower quiet for us, and a sleep
Full of sweet dreams, and health, and quiet breathing.
Therefore, on every morrow, are we wreathing
A flowery band to bind us to the earth,
Spite of despondence, of the inhuman dearth
Of noble natures, of the gloomy days,
Of all the unhealthy and o'er-darkened ways
Made for our searching— yes, in spite of all,
Some shape of beauty moves away the pall
From our dark spirits. Such the sun, the moon,
Trees, old and young, sprouting a shady boon
For simple sheep; and such are daffodils
With the green world they live in; and clear rills
That for themselves a cooling covert make
'Gainst the hot season; the mid-forest brake,
Rich with a sprinkling of fair musk-rose blooms;
And such too is the grandeur of the dooms
We have imagined for the mighty dead;
All lovely tales that we have heard or read—
An endless fountain of immortal drink,
Pouring unto us from the heaven's brink.
Nor do we merely feel these essences
For one short hour; no, even as the trees
That whisper round a temple become soon
Dear as the temple's self, so does the moon,
The passion poesy, glories infinite,
Haunt us till they become a cheering light
Unto our souls, and bound to us so fast
That, whether there be shine or gloom o'ercast,
They always must be with us, or we die.
Therefore, 'tis with full happiness that I
Will trace the story of Endymion.
The very music of the name has gone
Into my being, and each pleasant scene
Is growing fresh before me as the green
Of our own valley. So I will begin

Lo bello es una dicha para siempre:
su hermosura va en aumento
y nunca se abolirá en la inanidad,
mas aún nos dará un dulce cobijo
y un reposo lleno de dulces sueños,
bienestar y un suave aliento.
Por eso tejemos día a día la guirnalda
de las flores que nos ciñen a la tierra
a despecho de los temores, de la falta
inhumana de nobleza, de los días crepusculares
y de todos los insanos, oscurecidos caminos
para nuestra pesquisa hechos.
Sí, a pesar de todo, alguna imagen bella
aparta el sudario de nuestros sombríos espíritus
y el sol, la luna, los árboles verdes o viejos
esparcen su sombra regalada a las mansas ovejas;
así ocurre a los narcisos con el mundo floreciente
en que ellos viven, a los frescos riachuelos
que hacen por sí mismos su álgida cubierta
a la estación calurosa y al helecho forestal
al que enriquece el centelleo
floral de las rosas almizcleñas. Y tal es,
en verdad, la grandeza del destino
que hemos inventado a los muertos poderosos,
las amenas consejas que hemos escuchado o leído,
una fuente inagotable de elixir inmortal
que chorrea hasta nosotros de la linde de los cielos.
Y no tan sólo percibimos una breve hora estas bellezas;
no, porque, así como los árboles susurrantes en torno al templo
se convierten en seguida en algo tan venerado
como el templo mismo, así la luna,
la pasión de la poesía y un infinito esplendor,
nos asaltan hasta convertirse en luz gozosa a nuestras almas
y tan estrechamente nos circundan
que, ya encubiertas de luz, ya de penumbra,
deben para siempre acompañarnos o morimos.
Así pues, alborozado, es como voy a contar
todo el relato de Endimión. Hasta la música de su nombre
me ha penetrado y cada escena placentera
crece ante mí con igual frescor
que el verdor de nuestro valle. Así que voy

Now while I cannot hear the city's din;
Now while the early budders are just new,
And run in mazes of the youngest hue
About old forests; while the willow trails
Its delicate amber and the dairy pails
Bring home increase of milk. And, as the year
Grows lush in juicy stalks, I'll smoothly steer
My little boat for many quiet hours,
With streams that deepen freshly into bowers.
Many and many a verse I hope to write
Before the daisies, vermeil-rimmed and white,
Hide in deep herbage; and ere yet the bees
Hum about globes of clover and sweet peas,
I must be near the middle of my story.
Oh, may no wintry season, bare and hoary,
See it half finished, but let autumn bold,
With universal tinge of sober gold,
Be all about me when I make an end.
And now at once, adventuresome, I send
My herald thought into a wilderness—
There let its trumpet blow, and quickly dress
My uncertain path with green, that I may speed
Easily onward, thorough flowers and weed.

ODE TO A NIGHTINGALE

I

My heart aches, and a drowsy numbness pains
    My sense, as though of hemlock I had drunk,
Or emptied some dull opiate to the drains
    One minute past, and Lethe-wards had sunk:
'Tis not through envy of thy happy lot,
    But being too happy in thy happiness, —
    That thou, light-winged Dryad of the trees,
    In some melodious plot
Of beechen green, and shadows numberless,
    Singest of summer in full-throated ease.

a empezarlo ahora que el bullicio de la ciudad
no me alcanza, ahora que las yemas más tempranas
se renuevan y extienden
por laberintos del más tierno color
por los vetustos bosques; ahora que los sauces nos muestran
su delicado ámbar y nos llegan las cubas del establo
rebosantes de leche a casa. Y mientras la estación verdece
en los tallos que rezuman, voy a guiar suavemente
mi botecillo a lo largo de muchas y mansas horas
por los arroyos que se internan en la espesura.
Muchos, muchos versos espero escribir
antes de que las margaritas, ribeteadas
de bermellón y blanco, en la yerba tupida se oculten;
y, antes de que las abejas zumben en torno a las matas
de trébol y el dulce guisante, debo hallarme
casi en mitad de mi relato. Y ojalá
no lo vea el invierno nudo y cano aún incompleto,
sino que el majestuoso otoño, con el tinte universal
de su oro atemperado, me envuelva cuando lo acabe.
Yo, ahora, temerario, envío ya
mi heraldo pensamiento a las soledades:
dejadle que sople su clarín y cubrid rápidamente
mi inseguro camino de verde para que pueda avanzar
ágil y presto por entre flores y matorrales.

Pedro Ugalde

Oda a un ruiseñor

I

Mi corazón me duele y un sopor de honda pena me invade
como si hubiera bebido cicuta
o tomado de un trago un opio denso hace sólo un minuto,
hundiéndome en las aguas del Leteo.
No es por envidia de tu feliz suerte
sino por el exceso de esa dicha
que tú, leve y alado Dríade de los árboles,
en algún escondite melodioso
de fresco hayedo y sombras infinitas,
henchidamente cantas los veranos.

II

O for a draught of vintage! that hath been
    Cool'd a long age in the deep-delved earth,
Tasting of Flora and the country-green,
    Dance, and Provencal song, and sun-burnt mirth!
O for a beaker full of the warm South,
    Full of the true, the blushful Hippocrene,
    With beaded bubbles winking at the brim,
    And purple-stained mouth;
That I might drink, and leave the world unseen,
    And with thee fade away into the forest dim:

III

Fade far away, dissolve, and quite forget
    What thou among the leaves hast never known,
The weariness, the fever, and the fret
    Here, where men sit and hear each other groan;
Where palsy shakes a few, sad, last gray hairs,
    Where youth grows pale, and spectre-thin, and dies;
    Where but to think is to be full of sorrow
    And leaden-eyed despairs;
Where Beauty cannot keep her lustrous eyes,
    Or new Love pine at them beyond to-morrow.

IV

Away! away! for I will fly to thee,
    Not charioted by Bacchus and his pards,
But on the viewless wings of Poesy,
    Though the dull brain perplexes and retards:
Already with thee! tender is the night,
    And haply the Queen-Moon is on her throne,
    Cluster'd around by all her starry Fays;
    But here there is no light,
Save what from heaven is with the breezes blown,
    Through verdurous glooms and winding mossy ways.

II

¡Oh, por un sorbo de vendimia que ha ido refrescándose
en la profunda cueva
y que guarda el sabor a verdes campos,
a Flora, a danza y canción provenzal y a soleado júbilo!
¡Oh, por un vaso lleno de ese caliente sur
colmado de la auténtica y bermeja Hipocrene,
de inquieta espuma hasta sus finos bordes
que van tiñéndose de un morado denso;
si pudiera beberlo para olvidar el mundo
y contigo adentrarme en la apretada fronda.

III

Desaparecer, disolverme, ya no pensar en lo que tú, entre las hojas,
jamás has conocido
el cansancio, la fiebre y el hastío,
aquí donde los hombres se escuchan sus lamentos;
donde el temblor sacude grises, ralos cabellos,
donde la juventud se agosta, se hace espectral y muere;
donde pensar es ya sólo un tormento,
tener ojos sombríos,
y donde la Belleza no puede conservar su luz irresistible,
ni el amor serle fiel más allá de la mañana.

IV

Lejos, lejos, he de volar contigo,
no arrastrado por Baco y sus leopardos,
sino por la Poesía de alas invisibles,
aunque nada comprenda este pobre cerebro.
¡Ya contigo!, en la maternal noche,
y quizá esté la luna en su trono como una hermosa reina,
con su ronda de hadas diamantinas;
donde yo estoy no hay luz,
nada más que la que trae el aire desde el cielo
resbalando por el verdor oscuro y musgosos senderos.

V

I cannot see what flowers are at my feet,
Nor what soft incense hangs upon the boughs,
But, in embalmed darkness, guess each sweet
Wherewith the seasonable month endows
The grass, the thicket, and the fruit-tree wild;
White hawthorn, and the pastoral eglantine;
Fast-fading violets cover'd up in leaves;
And mid-May's eldest child,
The coming musk-rose, full of dewy wine,
The murmurous haunt of flies on summer eves.

VI

Darkling I listen; and for many a time
I have been half in love with easeful Death,
Call'd him soft names in many a mused rhyme,
To take into the air my quiet breath;
Now more than ever seems it rich to die,
To cease upon the midnight with no pain,
While thou art pouring forth thy soul abroad
In such an ecstasy!
Still wouldst thou sing, and I have ears in vain—
To thy high requiem become a sod.

VII

Thou wast not born for death, immortal Bird!
No hungry generations tread thee down;
The voice I hear this passing night was heard
In ancient days by emperor and clown:
Perhaps the self-same song that found a path
Through the sad heart of Ruth, when, sick for home,
She stood in tears amid the alien corn;
The same that oft-times hath
Charm'd magic casements, opening on the foam
Of perilous seas, in faery lands forlorn.

V

No puedo ver qué flores hay a mis pies,
ni el suavísimo incienso que baja de las ramas,
pero en la perfumada tiniebla adivino la más fina delicia
con que se acusa la estación del año:
la hierba, el soto, el frutal silvestre,
el blanco espino, la rosa pastoril del agavanzo,
las frágiles violetas cubiertas por las hojas,
y como el primogénito de Mayo,
el celeste capullo guardando su vino de rocío
donde van las abejas las tardes de verano.

VI

En esta oscuridad escucho; más de una vez
he estado ansioso de la muerte apacible,
llamándola con diferentes nombres y persuasivos versos
para que mi suspiro apresara en el aire.
Y ahora más que nunca es propicio el deseo,
en esta medianoche, sin ningún sufrimiento,
mientras que tú vas derramando el alma
en un éxtasis único,
y seguirás cantando hasta que yo no te oiga,
tu alto réquiem vendrá al césped de mi sueño.

VII

Tú no has nacido para morir, ¡oh pájaro inmortal!
no has tenido una generación que te pisoteara;
la voz que escucho esta noche precisa
ya fue oída por reyes y pastores hace siglos.
Quizás es el mismo canto que abrió una senda
hasta el desalentado corazón de Ruth, cuando nostálgica,
prorrumpió un llanto en el trigal ajeno;
el mismo que a menudo encantó esas ventanas mágicas
abiertas a la espuma de mares peligrosos,
en ideales tierras olvidadas.

VIII

Forlorn! the very word is like a bell
  To toll me back from thee to my sole self!
Adieu! the fancy cannot cheat so well
  As she is fam'd to do, deceiving elf.
Adieu! adieu! thy plaintive anthem fades
  Past the near meadows, over the still stream,
  Up the hill-side; and now 'tis buried deep
  In the next valley-glades:
Was it a vision, or a waking dream?
  Fled is that music:—Do I wake or sleep?

Ode on a Grecian urn

I

Thou still unravished bride of quietness,
  Thou foster-child of silence and slow time,
Sylvan historian, who canst thus express
  A flowery tale more sweetly than our rhyme:
What leaf-fringed legend haunts about thy shape
  Of deities or mortals, or of both,
  In Tempe or the dales of Arcady?
  What men or gods are these? What maidens loth?
What mad pursuit? What struggle to escape?
  What pipes and timbrels? What wild ecstasy?

II

Heard melodies are sweet, but those unheard
  Are sweeter; therefore, ye soft pipes, play on;
Not to the sensual ear, but, more endeared,
  Pipe to the spirit ditties of no tone:
Fair youth, beneath the trees, thou canst not leave
  Thy song, nor ever can those trees be bare;
  Bold Lover, never, never canst thou kiss,
Though winning near the goal— yet, do not grieve;
  She cannot fade, though thou hast not thy bliss,
  Forever wilt thou love, and she be fair!

VIII

¡Olvidar! Ya esta palabra es como una campana
cuyo tañido me trajera de ti hacia mí mismo.
¡Adiós! La fantasía no ha podido engañarme
como acostumbra, desencantado elfo
¡Adiós, adiós! Tu lastimera antífona se aleja
hacia el prado cercano sobre el tranquilo río,
sube hasta la colina y va perdiéndose
por el valle desnudo.
¿Fue una visión o un sueño de vigilia?
Ya no se oye el cántico. ¿Estoy despierto o es que estoy dormido?

Clemencia Miró

Oda a una urna griega

I

Tú, aún intacta esposa de lo inmóvil,
tú, hija del silencio y de una edad serena,
heraldo de la selva, que expresar así puedes
mejor que nuestras rimas una historia florida.
¿Qué leyenda de dioses o mortales o ambos,
en Tempe o en los valles de la Arcadia,
sobre tu forma vuela, orlada de laureles?
¿Qué hombres o qué dioses son éstos, qué doncellas
esquivas, qué persiguen, para escapar qué esfuerzo,
qué flautas y tambores, qué éxtasis salvaje?

II

Son dulces melodías las que se oyen, pero
más dulces las no oídas; cantad, pues, flautas suaves,
no al oído por tanto, sino más encendidas,
cantad para el espíritu melodías sin tono.
Nunca bajo los árboles olvidarás tu canto,
muchacho, ni esos árboles se quedarán desnudos,
y nunca, audaz amante, recibirás un beso,
por más que te aproximes. Pero no te lamentes,
pues ella sobrevive, y aunque nunca la alcances,
tú siempre la amarás y siempre será hermosa.

III

Ah, happy, happy boughs! that cannot shed
    Your leaves, nor ever bid the Spring adieu;
And, happy melodist, unweariѐd,
    Forever piping songs forever new;
More happy love! more happy, happy love!
    Forever warm and still to be enjoyed,
    Forever panting, and forever young;
All breathing human passion far above,
    That leaves a heart high-sorrowful and cloyed,
    A burning forehead, and a parching tongue.

IV

Who are these coming to the sacrifice?
    To what green altar, O mysterious priest,
Lead'st thou that heifer lowing at the skies,
    And all her silken flanks with garlands dressed?
What little town by river or sea shore,
    Or mountain-built with peaceful citadel,
    Is emptied of this folk, this pious morn?
And, little town, thy streets for evermore
    Will silent be; and not a soul to tell
    Why thou art desolate, can e'er return.

V

O Attic shape! Fair attitude! with brede
    Of marble men and maidens overwrought,
With forest branches and the trodden weed;
    Thou, silent form, dost tease us out of thought
As doth eternity: Cold Pastoral!
    When old age shall this generation waste,
    Thou shalt remain, in midst of other woe
Than ours, a friend to man, to whom thou say'st,
    «Beauty is truth, truth beauty,— that is all
    Ye know on earth, and all ye need to know».

III

Ay, felices ramajes, que nunca derramasteis
vuestras hojas, y nunca dejó la primavera;
ay, músico dichoso, que jamás te has cansado,
siempre diciendo cantos eternamente nuevos;
ay, amor más feliz, más feliz, para siempre
encendido, y aún convidando a la dicha,
para siempre temblando y joven para siempre,
suspirando más alto que la pasión humana,
que deja el corazón tristísimo y vencido,
la frente palpitando y arrasada la lengua.

IV

¿Quiénes son los que vienen a ver el sacrificio?
¿A qué altar verdecido llevas, oh misterioso
sacerdote, esa vaca que muge hacia los cielos,
con sus lomos sedosos cubiertos de guirnaldas?
¿Qué lugar en la orilla del mar o de algún río,
con dulce ciudadela erigida en un monte,
abandonó esa gente, tal piadosa mañana?
Y tú, ciudad humilde, tus calles para siempre
quedarán en silencio, sin nadie que regrese,
y proclame por qué quedaste desolada.

V

Bella actitud, ática forma, urdida
con un ritmo de hombres y muchachas de mármol,
con ramas de la selva y hierbas ya pisadas.
Tú, silenciosa forma, pastoral detenida,
como la eternidad nuestras almas conmueves.
Cuando esta juventud con los años sucumba,
tú seguirás viviendo en medio de otras penas
que ya no serán nuestras, recordando a los hombres
que es verdad la belleza, y que es esto
cuanto el hombre precisa conocer en la tierra.

Felipe Baeza

To Autumn

I

Season of mists and mellow fruitfulness!
    Close bosom-friend of the maturing sun;
Conspiring with him how to load and bless
    With fruit the vines that round the thatch-eves run;
To bend with apples the moss'd cottage-trees,
    And fill all fruit with ripeness to the core;
    To swell the gourd, and plump the hazel shells
    With a sweet kernel; to set budding more,
And still more, later flowers for the bees,
Until they think warm days will never cease,
    For Summer has o'er-brimm'd their clammy cells.

II

Who hath not seen thee oft amid thy store?
    Sometimes whoever seeks abroad may find
Thee sitting careless on a granary floor,
    Thy hair soft-lifted by the winnowing wind;
Or on a half-reap'd furrow sound asleep,
    Drowsed with the fume of poppies, while thy hook
    Spares the next swath and all its twined flowers:
And sometimes like a gleaner thou dost keep
    Steady thy laden head across a brook;
    Or by a cyder-press, with patient look,
    Thou watchest the last oozings hours by hours.

III

Where are the songs of Spring? Ay, where are they?
    Think not of them, thou hast thy music too,
While barred clouds bloom the soft-dying day,
    And touch the stubble-plains with rosy hue;
Then in a wailful choir the small gnats mourn
    Among the river sallows, borne aloft
    Or sinking as the light wind lives or dies;
And full-grown lambs loud bleat from hilly bourn;

Oda al otoño

I

Época de neblinas, de fértiles sazones,
compañera entrañable del sol casi maduro,
conspirando con él cómo llenar las viñas
que escalan por las bardas con bendición de frutos
o encorvar con manzanas los árboles del huerto.
Eres tú quien los frutos sazonas hondamente,
hinches la calabaza, la cáscara morena
llenas con dulce almendra, y tan diversos brotes
de flores ya tardías regalas a la abeja,
que los cálidos días supone interminables,
desbordando el verano de sus celdas viscosas.

II

¿Quién no te ha contemplado ceñido de abundancia?
Aquel que en torno mira hallarte suele
sentado con descuido en los graneros,
tu pelo levantado al viento que lo aventa,
o en surco aún no segado dormir profundamente,
ebrio de adormideras, en tanto tu hoz respeta
la próxima gavilla de flores enlazadas.
Otras, como un espigador, mantienes fijamente
tu cabeza inclinada encima de un arroyo,
o con ojos pacientes en el lagar contemplas
la cidra hora tras hora correr en gotas últimas.

III

¿Adónde con sus cantos se fue la primavera?
Mas no los recordemos, que en ti música hay.
Cuando florece en nubes el día declinante
cubriendo los rastrojos de un matiz sonrosado,
un coro lastimero de cínifes se duele
entre orillas de sauces, que erguidos o doblados
siguen al viento leve según renace o muere.
Hay corderos que balan por su otero nativo

Hedge-crickets sing; and now with treble soft
The red-breast whistles from a garden-croft;
And gathering swallows twitter in the skies.

Ode on melancholy

I

No, no, go not to Lethe, neither twist
Wolf's-bane, tight-rooted, for its poisonous wine;
Nor suffer thy pale forehead to be kiss'd
By nightshade, ruby grape of Proserpine;
Make not your rosary of yew-berries,
Nor let the beetle nor the death-moth be
Your mournful Psyche, nor the downy owl
A partner in your sorrow's mysteries;
For shade to shade will come too drowsily,
And drown the wakeful anguish of the soul.

II

But when the melancholy fit shall fall
Sudden from heaven like a weeping cloud,
That fosters the droop-headed flowers all,
And hides the green hill in an April shroud;
Then glut thy sorrow on a morning rose,
Or on the rainbow of the salt sand-wave,
Or on the wealth of globed peonies;
Or if thy mistress some rich anger shows,
Emprison her soft hand, and let her rave,
And feed deep, deep upon her peerless eyes.

III

She dwells with Beauty— Beauty that must die;
And Joy, whose hand is ever at his lips
Bidding adieu; and aching Pleasure nigh,
Turning to Poison while the bee-mouth sips:
Ay, in the very temple of Delight

mientras cantan los grillos, y luego, blandamente,
el pitirrojo silba cerca de alguna huerta
o trinan por el cielo bandos de golondrina.

Luis Cernuda

Oda sobre la melancolía

I

No vayas al Leteo ni exprimas la raíz
del acónito y bebas su vino ponzoñoso;
ni dejes que tu pálida frente sea besada
por la noche, rubí uva de Proserpina;
no te hagas un rosario con las bayas del tejo,
ni que el escarabajo o la mortal falena
sea tu Psiquis fúnebre, ni el búho, de plumaje
esponjoso, partícipe de tus misterios sea;
pues sombra a sombra irán llegando con sopor
a ahogar la desvelada angustia de tu alma.

II

Pero cuando el acceso melancólico caiga
de pronto desde el cielo como una nube en llanto
que da vida a las flores cabizbajas y esconde
a la verde colina en mortaja de abril,
con una mañanera rosa cubre tu pena,
o con el arco iris de la ola en la duna,
o con las peonías, en globos de riqueza;
o si tu amada muestra una ira abundante,
aprisiona su suave mano, y que se enfurezca,
y nútrete muy hondo en sus ojos sin par.

III

Con Belleza ella mora, Belleza que es mortal;
y el Gozo, que está siempre con la mano en los labios
diciendo adiós, y cerca el Placer doloroso,
hecho veneno, cuando la boca —como abeja—
la liba: aun en el templo del placer tiene un alto

Veil'd Melancholy has her sovran shrine,
Though seen of none save him whose strenuous tongue
Can burst Joy's grape against his palate fine:
His soul shall taste the sadness of her might,
And be among her cloudy trophies hung.

sagrario la velada Melancolía, visto
sólo por quien con lengua audaz puede estallar
la uva de Jove contra su paladar sutil:
gustará la tristeza de ese poder en su alma
y entre sus nebulosos trofeos colgará.

José María Valverde

Heinrich Heine

Alemania (Düsseldorf, 1797-París, 1856)

De origen judío, convertido al protestantismo, alemán antiprusiano afincado en Francia, revolucionario para unos y conservador para otros, crítico del romanticismo sin llegar a desprenderse de él, se entiende que la imagen del *Doppelgänger* —el doble, sosia u otro yo— aparezca continuamente en los escritos de Heine. En Bonn, Götingen y Berlín, donde estudió derecho y lenguas clásicas, conoció a A. W. Schlegel y a Hegel; desde 1831 residió en París ganándose la vida como periodista, en contacto con los mayores intelectuales franceses (y con Marx), pero en los últimos años recluido en su piso por la enfermedad. *El Buch der Lieder* (*Libro de canciones*, 1827) compila y cifra la primera etapa de su lírica, la que le ha asegurado una mayor permanencia y que se ofrece llena de frescor y rica en acentos populares. En las *Neue Gedichte (Nuevos poemas)* y en el corrosivo *Deutschland. Eine Wintermärchen* (*Alemania. Cuento de invierno*, 1844) prevalecen la ironía y la constante, voluntaria irrupción de un prosaísmo que a veces lo acerca al pastiche. En el *Romanzero* (1852) y las *Gedichte* de 1853 y 1854, el estilo se depura y cobra fuerza y patetismo. No inferior a la poesía es la prosa de Heine, en las estampas de viaje, en las crónicas de actualidad y de agresiva polémica, en los ensayos políticos o en esbozos autobiográficos como los de *Geständnisse* (*Memorias*, 1854).

III

Mein Herz, mein Herz ist traurig,
Doch lustig leuchtet der Mai;
Ich stehe, gelehnt an der Linde,
Hoch auf der alten Bastei.
Da drunten fließt der blaue
Stadtgraben in stiller Ruh;
Ein Knabe fährt im Kahne
Und angelt und pfeift dazu.
Jenseits erheben sich freundlich,
In winziger, bunter Gestalt
Lusthäuser und Gärten und Menschen
Und Ochsen und Wiesen und Wald.
Die Mägde bleichen Wäsche
Uns springen im Gras herum:
Das Mühlrad stäubt Diamanten,
Ich höre sein fernes Gesumm.
Am alten grauen Turme
Ein Schilderhäuschen steht;
Ein rotgeröckter Bursche
Dort auf und nieder geht.
Er spielt mit seiner Flinte,
Sie funkelt im Sonnenrot,
Er präsentiert und schultert —
Ich wollt, er schösse mich tot.

III

Mi corazón está triste,
tengo el corazón helado,
aunque en el cielo fulguran
los resplandores de mayo.
Melancólico me apoyo
sobre un tilo solitario,
de la desierta explanada
en el recinto plantado.
Silencioso, azul, tranquilo
el río corre allá abajo;
un niño sobre una barca
recorre su caudal manso,
una canción melancólica
indiferente silbando.
Más allá de la corriente,
de la corriente a otro lado
se unen en bello conjunto
los jardines, los palacios,
y los hombres y los bueyes,
y la enramada y los prados.
Extienden dos lavanderas
ante el sol sus lienzos blancos;
y del agua del molino,
que el sol convierte en topacios,
hasta mis tristes oídos
llegan los ecos lejanos.
Se alza una garita encima
de un torreón agrietado,
y un guardia, con rojo traje,
sobre el glacis solitario
va y viene con paso lento,
viene y va con lento paso.
Con el fusil se entretiene,
que brilla ante el sol dorado.
Presenta el arma luciente,
la extiende hacia mí apuntando:
....
¡Quisiera que me tendiese
de un tiro, muerto en el acto!

José S. Herrero

XIII

Wenn ich an deinem Hause
Des Morgens vorübergeh,
So freut's mich, du liebe Kleine,
Wenn ich dich am Fenster seh.
Mit deinen schwarzbraunen Augen
Siehst du mich forschend an:
Wer bist du, und was fehlt dir,
Du fremder, kranker Mann?
«Ich bin ein deutscher Dichter,
Bekannt im deutschen Land;
Nennt man die besten Namen,
So wird auch der meine genannt.
Und was mir fehlt, du Kleine,
Fehlt manchem im deutschen Land;
Nennt man die schlimmsten Schmerzen,
So wird auch der meine genannt.»

LVIII

Zu fragmentarisch ist Welt und Leben!
Ich will mich zum deutschen Professor begeben,
Der weiß das Leben zusammen zu setzen,
Und er macht ein verständlich System daraus;
Mit seinen Nachtmützen und Schlafrockfetzen
Stopft er die Lücken des Weltenbaus.

Ja, freilich bist du mein Ideal,
Hab's dir ja oft bekräftigt
Mit Küssen und Eiden sonder Zahl;
Doch heute bin ich beschäftigt.
Komm' morgen zwischen zwei und drei,
Dann sollen neue Flammen

XIII

Paso por tu casa y miro,
cuando brilla la mañana:
¡cuán dulcemente suspiro
niña hermosa, si te admiro
asomada a la ventana!
En mí clavas complacientes
los ojos, negros y ardientes,
y que preguntas infiero:
«¿Quién eres?» ¿Qué es lo que sientes,
melancólico extranjero?»
¿Quién soy?... Un vate alemán;
y allí me conocen bien:
si citan con noble afán
nombres que gloria les dan,
citan el mío también.
¿Qué siento?... Lo que yo siento
lo sienten muchos allí;
cuando citan un portento
de infortunio y sufrimiento,
también me citan a mí.

Teodoro Llorente

LVIII

¡Qué fragmentarios el mundo y la vida!
He de consultar a un profesor alemán
que sepa recomponer la existencia,
haciendo de ella un sistema racional.
Con su gorro de noche y su bata andrajosa
tapará las grietas del universo.

¡Sin duda eres mi ideal!
A menudo te lo he confirmado
con besos y múltiples juramentos,
pero hoy estoy ocupado.
Vente mañana entre las dos y las tres,
y verás cómo nuevas llamas

Bewähren meine Schwärmerei;
Wir essen nachher zusammen.
Wenn ich Billette bekommen kann,
Bin ich sogar kapabel,
Dich in die Oper zu führen alsdann;
Man gibt Robert-le-Diable.
Es ist ein grosses Zauberstück
Voll Teufelslust und Liebe;
Von Meyerbeer ist die Musik,
Der schlechte Text von Scribe.

VIII

Entartung

Hat die Natur sich auch verschlechtert,
Und nimmt sie Menschenfehler an?
Mich dünkt, die Pflanzen und die Tiere,
Sie lügen jetzt wie jedermann.
Ich glaub nicht an der Lilie Keuschheit,
Es buhlt mit ihr der bunte Geck,
der Schmetterling; er küßt und flattert
Am End mit ihrer Unschuld weg.
Von der Bescheidenheit der Veilchen
Halt ich nicht viel. Die kleine Blum,
Mit den koketten Düften lockt sie,
Und heimlich dürstet sie nach Ruhm.
Ich zweifle auch, ob sie empfindet,
Die Nachtigall, das, was sie singt;
Sie übertreibt und schluchzt und trillert
Nur aus Routine, wie mich dünkt.
Die Wahrheit schwindet von der Erde,
Auch mit der Treu ist es vorbei.
Die Hunde wedeln noch und stinken
Wie sonst, doch sind sie nicht mehr treu.

mi entusiasmo alentarán.
Después comeremos juntos.
Y si consigo entradas sacar,
sería incluso «capablẹ»
y a la ópera te he de llevar
donde ponen Robert-le-Diable.
Es una gran obra mágica
de amor y placer en acopio,
la música es de Meyerbeer
y de Scribe el pésimo texto.

Berit Balzer

VIII

Degeneración

La misma naturaleza,
se falsea y deteriora,
falta a su misión divina,
los vicios del hombre toma.
Los animales y plantas
de la tierra, gala y pompa,
faltan a sus juramentos
y mienten como personas.
No tienen pudor los lirios,
ni las violetas ni rosas;
las mariposas los besan
y sus pétalos deshojan.
Y la fama de modestia
de la violeta es apócrifa;
es una flor muy coqueta
y que apetece la gloria.
No creo del ruiseñor
en las ardientes estrofas;
solo por pura rutina,
canta de amor y solloza.
La verdad se fue del mundo,
la constancia no es gran cosa,
y la lealtad de los perros
ha pasado ya a la historia.

José Pablo Rivas

Lebensfahrt

Ein Lachen und Singen! Es blitzen und gaukeln
Die Sonnenlichter. Die Wellen schaukeln
Den lustigen Kahn. Ich saß darin
Mit lieben Freunden und leichtem Sinn.
Der Kahn zerbrach in eitel Trümmer,
Die Freunde waren schlechte Schwimmer,
Sie gingen unter im Vaterland;
Mich warf der Sturm an den Seinestrand.
Ich habe ein neues Schiff bestiegen,
Mit neuen Genossen; es wogen und wiegen
Die fremden Fluten mich hin und her —
Wie fern die Heimat! mein Herz wie schwer!
Und das ist wieder ein Singen und Lachen —
Es pfeift der Wind, die Planken krachen —
Am Himmel erlischt der letzte Stern —
Wie schwer mein Herz! Die Heimat wie fern!

Jetzt Wohin?

Jetzt wohin, der dumme Fuß
Will mich gern nach Deutschland tragen;
Doch es schüttelt klug das Haupt
Mein Verstand und scheint zu sagen:
Zwar beendigt ist der Krieg,
Doch die Kriegsgerichte blieben,
Und es heißt, du habest einst
Viel Erschießliches geschrieben.
Das ist wahr, unangenehm
Wär mir das Erschossenwerden;
Bin kein Held, es fehlen mir
Die pathetischen Gebärden.
Gern würd ich nach England gehn,
Wären dort nicht Kohlendämpfe
Und Engländer — schon ihr Duft
Gibt Erbrechen mir und Krämpfe.
Manchmal kommt mir in den Sinn,
Nach Amerika zu segeln,
Nach dem großen Freiheitsstall,
Der bewohnt von Gleichheitsflegeln —

VIAJE DE LA VIDA

¡Una risa y un canto! Lucen y hacen cabriolas
los rayos del sol. Las olas mecen
la alegre barca. Yo bogaba en ella
con buenos amigos y ánimo ligero.
La barca se deshizo en mil pedazos,
los amigos eran malos nadadores...
Se hundieron, en la patria; la tormenta
me arrojó a mí a la orilla del Sena.
Subí entonces a una nueva embarcación,
con nuevos camaradas; me mueven y mecen
de un lado a otro las mareas extrañas...
¡Qué lejana la patria! ¡Qué triste el corazón!
Y nuevamente un canto y una risa...
El viento silba, las tablas estallan...
Se apaga en el cielo la última estrella...
¡Qué triste el corazón! ¡Qué lejana la patria!

AHORA, ¿ADÓNDE?

Ahora, ¿adónde? El torpe pie
quisiera llevarme a Alemania.
Mas la razón, prudente, mueve
la cabeza, como diciendo:
Es cierto que acabó la guerra,
pero quedan cortes marciales,
y dicen que escribiste antaño
cosas que te hacen fusilable.
Eso es verdad, poco agradable
sería verme fusilado.
No soy un héroe, me faltan
los patéticos ademanes.
Me gustaría ir a Inglaterra,
de no haber humos de carbón,
¡y los ingleses!... Ya su olor
me produce espasmos y vómitos.
A veces tengo la ocurrencia
de embarcarme hacia Norteamérica,
gran cuadra de la libertad
con sus brutos igualitarios.

Doch es ängstet mich ein Land,
Wo die Menschen Tabak käuen,
Wo sie ohne König kegeln,
Wo sie ohne Spucknapf speien.
Rußland, dieses schöne Reich
Würde mir vielleicht behagen,
Doch im Winter könnte ich
Dort die Knute nicht ertragen.
Traurig schau ich in die Höh,
Wo viel tausend Sterne nicken —
Aber meinen eignen Stern
Kann ich nirgends dort erblicken.
Hat im güldnen Labyrinth
Sich vielleicht verirrt am Himmel,
Wie ich selber mich verirrt
In dem irdischen Getümmel. —

Weltlauf

Hat man viel, so wird an bald
Noch viel mehr dazu bekommen.
Wer nur wenig hat, dem wird
Auch das Wenige genommen.
Wenn du aber gar nichts hast,
Ach, so lasse dich begraben —
Denn ein Recht zum Leben, Lump,
Haben nur, die etwas haben.

Die schlesischen Weber

Im düstern Auge keine Träne,
Sie sitzen am Webstuhl und fletschen die Zähne:
Deutschland, wir weben dein Leichentuch!
Wir weben hinein den dreifachen Fluch —
Wir weben, wir weben!
Ein Fluch dem Gotte, zu dem wir gebeten
In Winterskälte und Hungersnöten;

Pero me da miedo un país
de gentes que mascan tabaco,
que, sin rey, juegan a los bolos,
y sin escupidera, escupen.
Rusia, ese imperio tan hermoso,
posiblemente me agradase,
pero en invierno no podría
soportar allí los azotes.
Con tristeza miro a lo alto,
donde hacen guiños miles de astros;
sin embargo, mi propia estrella
no la diviso en parte alguna.
En el áureo laberinto
del cielo se perdió tal vez,
como yo mismo me he perdido
en la terrena agitación.

Feliu Formosa

El curso del mundo

Para quien tiene de sobra,
la fortuna le trae aún más.
Al pobre quita, y le deja
pobre de solemnidad.
Si nada tienes, pelagatos;
pues, apaga y vámonos:
sólo merecen respeto en la vida
los de riñón bien cubieto.

Berit Balzer

Los tejedores de Silesia

Sin una lágrima en los ojos sombríos,
ocupan el telar y aprietan los dientes:
Alemania, tejemos tu mortaja,
tejemos en ella la triple maldición...
¡Tejemos, tejemos!
Maldito sea el dios al que impetramos
en los fríos de invierno y en las carestías;

Wir haben vergebens gehofft und geharrt,
Er hat uns geäfft und gefoppt und genarrt —
Wir weben, wir weben!
    Ein Fluch dem König, dem König der Reichen,
Der unser Elend nicht konnte erweichen,
Der den letzten Groschen von uns erpreßt
Und uns wie Hunde erschießen läßt —
Wir weben, wir weben!
    Ein Fluch dem falschen Vaterlande,
Wo nur gedeihen Schmach und Schande,
Wo jede Blume früh geknickt,
Wo Fäulnis und Moder den Wurm erquickt —
Wir weben, wir weben!
    Das Schiffchen fliegt, der Webstuhl kracht,
Wir weben emsig Tag und Nacht —
Altdeutschland, wir weben dein Leichentuch,
Wir weben hinein den dreifachen Fluch,
Wir weben, wir weben!

fue vana la esperanza y la anhelante espera,
nos ha engañado, burlado, escarnecido...
¡Tejemos, tejemos!
Maldito sea el rey, el rey de los ricos,
que no pudo aplacar nuestra miseria;
nos arranca hasta la última moneda
y manda que nos maten como perros...
¡Tejemos, tejemos!
Maldita sea la patria falsa,
donde sólo medran el oprobio y la vergüenza,
donde todas las flores son tronchadas
y la podredumbre engorda al gusano...
¡Tejemos, tejemos!
La lanzadera vuela, retumba el telar;
tejemos día y noche sin descanso...
Vieja Alemania, tejemos tu mortaja,
tejemos en ella la triple maldición...
¡Tejemos, tejemos!

Feliu Formosa

Giacomo Leopardi

Italia (Recanati, 1798-Roma, 1837)

Leopardi fue un aristócrata de provincia, fundamentalmente autodidacta, profundo conocedor de la filología clásica, físicamente débil y aun deforme, que vivió encerrado en la soledad, la amargura y la inteligencia. Según él, el mundo y la realidad toda conspiran para el sufrimiento del hombre, cuyo único consuelo está en la reflexión, la creación y la vaga esperanza de dejar una obra perdurable. Su aproximación a los postulados románticos se conjugó con una orientación estética clasicista y desembocó en una honda meditación sentimental, de expresión contenida. Leopardi, en efecto, no tuvo una lengua poética propia, antes bien se acomodó al estilo noble de la tradición italiana a partir de Petrarca, pero, dentro de ella, se movió en el nivel más llano, incluso con momentos de realismo coloquial. Los rasgos que le hacen inconfundible son sin embargo el tono radicalmente pesimista, nihilista y escéptico, y la nitidez con que dibuja paisajes y escenas de costumbres transfigurados en estados de ánimo. El título fundamental de su parca obra poética son los *Cantos* (*Canti*, 1824-1835), centrados en la evocación de la juventud frustrada, en el placer visto como interrupción del dolor adulto y en las cavilaciones en torno de la vacuidad e inutilidad de la vida. En prosa, son espléndidas muchas páginas de las *Operette morali* y, sobre todo, del excepcional *Zibaldone (Miscelánea)* en el que fue apuntando sus observaciones y experiencias entre 1817 y 1832.

L'infinito

Sempre caro mi fu quest'ermo colle,
E questa siepe, che da tanta parte
Dell'ultimo orizzonte il guardo esclude.
Ma sedendo e mirando, interminati
Spazi di là da quella, e sovrumani
Silenzi, e profondissima quiete
Io nel pensier mi fingo; ove per poco
Il cor non si spaura. E come il vento
Odo stormir tra queste piante, io quello
Infinito silenzio a questa voce
Vo comparando: e mi sovvien l'eterno,
E le morte stagioni, e la presente
E viva, e il suon di lei. Così tra questa
Immensità s'annega il pensier mio:
E il naufragar m'è dolce in questo mare.

La sera del dì di festa

Dolce e chiara è la notte e senza vento,
e queta sovra i tetti e in mezzo agli orti
posa la luna, e di lontan rivela
serena ogni montagna. O donna mia,
già tace ogni sentiero, e pei balconi
rara traluce la notturna lampa:
tu dormi, che t'accolse agevol sonno
nelle tue chete stanze; e non ti morde
cura nessuna; e già non sai né pensi
quanta piaga m'apristi in mezzo al petto.
Tu dormi: io questo ciel, che sì benigno
appare in vista, a salutar m'affaccio,
e l'antica natura onnipossente,
che mi fece all'affanno. A te la speme
nego, mi disse, anche la speme; e d'altro
non brillin gli occhi tuoi se non di pianto.
Questo dì fu solenne: or da' trastulli
prendi riposo; e forse ti rimembra
in sogno a quanti oggi piacesti, e quanti

El infinito

Siempre caro me fue este yermo collado
y este seto que priva a la mirada
de tanto espacio del último horizonte.
Mas sentado, contemplando, imagino
más allá de él espacios sin fin,
y sobrehumanos silencios; y una quietud hondísima
me oculta el pensamiento.
Tanta que casi el corazón se espanta.
Y como oigo expirar el viento en la espesura
voy comparando ese infinito silencio
con esta voz: y pienso en lo eterno,
y en las estaciones muertas, y en la presente viva,
y en su música. Así que en esta
inmensidad se anega el pensamiento:
y naufragar es dulce en este mar.

Antonio Colinas

La noche del día de fiesta

Dulce y clara es la noche y calla el viento;
y quieta sobre huertos y tejados
posa la luna y a lo lejos muestra
serena cada monte. Amada mía,
ya calla toda senda; en las ventanas
rala trasluce la nocturna llama:
tú duermes: que te atrajo fácil sueño
en tu silente estancia, y no te asedia
cuita ninguna; y no sabes ni piensas
cuánta llaga me abriste aquí en el pecho.
Tú ya duermes: yo el cielo que aparece
dulce a la vista, a saludar me asomo,
y a la antigua natura omnipotente
que al dolor me forjara. A ti, me dijo,
la esperanza te niego, aun la esperanza,
y sólo el llanto brillará en tus ojos.
Solemne fue este día: de la fiesta
descansas ya; quizá en sueños recuerdes
cuantos hoy te admiraron, cuantos otros

piacquero a te: non io, non già, ch'io speri,
al pensier ti ricorro. Intanto io chieggo
quanto a viver mi resti, e qui per terra
mi getto, e grido, e fremo. Oh giorni orrendi
in così verde etate! Ahi, per la via
odo non lunge il solitario canto
dell'artigian, che riede a tarda notte,
dopo i sollazzi, al suo povero ostello;
e fieramente mi si stringe il core,
a pensar come tutto al mondo passa,
e quasi orma non lascia. Ecco è fuggito
il dì festivo, ed al festivo il giorno
volgar succede, e se ne porta il tempo
ogni umano accidente. Or dov'è il suono
di que' popoli antichi? or dov'è il grido
de' nostri avi famosi, e il grande impero
di quella Roma, e l'armi, e il fragorio
che n'andò per la terra e l'oceano?
Tutto è pace e silenzio, e tutto posa
il mondo, e pù dí lor non si ragiona.
Nella mia prima età, quando s'aspetta
bramosamente il dì festivo, or poscia
ch'egli era spento, io doloroso, in veglia,
premea le piume; ed alla tarda notte
un canto che s'udia per li sentieri
lontanando morire a poco a poco,
già similmente mi stringeva il core.

A Silvia

Silvia, rimembri ancora
Quel tempo della tua vita mortale,
Quando beltà splendea
Negli occhi tuoi ridenti e fuggitivi,
E tu, lieta e pensosa, il limitare
Di gioventù salivi?
Sonavan le quiete
Stanze, e le vie dintorno,
Al tuo perpetuo canto,

te gustaron a ti; no que yo espere,
en tu mente morar. Pregunto en tanto
cuánta vida me queda, y en el suelo
me arrojo, grito y tiemblo, ¡oh horrendos días
en tan joven edad! Ay, por la calle
oigo no lejos el solitario canto
del artesano, que de noche vuelve,
tras los solaces, a su pobre albergue;
y duramente se me oprime el pecho,
al ver que por la tierra todo pasa
sin casi dejar huella. Así ya ha huido
este día de fiesta, y al festivo
le sigue el día vulgar, y borra el tiempo
todo humano accidente. ¿Dónde el eco
de los pueblos antiguos? ¿Y la fama
de las gentes famosas, y el imperio
de antigua Roma, y el fragor, las armas
que cruzaron los mares y la tierra?
Todo es paz y silencio; todo posa
en el mundo y nadie los recuerda.
En mi primera edad, cuando se espera
ansiosamente el día de fiesta, luego,
ya extinto, en vela, dolorosamente
al lecho me abrazaba; y en la noche
un canto que se oía en los senderos
alejarse muriendo poco a poco,
ya como ahora me oprimía el pecho.

María de las Nieves Muñiz Muñiz

A Silvia

Silvia, ¿recuerdas aún
el tiempo aquel de tu terrena vida,
cuando lucía en tus ojos
tímidos y risueños la belleza
y, alegre y pensativa, los umbrales
de juventud cruzabas?
Sonaban las tranquilas
estancias y las calles
cercanas con tu canto,

Allor che all'opre femminili intenta
Sedevi, assai contenta
Di quel vago avvenir che in mente avevi.
Era il maggio odoroso: e tu solevi
Così menare il giorno.
    Io gli studi leggiadri
Talor lasciando e le sudate carte,
Ove il tempo mio primo
E di me si spendea la miglior parte,
D'in su i veroni del paterno ostello
Porgea gli orecchi al suon della tua voce,
Ed alla man veloce
Che percorrea la faticosa tela.
Mirava il ciel sereno,
Le vie dorate e gli orti,
E quinci il mar da lungi, e quindi il monte.
Lingua mortal non dice
Quel ch'io sentiva in seno.
    Che pensieri soavi,
Che speranze, che cori, o Silvia mia!
Quale allor ci apparia
La vita umana e il fato!
Quando sovviemmi di cotanta speme,
Un affetto mi preme
Acerbo e sconsolato,
E tornami a doler di mia sventura.
O natura, o natura,
Perchè non rendi poi
Quel che prometti allor? perchè di tanto
Inganni i figli tuoi?
    Tu pria che l'erbe inaridisse il verno,
Da chiuso morbo combattuta e vinta,
Perivi, o tenerella. E non vedevi
Il fior degli anni tuoi;
Non ti molceva il core
La dolce lode or delle negre chiome,
Or degli sguardi innamorati e schivi;
Nè teco le compagne ai dì festivi
Ragionavan d'amore.
    Anche peria fra poco
La speranza mia dolce: agli anni miei

cuando, atenta a labores femeninas,
te sentabas, contenta
del bello porvenir que imaginabas.
Era el mayo oloroso, y tú solías
pasar así las horas.
Yo, los gratos estudios
dejando a ratos y las arduas páginas
donde mi edad primera
y lo mejor de mí se consumían,
en los balcones del hogar paterno
escuchaba el sonido de tu voz
y de las manos hábiles
que recorrían la trabajosa tela.
Miraba el cielo en calma.
Calles doradas, huertos,
y allí el mar a lo lejos, y allá el monte.
Lengua mortal no puede
decir lo que sentía.
¡Qué suaves pensamientos,
qué ilusión, qué emociones, Silvia mía!
¡Qué amables se mostraban
la vida y el destino!
Cuando me acuerdo de esperanza tanta,
me oprime un sentimiento
acerbo y desolado
y me vuelvo a doler de mi infortunio.
¡Oh Natura, oh Natura!,
¿por qué no das al cabo
lo que primero ofreces?, ¿por qué engañas
de tal modo a tus hijos?
Antes que el frío la hierba calcinara,
por una oculta enfermedad vencida,
morías, tierna joven. Y la flor
no viste de tus años;
no alegraron tu espíritu
dulces requiebros a tu pelo negro
o a tus ojos esquivos y amorosos,
ni del amor contigo en días festivos
hablaron tus amigas.
Murió asimismo al poco
mi esperanza más dulce: a mi vivir

Anche negaro i fati
La giovanezza. Ahi come,
Come passata sei,
Cara compagna dell'età mia nova,
Mia lacrimata speme!
Questo è quel mondo? questi
I diletti, l'amor, l'opre, gli eventi
Onde cotanto ragionammo insieme?
Questa la sorte dell'umane genti?
All'apparir del vero
Tu, misera, cadesti: e con la mano
La fredda morte ed una tomba ignuda
Mostravi di lontano.

A SE STESSO

Or poserai per sempre,
Stanco mio cor. Perì l'inganno estremo,
Ch'eterno io mi credei. Perì. Ben sento,
In noi di cari inganni,
Non che la speme, il desiderio è spento.
Posa per sempre. Assai
Palpitasti. Non val cosa nessuna
I moti tuoi, nè di sospiri è degna
La terra. Amaro e noia
La vita, altro mai nulla; e fango è il mondo.
T'acqueta omai. Dispera
L'ultima volta. Al gener nostro il fato
Non donò che il morire. Omai disprezza
Te, la natura, il brutto
Poter che, ascoso, a comun danno impera,
E l'infinita vanità del tutto.

también negó el destino
la juventud. ¡Ay, cómo,
cómo te fuiste, cara
amiga mía de los años mozos,
mi llorada esperanza!
¿Esto es el mundo?, ¿éstos
el amor, los sucesos, los afanes
de los que juntos tanto conversamos?,
¿ésta la suerte de la humana gente?
Al llegar la verdad,
tú, mísera, caíste, y con la mano
la fría muerte y una pobre tumba
mostrabas desde lejos.

Eloy Sánchez Rosillo

A SÍ MISMO

Ahora, cansado corazón, por siempre
reposarás. Murió el engaño extremo,
que eterno imaginé. Murió. Bien veo
que de los dulces goces la esperanza
no sólo ha muerto en mí, sino el deseo.
Reposa ya. Bastante
palpitaste. No valen cosa alguna
tus anhelos, ni es digna de suspiros
la tierra. Acíbar, tedio
es la vida no más, y fango el mundo.
Cálmate desde ahora. Desespera
la última vez. A nuestra especie el hado
no dio sino el morir. De hoy más, despréciate,
desprecia la creación, el espantoso
poder que, oculto, para el mal impera
y la infinita vanidad del Todo.

Miguel Romero Martínez

La ginestra o il fiore del deserto

E gli uomini vollero piuttosto le tenebre che la luce.
Giovanni, III, 19

Qui su l'arida schiena
del formidabil monte
sterminator Vesevo,
la qual null'altro allegra arbor né fiore,
tuoi cespi solitari intorno spargi,
odorata ginestar,
contenta dei deserti. Anco ti vidi
de' tuoi steli abbellir l'erme contrade
che cingon la cittade
la qual fu donna de' mortali un tempo,
e del perduto impero
par che col grave e taciturno aspetto
faccian fede e ricordo al passeggero.
Or ti riveggo in questo suol, di tristi
lochi e dal mondo abbandonati amante,
e d'afflitte fortune ognor compagna.
Questi campi cosparsi
di ceneri infeconde, e ricoperti
dell'impietrata lava,
che sotto i passi al peregrin risona;
dove s'annida e si contorce al sole
la serpe, e dove al noto
cavernoso cubil torna il coniglio;
fur liete ville e colti,
e biondeggiàr di spiche, e risonaro,
di muggito d'armenti;
fur giardini e palagi,
agli ozi de' potenti
gradito ospizio; e fur città famose,
che coi torrenti suoi l'altero monte
dall'ignea bocca fulminando oppresse
con gli abitanti insieme. Or tutto intorno
una ruina involve,
dove tu siedi, o fior gentile e quasi
i danni altrui commiserando, al cielo
di dolcissimo odor mandi un profumo,

La retama

Aquí, en la árida falda
del formidable monte,
desolador Vesubio,
a quien ni árbol ni flor alguna alegran
tu césped solitario en torno esparces
olorosa retama
contenta en los desiertos. Te vi antes
adornar con tus matas la campiña
que circunda la villa
que del mundo señora fue en un tiempo,
y del perdido imperio
parecen con su aspecto grave y triste
ofrecer fe y recuerdo al pasajero.
Vuelvo hoy a verte en este suelo, amante
de desiertos lugares de tristeza
de afligida fortuna siempre amiga.
Estos campos sembrados
de ceniza infecunda y recubiertos
de empedernida lava
que resuena so el paso al paregrino
en que anida y tomando el sol se enrosca
la sierpe, y donde vuelve
el conejo a su oscura madriguera
fueron cultas y alegres
ciudades y mies rubia, fueron eco
de mugir de rebaños,
palacios y jardines
para ocio de los ricos
grato refugio, y ciudades famosas
a las que fulminando por su boca
torrentes ígneos el altivo monte
con su pueblo oprimió. Todo hoy en torno
una rüina envuelve
donde tú, flor hermosa, hallas tu asiento
y cual compadeciendo ajeno daño
mandas al cielo perfumado aroma

che il deserto consola. A queste piagge
venga colui che d'esaltar con lode
il nostro stato ha in uso, e vegga quanto
è il gener nostro in cura
all'amante natura. E la possanza
qui con giusta misura
anco estimar potrà dell'uman seme,
cui la dura nutrice, ov'ei men teme,
con lieve moto in un momento annulla
in parte, e può con moti
poco men lievi ancor subitamente
annichilare in tutto.
Dipinte in queste rive
son dell'umana gente
le magnifiche sorti e progressive.
Qui mira e qui ti specchia,
secol superbo e sciocco,
che il calle insino allora
dal risorto pensier segnato innanti
abbandonasti, e volti addietro i passi,
del ritornar ti vanti,
e procedere il chiami.
Al tuo pargoleggiar gl'ingegni tutti,
di cui lor sorte rea padre ti fece
vanno adulando, ancora
ch'a ludibrio talora
t'abbian fra se. Non io
con tal vergogna scenderò sotterra;
ma il disprezzo piuttosto che si serra
di te nel petto mio,
mostrato avrò quanto si possa aperto:
ben ch'io sappia che obblio
preme chi troppo all'età propria increbbe.
Di questo mal, che teco
mi fia comune, assai finor mi rido.
Libertà vai sognando, e servo a un tempo
vuoi di nuovo il pensiero,
sol per cui risorgemmo
dalla barbarie in parte, e per cui solo
si cresce in civiltà, che sola in meglio
guida i pubblici fati.

que al desierto consuela. A estas playas
venga aquel que acostumbra con elogio
ensalzar nuestro estado, verá como
natura en nuestra vida
amorosa se cuida. El poderío
en su justa medida
podrá estimar de la familia humana
a la que sin piedad, en un momento
su nodriza, con leve movimiento,
cuando menos lo espera, en parte anula
y con poco más puede en un instante
del todo deshacerla.
Ved de la gente humana
pintada en esta playa
la suerte progresiva y soberana.
Mírate en este espejo,
siglo soberbio y loco,
que el camino marcado
de antiguo al pensamiento abandonaste,
y tus pasos volviendo,
tu retorno procura.
Tu inútil charla los ingenios todos
de cuya suerte el padre te hizo reina
adulan, mientras tanto
que tal vez en su pecho
hacen de ti ludibrio.
Con tal baldón no bajaré so tierra,
y bien fácil me fuera
imitarlos y adrede desbarrando
serte grato cantándote al oído!
Mas antes el desprecio que en mi pecho
para contigo guardo
mostraré lo más claro que se pueda,
aunque sé que el olvido
cae sobre quien increpa a su edad propia.
De este mal que contigo
participo me río yo hasta ahora.
Soñando libertad, al par esclavo
queréis al pensamiento,
el solo que nos saca
de la barbarie en parte; y por quien solo

Così ti spiacque il vero
dell'aspra sorte e del depresso loco
che natura ci diè. Per questo il tergo
vigliaccamente rivolgesti al lume
che il fe palese: e, fuggitivo, appelli
vil chi lui segue, e solo
magnanimo colui
che se schernendo o gli altri, astuto o folle,
fin sopra gli astri il mortal grado estolle. ...
    Sovente in queste rive,
che, desolate, a bruno
veste il flutto indurato, e par ch'ondeggi,
seggo la notte; e su la mesta landa
in purissimo azzurro
veggo dall'alto fiammeggiar le stelle,
cui di lontan fa specchio
il mare, e tutto di scintille in giro
per lo vòto seren brillare il mondo.
E poi che gli occhi a quelle luci appunto,
ch'a lor sembrano un punto,
e sono immense, in guisa
che un punto a petto a lor son terra e mare
veracemente; a cui
l'uomo non pur, ma questo
globo ove l'uomo è nulla,
sconosciuto è del tutto; e quando miro
quegli ancor più senz'alcun fin remoti
nodi quasi di stelle,
ch'a noi paion qual nebbia, a cui non l'uomo
e non la terra sol, ma tutte in uno,
del numero infinite e della mole,
con l'aureo sole insiem, le nostre stelle
o sono ignote, o così paion come
essi alla terra, un punto
di luce nebulosa; al pensier mio
che sembri allora, o prole
dell'uomo? E rimembrando

se crece en la cultura; él sólo guía
a lo mejor los públicos negocios.
La verdad te disgusta,
del ínfimo lugar y áspera suerte
que natura te dio. Por eso tornas
cobarde las espaldas a la lumbre
que nos la muestra, y, fugitivo, llamas
a quien la sigue, vil,
y tan sólo magnánimo
al que con propio escarnio o de los otros
o ya loco o astuto redomado
exalta hasta la luna el mortal grado. ...
Con frecuencia en la playa
desierta, que de luto
de lava el flujo endurecido viste
paso la noche viendo
sobre la triste landa
en el nítido azul del puro cielo
llamear de lo alto las estrellas
que a lo lejos refleja el océano
y a chispazos brillar en torno todo
por la serena bóveda del mundo.
Cuando fijo mi vista en esas luces
que un punto nos parecen,
cuando son tan inmensas
que la tierra y el mar son a su lado
un punto, y a las cuales
no sólo el hombre, sino el globo mismo
donde nada es el hombre
ignotos son del todo, y cuando veo
sin fin, aún más remotos
los tejidos de estrellas
que niebla se nos muestran, y no el hombre
no ya la tierra, sino todo en uno
el número de moles infinito,
nuestro áureo sol, nuestras estrellas todas
desconocen, o bien les aparecen
como ellas a la tierra,
luz nebulosa; ante mí mente entonces
cómo te ostentas, prole
del hombre? Y recordando

il tuo stato quaggiù, di cui fa segno
il suol ch'io premo; e poi dall'altra parte,
che te signora e fine
credi tu data al Tutto, e quante volte
favoleggiar ti piacque, in questo oscuro
granel di sabbia, il qual di terra ha nome,
per tua cagion, dell'universe cose
scender gli autori, e conversar sovente
co' tuoi piacevolmente, e che i derisi
sogni rinnovellando, ai saggi insulta
fin la presente età, che in conoscenza
ed in civil costume
sembra tutte avanzar; qual moto allora,
mortal prole infelice, o qual pensiero
verso te finalmente il cor m'assale?
Non so se il riso o la pietà prevale.

Come d'arbor cadendo un picciol pomo,
cui lè nel tardo autunno
maturità senz'altra forza atterra,
d'un popol di formiche i dolci albergui,
cavati in molle gleba
con gran lavoro, e l'opre
e le ricchezze che adunate a prova
con lungo affaticar l'assidua gente
avea provvidamente al tempo estivo,
schiaccia, diserta e copre
in un punto; così d'alto piombando,
dall'utero tonante
scagliata al ciel, profondo
di ceneri e di pomici e di sassi
notte e ruina, infusa
di bollenti ruscelli,
o pel montano fianco
fuoriosa tra l'erba
di liquefatti massi
e di metalli e d'infocata arena
scendendo immensa piena,
le cittadi che il mar là su l'estremo
lido aspergea, confuse
e infranse e ricoperse
in pochi istanti: onde su quelle or pasce

tu estado terrenal, de que da muestra
este suelo que piso, y de otra parte
que tú fin y señora
te crees de todo, y que tantas veces
te agrada fantasear en este oscuro
grano de arena que llamamos Tierra
que los autores de las cosas todas
a conversar bajaron con los tuyos
por tu causa, y ensueños
ridículos y viejos renovando
insulta al sabio hasta la edad presente
que en saber y cultura
sobresalir parece; mortal prole
prole infeliz! ¿qué sentimiento entonces
me asalta el corazón para contigo?
No sé si risa o si piedad abrigo.

Como manzana que al caer del árbol
cuando en el tardo otoño
la madurez tan sólo la derriba,
los dulces aposentos de hormiguero
cavado en mollar tierra
con gran labor, las obras,
las riquezas que había recogido
la asidua tropa con fatiga grande
próvidamente, en el estivo tiempo
magulla, rompe y cubre;
desplomándose así desde lo alto
del útero tonante,
lanzada al hondo cielo,
de cenizas, de pómez y de rocas
noche y ruina, llena
de hirvientes arroyuelos,
o bien ya por la falda,
furioso entre la yerba,
de liquidadas masas
y de encendida arena y de metales
bajando inmenso golpe,
las ciudades que el mar allá en la extrema
costa bañaba, sume
rotas y recubiertas
al momento; donde hoy sobre ellas pace

la capra, e città nove
sorgon dall'altra banda, a cui sgabello
son le sepolte, e le prostrate mura
l'arduo monte al suo piè quasi calpesta.
Non ha natura al seme
dell'uom più stima o cura
ch'alla formica: e se più rara in quello
che nell'altra è la strage,
non avvien ciò d'altronde
fuor che l'uom sue prosapie ha men feconde. ...
    E tu, lenta ginestra,
che di selve odorate
queste campagne dispogliate adorni,
anche tu presto alla crudel possanza
soccomberai del sotterraneo foco,
che ritornando al loco
già noto, stenderà l'avaro lembo
su tue molli foreste. E piegherai
sotto il fascio mortal non renitente
il tuo capo innocente:
ma non piegato insino allora indarno
codardamente supplicando innanzi
al futuro oppressor; ma non eretto
con forsennato orgoglio inver le stelle,
né sul deserto, dove
e la sede e i natali
non per voler ma per fortuna avesti;
ma più saggia, ma tanto
meno inferma dell'uom, quanto le frali
tue stirpi non credesti
o dal fato o da te fatte immortali.

la cabra, o pueblos nuevos
surgen allí, cual de escabel teniendo
los sepultos; y los muros postrados
a su pie pisotea el monte duro.
No estima la natura
ni cuida más al hombre
que hace a la hormiga, y si en aquel más raro
el estrago es que en ésta
tan sólo esto se funda
en que no es una especie tan fecunda. ...
Y tú, lenta retama,
que de olorosos bosques
adornas estos campos desolados,
también tú pronto a la cruel potencia
sucumbirás del soterraño fuego
que al lugar conocido retornando
sobre tus tiernas matas
su avaro borde extenderá. Rendida
al mortal peso, inclinarás entonces
tu inocente cabeza.
Mas en vano hasta tanto no la doblas
con cobardía suplicando en frente
del futuro opresor;
ni tampoco la yergues
a las estrellas con absurdo orgullo
en el desierto, donde
nacimiento y vivienda,
no por querer, por suerte has alcanzado.
Eres más sabia y sana
que el hombre, en cuanto nunca tú has pensado
que inmortales tus tallos
se hayan hecho por ti o por el hado.

Miguel de Unamuno

Alexandr Pushkin

Rusia (Moscú, 1799-San Petersburgo, 1837)

Desde fecha muy temprana, como Virgilio, Pushkin fue considerado el genio indiscutible y el poeta nacional de su país, hasta el extremo de que el zar lo dejó en libertad de escribir a su antojo, pero controlando personalmente su quehacer. Había nacido en el seno de una familia culta de la antigua nobleza, vivió más de su propia fortuna que de los puestos que ocupó en la administración, y, por encima de concesiones ocasionales, mantuvo sus ideas liberales y reformistas. Prototipo del dandy romántico, a lo Lord Byron, cuando por fin consiguió la mano de la bellísima Natalia Goncharov, el acoso a que su mujer fue sometida por un joven oficial y las maledicencias que el caso hizo correr en San Petersburgo provocaron el duelo en el que murió de un balazo. Prosista afortunado en relatos como *La reina de espadas* (1834) y *La hija del capitán* (1836), autor de un valioso drama histórico, *Boris Godunov* (1831), sobresalió particularmente en la poesía, en gran variedad de formas, temas y géneros, desde la lírica hasta el poema narrativo. Su obra maestra es la novela en verso *Eugenio Onieguin* (1823-1831), historia de amoríos y desplantes de un héroe muy al arrimo del *Don Juan* byroniano, con un final que prefigura el del propio autor. El arte de Pushkin reside especialmente en la esencialidad de la mirada y en la textura del lenguaje.

Я вас любил: любовь еще, быть может,
В душе моей угасла не совсем;
Но пусть она вас больше не тревожит;
Я не хочу печалить вас ничем.
Я вас любил безмолвно, безнадежно,
То робостью, то ревностью томим;
Я вас любил так искренно, так нежно,
Как дай вам бог любимой быть другим.

Погасло дневное светило;
На море синее вечерний пал туман.
Шуми, шуми, послушное ветрило,
Волнуйся подо мной, угрюмый океан.
Я вижу берег отдаленный,
Земли полуденной волшебные края;
С волненьем и тоской туда стремлюся я,
Воспоминаньем упоенный...
И чувствую: в очах родились слезы вновь;
Душа кипит и замирает;
Мечта знакомая вокруг меня летает;
Я вспомнил прежних лет безумную любовь,
И всё, чем я страдал, и всё, что сердцу мило,
Желаний и надежд томительный обман...
Шуми, шуми, послушное ветрило,
Волнуйся подо мной, угрюмый океан.
Лети, корабль, неси меня к пределам дальным
По грозной прихоти обманчивых морей,
Но только не к брегам печальным
Туманной родины моей,
Страны, где пламенем страстей
Впервые чувства разгарались,
Где музы нежные мне тайно улыбались,
Где рано в бурях отцвела
Моя потерянная младость,
Где легкокрылая мне изменила радость
И сердце хладное страданью предала.
Искатель новых впечатлений,
Я вас бежал, отечески края;

Yo te amé y el amor aún, quién sabe,
no se extinguió en mi alma por entero.
Pero no dejes que te turbe más,
yo darte pena con mi amor no quiero.
Yo te amé sin palabras ni esperanzas,
torturado de celos y temor;
yo te amé verdadera y tiernamente.
Quiera Dios que otros te amen como yo.

Eugenio Asensio

Se apagó el astro del día;
el mar azul cubrió la niebla de la tarde.
¡Restallad, restallad, dóciles velas!
¡Encréspate a mis pies, lúgubre océano!
Contemplo las orillas apartadas,
el mágico confín del mediodía;
voy hacia él con emoción y angustia,
embelesado por recuerdos tantos...
siento que afloran lágrimas de nuevo
hasta los ojos, y me hierve el alma
y deja de alentar; en torno mío
un sueño familiar revolotea.
Recuerdo mi amor loco del pasado,
todo cuanto sufrí y cuanto fue bueno,
torturador engaño de esperanza y deseo...
¡Restallad, restallad, dóciles velas!
¡Encréspate a mis pies, lúgubre océano!
Vuela, bajel, condúceme a lejanos
parajes, al capricho de los mares
engañosos, mas no a las tristes costas
de mi brumosa patria, de mi tierra
donde por vez primera mis sentidos
ardieron inflamados de pasión,
donde las tiernas musas me sonrieron
en secreto, donde entre tempestades
se marchitó temprano mi perdida
juventud, donde alígera alegría
me traicionó, y el corazón helado
entregó al sufrimiento.

Я вас бежал, питомцы наслаждений,
Минутной младости минутные друзья;
И вы, наперсницы порочных заблуждений,
Которым без любви я жертвовал собой,
Покоем, славою, свободой и душой,
И вы забыты мной, изменницы младые,
Подруги тайные моей весны златыя,
И вы забыты мной... Но прежних сердца ран,
Глубоких ран любви, ничто не излечило...
Шуми, шуми, послушное ветрило,
Волнуйся подо мной, угрюмый океан...

Воспоминание

Когда для смертного умолкнет шумный день,
И на немые стогны града
Полупрозрачная наляжет ночи тень
И сон, дневных трудов награда,
В то время для меня влачатся в тишине
Часы томительного бденья:
В бездействии ночном живей горят во мне
Змеи сердечной угрызенья;
Мечты кипят; в уме, подавленном тоской,
Теснится тяжких дум избыток;
Воспоминание безмолвно предо мной
Свой длинный развивает свиток:
И с отвращением читая жизнь мою,
Я трепещу и проклинаю,
И горько жалуюсь, и горько слезы лью,
Но строк печальных не смываю.

En búsqueda de nuevas sensaciones
de vosotros huí, paternos lares,
de vosotros, alumnos del deleite,
efímeros amigos de mi efímera
juventud, y vosotras, confidentes
de mis pecaminosos extravíos,
a quienes sin amor sacrificara
reposo, gloria, libertad y alma,
y vosotras, a quienes he olvidado,
jóvenes traicioneras, misteriosas
amigas de mi áurea primavera,
y vosotras, a quienes he olvidado...
Pero del corazón la antigua herida,
la honda llaga de amor, nada curó...
¡Restallad, restallad, dóciles velas!
¡Encréspate a mis pies, lúgubre océano!

El recuerdo

Cuando para el mortal cesa el día bullicioso
y encima de las mudas rúas de la ciudad
se abaten la translúcida sombra de la noche
y el sueño, recompensa del cotidiano afán,
es para mí el momento en que el silencio arrastra
las horas de vigilia y su tormento,
y en la inacción nocturna me quema el corazón
la serpiente de los remordimientos.
Los sueños hierven; la angustiada mente
presa es de mil aciagos pensamientos.
El recuerdo despliega su rollo interminable
delante de mis ojos, en silencio.
Y al leer mi vida en él con repugnancia
me estremezco y empiezo a maldecir,
me quejo amargamente y vierto amargas lágrimas,
pero las tristes líneas no puedo suprimir.

Eduardo Alonso Luengo

Анчар

В пустыне чахлой и скупой,
На почве, зноем раскаленной,
Анчар, как грозный часовой,
Стоит — один во всей вселенной.
    Природа жаждущих степей
Его в день гнева породила,
И зелень мертвую ветвей
И корни ядом напоила.
    Яд каплет сквозь его кору,
К полудню растопясь от зною,
И застывает ввечеру
Густой прозрачною смолою.
    К нему и птица не летит
И тигр нейдет — лишь вихорь черный
На древо смерти набежит
И мчится прочь, уже тлетворный.
    И если туча оросит,
Блуждая, лист его дремучий,
С его ветвей уж ядовит
Стекает дождь в песок горючий.
    Но человека человек
Послал в анчару властным взглядом
И тот послушно в путь потек
И к утру возвратилса с ядом.
    Принес он смертную смолу
Да ветвь с увядшими листами,
И пот по бледному челу
Струился хладными ручьями;
    Принес — и ослабел и лег
Под сводом шалаша на лыки,
И умер бедный раб у ног
Непобедимого владыки.
    А князь тем ядом напитал
Свои послушливые стрелы,
И с ними гибель разослал
К соседям в чуждые пределы.

«Anchar»

En un yermo desierto e inhospitalario,
sobre un suelo reseco por el sol quemante,
el árbol de la muerte igual que un solitario
centinela se yergue amenazante.
La Naturaleza de los ásperos parajes
lo engendró en un día de cólera lleno
y ha saturado sus ramajes
y sus raíces de letal veneno.
A través la corteza el veneno temido
gotea, por el sol matinal licuado sabiamente,
y se coagula hacia el anochecido
como resina espesa y transparente.
Hacia él no vuelan pájaros, ni el fuerte
tigre se le acerca; el torbellino solamente
va a chocar contra el árbol de la muerte
y hacia lo lejos huye, ya pestilente.
Y si al pasar una nube cargada
sus hojas sombrías refresca, clemente,
ya por las ramas envenenada
la lluvia cae sobre la arena ardiente.
Pero el hombre envió al hombre cruelmente
hacia el árbol fatal, con gesto avieso;
y el otro a andar echó, obedientemente,
y al alba con la ponzoña estaba de regreso.
Entregó la mortal resina
y una rama con hojas agostadas.
y el sudor bañando su cara cetrina
descendiendo iba en gotas heladas.
Entregó lo exigido... Y desmayó.
Y en la paja de su cabaña débilmente
echose. Y el pobre esclavo sucumbió
a los pies del soberano omnipotente.
Y el rey, de este veneno ha saturado
las flechas traicioneras
y con ellas ha devastado
a sus vecinos, más allá de las fronteras.

Elisabeth Mulder

Я памятник себе воздвиг нерукотворный,
К нему не зарастет народная тропа,
Вознесся выше он главою непокорной
    Александрийского столпа.
    Нет, весь я не умру — душа в заветной лире
Мой прах переживет и тленья убежит –
И славен буду я, доколь в подлунном мире
    Жив будет хоть один пиит.
    Слух обо мне пройдет по всей Руси великой,
И назовет меня всяк сущий в ней язык,
И гордый внук славян, и финн, и ныне дикой
    Тунгуз, и друг степей калмык.
    И долго буду тем любезен я народу,
Что чувства добрые я лирой пробуждал,
Что в мой жестокой век восславил я Свободу
    И милость к падшим призывал.
    Веленью божию, о муза, будь послушна,
Обиды не страшась, не требуя венца,
Хвалу и клевету приемли равнодушно,
    И не оспоривай глупца.

Евгений Онегин

Во дни веселий и желаний
Я был от балов без ума:
Верней нет места для признаний
И для вручения письма.
О вы, почтенные супруги!
Вам предложу свои услуги;
Прошу мою заметить речь:
Я вас хочу предостеречь.
Вы также, маменьки, построже
За дочерьми смотрите вслед:
Держите прямо свой лорнет!
Не то... не то, избави боже!
Я это потому пишу,
Что уж давно я не грешу. ...

Me erigí un monumento que no labró la mano,
la ruta que a él conduce no cubrirá la hierba,
y alza muy por encima del pilar de Alejandro
su indómita cabeza.
No moriré del todo—mi alma en la sacra lira
sobrevivirá el polvo y no se pudrirá,
y célebre he de ser mientras aliente un vate
en este mundo sublunar.
Sonará con mi gloria la magna Rusia toda,
mi nombre cada uno repetirá en su lengua:
eslavos, finlandeses, tunguses aún salvajes
y calmucos, amantes de la estepa.
Y seré eternamente querido por mi pueblo
porque nobles ideas de mi lira despertó,
cantó a la libertad en mi siglo de hierro
y para los caídos piedad solicitó.
Acata, musa mía, la voluntad divina,
no temas las ofensas, no pidas la corona,
acepta indiferente calumnias y alabanzas
y al necio no te opongas.

Eduardo Alonso Luengo

EUGENIO ONEGUIN

En días de deseo y gozo
amé con locura los bailes
¿hay acaso lugar más propicio
para declararse y entregar cartas?
¡Oh, honorables maridos,
os brindo mis servicios:
Atended a mis palabras,
pues quiero preveniros.
Y también vosotras, madres
vigilad a vuestras hijas,
llevad a mano las lentes.
Si no... si no... ¡que Dios os guarde!
Y esto lo escribo yo,
que antes fui pecador. …

Когда ж и где, в какой пустыне,
Безумец, их забудешь ты?
Ах, ножки, ножки! где вы ныне?
Где мнете вешние цветы?
Взлелеяны в восточной неге,
На северном, печальном снеге
Вы не оставили следов:
Любили мягких вы ковров
Роскошное прикосновенье.
Давно ль для вас я забывал
И жажду славы и похвал,
И край отцов, и заточенье?
Исчезло счастье юных лет,
Как на лугах ваш легкий след. ...

Я помню море пред грозою:
Как я завидовал волнам,
Бегущим бурной чередою
С любовью лечь к ее ногам!
Как я желал тогда с волнами
Коснуться милых ног устами!
Нет, никогда средь пылких дней
Кипящей младости моей
Я не желал с таким мученьем
Лобзать уста младых Армид,
Иль розы пламенных ланит,
Иль перси, полные томленьем;
Нет, никогда порыв страстей
Так не терзал души моей! ...

Замечу кстати: все поэты –
Любви мечтательной друзья.
Бывало, милые предметы
Мне снились, и душа моя
Их образ тайный сохранила;
Их после муза оживила:
Так я, беспечен, воспевал
И деву гор, мой идеал,
И пленниц берегов Салгира.

¿Cuándo y dónde, en qué desierto,
loco, los olvidarás?
¡Oh, pies, pies! ¿Dónde estáis ahora?
¿Dónde pisáis flores primaverales?
Educados en el sensual Oriente
no dejasteis huellas
en la triste nieve del Norte:
amabais el tacto suntuoso
de suaves alfombras.
¿Hace mucho tiempo que por vosotros
olvidé mi sed de fama y gloria,
mi tierra y mi retiro?
Como vuestras leves huellas en los prados,
así se desvaneció la dicha de mi juventud. …

Recuerdo el mar antes de la tormenta:
cómo envidiaba a las olas
que galopaban vigorosas
hasta tenderse amorosamente a sus pies.
Cómo deseé rozar con mis labios,
con las olas, sus bellos pies.
No, nunca en los arrebatados días
de mi fogosa juventud
deseé con tanto tormento
besar los labios de las jóvenes Armidas,
las rosas de sus ardientes mejillas,
o sus lánguidos senos.
No, nunca con tanta furia
la pasión hirió mi alma. …

Lo advierto, de paso: todos los poetas
son amigos del quimérico amor.
Yo solía soñar con encantadores objetos
que mi alma luego animaba:
así, indolente, canté
a la joven montañesa, mi ideal,
y a las cautivas de las orillas del Salguír.
Ahora, amigos míos, de vuestra boca
oigo a menudo la pregunta:

Теперь от вас, мои друзья,
Вопрос нередко слышу я:
«О ком твоя вздыхает лира?
Кому, в толпе ревнивых дев,
Ты посвятил ее напев? ...

Прошла любовь, явилась муза,
И прояснился темный ум.
Свободен, вновь ищу союза
Волшебных звуков, чувств и дум;
Пишу, и сердце не тоскует,
Перо, забывшись, не рисует,
Близ неоконченных стихов,
Ни женских ножек, ни голов;
Погасший пепел уж не вспыхнет,
Я все грущу; но слез уж нет,
И скоро, скоро бури след
В душе моей совсем утихнет:
Тогда-то я начну писать
Поэму песен в двадцать пять.

¿Qué mirada agitó tu imaginación
y con dulce caricia
premió tu meditabundo canto?
¿a quién divinizó tu verso?
A nadie, amigos, ¡lo juro!
Afligido descubrí
la delirante congoja del amor.
Dichoso aquel que con ella conjugó
el ardor de las rimas: así,
tras las huellas de Petrarca,
redobló el sagrado delirio de la poesía,
apaciguó los tormentos de su corazón
y conquistó la gloria.
Pero yo, cuando amé, fui tonto y mudo. …

Pasó el amor, apareció la Musa
y se aclaró el pensamiento oscuro.
Libre, de nuevo busco el lazo
de mágicos sonidos, sentimientos y pensamientos.
Escribo y el corazón no añora;
la pluma, olvidadiza, apenas traza
inacabados versos, y
no pies, ni cabezas de mujer.
Las brasas no se encienden de nuevo,
y estoy triste y sin lágrimas ya,
y pronto, pronto, el eco de la tormenta
se apaciguará en mi alma:
entonces comenzaré a escribir
un poema de veinticinco cantos.

Jesús García Gabaldón

Victor Hugo

Francia (Besançon, 1802-París, 1885)

El torrencial, apasionante novelista de *Nuestra Señora de París* (1831) y de *Los miserables* (1862), el dramaturgo de *Cromwell* (1827), principal manifiesto del romanticismo en Francia, y de *Hernani* (1830), el crítico, el polemista, el hombre público, el héroe nacional, fue siempre y sobre todo poeta impenitente. Del inicial legitimismo durante la restauración y de la postura monárquica, pasó a un liberalismo de vanguardia que se manifestó en un discreto apoyo al movimiento popular de 1848, en la oposición al golpe de estado contra Luis Napoleón Bonaparte y en quince años de exilio, en las islas del Canal y en Bélgica, a causa de su enfrentamiento acérrimo con el gobierno de Napoleón III. De todas esas actitudes y de todas las experiencias, sentimientos, ideas y veleidades de una larga vida hay copioso reflejo en sus libros de versos: *Odes et ballades* (1826), *Orientales* (1829), *Les feuilles d'automne* (1831), *Les chants du crépuscule* (1835), *Les contemplations* (1853-1855)... El extenso poema *La légende des siècles* (1859-1885) contempla la historia de la humanidad con ojos de profeta de una edad mejor. Modernamente se le ha tildado de ornamental y superfluo, pero, con todos sus excesos e ingenuidades, nadie ha podido negar su destreza técnica, su habilidad retórica y su imaginación desbordante.

Ce siècle avait deux ans

Data fata secutus.
(devise des Saint-John)

Ce siècle avait deux ans! Rome remplaçait Sparte.
Déjà Napoléon perçait sous Bonaparte,
Et du premier consul déjà, par maint endroit,
Le front de l'empereur brisait le masque étroit.
Alors dans Besançon, vieille ville espagnole,
Jeté comme la graine au gré de l'air qui vole,
Naquit d'un sang breton et lorrain à la fois
Un enfant sans couleur, sans regard et sans voix;
Si débile qu'il fût, ainsi qu'une chimère,
Abandonné de tous, excepté de sa mère,
Et que son cou ployé comme un faible roseau
Fit faire en même temps sa bière et son berceau.
Cet enfant que la vie effaçait de son livre,
Et qui n'avait pas même un lendemain à vivre,
C'est moi. –
Je vous dirai peut-être quelque jour
Quel lait pur, que de soins, que de vœux que d'amour,
Prodigués pour ma vie en naissant condamnée,
M'ont fait deux fois l'enfant de ma mère obstinée,
Ange qui sur trois fils attachés à ses pas
Epandait son amour et ne mesurait pas!
O l'amour d'une mère!— amour que nul n'oublie!
Pain merveilleux qu'un Dieu partage et multiplie!
Table toujours servie au paternel foyer!
Chacun en a sa part, et tous l'ont tout entier!
Je pourrai dire un jour, lorsque la nuit douteuse
Fera parler les soirs ma vieillesse conteuse,
Comment ce haut destin de gloire et de terreur
Qui remuait le monde aux pas de l'empereur,
Dans son souffle orageux m'emportant sans défense,
A tous les vents de l'air fit flotter mon enfance.
Car, lorsque l'aquilon bat ses flots palpitants,
L'océan convulsif tourmente en même temps
Le navire à trois ponts qui tonne avec l'orage,
Et la feuille échappée aux arbres du rivage!

SOLAMENTE DOS AÑOS...

Data fata secutus.
(devisa de los Saint-John)

Solamente dos años este siglo tenía.
Lo que fue Esparta íbase a llamar pronto Roma,
Bonaparte empezaba a ser Napoleón,
y la máscara estrecha del primer cónsul, rota
se veía, asomando una frente imperial.
Y allí fue, en Besançon, la ciudad española,
cual semilla lanzada al impulso del viento,
donde yo fui a nacer, lorenés y bretón,
como un niño sin voz, sin color ni mirada,
y tan débil que fue visto como imposible,
apartado por todos, exceptuando a su madre,
con el cuello doblado como caña muy frágil
que pedía a la vez su ataúd y su cuna.
Este niño borrado por la vida al nacer,
y que no iba a vivir para ver otro día,
soy yo mismo. Algún día os diré qué desvelos
y qué leche materna, cuánto amor prodigado
a mi vida, que fue condenada al nacer,
por dos veces me hicieron hijo así de una madre
obstinada, cual ángel que cuidando a tres hijos
repartía su amor por igual sin medida.
¡Oh, el amor de una madre, el que nada descuida!
¡Maravilla de pan que un Dios da y multiplica!
¡Mesa siempre dispuesta en al casa del padre!
¡Todos tienen su parte y lo que hay es de todos!
Algún día diré, cuando la noche incierta
haga ser más locuaz al que ya será viejo,
cómo ese alto destino de terror y de gloria
que ante el paso imperial todo el mundo agitaba,
fue como una borrasca que arrastró mi niñez
y que la hizo fluctuar entre súbitas ráfagas.
Ya que cuando sus aguas palpitantes se azotan,
el convulso océano atormenta a la vez
al inmenso navío en el mar tempestuoso
y a las hojas del árbol que ha arrancado en la orilla.

Maintenant jeune encore et souvent éprouvé,
J'ai plus d'un souvenir profondément gravé,
Et l'on peut distinguer bien des choses passées
Dans ces plis de mon front que creusent mes pensées.
Certes, plus d'un vieillard sans flamme et sans cheveux,
Tombé de lassitude au bout de tous ses vœux,
Pâlirait s'il voyait, comme un gouffre dans l'onde,
Mon âme ou ma pensée habite comme un monde,
Tout ce que j'ai souffert, tout ce que j'ai tenté,
Tout ce qui m'a menti comme un fruit avorté,
Mon plus beau temps passé sans espoir qu'il renaisse,
Les amours, les travaux, les deuils de ma jeunesse,
Et, quoiqu'encore à l'âge où l'avenir sourit,
Le livre de mon cœur à toute page écrit!
Si parfois de mon sein s'envolent mes pensées,
Mes chansons par le monde en lambeaux dispersées;
S'il me plaît de cacher l'amour et la douleur
Dans le coin d'un roman ironique et railleur;
Si j'ébranle la scène avec ma fantaisie;
Si j'entrechoque aux yeux d'une foule choisie
D'autres hommes comme eux, vivant tous à la fois
De mon souffle et parlant au peuple avec ma voix;
Si ma tête, fournaise où mon esprit s'allume,
Jette le vers d'airain qui bouillonne et qui fume
Dans le rhythme profond, moule mystérieux
D'où sort la strophe ouvrant ses ailes dans les cieux;
C'est que l'amour, la tombe, et la gloire, et la vie,
L'onde qui fuit, par l'onde incessamment suivie,
Tout souffle, tout rayon, ou propice ou fatal,
Fait reluire et vibrer mon âme de cristal,
Mon âme aux mille voix, que le Dieu que j'adore
Mit au centre de tout comme un écho sonore!
D'ailleurs j'ai purement passé les jours mauvais,
Et je sais d'où je viens, si j'ignore où je vais.
L'orage des partis avec son vent de flamme
Sans en altérer l'onde a remué mon âme;
Rien d'immonde en mon cœur, pas de limon impur
Qui n'attendît qu'un vent pour en troubler l'azur!
Après avoir chanté, j'écoute et je contemple,
A l'empereur tombé dressant dans l'ombre un temple,

Aún soy joven, no obstante, tras de mucho dolor
tengo ya en la memoria un sinfín de recuerdos,
y es posible leer tantas cosas pasadas
en mi frente, lo mismo que si fueran renglones.
Más de un viejo ya calvo, sin ardor en las venas,
extenuado al final de sus ansias soñadas,
perdería el color si pudiese entrever
como abismo en el mar mi alma donde se albergan
como un mundo las cosas que he pensado, sufrido,
todo cuanto intenté, todo aquello que ha sido
para mí una mentira como fruto que aborta,
lo mejor de mi tiempo que no puede volver,
los amores, trabajos, juventud enlutada,
y aunque tenga la edad de esperanza y sonrisa,
en el libro de mi alma ya no hay página en blanco.
Si levantan el vuelo pensamientos bien míos,
si jirones de versos se dispersan al aire,
si el amor y el dolor he querido ocultar
en novelas que son ironía y sarcasmo;
si retiemblan los teatros con mis raros antojos,
si hago que ante los públicos entrechoquen también
otros hombres como ellos, que si viven es gracias
a mi aliento, y que al pueblo hablan con la voz mía;
si una hoguera hay en mí, la que enciende el ingenio,
que a los versos de bronce, humeantes, hirvientes,
da ese ritmo profundo que el misterio moldea,
y de él sale volando con sus alas la estrofa;
es porque amor y muerte, gloria y vida, las olas
fugitivas que siguen sin cesar a otras olas,
todo soplo o fulgor, o propicio o fatal,
saca brillo y temblor al cristal mi espíritu,
alma que es de mil voces y a la cual puso Dios
en el centro de todo como un eco sonoro.

Si intrigas viví esos tiempos tan turbios,
sé de dónde he venido, aunque no adónde voy.
Las discordias civiles, con su viento de llama,
no arrugaron el alma, pero sí la agitaron.
Nada inmundo hay en mí, ningún légamo impuro,
ningún viento podría confundir sus azules.

Tras cantar, ahora escucho y contemplo, levanto
al gran césar caído en las sombras un templo,

Aimant la liberté pour ses fruits, pour ses fleurs,
Le trône pour son droit, le roi pour ses malheurs;
Fidèle enfin au sang qu'ont versé dans ma veine
Mon père vieux soldat, ma mère Vendéenne!

Juin 1830

Clair de lune

Per amica silentia lunae.
Virgile

La lune était sereine et jouait sur les flots. –
La fenêtre enfin libre est ouverte à la brise,
La sultane regarde, et la mer qui se brise,
Là-bas, d'un flot d'argent brode les noirs îlots.
De ses doigts en vibrant s'échappe la guitare.
Elle écoute... Un bruit sourd frappe les sourds échos.
Est-ce un lourd vaisseau turc qui vient des eaux de Cos,
Battant l'archipel grec de sa rame tartare?
Sont-ce des cormorans qui plongent tour à tour,
Et coupent l'eau, qui roule en perles sur leur aile?
Est-ce un djinn qui là-haut siffle d'une voix grêle,
Et jette dans la mer les créneaux de la tour?
Qui trouble ainsi les flots près du sérail des femmes? –
Ni le noir cormoran, sur la vague bercé,
Ni les pierres du mur, ni le bruit cadencé
Du lourd vaisseau, rampant sur l'onde avec des rames.
Ce sont des sacs pesants, d'où partent des sanglots.
On verrait, en sondant la mer qui les promène,
Se mouvoir dans leurs flancs comme une forme humaine...
La lune était sereine et jouait sur les flots.

2 septembre 1828

por sus frutos y flores amo la libertad,
por legítimo al trono, al rey por sus desdichas;
¡siempre fiel a la sangre que en mis venas vertieron
un soldado, mi padre, y una madre vendeana!

Junio de 1830

Carlos Pujol

Claro de luna

Per amica silentia lunae.
Virgilio

La luna estaba serena y jugaba con las olas.—
La ventana libre al fin hacia la brisa está abierta,
la sultana está mirando y, cuando la mar se quiebra,
borda los negros islotes con sus aguas plateadas.
Entre sus dedos, vibrante, la guitarra se escapa.
Escucha... ese sordo ruido que golpea sordos ecos.
¿Es acaso un bajel turco que del mar de Cos proviene,
cuando remos de los tártaros azotan los mares griegos?
¿O son quizá cormoranes que lanzándose por turno
cortan el agua que fluye en sus alas como perlas?
¿O será un *djinn* que allí silba con unos tonos agudos
al tiempo que al mar arroja de la torre las almenas?
¿Quién el piélago así turba que este serrallo bordea?—
No es el negro cormorán acunado por las olas,
ni las piedras de los muros, ni ruidos acompasados,
de ese cargado bajel que con remos por mar boga,
Son unos pecados sacos de donde brotan gemidos.
Se verá, explorando el mar en que pasean sus formas,
Como siluetas humanas que se mueven en sus flancos...
La luna estaba serena y jugaba con las olas.

2 de septiembre de 1828

Mercedes Tricás Preckler

Demain, dès l'aube...

Demain, dès l'aube, à l'heure où blanchit la campagne,
Je partirai. Vois-tu, je sais que tu m'attends.
J'irai par la forêt, j'irai par la montagne.
Je ne puis demeurer loin de toi plus longtemps.
Je marcherai les yeux fixés sur mes pensées,
Sans rien voir au-dehors, sans entendre aucun bruit,
Seul, inconnu, le dos courbé, les mains croisées,
Triste, et le jour pour moi sera comme la nuit.
Je ne regarderai ni l'or du soir qui tombe,
Ni les voiles au loin descendant vers Harfleur,
Et, quand j'arriverai, je mettrai sur ta tombe
Un bouquet de houx vert et de bruyère en fleur.

3 septembre 1847

Elle était déchaussée, elle était décoiffée

Elle était déchaussée, elle était décoiffée,
Assise, les pieds nus, parmi les joncs penchants;
Moi qui passais par là, je crus voir une fée,
Et je lui dis: Veux-tu t'en venir dans les champs?
Elle me regarda de ce regard suprême
Qui reste à la beauté quand nous en triomphons,
Et je lui dis: Veux-tu, c'est le moins où l'on aime,
Veux-tu nous en aller sous les arbres profonds?
Elle essuya ses pieds à l'herbe de la rive;
Elle me regarda pour la seconde fois,
Et la belle folâtre alors devint pensive.
Oh! Comme les oiseaux chantaient au fond des bois!
Comme l'eau caressait doucement le rivage!
Je vis venir à moi, dans les grands roseaux verts,
La belle fille heureuse, effarée et sauvage,
Ses cheveux dans ses yeux, et riant au travers.

Mañana al alba...

Mañana al alba cuando clareen ya los campos,
mira, yo partiré. Bien sé que tú me esperas.
Iré yo por el bosque, iré por la montaña.
Ya no puedo vivir lejos de ti más tiempo.
Con las manos cruzadas, fijo en mis pensamientos,
sin ver nada de fuera, sin oír ni un rumor,
solo, desconocido, con la espalda encorvada,
triste, yo iré, y el día será como la noche.
No miraré ni el oro de la tarde que cae,
ni las velas lejanas descendiendo hacia Harfleur,
y cuando haya llegado, pondré sobre tu tumba
un ramito de acebo verde y de brezo en flor.

3 de septiembre de 1847

Carlos Clemenston

Ella estaba descalza, estaba despeinada

Ella estaba descalza, estaba despeinada
sentada, desnudos los pies, entre suaves juncos
que pendían; al pasar por allí vi un hada
le dije: ¿no querrías que paseáramos juntos?
Entonces me miró con ese luminoso don
que tiene la belleza si la herimos rotundos
le dije: quieres, al menos en tu corazón
¿quieres que vayamos a los árboles profundos?
Ella secó sus pies en la yerba de la orilla:
una segunda vez la locuela me miró,
entonces se quedó silenciosa y primitiva
¡Oh, en lo hondo del bosque el pájaro cantó!
¡Cómo acariciaba el agua, suave, la ribera!
Y, entre las cañas verdes, vi que hacia mí venía
la hermosa muchacha, dichosa, espantada y fiera
y, bajo el pelo revuelto, con su mirada reía.

Ricardo Cano Gaviria

Booz endormi

Booz s'était couché de fatigue accablé;
Il avait tout le jour travaillé dans son aire,
Puis avait fait son lit à sa place ordinaire;
Booz dormait auprès des boisseaux pleins de blé.
Ce vieillard possédait des champs de blés et d'orge;
Il était, quoique riche, à la justice enclin;
Il n'avait pas de fange en l'eau de son moulin;
Il n'avait pas d'enfer dans le feu de sa forge.
Sa barbe était d'argent comme un ruisseau d'avril.
Sa gerbe n'était point avare ni haineuse;
Quand il voyait passer quelque pauvre glaneuse:
«Laissez tomber exprès des épis», disait-il.
Cet homme marchait pur loin des sentiers obliques,
Vêtu de probité candide et de lin blanc;
Et, toujours du côté des pauvres ruisselant,
Ses sacs de grains semblaient des fontaines publiques.
Booz était bon maître et fidèle parent;
Il était généreux, quoiqu'il fût économe;
Les femmes regardaient Booz plus qu'un jeune homme,
Car le jeune homme est beau, mais le vieillard est grand.
Le vieillard, qui revient vers la source première,
Entre aux jours éternels et sort des jours changeants;
Et l'on voit de la flamme aux yeux des jeunes gens,
Mais dans l'œil du vieillard on voit de la lumière.
Donc, Booz dans la nuit dormait parmi les siens,
Près des meules, qu'on eût prises pour des décombres.
Les moissonneurs couchés faisaient des groupes sombres;
Et ceci se passait dans des temps très anciens.
Les tribus d'Israël avaient pour chef un juge;
La terre, où l'homme errait sous la tente, inquiet
Des empreintes de pieds de géant qu'il voyait,
Était encor mouillée et molle du déluge.
Comme dormait Jacob, comme dormait Judith,
Booz, les yeux fermés, gisait sous la feuillée;
Or, la porte du ciel s'étant entrebâillée
Au-dessus de sa tête, un songe en descendit.
Et ce songe était tel, que Booz vit un chêne
Qui, sorti de son ventre, allait jusqu'au ciel bleu,
Une race y montait comme une longue chaîne;
Un roi chantait en bas, en haut mourait un Dieu.

Booz dormido

Booz estaba acostado, rendido de fatiga;
había trabajado todo el día en su era,
luego tendió su cama en el sitio de siempre;
dormía Booz muy cerca de las cargas de grano.
El viejo tenía campos de trigo y de cebada
y, aunque rico, mostrábase afecto a la justicia;
no conocía el fango el agua en su molino
y nunca fue un infierno la llama de su fragua.
Plateada era su barba como arroyo en abril,
jamás fue su gavilla rencorosa ni avara;
cuando veía pasar a un pobre espigador
«deja que algunas caigan», decía con malicia.
Era puro este ser, sin turbios vericuetos,
vestía de probidad cándida y blanco lino
y, siempre dadivoso respecto de los pobres,
parecían sus costales públicos surtidores.
Era Booz un buen amo y un pariente fiable;
no era derrochador aunque sí generoso;
las muchachas miraban a Booz más que a los jóvenes,
pues será bello el mozo, pero el anciano es grande.
El anciano que vuelve a la fuente primera
entra a los días eternos, sale de los mudables
y vemos el incendio en los ojos del joven
pero en los del anciano se sorprende a la luz.
Pues bien, Booz en la noche dormía entre los suyos;
cerca de los almiares, que escombros parecían,
eran los segadores un oscuro montón;
y esto también pasaba en los tiempos remotos:
Las tribus de Israel tenían por jefe a un juez;
la tierra, donde el hombre en su tienda acampaba
inquieto por las huellas del pie de los gigantes,
aún estaba empapada y blanda por las lluvias.
Como dormía Jacob, como dormía Judith,
Booz con ojos cerrados yacía en la hojarasca,
y las puertas del cielo habiéndose entornado,
un sueño descendió por sobre su cabeza.
Y este sueño era tal, que Booz contempló un roble
que, a partir de su vientre, ascendía al cielo azul;
como larga cadena remontaba una raza;
en su inicio había un rey y un Dios en su final.

Et Booz murmurait avec la voix de l'âme:
«Comment se pourrait-il que de moi ceci vînt?
Le chiffre de mes ans a passé quatre-vingt,
Et je n'ai pas de fils, et je n'ai plus de femme.
»Voilà longtemps que celle avec qui j'ai dormi,
O Seigneur! a quitté ma couche pour la vôtre;
Et nous sommes encor tout mêlés l'un à l'autre,
Elle à demi vivante et moi mort à demi.
»Une race naîtrait de moi! Comment le croire?
Comment se pourrait-il que j'eusse des enfants?
Quand on est jeune, on a des matins triomphants,
Le jour sort de la nuit comme d'une victoire;
»Mais vieux, on tremble ainsi qu'à l'hiver le bouleau;
Je suis veuf, je suis seul, et sur moi le soir tombe,
Et je courbe, ô mon dieu! mon âme vers la tombe,
Comme un bœuf ayant soif penche son front vers l'eau.»
Ainsi parlait Booz dans le rêve et l'extase,
Tournant vers Dieu ses yeux par le sommeil noyés;
Le cèdre ne sent pas une rose à sa base,
Et lui ne sentait pas une femme à ses pieds.
Pendant qu'il sommeillait, Ruth, une moabite,
S'était couchée aux pieds de Booz, le sein nu,
Espérant on ne sait quel rayon inconnu,
Quand viendrait du réveil la lumière subite.
Booz ne savait point qu'une femme était là,
Et Ruth ne savait point ce que Dieu voulait d'elle.
Un frais parfum sortait des touffes d'asphodèle;
Les souffles de la nuit flottaient sur Galgala.
L'ombre était nuptiale, auguste et solennelle;
Les anges y volaient sans doute obscurément,
Car on voyait passer dans la nuit, par moment,
Quelque chose de bleu qui paraissait une aile.
La respiration de Booz qui dormait,
Se mêlait au bruit sourd des ruisseaux sur la mousse.
On était dans le mois où la nature est douce,
Les collines ayant les lys sur leur sommet.
Ruth songeait et Booz dormait, l'herbe était noire;
Les grelots des troupeaux palpitaient vaguement;
Une immense bonté tombait du firmament;
C'était l'heure tranquille où les lions vont boire.

Y Booz murmuraba con la voz del espíritu:
«¿Por ventura es posible que esto salga de mí?
Pasan mucho de ochenta los años que ahora tengo
y no he tenido hijos y no tengo mujer.
Hace tiempo que aquella que conmigo dormía
por el vuestro, Señor, abandonó mi lecho,
y estamos imbricados aún el uno en el otro
ella casi viviente, yo no muerto del todo.
Cómo creer que una raza nacería de mí.
Qué habría de ocurrir para engendrar yo hijos.
Jóvenes conocemos rutilantes mañanas,
surge el día de la noche igual que una victoria;
viejos, como abedules en invierno temblamos;
soy un viudo y estos solo, sobre mí cae la noche,
y ya inclino, ¡Dios mío! mi alma hacia la tumba
como el buey que, sediento, hacia el agua se inclina.»
Booz se expresaba así entre el sueño y el éxtasis,
volviendo a Dios sus ojos velados por el sueño;
el cedro no registra en su base a la rosa,
tampoco él registró la mujer a sus pies.
En tanto él dormitaba, Ruth, una moabita
con el seno desnudo, se tendió junto a Booz,
aguardando una especie de misterioso rayo
cuando al amanecer brotara la luz súbita.
Booz del todo ignoraba que allí había una mujer
y Ruth desconocía lo que Dios quería de ella.
La fragancia subía desde los asfódelos;
el aliento nocturno flotaba sobre Gálgala.
Nupcial era la sombra, augusta y suntuosa;
los ángeles volaban sin duda oscuramente
pues se veía cruzar, a veces, en la noche,
alguna cosa azul que un ala semejaba.
El respirar de Booz, en su dormir profundo
se unía al rumor sordo del regato en el musgo.
Transcurrían esos meses en que es dulce la tierra
y tenían las colinas lirios sobre sus cimas.
Ruth en Booz descansaba; era negra la hierba,
la esquila del ganado vagamente se oía;
una inmensa bondad bajaba de lo alto;
era esa hora tranquila en que abrevan los leones.

Tout reposait dans Ur et dans Jérimadeth;
Les astres émaillaient le ciel profond et sombre;
Le croissant fin et clair parmi ces fleurs de l'ombre
Brillait à l'occident, et Ruth se demandait,
Immobile, ouvrant l'œil à moitié sous ses voiles,
Quel dieu, quel moissonneur de l'éternel été
Avait, en s'en allant, négligemment jeté
Cette faucille d'or dans le champ des étoiles.

Ave Dea; moriturus te salutat

A Judith Gautier

La mort et la beauté sont deux choses profondes
Qui contiennent tant d'ombre et d'azur qu'on dirait
Deux sœurs également terribles et fécondes
Ayant la même énigme et le même secret.
O femmes, voix, regards, cheveux noirs, tresses blondes,
Brillez, je meurs! ayez l'éclat, l'amour, l'attrait,
O perles que la mer mêle à ses grandes ondes,
O lumineux oiseaux de la sombre forêt!
Judith, nos deux destins sont plus près l'un de l'autre
Qu'on ne croirait, à voir mon visage et le vôtre;
Tout le divin abîme apparaît dans vos yeux,
Et moi, je sens le gouffre étoilé dans mon âme;
Nous sommes tous les deux voisins du ciel, madame,
Puisque vous êtes belle et puisque je suis vieux.

Todo en Jerimadeth y en Ür se hallaba mudo;
esmaltaban los astros del cielo oscuro y alto;
la clara medialuna, entre flores de sombra
brillaba en el poniente; y Ruth se preguntaba,
inmóvil, y entreabriendo los ojos bajo el velo,
qué Dios, qué segador del eterno verano
al despedirse, habría arrojado al azar
aquella hoz dorada en su campo de estrellas.

Antonio Martínez Sarrión

Ave Dea; moriturus te salutat

A Judith Gautier

La muerte y la belleza son dos cosas profundas
que tienen tanta sombra y azur que se dirían
dos hermanas, al par terribles y fecundas,
con idéntico enigma e idéntico secreto.
Mujeres, voces, ojos, melenas negras, rubias,
brillad, ¡muero! Tened amor, brillo, atractivo,
¡oh perlas que el mar mezcla en sus enormes ondas,
pájaros luminosos en el bosque sombrío!
Judith, nuestros destinos se han acercado más
de lo que dejan ver vuestro rostro y el mío:
todo el divino abismo se muestra en vuestros ojos,
y yo siento el abismo con estrellas en mi alma;
señora, ambos estamos cercanos ya del cielo,
puesto que sois hermosa y puesto que soy viejo.

José María Valverde

Gérard de Nerval

Francia (París, 1808-1855)

Gérard Labrunie (el *de Nerval* es un pseudónimo) fue el romántico francés que más influyó en la poesía de los simbolistas y los surrealistas, que admiraron la riqueza de su mundo onírico y la actitud visionaria y críptica de artista iluminado. Cuando pudo permitírselo, viajó por Europa y el cercano Oriente; cuando no, ejerció el periodismo y colaboró con Dumas padre en algunas obras de teatro (al interés por la escena no fue extraño la pasión que sintió por la actriz Jenny Colon). A partir de 1841 comenzó a padecer accesos de locura, que lo atormentaron tanto como atestiguó en un extenso relato, *Aurelia* (1853-1854), y lo llevaron al suicidio: el 26 de enero de 1855 apareció ahorcado en la calle Basse de la Vieille Lanterne. La notoriedad se la dio pronto una excelente traducción del *Fausto* que el mismo Goethe alabó con entusiasmo. Pero desde jovencísimo había gustado también de la literatura esotérica, las mitologías, la alquimia, el tarot..., y esas lecturas, unidas al romanticismo alemán y a la filosofía idealista, marcaron hondamente su poesía, ya la expresara en verso o en prosa. En los sonetos de *Les Chimères* (*Las quimeras*, 1853), de una gran musicalidad y a menudo deliberadamente oscuros, el recuerdo se hace fantasmagoría y la alucinación se vuelve lúcida. Pese a una cierta cercanía formal a la estética parnasiana, su concepción mística y su denso contenido enigmático, con la obsesión por la vida pasada y por el más allá, anuncian más bien los momentos visionarios de Baudelaire, Rimbaud o Mallarmé.

Fantaisie

Il est un air pour qui je donnerais
Tout Rossini, tout Mozart et tout Weber.
Un air très vieux, languissant et funèbre,
Qui pour moi seul a des charmes secrets.
Or, chaque fois que je viens à l'entendre,
De deux cents ans mon âme rajeunit:
C'est sous Louis Treize... —Et je crois voir s'étendre
Un coteau vert que le couchant jaunit;
Puis un château de brique à coins de pierre,
Aux vitraux teints de rougeâtres couleurs,
Ceint de grands parcs, avec une rivière
Baignant ses pieds, qui coule entre des fleurs.
Puis une dame, à sa haute fenêtre,
Blonde aux yeux noirs, en ses habits anciens...
Que, dans une autre existence peut-être,
J'ai déjà vue— et dont je me souviens!

Le point noir

Quiconque a regardé le soleil fixement
Croit voir devant ses yeux voler obstinément
Autour de lui, dans l'air, une tache livide.
Ainsi, tout jeune encore et plus audacieux,
Sur la gloire un instant j'osai fixer les yeux:
Un point noir est resté dans mon regard avide.
Depuis, mêlée à tout comme un signe de deuil,
Partout, sur quelque endroit que s'arrête mon œil,
Je la vois se poser aussi, la tache noire! —
Quoi, toujours? Entre moi sans cesse et le bonheur!
Oh! c'est que l'aigle seul — malheur à nous, malheur!
Contemple impunément le Soleil et la Gloire.

Fantasía

Conozco un aire por el cual daría
todos los de Mozart, Rossini y Weber,
un aire antiguo, dulce y melancólico
que sólo para mí su encanto tiene.
Cuando tengo la dicha de escucharlo
me transporta a los tiempos de Luis trece...
Y siento que se extiende ante mis ojos
un ribazo, amarillo de poniente.
Luego un castillo de ángulos de piedra,
con grandes ventanales de colores,
rodeado de parques, con un río
que sus pies baña y entre flores corre.
Luego, a su alta ventana, en traje antiguo,
una rubia doncella de ojos negros,
que tal vez en alguna otra existencia
había un día visto —y la recuerdo.

Fernando Maristany

El punto negro

Quien al sol cara a cara ha llegado a mirar
cree ver ante sus ojos como el vuelo obstinado
de una mancha plomiza que descubre en el aire.
Y cuando era aún muy joven, y a la vez más audaz,
en la gloria un instante fijé osado la vista:
en mis ávidos ojos se imprimió un punto negro.
Desde entonces, en todo, como un signo de luto,
allí donde se posa mi mirada, compruebo
que se posa también esa mancha negruzca.
¿Siempre va a interponerse entre la dicha y yo?
Oh, es que sólo las águilas —¡ay de mí, ay de nosotros!—
pueden mirar impunes a la Gloria y al Sol.

Les Cydalises

Où sont nos amoureuses?
Elles sont au tombeau:
Elles sont plus heureuses,
Dans un séjour plus beau!
    Elles sont près des anges,
Dans le fond du ciel bleu,
Et chantent les louanges
De la mère de Dieu!
    O blanche fiancée!
O jeune vierge en fleur!
Amante délaissée,
Que flétrit la douleur!
    L'éternité profonde
Souriait dans vos yeux...
Flambeaux éteints du monde,
Rallumez-vous aux cieux!

Une allée du Luxembourg

Elle a passé, la jeune fille
Vive et preste comme un oiseau:
À la main une fleur qui brille,
À la bouche un refrain nouveau.
    C'est peut-être la seule au monde
Dont le cœur au mien répondrait,
Qui venant dans ma nuit profonde
D'un seul regard l'éclaircirait! …
    Mais non, —ma jeunesse est finie...
Adieu, doux rayon qui m'as lui, —
Parfum, jeune fille, harmonie...
Le bonheur passait, —il a fui!

Las Cidalisas

Nuestras enamoradas, ¿dónde están?
Se encuentran descansando en el sepulcro,
y seguro que allí son más felices
gozando de un lugar que es más hermoso.
Muy cerca de los ángeles están,
donde acaban los cielos más azules,
cantando la alabanza sempiterna
de la Madre de Dios, Nuestra Señora.
¡Oh blanca desposada, oh joven virgen
cuya vida fue sólo florecer,
oh amante abandonada en cuyo rostro
el dolor dejó huellas para siempre!
La eternidad profunda sonreía
en vuestros ojos cual los recordamos…
Luminarias del mundo ya apagadas,
en los cielos volved a ser estrellas.

Carlos Pujol

Una alameda de Luxemburgo

Vi pasar a una joven sonriente
y rauda como un pájaro: tenía
en su mano una rosa reluciente,
y en su boca una nueva melodía.
¡Tal vez fuera la única en el mundo
cuya alma iría al ritmo de la mía,
y al entrar de mi noche en lo profundo
con su sólo mirar la alumbraría!
No podrá ser —mi juventud pasó...
¡Adiós, dulce fulgor que deslumbraba—
armonía, muchacha, aroma...! ¡Yo
vi la dicha pasar —y me dejaba!

Pedro José Vizoso

El desdichado

Je suis le ténébreux, —le veuf, — l'inconsolé,
Le prince d'Aquitaine à la tour abolie:
Ma seule *étoile* est morte, —et mon luth constellé
Porte le *Soleil noir* de la *Mélancolie.*
Dans la nuit du tombeau, toi qui m'as consolé,
Rends-moi le Pausilippe et la mer d'Italie,
Le *fleur* qui plaisait tant à mon cœur désolé,
Et la treille où le pampre à la rose s'allie.
Suis-je Amour ou Phébus? ...Lusignan ou Biron?
Mon front est rouge encor du baiser de la reine;
J'ai rêvé dans la grotte où nage la sirène...
Et j'ai deux fois vainqueur traversé l'Achéron:
Modulant tour à tour sur la lyre d'Orphée
Les soupirs de la sainte et les cris de la fée.

Myrtho

Je pense à toi, Myrtho, divine enchanteresse,
Au Pausilippe altier, de mille feux brillant,
A ton front inondé des clartés de l'Orient,
Aux raisins noirs mêlés avec l'or de ta tresse.
C'est dans ta coupe aussi que j'avais bu l'ivresse,
Et dans l'éclair furtif de ton œil souriant,
Quand aux pieds d'Iacchus on me voyait priant,
Car la Muse m'a fait l'un des fils de la Grèce.
Je sais pourquoi là-bas le volcan s'est rouvert...
C'est qu'hier tu l'avais touché d'un pied agile,
Et de cendres soudain l'horizon s'est couvert.
Depuis qu'un duc normand brisa tes dieux d'argile,
Toujours, sous les rameaux du laurier de Virgile,
Le pâle hortensia s'unit au myrte vert!

EL DESDICHADO

Yo soy el Tenebroso, —el viudo—, el Sin Consuelo,
Príncipe de Aquitania de la Torre abolida:
Mi única estrella ha muerto, y mi laúd constelado
lleva en sí el negro sol de la Melancolía.
En la Tumba nocturna, Tú que me has consolado,
devuélveme el Pausílipo y el mar de Italia, aquella
flor que tanto gustaba a mi alma desolada,
y la parra do el Pámpano a la Rosa se alía.
¿Soy Amor o soy Febo?...¿Soy Lusignan o Byron?
Mi frente aún enrojece del beso de la Reina;
he soñado en la Gruta do nada la Sirena...
He, doble vencedor, traspuesto el Aqueronte:
Modulando unas veces en la lira de Orfeo
suspiros de la Santa y, otras, gritos del Hada.

Aníbal Núñez

MYRTHO

Pienso en ti, Myrtho, divina encantadora,
y en el alto Posílipo, brillando con mil fuegos,
en tu frente inundada de oriental claridad,
y en las uvas mezcladas a tu trenza de oro.
También yo en tu copa bebí la ebriedad,
y en el relámpago furtivo de tu ojo riente,
cuando a los pies de Iaco se me veía orando,
pues me ha hecho la Musa de la estirpe de Grecia.
Y sé por qué allá lejos se reabrió el volcán...
Pues lo tocaste ayer con tu pie ligerísimo
y las cenizas cubrieron raudo el horizonte.
Desque el normando duque rompió un dios de arcilla,
siempre, bajo los ramos del lauro de Virgilio,
la pálida Hortensia se unió al Mirto verde.

Luis Antonio de Villena

Horus

Le dieu Kneph en tremblant ébranlait l'univers:
Isis, la mère, alors se leva sur sa couche,
Fit un geste de haine à son époux farouche,
Et l'ardeur d'autrefois brilla dans ses yeux verts.
«Le voyez-vous, dit-elle, il meurt, ce vieux pervers,
Tous les frimas du monde ont passé par sa bouche,
Attachez son pied tors, éteignez son œil louche,
C'est le dieu des volcans et le roi des hivers!
»L'aigle a déjà passé, l'esprit nouveau m'appelle,
J'ai revêtu pour lui la robe de Cybèle...
C'est l'enfant bien-aimé d'Hermès et d'Osiris!»
La déesse avait fui sur sa conque dorée,
La mer nous renvoyait son image adorée,
Et les cieux rayonnaient sous l'écharpe d'Iris.

Antéros

Tu demandes pourquoi j'ai tant de rage au cœur
Et sur un col flexible une tête indomptée;
C'est que je suis issu de la race d'Antée,
Je retourne les dards contre le dieu vainqueur.
Oui, je suis de ceux-là qu'inspire le Vengeur,
Il m'a marqué le front de sa lèvre irritée,
Sous la pâleur d'Abel, hélas! ensanglantée,
J'ai parfois de Caïn l'implacable rougeur!
Jéhovah! le dernier, vaincu par ton génie,
Qui, du fond des enfers, criait: «Ô tyrannie!»
C'est mon aïeul Bélus ou mon père Dagon...
Ils m'ont plongé trois fois dans les eaux du Cocyte,
Et, protégeant tout seul ma mère Amalécyte,
Je ressème à ses pieds les dents du vieux dragon.

HORUS

Al temblar el dios Knef, temblaba el universo.
Isis, la madre, entonces se levantó del lecho,
puso cara de odio a su cruel esposo,
y el ardor de otro tiempo brilló en sus ojos verdes.
«Vedlo —dijo—, se muere ese viejo perverso,
las escarchas del mundo pasaron por su boca,
atad su pie torcido, apagad su ojo turbio,
es dios de los volcanes y rey de los inviernos!
»Ya el águila ha pasado, me llama el nuevo espíritu,
me he puesto para él las ropas de Cibeles...
¡Es el niño querido de Hermes y de Osiris!»
La diosa había huido en áurea caracola,
el mar nos devolvía su imagen adorada
y bajo el chal de Iris los cielos relucían.

ANTEROS

Preguntas por qué tengo tanta rabia en el pecho
y una cabeza indómita sobre un cuello flexible.
Es que soy descendiente de la raza de Anteo
y devuelvo los dardos al dios que me ha vencido.
Sí, yo soy de esos hombres que alienta el Vengador:
con su labio irritado me ha marcado la frente.
¡Bajo la palidez tinta en sangre de Abel,
de Caín tengo a veces el rubor implacable!
El último, Jehová, vencido por tu genio,
que, del profundo infierno, gritaba: «¡Oh tiranía!»,
ése es mi abuelo Belo o mi padre Dagón...
Tres veces en las aguas del Cocito me hundieron,
y, solo, protegiendo a mi madre amalecita,
siembro a sus pieles los dientes del antiguo dragón.

Luis Alberto de Cuenca

Delfica

La connais-tu, Dafné, cette ancienne romance,
Au pied du sycomore, ou sous les lauriers blancs,
Sous l'olivier, le myrte, ou les saules tremblants,
Cette chanson d'amour qui toujours recommence? ...
Reconnais-tu le TEMPLE au péristyle immense,
Et les citrons amers où s'imprimaient tes dents,
Et la grotte, fatale aux hôtes imprudents,
Où du dragon vaincu dort l'antique semence? ...
Ils reviendront, ces Dieux que tu pleures toujours!
Le temps va ramener l'ordre des anciens jours;
La terre a tresailli d'un souffle prophétique...
Cependant la sibylle au visage latin
Est endormie encor sous l'arc de Constantin
— Et rien n'a dérangé le sévère portique.

Artémis

La Treizième revient... C'est encor la première;
Et c'est toujours la seule, — ou c'est le seul moment;
Car es-tu reine, ô toi! la première ou dernière?
Es-tu roi, toi le seul ou le dernier amant? ...
Aimez qui vous aima du berceau dans la bière;
Celle que j'aimai seul m'aime encor tendrement:
C'est la mort — ou la morte... Ô délice! ô tourment!
La rose qu'elle tient, c'est la *Rose trémière.*
Sainte napolitaine aux mains pleines de feux,
Rose au cœur violet, fleur de sainte Gudule:
As-tu trouvé ta croix dans le désert des cieux?
Roses blanches, tombez! vous insultez nos dieux,
Tombez, fantômes blancs, de votre ciel qui brûle:
—La sainte de l'abîme est plus sainte à mes yeux!

DELFICA

¿Conoces, Dafne, esta vieja romanza,
al pie del sicómoro, o bajo los blancos laureles,
bajo el olivo, el mirto, o los trémulos sauces,
esta canción de amor que siempre se repite? ...
¿Reconoces el TEMPLO de inmenso peristilo,
y los amargos limones donde se marcaban tus dientes,
y la gruta, fatal para los huéspedes imprudentes,
donde duerme la antigua semilla del dragón herido? ...
¡Volverán esos dioses que tú siempre lloras!
El tiempo traerá de nuevo el orden de los viejos días;
se ha estremecido la tierra de un soplo profético ...
Sin embargo, la sibila de latino rostro
duerme todavía bajo el arco de Constantino
—y nada ha alterado el severo pórtico.

José Luis Jover y A. M. Moncho

ARTEMISA

Vuelve otra vez la Trece —¡y es aún la Primera!
Y es la única siempre —¿o es el solo momento?
¿Dime, Reina, eres la primera o la última?
¿Tú eres, Rey, el último?, ¿eres el solo amante?
Amad a la que os ama de la cuna a la tumba,
aún, tierna, me ama la que yo sólo amaba,
es la Muerte —o la Muerta—, ¡oh delicia, oh tormento!
El ramo entre sus brazos son rosas *Malva rosa.*
Santa napolitana de manos encendidas,
flor de Santa Gudula de corazón morado,
¿encontraste tu cruz en el cielo desierto?
Rosas blancas, ¡caed! —insultáis nuestros dioses,
caed, blancos fantasmas, de vuestro cielo en lumbre,
¡es más santa a mis ojos la santa del abismo!

Octavio Paz

VERS DORÉS

Eh quoi! tout est sensible!
PYTHAGORE

Homme! libre penseur — te crois-tu seul pensant
Dans ce monde, où la vie éclate en toute chose:
Des forces que tu tiens ta liberté dispose,
Mais de tous tes conseils l'univers est absent.
Respecte dans la bête un esprit agissant...
Chaque fleur est une âme à la Nature éclose;
Un mystère d'amour dans le métal repose:
Tout est sensible; — Et tout sur ton être est puissant!
Crains dans le mur aveugle un regard qui t'épie:
A la matière même un verbe est attaché...
Ne la fais pas servir à quelque usage impie.
Souvent dans l'être obscur habite un Dieu caché;
Et, comme un œil naissant couvert par ses paupières,
Un pur esprit s'accroît sous l'écorce des pierres.

VERSOS DORADOS

Eh quoi! tout est sensible!
PYTHAGORE

¡Hombre! libre pensador — crees que eres el único pensante
en este mundo, donde la vida estalla en todas las cosas:
De todas las fuerzas que posees tu libertad dispone,
mas el universo está ausente de todos tus consejos.
Respeta en la bestia el espíritu activo...
Cada flor es un alma en la Naturaleza naciente;
un misterio de amor reposa en el metal:
Todo es sensible; —¡Y todo es poderoso sobre tu ser!
Teme a la mirada que te espía desde el muro ciego:
En la propia materia hay una voz sujeta...
No la entregues a ningún uso impío.
A menudo habita un Dios oculto en el ser oscuro;
y, como un ojo naciente cubierto por sus párpados,
un espíritu puro crece bajo la corteza de las piedras.

José Luis Jover y A. M. Moncho

Charles Baudelaire

Francia (París, 1821-1867)

Nadie puede ser considerado con mayor razón como el «padre de la poesía moderna». La ruptura de Baudelaire con los románticos y los parnasianos procede tanto de la lucidez crítica con que contempla la realidad como de la concentración de su mirada en «el desierto urbano», en el que descubre a un tiempo la miseria humana y una belleza aún no celebrada. Si esa perspectiva lo hermana con los poetas contemporáneos, la libertad imaginativa lo convierte en precursor de los simbolistas y de los surrealistas. Su lengua y su métrica concilian por otro lado los elementos tradicionales con los decididamente innovadores. Sus primeros versos datan de las mismas fechas (1841) en que su vida bohemia y disipada forzó a su odiado padrastro a enviarlo a un largo viaje por mar que dejaría en él una persistente huella. Durante varios años mantuvo una relación llena de contrastes y desengaños con Jeanne Duval, prostituta de oficio, y al final de su vida padeció los patéticos resultados de una sífilis terminal. De muchas de esas experiencias queda rastro en su obra maestra, *Les fleurs du mal* (1857), que canta a la vez el amor incorpóreo y el toscamente carnal, la solidaridad con los marginados y un aristocrático desdén por cuanto no sean las obsesiones del poeta, la inmersión en los bajos fondos urbanos, los «paraísos artificiales» del alcohol y las drogas, y las evasiones como el viaje y la fantasía. La primera edición de *Les fleurs du mal* fue recogida del mercado y condenada por ofensa a las buenas costumbres y a la moral pública (en la segunda, de 1861, los poemas expurgados se restituyeron junto a otros nuevos). Sin embargo, en la plenitud de su pensamiento, Baudelaire, que fue también el mejor crítico de arte de su época, concibe el poema como una realidad autónoma, independiente de la naturaleza o de la circunstancia que lo circunda. Por otra parte, su teoría y su práctica están en deuda con la teoría de las «correspondencias» de Swedemborg, que invita al poeta a reconocer los vínculos impalpables que existen entre las cosas.

Au lecteur

La sottise, l'erreur, le péché, la lésine,
Occupent nos esprits et travaillent nos corps,
Et nous alimentons nos aimables remords,
Comme les mendiants nourrissent leur vermine.
    Nos péchés sont têtus, nos repentis sont lâches;
Nous nous faisons payer grassement nos aveux,
Et nous rentrons gaiement dans le chemin bourbeux,
Croyant par de vils pleurs laver toutes nos taches.
    Sur l'oreiller du mal c'est Satan Trismégiste
Qui berce longuement notre esprit enchanté,
Et le riche métal de notre volonté
Est tout vaporisé par ce savant chimiste.
    C'est le Diable qui tient les fils qui nous remuent!
Aux objets répugnants nous trouvons des appas;
Chaque jour vers l'Enfer nous descendons d'un pas,
Sans horreur, à travers des ténèbres qui puent.
    Ainsi qu'un débauché pauvre qui baise et mange
Le sein martyrisé d'une antique catin,
Nous volons au passage un plaisir clandestin
Que nous pressons bien fort comme une vieille orange.
    Serré, fourmillant, comme un million d'helminthes,
Dans nos cerveaux ribote un peuple de Démons,
Et, quand nous respirons, la Mort dans nos poumons
Descend, fleuve invisible, avec de sourdes plaintes.
    Si le viol, le poison, le poignard, l'incendie,
N'ont pas encor brodé de leurs plaisants dessins
Le canevas banal de nos piteux destins,
C'est que notre âme, hélas! n'est pas assez hardie.
    Mais parmi les chacals, les panthères, les lices,
Les singes, les scorpions, les vautours, les serpents,
Les monstres glapissants, hurlants, grognants, rampants,
Dans la ménagerie infâme de nos vices,
    Il en est un plus laid, plus méchant, plus immonde!
Quoiqu'il ne pousse ni grands gestes ni grands cris,
Il ferait volontiers de la terre un débris
Et dans un bâillement avalerait le monde;
    C'est l'Ennui! — l'œil chargé d'un pleur involontaire,

AL LECTOR

Afanan nuestras almas, nuestros cuerpos socavan
la mezquindad, la culpa, la estulticia, el error,
y, como los mendigos alimentan sus piojos,
nuestros remordimientos, complacientes nutrimos.
Tercos en los pecados, laxos en los propósitos,
con creces nos hacemos pagar lo confesado
y tornamos alegres al lodoso camino
creyendo, en viles lágrimas, enjugar nuestras faltas.
En la almohada del mal, es Satán Trimegisto
quien con paciencia acuna nuestro arrobado espíritu
y el precioso metal de nuestra voluntad,
íntegro se evapora por obra de ese alquímico.
¡El diablo es quien maneja los hilos que nos mueven!
A los objetos sórdidos les hallamos encanto
e, impávidos, rodeados de tinieblas hediondas,
bajamos hacia el Orco un diario escalón.
Igual al disoluto que besa y mordisquea
el lacerado seno de una vieja ramera,
si una ocasión se ofrece de placer clandestino
la exprimimos a fondo como seca naranja.
Denso y hormigueante, como un millón de helmintos,
un pueblo de demonios danza en nuestras cabezas
y, cuando respiramos, la Muerte, en los pulmones
desciende, río invisible, con apagado llanto.
Si el veneno, el puñal, el incendio, el estupro,
no adornaron aún con sus raros dibujos
el banal cañamazo de nuestra pobre suerte,
es porque nuestro espíritu no fue bastante osado.
Mas, entre los chacales, las panteras, los linces,
los simios, las serpientes, escorpiones y buitres,
los aulladores monstruos, silbantes y rampantes,
en la, de nuestros vicios, infernal mezcolanza
¡Hay uno más malvado, más lóbrego e inmundo!
Sin que haga feas muecas ni lance toscos gritos
convertiría, con gusto, a la tierra en escombro
y, en medio de un bostezo, devoraría al Orbe;
¡Es el Tedio! —Anegado de un llanto involuntario,

Il rêve d'échafauds en fumant son houka.
Tu le connais, lecteur, ce monstre délicat,
—Hypocrite lecteur, —mon semblable, —mon frère!

Correspondances

La Nature est un temple où de vivants piliers
Laissent parfois sortir de confuses paroles;
L'homme y passe à travers des forêts de symboles
Qui l'observent avec des regards familiers.
Comme de longs échos qui de loin se confondent
Dans une ténébreuse et profonde unité,
Vaste comme la nuit et comme la clarté,
Les parfums, les couleurs et les sons se répondent.
Il est des parfums frais comme des chairs d'enfants,
Doux comme les hautbois, verts comme les prairies,
— Et d'autres, corrompus, riches et triomphants,
Ayant l'expansion des choses infinies,
Comme l'ambre, le musc, le benjoin et l'encens
Qui chantent les transports de l'esprit et des sens.

La géante

Du temps que la Nature en sa verve puissante
Concevait chaque jour des enfants monstrueux,
J'eusse aimé vivre auprès d'une jeune géante,
Comme aux pieds d'une reine un chat voluptueux.
J'eusse aimé voir son corps fleurir avec son âme
Et grandir librement dans ses terribles jeux;
Deviner si son cœur couve une sombre flamme
Aux humides brouillards qui nagent dans ses yeux;
Parcourir à loisir ses magnifiques formes;
Ramper sur le versant de ses genoux énormes,
Et parfois en été, quand les soleils malsains,
Lasse, la font s'étendre à travers la campagne,
dormir nonchalamment à l'ombre de ses seins,
Comme un hameau paisible au pied d'une montagne.

imagina cadalsos, mientras fuma su yerba.
Lector, tu bien conoces al delicado monstruo,
—¡hipócrita lector —mi prójimo—, mi hermano!

Antonio Martínez Sarrión

Correspondencias

La Creación es un templo de pilares vivientes
que a veces salir dejan sus palabras confusas;
el hombre la atraviesa entre bosques de símbolos
que le contemplan con miradas familiares.
Como los largos ecos que de lejos se mezclan
en una tenebrosa y profunda unidad,
vasta como la luz, como la noche vasta,
se responden sonidos, colores y perfumes.
Hay perfumes tan frescos como carnes de niños,
dulces tal los oboes, verdes tal las praderas
— y hay otros, corrompidos, ricos y triunfantes,
que tienen la expansión de cosas infinitas,
como el almizcle, el ámbar, el benjuí y el incienso,
que cantan los transportes de sentidos y espíritu.

Luis Martínez de Merlo

La giganta

Cuando el orbe animado de un aliento fecundo
engendraba sin pausa criaturas monstruosas,
pude ser compañero de una joven giganta,
como un gato sensual a los pies de una reina.
Ver su cuerpo a la vez madurar con el alma
y crecer libremente entre juegos terribles,
acechando si oculta un amor oscurísimo
bajo la húmeda niebla que enmascara sus ojos.
Prodigar mis caricias a sus formas ciclópeas,
escalar la ladera de sus grandes rodillas,
y en verano, cuando huye de los tórridos soles,
y cansada se tiende sobre un lecho de campos,
a la sombra dormir de sus pechos, confiado,
como al pie de los montes una aldea tranquila.

Carlos Pujol

L'INVITATION AU VOYAGE

Mon enfant, ma sœur,
  Songe à la douceur
D'aller là-bas vivre ensemble!
  Aimer à loisir,
  Aimer et mourir
Au pays qui te ressemble!
  Les soleils mouillés
  De ces ciels brouillés
Pour mon esprit ont les charmes
  Si mystérieux
  De tes traîtres yeux,
Brillant à travers leurs larmes.
  Là, tout n'est qu'ordre et beauté,
Luxe, calme et volupté.
  Des meubles luisants,
  Polis par les ans,
Décoreraient notre chambre;
  Les plus rares fleurs
  Mêlant leurs odeurs
Aux vagues senteurs de l'ambre,
  Les riches plafonds,
  Les miroirs profonds,
La splendeur orientale,
  Tout y parlerait
  A l'âme en secret
Sa douce langue natale.
  Là, tout n'est qu'ordre et beauté,
Luxe, calme et volupté.
  Vois sur ces canaux
  Dormir ces vaisseaux
Dont l'humeur est vagabonde;
  C'est pour assouvir
  Ton moindre désir
Qu'ils viennent du bout du monde.
  — Les soleils couchants
  Revêtent les champs,
Les canaux, la ville entière,
  D'hyacinthe et d'or;
  Le monde s'endort

Invitación al viaje

¡Niña, hermana mía,
piensa en la dulzura
de vivir juntos muy lejos!
¡Amar a placer,
amar y morir
en sitio a ti semejante!
Los húmedos soles,
los cielos nublados
tienen para mí el encanto,
tan embrujador,
de tus falsos ojos
brillando a través del llanto.
    Todo es allá lujo y calma
orden, deleite y belleza.
    Muebles relucientes
pulidos por años
decorarán nuestro cuarto;
las más raras flores
mezclando su aroma
al incierto olor del ámbar;
los ricos plafones,
los hondos espejos,
el oriental esplendor,
todo allí hablará
en secreto al alma
su dulce lengua natal.
    Todo es allá lujo y calma,
orden, deleite y belleza.
    Mira en los canales
dormir los navíos
de talante vagabundo;
a fin de colmar
tu menor deseo
arriban del fin del orbe.
—Los soles ponientes
visten la campiña,
las aguas, la ciudad entera,
de jacinto y oro;
el mundo reposa

Dans une chaude lumière.
Là, tout n'est qu'ordre et beauté,
Luxe, calme et volupté.

Les chats

Les amoureux fervents et les savants austères
Aiment également, dans leur mûre saison,
Les chats puissants et doux, orgueil de la maison,
Qui comme eux sont frileux et comme eux sédentaires.
Amis de la science et de la volupté,
Ils cherchent le silence et l'horreur des ténèbres;
L'Érèbe les eût pris pour ses coursiers funèbres,
S'ils pouvaient au servage incliner leur fierté.
Ils prennent en songeant les nobles attitudes
Des grands sphinx allongés au fond des solitudes,
Qui semblent s'endormir dans un rêve sans fin;
Leurs reins féconds sont pleins d'étincelles magiques,
Et des parcelles d'or, ainsi qu'un sable fin,
Étoilent vaguement leurs prunelles mystiques.

Spleen

J'ai plus de souvenirs que si j'avais mille ans.
Un gros meuble à tiroirs encombré de bilans,
De vers, de billets doux, de procès, de romances,
Avec de lourds cheveux roulés dans des quittances,
Cache moins de secrets que mon triste cerveau.
C'est une pyramide, un immense caveau,
Qui contient plus de morts que la fosse commune.
—Je suis un cimetière abhorré de la lune,
Où comme des remords se traînent de longs vers
Qui s'acharnent toujours sur mes morts les plus chers
Je suis un vieux boudoir plein de roses fanées,
Où gît tout un fouillis de modes surannées,
Où les pastels plaintifs et les pâles Boucher,
Seuls, respirent l'odeur d'un flacon débouché.

envuelto en cálida luz.
  Todo es allá lujo y calma
orden, deleite y belleza.

Antonio Martínez Sarrión

Los gatos

Los amantes fervientes y los sabios austeros,
aman del mismo modo, en su edad ya madura,
los gatos poderosos y dulces, el orgullo
del hogar, sedentarios y frioleros, cual ellos.
  Amigos de la ciencia y la delectación,
de las tinieblas buscan el horror y el silencio;
del Erebo serían los fúnebres corceles,
si pudiesen al yugo someter su fiereza.
  Adquieren, mientras sueñan, las nobles actitudes
de esfinges que se alargan allá en sus soledades,
que en un sueño sin fin parece que durmieran;
  mágicas chispas llenan sus costados fecundos,
y partículas de oro, como una arena fina,
en sus pupilas místicas vagamente fulguran.

Luis Martínez de Merlo

Esplín

Hay en mí más recuerdos que en mil años de vida.
  Una cómoda llena de finales de cuentas,
versos, cartas de amor, con romanzas y pleitos,
y mechones espesos enrollando recibos,
guarda menos secretos que mi triste cerebro.
Es como una pirámide, un inmenso sepulcro
que contiene más muertos que la fosa común.
—Soy como un cementerio que la luna aborrece,
donde largos gusanos, como remordimientos,
se encarnizan sin tregua con mis muertos queridos.
Soy un viejo *boudoir* donde hay rosas marchitas,
un rebujo anticuado de las modas de ayer
y pasteles dolientes, y Bouchers palidísimos
respirando perfumes de unos frascos vacíos.

Rien n’égale en longueur les boiteuses journées,
Quand sous les lourds flocons des neigeuses années
L’ennui, fruit de la morne incuriosité,
Prend les proportions de l’immortalité.
— Désormais tu n'es plus, ô matière vivante!
Qu'un granit entouré d'une vague épouvante,
Assoupi dans le fond d'un Saharah brumeux;
Un vieux sphinx ignoré du monde insoucieux,
Oublié sur la carte, et dont l'humeur farouche
Ne chante qu'aux rayons du soleil qui se couche.

Les aveugles

—Contemple-les, mon âme; ils sont vraiment affreux!
Pareils aux mannequins; vaguement ridicules;
Terribles, singuliers comme les somnambules;
Dardant on ne sait où leurs globes ténébreux.
Leurs yeux, d’où la divine étincelle est partie,
Comme s’ils regardaient au loin, restent levés
Au ciel; on ne les voit jamais vers les pavés
Pencher rêveusement leur tête appesantie.
Ils traversent ainsi le noir illimité,
Ce frère du silence éternel. O cité!
Pendant qu’autour de nous tu chantes, ris et beugles,
Éprise du plaisir jusqu’à l’atrocité,
Vois! je me traîne aussi! mais, plus qu’eux hébété,
Je dis: Que cherchent-ils au Ciel, tous ces aveugles?

A une passante

La rue assourdissante autour de moi hurlait.
Longue, mince, en grand deuil, douleur majestueuse,
Une femme passa, d’une main fastueuse
Soulevant, balançant le feston et l’ourlet;
Agile et noble, avec sa jambe de statue.
Moi, je buvais, crispé comme un extravagant,
Dans son œil, ciel livide où germe l’ouragan,
La douceur qui fascine et le plaisir qui tue.

Nada existe más largo que los días ingratos
cuando caen los copos de los años nevosos;
el hastío, que es fruto de la triste desgana,
toma las proporciones de una cosa inmortal.
—Oh, materia viviente, vas a ser desde ahora
el granito rodeado del horror más confuso,
dormitando en el fondo de un brumoso Sahara;
una esfinge ignorada por el mundo insensible,
olvidada en el mapa, cuyo umbrío talante
sólo canta a la luz que da el sol en su ocaso.

Carlos Pujol

Los ciegos

Míralos, alma mía, son realmente espantosos;
parecen maniquíes, aunque un tanto risibles;
tremendos y distintos, lo mismo que sonámbulos;
dirigen no sé adónde sus globos en tinieblas.
Sus ojos, ya vacíos de la chispa divina,
se elevan siempre al cielo, como viendo a lo lejos;
jamás se les verá inclinando hacia el suelo
sus trabadas cabezas con aire soñador.
Atraviesan, así, la negrura sin límites,
que es hermana del eterno silencio. ¡Oh, ciudad!,
mientras cantas y ríes a nuestro alrededor,
prendada del placer hasta la atrocidad,
¡mira! ¡a rastras voy también!, pero, más torpe que ellos,
me pregunto: ¿Qué buscan en el Cielo esos ciegos?

Enrique López Castellón

A una transeúnte

La calle, aturdida, aullaba a mi alrededor.
Alta, delgada, de luto, como majestuso dolor
pasó una mujer: con mano elegante
alzaba y mecía lo mismo festón que dobladillo;
ágil y noble pasó, con piernas de estatua.
Crispado y nervioso, yo no cesaba de beber
en sus pupilas, cielo lívido con gérmenes tormentosos,
la dulzura que fascina y el placer que mata.

Un éclair... puis la nuit! — Fugitive beauté
Dont le regard m'a fait soudainement renaître,
Ne te verrai-je plus que dans l'éternité?
Ailleurs, bien loin d'ici! trop tard! *jamais* peut-être!
Car j'ignore où tu fuis, tu ne sais où je vais,
O toi que j'eusse aimée, ô toi qui le savais!

XCIX

Je n'ai pas oublié, voisine de la ville,
Notre blanche maison, petite mais tranquille;
Sa Pomone de plâtre et sa vieille Vénus
Dans un bosquet chétif cachant leurs membres nus.
Et le soleil, le soir, ruisselant et superbe
Qui, derrière la vitre où se brisait sa gerbe,
Semblait, grand œil ouvert dans le ciel curieux,
Contempler nos dîners longs et silencieux,
Répandant largement ses beaux reflets de cierge
Sur la nappe frugale et les rideaux de serge.

C

La servante au grand cœur dont vous étiez jalouse,
Et qui dort son sommeil sous une humble pelouse,
Nous devrions pourtant lui porter quelques fleurs.
Les morts, les pauvres morts, ont de grandes douleurs,
Et quand Octobre souffle, émondeur des vieux arbres,
Son vent mélancolique à l'entour de leurs marbres,
Certe, ils doivent trouver les vivants bien ingrats,
À dormir, comme ils font, chaudement dans leurs draps,
Tandis que, dévorés de noires songeries,
Sans compagnon de lit, sans bonnes causeries,
Vieux squelettes gelés travaillés par le ver,
Ils sentent s'égoutter les neiges de l'hiver
Et le siècle couler, sans qu'amis ni famille
Remplacent les lambeaux qui pendent à leur grille.
Lorsque la buche siffle et chante, si le soir,

Un relámpago... ¡y ya la noche! —Belleza fugitiva,
cuya mirada logró que de nuevo yo renazca, dime:
¿ya no te veré más sino en la eternidad?
¡En otra parte y muy lejos! ¡Demasiado tarde! ¡Y acaso nunca!
Ignoro adónde fuiste, y no sabes adónde voy,
¡ay tú a quien hubiese amado! ¡a ti, que lo sabías!

Jacinto Luis Guedeña

XCIX

Nunca podré olvidar, vecina a la ciudad,
nuestra blanca casita y su tranquilidad;
su Pomona de yeso, la Venus mutilada
en un bosque pequeño oculta en su enramada,
y aquel sol, por las tardes, admirable y magnífico
que, tras el vidrio, daba su claridad, pacífico,
igual que un grande ojo que miraba curioso
en tanto que comíamos, atento y silencioso,
dando el dulce reflejo que en la tarde se alarga
sobre el frugal mantel y cortinas de sarga.

Luis Guarner

C

La sirvienta tan buena, tan fiel, tan afanosa,
que duerme para siempre en una humilde fosa;
debíamos —¿no crees?—llevarle algunas flores,
porque los muertos deben de tener sus dolores;
y cuando octubre envía melancólicos vientos,
y deshoja los árboles junto a sus monumentos,
nos juzgarán ingratos, vacuos, indiferentes,
por dormir abrigados, entre mantas, calientes,
mientras ellos tiritan con negras fantasías
sin agradables charlas y dulces compañías.
Ateridos despojos comidos del gusano,
sienten gotear la nieve, recuerdan el verano,
y transcurrir los años en silencio y negrura
sin que nadie se acerque a aquella sepultura.
Cuando la tarde muere y chispea el tizón,

Calme, dans le fauteuil je la voyais s'asseoir,
Si, par une nuit bleue et froide de décembre,
Je la trouvais tapie en un coin de ma chambre,
Grave, et venant du fond de son lit éternel
Couver l'enfant grandi de son œil maternel,
Que pourrais-je répondre à cette âme pieuse,
Voyant tomber des pleurs de sa paupière creuse?

Recueillement

Sois sage, ô ma Douleur, et tiens-toi plus tranquille.
Tu réclamais le Soir; il descend; le voici:
Une atmosphère obscure enveloppe la ville,
Aux uns portant la paix, aux autres le souci.
    Pendant que des mortels la multitude vile,
Sous le fouet du Plaisir, ce bourreau sans merci,
Va cueillir des remords dans la fête servile,
Ma Douleur, donne-moi la main; viens par ici,
    Loin d'eux. Vois se pencher les défuntes Années,
Sur les balcons du ciel, en robes surannées;
Surgir du fond des eaux le Regret souriant;
    Le Soleil moribond s'endormir sous une arche,
Et, comme un long linceul traînant à l'Orient,
Entends, ma chère, entends la douce Nuit qui marche.

Le voyage

À Maxime Du Camp

I

Pour l'enfant, amoureux de cartes et d'estampes,
L'univers est égal à son vaste appétit.
Ah! que le monde est grand à la clarté des lampes!
Aux yeux du souvenir que le monde est petit!
    Un matin nous partons, le cerveau plein de flamme,
Le cœur gros de rancune et de désirs amers,

si la viera sentada tranquila en su sillón;
si en una noche de diciembre azul y helada,
de mi alcoba en un ángulo la viese recostada,
llegarse, grave y dulce, desde su lecho eterno,
a dar al niño grande un amparo materno,
¿a aquella alma piadosa qué le respondería,
viendo caer las lágrimas de su órbita vacía?

Ángel Lázaro

Recogimiento

Sé prudente, ¡oh Dolor!, y ten más caridad.
¿La noche reclamabas? Ya llega en su quietud…
una atmósfera obscura envuelve la ciudad,
llevando a unos la paz y a otros la inquietud.
Mientras de los mortales la torpe multitud,
bajo el Placer (verdugo de toda sociedad),
coge remordimientos entre su esclavitud
en fiesta, ¡oh tú, Dolor!, ven cerca, por piedad.
Ve asomar lejos de ella los años caducados,
por el balcón del cielo, con trajes anticuados;
surgir de entre las aguas la Pena sonriente;
El Sol bajo de un arco ponerse a dormitar;
y como un gran sudario que corre hacia el Oriente,
escucha, amigo mío, la dulce Noche andar.

Fernando Maristany

El viaje

A Maxime du Camp

I

Para el niño que adora los mapas y grabados
el universo iguala a su enorme avidez.
¡Ah, qué grande es el mundo a la luz de las velas!,
¡qué pequeño es el mundo cuando mira el recuerdo!
Un buen día partimos, con el cerebro en llamas,
en el pecho rencores y deseos amargos,

Et nous allons, suivant le rythme de la lame,
Berçant notre infini sur le fini des mers.
    Les uns, joyeux de fuir une patrie infâme;
D'autres, l'horreur de leurs berceaux, et quelques-uns,
Astrologues noyés dans les yeux d'une femme,
La Circé tyrannique aux dangereux parfums.
    Pour n'être pas changés en bêtes, ils s'enivrent
D'espace et de lumière et de cieux embrasés;
La glace qui les mord, les soleils qui les cuivrent,
Effacent lentement la marque des baisers.
    Mais les vrais voyageurs sont ceux-là seuls qui partent
Pour partir; cœurs légers, semblables aux ballons,
De leur fatalité jamais ils ne s'écartent,
Et, sans savoir pourquoi, disent toujours: Allons!
    Ceux-là dont les désirs ont la forme des nues,
Et qui rêvent, ainsi qu'un conscrit le canon,
De vastes voluptés, changeantes, inconnues,
Et dont l'esprit humain n'a jamais su le nom! …

VIII

O Mort, vieux capitaine, il est temps! levons l'ancre!
Ce pays nous ennuie, ô Mort! Appareillons!
Si le ciel et la mer sont noirs comme de l'encre,
Nos cœurs que tu connais sont remplis de rayons!
    Verse-nous ton poison pour qu'il nous réconforte!
Nous voulons, tant ce feu nous brûle le cerveau,
Plonger au fond du gouffre, Enfer ou Ciel, qu'importe
Au fond de l'Inconnu pour trouver du *nouveau*!

y al ritmo de las olas avanzamos meciendo
el infinito nuestro en los finitos mares:
Unos huyen alegres de sus patrias infames
o de su horrible cuna, y no faltan tampoco
astrólogos ahogados en ojos de mujer,
la tiránica Circe de filtros peligrosos.
Se embriagan, por no verse convertidos en bestias,
de espacios y de luz, de cielos abrasados;
el hielo que les muerde y el sol que les broncea
van borrando despacio la marca de los besos.
Mas viajeros, realmente, son sólo los que parten
por partir; corazones ligeros, iguales a los globos,
que nunca se separan de su fatalidad,
y, sin saber por qué, dicen siempre: ¡Adelante!;
aquellos cuyas ansias tienen forma de nubes,
y, al igual que un recluta aspira ya a un cañón,
sueñan con mil placeres, cambiantes e ignorados,
que el espíritu humano nunca supo nombrar. ...

VIII

¡Oh viejo capitán! ¡Oh Muerte, leva el ancla!,
nos aburre esta tierra; ¡zarparemos, que es la hora!
Si en el cielo y el mar hay negruras de tinta,
los pechos que conoces están llenos de rayos.
¡Viértenos tu veneno, y que él nos reconforte!
Queremos, tanto el fuego nuestros cerebros quema,
descender al abismo, ¿qué importa Infierno o Cielo?
¡al fondo de lo Ignoto para encontrar lo *nuevo*!

Enrique López Castellón

Paul Verlaine

Francia (Metz, 1844-París, 1896)

El gran personaje del simbolismo francés vivió a salto de mata, en el mundo de la bohemia y de los cafés literarios, pero también de los figones, los prostíbulos y, al cabo, de hospital en hospital. El alcoholismo y la bisexualidad le valieron disgustos, escándalos e incluso la cárcel, y le dieron un agudo sentimiento de la debilidad humana, en constante pugna entre el ideal cristiano y la seducción de los sentidos. Poco después de casarse en 1870, se enamora de Arthur Rimbaud, con quien se escapa a Londres y Bruselas; cuando Rimbaud decide abandonar la relación, Verlaine le dispara, lo hiere levemente y es condenado a dos años de presidio en Bélgica. Los *Poèmes saturniens* (1866) están aún en deuda con el clasicismo artificial de los parnasianos, pero, a zaga de Baudelaire, marchan ya resueltamente hacia un estilo simbolista propio, guiado por la intuición de que la palabra poética conlleva una música y un aura mágicas que la hacen trascender la realidad. Desde luego, Verlaine revolucionó la métrica francesa introduciendo elementos disonantes (en especial, los *vers impairs*) en busca de una mayor expresividad. En *Fêtes galantes* (1869), *La bonne chanson* (1870), *Romances sans paroles* (1874), *Sagesse* (1881), *Jadis et naguère* (1884), oscila entre la emoción, la elegancia y la sordidez, entre la ternura y la sensualidad, y junto a piezas espléndidas, donde el sentimiento y la melodía verbal se funden prodigiosamente, abundan también las baratijas más o menos suntuosas.

NEVERMORE

Souvenir, souvenir, que me veux-tu? L'automne
Faisait voler la grive à travers l'air atone,
Et le soleil dardait un rayon monotone
Sur le bois jaunissant où la bise détone.
Nous étions seul à seule et marchions en rêvant,
Elle et moi, les cheveux et la pensée au vent.
Soudain, tournant vers moi son regard émouvant:
«Quel fut ton plus beau jour!» fit sa voix d'or vivant,
Sa voix douce et sonore, au frais timbre angélique
Un sourire discret lui donna la réplique,
Et je baisai sa main blanche, dévotement.
—Ah! les premières fleurs qu'elles sont parfumées!
Et qu'il bruit avec un murmure charmant
Le premier «oui» qui sort de lèvres bien-aimées!

MON RÊVE FAMILIER

Je fais souvent ce rêve étrange et pénétrant
D'une femme inconnue, et que j'aime, et qui m'aime
Et qui n'est, chaque fois, ni tout à fait la même
Ni tout à fait une autre, et m'aime et me comprend.
Car elle me comprend, et mon cœur, transparent
Pour elle seule, hélas! cesse d'être un problème
Pour elle seule, et les moiteurs de mon front blême,
Elle seule les sait rafraîchir, en pleurant.
Est-elle brune, blonde ou rousse? —Je l'ignore.
Son nom? Je me souviens qu'il est doux et sonore
Comme ceux des aimés que la Vie exila.
Son regard est pareil au regard des statues,
Et, pour sa voix, lointaine, et calme, et grave, elle a
L'inflexion des voix chères qui se sont tues.

Nevermore

Recuerdo, recuerdo, ¿ qué quieres de mí? El otoño
hacía volar al tordo a través del aire apacible
y el sol alanceaba sus rayos uniformes
sobre el bosque amarillo donde la brisa cantaba.
Estábamos los dos solos, caminábamos soñando,
ella y yo, al viento el pensamiento y los cabellos.
De pronto, volviendo hacia mí su inquieta mirada:
«¿Cuál fue —dijo su voz de oro— tu día más hermoso?»,
Su voz dulce y sonora, de suave timbre angélico.
Una sonrisa discreta respondió a su pregunta,
y, con devoción, besé su mano blanca.
¡Ah, qué fragancia la de las primeras flores!
¡Y cómo suena, con qué murmullo tan encantador,
el primer «sí» que surge de los amados labios!

Manuel Álvarez Ortega

Mi sueño familiar

Tengo a menudo un sueño lisonjero,
encanto de mi vida,
sueño de una mujer desconocida
que me ama tanto como yo la quiero.
En su visión frecuente
no es la misma; tampoco es diferente.
Sólo para ella es cristalina mi alma;
ella, no más, sus tempestades calma
con el blando rocío de su lloro.
¿Es rubia o es morena? Yo lo ignoro.
¿Su nombre? No lo sé; pero adivino
que es tan dulce y sonoro
como el nombre adorable de la amada
que al constante amador robó el destino.
Es cual la de una estatua su mirada,
y su voz, grave, trémula, pausada,
la voz recuerda que nos fue querida
y está ya para siempre enmudecida.

Teodoro Llorente

Chanson d'automne

Les sanglots longs
Des violons
    De l'automne
Blessent mon cœur
D'une langueur
    Monotone.
    Tout suffocant
Et blême, quand
    Sonne l'heure,
Je me souviens
Des jours anciens
    Et je pleure;
    Et je m'en vais
Au vent mauvais
    Qui m'emporte
Deçà, delà,
Pareil à la
    Feuille morte.

Clair de lune

Votre âme est un paysage choisi
Que vont charmant masques et bergamasques
Jouant du luth et dansant et quasi
Tristes sous leurs déguisements fantasques.
    Tout en chantant sur le mode mineur
L'amour vainqueur et la vie opportune,
Ils n'ont pas l'air de croire à leur bonheur
Et leur chanson se mêle au clair de lune,
    Au calme clair de lune triste et beau,
Qui fait rêver les oiseaux dans les arbres
Et sangloter d'extase les jets d'eau,
Les grands jets d'eau sveltes parmi les marbres.

Canción de otoño

Los sollozos más hondos
del violín del otoño
son igual
que una herida en el alma
de congojas extrañas
sin final.
Tembloroso recuerdo
esta huida del tiempo
que se fue.
Evocando el pasado
y los días lejanos
lloraré.
Este viento se lleva
el ayer de tiniebla
que pasó,
una mala borrasca
que levanta hojarasca
como yo.

Carlos Pujol

Claro de luna

Vuestra alma es un exquisito paisaje,
que encantan máscaras y bergamascos,
tocando el laúd y danzando y casi
tristes bajo sus fantásticos disfraces.
Siempre cantando en el tono menor
el amor triunfante y la vida oportuna
parecen no creer en su felicidad,
y sus canciones se unen al claro de la luna,
al tranquilo claro de luna, triste y bello,
que hace sonar los pájaros en los árboles,
y sollozar estáticos a los surtidores,
los altos surtidores esbeltos entre los blancos mármoles.

Manuel Machado

Le paysage dans le cadre des portières
Court furieusement, et des plaines entières
Avec de l'eau, des blés, des arbres et du ciel
Vont s'engouffrant parmi le tourbillon cruel
Où tombent les poteaux minces du télégraphe
Dont les fils ont l'allure étrange d'un paraphe.
Une odeur de charbon qui brûle et d'eau qui bout,
Tout le bruit que feraient mille chaînes au bout
Desquelles hurleraient mille géants qu'on fouette;
Et tout à coup des cris prolongés de chouette. —
—Que me fait tout cela, puisque j'ai dans les yeux
La blanche vision qui fait mon cœur joyeux,
Puisque la douce voix pour moi murmure encore,
Puisque le Nom si beau, si noble et si sonore
Se mêle, pur pivot de tout ce tournoiement,
Au rythme du wagon brutal, suavement.

Il pleure dans mon cœur

Il pleut doucement sur la ville.
Arthur Rimbaud

Il pleure dans mon cœur
Comme il pleut sur la ville;
Quelle est cette langueur
Qui pénètre mon cœur?
Ô bruit doux de la pluie
Par terre et sur les toits!
Pour un cœur qui s'ennuie,
Ô le chant de la pluie!
Il pleure sans raison
Dans ce cœur qui s'écœure.
Quoi! nulle trahison?...
Ce deuil est sans raison.
C'est bien la pire peine
De ne savoir pourquoi
Sans amour et sans haine
Mon cœur a tant de peine!

El paisaje en el marco de las ventanas
corre furiosamente, y llanuras enteras
con su agua, sus trigos, árboles y cielo
van precipitándose en el torbellino cruel
donde caen los postes delgados del telégrafo,
cuyos hilos tienen el aire extraño de una rúbrica.
Olor de carbón que arde y de agua que hierve,
todo el ruido que harían mil cadenas al término
de las que aullaran mil gigantes flagelados;
y, de pronto, largos gritos de lechuza.
—Nada de esto me importa, pues tengo en los ojos
la blanca imagen que hace a mi corazón feliz,
y la dulce voz para mí murmura aún,
y el Nombre tan bello, tan noble y sonoro
se mezcla, eje puro de este remolino,
con el ritmo del vagón brutal, suavemente.

Miguel Casado

HOY LLORA EN MI CORAZÓN...

Llueve dulcemente en la ciudad.
ARTHUR RIMBAUD

Hoy llora en mi corazón
como llueve en la ciudad.
¡Oh, qué lánguida emoción
penetra en mi corazón!
¡Oh, de la lluvia el sonido,
sobre el suelo y los tejados!
¡Oh, al corazón aburrido
su monótono gemido!
Hoy llora en mi corazón
que se abandona y desmaya.
¿Acaso alguna traición?
Se ha enlutado sin razón.
Y es ése el mayor dolor,
que sin saber el por qué,
sin sentir odio ni amor
sienta el pecho tal dolor.

Fernando Maristany

Écoutez la chanson bien douce
Qui ne pleure que pour vous plaire.
Elle est discrète, elle est légère:
Un frisson d'eau sur de la mousse!
    La voix vous fut connue (et chère?),
Mais à présent elle est voilée
Comme une veuve désolée,
Pourtant comme elle encore fière,
    Et dans les longs plis de son voile
Qui palpite aux brises d'automne,
Cache et montre au cœur qui s'étonne
La vérité comme une étoile.
    Elle dit, la voix reconnue,
Que la bonté c'est notre vie,
Que de la haine et de l'envie
Rien ne reste, la mort venue.
    Elle parle aussi de la gloire
D'être simple sans plus attendre,
Et de noces d'or et du tendre
Bonheur d'une paix sans victoire.
    Accueillez la voix qui persiste
Dans son naïf épithalame.
Allez, rien n'est meilleur à l'âme
Que de faire une âme moins triste!
    Elle est *en peine* et *de passage*,
L'âme qui souffre sans colère,
Et comme sa morale est claire! ...
Écoutez la chanson bien sage.

Kaléidoscope

À Germain Nouveau

Dans une rue, au cœur d'une ville de rêve,
Ce sera comme quand on a déjà vécu:
Un instant à la fois très vague et très aigu...
Ô ce soleil parmi la brume qui se lève!
    Ô ce cri sur la mer, cette voix dans les bois!
Ce sera comme quand on ignore des causes:
Un lent réveil après bien des métempsycoses:
Les choses seront plus les mêmes qu'autrefois

Escucha esta canción tan dulce y queda
que si llora es tan sólo para gustarte.
Es discreta y ligera, casi igual
que un temblor en el agua sobre el musgo.
Ya conoces la voz (¿te fue querida?)
aunque ahora parezca estar velada
como una viuda triste que conserva
en medio de su luto la altivez.
Y entre los largos pliegues de su velo
que palpita a las brisas otoñales
esconde y muestra al corazón atónito
la verdad convertida en una estrella.
Aquella antigua voz dice de nuevo
que ser buenos es toda nuestra vida,
que del odio y la envidia nada queda
tras el advenimiento de la muerte.
Nos habla de la gloria que consiste
en la humildad que nada más desea,
y de unas bodas de oro y de la tierna
dicha que da una paz no victoriosa.
Acepta esta voz mía que persiste
en entonar su ingenuo epitalamio.
Que para el alma no hay mejor regalo
que aliviar en otra alma la tristeza.
La que sufre sin cólera es un alma
como *en pena* y que sólo *está de paso*,
¡y qué claro es su limpio corazón!
Escucha la canción de mi cordura.

CALEIDOSCOPIO

A Germain Nouveau

En la calle de alguna ciudad sólo soñada
será casi lo mismo que el haberlo vivido:
un instante borroso y a la vez muy intenso...
¡Oh ese sol que abre brecha desgarrando la bruma!
¡Oh, ese grito en el mar, esa voz en los bosques!
Será casi lo mismo que ignorar toda causa;
despertar lentamente de una metempsicosis:
¿cómo va a repetirse lo que vi en esta calle

Dans cette rue, au cœur de la ville magique
Où des orgues moudront des gigues dans les soirs,
Où les cafés auront des chats sur les dressoirs,
Et que traverseront des bandes de musique.
Ce sera si fatal qu'on en croira mourir:
Des larmes ruisselant douces le long des joues,
Des rires sanglotés dans le fracas des roues,
Des invocations à la mort de venir,
Des mots anciens comme un bouquet de fleurs fanées!
Les bruits aigres des bals publics arriveront,
Et des veuves avec du cuivre après leur front,
Paysannes, fendront la foule des traînées
Qui flânent là, causant avec d'affreux moutards
Et des vieux sans sourcils que la dartre enfarine,
Cependant qu'à deux pas, dans des senteurs d'urine,
Quelque fête publique enverra des pétards.
Ce sera comme quand on rêve et qu'on s'éveille!
Et que l'on se rendort et que l'on rêve encor
De la même féerie et du même décor,
L'été, dans l'herbe, au bruit moiré d'un vol d'abeille.

Art poétique

À Charles Morice

De la musique avant toute chose,
Et pour cela préfère l'Impair
Plus vague et plus soluble dans l'air,
Sans rien en lui qui pèse ou qui pose.
Il faut aussi que tu n'ailles point
Choisir tes mots sans quelque méprise:
Rien de plus cher que la chanson grise
Où l'Indécis au Précis se joint.
C'est des beaux yeux derrière des voiles,
C'est le grand jour tremblant de midi,
C'est, par un ciel d'automne attiédi,
Le bleu fouillis des claires étoiles!
Car nous voulons la Nuance encor,
Pas la Couleur, rien que la nuance!

de ciudad que era mágica, con manubrios que muelen
bailes entre dos luces y con gatos durmiendo
sobre el aparador de cafés, a la espera
de que bandas de música atraviesen la calle?
Habrá un algo fatal con presagios de muerte:
lentas lágrimas que mojarán las mejillas,
y sollozos y risas entre estruendo de ruedas
y unas voces que se alzan reclamando la muerte,
y palabras antiguas como flores marchitas,
agrios sones de bailes populares y viudas
con el pelo teñido de reflejos cobrizos,
campesinas, en medio de agitadas rameras,
paseando y charlando con horribles mocosos,
y esos viejos sin cejas que las herpes blanquean,
mientras que a cuatro pasos, entre hedores de orina,
sonarán los petardos de Dios sabe qué fiesta.
Será como en un sueño del cual uno despierta
y otra vez se adormece y repite el soñar
con la misma visión en el mismo escenario,
el verano que irisa el zumbar de la abeja.

Carlos Pujol

ARTE POÉTICA

A Charles Morice

La música antes que todo sea,
y el Impar vago para ello busca,
el Impar libre por el espacio,
sin que le manche cosa ninguna.
No es necesario que tus palabras
con minuciosa propiedad luzcan:
son aún más gratos los versos grises
que a lo Indeciso lo Exacto juntan;
son ojos grandes detrás de velos,
son temblorosos soles que alumbran,
son en un cielo de otoño tibio
azul enjambre de estrellas puras.
Así buscamos el matiz débil,
¡siempre matices! ¡El color nunca!

Oh! la nuance seule fiance
Le rêve au rêve et la flûte au cor!
    Fuis du plus loin la Pointe assassine,
L'Esprit cruel et le Rire impur,
Qui font pleurer les yeux de l'Azur,
Et tout cet ail de basse cuisine!
    Prends l'éloquence et tords-lui son cou!
Tu feras bien, en train d'énergie,
De rendre un peu la Rime assagie.
Si l'on n'y veille, elle ira jusqu'où?
    Ô qui dira les torts de la Rime?
Quel enfant sourd ou quel nègre fou
Nous a forgé ce bijou d'un sou
Qui sonne creux et faux sous la lime?
    De la musique encore et toujours!
Que ton vers soit la chose envolée
Qu'on sent qui fuit d'une âme en allée
Vers d'autres cieux à d'autres amours.
    Que ton vers soit la bonne aventure
Éparse au vent crispé du matin
Qui va fleurant la menthe et le thym...
Et tout le reste est littérature.

Langueur

À Georges Courteline

Je suis l'Empire à la fin de la décadence,
Qui regarde passer les grands Barbares blancs
En composant des acrostiches indolents
D'un style d'or où la langueur du soleil danse.
    L'âme seulette a mal au cœur d'un ennui dense.
Là-bas on dit qu'il est de longs combats sanglants.
Ô n'y pouvoir, étant si faible aux vœux si lents,
Ô n'y vouloir fleurir un peu cette existence!
    Ô n'y vouloir, ô n'y pouvoir mourir un peu!
Ah! tout est bu! Bathylle, as-tu fini de rire?
Ah! tout est bu, tout est mangé! Plus rien à dire!

¡Oh! ¡El matiz sólo desposar logra
sueños con sueños y alma con música!
¡Lejos, muy lejos, Chiste asesino,
ingenio fútil y risa impura,
todo ese ajo de ruin cocina
el que los ojos del Azul nubla!
¡A la elocuencia retuerce el cuello!
Continuamente, con mano ruda
ten a la rima bien dominada;
¡cómo te arrastra si te descuidas!
¿Quién de la Rima dirá los males?
¿Qué niño sordo, qué negra estúpida
forjó este dije de baratillo
que suena a hueco cuando se usa?
¡Música empero, música siempre!
Sea tu canto cosa que suba
desde tu alma que de otros cielos
y otros amores camina en busca.
Tu canto sea la profecía
que va extendiendo la brisa húmeda
por la mañana sobre los campos...
Y el resto es todo literatura.

E. Marquina y L. de Zulueta

LANGUIDEZ

A Georges Courteline

Soy el Imperio cuando la decadencia espira
y a los bárbaros rubios, fornidos, llegar mira,
mientras en áureo estilo compone un indolente
acróstico en que tiembla, lánguido, el sol poniente.
En brazos de un hastío denso, el alma pequeña
sufre. Dicen que allá lucha cruel se empeña.
¡Oh, no poder, a todo tardo anhelar tan débil,
oh, no querer de flores ornar la vida flébil!
¡Oh, no querer, oh, no poder morir siquiera!
Ya, ni embriagueces. ¿Dejas, Batilo, de reír?
Ni embriagueces, ni harturas. ¡No hay nada que decir!

Seul, un poème un peu niais qu'on jette au feu,
Seul, un esclave un peu coureur qui vous néglige,
Seul, un ennui d'on ne sait quoi qui vous afflige!

Mort!

Les Armes ont tu leurs ordres en attendant
De vibrer à nouveau dans des mains admirables
Ou scélérates, et, tristes, le bras pendant,
Nous allons, mal rêveurs, dans le vague des Fables.
Les Armes ont tu leurs ordres qu'on attendait
Même chez les rêveurs mensongers que nous sommes,
Honteux de notre bras qui pendait et tardait,
Et nous allons, désappointés, parmi les hommes.
Armes, vibrez! mains admirables, prenez-les,
Mains scélérates à défaut des admirables!
Prenez-les donc et faites signe aux En-allés
Dans les fables plus incertaines que les sables.
Tirez du rêve notre exode, voulez-vous?
Nous mourons d'être ainsi languides, presque infâmes!
Armes, parlez! Vos ordres vont être pour nous
La vie enfin fleurie au bout, s'il faut, des lames.
La mort que nous aimons, que nous eûmes toujours
Pour but de ce chemin où prospèrent la ronce
Et l'ortie, ô la mort sans plus ces émois lourds,
Délicieuse et dont la victoire est l'annonce!

¡Sólo un poema necio que arrojar a la hoguera;
sólo un esclavo cuyo desdén nada corrige;
sólo un cansancio de no sé qué que os aflige!

Enrique Díez-Canedo

¡Muerte!

Han callado las armas esperando vibrar
otra vez no sabemos en qué manos, malvadas
o admirables, y tristes, con los brazos caídos,
vamos entre un mal sueño hacia fábulas vagas.
Han callado las armas esas órdenes suyas
que esperábamos, falsos soñadores que somos,
con los brazos inertes para nuestra vergüenza,
y así andamos con tanta decepción por el mundo.
¡Vibrad, armas!, ¡Oh, manos admirables, cogedlas,
o bien manos malvadas si ya no hay admirables!
Empuñadlas y dad un aviso a los muertos
en las fábulas más inseguras que arenas.
Inspirad en los sueños nuestra huida, ¿queréis?
¡Nos morimos de lánguidos o de ser casi infames!
¡Hablad, armas! Serán vuestras órdenes vida
que florecen en filo, si es preciso, del hierro.
Esta muerte que amamos y que siempre hemos visto
al final del camino donde crecen las zarzas
y la ortiga, ¡oh, la muerte que no sabe de miedos,
deliciosa y que tiene la victoria por nuncio!

Carlos Pujol

Arthur Rimbaud

Francia (Charleville, 1854-Marsella, 1891)

Uno de los mayores enigmas de la literatura moderna lo constituye el paso meteórico y fugaz de Arthur Rimbaud por la poesía —apenas cuatro años, hasta los diecinueve de edad—, para abandonarla luego por completo. Inteligencia precocísima, renegó en seguida de la formalidad y los valores burgueses de su familia de provincia. De 1872 a 1874 fue amante de Verlaine. Desde 1876, recorre Europa y luego el Próximo Oriente y África Central, lugares donde se dedica a una intensa vida comercial y al tráfico de armas para el Negus de Abisinia. En 1891, se le agudiza un tumor en una pierna, vuelve a Francia enfermo y a los pocos meses muere después de una amputación. La poesía de Rimbaud continúa en muchos aspectos los postulados estéticos de Baudelaire y prefigura en otros los del surrealismo. Entre su obra más temprana se cuenta el que acaso sea el poema capital del simbolismo francés, *Le bateau ivre (El barco ebrio)*: un *bateau* —el propio autor— que navega alucinado y a capricho por mares extraordinarios. Unida a la convicción de que las percepciones del poeta (o más bien vidente) han de expresarse con absoluta plenitud y espontaneidad, sin someterlas a control, la libertad formal que reclamaba lo llevó a los poemas en prosa de *Une saison en enfer* (1873) y *Les Illuminations* (1874), publicadas éstas en 1886 a iniciativa de Verlaine, cuando el propio Rimbaud vivía ya en África de espaldas a la obra poética que en ese momento empezaba a conquistarle una gloria duradera.

Roman

I

On n'est pas sérieux, quand on a dix-sept ans.
— Un beau soir, foin des bocks et de la limonade,
Des cafés tapageurs aux lustres éclatants!
— On va sous les tilleuls verts de la promenade.
Les tilleuls sentent bon dans les bons soirs de juin!
L'air est parfois si doux, qu'on ferme la paupière;
Le vent chargé de bruits, — la ville n'est pas loin, —
A des parfums de vigne et des parfums de bière...

II

— Voilà qu'on aperçoit un tout petit chiffon
D'azur sombre, encadré d'une petite branche,
Piqué d'une mauvaise étoile, qui se fond
Avec de doux frissons, petite et toute blanche...
Nuit de juin! Dix-sept ans! — On se laisse griser.
La sève est du champagne et vous monte à la tête...
On divague; on se sent aux lèvres un baiser
Qui palpite là, comme une petite bête...

III

Le cœur fou Robinsonne à travers les romans,
— Lorsque, dans la clarté d'un pâle réverbère,
Passe une demoiselle aux petits airs charmants,
Sous l'ombre du faux col effrayant de son père...
Et, comme elle vous trouve immensément naïf,
Tout en faisant trotter ses petites bottines,
Elle se tourne, alerte et d'un mouvement vif...
— Sur vos lèvres alors meurent les cavatines...

IV

Vous êtes amoureux. Loué jusqu'au mois d'août.
Vous êtes amoureux. — Vos sonnets La font rire.
Tous vos amis s'en vont, vous êtes mauvais goût.
— Puis l'adorée, un soir, a daigné vous écrire...!

Novela

I

No puedes ser formal con diecisiete años.
— Cierta tarde, asqueado de caña o limonada,
de los cafés ruidosos con sus brillantes luces,
te marchas por los verdes tilos de los paseos.
En las tardes de junio los tilos huelen bien,
es el aire tan suave que hay que cerrar los párpados,
el viento rumoroso —la ciudad no está lejos—
trae efluvios de viña, efluvios de cerveza.

II

He aquí que, de pronto, se percibe un retazo
de oscuro azul, al que enmarca una rama
y al que hiere una adversa estrella que se funde
en pálpitos suaves, pequeña, toda blanca…
¡Diecisiete años! ¡Junio! Se deja uno embriagar,
la savia es un champán que sube a tu cabeza…
Divagas y presientes en los labios un beso
que en la boca palpita como un animalillo.

III

Tu alma es Robinsona que adora la aventura.
— Cuando a la claridad de un pálido farol
cruza una jovencita de aspecto encantador,
a la sombra del cuello postizo de su padre,
y como piensa que eres inmensamente ingenuo
al tiempo que repican sus pequeños botines,
vuélvese y, alertada, con vivo movimiento…
— Y en tus labios, entonces, muere una cavatina…

IV

Estás enamorado… Alquilado hasta agosto.
Estás enamorado. Se ríe de tus sonetos.
Tus amigos te dejan, estás insoportable.
— Una tarde tu amor se decide a escribirte

— Ce soir-là,... - vous rentrez aux cafés éclatants,
Vous demandez des bocks ou de la limonade...
— On n'est pas sérieux, quand on a dix-sept ans
Et qu'on a des tilleuls verts sur la promenade.

29 septembre 1870

Ma bohème

Je m'en allais, les poings dans mes poches crevées;
Mon paletot aussi devenait idéal;
J'allais sous le ciel, Muse! et j'étais ton féal;
Oh! là là! que d'amours splendides j'ai rêvées!
Mon unique culotte avait un large trou.
— Petit-Poucet rêveur, j'égrenais dans ma course
Des rimes. Mon auberge était à la Grande-Ourse.
— Mes étoiles au ciel avaient un doux frou-frou
Et je les écoutais, assis au bord des routes,
Ces bons soirs de septembre où je sentais des gouttes
De rosée à mon front, comme un vin de vigueur;
Où, rimant au milieu des ombres fantastiques,
Comme des lyres, je tirais les élastiques
De mes souliers blessés, un pied près de mon cœur!

Les poëtes de sept ans

À M. P. Demeny

Et la Mère, fermant le livre du devoir,
S'en allait satisfaite et très fière, sans voir,
Dans les yeux bleus et sous le front plein d'éminences
L'âme de son enfant livrée aux répugnances.
Tout le jour il suait d'obéissance; très
Intelligent; pourtant des tics noirs, quelques traits
Semblaient prouver en lui d'âcres hypocrisies!
Dans l'ombre des couloirs aux tentures moisies,

y esa tarde… Regresas al café luminoso,
vuelves a trasegar cerveza o limonada…
Con diecisiete años no puedes ser formal,
cuando los verdes tilos flanquean los paseos.

29 de septiembre de 1870

Antonio Martínez Sarrión

Mi bohemia

Me alejaba, las manos en los bolsillos rotos.
Mi levita también se volvía ideal.
Andaba bajo el cielo, Musa, yo, tu vasallo.
¡Oh, sí, sí, qué de amores espléndidos soñados!
Mi único pantalón tenía un agujero.
Soñador Pulgarcito, desgranaba en mi marcha
rimas. Y mi posada era dormir al raso.
Las estrellas, arriba, dulcemente crujían.
Y yo las escuchaba, al borde del camino,
bellas tardes de otoño, en que sobre mi frente,
¡oh! vino de vigor, goteaba el rocío.
Y allí, rimando en medio de las sombras fantásticas,
tiraba, cual de lira, de los pobres cordones
de mis zapatos rotos, un pie en el corazón.

Vicente Gaos

Los poetas de siete años

A M. P. Demeny

Y la Madre, cerrando el libro del deber
se marcha, satisfecha y orgullosa; no ha visto
en los ojos azules y en la frente abombada,
el alma de su hijo esclava de sus ascos.
Durante todo el día sudaba de obediencia;
muy listo; sin embargo, algunos gestos negros
pintaban en sus rasgos agrias hipocresías.
En el pasillo oscuro con cortinas mohosas,

En passant il tirait la langue, les deux poings
A l'aine, et dans ses yeux fermés voyait des points.
Une porte s'ouvrait sur le soir: à la lampe
On le voyait, là-haut, qui râlait sur la rampe,
Sous un golfe de jour pendant du toit. L'été
Surtout, vaincu, stupide, il était entêté
A se renfermer dans la fraîcheur des latrines:
Il pensait là, tranquille et livrant ses narines.
Quand, lavé des odeurs du jour, le jardinet
Derrière la maison, en hiver, s'illunait,
Gisant au pied d'un mur, enterré dans la marne
Et pour des visions écrasant son œil darne,
Il écoutait grouiller les galeux espaliers.
Pitié! Ces enfants seuls étaient ses familiers
Qui, chétifs, fronts nus, œil déteignant sur la joue,
Cachant de maigres doigts jaunes et noirs de boue
Sous des habits puant la foire et tout vieillots,
Conversaient avec la douceur des idiots!
Et si, l'ayant surpris à des pitiés immondes,
Sa mère s'effrayait; les tendresses, profondes,
De l'enfant se jetaient sur cet étonnement.
C'était bon. Elle avait le bleu regard, —qui ment!
    A sept ans, il faisait des romans sur la vie
Du grand désert, où luit la Liberté ravie,
Forêts, soleils, rives, savanes! —Il s'aidait
De journaux illustrés où, rouge, il regardait
Des Espagnoles rire et des Italiennes.
Quand venait, l'œil brun, folle, en robes d'indiennes,
— Huit ans,— la fille des ouvriers d'à côté,
La petite brutale, et qu'elle avait sauté,
Dans un coin, sur son dos en secouant ses tresses,
Et qu'il était sous elle, il lui mordait les fesses,
Car elle ne portait jamais de pantalons;
— Et, par elle meurtri des poings et des talons,
Remportait les saveurs de sa peau dans sa chambre.
    Il craignait les blafards dimanches de décembre,
Où, pommadé, sur un guéridon d'acajou,
Il lisait une Bible à la tranche vert-chou;
Des rêves l'oppressaient chaque nuit dans l'alcôve.
Il n'aimait pas Dieu; mais les hommes, qu'au soir fauve,
Noirs, en blouse, il voyait rentrer dans le faubourg

le sacaba la lengua, al pasar, con los puños
metidos en las ingles, frunciendo el entrecejo.
Una puerta se abría en la noche: la lámpara
lo alumbraba en lo alto, gruñendo en la lomera,
bajo un golfo de luz colgado del tejado.
Sobre todo en verano, estúpido y vencido,
pertinaz, se encerraba en las frescas letrinas;
y allí pensaba, quieto, liberando su olfato.
Cuando el jardín, lavado del aroma del día
tras la casa, en invierno se inundaba de luna,
tumbado al pie de un muro, enterrado en la marga,
y apretando los ojos para tener visiones,
escuchaba sarnosos rumores de espaldares.
¡Compasión! sólo amaba a esos niños canijos,
que avanzan, sin sombrero, con mirar desteñido,
hundiendo macilentos dedos, negros de barro,
en mugrientos harapos que huelen a cagada,
y que hablan con dulzura igual que los cretinos.
Y, si su madre al verlo, presa de compasiones
inmundas, se asustaba, la ternura del niño,
honda, se abalanzaba contra aquella extrañeza.
¡Está bien! Pues tenía el ojo azul —¡que miente!

A los siete, ya hacía novelas sobre el mundo
del gran desierto, donde la Libertad robada
luce: ¡sol, bosque, orillas, sabanas! Se ayudaba
con textos ilustrados en los que, ebrio, veía
Españolas que ríen y también Italianas,
y de pronto llegaba, loca y vestida de india,
—ocho años—, ojos negros, la hija de los obreros
de al lado —una bruta, que un día le saltó,
desde un rincón, encima, agitando sus trenzas...
y al verla encima de él, le mordía las nalgas,
pues no llevaba nunca falda con pantalón—.
— Y como ella le hiriese con puños y talones,
se llevó hasta su cuarto el sabor de su piel.

Temía los tristísimos domingos de diciembre,
cuando, bien repeinado y en mesa de caoba,
leía en una Biblia de cantos color berza;
los sueños le oprimían cada noche en la alcoba.
No amaba a Dios; sólo a los hombres negros con blusa,
que veía, de noche, por el hosco suburbio,

Où les crieurs, en trois roulements de tambour,
Font autour des édits rire et gronder les foules.
— Il rêvait la prairie amoureuse, où des houles
Lumineuses, parfums sains, pubescences d'or,
Font leur remuement calme et prennent leur essor!
Et comme il savourait surtout les sombres choses,
Quand, dans la chambre nue aux persiennes closes,
Haute et bleue, âcrement prise d'humidité,
Il lisait son roman sans cesse médité,
Plein de lourds ciels ocreux et de forêts noyées,
De fleurs de chair aux bois sidérals déployées,
Vertige, écroulements, déroutes et pitié!
— Tandis que se faisait la rumeur du quartier,
En bas, — seul, et couché sur des pièces de toile
Écrue, et pressentant violemment la voile!

26 mai 1871

Le bateau ivre

Comme je descendais des Fleuves impassibles,
Je ne me sentis plus guidé par les haleurs:
Des Peaux-Rouges criards les avaient pris pour cibles
Les ayant cloués nus aux poteaux de couleurs.
J'étais insoucieux de tous les équipages,
Porteur de blés flamands ou de cotons anglais.
Quand avec mes haleurs ont fini ces tapages
Les Fleuves m'ont laissé descendre où je voulais.
Dans les clapotements furieux des marées,
Moi, l'autre hiver, plus sourd que les cerveaux d'enfants,
Je courus! Et les Péninsules démarrées
N'ont pas subi tohu-bohus plus triomphants.
La tempête a béni mes éveils maritimes.
Plus léger qu'un bouchon j'ai dansé sur les flots
Qu'on appelle rouleurs éternels de victimes,
Dix nuits, sans regretter l'œil niais des falots!
Plus douce qu'aux enfant la chair des pommes sures,
L'eau verte pénétra ma coque de sapin

donde los pregoneros, tras un triple redoble
de tambor, reunían en torno a las proclamas
el gruñido y los gritos de aquella muchedumbre.
Soñaba con praderas en amor, en las que olas
luminosas, perfumes y pubescencias de oro
se agitan lentamente hasta emprender el vuelo.
Y al gozar, ante todo, con las cosas umbrías,
cuando en la habitación, con la persiana echada,
alta, azul, aunque llena de ásperas humedades,
leía su novela mil veces meditada,
cargada de ocres cielos y bosques sumergidos,
y de flores de carne que hacia el cielo se abrían,
¡vértigos y derrubios, fracaso y compasión!
—Mientras iba creciendo el rumor del suburbio
en la calle—, acostado, solo, sobre cretonas
crudas, y presintiendo la vela con furor.

26 de mayo de 1871

Javier del Prado

El barco ebrio

Cuando yo iba bajando por impasibles Ríos,
sentí que no me guiaban ya los sirgadores:
chillones Pieles-Rojas, tomándolos por blancos,
desnudos los habían clavado a unos postes de colores.
Maldita la falta que me hacía tripulación alguna
—transportador de trifo flamenco y de algodón inglés
Cuando se terminó todo aquel alboroto a la par que mis hombres
de sirga, me dejaron los Ríos descender hacia donde quisiera.
He corrido, el invierno pasado, por furiosas marejadas,
más sordo que el cerebro de un niño; las Penínsulas
desamarradas nunca habían sufrido
confusión tan triunfante.
La tormenta mi despertar marítimo bendijo.
He bailado en las olas más ligero que un corcho, en las olas
que tienen fama de arrolladoras incesantes de víctimas,
diez noches, sin echar en falta el ojo atontado de los fanales.
Más dulce que para un niño las ácidas manzanas,
el agua verde traspasó mi cascarón de abeto

Et des taches de vins bleus et des vomissures
Me lava, dispersant gouvernail et grappin.
Et dès lors, je me suis baigné dans le Poème
De la Mer, infusé d'astres, et lactescent,
Dévorant les azurs verts; où, flottaison blême
Et ravie, un noyé pensif parfois descend;
Où, teignant tout à coup les bleuités, délires
Et rhythmes lents sous les rutilements du jour,
Plus fortes que l'alcool, plus vastes que nos lyres,
Fermentent les rousseurs amères de l'amour!
Je sais les cieux crevant en éclairs, et les trombes
Et les ressacs et les courants: je sais le soir,
L'Aube exaltée ainsi qu'un peuple de colombes,
Et j'ai vu quelquefois ce que l'homme a cru voir!
J'ai vu le soleil bas, taché d'horreurs mystiques,
Illuminant de longs figements violets,
Pareils à des acteurs de drames très-antiques
Les flots roulant au loin leurs frissons de volets!
J'ai rêvé la nuit verte aux neiges éblouies,
Baiserc montant aux yeux des mers avec lenteurs,
La circulation des sèves inouïes,
Et l'éveil jaune et bleu des phosphores chanteurs!
J'ai suivi, des mois pleins, pareille aux vacheries
Hystériques, la houle à l'assaut des récifs,
Sans songer que les pieds lumineux des Maries
Pussent forcer le mufle aux Océans poussifs!
J'ai heurté, savez-vous, d'incroyables Florides
Mêlant aux fleurs des yeux de panthères à peaux
D'hommes! Des arcs-en-ciel tendus comme des brides
Sous l'horizon des mers, à de glauques troupeaux!
J'ai vu fermenter les marais énormes, nasses
Où pourrit dans les joncs tout un Léviathan!
Des écroulements d'eaux au milieu des bonaces,
Et les lointains vers les gouffres cataractant!
Glaciers, soleils d'argent, flots nacreux, cieux de braises!
Échouages hideux au fond des golfes bruns
Où les serpents géants dévorés des punaises
Choient, des arbres tordus, avec de noirs parfums!
J'aurais voulu montrer aux enfants ces dorades
Du flot bleu, ces poissons d'or, ces poissons chantants.
— Des écumes de fleurs, ont bercé mes dérades
Et d'ineffables vents m'ont ailé par instants.

y me lavó las manchas de vino azul y vómitos,
dispersando los garfios y el gobernalle.
Desde entonces me he bañado en el Poema de la Mar
infundida de astros, latescente, devorando los verdes azules,
por donde macilenta y embelesada flotación,
desciende un pensativo ahogado, a veces;
donde tiñendo de repente los azules, delirios
bajo el día rutilante y ritmos lentos,
más fuertes que el alcohol y más vastas que nuestras
liras, fermentan las rubias amarguras del amor.
Yo conozco los cielos rompiéndose en destellos,
las trombas y las resacas y corrientes: y la noche conozco,
y el albor exaltado como una muchedumbre de palomas,
y he visto varias veces lo que el hombre ha creído que veía:
He visto el cielo bajo de místicos horrores manchado,
iluminando grandes coágulos violetas;
semejantes a actores de antiquísimos dramas,
las olas van a lo lejos haciendo rodar su escalofrío de postigos.
He soñado que la noche verde de nieves deslumbradas besaba,
subiendo hasta los ojos del mar con lentitud, la circulación de
las inauditas savias y el despertar azul
y amarillo de los cantores fósforos.
He seguido, meses y meses, la marejada —parecida
a una vaquería histérica— al asalto de los escollos y arrecifes,
sin pensar que los luminosos pies de las Marías pudiesen
aplastarles los morros a Océanos asmáticos.
He tocado, ¿sabéis?, increíbles Floridas mezclando
con las flores ojos y ojos de panteras con pieles
humanas: arco iris tensados como bridas
bajo el marino horizonte de rebaños glaucos.
He visto fermentar las enormes marismas,
trampas donde se pudre todo un Leviatán en los juncos,
hundimientos de aguas en medio de bonanzas
y lejanías cayendo en cataratas dentro de los abismos.
Glaciares, plateados soles, olas de nácar, cielos de brasa;
varaderos pavorosos en el fondo de oscuros golfos,
en los cuales gigantes serpientes retorcidas caían en los árboles
devoradas por pulgas entre negros perfumes.
¡Cuánto me habría gustado enseñar a los niños
esas doradas de la onda azul, esos pescados cantarines!
—espumas de flores me acunaron cuando me hacían a la mar,
e inefables vientos me alaron por instantes.

Parfois, martyr lassé des pôles et des zones,
La mer dont le sanglot faisait mon roulis doux
Montait vers moi ses fleurs d'ombre aux ventouses jaunes
Et je restais, ainsi qu'une femme à genoux...
Presque île, ballottant sur mes bords les querelles
Et les fientes d'oiseaux clabauders aux yeux blonds.
Et je voguais, lorsqu'à travers mes liens frêles
Des noyés descendaient dormir, à reculons!
Or moi, bateau perdu sous les cheveux des anses,
Jeté par l'ouragan dans l'éther sans oiseau,
Moi dont les Monitors et les voiliers des Hanses
N'auraient pas repêché la carcasse ivre d'eau;
Libre, fumant, monté de brumes violettes,
Moi qui trouais le ciel rougeoyant comme un mur
Qui porte, confiture exquise aux bons poètes,
Des lichens de soleil et des morves d'azur,
Qui courais, taché de lunules électriques,
Planche folle, escorté des hippocampes noirs,
Quand les juillets faisaient crouler à coups de triques
Les cieux ultramarins aux ardents entonnoirs;
Moi qui tremblais, sentant geindre à cinquante lieues
Le rut des Béhémots et les Maelstroms épais,
Fileur éternel des immobilités bleues,
Je regrette l'Europe aux anciens parapets!
J'ai vu des archipels sidéraux! et des îles
Dont les cieux délirants sont ouverts au vogueur:
—Est-ce en ces nuits sans fond que tu dors et t'exiles,
Million d'oiseaux d'or, ô future Vigueur?—
Mais, vrai, j'ai trop pleuré! Les Aubes sont navrantes.
Toute lune est atroce et tout soleil amer:
L'âcre amour m'a gonflé de torpeurs enivrantes.
Ô que ma quille éclate! Ô que j'aille à la mer!
Si je désire une eau d'Europe, c'est la flache
Noire et froide où vers le crépuscule embaumé
Un enfant accroupi plein de tristesse, lâche
Un bateau frêle comme un papillon de mai.
Je ne puis plus, baigné de vos langueurs, ô lames,
Enlever leur sillage aux porteurs de cotons,
Ni traverser l'orgueil des drapeaux et des flammes,
Ni nager sous les yeux horribles des pontons.

Alguna vez el mar, cuyo sollozo me balanceaba dulcemente,
alzaba hasta mí, fatigado mártir de las polares
zonas, sus flores de sombra con amarillas
ventosas, y, como una mujer, me arrodillaba.
Península, bogaba, y las peleas golpeaban mis orillas
y el guano de los pájaros gritones de ojos claros,
cuando, a través de mis frágiles ataduras,
descendían ahogados a dormir.
Así pues, yo, navío extraviado bajo la cabellera de las ensenadas,
arrojado por el huracán hacia el éter sin pájaros,
a quien los Monitores ni los veleros del Hansa
no me hubieran sacado a flote la carcasa ebria del agua;
libre, echando humo, coloreado de brumas violetas,
yo que agujereaba el cielo como un muro rojizo,
cubierto de exquisita confitura para los
buenos poetas, líquenes de sol y azules muermos;
yo que corría, moteado de lúnulas eléctricas,
loca tabla, escoltada por hipocampos negros,
cuando los julios hundían a garrotazos
los cielos de ultramar en ardientes embudos;
yo que temblaba oyendo desde cincuenta leguas
gemir los encelados Behemots y los Maelstroms,
arriando sin cesar inmóviles azules,
me acuerdo de mi Europa de murallas antiguas.
He visto siderales archipiélagos, islas cuyos cielos están,
delirantes, abiertos al navegante. ¿Es en estas noches sin
fondo donde tú, millón de aves de oro,
duermes en el exilio, oh futuro Vigor?
Realmente, yo he llorado demasiado. Las Albas
son desconsoladoras, toda luna es atroz, y todo sol amargo:
el amor me ha llenado de embriagador torpor.
¡Que reviente mi quilla! ¡Que me hunda en el mar!
Si yo deseo un agua europea, es el charco
negro y frío donde, hacia el crepúsculo ungido,
un muchacho agachado deja, triste, un barquito
tan frágil como una mariposa de mayo.
Ya no puedo, bañado en vuestra languidez,
ondas, borrar la estela de los mercantes del algodón,
ni tampoco traspasar el orgullo de las banderas y las llamas,
ni nadar bajo los pavorosos ojos de los pontones.

Aníbal Núñez

Voyelles

A noir, E blanc, I rouge, U vert, O bleu: voyelles,
Je dirai quelque jour vos naissances latentes:
A, noir corset velu des mouches éclatantes
Qui bombinent autour des puanteurs cruelles,
Golfes d'ombre; E, candeurs des vapeurs et des tentes,
Lances des glaciers fiers, rois blancs, frissons d'ombelles;
I, pourpres, sang craché, rire des lèvres belles
Dans la colère ou les ivresses pénitentes;
U, cycles, vibrements divins des mers virides,
Paix des pâtis semés d'animaux, paix des rides
Que l'alchimie imprime aux grands fronts studieux;
O, suprême Clairon plein des strideurs étranges,
Silences traversés des Mondes et des Anges:
— O l'Oméga, rayon violet de Ses Yeux!

Chanson de la plus haute tour

Oisive jeunesse,
A tout asservie,
Par délicatesse
J'ai perdu ma vie.
Ah! Que le temps vienne
Où les cœurs s'éprennent.
Je me suis dit: laisse,
Et qu'on ne te voie:
Et sans la promesse
De plus hautes joies.
Que rien ne t'arrête,
Auguste retraite.
O mille veuvages
De la si pauvre âme
Qui n'a que l'image
De la Notre-Dame!
Est-ce que l'on prie
La Vierge Marie?
J'ai tant fait patience
Qu'à jamais j'oublie;

Vocales

A, negro; E, blanco; I, rojo; U, verde, O, azul, vocales.
Un día diré vuestros nacimientos latentes.
A, negro corsé lleno de brillantes insectos
que revuelan en torno de los hedores crueles.
Sombrío golfo; E, vapores blancos, tiendas,
lanza de los tremendos heleros, reyes blancos,
temblor de umbelas; I, púrpura, sangre, risa
de los hermosos labios con ira o penitentes;
U, cielos, vibración divina del mar hondo,
paz de los prados llenos de animales, oh, paz,
de los pliegues que pone el estudio en las frentes;
O, supremo clarín de horribles estridores,
silencio atravesado por Mundos y por Ángeles,
O, el Omega, el relámpago violeta de sus Ojos.

Vicente Gaos

Canción de la torre más alta

Ociosa juventud
sometida a todo,
por delicadeza
he perdido mi vida.
Ay, que venga el tiempo
en que los corazones se enamoren.
Me dije: abandona,
y que no se te vea:
y sin la promesa
de más altos gozos.
Que nada interrumpa
el augusto retiro.
He tenido tanta paciencia
que para siempre olvido;
sufrimiento y temores
se han ido al cielo.
Y la sed malsana
oscureció mis venas.
Así la Pradera
librada al olvido,

Craintes et souffrances
Aux cieux sont parties.
Et la soif malsaine
Obscurcit mes veines.
  Ainsi la Prairie
A l'oubli livrée,
Grandie, et fleurie
D'encens et d'ivraies
Au bourdon farouche
De cent sales mouches.
  Oisive jeunesse
A tout asservie,
Par délicatesse
J'ai perdu ma vie.
Ah! Que le temps vienne
Où les cœurs s'éprennent!

L'ÉTERNITÉ

Elle est retrouvée.
Quoi? — L'Éternité.
C'est la mer allée
Avec le soleil.
  Ame sentinelle,
Murmurons l'aveu
De la nuit si nulle
Et du jour en feu.
  Des humains suffrages,
Des communs élans
Là tu te dégages
Et voles selon.
  Puisque de vous seules,
Braises de satin,
Le Devoir s'exhale
Sans qu'on dise: enfin.
  Là pas d'espérance,
Nul orietur.
Science avec patience,
Le supplice est sûr.

crecida, florecida
de incienso y cizañas
al zumbido feroz
de cien sucias moscas.
Ay, mil viudeces
de tan triste alma
que sólo tiene la imagen
de Nuestra Señora.
¿Y acaso se reza
a la Virgen María?
Ociosa juventud
sometida a todo,
por delicadeza
he perdido mi vida.
Ay, que venga el tiempo
en que los corazones se enamoren.

Miguel Casado

ETERNIDAD

La he vuelto a encontrar.
¿Qué? La eternidad.
Es el mar huido
al tiempo que el sol.
Oh, alma vigilante,
confiesa en secreto
la noche tan nula
y el día encendido.
Humanos sufragios,
comunes impulsos
de los que te evades:
Tú vuelas según...
De tu solo ardor,
oh, llamas de raso,
el deber se exhala
sin decir: en fin.
Ninguna esperanza;
no, no hay *orietur*.
Ciencia con paciencia...
Seguro suplicio.

Elle est retrouvée.
Quoi? — L'Eternité.
C'est la mer allée
Avec le soleil.

ANTIQUE

Gracieux fils de Pan! Autour de ton front couronné de fleurettes et de baies tes yeux, des boules précieuses, remuent. Tachées de lies brunes, tes joues se creusent. Tes crocs luisent. Ta poitrine ressemble à une cithare, des tintements circulent dans tes bras blonds. Ton cœur bat dans ce ventre où dort le double sexe. Promène-toi, la nuit, en mouvant doucement cette cuisse, cette seconde cuisse et cette jambe de gauche.

BARBARE

Bien après les jours et les saisons, et les êtres et les pays,

Le pavillon en viande saignante sur la soie des mers et des fleurs arctiques; (elles n'existent pas).

Remis des vieilles fanfares d'héroïsme — qui nous attaquent encore le cœur et la tête, — loin des anciens assassins —

Oh! le pavillon en viande saignante sur la soie des mers et des fleurs arctiques; (elles n'existent pas).

Douceurs!

Les brasiers, pleuvant aux rafales de givre, — Douceurs! — les feux à la pluie du vent de diamants jetée par le cœur terrestre éternellement carbonisé pour nous. — Ô monde! —

(Loin de vieilles retraites et des vieilles flammes qu'on entend, qu'on sent),

Les brasiers et les écumes. La musique, virement des gouffres et choc des glaçons aux astres.

Ô Douceurs, ô monde, ô musique! Et là, les formes, les sueurs, les chevelures et les yeux, flottant. Et les larmes blanches, bouillantes, — ô douceurs! — et la voix féminine arrivée au fond des volcans et des grottes arctiques...

Le pavillon...

La he vuelto a encontrar.
¿Qué? La eternidad.
Es el mar huido
al tiempo que el sol.

Vicente Gaos

Antiguo

¡Gracioso hijo de Pan! En torno a tu frente coronada de florecillas y de bayas, tus ojos, bolas preciosas, se mueven. Tus mejillas, manchadas de oscuras heces, se hunden. Tus colmillos relucen. Tu pecho parece una cítara, sus tintineos recorren tus rubicundos brazos. Tu corazón late en ese vientre donde dormita el doble sexo. Paséate, de noche, moviendo suavemente ese muslo, ese segundo muslo y esa pierna izquierda.

Bárbaro

Mucho después de los días y las estaciones, y los seres y los países,

La bandera de carne sanguinolenta sobre la seda de los mares y de las flores árticas (que no existen).

Repuesto de las viejas fanfarrias de heroísmo —que nos siguen hiriendo el corazón y la cabeza —lejos de los antiguos asesinos.

¡Oh! La bandera de carne sanguinolenta sobre la seda de los mares y las flores árticas (que no existen).

¡Delicias!

Las brasas, lloviendo con ráfagas de escarcha —¡Delicias!—, los fuegos en la lluvia del viento de diamantes lanzada por el corazón terrestre eternamente carbonizado para nosotros.

¡Oh mundo!

(Lejos de las viejas retretas y de las viejas llamas, que se oyen, que se sienten),

Las brasas y las espumas. La música, girar de los abismos y choque de los témpanos en los astros.

¡Oh delicias! ¡Oh mundo! ¡Oh música! Y allí, las formas, los sudores, las cabelleras, y los ojos, flotando. Y las lágrimas blancas, hirvientes —¡Oh delicias!—, y la voz femenina que ha llegado de los volcanes y de las grutas árticas.

La bandera...

Julia Escobar

Mouvement

Le mouvement de lacet sur la berge des chutes du fleuve,
Le gouffre à l'étambot,
La célérité de la rampe,
L'énorme passade du courant,
Mènent par les lumières inouïes
Et la nouveauté chimique
Les voyageurs entourés des trombes du val
Et du strom.

Ce sont les conquérants du monde
Cherchant la fortune chimique personnelle;
Le sport et le comfort voyagent avec eux;
Ils emmènent l'éducation
Des races, des classes et des bêtes, sur ce Vaisseau.
Repos et vertige
À la lumière diluvienne,
Aux terribles soirs d'étude.

Car de la causerie parmi les appareils, —le sang; les fleurs, le feu, les bijoux—
Des comptes agités à ce bord fuyard,
— On voit, roulant comme une digue au-delà de la route hydraulique motrice,
Monstrueux, s'éclairant sans fin, —leur stock d'études;
Eux chassés dans l'extase harmonique
Et l'héroïsme de la découverte.
Aux accidents atmosphériques les plus surprenants
Un couple de jeunesse s'isole sur l'arche,
— Est-ce ancienne sauvagerie qu'on pardonne?
Et chante et se poste.

Movimiento

El movimiento de zigzag sobre la ribera de los saltos del río,
la sima en el codaste,
la celeridad de la rampa,
la enorme zambullida de la corriente,
llevan por las luces inauditas
y la novedad química
a los viajeros rodeados por las trombas del valle
y del strom.

Son los conquistadores del mundo,
que buscan su fortuna química personal;
el sport y el confort viajan con ellos;
llevan consigo la educación
de las razas, de las clases y de los animales, en este Buque.
Descanso y vértigo
a la luz diluviana,
en las terribles noches de estudio.

Pues por la charla entre los aparejos, —la sangre; las flores, el fuego, las joyas—
por las cuentas agitadas en la orilla fugitiva,
se nota, avanzando como un dique más allá de la ruta hidráulica motriz,
monstruoso, iluminándose sin fin, —su stock de estudios;
arrastrados ellos en el éxtasis armónico
y el heroísmo del descubrimiento,
en medio de los accidentes atmosféricos más sorprendentes,
una pareja de juventud se aísla sobre el arco
—¿es antigua hosquedad de la que se perdona?
Y canta y se aposta.

Ramón Buenaventura

Stéphane Mallarmé

Francia (París, 1842-Valvins, 1898)

Los «martes literarios» celebrados a partir de 1880 en su casa parisina de la rue Rome relacionaron con la flor y nata de las letras a quien hasta entonces no era sino un oscuro profesor de inglés; y en 1884 le dieron especial renombre los elogios de Huysmans y Verlaine. La búsqueda de la esencia lírica lo llevó a convertir la poesía en una especie de culto. Las correspondencias de Baudelaire y la «alquimia verbal» de Rimbaud encontraron en la «poesía pura» de Mallarmé su más clara realización. Toda su obra es un intento por encontrar una poesía absoluta, autónoma y total, que reflexiona acerca de sí misma. Mallarmé rompe con la referencia inmediata al mundo que nos rodea, recurriendo a la libre asociación de imágenes, con metáforas que atribuyen multitud de significados subjetivos y arbitrarios a la realidad objetiva, y restituyendo las ideas y los objetos con la música de las palabras. Sus primeros poemas (1862-1865), entre los cuales sobresalen *Brise Marine* y *Le guignon*, revelan una profunda influencia de Baudelaire, de Theophile Gautier y de E. A. Poe, pero Mallarmé llevó los postulados de sus predecesores hasta la perfección y el hermetismo. En *Un coup de dés* (*Un golpe de dados*, 1897), síntesis y *summa* de sus planteamientos, toma la página como la realidad absoluta de la poesía, y la disposición tipográfica del texto se presenta de manera similar a un pentagrama. Mallarmé afirma haber elevado ahí «la página a la potencia del cielo estrellado», adelantándose a los caligramas de Apollinaire y a los juegos tipográficos del futurismo y las demás vanguardias del siglo XX.

Les fenêtres

Las du triste hôpital, et de l'encens fétide
Qui monte en la blancheur banale des rideaux
Vers le grand crucifix ennuyé du mur vide,
Le moribond sournois y redresse un vieux dos,
  Se traîne et va, moins pour chauffer sa pourriture
Que pour voir du soleil sur les pierres, coller
Les poils blancs et les os de la maigre figure
Aux fenêtres qu'un beau rayon clair veut hâler.
  Et la bouche, fiévreuse et d'azur bleu vorace,
Telle, jeune, elle alla respirer son trésor,
Une peau virginale et de jadis! encrasse
D'un long baiser amer les tièdes carreaux d'or.
  Ivre, il vit, oubliant l'horreur des saintes huiles,
Les tisanes, l'horloge et le lit infligé,
La toux; et quand le soir saigne parmi les tuiles,
Son œil, à l'horizon de lumière gorgé,
  Voit des galères d'or, belles comme des cygnes,
Sur un fleuve de pourpre et de parfums dormir
En berçant l'éclair fauve et riche de leurs lignes
Dans un grand nonchaloir chargé de souvenir!
  Ainsi, pris du dégoût de l'homme à l'âme dure
Vautré dans le bonheur, où ses seuls appétits
Mangent, et qui s'entête à chercher cette ordure
Pour l'offrir à la femme allaitant ses petits,
  Je fuis et je m'accroche à toutes les croisées
D'où l'on tourne l'épaule à la vie, et, béni,
Dans leur verre, lavé d'éternelles rosées,
Que dore le matin chaste de l'Infini
  Je me mire et me vois ange! et je meurs, et j'aime
—Que la vitre soit l'art, soit la mysticité—
A renaître, portant mon rêve en diadème,
Au ciel antérieur où fleurit la Beauté!
  Mais, hélas! Ici-bas est maître: sa hantise
Vient m'écœurer parfois jusqu'en cet abri sûr,
Et le vomissement impur de la Bêtise
Me force à me boucher le nez devant l'azur.

Las ventanas

Del hospital cansado y del fétido incienso
que asciende en la blancura vulgar de las cortinas,
al Santo Cristo magro de un gran clavo suspenso
el moribundo vuelve las espaldas en ruinas;
    se arrastra y anda, y, menos para escaldar su podre
que para ver el sol sobre las piedras, pega
sus pelos blancos y su pellejo de odre
a las ventanas que una luz clara anega.
    Y la boca febril y del azul voraz
—como cuando, de joven, aspiró su tesoro,
una piel virginal, de otro tiempo—el agraz
de un largo beso amargo pone en los vidrios de oro.
    Ebrio vive; olvidando la cruz, los óleos santos,
el reloj, las tisanas, el lecho obligatorio,
la tos... y cuando sangra la tarde, en amarantos
sus ojos de los cielos en el rojo cimborio,
    ven galeras doradas, como cisnes esbeltas,
dormir sobre unas rías de púrpura y de armiños,
meciendo el iris de sus líneas desenvueltas
en un gran abandono cargado de cariños.
    Así, con asco de los hombres de alma dura,
hundidos en el goce, donde sus apetitos
se sacian, y que amasan esta horrible basura
para darla a sus hembras y a sus hijos ahítos
    me escapo, y voy buscando todos los ventanales
desde donde las espalda se da al mundo y, bendito
en su vidrio, que lavan rocíos eternales,
que dora la mañana casta del Infinito,
    me contemplo, y me veo ángel, y muero, y quiero
—sea el arte aquel vidrio o sea el misticismo—
renacer coronado del sueño de mí mismo,
al cielo anterior, de Belleza manadero.
    Pero ¡ay! que el Aquí-abajo es dueño; su crueldad
en los propios umbrales del azul me atosiga,
y el vómito hediondo de la Bestialidad
a taparme allí mismo las narices me obliga.

Est-il moyen, ô Moi qui connais l'amertume,
D'enfoncer le cristal par le monstre insulté
Et de m'enfuir, avec mes deux ailes sans plume
— Au risque de tomber pendant l'éternité?

LES FLEURS

Des avalanches d'or du vieil azur, au jour
Premier et de la neige éternelle des astres
Jadis tu détachas les grands calices pour
La terre jeune encore et vierge de désastres,
Le glaïeul fauve, avec les cygnes au col fin,
Et ce divin laurier des âmes exilées
Vermeil comme le pur orteil du séraphin
Que rougit la pudeur des aurores foulées,
L'hyacinthe, le myrte à l'adorable éclair
Et, pareille à la chair de la femme, la rose
Cruelle, Hérodiade en fleur du jardin clair,
Celle qu'un sang farouche et radieux arrose!
Et tu fis la blancheur sanglotante des lys
Qui roulant sur des mers de soupirs qu'elle effleure
A travers l'encens bleu des horizons pâlis
Monte rêveusement vers la lune qui pleure!
Hosannah sur le cistre et dans les encensoirs,
Notre Dame, hosannah du jardin de nos limbes!
Et finisse l'écho par les célestes soirs,
Extase des regards, scintillement des nimbes!
O Mère qui créas en ton sein juste et fort,
Calices balançant la future fiole,
De grandes fleurs avec la balsamique Mort
Pour le poëte las que la vie étiole.

¿No habrá manera —¡Oh Yo, que en dolor te consumes!—
de romper el cristal que aumenta mi ansiedad,
y de escaparme con mis dos alas implumes,
a riesgo de caer toda la eternidad?

Eduardo Marquina

Las flores

De las avalanchas de oro del viejo azur, en el día primero, y de la nieve eterna de los astros, sacaste —¡oh, Padre!— los grandes cálices para la tierra, antes sacasteis joven aún y virgen de desastres.

Así la fiera gladiola, como los cisnes del cuello fino y ese divino laurel de las almas desterradas, bermejo como el puro dedo del pie de un serafín, que enrojece el pudor de las auroras holladas; así el jacinto, el mirto de adorable brillo y semejante a la carne de la mujer, la rosa cruel, Herodías en flor del jardín claro, aquella que riega una sangre soberbia y radiosa.

¡Y tú hiciste la blancura sollozante de los lises que, rodando sobre mares de suspiros, a través del incienso azul de los pálidos horizontes, sube, en un ensueño, hacia la luna que llora!

¡Hosanna en el sistro y en los incensarios, Padre nuestro, hosanna del jardín de nuestros limbos!

¡Y concluya el eco por las celestes tardes, éxtasis de las miradas, scintilaciones de los nimbos!

¡Oh, Padre que creaste en tu seno, justo y fuerte, cálices balanceando la futura redoma, grandes flores con la balsámica muerte, para el poeta fatigado a quien la vida debilita!

Rubén Darío

L'AZUR

De l'éternel azur la sereine ironie
Accable, belle indolemment comme les fleurs,
Le poëte impuissant qui maudit son génie
A travers un désert stérile de Douleurs.
    Fuyant, les yeux fermés, je le sens qui regarde
Avec l'intensité d'un remords atterrant,
Mon âme vide. Où fuir? Et quelle nuit hagarde
Jeter, lambeaux, jeter sur ce mépris navrant?
    Brouillards, montez! Versez vos cendres monotones
Avec de longs haillons de brume dans les cieux
Que noiera le marais livide des automnes,
Et bâtissez un grand plafond silencieux!
    Et toi, sors des étangs léthéens et ramasse
En t'en venant la vase et les pâles roseaux,
Cher Ennui, pour boucher d'une main jamais lasse
Les grands trous bleus que font méchamment les oiseaux.
    Encor! que sans répit les tristes cheminées
Fument, et que de suie une errante prison
Éteigne dans l'horreur de ses noires traînées
Le soleil se mourant jaunâtre à l'horizon!
    — Le Ciel est mort. — Vers toi, j'accours! donne, ô matière,
L'oubli de l'Idéal cruel et du Péché
A ce martyr qui vient partager la litière
Où le bétail heureux des hommes est couché,
    Car j'y veux, puisque enfin ma cervelle, vidée
Comme le pot de fard gisant au pied du mur,
N'a plus l'art d'attifer la sanglotante idée,
Lugubrement bâiller vers un trépas obscur...
    En vain! l'Azur triomphe, et je l'entends qui chante
Dans les cloches. Mon âme, il se fait voix pour plus
Nous faire peur avec sa victoire méchante,
Et du métal vivant sort en bleus angélus!
    Il roule par la brume, ancien et traverse
Ta native agonie ainsi qu'un glaive sûr;
Où fuir dans la révolte inutile et perverse?
Je suis hanté. L'Azur! l'Azur! l'Azur! l'Azur!

El azur

Del sempiterno Azur la serena ironía
agobia, como las flores bella indolentemente,
al poeta impotente que maldice su genio
a través de un desierto estéril de Dolores.
Huyendo, con los ojos cerrados, lo percibo
mirando, tan intenso como un remordimiento,
a mi alma vacía. ¿A dónde huir? ¿Qué noche
huraña arrojaría sobre este desdén fiero?
¡Nieblas, surgid! ¡Verted monótonas cenizas
con los largos harapos de bruma sobre el cielo
que ahogarán los pantanos lívidos del otoño
y construid un grande y silencioso techo!
Y tú, sal del estanque del Leteo y recoge
al venir ese cieno y los rosales pálidos,
amado Hastío, vamos sin descanso a tapar
los azules boquetes que abren malvados pájaros.
¡Más aún! que sin descanso las tristes chimeneas
humeen, y que de hollín una errante prisión
extinga en el horror de sus negras estelas
¡al sol que amarillento muere en el horizonte!
—El Cielo ha muerto—. ¡Corro, oh materia, hacia ti!
El olvido otorga del cruel Ideal y del Pecado
a este mártir que viene a compartir la paja
donde el feliz rebaño de hombres está echado.
Que quiero allí, pues mi cerebro al fin vacío
como el tarro de afeites yaciendo al pie de un muro
no sabe ya ataviar la idea sollozante,
lúgubre, bostezar hacia una muerte oscura...
¡En vano! el Azur triunfa y le oigo cómo canta
en las campanas. ¡Alma mía, se hace voz
para asustarme más con su victoria artera,
y sale del metal vivo en azules ángelus!
Rueda por entre bruma, antiguo, y atraviesa
tu nativa agonía como espada certera;
¿a dónde huir en la lucha inútil y perversa?
Me *obsesiona*: ¡el Azur! ¡el Azur! ¡el Azur! ¡el Azur!

Pilar Gómez Bedate

Soupir

Mon âme vers ton front où rêve, ô calme sœur,
Un automne jonché de taches de rousseur,
Et vers le ciel errant de ton œil angélique
Monte, comme dans un jardin mélancolique,
Fidèle, un blanc jet d'eau soupire vers l'Azur!
— Vers l'Azur attendri d'Octobre pâle et pur
Qui mire aux grands bassins sa langueur infinie
Et laisse, sur l'eau morte où la fauve agonie
Des feuilles erre au vent et creuse un froid sillon,
Se traîner le soleil jaune d'un long rayon.

L'après-midi d'un faune

Églogue

Le faune

Ces nymphes, je les veux perpétuer.
Si clair,
Leur incarnat léger, qu'il voltige dans l'air
Assoupi de sommeils touffus.
Aimai-je un rêve?
Mon doute, amas de nuit ancienne, s'achève
En maint rameau subtil, qui, demeuré les vrais
Bois mêmes, prouve, hélas! que bien seul je m'offrais
Pour triomphe la faute idéale de roses.
Réfléchissons...
ou si les femmes dont tu gloses
Figurent un souhait de tes sens fabuleux!
Faune, l'illusion s'échappe des yeux bleus
Et froids, comme une source en pleurs, de la plus chaste:
Mais, l'autre tout soupirs, dis-tu qu'elle contraste
Comme brise du jour chaude dans ta toison?
Que non! par l'immobile et lasse pâmoison
Suffoquant de chaleurs le matin frais s'il lutte,
Ne murmure point d'eau que ne verse ma flûte

Suspiro

¡Mi alma, hacia tu frente donde sueña hermana tranquila!
un otoño alfombrado de rojez,
y hacia el errante cielo de tu anjélica mirada,
sube, como en un jardín melancólico
un blanco surtidor, fiel, suspira hacia el azul;
hacia el azul enternecido de octubre pálido y puro,
que mira en los grandes estanques su languidez infinita
y, sobre el agua muerta, en que la leonada agonía
de las hojas yerra al viento y vacía un frío surco,
deja arrastrar el amarillo sol de un largo rayo.

Madrid, 1918

Juan Ramón Jiménez

La siesta de un fauno

(Égloga)

El fauno

Estas ninfas quisiera perpetuarlas.
Palpita
su granate ligero, y en el aire dormita
en sopor apretado.
¿Quizás yo un sueño amaba?
Mi duda, en oprimida noche remota, acaba
en más de una sutil rama que bien sería
los bosques mismos, al probar que me ofrecía
como triunfo la falta ideal de las rosas.
Reflexionemos…
¡Si las mujeres que glosas
un deseo figuran de tus sentidos magos!
Se escapa la ilusión de aquellos ojos vagos
y fríos, cual llorosa fuente, de la más casta:
mas la otra, en suspiros, dices tú que contrasta
como brisa del día cálida en tu toisón.
¡Que no!, que por la inmóvil y lasa desazón
—el son con la frescura matinal en reyerta—
no murmura agua que mi flauta no revierta

Au bosquet arrosé d'accords; et le seul vent
Hors des deux tuyaux prompt à s'exhaler avant
Qu'il disperse le son dans une pluie aride,
C'est, à l'horizon pas remué d'une ride,
Le visible et serein souffle artificiel
De l'inspiration, qui regagne le ciel.
    O bords siciliens d'un calme marécage
Qu'à l'envi de soleils ma vanité saccage,
Tacite sous les fleurs d'étincelles, CONTEZ
«*Que je coupais ici les creux roseaux domptés*
»*Par le talent; quand, sur l'or glauque de lointaines*
»*Verdures dédiant leur vigne à des fontaines,*
»*Ondoie une blancheur animale au repos:*
»*Et qu'au prélude lent où naissent les pipeaux*
»*Ce vol de cygnes, non! de naïades se sauve*
»*Ou plonge...*»
    Inerte, tout brûle dans l'heure fauve
Sans marquer par quel art ensemble détala
Trop d'hymen souhaité de qui cherche le *la*:
Alors m'éveillerai-je à la ferveur première,
Droit et seul, sous un flot antique de lumière,
Lys! et l'un de vous tous pour l'ingénuité.
    Autre que ce doux rien par leur lèvre ébruité,
Le baiser, qui tout bas des perfides assure,
Mon sein, vierge de preuve, atteste une morsure
Mystérieuse, due à quelque auguste dent;
Mais, bast! arcane tel élut pour confident
Le jonc vaste et jumeau dont sous l'azur on joue:
Qui, détournant à soi le trouble de la joue,
Rêve, dans un solo long, que nous amusions
La beauté d'alentour par des confusions
Fausses entre elle-même et notre chant crédule;
Et de faire aussi haut que l'amour se module
Évanouir du songe ordinaire de dos
Ou de flanc pur suivis avec mes regards clos,
Une sonore, vaine et monotone ligne.
    Tâche donc, instrument des fuites, ô maligne
Syrinx, de refleurir aux lacs où tu m'attends!
Moi, de ma rumeur fier, je vais parler longtemps
Des déesses; et par d'idolâtres peintures,
A leur ombre enlever encore des ceintures:

al otero de acordes rociado; sólo el viento
fuera de los dos tubos pronto a exhalar su aliento
en árida llovizna derrame su conjuro;
es en la línea tersa del horizonte puro,
el hálito visible y artificial, el vuelo
con que la inspiración ha conquistado el cielo.
Sicilianas orillas de charca soporosa
que al rencor de los soles mi vanidad acosa,
tácita bajo flores de centellas, DECID
«*Que yo cortaba juncos vencidos en la lid*
por el talento; al oro glauco de las lejanas
verduras consagrando su viña a las fontanas.
Ondea una blancura animal en la siesta:
y que al preludio lento de que nace la fiesta,
vuelo de cisnes, ¡no! de náyades, se esquive
o se sumerja…»
Fosca, la hora inerte avive
sin decir de qué modo sutil recogerá
hímenes anhelados por el que busca el *la*:
me erguiré firme entonces al inicial fervor,
recto y solo, entre olas antiguas de fulgor,
¡lis! uno de vosotros para la ingenuidad.
Sólo esta nada dócil, oh labios, propalad,
beso que suavemente perfidias asegura,
mi pecho virgen antes, muestra una mordedura
misteriosa, legado de algún augusto diente;
¡y basta! arcano tal buscó por confidente
junco gemelo y vasto que al sol da su tonada:
que, desviando de sí mejilla conturbada,
sueña en un solo lento, tramar en ocasiones
la belleza en redor quizá por confusiones
falsas entre ella misma y nuestra nota pura;
y de lograr, tan alto como el amor fulgura,
desvanecer del sueño sólito de costado
o dorso puro, por mi vista ciega espiado,
una línea vana monótona y sonora.
¡Quiere, pues, instrumento de fugas, turbadora
siringa, florecer en el lago en que aguardas!
Yo, en mi canto engreído, diré fábulas tardas
de las diosas; y, por idólatras pinturas,
a su sombra hurtaré todavía cinturas:

Ainsi, quand des raisins j'ai sucé la clarté,
Pour bannir un regret par ma feinte écarté,
Rieur, j'élève au ciel d'été la grappe vide
Et, soufflant dans ses peaux lumineuses, avide
D'ivresse, jusqu'au soir je regarde au travers.
    O nymphes, regonflons des SOUVENIRS divers.
«*Mon œil, trouant les joncs, dardait chaque encolure*
»*Immortelle, qui noie en l'onde sa brûlure*
»*Avec un cri de rage au ciel de la forêt;*
»*Et le splendide bain de cheveux disparaît*
»*Dans les clartés et les frissons, ô pierreries!*
»*J'accours; quand, à mes pieds, s'entrejoignent (meurtries*
»*De la langueur goûtée à ce mal d'être deux)*
»*Des dormeuses parmi leurs seuls bras hasardeux;*
»*Je les ravis, sans les désenlacer, et vole*
»*A ce massif, haï par l'ombrage frivole,*
»*De roses tarissant tout parfum au soleil,*
»*Où notre ébat au jour consumé soit pareil.*»
Je t'adore, courroux des vierges, ô délice
Farouche du sacré fardeau nu qui se glisse
Pour fuir ma lèvre en feu buvant, comme un éclair
Tressaille! la frayeur secrète de la chair:
Des pieds de l'inhumaine au cœur de la timide
Que délaisse à la fois une innocence, humide
De larmes folles ou de moins tristes vapeurs.
«*Mon crime, c'est d'avoir, gai de vaincre ces peurs*
»*Traîtresses, divisé la touffe échevelée*
»*De baisers que les dieux gardaient si bien mêlée:*
»*Car, à peine j'allais cacher un rire ardent*
»*Sous les replis heureux d'une seule (gardant*
»*Par un doigt simple, afin que sa candeur de plume*
»*Se teignît à l'émoi de sa sœur qui s'allume,*
»*La petite, naïve et ne rougissant pas:)*
»*Que de mes bras, défaits par de vagues trépas,*
»*Cette proie, à jamais ingrate se délivre*
»*Sans pitié du sanglot dont j'étais encore ivre.*»
    Tant pis! vers le bonheur d'autres m'entraîneront
Par leur tresse nouée aux cornes de mon front:
Tu sais, ma passion, que, pourpre et déjà mûre,
Chaque grenade éclate et d'abeilles murmure;

así, cuando a las vides la claridad exprimo,
por desechar la pena que me conturba, mimo
risas alzo el racimo ya exhausto, al sol, y siento,
cuando a las luminosas pieles filtro mi aliento,
mirando a su trasluz una ávida embriaguez.
¡Oh ninfas, los RECUERDOS unamos otra vez!
«Mis ojos horadando los juncos, cada cuello
inmortal, que en las ondas hundía su destello
y un airado clamor al cielo desataba:
y el espléndido baño de cabellos volaba
entre temblor y claridad ¡oh pedrería!
Corro; cuando mis pies alternan (se diría
por ser dos, degustando, langorosas, el mal)
dormidas sólo en medio de una abrazo fatal,
las sorprendo sin desenlazarlas, y listo
vuelo al macizo, de fútil sombra malquisto,
de cosas que desecan al sol todo perfume,
en que, como la tarde nuestra lid se resume.»
¡Yo te adoro, coraje de vírgenes, oh gala
feroz del sacro fardo desnudo que resbala
por huir de mi labio fogoso, y como un rayo
zozobra! De la carne misterioso desmayo;
de los pies de la cruel alma de la buena
que abandona a la vez una inocencia, llena
de loco llanto y menos atristados vapores.
«Mi crimen es haber, tras de humillar temores
traidores desatado el intrincado nido
de besos que los dioses guardaban escondido;
pues yendo apenas a ocultar ardiente risa
tras los pliegues de una sola (sumisa
guardando para que su candidez liviana
se tiñera a la fiel emoción de su hermana
la pequeñuela, ingenua, sin saber de rubor):
ya de mis brazos muertos por incierto temblor,
esta presa, por siempre ingrata, se redime
sin piedad del sollozo de que embriagador vime.»
¡Peor! me arrastrarán otras hacia la vida
por la trenza a los cuernos de mi frente ceñida:
tú sabes mi pasión, que, púrpura y madura,
toda granada brota y de abejas murmura;

Et notre sang, épris de qui le va saisir,
Coule pour tout l'essaim éternel du désir.
A l'heure où ce bois d'or et de cendres se teinte
Une fête s'exalte en la feuillée éteinte:
Etna! c'est parmi toi visité de Vénus
Sur ta lave posant tes talons ingénus,
Quand tonne une somme triste ou s'épuise la flamme.
Je tiens la reine!
    O sûr châtiment...
    Non, mais l'âme
De paroles vacante et ce corps alourdi
Tard succombent au fier silence de midi:
Sans plus il faut dormir en l'oubli du blasphème,
Sur le sable altéré gisant et comme j'aime
Ouvrir ma bouche à l'astre efficace des vins!
    Couple, adieu; je vais voir l'ombre que tu devins.

Éventail
de madame Mallarmé

Avec comme pour langage
Rien qu'un battement aux cieux
Le futur vers se dégage
Du logis très précieux
    Aile tout bas la courrière
Cet éventail si c'est lui
Le même par qui derrière
Toi quelque miroir a lui
    Limpide (où va redescendre
Pourchassée en chaque grain
Un peu d'invisible cendre
Seule à me rendre chagrin)
    Toujours tel il apparaisse
Entre tes mains sans paresse.

y nuestra sangre loca por quien asirla quiere,
fluye por el enjambre del amor que no muere.
Cuando el bosque de oro y cenizas se tiña,
una fiesta se exalta en la muriente viña:
¡Etna! en medio de ti, de Venus alegrado,
en tu lava imprimiendo su coturno sagrado,
si un sueño triste se oye, si su fulgor se calma,
¡tengo la reina!
    ¡Oh cierto castigo…!
    Pero el alma
de palabras vacante, y este cuerpo sombrío
tarde sucumben al silencio de estío:
sin más, fuerza es dormir, lejano del rencor,
sobre la arena sitibunda, a mi sabor
la boca abierta al astro de vinos eficaces.
    ¡O par, abur! La sombra mira en qué te deshaces.

Otto de Greiff

ABANICO
DE MME. MALLARMÉ

Como sin otra expresión
que un latir que al cielo anhela
el verso futuro vuela
de la exquisita mansión
    ala baja mensajera
es el abanico si
el mismo es que tras de ti
a sí propio espejo fuera
    tan límpido (donde cede
pues brizna a brizna la amaga
la poca ceniza vaga
sola que afligirme puede)
siempre así palpite y siga
en tus manos sin fatiga.

Alfonso Reyes

Ses purs ongles très haut dédiant leur onyx

Ses purs ongles très haut dédiant leur onyx,
L'Angoisse, ce minuit, soutient, lampadophore,
Maint rêve vespéral brûlé par le Phénix
Que ne recueille pas de cinéraire amphore
  Sur les crédences, au salon vide: nul ptyx,
Aboli bibelot d'inanité sonore,
(Car le Maître est allé puiser des pleurs au Styx
Avec ce seul objet dont le Néant s'honore).
  Mais proche la croisée au nord vacante, un or
Agonise selon peut-être le décor
Des licornes ruant du feu contre une nixe,
  Elle, défunte nue en le miroir, encor
Que, dans l'oubli fermé par le cadre, se fixe
De scintillations sitôt le septuor.

Le tombeau d'Edgar Poe

Tel qu'en Lui-même enfin l'éternité le change,
Le Poète suscite avec un glaive nu
Son siècle épouvanté de n'avoir pas connu
Que la mort triomphait dans cette voix étrange!
  Eux, comme un vil sursaut d'hydre oyant jadis l'ange
Donner un sens plus pur aux mots de la tribu
Proclamèrent très haut le sortilège bu
Dans le flot sans honneur de quelque noir mélange.
  Du sol et de la nue hostiles, ô grief!
Si notre idée avec ne sculpte un bas-relief
Dont la tombe de Poe éblouissante s'orne,
  Calme bloc ici-bas chu d'un désastre obscur,
Que ce granit du moins montre à jamais sa borne
Aux noirs vols du Blasphème épars dans le futur.

EL DE SUS PURAS UÑAS ÓNIX, ALTO EN OFRENDA

El de sus puras uñas ónix, alto en ofrenda,
la Angustia, es medianoche, levanta, lampadóforo,
mucho vesperal sueño quemado por el Fénix
que ninguna recoge ánfora cineraria.
Salón sin nadie ni en las credencias conca alguna,
espiral espirada de inanidad sonora.
(El Maestro se ha ido, llanto en la Estigia capta
con ese solo objeto nobleza de la Nada.)
Mas cerca la ventana vacante al norte, un oro
agoniza según tal vez rijosa fábula
de ninfa alanceada por llamas de unicornios.
Y ella apenas difunta desnuda en el espejo
que ya en las nulidades que clausura el marco
del centellar se fija súbito el septimino.

Octavio Paz

LA TUMBA DE EDGAR A. POE

¡Tal que en sí mismo, al fin la eternidad lo cambia,
el Poeta provoca con acero desnudo
a su siglo espantado por no haber conocido
que la muerte triunfaba en esta voz extraña!
Ellos, como un vil sobresalto de hidra oyendo antaño al ángel
dar un sentido más puro a las palabras de la tribu
proclamaron muy alto el sortilegio bebido
en la ola sin honor de alguna negra confusión.
de la tierra y de la nube hostiles, ¡oh, agravio!
Si nuestra idea no esculpe un bajo relieve
con el que la tumba de Poe deslumbrante de adorne
quieto bloque aquí caído de un desastre obscuro,
que este granito al menos muestre para siempre su límite
a los negros vuelos del Blasfemo dispersos en el futuro.

Xavier de Salas

L'HORLOGE

Longtemps, oh! longtemps, quand tu sonnais en vain, maintenant une atmosphère d'absence, ton son d'or revenait à toi, dans ma rêverie et t'y créait, joyau d'or, et jeté en m'indiquant sur ta complication stellaire et marine, les occurences externes du jeu des mondes; mais je puis dire, faisant allusion aux souvenirs d'une race que tu évoques, que jamais, sur ces surfaces qui marquent les jeux multiples et combinés de la multiplicité de la pensée universelle, jamais, résumé de l'univers que tu es, joyau des choses, tu n'as fait une minute d'une aussi magnifique concordance et je doute que cet instant ait dans le présent son pareil, parmi l'indicible multiplicité des mondes. Ma pensée est donc recréée, mais moi, le suis-je? Oui, je sens que ce temps versé en moi me rend ce moi, et je me vois semblable à l'onde d'un narcotique tranquille dont les cercles vibratoires, venant et s'en allant, font une limite infinie qui n'atteint pas le calme du milieu.

EL RELOJ

Durante mucho tiempo, —¡oh, mucho tiempo!, cuando sonabas en vano, atmósfera ahora de ausencia, tu sonido de oro volvía a ti, en mi ensueño y te creaba, joya dorada, y te lanzaba indicándome en tu complicación estelar y marina, las peripecias externas del funcionamiento de los mundos; pero puedo decir, haciendo alusión a los recuerdos de una raza que tú evocas, que nunca, sobre estas superficies marcadas por los juegos múltiples y combinados de la diversidad del pensamiento universal, nunca, resumen del universo como eres, joya de las cosas, has hecho un minuto tan magníficamente concordante, y dudo que este instante tenga en el presente su réplica, entre la indecible multiplicidad de los mundos. Mi pensamiento ha sido pues recreado, pero yo, ¿lo estoy yo? Sí, siento que este tiempo vertido en mí me devuelve ese yo, y me veo semejante a la onda de un tranquilo narcótico cuyas vibraciones circulares, yendo y viniendo, trazan un límite infinito que no alcanza el centro en su quietud.

Ricardo Cano Gaviria

Constantinos Kavafis

Grecia (Alejandría, Egipto, 1863-Atenas, 1933)

En 1854 los padres de Kavafis, ricos comerciantes oriundos de Constantinopla, se establecieron en Alejandría buscando abrir una filial de su negocio londinense de telas y algodón. A la muerte del marido, en 1870, la madre decidió regresar con sus hijos a Gran Bretaña, en un intento frustrado de rehacer la fortuna familiar. En Londres permaneció el poeta siete años; después, tras un trienio en Constantinopla y salvo algunos viajes, vivió siempre en Alejandría, trabajando como funcionario en un ministerio. Kavafis jamás publicó un libro de poemas, y de su obra entregó sólo escasas muestras a amigos, lectores cercanos y jóvenes admiradores que le concedieron en vida una discreta notoriedad. Perfectamente bilingüe, en griego y en inglés, eligió como propia la «común habla griega», y dentro de ella un tono coloquial, prosaico incluso, de música pobre. Una parte considerable de su poesía gira en torno a una cierta imagen de la ciudad de Alejandría, unas veces como metáfora del destino, de la vida como peregrinaje y búsqueda de una Ítaca personal, y otras revestida de un valor mítico, con numerosas referencias históricas al trasfondo del Oriente helenístico. Es frecuente que el poeta invite al lector a sentirse posible protagonista de sus metáforas y parábolas. Inconfundibles son los textos tardíos en que Kavafis desenmascara un erotismo homosexual, materialista y desnudo, que se centra en la evocación de hipotéticos placeres carnales, a menudo recuerdos de hombres que, entrados en la vejez, imaginan pasadas relaciones eróticas con jóvenes.

Κερια

Του μέλλοντος η μέρες στέκοντ' εμπροστά μας
σα μια σειρά κεράκια αναμένα —
χρυσά, ζεστά, και ζωηρά κεράκια.
Η περασμένες μέρες πίσω μένουν,
μια θλιβερή γραμμή κεριώνί σβυσμένων'
τα πιο κοντά βγάζουν καπνόν ακόμη,
κρύα κεριά, λυωμένα, και κυρτά.
Δεν θέλω να τα βλέπω· με λυπεί η μορφή των,
και με λυπεί το πρώτο φως των να θυμούμαι.
Εμπρός κυττάζω τ' αναμμένα μου κεριά.
Δεν θέλω να γυρίσω να μη διώ και φρίξω
τι γρήγορα που η σκοτεινή γραμμή μακραίνει,
τι γρήγορα που τα σβηστά κεριά πληθαίνουν.

Θερμοπυλες

Τιμή σε εκείνους όπου στην ζωή των
ώρισαν και φυλάγουν Θερμοπύλες.
Ποτέ από το χρέος μη κινούντες
δίκαιοι κ' ίσιοι σ' όλες των τες πράξεις,
αλλά με λύπη κιόλας κ' ευσπλαχνία
γενναίοι οσάκις είναι πλούσιοι, κι όταν
είναι πτωχοί, πάλ' εις μικρόν γενναίοι,
πάλι συντρέχοντες όσο μπορούνε
πάντοτε την αλήθεια ομιλούντες,
πλήν χωρίς μίσος για τους ψευδομένους.
Και περισσότερη τιμή τους πρέπει
όταν προβλέπουν (και πολλοί προβλέπουν)
πως ο Εφιάλτης θα φανεί στο τέλος,
κ' οι Μήδοι επί τέλους θα διαβούνε.

Cirios

Ante nosotros yérguense los días venideros
como fila de cirios encendidos —
cirios ardientes, áureos y vivos.
Quedan atrás los días ya pasados,
triste fila de cirios apagados.
Los más cercanos aún despiden humo,
cirios fundidos, fríos, y torcidos.
No quiero verlos: me aflige su figura,
me aflige recordar su luz primera.
Veo ante mí mis cirios encendidos.
No quiero volverme por no ver con horror
cómo la fila oscura avanza rápida,
cómo los cirios apagados aumentan tan de prisa.

Ramón Irigoyen

Termópilas

Honor a aquellos que en sus vidas
custodian y defienden sus Termópilas.
Sin apartarse nunca del deber,
justos y rectos en sus actos,
no exentos de piedad y compasión;
generosos cuando son ricos, y, si pobres,
modestamente generosos;
caritativos, en fin, según sus medios,
diciendo siempre la verdad,
mas sin guardar rencor a los que mienten.
Y más honor aún les es debido
cuando prevén (y muchos son esos que prevén)
que aparecerá Efialtes, finalmente,
y pasarán los medos.

Lázaro Santana

ΠΕΡΙΜΈΝΟΝΤΑΣ ΤΟΥΣ ΒΑΡΒΆΡΟΥΣ

—Τι περιμένουμε στην αγορά συναθροισμένοι;
Είναι οι βάρβαροι να φθάσουν σήμερα.
—Γιατί μέσα στην Σύγκλητο μιά τέτοια απραξία;
Τι κάθοντ' οι Συγκλητικοί και δεν νομοθετούνε;
Γιατί οι βάρβαροι θα φθάσουν σήμερα.
Τι νόμους πια θα κάμουν οι Συγκλητικοί;
Οι βάρβαροι σαν έλθουν θα νομοθετήσουν.
—Γιατί ο αυτοκράτωρ μας τόσο πρωί σηκώθη,
και κάθεται στης πόλεως την πιο μεγάλη πύλη
στον θρόνο επάνω, επίσημος, φορώντας την κορώνα;
Γιατί οι βάρβαροι θα φθάσουν σήμερα.
Κι ο αυτοκράτωρ περιμένει να δεχθεί
τον αρχηγό τους. Μάλιστα ετοίμασε
για να τον δώσει μια περγαμηνή. Εκεί
τον έγραψε τίτλους πολλούς κι ονόματα.
—Γιατί οι δυό μας ύπατοι κ' οι πραίτορες εβγήκαν
σήμερα με τες κόκκινες, τες κεντημένες τόγες·
γιατί βραχιόλια φόρεσαν με τόσους αμεθύστους,
και δαχτυλίδια με λαμπρά γυαλιστερά σμαράγδια·
γιατί να πιάσουν σήμερα πολύτιμα μπαστούνια
μ' ασήμια και μαλάματα έκτακτα σκαλισμένα;
Γιατί οι βάρβαροι θα φθάσουν σήμερα·
και τέτοια πράγματα θαμπόνουν τους βαρβάρους.
—Γιατί κ' οι άξιοι ρήτορες δεν έρχονται σαν πάντα
να βγάλουνε τους λόγους τους, να πούνε τα δικά τους;
Γιατί οι βάρβαροι θα φθάσουν σήμερα·
κι αυτοί βαριούντ' ευφράδειες και δημηγορίες.
—Γιατί ν' αρχίσει μονομάς αυτή η ανησυχία
κ' η σύγχυσις. (Τα πρόσωπα τι σοβαρά που έγιναν).
Γιατί αδειάζουν γρήγορα οι δρόμοι κ' οι πλατέες,
κι όλοι γυρνούν στα σπίτια τους πολύ συλλογισμένοι;
Γιατί ενύχτωσε κ' οι βάρβαροι δεν ήλθαν.
Και μερικοί έφθασαν απ' τα σύνορα,
και είπανε πως βάρβαροι πια δεν υπάρχουν.
Και τώρα τι θα γένουμε χωρίς βαρβάρους.
Οι άνθρωποι αυτοί ήσαν μιά κάποια λύσις.

Esperando a los bárbaros

¿Por qué esperamos, congregados en la plaza?
Hoy tienen que llegar los bárbaros.
¿Por qué reina tanta indolencia en el Senado?
¿Qué hacen los senadores, sentados sin dar leyes?
Es que hoy van a llegar los bárbaros.
¿Qué harán ya los senadores?
Cuando vengan, legislarán los bárbaros.
¿Por qué se levantó el Emperador tan de mañana
y qué hace sentado en el portal de la ciudad,
en su trono, solemne, llevando la corona?
Es que hoy van a llegar los bárbaros.
Y el Emperador se dispone a recibir
al general. Incluso ha preparado
un pergamino para darle, donde ha puesto
muchos títulos y nombres honoríficos.
¿Por qué nuestros dos cónsules, y también los pretores,
hoy salen con la toga bermeja recamada?
¿Por qué, esos brazaletes con tantas amatistas
y esos anillos con resplandecientes esmeraldas?
¿Por qué hoy empuñan unos bastones preciosos
con plata y oro exquisitamente trabajados?
Es que hoy van a llegar los bárbaros,
Y esas cosas deslumbran a los bárbaros.
¿Por qué no acuden, como siempre, los dignos oradores
a echarnos sus discursos y a hablarnos de sus cosas?
Es que hoy van a llegar los bárbaros;
y a ellos les fastidia la retórica.
¿Y a qué viene, de repente, esa inquietud
y ese desorden? (¡Qué serias se han puesto las caras!)
¿Por qué calles y plazas van quedando vacías
y vuelven todos, pensativos, a sus casas?
Es que anocheció, y los bárbaros no vinieron.
Y de la frontera llegó gente
Diciendo que ya no quedan bárbaros.
Y ahora ¿qué será de nosotros, sin bárbaros.
En cierto modo, esos hombres eran una solución.

Juan Ferraté

ΜΑΡΤΙΑΙ ΕΙΔΟΙ

Τὰ μεγαλεῖα νὰ φοβᾶσαι, ὦ ψυχή.
Καὶ τὲς φιλοδοξίες σου νὰ ὑπερνικήσεις
ἂν δὲν μπορεῖς, μὲ διοταγμὸ καὶ προφυλάξεις
νὰ τὲς ἀκολουθεῖς. Κι ὅσο ἐμπροστὰ προβαίνεις,
τόσο ἐξεταστική, προσεκτική νὰ εἶσαι.
Κι ὅταν θὰ φθάσεις στὴν ακμή σου, Καῖσαρ, πιά
ἔτοι περιωνύμου ἀνθρώπου σχῆμα ὅταν λάβεις,
τότε κυρίως πρόσεξε σὰ βγεῖς στὸν δρόμον ἔξω,
εξουσιαστὴς περίβλεπτος μὲ συνοδεία,
ἂν τύχει καὶ πλησιάσει ἀπὸ τὸν ὄχλο
κανένας ᾿Αρτεμίδωρος, ποὺ φέρνει γράμμα,
καὶ λέγει βιαστικὰ «Διάβασε ἀμέσως τοῦτα,
εἶναι μεγάλα πράγματα ποὺ σ' ἐνδιαφέρουν»,
μὴ λείψεις νὰ σταθεῖς· μὴ λείψεις ν' ἀναβάλεις
κάθε ὁμιλίαν ἢ δουλειά· μὴ λείψεις τοὺς διαφόρους
πού χαιρετοῦν καὶ προσκυνοῦν νὰ τοὺς παραμερίσεις
(τοὺς βλέπεις πιὸ αργά)· ἂς περιμένει ἀκόμη
κ' ἡ Σύγκλητος αὐτή, κ' εὐθὺς νὰ τὰ γνωρίσεις
τὰ σοβαρὰ γραφόμενα τοῦ ᾿Αρτεμιδώρου.

ΑΠΟΛΕΙΠΕΝ Ο ΘΕΟΣ ΑΝΤΩΝΙΟΝ

Σαν έξαφνα, ώρα μεσάνυχτ', ακουσθεί
αόρατος θίασος να περνά
με μουσικές εξαίσιες, με φωνές —
την τύχη σου που ενδίδει πια, τα έργα σου
που απέτυχαν, τα σχέδια της ζωής σου
που βγήκαν όλα πλάνες, μη ανοφέλετα θρηνήσεις.
Σαν έτοιμος από καιρό, σα θαρραλέος,
αποχαιρέτα την, την Αλεξάνδρεια που φεύγει.
Προ πάντων να μη γελασθείς, μην πείς πως ήταν
ένα όνειρο, πως απατήθηκεν η ακοή σου
μάταιες ελπίδες τέτοιες μην καταδεχθείς.
Σαν έτοιμος από καιρό σα θαρραλέος,
σαν που ταιριάζει σε που αξιώθηκες μια τέτοια πόλι,
πλησίασε σταθερά πρός το παράθυρο,
κι άκουσε με συγκίνησιν, αλλ' όχι

Los idus de marzo

Teme la grandeza, oh alma mía.
Y si no puedes vencer tu ambición,
con dudas y con cautela siempre
secúndala. Cuanto más avances
sé más escrutador y precavido.
Y cuando la cima por fin, oh César alcances;
cuando figura adquieras de persona famosa,
sobre todo entonces, al pasar por la calle,
con la autoridad de tu séquito,
si por casualidad de entre la masa
se te acercara Artemidoro con un escrito,
diciéndote con impaciencia «Lee esto en seguida,
contiene graves nuevas que te atañen»,
detente; relega
toda conversación o tarea; aléjate
de la gente que ante ti se arrodilla y saluda
(podrás verlos más tarde); que aguarde hasta
el Senado, y sin demora conoce
los graves escritos que te trae Artemidoro.

José María Álvarez

El Dios abandona a Antonio

Cuando, de pronto, a media noche oigas
pasar una invisible compañía
con exquisitas músicas y voces,
no lamentes en vano tu fortuna
que cede al fin, tus obras fracasadas,
los ilusorios planes de tu vida.
Como dispuesto de hace tiempo, como valiente, dile
adiós a Alejandría que se aleja.
Y sobre todo no te engañes: en ningún caso pienses
que es un sueño tal vez o que miente tu oído.
A tan vana esperanza de hace tiempo, como valiente, como
quien digno ha sido de tal ciudad, acércate
a la ventana. Y ten firmeza. Oye
con emoción, mas nunca
con el lamento y quejas del cobarde,

με των δειλών τα παρακάλια και παράπονα,
ως τελευταία απόλαυσι τους ήχους,
τα εξαίσια όργανα του μουσικού θιάσου,
κι αποχαιρέτα την, την Αλεξάνδρεια που χάνεις.

Η ΠΟΛΙΕ

Ειπες˙ «Θὰ πάγω σ' ἄλλη γῆ, θὰ πάγω σ' ἄλλη θάλασσα.
Μιὰ πόλις ἄλλη θὰ βρεθεῖ καλλίτερη ἀπὸ αὐτή.
Κάθε προσπάθεια μου μιὰ καταδίκη εἶναι γραφτή
κ' εἶυ' ἡ καρδιά μσυ — σὰυ υεκρὸς — θαμέυη.
'Ο νοῦς μου ὣς πότε μὲς στὸν μαρασμὸν αὐτὸν θὰ μένει.
'Οπου τὸ μάτι μου γμρίσω, ὅπου κι ἂν δῶ
ἐρίπια μαῦρα τῆς ζωῆς μου βλέπω ἐδῶ,
ποὺ τόσα χρόνια πέρασα καί ρήμαξα καί χάλασα».
Καινούριους τόπους δὲν θὰ βρεῖς, δὲν θἄβρεις ἄλλες
θάλασσες.
'Η πόλις θὰ σὲ άκολουθεῖ. Στοὺς δρόμους θὰ γυρνᾶς
τοὺς ἴδιους. Καὶ στὲς γειτονιὲς τὲς ἴδιες θὰ γερνᾶς˙
καὶ μὲς στά ἴδια σπίτια αύτὰ θ' άσπρίζεις.
Πάντα στήν πόλι α'υτή θὰ φθάνεις. Γιὰ τὰ ἀλλοῦ — μὴ
ἐλκίζεις —
δὲν ἔχει πλοῖο γιὰ σέ, δὲν ἔχει όδό.
"Ετοι ποὺ τὴ ζωή σου ρήμαξες έδῶ
οτὴν κώχη τούτη τὴν μικρή, σ' δλην τὴν γῆ τὴν χάλασες.

ΙΘΑΚΗ

Σα βγείς στον πηγαιμό για την Ιθάκη,
να εύχεσαι νάναι μακρύς ο δρόμος,
γεμάτος περιπέτειες, γεμάτος γνώσεις.
Τους Λαιστρυγόνας και τους Κύκλωπας,
τον θυμωμένο Ποσειδώνα μή φοβάσαι,
τέτοια στον δρόμο σου ποτέ σου δεν θα βρείς
αν μεν' η σκέψις σου υψηλή, αν εκλεκτή
συγκίνησις το πνεύμα και το σώμα σου αγγίζει.
Τους Λαιστρυγόνας και τους Κύκλωπας,

goza por vez final los sones,
la música exquisita de la tropa divina,
despide a Alejandría que así pierdes.

La ciudad

Dices: «Iré a otra tierra, hacia otro mar,
y una ciudad mejor con certeza hallaré.
Pues cada esfuerzo mío es aquí un fracaso
y sepultado está mi corazón.
¿Hasta cuándo este abismo mi alma cercará?
Dondequiera que vuelvo mis ojos veo sólo
las oscuras ruinas de mi vida y los días
que aquí gasté, perdí o destruí.»
No hallarás otra tierra ni otro mar.
La ciudad ha de ir siempre en pos de ti. En las mismas callejas
errarás. En los mismos suburbios llegará tu vejez.
Bajo los mismos techos encanecerás.
Pues la ciudad te espera siempre. Otra no busques.
No hay barco ni camino para ti.
En todo el universo destruiste cuanto has destruido
en esta angosta esquina de la tierra.

José Ángel Valente y Elena Vidal

Ítaca

Cuando partas de viaje a Ítaca
desea que tu camino sea largo,
lleno de aventuras, pleno de experiencias.
No te den miedo los lestrigones ni los cíclopes,
no temas la ira de Poseidón.
En tu camino seres así nunca hallarás
si mantienes elevadas tus ideas, si una selecta
emoción guía tu espíritu y tu cuerpo.
No hallarás lestrigones ni cíclopes,

τον άγριο Ποσειδώνα δεν θα συναντήσεις,
αν δεν τους κουβανείς μες τη ψυχή σου
αν η ψυχή σου δεν τους στήνει εμπρός σου.
Να εύχεσαι να είναι μακρύς ο δρόμος.
Πολλά τα καλοκαιρινά πρωϊά να είναι
που με τι ευχαρίστησι με τι χαρά
θα μπαίνεις σε λιμένας πρωτοϊδωμένους
να σταματήσεις σ' εμπορεία Φοινικικά,
και τες καλές πραμάτειες να αποκτήσεις,
σεντέφια και κοράλλια, κεχριμπάρια κ' εβένους,
και ηδονικά μυρωδικά κάθε λογής,
όσο μπορείς πιο άφθονα ηδονικά μυρωδικά
σε πόλεις Αιγυπτιακές πολλές να πάς,
να μάθεις και να μάθεις απ' τους σπουδασμένους.
Πάντα στο νού σου νάχεις την Ιθάκη.
Το φθάσιμον εκεί είν' ο προορισμός σου.
Αλλά μη βιάζεις το ταξίδι σου διόλου.
Καλλίτερα χρόνια πολλά να διαρκέσει
και γέρος πια να αράξεις στο νησί,
πλούσιος με όσα κέρδισες στον δρόμο,
μή προσδοκώντας πλούτη να σε δώσει η Ιθάκη.
Η Ιθάκη σ' έδωσε το ωραίο το ταξείδι.
Χωρίς αυτήν δεν θάβγαινες στον δρόμο.
Αλλα δεν έχει να σε δώσει πια..
Κι αν πτωχική την βρεις, η Ιθάκη δε σε γέλασε.
Ετσι σοφός που έγινες, με τόση πείρα,
ήδη θα το κατάλαβες οι Ιθάκες τί σημαίνουν.

ΘΥΜΗΣΟΥ, ΣΩΜΑ...

Σῶμα, θυμήσου ὄχι μόνο τὸ πόσο ἀγαπήθηκες,
ὄχι μονάχα τὰ κρεββάτια ὅπου πλάγιασες,
ἀλλὰ κ' ἐκεῖνες τὲς ἐπιθυμίες ποὺ γιὰ σένα
γυάλιζαν μὲς στὰ μάτια φανερά,
κ' ἐτρέμανε μὲς στὴν φωνὴ — καὶ κάποιο
τυχαῖον ἐμπόδιο τὲς ματαίωσε.
Τώρα ποὺ εἶναι ὅλα πια μέσα στὸ παρελθόυ,
μοιάζει σχεδὸν καὶ στὲς ἐπιθυμίες
ἐκεῖνες σὰν νὰ δόθηκες — πῶς γυάλιζαν,

no hallarás al temible Poseidón,
si no los llevas en tu alma,
si tu alma no los yergue ante ti.
    Desea que tu camino sea largo.
Que abunden las mañanas estivales
en que llegues con placer, con infinito gozo,
a puertos antes nunca vistos.
Párate en los mercados fenicios
y compra sus bienes preciados,
ámbar, ébano, coral, marfiles,
voluptuosos perfumes diferentes,
muchos, cuantos puedas abarcar.
Ve a las ciudades egipcias,
aprende en ellas, y aprende de sus sabios.
    Ten siempre en tu pensamiento a Ítaca.
Llegar allí es tu destino.
Pero nunca vayas deprisa en tu viaje.
Que dure muchos años,
y atraques en la isla ya muy viejo,
rico con lo que te dio el camino,
sin esperar que Ítaca te dé riquezas.
    Porque Ítaca te permitió ese hermoso viaje.
No habrías partido sin ella.
Ninguna otra cosa mejor tiene ya para ti.
    Y si la encuentras empobrecida, no te ha engañado Ítaca.
Sabio como serás, pleno de experiencias,
Comprenderás entonces lo que las Ítacas significan.

Adolfo García Ortega

RECUERDA, CUERPO

Cuerpo, recuerda no sólo cuánto fuiste amado
ni tan sólo los lechos en los que te acostaste,
sino también aquellos deseos que por ti
claros brillaban en los ojos,
y temblaban en la voz — y los frustró
un fortuito obstáculo.
Ahora que ya todo yace en el pasado,
hasta casi parece que te entregaste
a aquellos deseos — recuerda cómo

θυμήσου, μὲς στὰ μάτια ποὺ σὲ κύτταζαν·
πῶς ἔτρεμαν μὲς στὴν φωνή, γιὰ σέ, θυμήσου, σῶμα.

ΜΥΡΗΣ ΑΛΣΞΑΝΔΡΕΙΑ ΤΟΥ 340 Μ.Χ.

Τὴν ουμφορὰ ὅταν ἔμαθα, νοὺ ό Μύρης νέθανε,
νῆγα στὸ σνίτι του, μ' ὅλο νοὺ τὸ ἀνοφεύγω
νὰ εἰσέρχομαι στῶν Χρισνανῶν τά σνίτια,
νρὸ νάγτων ὅταν ἔχουν θλίψεις ἢ γιορτές.
Στάθηκα σὲ διάδρομο. Δὲν θέλησα,
νὰ νροχωρήσω νιὸ έντός, γιατὶ άντελήφθην
νσὺ οί συγγενεῖς τοΐ νεθαμένου μ' ἔβλεναν
μὲ νροφανῆ άνορία, καὶ μὲ δυσαρέσκεια.
Τὸν εἶχανε σὲ μιὰ μεγάλη κάμαρη
νοὺ άνὸ τὴν ἆκρήν ὅνου στάθηκα
εἶδα κομᾶτι· ὅλο τάνητες νολύτιμοι,
καὶ σκεύη ἐξ ἀργύρου καὶ χρυσοῦ.
Στέκομουν κ' ἔκλαια σέ μιὰ ἆκρη τοῦ διαδρόμου.
Καί σκέντομουν νοὺ ή συγκεντρώσεις μας κ' ή έκδρομὲς
χωρίς τὸν. Μύρη δὲν θ' άξίζουν νιά'
καὶ σκέντομουν νοὺ νιὰ δὲν θὰ τὸν δῶ
στὰ 'ὡραῖα κι ἆσεμνα ξενύχτια μας
νὰ χαίρεται, καὶ νὰ γελᾶ, καὶ ν' άναγγέλλει στίχους
μὲ τὴν τελεία του αἴσθησι τοῦ έλληνικοῦ ρυθμοῦ·
καὶ σκέντομουν νοὺ ἔχασα γιὰ νάντα
τήν έμορφιά του, νοὺ ἔχασα γιὰ νάντα
τὸν νέον νοὺ λάτρευα ναράφορα.
Κάτι γρηές, κοντά μου, χαμηλὰ μιλοῦσαν γιὰ
τήν τελευταία μέρα νοὺ ἔζησε —
στὰ χείλη του διαρκῶς τ' ὄνομα τοῦ Χριστοῦ,
στὰ χέρια του βαστοῦσ' ἔναν σταυρό. —
Μνῆκαν κατόνι μὲς στὴν κάμαρη
τέσσαρες Χριστιανοὶ ίερεῖς, κ' ἔλεγαν νροσευχὲς
ἐνθέρμως καὶ δεήσεις στὸν 'Ιησοῦν,
ἢ στὴν Μαρίαν (δὲν ξέρω τήν θρησκεία τους καλά).
Γνωρίζαμε, βεβαίως, ποὺ ὁ Μύρης ήταν Χριστιανός.
'Απὸ τὴν πρώτην ὥρα τὸ γνωρίζαμε, ὅταν
πρόπερσι στὴν παρέα μας εἶχε μπεῖ.
Μὰ ζοῦσεν ἀπολύτως σάν κ' ἐμᾶς.

brillaban en los ojos que te estaban mirando;
y cómo temblaban en la voz, por ti, recuerda, cuerpo.

Ramón Irigoyen

Mires; Alejandría 340 d.C.

Cuando supe la desgracia, que Mires había muerto,
fui a su casa, aunque rehúyo
entrar en casa de cristianos,
en especial cuando están de duelo o de fiesta.
Me detuve en un pasillo. No quise
adentrarme más, porque advertí
que los deudos del difunto me miraban
con asombro manifiesto y desagrado.
Lo tenían en una gran estancia
que sólo en parte veía desde el extremo
en que me hallaba; abundancia de tapices preciosos
y de objetos de oro y plata.
Estaba yo en pie, quieto, llorando al fondo del pasillo.
Mientras, pensaba que nuestras salidas y reuniones
no valdrían ya la pena sin Mires,
mientras, pensaba que ya no lo vería
en nuestras hermosas e indecentes veladas
disfrutar y reír y recitar versos
con su sentido perfecto del ritmo griego;
mientras, pensaba que había perdido para siempre
su hermosura, que había perdido para siempre
al joven que adoraba con locura.
Unas viejas, a mi lado, hablaban en voz baja
del último día de su vida —
que si constantemente tenía el nombre de Cristo en los labios,
que si tenía en sus manos una cruz. —
Entraron luego en la estancia
cuatro sacerdotes cristianos y con fervor
recitaron oraciones y súplicas a Jesús
o a María (no conozco bien su religión).
Sabíamos, por supuesto, que Mires era cristiano.
Desde el primer momento lo sabíamos, cuando
hace dos años entró en nuestro círculo.
Pero él vivía enteramente como nosotros.

'Απ' ὅλους μας πιὸ ἔκδοτος στὲς ἡδονές·
σκορπώντας ἀφειδῶς τὸ χρῆμα του στὲς διασκεδάσεις.
Γιὰ τὴν ὑπόληψι τοῦ κόσμου ξένοιαστος,
ρίχνονταν πρόθυμα σὲ νύχτιες ρήξεις στὲς ὀδοὺς
ὅταν ἐτύχαινε ἡ παρέα μας
νὰ συναντήσει ἀντίθετη παρέα.
Ποτὲ γιὰ τὴ θρησκεία του δὲν μιλοῦσε.
Μάλιστα μιὰ φορὰ τὸν εἴπαμε
πὼς θὰ τὸν πάρουμε μαζύ μας στὸ Σεράπιον.
"Ομως σὰν νὰ δυσαρεστήθηκε
μ' αὐτόν μας τὸν ἀστεϊσμό : θυμοῦμαι τώρα.
'Α κι ἄλλες δυὸ φορὲς τώρα στὸν νοῦ μου ἔρχονται.
"Οταν στὸν Ποσειδῶνα κάμναμε σπονδές,
τραβήχθηκε ἀπ' τὸν κύκλο μας κ' ἔστρεψε ἀλλοῦ τὸ βλέμμα,
"Οταν ἐνθουσιασμένος ἕνας μας
εἶπεν, 'Η συντροφιά μας νά 'ναι ὑπὸ
τὴν εὔνοιαν καὶ τὴν προστασίαν τοῦ μεγάλου,
τοῦ πανωραίου 'Απόλλωνος — ψιθύρισεν ὁ Μύρης
(οἱ ἄλλοι δὲν ἄκουσαν) «τῇ ἐξαιρέσει ἐμοῦ».

Οἱ Χριστιανοὶ ἱερεῖς μεγαλοφώνως
γιὰ τὴν ψυχὴ τοῦ νέου δέονταν. —
Παρατηροῦσα μὲ πόση ἐπιμέλεια,
καὶ μὲ τί προσοχὴν ἐντατικὴ
στοὺς τύπους τῆς θρησκείας τους, ἑτομάζοναν
ὅλα γιὰ τὴν χριστιανικὴ κηδεία.
Κ' ἐξαίφνης μὲ κυρίευσε μιὰ ἀλλόκοτη
ἐντύπωσις. 'Αόριστα, αἰσθάνομομν
σὰν νὰ 'φευγεν ἀπὸ κοντά μου ὁ Μύρης·
αἰσθάνομουν ποὺ ἑνώθη, Χριστιανός,
μὲ τοὺς δικούς του, καί ποὺ γένομουν
ξένος ἐγώ, ξένος πολύ· ἔνοιωθα κιό
μιά ἀμφιβολία νὰ μὲ σιμώνει : μήπως κ' εἶχα γαλασθεῖ
ἀπὸ τὸ πάθος μου, καὶ πάντα τοθ ἦμουν ξένος· —
Πετάχθηκαἔξω ἀπ' τὸ φρικτό τους σπί,
ἔφυγα γρήγορα πρίν ἀρπαχθεῖ, πρὶν ἀλλοιωθεῖ
ἀπ' τὴν χριστιανοσύνη τους ἡ θύμηση τοῖ Μύρ'.

De todos nosotros, era quien más se entregaba a los placeres;
dilapidando pródigamente su dinero en diversiones.
Despreocupado por la opinión de los demás,
se mezclaba por gusto en nocturnas peleas callejeras
cuando, por azar, nuestro grupo
con otros rivales se encontraba.
Jamás hablaba de su religión.
Es más, en una ocasión le dijimos
que lo llevaríamos con nosotros al Serapión.
Sin embargo, ahora recuerdo
como si con esa broma nuestra se hubiera disgustado.
¡Ay, vienen ahora también a mi recuerdo otras dos ocasiones!
Cuando hicimos unas libaciones a Posidón,
se apartó de nuestro corro y a otro lado volvió su mirada.
Cuando uno de nosotros, lleno de entusiasmo,
exclamó: «¡Que nuestra amistad esté bajo
el favor y protección del grande
y bellísimo Apolo!» — Mires murmuró
(los demás no lo oyeron) «menos yo».
    Los sacerdotes cristianos pedían
en voz alta por el alma del joven.—
Observaba yo con cuánto esmero
y qué intensa atención,
en el ritual de su religión, se disponía
todo lo conveniente para el funeral cristiano.
Y de pronto me invadió una extraña
sensación. De forma imprecisa sentía
que Mires escapaba de mi lado;
sentía que él, un cristiano, se había unido
a los suyos y que yo me volvía
un *extraño, muy extraño*; sentía además en mí
cernerse una duda: quizá mi propia pasión
me había engañado y yo había sido siempre un extraño para él.—
Afuera corrí de su espantosa casa,
aprisa huí antes de que el cristianismo de los suyos
me arrebatara o desfigurase el recuerdo de Mires.

P. Bádenas de la Peña

William Butler Yeats

Irlanda (Dublín, 1865-Menton, Francia, 1939)

Pese a que su familia se trasladó muy pronto a Inglaterra (1887), W. B. Yeats solía pasar largas temporadas en su país natal, cuya autonomía apoyó con calor (más en la teoría que en la práctica) y cuyas expresiones y giros confieren a su inglés un tono regional y algo arcaico. Dramaturgo y crítico, fue senador de Irlanda (1922-1928) y Premio Nobel de literatura (1923). En su etapa inicial (*Poems*, 1895; *The wind among the Reeds*, 1899) es notorio el influjo de Blake, Mallarmé, Villiers de l'Isle-Adam y en general del ocultismo. Con el poema narrativo *The wanderings of Oisin* (*Los viajes de Oisin*, 1889) dio impulso al «renacimiento celta», de raigambre simbolista y decadentista. En una fase de madurez (*In the seven Woods*, 1904; *The green helmet*, 1910; *Autobiographies*, 1926, etc.) se alejó del simbolismo pero ahondando en su tendencia esotérica y mistérica. La dicción se vuelve ahora más seca y bronca, a la vez que sus imágenes se enriquecen con una mitología personal, construida a partir de lecturas tan varias como las tradiciones hindúes y las figuraciones filosóficas de Platón y Vico. El último período de su poesía se caracteriza por el sarcasmo, la nostalgia de la sensualidad juvenil y el rechazo de la civilización moderna. En esta etapa final (*The Tower*, 1928; *The winding Stair and other poems*, 1933; *A full moon in march*, 1935; *Last poems*, 1936-1939) su lenguaje se hace más directo y su poesía se puebla de imágenes apocalípticas.

The lake isle of Innisfree

I will arise and go now, and go to Innisfree,
And a small cabin build there, of clay and wattles made:
Nine bean-rows will I have there, a hive for the honey-bee;
And live alone in the bee-loud glade.
And I shall have some peace there, for peace comes dropping slow,
Dropping from the veils of the morning to where the cricket sings;
There midnight's all a glimmer, and noon a purple glow,
And evening full of the linnet's wings.
I will arise and go now, for always night and day
I hear lake water lapping with low sounds by the shore;
While I stand on the roadway, or on the pavements grey,
I hear it in the deep heart's core.

An Irish airman foresees his death

I know that I shall meet my fate
Somewhere among the clouds above;
Those that I fight I do not hate,
Those that I guard I do not love;
My country is Kiltartan Cross,
My countrymen Kiltartan's poor,
No likely end could bring them loss
Or leave them happier than before.
Nor law, nor duty bade me fight,
Nor public men, nor cheering crowds,
A lonely impulse of delight
Drove to this tumult in the clouds;
I balanced all, brought all to mind,
The years to come seemed waste of breath,

La isla en el lago de Innisfree

Quiero ponerme en pie, ir ahora a Innisfree,
Y construirme una pequeña choza
Con cañizos y barro.
Habar de nueve filas tendré allí,
Y una colmena para abeja obrera,
Y en el claro del bosque, de abejas susurrante,
He de vivir a solas.
Gozaré allí de paz porque paz allí viene
Despacio goteando de los velos
De las mañanas hacia donde cantan los grillos.
Todo será vislumbre a medianoche,
Y púrpura candente a mediodía.
Llenarán el ocaso las alas del jilguero.
Quiero ponerme en pie, ir ahora a Innisfree
Porque días y noches oigo ya cómo bate
Con un leve sonido en las riberas
El agua de aquel lago.
Mientras, heme aquí yo. Por la calzada
O desde el empedrado
Gris lo escucho en el hondo centro del corazón.

Jorge Guillén

Un aviador irlandés prevé su muerte

Me encontrará la muerte
un día acá en lo alto.
Los que combato, yo no los odio;
los que defiendo, yo no los amo.
Kiltártan Cross, ésa es mi patria.
Los míos son aquellas pobres gentes.
Que ganen unos, a ellos ¿qué les va?
Que ganen otros, a ellos ¿qué les viene?
No lucho por deber, por ley, por un caudillo,
ni tras gloria y clamor de multitudes.
Un solitario impulso de delicia
me trajo a este tumulto entre las nubes.
Y todo lo medí, lo pensé todo:
vi el porvenir, y era un vivir estéril,

A waste of breath the years behind
In balance with this life, this death.

When you are old

When you are old and grey and full of sleep,
And nodding by the fire, take down this book,
And slowly read, and dream of the soft look
Your eyes had once, and of their shadows deep;
How many loved your moments of glad grace,
And loved your beauty with love false or true,
But one man loved the pilgrim soul in you,
And loved the sorrows of your changing face;
And bending down beside the glowing bars,
Murmur, a little sadly, how Love fled
And paced upon the mountains overhead
And hid his face amid a crowd of stars.

The secret Rose

Far-off, most secret, and inviolate Rose,
Enfold me in my hour of hours; where those
Who sought thee in the Holy Sepulchre,
Or in the wine-vat, dwell beyond the stir
And tumult of defeated dreams; and deep
Among pale eyelids, heavy with the sleep
Men have named beauty. Thy great leaves enfold
The ancient beards, the helms of ruby and gold
Of the crowned Magi; and the king whose eyes
Saw the Pierced Hands and Rood of elder rise
In Druid vapour and make the torches dim;
Till vain frenzy awoke and he died; and him
Who met Fand walking among flaming dew
By a grey shore where the wind never blew,
And lost the world and Emer for a kiss;
And him who drove the gods out of their liss,
And till a hundred morns had flowered red

y un estéril vivir eran los años ya pasados,
ante esta vida, ante esta muerte.

Dámaso Alonso

Cuando seas una anciana

Cuando seas una anciana canosa y somnolienta
cabeceando ante el fuego, toma este libro y léelo
muy lentamente y sueña con ese mirar dulce
que tus ojos tuvieron y en sus profundas sombras.
Cuántos hubo que amaron tus ratos de alegría,
y amaron tu belleza con amor falso o cierto,
mas sólo un hombre hubo que amó tu alma perfecta
y también la tristeza de tu cambiante rostro.
E inclinándote ante los leños encendidos
lamentarás con pena que aquel Amor se fuera
a recorrer él solo las más altas montañas
hasta ocultar su rostro entre un tropel de estrellas.

Carlos Clementson

La Rosa secreta

Remota, intacta, y secretísima Rosa,
envuélveme en mi hora de las horas; donde aquellos
que te buscaron en el Santo Sepulcro,
o en la cuba de vino, moran más allá del revuelo
y tumulto de los sueños vencidos; y en lo más profundo
entre pálidos párpados, grávidos del sueño
que los hombres llaman belleza. Tus grandes hojas envuelven
las barbas antiguas, los yelmos de oro y rubíes
de los Magos coronados; y el rey cuyos ojos
vieran las Manos Traspasadas y la Cruz del sauco alzarse
entre druídicos vapores, que nublan las teas;
hasta que el vago frenesí lo despertara y muriera; y aquel
que vio venir a Fand caminando envuelto en llameante rocío
junto a la orilla gris donde el viento nunca soplara,
y mundo y Emer perdió por un beso;
y aquel que hizo a los dioses abandonar sus baluartes,
y hasta que cien rojas auroras florecieron

Feasted, and wept the barrows of his dead;
And the proud dreaming king who flung the crown
And sorrow away, and calling bard and clown
Dwelt among wine-stained wanderers in deep woods;
And him who sold tillage, and house, and goods,
And sought through lands and islands numberless years,
Until he found, with laughter and with tears,
A woman of so shining loveliness
That men threshed corn at midnight by a tress,
A little stolen tress. I, too, await
The hour of thy great wind of love and hate.
When shall the stars be blown about the sky,
Like the sparks blown out of a smithy, and die?
Surely thine hour has come, thy great wind blows,
Far-off, most secret, and inviolate Rose?

THE WILD SWANS AT COOLE

The trees are in their autumn beauty,
The woodland paths are dry,
Under the October twilight the water
Mirrors a still sky;
Upon the brimming water among the stones
Are nine —and— fifty swans.
The nineteenth autumn has come upon me
Since I first made my count;
I saw, before I had well finished,
All suddenly mount
And scatter wheeling in great broken rings
Upon their clamorous wings.
I have looked upon those brilliant creatures,
And now my heart is sore.
All's changed since I, hearing at twilight
The first time on this shore,
The bell-beat of their wings above my head,
Trod with a lighter tread.
Unwearied still, lover by lover,
They paddle in the cold
Companionable streams or climb the air;
Their hearts have not grown old;

festejó, y lloró los túmulos de sus muertos;
el rey altivo y soñador que corona y penas arrojara,
y llamado al bardo y al bufón
morara en bosques profundos entre nómadas sucios por el vino;
y quien vendió labranza, casa y bienes,
y en años incontables, por islas y tierras buscó,
hasta que encontró, con risas y con llanto,
una mujer de tan radiante belleza
que los hombres trillaban la avena a medianoche,
por un robado mechón, un mechoncito.
Yo también, espero la hora de tu huracán de amor y odio.
¿Cuándo se aventarán las estrellas por el cielo,
y morirán como chispas arrojadas de una fragua?
Sopla la tempestad. ¿Es que sin duda ha llegado tu hora,
remota, intacta, y secretísima Rosa?

LOS CISNES SALVAJES DE COOLE

Los árboles poseen la belleza del otoño,
los senderos del bosque están secos,
bajo el crepúsculo de octubre el agua
refleja un calmo cielo;
sobre las aguas que rebosan entre las piedras
hay cincuenta y nueve cisnes.
Diecinueve otoños pasaron sobre mí
desde que por primera vez los contara;
y vi, antes de que hubiera terminado,
que todos alzaban su vuelo súbitamente
esparciendo grandes círculos rotos
bajo sus alas clamorosas.
He contemplado esas brillantes criaturas,
y dolorido está mi corazón.
Todo cambió desde que al escuchar el crepúsculo
por primera vez sobre esta orilla,
el metálico batir de sus alas sobre mi cabeza,
con más ligero paso caminara.
Todavía incansables, amante con amante,
nadan en las frías
y amables corrientes o trepan al aire;
sus corazones no han envejecido;

Passion or conquest, wander where they will,
Attend upon them still.
But now they drift on the still water,
Mysterious, beautiful;
Among what rushes will they build,
By what lake's edge or pool
Delight men's eyes when I awake some day
To find they have flown away?

Lines written in dejection

When have I last looked on
The round green eyes and the long wavering bodies
Of the dark leopards of the moon?
All the wild witches, those most noble ladies,
For all their broom-sticks and their tears,
Their angry tears, are gone.
The holy centaurs of the hills are vanished;
I have nothing but the embittered sun;
Banished heroic mother moon and vanished,
And now that I have come to fifty years
I must endure the timid sun.

Byzantium

The unpurged images of day recede;
The Emperor's drunken soldiery are abed;
Night resonance recedes; night-walkers' song
After great cathedral gong;
A starlit or a moonlit dome disdains
All that man is,
All mere complexities,
The fury and the mire of human veins.

la pasión o la conquista, vagando a su antojo,
Esperan todavía sobre ellos.
Pero ahora se deslizan sobre le agua tranquila,
misteriosos, bellos;
¿entre qué juncos anidarán,
junto a la orilla de qué estanque o lago
deleitarán ojos humanos cuando un día despierte
para descubrir que han partido?

Manuel Soto

Versos escritos con desánimo

¿Cuándo he mirado por última vez los redondos
ojos —tan verdes— y los ondulantes
cuerpos de los oscuros leopardos de la luna?
Todas las montaraces hechiceras
— nobilísimas damas
a pesar de sus palos de escoba y de sus llantos,
de sus airados llantos — ya se fueron.
Los sagrados centauros de los montes
han desaparecido.
Yo no tengo ya más que el sol amargo.
Proscrita y esfumada
la heroica madre luna,
ahora que cumplí los cincuenta años
he de sufrir el sol, a mi tímido sol.

Jorge Guillén

Bizancio

Ceden las inexpurgadas imágenes del día;
la imperial soldadesca borracha está acostada;
la resonancia nocturna cede, trasnochador que canta,
Tras el gong de la gran iglesia.
Una cúpula estrellada o lunada desdeña
todo cuanto es el hombre,
tantas meras complejidades,
furia y fango de humanas venas.

Before me floats an image, man or shade:
Shade more than man, more image than a shade:
For Hades' bobbin bound in mummy-cloth
May unwind the winding path;
A mouth that has no moisture and no breath
Breathless mouths may summon;
I hail the superhuman;
I call it death-in-life and life-in-death.
Miracle, bird or golden handiwork,
More miracle than bird or handiwork,
Planted on the star-lit golden bough,
Can like the cocks of Hades crow,
Or by the moon embittered, scorn aloud
In glory of changeless metal
Common bird or petal
And all complexities of mire or blood.
At midnight on the Emperor's pavement flit
Flames that no faggot feeds, nor steel has lit,
Nor storm disturbs, flames begotten of flame,
Where blood-begotten spirits come
And all complexities of fury leave,
Dying into a dance,
An agony of trance,
An agony of flame that cannot singe a sleeve.
Astraddle on the dolphin's mire and blood,
Spirit after spirit! The smithies break the flood,
The golden smithies of the Emperor!
Marbles of the dancing floor
Break bitter furies of complexity,
Those images that yet
Fresh images beget,
That dolphin-torn, that gong-tormented sea.

THE SORROW OF LOVE

The brawling of a sparrow in the eaves,
The brilliant moon and all the milky sky,
And all that famous harmony of leaves,
Had blotted out man's image and his cry.

Flota ante mí una imagen, hombre o sombra,
sombra más que hombre, imagen más que sombra:
por bobina de Hades envuelta en bandeletas
puede desenvolver el sendero revuelto,
boca sin humedad ni aliento
convocar puede bocas desalentadas.
Saludo lo sobrehumano,
lo llamo muerte en vida y vida en muerte.
Milagro, ave o joyel dorado,
más milagro que joyel o ave,
plantado en estrellada rama de oro
puede cacarear como gallos de Hades
o, por la luna amargado, gritar escarnio,
en la gloria del metal inmutable,
a común ave o pétalo
y a la complejidad de fango o sangre.
Por el pavimento imperial van a medianoche
llamas que un leño no alimenta, ni un acero prende,
ni trastornan tormentas; llamas engendradas en llama,
adonde acuden almas engendradas en sangre
que todas las complejidades de la furia dejan,
muriendo en una danza,
una agonía de trance,
una agonía de llamas que a una manga no queman.
Por el fango y la sangre del delfín cabalgando,
un alma tras de otra. Las fraguas rompen el diluvio,
las doradas fraguas imperiales.
Los mármoles del suelo de danza
rompen de la complejidad la furia amarga,
esas imágenes que todavía
nuevas imágenes engendran,
ese mar que rasgan los delfines y que un gong atormenta.

Luis Cernuda

La pena del amor

Gorriones del lado que alborotan,
luna brillante y cielos infinitos,
y esa famosa armonía de las hojas
borraban a los hombres con sus gritos.

A girl arose that had red mournful lips
And seemed the greatness of the world in tears,
Doomed like Odysseus and the labouring ships
And proud as Priam murdered with his peers;
Arose, and on the instant clamorous eaves,
A climbing moon upon an empty sky,
And all that lamentation of the leaves,
Could but compose man's image and his cry.

Sailing to Byzantium

I

That is no country for old men. The young
In one another's arms, birds in the trees
—Those dying generations— at their song,
The salmon-falls, the mackerel-crowded seas,
Fish, flesh, or fowl, commend all summer long
Whatever is begotten, born, and dies.
Caught in that sensual music all neglect
Monuments of unageing intellect.

II

An aged man is but a paltry thing,
A tattered coat upon a stick, unless
Soul clap its hands and sing, and louder sing
For every tatter in its mortal dress,
Nor is there singing school but studying
Monuments of its own magnificence;
And therefore I have sailed the seas and come
To the holy city of Byzantium

III

O sages standing in God's holy fire
As in the gold mosaic of a wall,
Come from the holy fire, perne in a gyre,
And be the singing-masters of my soul.

Floreció una mujer de labios colorados
que era el duelo del mundo en su grandeza,
como Ulises y sus barcos condenados
y Príamo muerto con toda su nobleza.
Surgió, y los clamores que alborotan,
la luna que atraviesa vacíos infinitos,
todos aquellos lamentos de las hojas
componen la figura del hombre y de sus gritos.

Claudio Guillén

Navegante a Bizancio

I

Este país no es para los viejos. Jóvenes
entregados al abrazo, pájaros en los árboles cantando
—generaciones que se consumirán—
cascadas de salmones, mares de arenques,
ave, pez, carne celebrando en verano
todo lo que se engendra, nace y muere.
De la sensual canción aprisionados, abandonan
aquellos monumentos de intelecto sin tiempo.

II

Un viejo es una cosa deleznable,
un andrajo en un palo. Y sólo
bate palmas el alma y canta alto
de cada jirón roto de su mortal vestido.
Ni hay escuela de canto, solamente el estudio
de aquellos monumentos de su propio esplendor.
Y por ello he cruzado los mares y llegado
a la ciudad sagrada de Bizancio.

III

Oh sabios, los que estáis en el fuego de Dios,
cual mosaico dorado sobre el muro,
dejad el fuego sagrado —rueda que gira—
y conducid el coro de mi alma.

Consume my heart away; sick with desire
And fastened to a dying animal
It knows not what it is; and gather me
Into the artifice of eternity.

IV

Once out of nature I shall never take
My bodily form from any natural thing,
But such a form as Grecian goldsmiths make
Of hammered gold and gold enamelling
To keep a drowsy Emperor awake;
Or set upon a golden bough to sing
To lords and ladies of Byzantium
Of what is past, or passing, or to come.

What was lost

I sing what was lost and dread what was won,
I walk in a battle fought over again,
My king a lost king, and lost soldiers my men;
Feet to the Rising and Setting may run,
They always beat on the same small stone.

Consumid mi corazón; padeciente de anhelos,
atado a un animal agonizante
no sabe lo que es; recogedme
en el artificio de la eternidad.

IV

Libre de la naturaleza nunca más tomaré
mi forma corporal de cosa natural,
mas formas como aquellas que el orífice griego
forjara en oro y esmaltara en oro
para que el soñoliento Emperador no se durmiera;
o cantaré, posado en la rama dorada,
para damas y señores de Bizancio,
de aquello que es pasado, pasando o por venir.

Enrique Caracciolo

Lo que perdí

Canto lo que perdí y me aterra lo ganado,
camino combatiendo eternamente,
mi rey, un rey perdido y también mis soldados;
y aunque corran mis pies desde el alba al ocaso
suenen siempre en la misma piedra breve.

Jaime Ferrán

Rainer Maria Rilke

República Checa (Praga, Imperio Austrohúngaro, 1875-Valmont, Suiza, 1926)

De origen austríaco, fue un viajero desarraigado, prototipo del europeo cosmopolita de el temprano siglo XX: estudió en Praga, Munich y Berlín; de 1902 a 1914 vivió en París, un par de años como secretario de Rodin; en Duino, cerca de Trieste, pasó varias temporadas invitado por la princesa Marie von Thurn und Taxis; anduvo por Rusia, Egipto, Italia, Escandinavia, Holanda y España, a veces en compañía de Lou Andreas-Salomé. Rilke escribe partiendo de la concepción del poeta como alquimista y profeta que mediante la palabra, fruto de la inspiración divina, trata de conjurar el mundo y transmutarlo. El ciclo inicial de su producción se caracteriza por una aguda contemplación de la realidad circundante y por una entrega incondicional a la poesía como sino órfico. Su segunda época posee una mayor presencia del pensamiento poético, una mayor carga profética y a la vez un mayor vuelo lírico. *Las elegías de Duino* (1912-1922) lamentan la desaparición de lo sagrado en el mundo moderno, al tiempo que enaltecen la contemplación simple y pura de las cosas. En los *Sonetos a Orfeo* (1922-1923) Rilke se entrega por entero a la «iluminación poética» y reúne la totalidad de su pensamiento inspirado en el mito de Orfeo. Poblados de ángeles, locos y ciegos, sus poemas tratan con desencanto la soledad psíquica del habitante de las ciudades. Pese a que su lenguaje está fuertemente cargado de metafísica y de sentencias mágicas, quizá Rilke no sea tanto un poeta trascendente cuanto sugestivo, emocional e inmanente, con una poderosa percepción intelectual del oficio artístico.

Dass ich nicht war vor einer Weile,
weißt du davon? Und du sagst nein.
Da fühl ich, wenn ich nur nicht eile,
so kann ich nie vergangen sein.
  Ich bin ja mehr als Traum im Traume.
Nur was sich sehnt nach einem Saume,
ist wie ein Tag und wie ein Ton;
es drängt sich fremd durch deine Hände,
dass es die viele Freiheit fände,
und traurig lassen sie davon.
  So blieb das Dunkel dir allein,
und, wachsend in die leere Lichte,
erhob sich eine Weltgeschichte
aus immer blinderem Gestein.
Ist einer noch, der daran baut?
Die Massen wollen wieder Massen,
die Steine sind wie losgelassen
  und keiner ist von dir behauen…

In diesem Dorfe steht das letzte Haus
so einsam wie das letzte Haus der Welt.
  Die Straße, die das kleine Dorf nicht hält,
geht langsam weiter in die Nacht hinaus.
  Das kleine Dorf ist nur ein Übergang
zwischen zwei Weiten, ahnungsvoll und bang,
ein Weg an Häusern hin statt eines Stegs.
  Und die das Dorf verlassen, wandern lang,
und viele sterben vielleicht unterwegs.

Einsamkeit

Die Einsamkeit ist wie ein Regen.
Sie steigt vom Meer den Abenden entgegen;
von Ebenen, die fern sind und entlegen,
geht sie zum Himmel, der sie immer hat.
Und erst vom Himmel fällt sie auf die Stadt.
  Regnet hernieder in den Zwitterstunden,
wenn sich nach Morgen wenden alle Gassen

Que hace un instante no existía yo,
¿lo sabes? Y contestas tú que no,
Y siento que si sé no apresurarme
puedo no pasar nunca.
    Pues yo soy mucho más que un sueño en otro sueño.
Sólo lo que desea tener bordes
es como un día y un sonido;
y se te escapa, extraño, por las manos,
para encontrar la inmensa libertad,
y ellas se lo permiten, con tristeza.
    Así quedó lo oscuro para ti solamente,
y, creciendo hacia el diáfano vacío,
se levantó una historia universal
con unas piedras cada vez más ciegas.
¿*Hay* todavía alguno que sobre ellas construya?
Las masas quieren otra vez las masas,
en abandono están las piedras;
    de ellas ninguna la esculpiste tú.

Federico Bermúdez-Cañete

En esta aldea está la última casa
tan sola como la última del mundo.
    El camino, al que el pueblo no sujeta,
sale afuera despacio, noche adentro.
    Esta pequeña aldea es sólo un tránsito
entre dos lejanías llenas, trémulas,
un camino en las casas, no un sendero.
    Y los que la abandonan, andan y andan,
y quizá muchos mueren de camino.

Soledad

La soledad es igual que una lluvia.
Sube del mar, enfrente de las tardes;
de llanos, que están lejos y remotos
marcha hasta el cielo, que la tiene siempre.
Y desde el cielo cae a la ciudad.
    La lluvia cae en las horas intermedias,
cuando tuercen al día las callejas

und wenn die Leiber, welche nichts gefunden,
enttäuscht und traurig von einander lassen;
und wenn die Menschen, die einander hassen,
in *einem* Bett zusammen schlafen müssen:
dann geht die Einsamkeit mit den Flüssen—

FRÜHER APOLLO

Wie manches Mal durch das noch unbelaubte
Gezweig ein Morgen durchsieht, der schon ganz
im Frühiling ist: so ist in seinem Haupte
nichts was verhindern könnte, daß der Glanz
aller Gedichte uns fast tödlich träfe;
denn noch kein Schatten ist in seinem Schaun,
zu kühl für Lorbeer sind noch seine Schläfe
und später erst wird aus den Augenbraun
hochstämmig sich der Rosengarten heben,
aus welchem Blätter, einzeln, ausgelöst
hintreiben werden auf des Mundes Beben,
der jetzt noch still ist, niegebraucht und blinkend
und nur mit seinem Lächeln etwas trinkend
als würde ihm sein Singen eingeflößt.

Ein Gott vermags. Wie aber, sag mir, soll
ein Mann ihm folgen durch die schmale Leier?
Sein Sinn ist Zwiespalt. An der Kreuzung zweier
Herzwege steht kein Tempel für Apoll.
Gesang, wie du ihn lehrst, ist nicht Begehr,
nicht Werbung um ein endlich noch Erreichtes;
Gesang ist Dasein. Für den Gott ein Leichtes.
Wann aber *sind* wir? Und wann wendet *er*
an unser Sein die Erde und die Sterne?
Dies *ists* nicht, Jüngling, dass du liebst, wenn auch
die Stimme dann den Mund dir aufstößt, — lerne
vergessen, dass du aufsangst. Das verrinnt.
In Wahrheit singen, ist ein andrer Hauch.
Ein Hauch um nichts. Ein Wehn im Gott. Ein Wind.

y los cuerpos, que no han hallado nada,
se separan, desengañados, tristes,
y cuando las personas que se odian
deben dormir en una misma cama.
La soledad va entonces con los ríos...

José María Valverde

Apolo temprano

Como a veces, por el ramaje aún sin hojas,
asoma una mañana, ya toda
en primavera: así en su cabeza
no hay nada que pueda impedir que el fulgor
de todos los poemas nos hiera casi mortalmente;
porque en su mirar no hay sombra todavía,
sus sienes están aún demasiado frescas para el laurel,
y sólo más tarde, de sus cejas
se alzará la rosaleda de altos troncos
de la que saldrán hojas sueltas, desprendidas,
flotando sobre el temblor de la boca,
que ahora calla aún, radiante y nunca usada,
y sólo bebiendo algo con su sonrisa
como si le fuera instilado su cantar.

Federico Bermúdez-Cañete

Posible es para un dios. Mas, dime, ¿cómo
podrá seguirle un hombre con la angosta lira?
Su ánimo es discorde. Y en la cruz de dos sendas de corazón
no puede el templo de Apolo ser levantado.
Cantar como tú enseñas no es anhelo
ni deseo de algo que pueda ser conseguido.
Canto es existencia. Para un dios es fácil.
Pero nosotros ¿cuándo existimos? Y él ¿cuándo declina
hasta nuestro ser la tierra y las estrellas?
No tan sólo porque amas *eres* adolescente,
Ni aun siquiera cuando la voz irrumpe en tu boca. Sabe
olvidar que cantas. El canto fluye.
Cantar es en verdad otro aliento,
un soplo en torno de nada. Un vuelo en Dios. Un viento.

Errichtet keinen Denkstein. Lasst die Rose
nur jedes Jahr zu seinen Gunsten blühn.
Denn Orpheus ists. Seine Metamorphose
in dem und dem. Wir sollen uns nicht mühn
um andre Namen. Ein für alle Male
ists Orpheus, wenn es singt. Er kommt und geht.
Ists nicht schon viel, wenn er die Rosenschale
um ein paar Tage manchmal übersteht?
O wie er schwinden muss, dass ihrs begrifft!
Und wenn ihm selbst auch bangte, dass er schwände.
Indem sein Wort das Hiersein übertrifft,
ist er schon dort, wohin ihrs nicht begleitet.
Der Leier Gitter zwängt ihm nicht die Hände.
Und er gehorcht, indem er überschreitet.

Wir sind die Treibenden.
Aber den Schritt der Zeit,
nehmt ihn als Kleinigkeit
im immer Bleibenden.
Alles das Eilende
wird schon vorüber sein;
denn das Verweilende
erst weiht uns ein.
Knaben, o werft den Mut
nicht in die Schnelligkeit,
nicht in den Flugversuch.
Alles ist ausgeruht:
Dunkel und Helligkeit,
Blume und Buch.

Sei allem Abschied voran, als wäre er hinter
dir, wie der Winter, der eben geht.
Denn unter Wintern ist einer so endlos Winter,
dass, überwinternd, dein Herz überhaupt übersteht.
Sei immer tot in Eurydike , singender steige,
preisender steige zurück in den reinen Bezug.
Hier, unter Schwindenden, sei, im Reiche der Neige,
sei ein klingendes Glas, das sich im Klang schon zerschlug.

No erijáis estela alguna. Dejad tan sólo que la rosa
florezca de año en año en su memoria.
Porque es Orfeo. Metamorfosis suyas
esto y aquello. En vano será el afán
de buscar otros nombres. De una vez para siempre
es Orfeo quien canta. Viene y se va.
¿No basta con que a veces sobreviva
de las rosas unos días al ocaso?
¡Oh si entendieseis que se ha de desvanecer
aunque desvanecerse la atormentara!
Mientras aquí perdura su palabra,
él está donde no puede ser seguido.
La reja de la lira no aprisiona sus manos,
y el tránsito es en él obediencia.

Vivimos de modo trepidante.
Mas debéis tomar el paso del tiempo
como cosa sin importancia
entre lo que para siempre permanece.
Lo que transcurre aprisa
pronto ha de pasar,
tan sólo lo que queda
nos inicia.
No pongáis, oh muchachos, vuestro arrojo
en la velocidad,
ni en el empeño de volar.
Las cosas son morosas:
oscuridad y claridad,
la flor y el libro.

Carlos Barral

Adelántate a toda despedida, como si la hubieras dejado
atrás, como el invierno que se está yendo.
Pues bajo los inviernos hay uno tan infinitamente invierno
que, si lo pasas, tu corazón resistirá.
Sé siempre muerto en Eurídice, cantando sube,
ensalzando regresa a la pura relación.
Aquí, entre los que se desvanecen, en el reino de lo que declina,
sé una copa sonora que con sólo sonar se rompió.

Sei — und wisse zugleich des Nicht-Seins Bedingung,
den unendlichen Grund deiner innigen Schwingung,
dass du sie völlig vollziehst dieses einzige Mal.
Zu dem gebrauchten sowohl, wie zum dumpfen und stummen
Vorrat der vollen Natur, den unsäglichen Summen,
zähle dich jubelnd hinzu und vernichte die Zahl.

Rufe mich zu jener deiner Stunden,
die dir unaufhörlich widersteht:
flehend nah wie das Gesicht von Hunden,
aber immer wieder weggedreht,
wenn du meinst, sie endlich zu erfassen.
So Entzognes ist am meisten dein.
Wir sind frei. Wir wurden dort entlassen,
wo wir meinten, erst begrüßt zu sein.
Bang verlangen wir nach einem Halte,
wir zu Jungen manchmal für das Alte
und zu alt für das, was niemals war.
Wir, gerecht nur, wo wir dennoch preisen,
weil wir, ach, der Ast sind und das Eisen
und das Süße reifender Gefahr.

AN DEN ENGEL

Starker, stiller, an den Rand gestellter
Leuchter: oben wird die Nacht genaus.
Wir ver-geben uns in unerhellter
Zögerung an deinem Unterbau.
Unser ist: den Ausgang nicht zu wissen
aus dem drinnen irrlichen Bezirk,
du erscheinst auf unsern Hindernissen
und beglühst sie wie ein Hochgebirg.
Deine Lust ist *über* unserm Reiche,
und wir fassen kaum den Niederschlag;
wie die reine Nacht der Frühlingsgleiche
stehst du teilend zwischen Tag und Tag.
Wer vermöchte je dir einzuflößen
von der Mischung, die uns heimlich trübt?

Sé, y sabe a la vez la condición del no ser,
el infinito fondo de tu íntima vibración,
para que la lleves a cabo del todo, esta única vez.
A las reservas de la Naturaleza en plenitud, las usadas
como las sordas y mudas, a las indecibles sumas,
añádete jubiloso y aniquila el número.

Llámame en aquella de tus horas
que te resiste inacabablemente:
suplicando cercana como el rostro
de un perro, mas después se da la vuelta
cuando piensas que al fin lo has comprendido.
Lo que se zafa así es lo más tuyo.
Somos libres. De allí donde pensábamos
que éramos bienvenidos nos echaron.
Temerosos buscamos un soporte,
para lo viejo algunas veces jóvenes
y viejos para lo que nunca fue.
Justos tan sólo allí donde alabamos,
pues, ay, el hierro somos y la rama
y el dulzor del peligro que madura.

Eustaquio Barjau y Joan Parra

Al ángel

Fuerte, tranquila luminaria, en el límite
colocada: arriba la noche se hace exacta.
Nosotros nos derrochamos en la oscura
zozobra sobre la que se yergue tu pedestal.
Lo nuestro es: ignorar la salida
de la extraviada circunscripción interior,
tú te muestras sobre nuestros obstáculos
y los enciendes como una alta montaña.
Tu júbilo está *por encima* de nuestro reino,
y apenas captamos su precipitado;
como la pura noche equinoccial de primavera
estás tú dividiendo entre día y día.
¿Quién sería capaz de infundirte algo
de la mezcla que secretamente nos enturbia?

Du hast Herrlichkeit von allen Größen,
und wir sind am Kleinlichsten geübt.
Wenn wir weinen, sind wir nichts als rührend,
wo wir anschaun sind wir höchstens wach;
unser Lächeln ist nicht weit verführend,
und verführt es selbst, wer geht ihm nach?
Irgendeiner. Engel, klag ich, klag ich?
Doch wie wäre denn die Klage mein?
Ach, ich schreie, mit zwei Hölzern schlag ich
und ich meine nicht, gehört zu sein.
Dass ich lärme, wird an dir nicht lauter,
wenn du mich nicht fühltest, weil ich *bin*.
Leuchte, leuchte! Mach mich angeschauter
bei den Sternen. Denn ich schwinde hin.

DUINESER ELEGIEN

ERSTE ELEGIE

Wer, wenn ich schriee, hörte mich denn aus der Engel
Ordnungen? und gesetzt selbst, es nähme
einer mich plötzlich ans Herz: ich verginge vor seinem
stärkeren Dasein. Denn das Schöne ist nichts
als des Schrecklichen anfang, den wir noch grade ertragen,
und wir bewundern es so, weil es gelassen verschmäht,
uns zu zerstören. Ein jeder Engel ist schrecklich.
Und so verhalt ich mich denn und verschlucke den Lockruf
dunkelen Schluchzens. Ach, wen vermögen
wir denn zu brauchen? Engel nicht, Menschen nicht,
und die findigen Tiere merken es schon,
dass wir nicht sehr verlässlich zu Haus sind
in der gedeuteten Welt. Es bleibt uns vielleicht
irgend ein Baum an dem Abhang, dass wir ihn täglich
wiedersähen; es bleibt uns die Straße von gestern
und das verzogene Treusein einer Gewohnheit,
der es bei uns gefiel, und so blieb sie und ging nicht.

Tú tienes la majestad de todas las grandezas,
y nosotros estamos ejercitados en lo más ínfimo.
Cuando lloramos somos tan sólo enternecedores,
cuando miramos estamos a lo sumo despiertos;
nuestra sonrisa no es mucho más seductora,
y aun cuando seduzca, ¿quién va tras ella?
Uno cualquiera. Oh ángel, ¿me quejaré, me quejaré?
Pero, ¿cómo sería entonces la queja mía?
¡Ay, yo grito y golpeo con dos maderos,
y no siento el eco de ser escuchado!
El que yo hiciera ruido no sería en ti más perceptible,
si tú no me sintieras porque *soy*.
¡Alumbra, alumbra! Hazme más contemplado
entre las estrellas. Pues me desvanezco.

Jaime Ferreiro Alemparte

ELEGÍAS DE DUINO

PRIMERA ELEGÍA

¿Quién, si yo gritase, me oiría desde los órdenes
angélicos? Y suponiendo
que un Ángel me cogiese de repente contra su corazón: me desharía
por su más fuerte existencia. Porque lo bello
no es más que el comienzo de lo terrible, ese grado que todavía
soportamos;
y lo admiramos tanto porque, como al desgaire, desdeña
aniquilarnos. Todo Ángel es terrible.
Y, así, me contengo y trago el reclamo
de un oscuro sollozo. ¡Ay! ¿A quiénes
somos capaces de usar? Ni a los hombres ni a los ángeles;
y las bestias, más perspicaces, ya advierten
que no estamos muy seguros en este
mundo interpretado. Nos queda, quizá,
un árbol en la vera de la pendiente, que pudiésemos ver de nuevo,
cada día; nos queda la calle de ayer,
y la fidelidad, lánguidamente a rastras de alguna costumbre
complacida en permanecer con nosotros, y que así se quedó,
y no se fue.

O und die Nacht, die Nacht, wenn der Wind voller Weltraum
uns am Angesicht zehrt —, wem bliebe sie nicht, die ersehnte,
sanft enttäuschende, welche dem einzelnen Herzen
mühsam bevorsteht. Ist sie den Liebenden leichter?
Ach, sie verdecken sich nur mit einander ihr Los.
Weißt du's *noch* nicht? Wirf aus den Armen die Leere
zu den Räumen hinzu, die wir atmen; vielleicht daß die Vögel
die erweiterte Luft fühlen mit innigerm Flug.
Ja, die Frühlinge brauchten dich wohl. Es muteten manche
Sterne dir zu, dass du sie spürtest. Es hob
sich eine Woge heran im Vergangenen, oder
da du vorüberkamst am geöffneten Fenster,
gab eine Geige sich hin. Das alles war Auftrag.
Aber bewältigtest du's? Warst du nicht immer
noch von Erwartung zerstreut, als kündigte alles
eine Geliebte dir an? (Wo willst du sie bergen,
da doch die großen fremden Gedanken bei dir
aus und ein gehn und öfters bleiben bei Nacht.)
Sehnt es dich aber, so singe die Liebenden; lange
noch nicht unsterblich genug ist ihr berühmtes Gefühl.
Jene, du neidest sie fast, Verlassenen, die du
so viel liebender fandest als die Gestillten. Beginn
immer von neuem die nie zu erreichende Preisung;
denk: es erhält sich der Held, selbst der Untergang war ihm
nur ein Vorwand, zu sein: seine letzte Geburt.
Aber die Liebenden nimmt die erschöpfte Natur
in sich zurück, als wären nicht zweimal die Kräfte,
dieses zu leisten. Hast du der Gaspara Stampa
denn genügend gedacht, dass irgend ein Mädchen,
dem der Geliebte entging, am gesteigerten Beispiel
dieser Liebenden fühlt: dass ich würde wie sie?
Sollen nicht endlich uns diese ältesten Schmerzen
fruchtbarer werden? Ist es nicht Zeit, dass wir liebend
uns vom Geliebten befrein und es bebend bestehn:
wie der Pfeil die Sehne besteht, um gesammelt im Absprung
mehr zu sein als er selbst. Denn Bleiben ist nirgends.
Stimmen, Stimmen. Höre, mein Herz, wie sonst nur
Heilige hörten: das die der riesige Ruf
aufhob vom Boden; sie aber knieten,
Unmögliche, weiter und achtetens nicht:
So waren sie hörend. Nicht, dass du *Gottes* ertrügest

¡Oh!, y la noche, la noche con el viento colmado de espacio cósmico,
que nos afila el rostro—, ¿para quién no quedaría ella, la anhelada,
la que suavemente desilusiona, la que penosamente
se acerca al corazón señero? ¿Es ella más leve para los amantes?
¡Ay, ellos no hacen sino ocultarse el uno al otro su sino!
¿*Aún* no lo sabes? Arroja desde los brazos el vacío
hacia los espacios que respiramos; acaso los pájaros
sientan, con un vuelo más entrañable, el aire amplificado.

Sí, es cierto, las primaveras te necesitaban. Algunas estrellas
exigían que las sintieses. Desde el pasado
se levantaba hacia ti una enorme ola, o,
cuando pasabas, en la ventana abierta
se te entregaba un violín. Todo esto era misión.
Pero, ¿la cumpliste? ¿No estabas siempre
distraído por la ilusionada espera, como si todo
te anunciase una amante? (¿Dónde la quieres albergar,
ya que los grandes y extraños pensamientos
entran y salen en ti, y a menudo permanecen, en la noche?
Pero si la nostalgia te consume, entonces canta a los amantes;
aún está su famoso sentimiento lejos de la inmortalidad.
Cántalos, a aquellos —¡casi los envidias—, a los abandonados,
a los que tú encontraste mucho más amantes que los satisfechos.
Recomienza siempre de nuevo la inaccesible alabanza;
piensa: el Héroe se mantiene; su mismo ocaso sólo le fue
pretexto para ser: su último nacimiento.
Pero la naturaleza exhausta recoge
dentro de sí a los amantes como si no hubiera fuerzas
para cumplir dos veces la misma obra. ¿Has pensado ya bastante
en Gaspara Stampa? ¡Ojalá que alguna muchacha,
abandonada del amado, sintiese ante el ejemplo exaltado
de esta amante: si llegase a ser como ella!
Finalmente, ¿estos dolores ajenos no deben llegar
a sernos más fecundos? ¿No es ya el tiempo de que nos libremos
amorosamente del amado, y de que, vibrantes, lo resistamos:
tal como a la cuerda la flecha para que en la tensión del salto
se *supere* a sí misma? Porque no existe el detenerse.

Voces, voces. Escucha, corazón mío, como antaño sólo
los santos escuchaban, hasta ser levitados
por la llamada inmensa; pero ellos, inaccesibles e indiferentes;
permanecían arrodillados:
Y así alcanzaron a oír. No es que tú llegases

die Stimme, bei weitem. Aber das Wehende höre,
die ununterbrochene Nachricht, die aus Stille sich bildet.
Es rauscht jetzt von jenen jungen Toten zu dir.
Wo immer du eintratst, redete nicht in Kirchen
zu Rom und Neapel ruhig ihr Schicksal dich an?
Oder es trug eine Inschrift sich erhaben dir auf,
wie neulich die Tafel in Santa María Formosa.
Was sie mir wollen? leise soll ich des Unrechts
Anschein abtun, der ihrer Geister
reine Bewegung manchmal ein wenig behindert.
Freilich ist es seltsam, die Erde nicht mehr zu bewohnen,
kaum erlernte Gebräuche nicht mehr zu üben,
Rosen, und andern eigens versprechen den Dingen
nicht die Bedeutung menschlicher Zukunft zu geben;
das, was man in unendlich ängstlichen Händen,
nicht mehr zu sein, und selbst den eigenen Namen
wegzulassen wie ein zerbrochenes Spielzeug.
Seltsam, die Wünsche nicht weiterzuwünschen. Seltsam,
alles, was sich bezog, so lose im Raume
flattern zu sehen. Und das Totsein ist mühsam
und voller Nachholn, dass man allmählich ein wenig
Ewigkeit spürt. — Aber Lebendige machen
alle den Fehler, dass sie zu stark unterscheiden.
Engel (sagt man) wüssten oft nicht, ob sie unter
Lebenden gehn oder Toten. Die ewige Strömung
reißt durch beide Bereiche alle Alter
immer mit sich und übertönt sie in beiden.
Schließlich brauchen sie uns nicht mehr, die Früheentrückten,
man entwöhnt sich des Irdischen sanft, wie man den Brüsten
milde der Mutter entwächst. Aber wir, die so große
Geheimnisse brauchen, denen aus Trauer so oft
seliger Fortschritt entspringt —: *könnten* wir sein ohne sie?
Ist die Sage umsonst, dans einst in der Klage um Linos
wagende erste Musik dürre Erstarrung durchdrang,
das erst im erschrockenen Raum, dem ein beinah göttlicher
Jüngling
plötzlich für immer enttrat, das Leere in jene
Schwingung geriet, die uns jetzt hinreißt und tröstet und hilft.

a soportar la voz de *Dios*, ni remotamente. Pero escucha la brisa;
escucha el incesante mensaje que se forma de silencio.
Ahora brama hacia ti desde aquellos jóvenes muertos.
En todas partes donde entrabas, en las iglesias
de Roma o Nápoles, ¿no te hablaba calmosamente su destino?
O bien una inscripción se te imponía,
sublime, como el otro día en Santa María Formosa aquella lápida.
¿Qué quieren de mí los muertos? Quedamente debo
separar de ellos la apariencia de injusticia que a veces
estorba un poco el puro movimiento de sus espíritus.
En verdad que es extraño no habitar ya la tierra,
no ejercer ya costumbres apenas aprendidas,
no dar a las rosas y a otras cosas propiamente prometedoras
la significación de porvenir humano;
no ser ya lo que uno fue en manos infinitamente angustiosas,
y hasta abandonar el propio nombre
como un trizado juguete.
Es extraño no seguir deseando los deseos. Extraño
ver que en el espacio aletea con soltura cuanto tenía una ligazón.
El estar muerto es penoso,
un ímprobo recobrar la vida no hecha hasta que lentamente
se siente un poco de eternidad. — Pero los vivos cometen
todos el error de distinguir con demasiada vehemencia.
Los ángeles (se dice) no saben a menudo si andan
entre los vivos o los muertos. La eterna corriente
arrastra siempre, por los ámbitos, todas las edades,
y en uno y otro su rumor las supera.
Finalmente, los muertos antes de tiempo ya no nos necesitan.
Uno se desacostumbra suavemente a lo terreno, del mismo modo
que, con placidez, se emancipa de los pechos maternos.
Pero nosotros, que necesitamos de tan grandes misterios,
y a quienes a menudo desde el duelo surge tan dichoso progreso,
¿*podríamos* sin ellos existir?
¿Fue en vano que antaño —lo dice la leyenda—, cuando el duelo
por Linos
la balbuciente primera música penetrase la rigidez enjuta de la
materia?
¿Fue en vano que únicamente en el espacio aterrado del que
súbita para siempre salió el casi divino doncel,
haya entrado en el vacío en aquella vibración que ahora nos
estremece, nos consuela y nos ayuda?

Mechthild von Hese Podewils y Gonzalo Torrente Ballester

Paume

À Mme et M. Albert Vulliez

Paume, doux lit froissé
où des étoiles dormantes
avaient laissé des plis
en se levant vers le ciel.
Est-ce que ce lit était tel
qu'elles se trouvent reposées,
claires et incandescentes,
parmi les astres amis
en leur élan éternel?
Ô les deux lits de mes mains,
abandonnés et froids,
légers d'un absent poids
de ces astres d'airain.
Que le dieu se contente de nous,
de notre instant insigne,
avant qu'une vague maligne
nous renverse et pousse à bout.

Palma

A Madame et Monsieur Albert Vulliez

Palma, dulce lecho arrugado
donde estrellas durmientes
habían dejado pliegues
al elevarse hacia el cielo.
¿Es que esa cama era tal
que se encuentran reposadas,
claras e incandescentes,
entre los astros amigos
en su impulso eterno?
¡Oh las dos camas de mis manos,
abandonadas y frías,
ligeras de un peso ausente
de esos astros de bronce!
Que el dios se contente con nosotros,
con nuestro instante insigne,
antes que una ola maligna
nos vuelque y lleve al fin.

José María Valverde

Paul Valéry

Francia (Sête, 1871-París, 1945)

Después de que románticos y simbolistas dominaran la escena literaria a golpe de intuición y espontaneidad, este epígono de Mallarmé encaminó de nuevo la tradición poética francesa a su vertiente intelectual y racional. Sus primeras composiciones datan de los años ochenta, pero muy pronto se impuso un silencio de casi dos decenios, durante los cuales se dedicó al estudio de las matemáticas y las más varias disciplinas y comenzó (1894) la redacción de unos voluminosos *Cahiers* con sus asistemáticas reflexiones sobre el arte, el lenguaje y todo lo humano y lo divino. Durante ese mismo período, en París, asistió de manera asidua a los «martes poéticos» de Mallarmé, pero sólo en 1917, a impulso de Gide y Gaston Gallimard, volvió resueltamente a la poesía con la publicación de *La jeune parque*, que en principio debía ser el prólogo a sus versos anteriores (*Album de vers anciens*, 1920). A partir de entonces su fama creció rápidamente, en especial tras la aparición de *Charmes* (1922), título al que dio el doble valor de su étimo latino, *carmina*, es decir, «cantos» y «encantos». En *Le Cimetière marin* (1920) la meditación sobre el tiempo y la muerte se funde con las imágenes de su ciudad natal mediterránea. La crítica punzante de Valéry contra el «poema espontáneo» y contra la inspiración es una clara muestra de su búsqueda consciente, lúcida, de un mundo críptico y complejo, con la destreza métrica como arma del intelecto.

Anne

À André Lebey

Anne qui se mélange au drap pale et délaisse
Des cheveux endormis sur ses yeux mal ouverts
Mire ses bras lointains tournés avec mollesse
Sur la peau sans couleur du ventre découvert.
Elle vide, elle enfle d'ombre sa gorge lente,
Et comme un souvenir pressant ses propres chairs,
Une bouche brisée et pleine d'eau brûlante
Roule le goût immense et le reflet des mers.
Enfin désemparée et libre d'être fraîche,
La dormeuse déserte aux touffes de couleur
Flotte sur son lit blême, et d'une lèvre sèche,
Tette dans la ténèbre un souffle amer de fleur.
Et sur le linge où l'aube insensible se plisse,
Tombe, d'un bras de glace effleuré de carmin,
Toute une main défaite et perdant le délice
À travers ses doigts nus dénoués de l'humain.
Au hasard! A jamais, dans le sommeil sans hommes
Pur des tristes éclairs de leurs embrassements,
Elle laisse rouler les grappes et les pommes
Puissantes, qui pendaient aux treilles d'ossements,
Qui riaient, dans leur ambre appelant les vendanges,
Et dont le nombre d'or de riches mouvements
Invoquait la vigueur et les gestes étranges
Que pour tuer l'amour inventent les amants...

Les pas

Tes pas, enfants de mon silence,
Saintement, lentement placés,
Vers le lit de ma vigilance
Procèdent muets et glacés.
Personne pure, ombre divine,
Qu'ils sont doux, tes pas retenus!
Dieux!... tous les dons que je devine
Viennent à moi sur ces pieds nus!

Ana

A André Lebey

Entre las blancas sábanas mezclada, abandonando
el cabello a los ojos con letal languidez,
Ana mira sus brazos lejanos, reposando
suavemente en el vientre de lunar palidez.
Espira, aspira sombras su garganta serena,
y, apretando su carne, siente el recuerdo albar
de una boca cansada, de agua quemante llena,
con el sabor inmenso y el reflejo del mar.
Sola, desamparada, libre al fin de ser eco,
la durmiente desierta con manchas de color
flota en el lecho pálido, y con el labio seco
mama de las tinieblas aire amargo de flor.
Sobre el lienzo en que el alba insensible se inicia,
cae, de un brazo de hielo besado de carmín,
toda una mano rota, perdiendo la delicia
a través de los dedos que olvidaron su fin.
Para siempre, al azar de un sueño sin amantes,
limpio del brusco y triste deseo del varón,
Ana deja caer los racimos colgantes
de su parral de huesos, las pomas de pasión
que ambarinas reían vendimias implorando,
y su número áureo invocaba el vigor
y los extraños gestos que el hombre va inventando
en sus ansias agónicas de dar muerte al amor.

Los pasos

Tus pasos, por el silencio creados
avanzan santa, lentamente,
hacia el lecho de mi impaciente
vigilar. Fríos, callados.
Queridos, adorados pasos mudos
que sin oír, mis ansias adivinan.
¡Qué regalos celestes se encaminan
hacia mi lecho, en unos pies desnudos!

Si, de tes lèvres avancées,
Tu prépares pour l'apaiser,
A l'habitant de mes pensées
La nourriture d'un baiser,
Ne hâte pas cet acte tendre,
Douceur d'être et de n'être pas,
Car j'ai vécu de vous attendre,
Et mon cœur n'était que vos pas.

La dormeuse

À Lucien Fabre

Quels secrets dans son cœur brûle ma jeune amie,
Âme par le doux masque aspirant une fleur?
De quels vains aliments sa naïve chaleur
Fait ce rayonnement d'une femme endormie?
Souffle, songes, silence, invincible accalmie,
Tu triomphes, ô paix plus puissante qu'un pleur,
Quand de ce plein sommeil l'onde grave et l'ampleur
Conspirent sur le sein d'une telle ennemie.
Dormeuse, amas doré d'ombres et d'abandons,
Ton repos redoutable est chargé de tels dons,
O biche avec langueur longue auprès d'une grappe,
Que malgré l'âme absente, occupée aux enfers,
Ta forme au ventre pur qu'un bras fluide drape,
Veille; ta forme veille, et mes yeux sont ouverts.

Le sylphe

Ni vu ni connu
Je suis le parfum
Vivant et défunt
Dans le vent venu!
Ni vu ni connu,
Hasard ou génie?
A peine venu
La tâche est finie!

Si para mi sueño obseso
tu boca haces avanzar,
yo preparo el paladar
al alimento de un beso.
No lo apures, ten calma,
dulzura de ser no siendo,
que de esperar voy viviendo
y son tus pasos mi alma.

Carlos R. de Dampierre

La durmiente

A Lucien Fabre

¿Qué secretos quema en su corazón mi joven amiga,
alma de dulce máscara que aspira una flor?
¿Con qué alimentos vanos su ingenuo calor
logra este rayo de una mujer dormida?
Soplo, sueños, silencio, calma invencible,
triunfas, oh paz más poderosa que el llanto,
cuando la onda grave y la extensión de este sueño amplio
conspiran sobre el seno de una considerable enemiga.
Durmiente, haz dorado de sombras y abandonos,
tu reposo temible abarca tales dones,
oh cierva de larga languidez junto a un racimo,
que, aún el alma ausente, errante en los infiernos,
tu forma de vientre puro que un brazo envuelve fluido,
vela; tu forma vela, y mis ojos están abiertos.

Rosa Lentini

El silfo

Ni visto ni oído.
Yo soy el aroma
vivo y fallecido
que en el viento asoma.
Ni visto ni oído.
¿Genio si no azar?
Apenas venido,
nada hay que buscar.

Ni lu ni compris?
Aux meilleurs esprits
Que d'erreurs promises!
Ni vu ni connu,
Le temps d'un sein nu
Entre deux chemises!

Le cimetière marin

I

Ce toit tranquille, où marchent des colombes,
Entre les pins palpite, entre les tombes;
Midi le juste y compose de feux
La mer, la mer, toujours recommencée!
O récompense après une pensée
Qu'un long regard sur le calme des dieux!

II

Quel pur travail de fins éclairs consume
Maint diamant d'imperceptible écume,
Et quelle paix semble se concevoir!
Quand sur l'abîme un soleil se repose,
Ouvrages purs d'une éternelle cause,
Le temps scintille et le Songe est savoir.

III

Stable trésor, temple simple à Minerve,
Masse de calme, et visible réserve,
Eau sourcilleuse, Œil qui gardes en toi
Tant de sommeil sous une voile de flamme,
O mon silence! ... Édifice dans l'ame,
Mais comble d'or aux mille tuiles, Toit!

¿Leído, sabido?
Error, las pesquisas
¡ay! del más agudo.
Ni visto ni oído.
¡Un seno desnudo
entre dos camisas!

El cementerio marino

I

Ese techo, tranquilo de palomas,
palpita entre los pinos y las tumbas.
El Mediodía justo en fuego traza
el mar, el mar, sin cesar empezando...
Recompensa después de un pensamiento:
mirar por fin la calma de los dioses.

II

¡Qué labor de relámpagos consume
tantos diamantes de invisible espuma,
y qué paz, ah, parece concebirse!
Cuando sobre el abismo un sol reposa,
trabajos puros de una eterna causa,
refulge el tiempo y soñar es saber.

III

Tesoro estable y a Minerva templo,
masa de calma y visible reserva,
agua parpadeante, Ojo que guardas
bajo un velo de llama tanto sueño,
¡oh, mi silencio! En el alma edificio,
mas cima de oro con mil tejas, Techo.

IV

Temple du Temps, qu'un seul soupir résume,
A ce point pur je monte et m'accoutume,
Tout entouré de mon regard marin;
Et comme aux dieux mon offrande suprême,
La scintillation sereine sème
Sur l'altitude un dédain souverain.

V

Comme le fruit se fond en jouissance,
Comme en délice il change son absence
Dans une bouche où sa forme se meurt,
Je hume ici ma future fumée,
Et le ciel chante à l'âme consumée
Le changement des rives en rumeur.

VI

Beau ciel, vrai ciel, regarde-moi qui change!
Après tant d'orgueil, après tant d'étrange
Oiseveté, mais pleine de pouvoir,
Je m'abandonne à ce brillant espace,
Sur les maisons des morts mon ombre passe
Qui m'apprivoise à son frêle mouvoir.

VII

L'âme exposée aux torches du solstice,
Je te soutiens, admirable justice
De la lumière aux armes sans pitié!
Je te rends pure à ta place première:
Regarde-toi!... Mais rendre la lumière
Suppose d'ombre une morne moitié.

VIII

O pour moi seul, à moi seul, en moi-même,
Auprès d'un cœur, aux sources du poème,
Entre le vide et l'événement pur,

IV

¡Templo del Tiempo, que un suspiro cifra!
A un punto puro subo y me acostumbro,
de mi marina mirada ceñido.
Como mi ofrenda suprema a los dioses,
el centelleo tan sereno siembra
en la altitud soberano desdén.

V

Como en fruición la fruta se deshace
y su ausencia en delicia se convierte
mientras muere su forma en una boca,
aspiro aquí mi futura humareda,
y el cielo canta al alma consumida
el cambio de la orilla en sus rumores.

VI

Mírame a mí, que cambio, bello cielo.
Después de tanto orgullo y tan extraña
ociosidad, mas llena de potencia,
a este brillante espacio me abandono:
sobre casas de muertos va mi sombra,
que me somete a su blando vaivén.

VII

A teas de solsticio el alma expuesta,
yo te sostengo, admirable justicia
de la luz: luz en armas sin piedad.
A tu lugar, y pura, te devuelvo,
mírate. Pero... Devolver las luces
una adusta mitad supone en sombra.

VIII

Para mí solo, en mí solo, en mí mismo
y junto a un corazón, del verso fuente,
entre el vacío y el suceso puro,

J'attends l'écho de ma grandeur interne,
Amère, sombre et sonore citerne,
Sonnant dans l'âme un creux toujours futur!

IX

Sais-tu, fausse captive des feuillages,
Golfe mangeur de ces maigres grillages,
Sur mes yeux clos, secrets éblouissants,
Quel corps me traîne à sa fin paresseuse,
Quel front l'attire à cette terre osseuse?
Une étincelle y pense à mes absents.

X

Fermé, sacré, plein d'un feu sans matière,
Fragment terrestre offert à la lumière,
Ce lieu me plaît, dominé de flambeaux,
Composé d'or, de pierre et d'arbres sombres,
Où tant de marbre est tremblant sur tant d'ombres;
La mer fidèle y dort sur mes tombeaux!

XI

Chienne splendide, écarte l'idolâtre!
Quand solitaire au sourire de pâtre,
Je pais longtemps, moutons mystérieux,
Le blanc troupeau de mes tranquilles tombes,
Éloignes-en les prudentes colombes,
Les songes vains, les anges curieux!

XII

Ici venu, l'avenir est paresse.
L'insecte net gratte la sécheresse;
Tout est brûlé, défait, reçu dans l'air
A je ne sais quelle sévère essence ...
La vie est vaste, étant ivre d'absence,
Et l'amertume est douce, et l'esprit clair.

de mi grandeza interna espero el eco:
es la amarga cisterna que en el alma
hace sonar, futuro siempre, un hueco.

IX

¿Sabes, falso cautivo de las frondas,
golfo glotón de flojos enrejados,
sobre mis ojos, fúlgidos secretos,
qué cuerpo al fin me arrastra a su pereza,
qué frente aquí le inclina a tierra ósea?
Una centella piensa en mis ausentes.

X

Cerrado, sacro —fuego sin materia—
trozo terrestre a la luz ofrecido,
me place este lugar: ah, bajo antorchas,
oros y piedras, árboles umbríos,
trémulo mármol bajo tantas sombras.
El mar fiel duerme aquí, sobre mis tumbas.

XI

¡Al idólatra aparta, perra espléndida!
Cuando, sonrisa de pastor, yo solo
apaciento, carneros misteriosos,
blanco rebaño de tranquilas tumbas,
aléjame las prudentes palomas,
los sueños vanos, los curiosos ángeles.

XII

El porvenir, aquí, sólo es pereza.
Nítido insecto rasca sequedades.
Quemado asciende por los aire todo.
¿En qué severa esencia recibido?
Ebria de ausencia al fin, la vida es vasta,
y la amargura, dulce, y claro el ánimo.

XIII

Les morts cachés sont bien dans cette terre
Qui les réchauffe et sèche leur mystère.
Midi là-haut, Midi sans mouvement
En soi se pense et convient à soi-même...
Tête complète et parfait diadème,
Je suis en toi le secret changement.

XIV

Tu n'as que moi pour contenir tes craintes!
Mes repentirs, mes doutes, mes contraintes
Sont le défaut de ton grand diamant...
Mais dans leur nuit toute lourde de marbres,
Un peuple vague aux racines des arbres
A pris déjà ton parti lentement.

XV

Ils ont fondu dans une absence épaisse,
L'argile rouge a bu la blanche espèce,
Le don de vivre a passé dans les fleurs!
Où sont des morts les phrases familières,
L'art personnel, les âmes singulières?
La larve file où se formaient des pleurs.

XVI

Les cris aigus des filles chatouillées,
Les yeux, les dents, les paupières mouillées,
Le sein charmant qui joue avec le feu,
Le sang qui brille aux lèvres qui se rendent,
Les derniers dons, les doigts qui les défendent,
Tout va sous terre et rentre dans le jeu!

XVII

Et vous, grande âme, espérez-vous un songe
Qui n'aura plus ces couleurs de mensonge
Qu'aux yeux de chair l'onde et l'or font ici?

XIII

¡Muertos ocultos! Están bien: la tierra
los recalienta y seca su misterio.
Sin movimiento, arriba, el Mediodía
en sí se piensa y conviene consigo...
Testa completa y perfecta diadema,
yo soy en ti la secreta mudanza.

XIV

Yo, sólo yo contengo tus temores.
Mi contrición, mis dudas, mis aprietos
son el defecto de tu gran diamante.
Pero en su noche, grávida de mármol,
un vago pueblo, entre raíces de árboles,
por ti se ha decidido lentamente.

XV

Ya se han disuelto en una espesa ausencia,
roja arcilla ha bebido blanca especie,
el don de vida ha pasado a las flores.
¿Dónde estarán las frases familiares,
el arte personal, las almas únicas?
En las fuentes del llanto larvas hilan.

XVI

Gritos entre cosquillas de muchachas,
ojos y dientes, párpados mojados,
seno amable que juega con el fuego,
sangre que brilla en labios que se rinden,
últimos dones, dedos defensores:
bajo tierra va todo y entra en juego.

XVII

¿Y aún esperas un sueño tú, gran alma,
que ya no tenga este color de embuste
que a nuestros ojos muestran ondas y oro?

Chanterez-vous quand serez vaporeuse?
Allez! Tout fuit! Ma présence est poreuse,
La sainte impatience meurt aussi!

XVIII

Maigre immortalité noire et dorée,
Consolatrice affreusement laurée,
Qui de la mort fais un sein maternel,
Le beau mensonge et la pieuse ruse!
Qui ne connaît, et qui ne les refuse,
Ce crâne vide et ce rire éternel!

XIX

Pères profonds, têtes inhabitées,
Qui sous le poids de tant de pelletées,
Êtes la terre et confondez nos pas,
Le vrai rongeur, le ver irréfutable
N'est point pour vous qui dormez sous la table,
Il vit de vie, il ne me quitte pas!

XX

Amour, peut-être, ou de moi-même haine?
Sa dent secrète est de moi si prochaine
Que tous les noms lui peuvent convenir!
Qu'importe! Il voit, il veut, il songe, il touche!
Ma chair lui plaît, et jusque sur ma couche,
A ce vivant je vis d'appartenir!

XXI

Zénon! Cruel Zénon! Zénon d'Elée!
M'as-tu percé de cette flèche ailée
Qui vibre, vole, et qui ne vole pas!
Le son m'enfante et la flèche me tue!
Ah! le soleil... Quelle ombre de tortue
Pour l'âme, Achille immobile à grands pas!

¿Cantarás cuando seas vaporosa?
Todo huye, bah. Porosa es mi presencia,
y también la impaciencia santa muere.

XVIII

Flaca inmortalidad dorada y negra,
consoladora de laurel horrible,
que en seno maternal cambias la muerte:
bello el embuste y el ardid piadoso.
¡Quién no sabe y no huye de ese cráneo
vacío, de esa risa sempiterna!

XIX

Hondos padres, deshabitadas testas,
que sois la tierra y confundís los pasos
bajo el peso de tantas paletadas:
no es para los durmientes bajo losas
el roedor gusano irrefutable,
que no me deja a mí. De vida vive.

XX

¿Acaso amor, o el odio de mí mismo?
Tan cerca siento su secreto diente
que puede convenirle todo nombre.
No importa. Siempre sueña, quiere, toca,
ve: le gusta mi carne. Yo, yo vivo,
ay, de pertenecer a este viviente.

XXI

¡Zenón, cruel Zenón, Zenón de Elea!
Me has traspasado con la flecha alada
que, cuando vibra volando, no vuela.
Me crea el son y la flecha me mata.
¡Oh sol, oh sol! ¡Qué sombra de tortuga
para el alma: si en marcha Aquiles, quieto!

XXII

Non, non!... Debout! Dans l'ère successive!
Brisez, mon corps, cette forme pensive!
Buvez, mon sein, la naissance du vent!
Une fraîcheur, de la mer exhalée,
Me rend mon âme... O puissance salée!
Courons à l'onde en rejaillir vivant.

XXIII

Oui! Grande mer de délires douée,
Peau de panthère et chlamyde trouée
De mille et mille idoles du soleil,
Hydre absolue, ivre de ta chair bleue,
Qui te remords l'étincelante queue
Dans un tumulte au silence pareil.

XXIV

Le vent se lève!... il faut tenter de vivre!
L'air immense ouvre et referme mon livre,
La vague en poudre ose jaillir des rocs!
Envolez-vous, pages tout éblouies!
Rompez, vagues! Rompez d'eaux réjouies
Ce toit tranquille où picoraient des focs!

XXII

No, no, de pie. La era, sucesiva.
Rompa el cuerpo esta forma pensativa.
Beba mi seno este nacer del viento.
Una frescura, del mar exhalada,
me trae mi alma. ¡Salada potencia!
¡A revivir en la onda corramos!

XXIII

Sí, mar, gran mar de delirios dotado,
piel de pantera y clámide calada
por tantos, tantos ídolos del sol,
ebria de carne azul, hidra absoluta,
que te muerdes la cola refulgente
en un tumulto análogo al silencio.

XXIV

El viento vuelve, intentemos vivir.
Abre y cierra mi libro el aire inmenso.
Con las rocas se atreve la ola en polvo.
Volad, volad, páginas deslumbradas.
Olas, romped gozosas el tranquilo
techo donde los foques picotean.

Jorge Guillén

Antonio Machado

España (Sevilla, 1875-Colliure, Francia, 1939)

Las «gotas de sangre jacobina» de que se enorgullecía marcaron toda su trayectoria, pero sus versos brotan, en efecto, del «manantial sereno» de una «honda palpitación del espíritu» y de un lenguaje cordial y transparente. Formado en una familia progresista y en la Institución Libre de Enseñanza, pasó algún tiempo en París conociendo lo mejor de la literatura de la época. *Soledades*, su primer libro de poemas (1903), puede alinearse lícitamente en el Modernismo, pero se advierte en él una tendencia intimista, que acabará liberándose de los aspectos más externos de aquel movimiento en la revisión de 1907 *(Soledades. Galerías. Otros poemas)*. En ese año se instala en Soria como catedrático de francés, y allí se casa con la jovencísima Leonor Izquierdo, que enferma y muere en 1912, por las mismas fechas en que aparece *Campos de Castilla*. El poeta, dolorido, dejó el Duero para ejercer después en Baeza (1913-1919), Segovia (1919-1931) y Madrid. En ese largo período destacan las *Nuevas canciones* y las páginas apócrifas de Juan de Mairena y Abel Martín, con los bellos versos a «Guiomar» y, en prosa, la interesantísima plasmación teórica de las ideas estéticas y filosóficas de un autor obsesionado por la temporalidad (porque la poesía era para él «palabra esencial en el tiempo»). Durante la guerra se mantuvo fiel a la República y murió en los primeros días del exilio.

Las ascuas de un crepúsculo morado
detrás del negro cipresal humean...
En la glorieta en sombra está la fuente
con su alado y desnudo Amor de piedra,
que sueña mudo. En la marmórea taza
reposa el agua muerta.

Anoche cuando dormía
soñé, ¡bendita ilusión!,
que una fontana fluía
dentro de mi corazón.
Di, ¿por qué acequia escondida,
agua, vienes hasta mí,
manantial de nueva vida
de donde nunca bebí?
Anoche cuando dormía
soñé, ¡bendita ilusión!,
que una colmena tenía
dentro de mi corazón;
y las doradas abejas
iban fabricando en él,
con las amarguras viejas,
blanca cera y dulce miel.
Anoche cuando dormía
soñé, ¡bendita ilusión!,
que un ardiente sol lucía
dentro de mi corazón.
Era ardiente porque daba
calores de rojo hogar,
y era sol porque alumbraba
y porque hacía llorar.
Anoche cuando dormía
soñé, ¡bendita ilusión!,
que era Dios lo que tenía
dentro de mi corazón.

Desgarrada la nube; el arco iris
brillando ya en el cielo,
y en un fanal de lluvia
y sol el campo envuelto.
Desperté. ¿Quién enturbia
los mágicos cristales de mi sueño?
Mi corazón latía
atónito y disperso.
... ¡El limonar florido,
el cipresal del huerto,
el prado verde, el sol, el agua, el iris!...
¡el agua en tus cabellos!...
Y todo en la memoria se perdía
como una pompa de jabón al viento.

Retrato

Mi infancia son recuerdos de un patio de Sevilla,
y un huerto claro donde madura el limonero;
mi juventud, veinte años en tierra de Castilla;
mi historia, algunos casos que recordar no quiero.
Ni un seductor Mañara, ni un Bradomín he sido
—ya conocéis mi torpe aliño indumentario—,
mas recibí la flecha que me asignó Cupido,
y amé cuanto ellas puedan tener de hospitalario.
Hay en mis venas gotas de sangre jacobina,
pero mi verso brota de manantial sereno;
y, más que un hombre al uso que sabe su doctrina,
soy, en el buen sentido de la palabra, bueno.
Adoro la hermosura, y en la moderna estética
corté las viejas rosas del huerto de Ronsard;
mas no amo los afeites de la actual cosmética,
ni soy un ave de esas del nuevo gay-trinar.
Desdeño las romanzas de los tenores huecos
y el coro de los grillos que cantan a la luna.
A distinguir me paro las voces de los ecos,
y escucho solamente, entre las voces, una.
¿Soy clásico o romántico? No sé. Dejar quisiera
mi verso, como deja el capitán su espada;
famosa por la mano viril que la blandiera,
no por el docto oficio del forjador preciada.

Converso con el hombre que siempre va conmigo
—quien habla solo espera hablar a Dios un día—;
mi soliloquio es plática con este buen amigo
que me enseñó el secreto de la filantropía.
Y al cabo, nada os debo; debeisme cuanto he escrito.
A mi trabajo acudo, con mi dinero pago
el traje que me cubre y la mansión que habito,
el pan que me alimenta y el lecho en donde yago.
Y cuando llegue el día del último viaje,
y esté al partir la nave que nunca ha de tornar,
me encontraréis a bordo ligero de equipaje,
casi desnudo, como los hijos de la mar.

Campos de Soria

VII

¡Colinas plateadas,
grises alcores, cárdenas roquedas
por donde traza el Duero
su curva de ballesta
en torno a Soria, oscuros encinares,
ariscos pedregales, calvas sierras,
caminos blancos y álamos del río,
tardes de Soria, mística y guerrera,
hoy siento por vosotros, en el fondo
del corazón, tristeza,
tristeza que es amor! ¡Campos de Soria
donde parece que las rocas sueñan,
conmigo vais! ¡Colinas plateadas,
grises alcores, cárdenas roquedas!...

VIII

¡He vuelto a ver los álamos dorados,
álamos del camino en la ribera
del Duero, entre San Paolo y San Saturio,
tras las murallas viejas
de Soria —barbacana
hacia Aragón, en castellana tierra—.

Estos chopos del río, que acompañan
con el sonido de sus hojas secas
el son del agua, cuando el viento sopla,
tienen en sus cortezas
grabadas iniciales que son nombres
de enamorados, cifras que son fechas.
¡Álamos del amor que ayer tuvisteis
de ruiseñores vuestras ramas llenas;
álamos que seréis mañana liras
del viento perfumado en primavera;
álamos del amor cerca del agua
que corre y pasa y sueña,
álamos de las márgenes del Duero,
conmigo vais, mi corazón os lleva!

IX

¡Oh, sí! Conmigo vais, campos de Soria,
tardes tranquilas, montes de violeta,
alamedas del río, verde sueño
del suelo gris y de la parda tierra,
agria melancolía
de la ciudad decrépita.
Me habéis llegado al alma,
¿o acaso estabais en el fondo de ella?
¡Gentes del alto llano numantino
que a Dios guardáis como cristianas viejas,
que el sol de España os llene
de alegría, de luz y de riqueza!

A UN OLMO SECO

Al olmo viejo, hendido por el rayo
y en su mitad podrido,
con las lluvias de abril y el sol de mayo,
algunas hojas verdes le han salido.
¡El olmo centenario en la colina
que lame el Duero! Un musgo amarillento
le mancha la corteza blanquecina
al tronco carcomido y polvoriento.

No será, cual los álamos cantores
que guardan el camino y la ribera,
habitado de pardos ruiseñores.
Ejército de hormigas en hilera
va trepando por él, y en sus entrañas
urden sus telas grises las arañas.
Antes que te derribe, olmo del Duero,
con su hacha el leñador, y el carpintero
te convierta en melena de campana,
lanza de carro o yugo de carreta;
antes que rojo en el hogar, mañana,
ardas de alguna mísera caseta,
al borde de un camino;
antes que te descuaje un torbellino
y tronche el soplo de las sierras blancas;
antes que el río hasta la mar te empuje
por valles y barrancas,
olmo, quiero anotar en mi cartera
la gracia de tu rama verdecida.
Mi corazón espera
también, hacia la luz y hacia la vida,
otro milagro de la primavera.

A José María Palacio

Palacio, buen amigo,
¿está la primavera
vistiendo ya las ramas de los chopos
del río y los caminos? En la estepa
del alto Duero, primavera tarda,
¡pero es tan bella y dulce cuando llega!...
¿Tienen los viejos olmos
algunas hojas nuevas?
Aún las acacias estarán desnudas
y nevados los montes de las sierras.
¡Oh mole del Moncayo blanca y rosa,
allá, en el cielo de Aragón, tan bella!
¿Hay zarzas florecidas
entre las grises peñas,
y blancas margaritas
entre la fina hierba?

Por esos campanarios
ya habrán ido llegando las cigüeñas.
Habrá trigales verdes,
y mulas pardas en las sementeras,
y labriegos que siembran los tardíos
con las lluvias de abril. Ya las abejas
libarán del tomillo y el romero.
¿Hay ciruelos en flor? ¿Quedan violetas?
Furtivos cazadores, los reclamos
de la perdiz bajo las capas luengas,
no faltarán. Palacio, buen amigo,
¿tienen ya ruiseñores las riberas?
Con los primeros lirios
y las primeras rosas de las huertas,
en una tarde azul, sube al Espino,
al alto Espino donde está su tierra...

Proverbios y cantares

XXIX

Caminante, son tus huellas
el camino, y nada más;
caminante, no hay camino,
se hace camino al andar.
Al andar se hace camino,
y al volver la vista atrás
se ve la senda que nunca
se ha de volver a pisar.
Caminante, no hay camino,
sino estelas en la mar.

XLIV

Todo pasa y todo queda,
pero lo nuestro es pasar,
pasar haciendo caminos,
caminos sobre la mar.

¿Empañé tu memoria? ¡Cuántas veces!
La vida baja como un ancho río,
y cuando lleva al mar alto navío
va con cieno verdoso y turbias heces.
Y más si hubo tormenta en sus orillas,
y él arrastra el botín de la tormenta,
si en su cielo la nube cenicienta
se incendió de centellas amarillas.
Pero aunque fluya hacia la mar ignota,
es la vida también agua de fuente
que de claro venero, gota a gota,
o ruidoso penacho de torrente,
bajo el azul, sobre la piedra brota.
Y allí suena tu nombre ¡eternamente!

OTRAS CANCIONES A GUIOMAR A LA MANERA DE ABEL MARTÍN Y DE JUAN DE MAIRENA

I

¡Sólo tu figura,
como una centella blanca,
en mi noche oscura!
¡Y en la tersa arena,
cerca de la mar,
tu carne rosa y morena,
súbitamente, Guiomar!
En el gris del muro,
cárcel y aposento,
y en un paisaje futuro
con sólo tu voz y el viento;
en el nácar frío
de tu zarcillo en mi boca,
Guiomar, y en el calofrío
de una amanecida loca;
asomada al malecón
que bate la mar de un sueño,
y bajo el arco del ceño
de mi vigilia, a traición,
¡siempre tú!

Guiomar, Guiomar,
mírame en ti castigado;
reo de haberte creado,
ya no te puedo olvidar.

II

Todo amor es fantasía;
él inventa el año, el día,
la hora y su melodía;
inventa el amante y, más,
la amada. No prueba nada,
contra el amor, que la amada
no haya existido jamás.

III

Escribiré en tu abanico:
te quiero para olvidarte,
para quererte te olvido.

IV

Te abanicarás
con un madrigal que diga:
en amor el olvido pone la sal.

V

Te pintaré solitaria
en la urna imaginaria
de un daguerrotipo viejo
o en el fondo de un espejo,
viva y quieta,
olvidando a tu poeta.

VI

Y te enviaré mi canción:
«Se canta lo que se pierde»,
con un papagayo verde
que la diga en tu balcón.

VII

Que apenas si de amor el ascua humea
sabe el poeta que la voz engola
y, barato cantor, se pavonea
con su pesar o enluta su viola;
y que si amor da su destello, sola
la pura estrofa suena,
fuente de monte, anónima y serena.
Bajo el azul olvido, nada canta,
ni tu nombre ni el mío, el agua santa.
Sombra no tiene de su turbia escoria
limpio metal; el verso del poeta
lleva el ansia de amor que lo engendrara
como lleva el diamante sin memoria
—frío diamante— el fuego del planeta
trocado en luz, en una joya clara...

VIII

Abre el rosal de la carroña horrible
su olvido en flor, y extraña mariposa,
jalde y carmín, de vuelo imprevisible,
salir se ve del fondo de una fosa.
Con el terror de víbora encelada,
junto al lagarto frío,
con el absorto sapo en la azulada
libélula que vuela sobre el río,
con los montes de plomo y de ceniza,
sobre los rubios agros
que el sol de mayo hechiza,
se ha abierto un abanico de milagros
—el ángel del poema lo ha querido—
en la mano creadora del olvido...

Guillaume Apollinaire

Francia (Roma, 1880-París, 1918)

Whilhem-Apollinaris de Kostrowitsky, de padre desconocido, pasó parte de su infancia en Mónaco y Niza, adonde atraían a su madre, de la nobleza polaca, los casinos de la Costa Azul. En París, desde finales de siglo, hizo de preceptor de familias adineradas, con las que realizó numerosos viajes por Europa Central, trabajó en un banco y en el periodismo, y frecuentó la bohemia. Participó en numerosas revistas de vanguardia, entabló amistad con Picasso, Max Jacob y Reverdy, y fue la personalidad más notoria en el mundo artístico parisino, especialmente respetado por su libro *Los pintores cubistas* (1913). En 1914, tras un desengaño amoroso, se alista en el ejército y obtiene ascensos y condecoraciones; en 1916, durante un combate en Berry-au-Brac, un obús le causa una grave herida en la cabeza; debilitado por las intervenciones, muere en 1918, víctima de la «gripe española». La poética de Apollinaire representó una verdadera revolución, pues no sólo combatió el simbolismo y sus secuelas puristas, sino que además tendió un puente para la consolidación del surrealismo y del espíritu vanguardista. Fue justamente en relación con su manifiesto futurista *Les mamelles de Tiresias* (*Las tetas de Tiresias,* 1917) como la crítica acuñó el término de *surréaliste.* En los poemas de *Alcools* (1913) y algunos otros editados póstumamente, introdujo en la poesía contemporánea una eficaz reelaboración del habla cotidiana y callejera. De gran celebridad han gozado sus *Calligrames* (1918), poemas a la vez que dibujos, que cuentan sin embargo con numerosos precedentes alejandrinos y medievales.

Le pont Mirabeau

Sous le pont Mirabeau coule la Seine
Et nos amours
Faut-il qu'il m'en souvienne
La joie venait toujours après la peine
Vienne la nuit sonne l'heure
Les jours s'en vont je demeure
Les mains dans les mains restons face à face
Tandis que sous
Le pont de nos bras passe
Des éternels regards l'onde si lasse
Vienne la nuit sonne l'heure
Les jours s'en vont je demeure
L'amour s'en va comme cette eau courante
L'amour s'en va
Comme la vie est lente
Et comme l'Espérance est violente
Vienne la nuit sonne l'heure
Les jours s'en vont je demeure
Passent les jours et passent les semaines
Ni temps passé
Ni les amours reviennent
Sous le pont Mirabeau coule la Seine
Vienne la nuit sonne l'heure
Les jours s'en vont je demeure

La chanson du mal-aimé

À Paul Léautaud

Et je chantais cette romance
En 1903 sans savoir
Que mon amour à la semblance
Du beau Phénix s'il meurt un soir
Le matin voit sa renaissance
Un soir de demi-brume à Londres
Un voyou qui ressemblait à

El puente Mirabeau

Bajo el puente Mirabeau corre el Sena
Y nuestro amor
¿Es necesario que lo recuerde?
La alegría viene siempre tras la pena
Llega la noche suena la hora
Los días se van yo me quedo
Con las manos unidas estamos cara a cara
Mientras bajo el puente
De nuestros brazos pasa
La ola tan cansada de las eternas miradas
Llega la noche suena la hora
Los días se van yo me quedo
El amor se aleja como esta agua que huye
El amor se aleja
Lento como la vida
Y violento como la esperanza
Llega la noche suena la hora
Los días se van yo me quedo
Pasan los días y pasan las semanas
Ni el tiempo que se fue
Ni los amores vuelven
Y bajo el puente Mirabeau corre el Sena
Llega la noche suena la hora
Los días se van yo me quedo

Manuel Álvarez Ortega

La canción del mal amado

A Paul Léautaud

Esta romanza cantaba
En mil novecientos tres
A la sazón yo ignoraba
Que mi amor es como el Fénix
Todas las noches se apaga
Para al alba renacer
Una noche de niebla en Londres
A mi encuentro salió un pillete

Mon amour vint à ma rencontre
Et le regard qu'il me jeta
Me fit baisser les yeux de honte
Je suivis ce mauvais garçon
Qui sifflotait mains dans les poches
Nous semblions entre les maisons
Onde ouverte de la mer Rouge
Lui les Hébreux moi Pharaon
Que tombent ces vagues de briques
Si tu ne fus pas bien aimée
Je suis le souverain d'Egypte
Sa sœur-épouse son armée
Si tu n'es pas l'amour unique
Au tournant d'une rue brûlant
De tous les feux de ses façades
Plaies du brouillard sanguinolent
Où se lamentaient les façades
Une femme lui ressemblant
C'était son regard d'inhumaine
La cicatrice à son cou nu
Sortit saoule d'une taverne
Au moment où je reconnus
La fausseté de l'amour même
Lorsqu'il fut de retour enfin
Dans sa patrie le sage Ulysse
Son vieux chien de lui se souvint
Près d'un tapis de haute lisse
Sa femme attendait qu'il revînt
L'époux royal de Sacontale
Las de vaincre se réjouit
Quand il la retrouva plus pâle
D'attente et d'amour yeux pâlis
Caressant sa gazelle mâle
J'ai pensé à ces rois heureux
Lorsque le faux amour et celle
Dont je suis encore amoureux
Heurtant leurs ombres infidèles
Me rendirent si malheureux
Regrets sur quoi l'enfer se fonde
Qu'un ciel d'oubli s'ouvre à mes vœux
Pour son baiser les rois du monde

Que se parecía a mi amor
Y mirome de tal manera
Que confuso bajé los ojos
    Seguí al granuja que silbaba
Con las manos en los bolsillos
Las calles eran el Mar Rojo
Y nosotros representábamos
Los hebreos y el faraón
    Que caigan olas de ladrillos
Si tú no fuiste bienamada
Soy el soberano de Egipto
Su ejército su esposa-hermana
Si tú no eres el elegido
    Al doblar una calle ardiente
Fuego eran todas las fachadas
Llagas de la sangrienta niebla
Donde gemían las fachadas
Mujer que se le asemejaba
    En su cuello la cicatriz
Era una mirada inhumana
Ebria salió de una taberna
Y en aquel momento advertí
Que en el mundo el amor es falso
    Cuando al fin el astuto Ulises
Llegó a las playas de su patria
Lo recordó su perro viejo
Junto a un gran tapiz de alta urdimbre
Su Penélope lo esperaba
    El esposo de Sakuntala
Se alegró laso de vencer
Cuando la volvió a ver más pálida
De espera y amor melancólica
Acariciando a su gacel
    Pensé en esos reyes dichosos
Cuando el amor falaz y aquella
Que aviva mi anhelo amoroso
Mezclando sus sombras infieles
Me arrebataron mi reposo
    Que un cielo de olvido abran mis votos
Oh pesares que sois mi infierno
Por su beso los poderosos

Seraient morts les pauvres fameux
Pour elle eussent vendu leur ombre
    J'ai hiverné dans mon passé
Revienne le soleil de Pâques
Pour chauffer un cœur plus glacé
Que les quarante de Sébaste
Moins que ma vie martyrisés
    Mon beau navire ô ma mémoire
Avons-nous assez navigué
Dans une onde mauvaise à boire
Avons-nous assez divagué
De la belle aube au triste soir
    Adieu faux amour confondu
Avec la femme qui s'éloigne
Avec celle que j'ai perdue
L'année dernière en Allemagne
Et que je ne reverrai plus
    Voie lactée ô sœur lumineuse
Des blancs ruisseaux de Chanaan
Et des corps blancs des amoureuses
Nageurs morts suivrons-nous d'ahan
Ton cours vers d'autres nébuleuses
    Je me souviens d'une autre année
C'était l'aube d'un jour d'avril
J'ai chanté ma joie bien-aimée
Chanté l'amour à voix virile
Au moment d'amour de l'année

Hubieran muerto celebérrimos
Y habrían vendido sus sombras
    Ay he invernado en mi pasado
Sol de Pascua brilla de nuevo
Calienta un pecho más helado
Que los cuarenta de Sebaste
Menos que yo martirizados
    Bella nave oh memoria mía
No hemos navegado bastante
Por amargas olas de acíbar
No hemos divagado en exceso
De la aurora a la noche triste
    Adiós falso amor confundido
Con la mujer que ya se aleja
Con aquella que yo perdí
El año pasado en Germania
Y para siempre huyó de mí
    Vía Láctea oh sor luminosa
De los ríos de Canaán
Y de desnudas amorosas
Seguiremos muertos flotantes
Tu ruta hacia otras nebulosas
    Acuden recuerdos de otro año
Al alba de un día de abril
Canté mi gozo bienamado
Canté el amor con voz viril
En la época de amor del año

La colombe poignardée et le jet d'eau

Douces figures poignardées Chères lèvres fleuries
MIA MAREYE
YETTE LORIE
ANNIE et toi MARIE
où êtes-
vous ô
jeunes filles
MAIS
près d'un
jet d'eau qui
pleure et qui prie
cette colombe s'extasie

Tous les souvenirs de naguère
O mes amis partis en guerre
Jaillissent vers le firmament
Et vos regards dans l'eau dormant
Meurent mélancoliquement
Où sont-ils Braque et Max Jacob
Derain aux yeux gris comme l'aube

Où sont Raynal Billy Dalize
Dont les noms se mélancolisent
Comme des pas dans une église
Où est Cremnitz qui sengagea
Peut-être sont-ils morts déjàt
De souvenirs mon âme est pleine
le jet d'eau pleure sur ma peine

?

CEUX QUI SONT PARTIS À LA GUERRE AU NORD SE BATTENT MAINTENANT
Le soir tombe O sanglante mer
Jardins où saigne abondamment le laurier rose fleur guerrière

La paloma apuñalada
y el surtidor

Dulces figuras apuñaladas Caros labios floridos
MIA MAREYE
YETTE LORIE
ANNIE y tú MARIE
dónde estáis
oh mu
cha chas
PERO
cerca de un
surtidor que
llora y reza
esta paloma se extasía

Todos los recuerdos de antaño
Oh mis amigos que se fueron a la guerra
Brotan hacia el firmamento
Y vuestras miradas en el agua dormida
Mueren melancólicamente
Dónde están Braque y Max Jacob
Dónde Derain de ojos grises como el alba
?
Dónde están Raynal Billy Dalize
Cuyos nombres se melancolizan
Como pasos en una iglesia
Dónde están Cremnitz que se alistó
Tal vez están ya muertos
Mi alma está llena de recuerdos
el surtidor llora sobre tu pena

LOS QUE SE HAN MARCHADO A LA GUERRA AHORA COMBATEN EN EL NORTE
Cae la noche Oh sangriento mar
Jardines donde sangra abundantemente el laurel rosa flor guerrera

Agustí Bartra

La victoire

Nous n'aimons pas assez la joie
De voir les belles choses neuves
O mon amie hâte-toi
Crains qu'un jour un train ne t'émeuve plus
Regarde-le plus vite pour toi
Ces chemins de fer qui circulent
Sortiront bientôt de la vie
Ils seront beaux et ridicules
Deux lampes brûlent devant moi
Comme deux femmes qui rient
Je courbe tristement la tête
Devant l'ardente moquerie
Ce rire se répand
Partout
Parlez avec les mains faites claquer vos doigts
Tapez-vous sur la joue comme sur un tambour
    O paroles
    Elles suivent dans la myrtaie
    L'Éros et l'Antéros en larmes
Je suis le ciel de la cité
        Écoutez la mer
    La mer gémir au loin et crier toute seule
    Ma voix fidèle comme l'ombre
    Veut être enfin l'ombre de la vie
Veut être ô mer vivante infidèle comme toi
    La mer qui a trahi des matelots sans nombre
Engloutit mes grands cris comme des dieux noyés
Et la mer au soleil ne supporte que l'ombre
Que jettent des oiseaux les ailes éployées
    La parole est soudaine et c'est un Dieu qui tremble
Avance et soutiens moi je regrette les mains
De ceux qui les tendaient et m'adoraient ensemble
Quelle oasis de bras m'accueillera demain
Connais-tu cette joie de voir des choses neuves
    O voix je parle le langage de la mer
Et dans le port la nuit des dernières tavernes
Moi qui suis plus têtu que non l'hydre de Lerne
    La rue où nagent mes deux mains
Aux doigts subtils fouillant la ville

La victoria

No amamos lo bastante la alegría
De ver hermosas cosas nuevas
    Oh apresúrate, mi amiga
    Teme al día en que un tren ya no te emocione
Míralo de prisa para ti
    Estos ferrocarriles que circulan
Saldrán pronto de la vida
Serán hermosos y ridículos
    Dos lámparas arden ante mí
como dos mujeres que ríen
Inclino tristemente la cabeza
Ante la ardiente burla
    Esa risa se extiende
    Por doquier
    Hablad con las manos, haced chasquear los dedos
Golpead la mejilla como un tambor
    Oh palabras
    Ellas siguen en los mirtos
    El Eros y el Anteros en llanto
Soy el cielo de la ciudad
    Escuchad al mar
    Al mar sufrir a lo lejos y gritar solo
    Mi voz fiel como la sombra
    Quiere ser por fin la sombra de la vida
Quiere ser oh mar viviente infiel como tú
    El mar que ha traicionado a innumerables marineros
Se tragó mis fuertes gritos como dioses ahogados
Y el mar al sol no soporta más que la sombra
Que proyectan los pájaros de alas desplegadas
    La palabra es repentina y es un dios que tiembla
Acércate y sosténme, echo en falta las manos
de los que las tendían y me adoraban juntos
Qué oasis de brazos me acogerá mañana
Conoces esa dicha de ver cosas nuevas
    Oh Voz, hablo el idioma del mar
Y en el puerto la noche las últimas tabernas
    Yo que soy más obstinado que la Hidra de Lerna
    La calle donde nadan mis dos manos
    Con sus dedos sutiles registrando la ciudad

S'en va mais qui sait si demain
La rue devenant immobile
Qui sait où serait mon chemin
Songe que les chemins de fer
Seront démodés et abandonnés dans peu de temps
Regarde
    La victoire avant tout sera
De bien voir au loin
De tout voir
De près
Et que tout ait un nom nouveau

LA JOLIE ROUSSE

Me voici devant tous un homme plein de sens
Connaissant la vie et de la mort ce qu'un vivant peut connaître
Ayant éprouvé les douleurs et les joies de l'amour
Ayant su quelquefois imposer ses idées
Connaissant plusieurs langages
Ayant pas mal voyagé
Ayant vu la guerre dans l'Artillerie et l'Infanterie
Blessé à la tête trépané sous le chloroforme
Ayant perdu ses meilleurs amis dans l'effroyable lutte
Je sais d'ancien et de nouveau autant qu'un homme seul pourrait
des deux savoir
Et sans m'inquiéter aujourd'hui de cette guerre
Entre nous et pour nous mes amis
Je juge cette longue querelle de la tradition et de l'invention
        De l'Ordre et de l'Aventure
    Vous dont la bouche est faite à l'image de celle de Dieu
Bouche qui est l'ordre même
Soyez indulgents quand vous nous comparez
A ceux qui furent la perfection de l'ordre
Nous qui quêtons partout l'aventure
    Nous ne sommes pas vos ennemis
Nous voulons vous donner de vastes et d'étranges domaines
Où le mystère en fleurs s'offre à qui veut le cueillir

Se aleja
Pero quién sabe si mañana
La calle quedara inmóvil
Quién sabe dónde estaría mi camino
Piensa que los ferrocarriles
Estarán dentro de poco anticuados y abandonados
Mira
La victoria ante todo estribará
En querer ver bien desde lejos
Y en verlo todo
De cerca
Y en que todo
Tenga un nombre nuevo

Rosa Lentini y Ricardo Cano Gaviria

La bonita pelirroja

Aquí estoy ante todos como un hombre en todo su juicio
Que conoce la vida y de la muerte cuanto un vivo puede conocer
Experimentado en los dolores y las alegrías del amor
Que ha sabido a veces imponer sus ideas
Conocedor de varias lenguas
Que ha viajado no poco
Y ha visto la guerra en Artillería y en Infantería
Herido en la cabeza trepanado bajo cloroformo
Que ha perdido a sus mejores amigos en la pavorosa lucha
Yo sé sobre lo antiguo y lo nuevo cuanto un único hombre podría de ambos saber
Y sin que esta guerra me inquiete hoy
Entre nosotros y para nosotros amigos míos
Yo juzgo esta antigua querella entre tradición e invención
Entre el Orden y la Aventura
Vosotros cuya boca está hecha a imagen de la de Dios
Boca que es propiamente orden
Sed indulgentes al compararnos
Con quienes fueron la perfección del orden
Nosotros que por doquier la aventura buscamos
No somos nosotros enemigos vuestros
Queremos ofreceros amplios y extraños parajes
En los que el misterio en flor se entrega a quien quiere cogerlo

Il y a là des feux nouveaux des couleurs jamais vues
Mille phantasmes impondérables
Auxquels il faut donner de la réalité
Nous voulons explorer la bonté contrée énorme où tout se tait
Il y a aussi le temps qu'on peut chasser ou faire revenir
Pitié pour nous qui combattons toujours aux frontières
De l'illimité et de l'avenir
Pitié pour nos erreurs pitié pour nos péchés
    Voici que vient l'été la saison violente
Et ma jeunesse est morte ainsi que le printemps
O Soleil c'est le temps de la Raison ardente
            Et j'attends
Pour la suivre toujours la forme noble et douce
Qu'elle prend afin que je l'aime seulement
Elle vient et m'attire ainsi qu'un fer l'aimant
        Elle a l'aspect charmant
        D'une adorable rousse
    Ses cheveux sont d'or on dirait
Un bel éclair qui durerait
Ou ces flammes qui se pavanent
Dans les roses-thé qui se fanent
    Mais riez riez de moi
Hommes de partout surtout gens d'ici
Car il y a tant de choses que je n'ose vous dire
Tant de choses que vous ne me laisseriez pas dire
Ayez pitié de moi

Je t'adore mon Lou et par moi tout t'adore
Les chevaux que je vois s'ébrouer aux abords
L'appareil des monuments latins qui me contemplent
Les artilleurs vigoureux qui dans leur caserne rentrent
Le soleil qui descend lentement devant moi
Les fantassins bleu pâle qui partent pour le front pensent à toi
Car ô ma chevelue de feu tu es la torche
Qui m'éclaire ce monde et flamme tu es ma force
            Dans le ciel les nuages
            Figurent ton image
            Le mistral en passant

Hay en ellos fuegos nuevos, colores nunca vistos,
Mil quimeras imponderables
Que es preciso realizar
Queremos explorar la bondad, región enorme en la que todo
enmudece
También está el tiempo que se puede disipar o restaurar
Apiadaos de nosotros que combatimos siempre en las fronteras
De lo ilimitado y de lo venidero
Piedad para nuestros errores, piedad para nuestros pecados,
Aquí está llegando el verano, la violenta estación
Y mi juventud ha muerto como la primavera
Oh Sol es la hora de la ardiente Razón
Y yo espero
Para seguirla siempre la forma noble y dulce
Que para que a ella sola ame reviste
Llega y me atrae como a un hierro el imán
Tiene el aspecto encantador
De una adorable pelirroja
Diríase que sus cabellos de oro son
Un bello y duradero relámpago
O el pavoneo de esas llamas
En las rosas de té que se marchitan
Pero reíd reíd de mí
Hombres de todas partes, sobre todo gente de aquí
Pues hay tantas cosas que no me atrevo a deciros
Tantas cosas que no me dejaríais decir
Apiadaos de mí

J. Ignacio Velázquez

Yo te adoro mi Lou y por mí todo te adora
Los caballos que veo resoplar en las inmediaciones
La pompa de los monumentos latinos que me contemplan
Los vigorosos artilleros que a su cuartel regresan
El sol que desciende lentamente por delante de mí
Los infantes de azul pálido que parten para el frente piensan en ti
Pues oh mi cabellera de fuego tú eres la antorcha
Que ilumina y caldea mi mundo tú eres mi fuerza
En el cielo las nubes
Configuran tu imagen
El maestral a su paso

Emporte mes paroles
Tu en perçois le sens
C'est vers toi qu'elles volent
Tout le jour nos regards
Vont des Alpes au Gard
Du Gard à la Marine
Et quand le jour décline
Quand le sommeil nous prend
Dans nos lits différents
Nos songes nous rapprochent
Objets dans la même poche
Et nous vivons confondus
Dans la même rêve éperdu
Mes songes te ressemblent
Les branches remuées ce sont tes yeux qui tremblent
Et je te vois partout toi si belle et si tendre
Les clous de mes souliers brillent comme tes yeux
La vulve des juments est rose comme la tienne
Et nos armes graissées c'est comme quand tu me veux
O douceur de ma vie c'est comme quand tu m'aimes
L'hiver est doux le ciel est bleu
Refais-me le refais-me le
Toi ma chère permission
Ma consigne ma faction
Ton amour est mon uniforme
Tes doux baisers sont les boutons
Ils brillent comme l'or et l'ornent
Et tes bras si roses si longs
Sont les plus galants des galons
Un monsieur près de moi mange une glace blanche
Je songe au goût de ta chair et je songe à tes hanches
A gauche lit son journal une jeune dame blonde
Je songe à tes lettres où sont pour moi toutes les nouvelles
du monde
Il passe des marins la mer meurt à tes pieds
Je regarde ta photo tu es l'univers entier
J'allume une allumette et vois ta chevelure
Tu es pour moi la vie cependant qu'elle dure
Et tu es l'avenir et mon éternité
Toi mon amour unique et la seule beauté

Se lleva mis palabras
Y así percibes el sentido
Pues hacia ti vuelan
Todo el día nuestras miradas
Van de los Alpes al Gard
Del Gard a la Marine
Y cuando el día cae
Cuando el sueño nos apresa
Cada uno en nuestro lecho
Nuestros sueños nos unen
Objetos en el mismo bolsillo
Y vivimos confundidos
En el mismo sueño perdido
Mis sueños se te parecen
Las ramas inquietas son tus ojos que se estremecen
Y así por todas partes te veo tan hermosa tan tierna
Los clavos de mis botas brillan como tus ojos
La vulva de las yeguas es rosa como la tuya
Y nuestras armas engrasadas como cuando tú me amas
Oh dulzura de mi vida como cuando tú me amas
El invierno es dulce el cielo es azul
Restablécelo restablécelo
Tú mi querida licencia
Mi consigna mi facción
Tu amor es mi uniforme
Tus dulces besos los botones
Brillan como el oro y adornan
Y tus brazos tan rosa tan largos
Son los más galantes galones
Un señor cerca de mí se toma un blanco helado
Yo pienso en el sabor de tu carne y pienso en tus caderas
A la izquierda una joven señora rubia lee su periódico
Yo pienso en tus cartas donde están para mí todas las noticias
del mundo
Pasan unos marineros el mar muere a tus pies
Miro tu fotografía, tú eres el universo entero
Enciendo una cerilla y veo tu cabellera
Tú eres para mí la vida en tanto ella subsista
Eres el porvenir y mi eternidad
Tú el único amor y la única belleza.

Manuel Álvarez Ortega

Juan Ramón Jiménez

España (Moguer, Huelva, 1881-Puerto Rico, 1958)

Pasó una juventud depresiva y creadora entre sanatorios y versos que le ganarían muy pronto un sólido renombre. Vinieron después el retiro en su pueblo natal (que fructificó en *Platero y yo*), el matrimonio con Zenobia Camprubí, los años triunfales en Madrid como patriarca o *padrone* de la lírica española, el largo exilio americano, los días agridulces de 1956, con el Premio Nobel y la pérdida de Zenobia, y la muerte en Puerto Rico. Cuando aún le quedaba mucho por escribir, él mismo explicó su trayectoria literaria: la lírica sencilla y «vestida de inocencia» de los primeros «borradores silvestres» *(Ninfeas, Almas de violeta)*; la poesía posmodernista sentimental, «fastuosa de tesoros», como en *Arias tristes, Jardines lejanos, Elejías, Pastorales, Poemas májicos y dolientes, Sonetos espirituales* o *Laberinto*; y, finalmente, inaugurada con el *Diario de un poeta recién casado* (después llamado *Diario de poeta y mar*), la poesía pura, esencial o «desnuda», introspectiva y reflexiva, en la que lo mental supera a lo sentimental. En esta larga última etapa, el propio Juan Ramón distingue una época intelectual (la sed de conocimiento es tema esencial de *Eternidades, Piedra y cielo, Belleza* o *La estación total*), hasta el comienzo de la guerra civil, y ya en el exilio una época «suficiente» o «verdadera», con el lirismo originalísimo del poema en prosa *Espacio*, pieza maestra de *En el otro costado*, y la búsqueda de lo absoluto, transida de un peculiar misticismo, que caracteriza *Dios deseado y deseante.*

ADOLESCENCIA

En el balcón, un instante
nos quedamos los dos solos.
Desde la dulce mañana
de aquel día, éramos novios.
—El paisaje soñoliento
dormía sus vagos tonos,
bajo el cielo gris y rosa
del crepúsculo de otoño—.
Le dije que iba a besarla;
bajó, serena, los ojos
y me ofreció sus mejillas,
como quien pierde un tesoro.
—Caían la hojas muertas
en el jardín silencioso,
y en el aire erraba aún
un perfume de heliotropos—.
No se atrevía a mirarme;
le dije que éramos novios,
... y las lágrimas rodaron
de sus ojos melancólicos.

... Rit de la fraicheur de l'eau

(Victor Hugo)

Con lilas llenas de agua,
le golpeé las espaldas.
Y toda su carne blanca
se enjoyó de gotas claras.
¡Ay, fuga mojada y cándida,
sobre la arena perlada!
—La carne moría, pálida,
entre los rosales granas;
como manzana de plata,
amanecida de escarcha—.
Corría, huyendo del agua,
entre los rosales granas.

Y se reía, fantástica.
La risa se le mojaba.
Con lilas llenas de agua,
corriendo, la golpeaba...

El viaje definitivo

... Y yo me iré. Y se quedarán los pájaros cantando;
y se quedará mi huerto, con su verde árbol,
y con su pozo blanco.
Todas las tardes, el cielo será azul y plácido;
y tocarán, como esta tarde están tocando,
las campanas del campanario.
Se morirán aquellos que me amaron;
y el pueblo se hará nuevo cada año;
y en el rincón aquel de mi huerto florido y encalado,
mi espíritu errará, nostáljico...
Y yo me iré; y estaré solo, sin hogar, sin árbol
verde, sin pozo blanco,
sin cielo azul y plácido...
Y se quedarán los pájaros cantando.

Retorno fugaz

¿Cómo era, Dios mío, cómo era?
—¡Oh corazón falaz, mente indecisa!—
¿Era como el pasaje de la brisa?
¿Como la huida de la primavera?
Tan leve, tan voluble, tan lijera
cual estival vilano... ¡Sí! Imprecisa
como sonrisa que se pierde en risa...
¡Vana en el aire, igual que una bandera!
¡Bandera, sonreír, vilano, alada
primavera de junio, brisa pura...
¡Qué loco fue tu carnaval, qué triste!
Todo tu cambiar trocóse en nada
—¡memoria, ciega abeja de amargura!—
¡No sé cómo eras, yo que sé que fuiste!

Octubre

Estaba echado yo en la tierra, enfrente
del infinito campo de Castilla,
que el otoño envolvía en la amarilla
dulzura de su claro sol poniente.
  Lento, el arado, paralelamente
abría el haza oscura, y la sencilla
mano abierta dejaba la semilla
en su entraña partida honradamente.
  Pensé arrancarme el corazón, y echarlo,
pleno de su sentir alto y profundo,
al ancho surco del terruño tierno;
  a ver si con romperlo y con sembrarlo,
la primavera le mostraba al mundo
el árbol puro del amor eterno.

Soledad

(1 de febrero)

En ti estás todo, mar, y sin embargo,
¡qué sin ti estás, qué solo,
qué lejos, siempre, de ti mismo!
  Abierto en mil heridas, cada instante,
cual mi frente,
tus olas van, como mis pensamientos,
y vienen, van y vienen,
besándose, apartándose,
en un eterno conocerse,
mar, y desconocerse.
  Eres tú, y no lo sabes,
tu corazón te late, y no lo siente...
¡Qué plenitud de soledad, mar solo!

¡Intelijencia, dame
el nombre exacto de las cosas!
... Que mi palabra sea
la cosa misma
creada por mi alma nuevamente.

Que por mí vayan todos
los que no las conocen, a las cosas;
que por mí vayan todos
los que ya las olvidan, a las cosas;
que por mí vayan todos
los mismos que las aman, a las cosas...
¡Intelijencia, dame
el nombre exacto, y tuyo,
y suyo, y mío, de las cosas!

Vino, primero pura,
vestida de inocencia;
y la amé como un niño.
    Luego se fue vistiendo
de no sé qué ropajes;
y la fui odiando, sin saberlo.
    Llegó a ser una reina,
fastuosa de tesoros...
¡Qué iracundia de yel y sin sentido!
    ... Mas se fue desnudando.
Y yo le sonreía.
    Se quedó con la túnica
de su inocencia antigua.
Creí de nuevo en ella.
    Y se quitó la túnica,
y apareció desnuda toda...
¡Oh pasión de mi vida, poesía
desnuda, mía para siempre!

Espacio

FRAGMENTO PRIMERO

(Sucesión)

«Los dioses no tuvieron más sustancia que la que tengo yo.» Yo tengo, como ellos, la sustancia de todo lo vivido y de todo lo porvivir. No soy presente sólo, sino fuga raudal de cabo a fin. Y lo que veo, a un lado y otro, en esta fuga (rosas, restos de alas, sombra y luz) es sólo mío, recuerdo y ansia míos, presentimiento, olvido. ¿Quién sabe más que yo, quién, qué hombre o qué dios, puede, ha podido, podrá decirme a mí qué es mi vida y mi muerte, qué no es? Si hay quien lo sabe, yo lo sé más que ése, y quien lo ignora, más que ése lo ignoro. Lucha entre este ignorar y este saber es mi vida, su vida, y es la vida. Pasan vientos como pájaros, pájaros igual que flores, flores soles y lunas, lunas soles como yo, como almas, como cuerpos, cuerpos como la muerte y la resurrección; como dioses. Y soy un dios sin espada, sin nada de lo que hacen los hombres con su ciencia; sólo con lo que es producto de lo vivo, lo que se cambia todo; sí, de fuego o de luz, luz. ¿Por qué comemos y bebemos otra cosa que luz o fuego? Como yo he nacido en el sol, y del sol he venido aquí a la sombra, ¿soy de sol, como el sol alumbro?, y mi nostaljia, como la de la luna, es haber sido sol de un sol un día y reflejarlo sólo ahora. Pasa el iris cantando como canto yo. Adiós iris, iris, volveremos a vernos, que el amor es uno y solo y vuelve cada día. ¿Qué es este amor de todo, cómo se me ha hecho en el sol, con el sol, en mí conmigo? Estaba el mar tranquilo, en paz el cielo, luz divina y terrena los fundía en clara, plata, oro inmensidad, en doble y sola realidad; una isla flotaba entre los dos, en los dos y en ninguno, y una gota de alto iris perla, gris temblaba en ella. Allí estará temblándome el envío de lo que no me llega nunca de otra parte. A esla isla, ese iris, ese canto yo iré, esperanza májica, esta noche. ¡Qué inquietud en las plantas al sol puro, mientras, de vuelta a mí, sonrío volviendo ya al jardín abandonado! ¿Esperan más que verdear, que florear y que frutar; esperan, como un yo, lo que me espera, más que ocupar el sitio que ahora ocupan en la luz, más que vivir como ya viven, como vivimos; más que quedarse sin luz, más que dormirse y despertar? En medio hay, tiene que haber un punto, una salida, el sitio del seguir más verdadero, con nombre no inventado, diferente de eso que es diferente e inventado, que llamamos, en nuestro desconsuelo, Edén, Oasis, Paraíso, Cielo, pero que no lo es, y que sabemos que no lo es, como los niños saben que no es lo que no es que anda con ellos. Contar, cantar, llorar, vivir acaso, «elojio de las lágrimas», que tienen (Schubert, perdido entre criados por un dueño) en su iris roto lo que no tenemos, lo que tenemos roto, desunido. Las flores nos rodean de voluptuosidad, olor, color y forma sensual; nos rodeamos de ellas, que son sexos de colores, de formas, de olores diferentes; enviamos un sexo en una flor, dedicado presente de oro de ideal, a un amor virjen, un amor probado; sexo rojo a un glorioso, sexos blancos a una novicia, sexos violetas a la yacente. Y el idioma, ¡qué confusión! qué cosas nos decimos sin saber lo que nos decimos. Amor, amor, amor (lo cantó Yeats) «amor en el lugar del escremento». ¿Asco de nuestro ser, nuestro principio y nuestro fin; asco de aquello que más nos vive y más nos muere? ¿Qué es, entonces, la suma que no resta; dónde está, matemático celeste, la suma que es el todo y que no acaba? Hermoso es no tener lo que se tiene, nada de lo que es fin para nosotros, es fin, pues que se vuelve contra nosotros, y el verdadero fin nunca se nos vuelve. Aquel chopo de luz me lo decía, en Madrid, contra el aire turquesa del otoño: «Termínate en ti mismo como yo.» Todo lo que volaba alrededor, ¡qué raudo era!, y él qué insigne con lo suyo, verde y oro, sin mejor en el oro que en lo verde. Alas, cantos, luz, palmas, olas, frutas me rodean, me envuelven en su ritmo, en su gracia, en su fuerza delicada; y yo me olvido de mí entre ello, y bailo y canto, y río y lloro por los otros, embriagado. ¿Esto es vivir? ¿Hay otra cosa más que este vivir de cambio y gloria? Yo oigo siempre esa música que suena en el fondo de todo, más allá; ella es la que me llama desde el mar, por la calle, en el sueño. A su aguda y serena desnudez, siempre estraña y sencilla, el ruiseñor es sólo un calumniado prólogo. ¡Qué letra universal, luego, la suya! El músico mayor la ahuyenta. ¡Pobre del hombre si la mujer oliera, supiera siempre a rosa! ¡Qué dulce la mujer normal, qué tierna, qué suave (Villon), qué forma de las formas, qué esencia, qué sustancia de las sustancias, las esencias, qué lumbre de las lumbres; la mujer, madre, hermana, amante! Luego, de pronto, esta dureza de ir más allá de la mujer, de la mujer que es nuestro todo, donde debiera terminar nuestro horizonte. Las copas de veneno, ¡qué tentadoras son!, y son de flores, yerbas y hojas. Estamos rodeados de veneno que nos arrulla como el viento, arpas de luna y sol en ramas tiernas, colgaduras ondeantes, venenosas, y pájaros en ellas, como estrellas de cuchillo; veneno todo, y el veneno nos deja a veces no matar. Esto es dulzura, dejación de un mandato, y eso es pausa y escape. Entramos por los robles melenudos; rumoreaban su vejez cascada, oscuros, rotos, huecos, monstruosos, con colgados de telarañas fúnebres; el viento les mecía las melenas, en medrosos, estraños ondeajes, y entre ellos, por la sombra baja, honda, venía el rico olor del azahar de las tierras naranjas, grito ardiente con gritillos blancos de muchachas y niños. ¡Un árbol paternal, de vez en cuando, junto a una casa, sola en un desierto (seco y lleno de cuervos; aquel tronco huero, gris, lacio, a la salida del verdor profuso, con aquel cuervo muerto, suspendido por una pluma de una astilla, y los cuervos aún vivos posados ante él, sin atreverse a picotarlo, serios)! Y un árbol sobre un río. ¡Qué honda vida la de estos árboles; qué personalidad, qué inmanencia, qué calma, qué llenura de corazón total queriendo darse (aquel camino que partía en dos aquel pinar que se anhelaba)! Y por la noche, ¡qué rumor de primavera interna en sueño negro! ¡Qué amigo un árbol, aquel pino, verde, grande, pino redondo, verde, junto a la casa de mi Fuentepiña! Pino de la corona ¿dónde estás? ¿estás más lejos que si yo estuviera lejos? ¡Y qué canto me arrulla tu copa milenaria, que cobijaba pueblos y alumbraba de su forma rotunda y vijilante al marinero! La música mejor es la que suena y calla, que aparece y desaparece, la que concuerda, en un «de pronto», con nuestro oír más distraído. Lo que fue esta mañana ya no es, ni ha sido más que en mí; gloria suprema, escena fiel, que yo, que la creaba, creía de otros más que de mí mismo. Los otros no lo vieron; mi nostaljia, que era de estar con ellos, era de estar conmigo, en quien estaba. La gloria es como es, nadie la mueva; no hay nada que quitar ni que poner, y el dios actual está muy lejos, distraído también con tanta menudencia grande que le piden. Si acaso, en sus momentos de jardín, cuando acoje al niño libre, lo único grande que ha creado, se encuentra pleno en un sí pleno. Qué bellas estas flores secas sobre la yerba fría del jardín que ahora es nuestro. ¿Un libro, libro? Bueno es dejar un libro grande a medio leer, sobre algún banco, lo grande que termina; y hay que darle una lección al que lo quiere terminar, al que pretende que lo terminemos. Grande es lo breve, y si queremos ser y parecer más grandes, unamos sólo con amor, no cantidad. El mar no es más que gotas unidas, ni el amor que murmullos unidos, ni tú, cosmos, que cosmillos unidos. Lo más bello es el átomo último, el solo indivisible, y que por serlo no es, ya más, pequeño. Unidad de unidades es lo uno; ¡y qué viento más plácido levantan esas nubes menudas al cenit; qué dulce luz es esta suma roja única! Suma es la vida suma, y dulce. Dulce como esta luz era el amor; ¡qué plácido este amor también! Sueño ¿he dormido? Hora celeste y verde toda, y solos, hora en que las paredes y las puertas se desvanecen como agua, aire, y el alma sale y entra en todo, de y por todo, con una comunicación de luz y sombra. Todo se ve a la luz de dentro, todo es dentro, y las estrellas no son más que chispas de nosotros que nos amamos, perlas bellas de nuestro roce fácil y tranquilo. ¡Qué luz tan buena para nuestra vida y nuestra eternidad! El riachuelo iba hablando bajo por aquel barranco, entre las tumbas, casas de las laderas verdes; valle dormido, valle adormilado. Todo estaba en su verde, en su flor; los mismos muertos, en verde y flor de muerte; la piedra misma estaba en verde y flor de piedra. Allí se entraba y se salía como en el lento anochecer, del lento amanecer. Todo lo rodeaban piedra, cielo, río; y cerca el mar, más muerte que la tierra, el mar lleno de muertos de la tierra, sin casa, separados, engullidos por una variada dispersión. Para acordarme de por qué he nacido, vuelvo a ti, mar. «El mar que fue mi cuna, mi gloria y mi sustento; el mar eterno y solo que me llevó al amor»; y del amor es este mar que ahora viene a mis manos, ya más duras, como un cordero blanco a beber la dulzura del amor. Amor el de Eloísa; ¡qué ternura, qué sencillez, qué realidad perfecta! Todo claro y nombrado con su nombre en llena castidad. Y ella, en medio de todo, intacta de lo bajo entre lo pleno. Si tu mujer, Pedro Abelardo, pudo ser así, el ideal existe, no hay que falsearlo. Tu ideal existió; ¿por qué lo falseaste, necio Pedro Abelardo? Hombres, mujeres, hombres, hay que encontrar el ideal, que existe. Eloísa, Eloísa ¿en qué termina el ideal, y di, qué eres tú ahora y dónde estás? ¿Por qué, Pedro Abelardo vano, la mandaste al convento y tú te fuiste con los monjes plebeyos, si ella era el centro de tu vida, su vida, de la vida, y hubiera sido igual contigo ya capado que antes; si era el ideal? No lo supiste, yo soy quien lo vio, desobediencia de la dulce obediente, plena gracia. Amante, madre, hermana, niña tú, Eloísa; qué bien te conocías y te hablabas, qué tiernamente te nombrabas a él; ¡y qué azucena verdadera fuiste! Otro hubiera podido oler la flor de la verdad fatal que dio tu tierra. No estaba seco el árbol del invierno, como se dice, y yo creí en mi juventud; como yo, tiene el verde, el oro, el grana en la raíz y dentro, muy adentro, tanto, que llena de color doble infinito. Tronco de invierno soy, que en la muerte va a dar de sí la copa doble llena que ven sólo como es los deseados. Vi un tocón, a la orilla del mar neutro; arrancado del suelo, era como un muerto animal; la muerte daba a su quietud seguridad de haber estado vivo; sus arterias cortadas con el hacha echaban sangre todavía. Una miseria, un rencor de haber sido arrancado de la tierra, salía de su entraña endurecida y se espandía con el agua y por la arena, hasta el cielo infinito, azul. La muerte, y sobre todo, el crimen, da igualdad a lo vivo, lo más y menos vivo, y lo menos parece siempre, con la muerte, más. No, no era todo menos, como dije un día, «todo es menos»; todo era más, y por haberlo sido, es más morir para ser más, del todo más. ¿Qué ley de vida juzga con su farsa a la muerte sin ley y la aprisiona en la impotencia? ¡Sí, todo, todo ha sido más y todo será más! No es el presente sino un punto de apoyo o de comparación, más breve cada vez; y lo que deja y lo que coje, más, más grande. No, ese perro que ladra al sol caído, no ladra en el Monturrio de Moguer, ni cerca de Carmona de Sevilla, ni en la calle Torrijos de Madrid; ladra en Miami, Coral Gables, La Florida, y yo lo estoy oyendo allí, allí, no aquí, no aquí, allí, allí. ¡Qué vivo ladra siempre el perro al sol que huye! Y la sombra que viene llena el punto redondo que ahora pone el sol sobre la tierra, como un agua su fuente, el contorno en penumbra alrededor, después, todos los círculos que llegan hasta el límite redondo de la esfera del mundo, y siguen, siguen. Yo te oí, perro, siempre, desde mi infancia, igual que ahora; tú no cambias en ningún sitio, eres igual a ti mismo, como yo. Noche igual, todo sería igual si lo quisiéramos, si serlo lo dejáramos. Y si dormimos, qué abandonada queda la otra realidad. Nosotros les comunicamos a las cosas nuestra inquietud de día, de noche nuestra paz. ¿Cuándo, cómo duermen los árboles? «Cuando los deja el viento dormir», dijo la brisa. Y cómo nos precede, brisa quieta y gris, el perro fiel cuando vamos a ir de madrugada adonde sea, alegres o pesados; él lo hace todo, triste o contento, antes que nosotros. Yo puedo acariciar como yo quiera a un perro, un animal cualquier, y nadie dice nada; pero a mis semejantes no; no está bien visto hacer lo que se quiera con ellos, si lo quieren como un perro. Vida animal ¿hermosa vida? ¡Las marismas llenas de bellos seres libres, que me esperan en un árbol, un agua o una nube, con su color, su forma, su canción, su jesto, su ojo, su comprensión hermosa, dispuestos para mí que los entiendo! El niño todavía me comprende, la mujer me quisiera comprender, el hombre... no, no quiero nada con el hombre; es estúpido, infiel, desconfiado; y cuando más adulador, científico. Cómo se burla la naturaleza del hombre, de quien no la comprende como es. Y todo debe ser o es echarse a dios y olvidarse de todo lo creado por dios, por sí, por lo que sea. «Lo que sea», es decir, la verdad única, yo te miro como me miro a mí y me acostumbro a toda tu verdad como a la mía. Contigo, «lo que sea», soy yo mismo, y tú, tú mismo, misma, «lo que seas». ¿El canto? ¡El canto, el pájaro otra vez! ¡Ya estás aquí, ya has vuelto, hermosa, hermoso, con otro nombre, con tu pecho azul, gris cargado de diamante! ¿De dónde llegas tú, tú en esta tarde gris con brisa cálida? ¿Qué dirección de luz y amor sigues entre las nubes de oro cárdeno? Ya has vuelto a tu rincón verde, sombrío. ¿Cómo tú, tan pequeño, di, lo llenas todo y sales por el más? Sí, sí, una nota de una caña, de un pájaro, de un niño, de un poeta, lo llena todo y más que el trueno. El estrépito encoje, el canto agranda. Tú y yo, pájaro, somos uno; cántame, canta tú, que yo te oigo; que mi oído es tan justo por tu canto. Ajústame tu canto más a este oído mío que espera que lo llenes de armonía. ¡Vas a cantar, toda otra primavera, vas a cantar! ¡Otra vez tú, otra vez la primavera! ¡Si supieras lo que eres para mí! ¿Cómo podría yo decirte lo que eres, lo que eres tú, lo que soy yo, lo que eres para mí? ¡Cómo te llamo, cómo te escucho, cómo te adoro, hermano eterno, pájaro de la gracia y de la gloria, humilde, delicado, ajeno; ánjel del aire nuestro, derramador de música completa! Pájaro, yo te amo como a la mujer, a la mujer, tu hermana más que yo. Sí, bebe ahora el agua de mi fuente, pica la rama, salta lo verde, entra, sal, rejistra toda tu mansión de ayer; ¡mírame bien a mí, pájaro mío, consuelo universal de mujer y hombre! Vendrá la noche inmensa, abierta toda, en que me cantarás del paraíso, en que me harás el paraíso, aquí, yo, tú, aquí, ante el echado insomnio de mi ser. Pájaro, amor, luz, esperanza; nunca te he comprendido como ahora; nunca he visto tu dios como hoy lo veo, el dios que acaso fuiste tú y que me comprende. «*Los dioses no tuvieron más sustancia que la que tienes tú.*» ¡Qué hermosa primavera nos aguarda en el amor, fuera del odio! ¡Ya soy feliz! ¡El canto, tú y tu canto! El canto... Yo vi jugando al pájaro y la ardilla, al gato y la gallina, al elefante y al oso, al hombre con el hombre. Yo vi jugando al hombre con el hombre, cuando el hombre cantaba. No, este perro no levanta los pájaros, los mira, los comprende, los oye, se echa al suelo, y calla y sueña ante ellos. ¡Qué grande el mundo en paz; qué azul tan bueno para el que puede no gritar, puede cantar; cantar y comprender y amar! ¡Inmensidad, en ti y ahora vivo; ni montañas, ni casi piedra, ni agua, ni cielo casi, inmensidad, y todo y sólo inmensidad; esto que abre y que separa el mar del cielo, el cielo de la tierra, y, abriéndolos y separándolos, los deja más unidos y cercanos, llenando con lo lleno lejano la totalidad! ¡Espacio y tiempo y luz en todo yo, en todos y yo y todos! ¡Yo con la inmensidad! Esto es distinto; nunca lo sospeché y ahora lo tengo. Los caminos son sólo entradas o salidas de luz, de sombra, sombra y luz; y todo vive en ellos para que sea más inmenso yo, y tú seas. ¡Qué regalo de mundo, qué universo májico, y todo para todos, para mí, yo! ¡Yo, universo inmenso, dentro, fuera de ti, segura inmensidad! Imájenes de amor en la presencia concreta; suma gracia y gloria de la imajen, ¿vamos a hacer eternidad, vamos a hacer la eternidad, vamos a ser eternidad, vamos a ser la eternidad? ¡Vosotros, yo, podemos crear la eternidad una y mil veces, cuando queramos! ¡Todo es nuestro y no se nos acaba nunca! ¡Amor, contigo y con la luz todo se hace, y lo que haces, amor, no acaba nunca!

El nombre conseguido de los nombres

Si yo, por ti, he creado un mundo para ti,
dios, tú tenías seguro que venir a él,
y tú has venido a él, a mí seguro,
porque mi mundo todo era mi esperanza.
Yo he acumulado mi esperanza
en lengua, en nombre hablado, en nombre escrito;
a todo yo le había puesto nombre
y tú has tomado el puesto
de toda esta nombradía.
Ahora puedo yo detener ya mi movimiento,
como la llama se detiene en ascua roja
con resplandor de aire inflamado azul,
en el ascua de mi perpetuo estar y ser;
ahora yo soy ya mi mar paralizado,
el mar que yo decía, mas no duro,
paralizado en olas de conciencia en luz
y vivas hacia arriba todas, hacia arriba.
Todos los nombres que yo puse
al universo que por ti me recreaba yo,
se me están convirtiendo en uno y en un
dios.
El dios que es siempre al fin,
el dios creado y recreado y recreado
por gracia y sin esfuerzo.
El Dios. El nombre conseguido de los nombres.

Umberto Saba

Italia (Trieste, 1883-Gorizia, 1957)

Firmó siempre con el apellido de su madre, judía, porque su padre, católico, la había abandonado a poco de nacer él. Vivió de varios empleos (incluido el de marino mercante) en Florencia, Roma, Bolonia y Milán, pero al acabar la primera guerra mundial regresó a Trieste, donde adquirió una librería anticuaria. En 1909, se había casado, por el rito hebreo, con Carolina Wölfer, la *Lina* del *Canzoniere*, y tuvo que pasar a la clandestinidad en la época de las leyes raciales del fascismo. El libro de su vida es el *Canzoniere*, que concibió a manera de autobiografía y en el que fue recopilando su producción poética durante casi medio siglo, a lo largo de cinco entregas progresivamente ampliadas y revisadas (1921, 1945, 1948, 1951 y 1961; hay además una versión inédita de 1913). Saba apostó por una poesía «honesta», fiel a la «verdad interior», construida a partir de sentimientos, reflexiones elementales y escenarios humildes. Su interés por el psicoanálisis y por la obra de Freud iba unido al apego a la vida cotidiana y al anonimato del hombre común, entendido como el lugar donde el escritor puede encontrarse a sí mismo. La autoconciencia artística y la continua introspección que hicieron de él un gran poeta pueden apreciarse también en su *Storia e cronistoria del 'Canzoniere'* (1948), un intento exegético de la propia obra que el autor atribuye a un *alter ego* crítico, el ficticio profesor Tullio Mogno.

A mia moglie

Tu sei come una giovane,
una bianca pollastra.
Le si arruffano al vento
le piume, il collo china
per bere, e in terra raspa;
ma, nell'andare, ha il lento
tuo passo di regina,
ed incede sull'erba
pettoruta e superba.
È migliore del maschio.
È come sono tutte
le femmine di tutti
i sereni animali
che avvicinano a Dio.
Così se l'occhio, se il giudizio mio
non m'inganna, fra queste hai le tue uguali
e in nessun'altra donna.
Quando la sera assonna
le gallinelle,
mettono voci che ricordan quelle
dolcissime, onde a volte dei tuoi mali
ti quereli, e non sai
che la tua voce ha la soave e triste
musica dei pollai.

Tu sei come una gravida
giovenca;
libera ancora e senza
gravezza, anzi festosa;
che, se la lisci, il collo
volge, ove tinge un rosa
tenero la sua carne.
Se l'incontri e muggire
l'odi, tanto è quel suono
lamentoso, che l'erba
strappi, per farle un dono.
È così che il mio dono
t'offro quando sei triste.

Tu sei come una lunga
cagna, che sempre tanta

A MI MUJER

Tú eres como una joven,
una blanca gallina.
Las plumas le revuelve
el viento, inclina el cuello
para beber, y el suelo escarba,
pero anda con tu lento
paso de reina, y va
andando por la hierba
majestuosa y soberbia.
Es mejor que su macho.
Es igual que son todas
las féminas de todos
los mansos animales
que se arriman a Dios.
Si la vista, si el juicio no me engaña,
entre éstas tienes tus iguales,
y no en mujer ninguna.
Cuando el anochecer
duerme a las gallinitas,
dan voces que recuerdan las dulcísimas
con que a veces te quejas
de tus males, e ignoras
que tienes en la voz la suave y triste
música de los gallineros.
    Tú eres como una grávida
novilla;
todavía libre y no
pesada, sino alegre;
que cuando la acaricias
vuelve el cuello en que un rosa
tierno tiñe a la carne.
Si la encuentras y la oyes
mugir, tan lastimero
es aquel son que arrancas
hierba y se la regalas.
Así es como un regalo
te hago cuando estás triste.
    Tú eres como una larga
perra, que tiene tanta

dolcezza ha negli occhi,
e ferocia nel cuore.
Ai tuoi piedi una santa
sembra, che d'un fervore
indomabile arda,
e così ti riguarda
come il suo Dio e Signore.
Quando in casa o per via
segue, a chi solo tenti
avvicinarsi, i denti
candidissimi scopre.
Ed il suo amore soffre
di gelosia.

Tu sei come la pavida
coniglia. Entro l'angusta
gabbia ritta al vederti
s'alza,
e verso te gli orecchi
alti protende e fermi;
che la crusca e i radicchi
tu le porti, di cui
priva in sé si rannicchia,
cerca gli angoli bui.
Chi potrebbe quel cibo
ritoglierle? chi il pelo
che si strappa di dosso,
per aggiungerlo al nido
dove poi partorire?
Chi mai farti soffrire?

Tu sei come la rondine
che torna in primavera.
Ma in autunno riparte;
e tu non hai quest'arte.
Tu questo hai della rondine:
le movenze leggere;
questo che a me, che mi sentiva ed era
vecchio, annunciavi un'altra primavera.

Tu sei come la provvida
formica. Di lei, quando
escono alla campagna,
parla al bimbo la nonna

mansedumbre en los ojos
y un feroz corazón.
A tus pies una santa
parece, y que un ardor
indomable la inspira
y te mira por eso
como a Dios y Señor.
Si en casa o en la calle
te acompaña, al que intenta
acercarse, los dientes
blanquísimos le enseña.
Y es que sufre su amor
de celos.
Tú eres como la tímida
coneja, que en la estrecha
jaula, derecha al verte
se alza,
y hacia ti las orejas
altas y firmes tiende;
que el salvado y la hierba
le llevas, de los cuales
privada se acurruca,
busca oscuros rincones.
¿Quién podría ese cebo
quitarle? ¿Quién el pelo
que del lomo se arranca
para echarlo en el nido
en el que va a parir?
¿Quién hacerte sufrir?
Tú eres cual golondrina
que vuelve en primavera.
Pero en otoño parte:
tú no tienes este arte.
Tú de las golondrinas tienes esto:
los movimientos ágiles;
esto que a mí, que me sentía y era
viejo, anunciaba ya otra primavera.
Tú eres como la próvida
hormiga. De ella, cuando
salen a la campaña
habla al niño la abuela

che l'accompagna.
E così nella pecchia
ti ritrovo, ed in tutte
le femmine di tutti
i sereni animali
che avvicinano a Dio;
e in nessun'altra donna.

La capra

Ho parlato a una capra.
Era sola sul prato, era legata.
Sazia d'erba, bagnata dalla pioggia, belava.
Quell'uguale belato era fraterno
al mio dolore. Ed io risposi, prima
per celia, poi perché il dolore è eterno,
ha una voce e non varia.
Questa voce sentiva
gemere in una capra solitaria.
In una capra dal viso semita
sentiva querelersi ogni altro male,
ogni altra vita.

Città vecchia

Spesso, per ritornare alla mia casa
prendo un'oscura via di città vecchia.
Giallo in qualche pozzanghera si specchia
qualche fanale, e affollata è la strada.
Qui tra la gente che viene che va
dall'osteria alla casa o al lupanare,
dove son merci ed uomini il detrito
di un gran porto di mare,
io ritrovo, passando, l'infinito
nell'umiltà.
Qui prostituta e marinaio, il vecchio
che bestemmia, la femmina che bega,

que le acompaña.
De este modo, en la abeja
yo te encuentro, y en todas
las féminas de todos
los mansos animales
que se arriman a Dios
y no en mujer ninguna.

Ángel Crespo

La cabra

He hablado con una cabra.
Estaba sola en el prado, estaba atada.
Ahíta de hierba, mojada por la lluvia, balaba.
Ese mismo balido era hermano
de mi dolor. Le respondí al principio
por broma, luego porque el dolor es eterno,
tiene una sola voz que no cambia.
La misma que yo sentía
gemir en una cabra solitaria.
En una cabra de perfil semita
sentía yo quejarse cualquier pena,
cualquier otra vida.

Gianna Prodan y Eugenio García Fernández

Ciudad vieja

Por una oscura calle de la vieja
ciudad a casa voy frecuentemente.
Amarillo, en cualquier charco se espeja
cualquier farol, y está llena de gente.
Aquí, entre la que viene y la que va
de la taberna a casa, al lupanar,
donde géneros y hombres son detrito
de un gran puerto de mar,
yo encuentro, cuando paso, lo infinito
en la humildad.
Aquí la puta y el marino, el viejo
que blasfema, la hembra turbulenta,

il dragone che siede alla bottega
del friggitore,
la tumultuante giovane impazzita
d'amore,
sono tutte creature della vita
e del dolore;
s'agita in esse, come in me, il Signore.
Qui degli umili sento in compagnia
il mio pensiero farsi
più puro dove più turpe è la via.

Caffè Tergeste, ai tuoi tavoli bianchi
ripete l'ubbriaco il suo delirio;
ed io ci scrivo i miei più allegri canti.
Caffè di ladri, di baldracche covo,
io soffersi ai tuoi tavoli il martirio,
lo soffersi a formarmi un cuore nuovo.
Pensavo: Quando bene avrò goduto
la morte, il nulla che in lei mi predico,
che mi ripagherà d'esser vissuto?
Di vantarmi magnanimo non oso;
ma, se il nascere è un fallo, io al mio nemico
sarei, per maggior colpa, più pietoso.
Caffè di plebe, dove un dì celavo
la mia faccia, con gioia oggi ti guardo.
E tu concili l'italo e lo slavo,
a tarda notte, lungo il tuo bigliardo.

Variazioni sulla rosa

I

Per te piange un fanciullo in un giardino
o forse in una favola. Punivi,
rosa, inabili dita. E così vivi,
un giorno ancora, sul tuo ceppo verde.

el dragón que se sienta
en la freiduría,
la joven tumultuosa enloquecida
de amor
son todas criaturas de la vida
y del dolor;
se agita en ellas, como en mí, el Señor.
De los humildes siento en compañía
mi pensamiento hacerse
más puro donde más torpe es la vía.

Ángel Crespo

Café Tergeste, junto a tus mesas blancas
el borracho repite su delirio;
y yo escribo mis más alegres cantos.
Oh café de ladrones, cubil de prostitutas,
yo sufrí ante tus mesas el martirio,
sufrí en formarme un nuevo corazón.
Pensaba: Cuando bien haya gozado
la muerte, esa nada que en ella me atribuyo,
¿quién me resarcirá de haber vivido?
No me animo a jactarme de magnánimo,
pero si es un yerro el nacer, con mi enemigo
sería, por mayor culpa, más piadoso.
Café de plebe, donde un día ocultaba
mi rostro, alegremente hoy te contemplo.
Y tú concilias lo ítalo y lo eslavo,
en la alta noche, junto a tus billares.

Horacio Armani

VARIACIONES SOBRE LA ROSA

I

En un jardín por ti un joven llora
o quizá en una fábula. Le herías,
rosa, sus dedos torpes. Y otro día
vives así, sobre tu arbusto verde.

Altri asciuga le sue lacrime, e perde
egli in breve l'incontro e la memoria.
Oh, nemico per sempre alla tua gloria
non lo scopra l'errore d'un mattino!

II

Molti sono i color ai quali l'arte
varia il tuo incanto o la natura. In me,
come il mare è turchino, esisti solo,
per il pensiero a cui ti sposo, rossa.

III

Cauta i tuoi gambi ella mondava. Mesta
a me sorrise ed al mio primo dono.
Due mani l'aggiustavano al suo seno.
Andai lontano, disertai quel seno.
Errai come agli umani è sorte errare.
Mi sopraffece la vita; la vita
vinsi, in parte; il mio cuore meno.
Ancora
canta a me l'usignolo ed una rosa
tra le spine è fiorita.

Epigrafe

Parlavo vivo a un popolo di morti.
Morto alloro rifiuto e chiedo oblio.

Otro seca sus lágrimas, y él pierde
en breve la ocasión y la memoria.
¡Oh, enemigo por siempre de tu gloria,
no lo encuentre el engaño de una aurora!

II

Muchos son los colores con que cambia
tu encanto el arte o la naturaleza.
En mí, como es turquesa el mar, existes
por la idea a que te uno, sólo roja.

III

Cauta tus tallos recortaba. Triste
me sonrió, y a mi primer regalo.
Dos manos lo ajustaban a su seno.
Me fui lejos, abandoné aquel seno.
Erré, como es humana condición.
Me superó la vida, la vencí
en parte; al corazón no tanto.
Aún
me canta el ruiseñor y ha florecido
una rosa entre espinas.

Esther Morillas

Epitafio

Hablaba, vivo, a un pueblo de muertos.
Muerto, el laurel rechazo y pido olvido.

Ángel Crespo

Georg Trakl

Austria (Salzburgo, 1887-Cracovia, Polonia, 1914)

Personaje solitario y algo iluminado, vivió una existencia intensa, marcada por los excesos del alcohol, el ácido lisérgico y la cocaína, y atormentada por la relación amorosa con su hermana. Al estallar la primera guerra mundial, se incorporó al ejército y, después de la batalla de Grodek, en la que tuvo que asistir a casi un centenar de heridos (era licenciado en farmacia), se suicidó ingiriendo una fuerte dosis de droga. Sus libros *Gedichte* (*Poesías*, 1913) y *Sebastian im Traum* (*Sebastián en sueños*, 1915) ofrecen una lírica de carácter elíptico y de enorme belleza musical, y una temática apocalíptica que anuncia el ocaso de la civilización occidental cristiana. En sus versos, con razón juzgados como «expresionistas», pululan las imágenes del castigo divino, de demonios y ángeles putrefactos que proclaman el fin del mundo. La ciudad es representada como un lugar de muerte y destrucción, en cuyo escenario, sin perder la crueldad o la abyección moral, el horror se transforma en belleza. Los poemas bélicos, centrados en la degradación del hombre que provoca la guerra, no superan el colorido y el impacto visionario de los escritos antes de la guerra.

Die sonne

Täglich kommt die gelbe Sonne über den Hügel.
Schön ist der Wald, das dunkle Tier,
Der Mensch; Jäger oder Hirt.
    Rötlich steigt im grünen Weiher der Fisch.
Unter dem runden Himmel
Fährt der Fischer leise im blauen Kahn.
    Langsam reift die Traube, das Korn.
Wenn sich stille der Tag neigt,
Ist ein Gutes und Böses bereitet.
    Wenn es Nacht wird,
Hebt der Wanderer leise die schweren Lider;
Sonne aus finsterer Schlucht bricht.

An den knaben Elis

Elis, wenn die Amsel im schwarzen Wald ruft,
Dieses ist dein Untergang.
Deine Lippen trinken die Kühle des blauen Felsenquells.
    Laß, wenn deine Stirne leise blutet
Uralte Legenden
Und dunkle Deutung des Vogelflugs.
    Du aber gehst mit weichen Schritten in die Nacht,
Die voll purpurner Trauben hängt,
Und du regst die Arme schöner im Blau.
    Ein Dornenbusch tönt,
Wo deine mondenen Augen sind.
O, wie lange bist, Elis, du verstorben.
    Dein Leib ist eine Hyazinthe,
In die ein Mönch die wächsernen Finger taucht.
Eine schwarze Höhle ist unser Schweigen,
    Daraus bisweilen ein sanftes Tier tritt
Und langsam die schweren Lider senkt.
Auf deine Schläfen tropft schwarzer Tau,
    Das letzte Gold verfallener Sterne.

Al sol

Diariamente, un sol amarillo aparece sobre la colina.
Hermoso es el bosque, el oscuro animal, el hombre,
cazador o pastor.
Rojizo se alza en el verde estanque el pez.
Bajo un cielo redondo
navega casi silenciosamente el pescador en su canoa azul.
Lentamente maduran las uvas, el grano.
Y cuando el día declina en silencio,
el bien y el mal están ya preparados a aflorar.
Cuando anochece,
el peregrino alza silenciosamente los pesados párpados;
se quiebra un sol que brilla desde abismos tenebrosos.

José Miguel Mínguez

Al joven Elis

Elis, cuando el mirlo en el negro bosque reclama,
ese es tu ocaso,
tus labios beben la frescura de la fuente azul entre las rocas.
Deja ya si tu frente sangra dulcemente
inmemoriales leyendas
y el oscuro presagio del vuelo de los pájaros.
Tú empero caminas con blandos pasos hacia la noche
que pende cargada de purpúreos racimos,
y bellamente mueves en el azul los brazos.
Un zarzal resuena
donde están tus ojos lunados,
oh, cuánto tiempo, Elis, que estás muerto.
Tu cuerpo es un jacinto
en el que hunde un monje sus dedos de cera;
una gruta negra es nuestro silencio,
de la que sale a veces un manso animal
y lentamente baja los pesados párpados,
sobre tus sienes gotea rocío negro.
Último oro de los luceros que se extinguen.

Elis

1

Vollkommen ist die Stille dieses goldenen Tags.
Unter alten Eichen
Erscheinst du, Elis, ein Ruhender mit runden Augen.
    Ihre Bläue spiegelt den Schlummer der Liebenden.
An deinem Mund
Verstummten ihre rosigen Seufzer.
    Am Abend zog der Fischer die schweren Netze ein.
Ein guter Hirt
Führt seine Herde am Waldsaum hin.
O! wie gerecht sind, Elis, alle deine Tage.
    Leise sinkt
An kahlen Mauern des Ölbaums blaue Stille,
Erstirbt eines Greisen dunkler Gesang.
    Ein goldener Kahn
Schaukelt, Elis, dein Herz am einsamen Himmel.

2

Ein sanftes Glockenspiel tönt in Elis' Brust
Am Abend,
Da sein Haupt ins schwarze Kissen sinkt.
    Ein blaues Wild
Blutet leise im Dornengestrüpp.
    Ein brauner Baum steht abgeschieden da;
Seine blauen Früchte fielen von ihm.
    Zeichen und Sterne
Versinken leise im Abendweiher.
    Hinter dem Hügel ist es Winter geworden.
    Blaue Tauben
Trinken nachts den eisigen Schweiß,
Der von Elis' kristallener Stirne rinnt.
    Immer tönt
An schwarzen Mauern Gottes einsamer Wind.

Elis

1

Perfecto es el sosiego de este día dorado.
Bajo viejas encinas
tú apareces, Elis, yacente de ojos redondos.
    Su azul refleja el sopor de los amantes,
sobre tu boca
enmudecieron sus rosados suspiros.
    Al atardecer sacó el pescador las pesadas redes.
Un buen pastor
lleva su hato por el lindero del bosque,
oh, qué justos son, Elis, todos tus días.
    Despacio cae
sobre muros desnudos el azul sosiego del olivo,
se extingue de un anciano el canto oscuro.
    Barca de oro,
tu corazón se balancea, Elis, en el cielo desierto.

2

Un dulce carillón repica en el pecho de Elis
al caer la tarde,
cuando su cabeza se hunde en la negra almohada.
    Un animal azul
sangra suavemente en el zarzal.
    Apartado se yergue un árbol pardo;
sus frutos azules han caído de las ramas.
    Signos y estrellas
se hunden lentamente en el estanque vespertino.
    Detrás de la colina es ya el invierno.
    Azules palomas
beben de noche el helado sudor
que mana de la frente cristalina de Elis.
    Y siempre silba
contra negros muros el viento solitario de Dios.

Américo Ferrari

SEBASTIAN IM TRAUM

Für Adolf Loos

1

Mutter trug das Kindlein im weißen Mond,
Im Schatten des Nußbaums, uralten Holunders,
Trunken vom Safte des Mohns, der Klage der Drossel;
Und stille
Neigte in Mitleid sich über jene ein bärtiges Antlitz.
Leise im Dunkeln des Fensters; und altes Hausgerät
Der Väter
Lag im Verfall; Liebe und herbstliche Träumerei.
Also dunkel der Tag des Jahrs, traurige Kindheit,
Da der Knabe leise zu kühlen Wassern, silbernen Fischen
hinabstieg,
Ruh und Antlitz;
Da er steinern sich vor rasende Rappen warf,
In grauer Nacht sein Stern über ihn kam;
Oder wenn er an der frierenden Hand der Mutter
Abends über Sankt Peters herbstlichen Friedhof ging,
Ein zarter Leichnam stille im Dunkel der Kammer lag
Und jener die kalten Lider über ihn aufhob.
Er aber war ein kleiner Vogel im kahlen Geäst,
Die Glocke lang im Abendnovember,
Des Vaters Stille, da er im Schlaf die dämmernde Wendeltreppe
hinabstieg.

2

Frieden der Seele. Einsamer Winterabend,
Die dunklen Gestalten der Hirten am alten Weiher;
Kindlein in der Hütte von Stroh; o vie leise
Sank in schwarzem Fieber das Antlitz hin.
Heilige Nacht.
Oder wenn er an der harten Hand des Vaters
Stille den finsteren Kalvarienberg hinanstieg
Und in dämmernden Felsennischen
Die blaue Gestalt des Menschen durch seine Legende ging,
Aus der Wunde unter dem Herzen purpurn das Blut rann.
O wie leise stand in dunkler Seele das Kreuz auf.

Sebastián en sueño

Para Adolf Loos

1

La madre llevaba al niñito a la blanca luna,
a la sombra del nogal, del viejísimo saúco,
ebria del jugo de la adormidera, de la queja del tordo;
y silente
se inclinaba en compasión sobre ellos una faz barbuda
suave en lo oscuro de la ventana; y los viejos enseres
de los mayores
yacían en ruina; amor y ensueño otoñal.
También oscuro el día del año, triste infancia,
cuando el muchacho a frescas aguas, peces argénteos, suave
descendía,
serenidad y faz;
cuando pétreo se arrojó ante furiosos potros negros,
en noche gris vino sobre él su estrella;
o cuando de la mano helada de la madre
de tarde por el cementerio otoñal de San Pedro pasaba,
un tierno cadáver silente en lo oscuro de la cámara yacía
y aquél los fríos párpados sobre él alzaba.
Él sin embargo era un pajarillo en la desnuda rama,
la campana constante en la tarde de noviembre,
el silencio del padre, cuando en el sueño bajó la escalera de
caracol crepuscular.

2

Paz del alma. Solitaria tarde de invierno,
las oscuras figuras de los pastores en el viejo estanque;
niñito en la choza de paja; oh, qué suave
se sumía la faz en negra fiebre.
Noche Santa.
O cuando él de la mano dura del padre
silente el lúgubre monte Calvario subía
y en los crepusculares nichos de rocas
la azul figura del hombre cruzaba su leyenda,
de la herida bajo el corazón goteaba purpúrea la sangre.
Oh qué suave se alzaba en el alma oscura la cruz.

Liebe; da in schwarzen Winkeln der Schnee schmolz,
Ein blaues Lüftchen sich heiter im alten Holunder fing,
In dem Schattengewölbe des Nußbaums;
Und dem Knaben leise sein rosiger Engel erschien.
Freude; da in kühlen Zimmern eine Abendsonate erklang,
Im brauner Holzgebalk
Ein blauer Falter aus der silbernen Puppe kroch.
O die Nähe des Todes. In steinerner Mauer
Neigte sich ein gelbes Haupt, schweigend das Kind,
Da in jenem März der Mond verfiel.

3

Rosige Osterglocke im Grabgewölbe der Nacht
Und die Silberstimmen der Sterne,
Daß in Schauern ein dunkler Wahnsinn von der Stirne des Schläfers sank.
O wie stille ein Gang den blauen Fluß hinab Vergessenes sinnend, da im grünen Geäst
Die Drossel ein Fremdes in den Untergang rief.
Oder wenn er an der knöchernen Hand des Greisen
Abends vor die verdallene Mauer der Stadt ging
Und jener in schwarzem Mantel ein rosiges Kindlein trug,
Im Schatten des Nußbaums der Geist des Bösen erschien.
Tasten über die grünen Stufen des Sommers. O wie leise
Verfiel der Garten in der braunen Stille des Herbstes,
Duft und Schvermut des alten Holunders,
Da in Sebastians Schatten die Silberstimme des Engels erstarb.

Unterwegs

Am Abend trugen sie den Fremden in die Totenkammer;
Ein Duft von Teer; das leise Rauschen roter Platanen;
Der dunkle Flug der Dohlen; am Platz zog eine Wache auf.
Die Sonne ist in schwarze Linnen gesunken; immer wieder kehrt dieser vergangene Abend.
Im Nebenzimmer spielt die Schwester eine Sonate von Schubert.
Sehr leise sinkt ihr Lächeln in den verfallenen Brunnen,
Der bläulich in der Dämmerung rauscht. O, wie alt ist unser Geschlecht.

Amor: cuando en negros rincones se derretía la nieve,
un azul airecillo se enredaba alegre en el viejo saúco,
en la bóveda de sombra del nogal;
y al muchacho se aparecía suave su ángel rosado.
Alegría: cuando en la fresca sala una sonata sonaba vespertina,
en la parda viguería
una mariposa azul de la argéntea crisálida salía.
Oh la cercanía de la muerte. En el muro pétreo
se inclinó una cabeza amarilla, silente el niño,
cuando en aquel marzo menguó la luna.

3

Rosa campana de Pascua en la bóveda sepulcral de la noche
y las voces de plata de las estrellas,
tal que en estremecimiento un oscuro delirio descendía de
la frente del durmiente.
Oh qué silente un paseo río azul abajo
meditando olvidos, cuando en las ramas verdes
el tordo a un algo extraño llamaba al ocaso.
O cuando de la mano ósea del anciano
al atardecer pasaba delante del derruido muro de la ciudad
y aquél en negro abrigo un niñito rosado llevaba,
en la sombra del nogal aparecía el espíritu del mal.
Ir a tientas sobre las verdes gradas del verano. Oh qué suave
decaía el jardín en la sepia quietud del otoño,
aroma y melancolía del viejo saúco,
cuando en la sombra de Sebastián sucumbió la voz argéntea del
ángel

José Luis Reina Palazón

En camino

Llevaron al extraño hacia la cámara de los muertos al anochecer;
aroma de alquitrán; el callado susurro de los plátanos rojos;
el negro vuelo de los grajos; se relevó la guardia de la plaza.
Entre lienzos oscuros se hundió el sol; una vez y otra vez
vuelve esta tarde ya pasada.
Toca la hermana en la habitación contigua una pieza de Schubert.
Quedamente se hunde su sonrisa en el pozo arruinado
que, azul, murmura en el crepúsculo. Qué vieja nuestra estirpe.

Jemand flüstert drunten im Garten; jemand hat diesen
schwarzen Himmel verlassen.
Auf der Kommode duften Äpfel. Großmutter zündet goldene
Kerzen an.
O, wie mild ist der Herbst. Leise klingen unsere Schritte im
alten Park
Unter hohen Bäumen. O, wie ernst ist das hyazinthene Antlitz
der Dämmerung.
Der blaue Quell zu deinen Füßen, geheimnisvoll die rote Stille
deines Munds,
Umdüstert vom Schlummer des Laubs, dem dunklen Gold
verfallener Sonnenblumen.
Deine Lider sind schwer von Mohn und träumen leise auf
meiner Stirne.
Sanfte Glocken durchzittern die Brust. Eine blaue Wolke
Ist dein Antlitz auf mich gesunken in der Dämmerung.
Ein Lied zur Gitarre, das in einer fremden Schenke erklingt,
Die wilden Hollunderbüsche dort, ein lang vergangener
Novembertag,
Vertraute Schritte auf der dämmernden Stiege, der Anblick
gebräunter Balken,
Ein offenes Fenster, an dem ein süßes Hoffen zurückblieb -
Unsäglich ist das alles, o Gott, daß man erschüttert ins Knie
bricht.
O, wie dunkel ist diese Nacht. Eine purpurne Flamme
Erlosch an meinem Mund. In der Stille
Erstirbt der bangen Seele einsames Saitenspiel.
Laß, wenn trunken von Wein das Haupt in die Gosse sinkt.

Gesang des Abgeschiedenen

An Karl Borromäus Heinrich

Voill Harmonien ist der Flug der Vögel. Es haben die grünen
Wälder
Am Abend sich zu stilleren Hütten versammelt;
Die kristallenen Weiden des Rehs.
Dunkles besänftigt das Plätschern des Bachs, die feuchten Schatten

Alguien, abajo, susurra en el jardín; alguien que abandonó
este cielo sombrío.
Aroman las manzanas sobre la cómoda. Y la abuela enciende
las doradas velas.
Qué otoño más suave. Bajo los altos árboles quedos
resuenan nuestros pasos
por el viejo parque. Qué serio el rostro de jacinto del atardecer.
El manantial azul está a tus pies, misterioso el silencio rojizo
de tu boca
que oscurece el sueño ligero del follaje, el oro apagado de
unos ruinosos girasoles.
Cargados de adormidera están tus párpados y sueñan
silenciosos en mi frente.
Suaves campanas tiemblan en el pecho. Una nube azul,
tu rostro, va cayendo sobre mí, en el crepúsculo.
Suena con la guitarra una canción en un lejano bar,
los saúcos salvajes, un día de noviembre transcurrido hace mucho,
pasos habituales en el desván en penumbra, el aspecto de
vigas ennegrecidas,
una ventana abierta, sobre la que un dulce esperar quedó atrás...
Tan inefable es todo esto, Dios, que es posible caer con
estremecimiento de rodillas.
Qué oscura es esta noche. Una purpúrea llama
se ha apagado en mi boca. En el silencio
muere el sonido solitario de la lira de un alma ansiosa.
Deja que la cabeza, ebria de vino, se hunda en el arroyo.

Jenaro Talens y Ernst-Edmund Keil

Canto del retraído

Para Karl Borromäus Heinrich

Todo armonía es el vuelo de las aves. Los verdes bosques
se han reunido en la tarde junto a más tranquilas cabañas;
los cristalinos prados del corzo.
Algo oscuro calma el murmullo del arroyo, las húmedas sombras

Und die Blumen des Sommers, die schön im Winde läuten.
Schon dämmert die Stirne dem sinnenden Menschen.
Und es leuchtet ein Lämpchen, das Gute, in seinem Herzen
Und der Frieden des Mahls; denn geheiligt ist Brot und Wein
Von Gottes Händen, und es schaut aus nächtigen Augen
Stille dich der Bruder an, daß er ruhe von dorniger Wanderschaft.
O das Wohnen in der beseelten Bläue der Nacht.
Liebend auch umfängt das Schweigen im Zimmer die
Schatten der Alten,
Die purpurnen Martern, Klage eines großen Geschlechts,
Das fromm nun hingeht im einsamen Enkel.
Denn strahlender immer erwacht aus schwarzen Minuten
des Wahnsinns
Der Duldende an versteinerter Schwelle
Und es umfängt ihn gewaltig die kühle Bläue und die leuchtende
Neige des Herbstes,
Das stille Haus und die Sagen des Waldes,
Maß und Gesetz und die mondenen Pfade der Abgeschiedenen.

Klage

Schlaf und Tod, die düstern Adler
Umrauschen nachtlang dieses Haupt:
Des Menschen goldnes Bildnis
Verschlänge die eisige Woge
Der Ewigkeit. An schaurigen Riffen
Zerschellt der purpurne Leib.
Und es klagt die dunkle Stimme
Über dem Meer.
Schwester stürmischer Schwermut
Sieh ein ängstlicher Kahn versinkt
Unter Sternen,
Dem schweigenden Antlitz der Nacht.

y las flores del verano, que tan bello tintinean al viento.
Ya es crepúsculo en la frente del hombre pensativo.
Y una lamparita se enciende, la bondad, en su corazón
y la paz de la cena; pues consagrados están el pan y el vino
por las manos de Dios, y te mira desde ojos nocturnos
silente el hermano, que así reposa del camino de espinas.
Oh, morar en el azul de alma de la noche.
Amoroso también abraza el silencio en la estancia las sombras de los mayores,
los martirios purpúreos, queja de una gran estirpe
que piadosa ahora acaba en el nieto solitario.
Pues más radiante siempre despierta de los negros minutos del delirio
el paciente en el umbral petrificado
y poderosos lo envuelven el frío azul y el declinar luminoso del otoño,
la casa silente y las sagas del bosque,
mesura y ley y los caminos lunares de los retraídos.

José Luis Reina Palazón

LAMENTO

Sueño y muerte, las tétricas águilas
zumban toda la noche en torno a esta cabeza:
que la dorada imagen del hombre
sea tragada por la onda glacial
de lo eterno. Contra espantosos riscos
se estrella el cuerpo purpúreo.
Y se lamenta la oscura voz
sobre el mar.
Hermana de tempestuosa pesadumbre,
observa cómo se hunde una barca medrosa
bajo estrellas,
ante el semblante callado de la noche.

Aldo Pellegrini

Grodek

Am Abend tönen die herbstlichen Wälder
Von tödlichen Waffen, die goldnen Ebenen
Und blauen Seen, darüber die Sonne
Düstrer hinrollt; umfängt die Nacht
Sterbende Krieger, die wilde Klage
Ihrer zerbrochenen Münder.
Doch stille sammelt im Weidengrund
Rotes Gewölk, darin ein zürnender Gott wohnt
Das vergoßne Blut sich, mondne Kühle;
Alle Straßen münden in schwarze Verwesung.
Unter goldnem Gezweig der Nacht und Sternen
Es schwankt der Schwester Schatten durch den schweigenden Hain,
Zu grüßen die Geister der Helden, die blutenden Häupter;
Und leise tönen im Rohr die dunkeln Flöten des Herbstes.
O stolzere Trauer! ihr ehernen Altäre
Die heiße Flamme des Geistes nährt heute ein gewaltiger Schmerz,
Die ungebornen Enkel.

Grodek

Por la noche resuenan los bosques otoñales
de las armas de muerte; las planicies doradas
y los lagos azules por cuyos horizontes
rueda el sol, más siniestro, y ya abraza la noche
a los guerreros que agonizan, la silvestre quejumbre
de sus bocas quebradas.
Se acumula callada a los pies del sauzal
—las nubes escarlatas donde mora
aquel dios, furibundo—
esa sangre vertida, tan lunar su frescura.
En negra podredumbre desembocan las sendas.
Bajo el áureo follaje de la noche estrellada,
la sombra de la hermana tambalea
por silentes florestas y saluda
a los héroes muertos, sus cabezas sangrantes.
¡Cuán dulce nace entre cañaverales
aquel trinar oscuro de las flautas de otoño!
¡Oh soberbia tristeza, y vosotros, altares de bronce!
Hoy aviva un dolor gigantesco las igníferas llamas
de nuestro espíritu: nuestros nietos nonatos.

Angélica Becker

Saint-John Perse

Francia (Saint-Léger-les-Feuilles, Guadalupe, 1887-Vigneaux, 1975)

Alexis Saint Léger Léger vivió de niño en un islote caribeño propiedad de su noble familia y, tras doctorarse en Francia en humanidades y en derecho y hacer algunos estudios de medicina, comenzó su infatigable trayectoria de viajero, diplomático y político. En 1960 recibió el Premio Nobel. Rondaba los veinte años cuando publicó en la *Nouvelle Revue Française* sus primeros poemas, que impresionaron favorablemente a Claudel y a Gide y que luego reunió bajo el título de *Éloges* (*Elogios*, 1911). El libro central de Saint-John Perse es *Anabase* (*Anábasis*, 1924), poema de ambiciones épicas compuesto durante una larga estancia en China y pronto traducido a sus respectivas lenguas nada menos que por Ungaretti, Eliot y Walter Benjamin. En 1940, a raíz de la ocupación alemana, huyó a los Estados Unidos y allí escribió *Exil* (1944), que sin embargo, más que en lo autobiográfico, incide en el exilio como condición universal del hombre. La poesía de Perse, narrativa, declamatoria y estructurada en amplios versículos, celebra la dignidad del ser humano, primero en un tono intimista y dado a recrear visiones exóticas, y después de la segunda guerra mundial (*Amers*, 1957; *Nocturne*, 1973) con un refinamiento idiomático que busca rescatar las experiencias trascendentes de diversas mitologías y culturas.

POUR FÊTER UNE ENFANCE

I

Palmes...!

Alors on te baignait dans l'eau-de-feuilles-vertes; et l'eau encore était du soleil vert; et les servantes de ta mère, grandes filles luisantes, remuaient leurs jambes chaudes près de toi qui tremblais...

(Je parle d'une haute condition, alors, entre les robes, au règne de tournantes clartés.)

Palmes! et la douceur

d'une vieillesse des racines...! La terre

alors souhaita d'être plus sourde, et le ciel plus profond, où des arbres trop grands, las d'un obscur dessein, nouaient un pacte inextricable...

(J'ai fait ce songe, dans l'estime: un sûr séjour entre les toiles enthousiastes.)

Et les hautes

racines courbes célébraient

l'en allée des voies prodigieuses, l'invention des voûtes et des nefs, et la lumière alors, en de plus purs exploits féconde, inaugurait le blanc royaume où j'ai mené peut-être un corps sans ombre...

(Je parle d'une haute condition, jadis, entre des hommes et leurs filles, et qui mâchaient de telle feuille.)

Alors, les hommes avaient

une bouche plus grave, les femmes avaient des bras plus lents;

alors, de se nourrir comme nous de racines, de grandes bêtes taciturnes s'ennoblissaient;

et plus longues sur plus d'ombre se levaient les paupières...

(J'ai fait ce songe, il nous a consumés sans reliques.)

III

... Puis ces mouches, cette sorte de mouches, et le dernier étage du jardin... On appelle. J'irai... Je parle dans l'estime.

— Sinon l'enfance, qu'y avait-il alors qu'il n'y a plus?

Plaines! Pentes! Il y

avait plus d'ordre! Et tout n'était que règnes et confins de lueurs. Et l'ombre et la lumière alors étaient plus près d'être une même chose... Je parle d'une estime... Aux lisières le fruit

PARA CELEBRAR UNA INFANCIA

I

¡Palmeras...!

Entonces te bañaban en el agua-de-hojas-verdes; y era también el agua verde sol, y las sirvientas de tu madre, altas mozas lucientes, meneaban sus cálidas piernas cerca de tu temblor...

(Hablo de una alta condición, antaño, entre los trajes, en el reino de girantes claridades.)

¡Palmeras...! ¡y la dulzura
de una vejez de las raíces...! la tierra
entonces deseó ser más sorda, y el cielo más profundo en donde los árboles demasiado grandes, fatigados de un oscuro designio, anidaban un pacto inextricable...

(He tenido este sueño, en la estimación: una segura permanencia entre las telas entusiastas.)

Y las altas
raíces curvadas celebraban
la partida de los prodigiosos caminos, la invención de las bóvedas y las naves,

y la luz entonces, en más puros hechos fecunda, inauguraba el blanco reino al que llevé tal vez un cuerpo sin sombra...

(Hablo de una alta condición, antaño, entre hombres y sus hijas, que masticaban cierta hoja.)

Entonces, los hombres tenían
una boca más grave, las mujeres tenían brazos más lentos;
entonces, de nutrirse como nosotros de raíces, grandes bestias taciturnas se ennoblecían;
y más largos sobre más sombra se levantaban los párpados...
(Tuve ese sueño, nos ha consumido sin reliquias.)

III

... Luego esas moscas, esa especie de moscas, y el último cuadro del jardín... Llaman. Iré... Hablo en la estimación.

—Si no la infancia, ¿qué había entonces allí que no hay ahora?

¡Llanuras! ¡Pendientes! ¡Allí
había más orden! Y no había más que reinos y confines de luces. Y la sombra y la luz estaban entonces más cerca de ser una misma cosa... Hablo de una estimación... En las lindes el fruto

pouvait choir
sans que la joie pourrît au rebord de nos lèvres.

Et les hommes remuaient plus d'ombre avec une bouche plus grave, les femmes plus de songe avec des bras plus lents.

... Croissent mes membres, et pèsent, nourris d'âge! Je ne connaîtrai plus qu'aucun lieu de moulins et de cannes, pour le songe des enfants, fût en eaux vives et chantantes ainsi distribué... À droite
on rentrait le café, à gauche le manioc
(ô toiles que l'on plie, ô choses élogieuses!)

Et par ici étaient les chevaux bien marqués, les mulets au poil ras, et par là-bas les bœufs;
ici les fouets, et là le cri de l'oiseau Annaô - et là encore la blessure des cannes au moulin.

Et un nuage
violet et jaune, couleur d'icaque, s'il s'arrêtait soudain à couronner le volcan d'or,
appelait-par-leur-nom, du fond des cases,
les servantes!
Sinon l'enfance, qu'y avait-il alors qu'il n'y a plus?...

VI

Palmes!
et sur la craquante demeure tant de lances de flamme!

... Les voix étaient un bruit lumineux sous-le-vent... La barque de mon père, studieuse, amenait de grandes figures blanches: peut-être bien, en somme, des Anges dépeignés; ou bien des hommes sains, vêtus de belle toile et casqués de sureau (comme mon père, qui fut noble et décent).

... Car au matin, sur les champs pâles de l'Eau nue, au long de l'Ouest, j'ai vu marcher des Princes et leurs Gendres, des hommes d'un haut rang, tous bien vêtus et se taisant, parce que la mer avant midi est un Dimanche où le sommeil a pris le corps d'un Dieu, pliant ses jambes.

Et des torches, à midi, se haussèrent pour mes fuites.

Et je crois que des Arches, des Salles d'ébène et de fer-blanc s'allumèrent chaque soir au songe des volcans,
à l'heure où l'on joignait nos mains devant l'idole à robe de gala.

podía caer
sin que la alegría se pudriese en el bisel de nuestros labios.
Y los hombres acarreaban más sombra con una boca más grave, las mujeres más sueño con brazos más lentos.
... ¡Crecen mis miembros, y pesan, nutridos de edad! No conoceré ya lugar alguno de trapiches y cañaverales que, para el sueño de los niños, fuese en aguas vivas y cantantes así distribuido... A la derecha
se almacenaba el café, a la izquierda la mandioca
(oh telas que se pliegan!, ¡oh cosas elogiosas!)
Y por aquí estaban los caballos bien herrados, los mulos de rapado pelo, y por allá los bueyes;
aquí los foetes, y allá el grito del pájaro Annao — y allá también la herida de las cañas en el trapiche.
Y una nube
violeta y amarilla, color de icaco, si se detenía de repente coronando el volcán de oro,
llamaba-por-sus-nombres, hasta el fondo de las cabañas, a las sirvientas
—Si no la infancia, ¿qué había entonces allí que no hay ahora?

VI

¡Palmeras!
¡y sobre la crujiente casa tantas lanzas de llama!
... Las voces eran un ruido luminoso a sotavento... La barca de mi padre, diligente, traía grandes figuras blancas: acaso, en suma, Ángeles despeinados; o bien hombres sanos, vestidos con buena tela y con cascos de sauco (como mi padre, que fue noble y decente).
... Pues a la mañana, por los campos pálidos del Agua desnuda, a lo largo del Oeste, he visto andar a Príncipes y a sus Yernos, hombres de alto rango, todos bien vestidos y silenciosos, porque el mar antes del mediodía es un Domingo en que el sueño ha tomado el cuerpo de un Dios, plegando sus piernas.
Y antorchas, a mediodía, se alzaron para mis fugas.
Y creo que Arcos, salas de ébano y de hojalata se encendieron cada noche en el sueño de los volcanes,
a la hora en que juntaban nuestras manos ante el ídolo en traje de gala.

Palmes! et la douceur
d'une vieillesse des racines...! Les souffles alizés, les ramiers et la chatte marronne
trouaient l'amer feuillage où, dans la crudité d'un soir au parfum de Déluge,
les lunes roses et vertes pendaient comme des mangues.

*

... Or les Oncles parlaient bas à ma mère. Ils avaient attaché leur cheval à la porte. Et la Maison durait, sous les arbres à plumes.

Anabase

I

Sur trois grandes saisons m'établissant avec honneur, j'augure bien du sol où j'ai fonde ma loi.

Les armes au matin sont belles et la mer. A nos chevaux livrée la terre sans amandes
nous vaut ce ciel incorruptible. Et le soleil n'est point nommé, mais sa puissance est parmi nous
et la mer au matin comme une présomption de l'esprit.

Puissance, tu chantais sur nos routes nocturnes!... Aux ides pures du matin que savons-nous du songe, notre aînesse?

Pour une année encore parmi vous! Maître du grain, maître du sel, et la chose publique sur de justes balances!

Je ne hélerai point les gens d'une autre rive. Je ne tracerai point de grands
quartiers de villes sur les pentes avec le sucre des coraux. Mais j'ai dessein de vivre parmi vous.

Au seuil des tentes toute gloire! ma force parmi vous! et l'idée pure comme un seul tient ses assises dans le jour.

¡Palmeras! ¡y la dulzura
de una vejez de las raíces...! Los vientos alisios, los zuros y la gata cimarrona
horadaban el amargo follaje del que, en la crudeza de una noche con perfume de Diluvio,
las lunas rosas y verdes pendían como mangos.

*

... Luego los Tíos hablaban paso a mi madre. Habían atado su caballo a la puerta. Y la Casa subsistía, bajo los árboles emplumados.

Jorge Zalamea

Anábasis

I

Estableciéndome con honor sobre tres grandes estaciones, tengo buenos auspicios para la tierra donde fundé mi ley.
Las armas por la mañana son hermosas, y el mar. La tierra sin almendras, entregada a nuestros caballos,
nos otorga este cielo incorruptible. Y no se nombra al sol, mas su poder se halla entre nosotros,
y el mar en la mañana como una presunción del espíritu.
¡Tú cantabas, poder, en nuestras rutas nocturnas!... En los idus puros de la mañana, ¿qué sabemos del sueño, nuestra herencia?
¡Durante un año aún entre vosotros! ¡Dueño del grano, dueño de la sal, y la cosa pública sobre justas balanzas!
No llamaré a las gentes de otra orilla. No trazaré
grandes distritos de ciudades sobre las laderas con el azúcar de los corales. Mas mi designio es vivir entre vosotros.
¡En el umbral de las tiendas toda gloria! ¡Mi fuerza entre vosotros! Y la idea pura como una sal celebra sus audiencias en medio de la luz.

*

... Or je hantais la ville de vos songes et j'arrêtais sur les marchés déserts ce pur commerce de mon âme, parmi vous

invisible et fréquente ainsi qu'un feu d'épines en plein vent.

Puissance, tu chantais sur nos routes splendides!... «Au délice du sel sont toutes lances de l'esprit... J'aviverai du sel les bouches mortes du désir!

Qui n'a, louant la soif, bu l'eau des sables dans un casque,

je lui fais peu crédit au commerce de l'âme...» (Et le soleil n'est point nommé, mais sa puissance est parmi nous.)

Hommes, gens de poussière et de toutes façons, gens de négoce et de loisir, gens des confins et gens d'ailleurs, ô gens de peu de poids dans la mémoire de ces lieux; gens des vallées et des plateaux et des plus hautes pentes de ce monde à l'échéance de nos rives; flaireurs de signes, de semences, et confesseurs de souffles en Ouest; suiveurs de pistes, de saisons, leveurs de campements dans le petit vent de l'aube; ô chercheurs de points d'eau sur l'écorce du monde; ô chercheurs, ô trouveurs de raisons pour s'en aller ailleurs,

vous ne trafiquez pas d'un sel plus fort quand, au matin, dans un présage de royaumes et d'eaux mortes hautement suspendues sur les fumées du monde, les tambours de l'exil éveillent aux frontières

l'éternité qui bâille sur les sables.

*

... En robe pure parmi vous. Pour une année encore parmi vous. «Ma gloire est sur les mers, ma force est parmi vous!

À nos destins promis ce souffle d'autres rives et, portant au delà les semences du temps, l'éclat d'un siècle sur sa pointe au fléau des balances...»

Mathématiques suspendues aux banquises du sel! Au point sensible de mon front où le poème s'établit, j'inscris ce chant de tout un peuple, le plus ivre,

à nos chantiers tirant d'immortelles carènes! ...

*

... Mas yo rondaba por la ciudad de vuestros sueños y establecía en los mercados desiertos ese puro comercio de mi alma, entre vosotros
invisible y frecuente como una fogata de espinos bajo el viento.
¡Tú cantabas, poder, en nuestras rutas espléndidas!... «En la delicia de la sal se hallan todas las lanzas del espíritu... ¡Avivaré con sal las bocas muertas del deseo!
A quien no ha bebido, alabando la sed, el agua de las arenas en un casco,
poco crédito le concedo en el comercio del alma...» (Y no se nombra al sol, mas su poder se halla entre nosotros.)
Hombres, gentes del polvo y de toda condición, gentes de ocio y de negocio, gentes de los confines y gentes de más allá, oh gentes de poco peso en la memoria de estos lugares; gentes de los valles y de las mesetas y de las más altas laderas de este mundo en la prescripción de nuestras orillas; husmeadores de signos, de semillas, y confesores de vientos al Oeste; seguidores de pistas, de estaciones, alzadores de campamentos en la brisa del alba; oh buscadores de puntos de agua sobre la corteza del mundo; oh buscadores, oh descubridores de razones para ponerse en marcha,
no traficáis con una sal más fuerte cuando, por la mañana, en un presagio de reinos y de aguas muertas altamente suspendidas sobre las humaredas del mundo, los tambores del exilio despiertan en las fronteras
a la eternidad que bosteza en las arenas.

*

... Con un vestido puro entre vosotros. Durante un año aún entre vosotros. «¡Mi gloria está sobre los mares, mi fuerza está entre vosotros!
Prometida a nuestros destinos esa brisa de otras orillas y, llevando más lejos las semillas del tiempo, el resplandor de un siglo en su cima sobre el astil de las balanzas...»
¡Matemáticas suspendidas en los témpanos de la sal! ¡En el punto sensible de mi frente donde se establece el poema, inscribo este canto de todo un pueblo, el más ebrio,
llevando a nuestros astilleros quillas inmortales! ...

Enrique Moreno Castillo

VIII

Lois sur la vente des juments. Lois errantes. Et nous-mêmes. (Couleur d'hommes.)

Nos compagnons ces hautes trombes en voyage, clepsydres en marche sur la terre,

et les averses solennelles, d'une substance marveilleuse, tissées de poudres et d'insectes, qui poursuivaient nos peuples dans les sables comme l'impôt de capitation.

(À la mesure de nos cœurs fut tant d'absence consomé!)

*

Non que l'étape fût sterile: au pas de bêtes sans alliances (nos chevaux purs aux yeux d'aînés), beaucoup de choses entreprises sur les ténèbres de l'esprit —beaucoup de choses à loisir sur les frontières de l'esprit— grandes histoires séleucides au sifflement des frondes et la terre livrée aux explications...

Autre chose: ces ombres —les prévarications du ciel contre la terre...

Cavaliers au travers de telles familles humaines, où les haines parfois chantaient comme des mésanges, lèverons-nous le fouet sur les mots hongres du bonheur? — Homme, pèse ton poids calculé en froment. Un pays-ci n'est point le mien. Que m'a donné le monde que ce mouvement d'herbes?...

*

Jusqu'au lieu dit de l'Arbre Sec:

et l'éclair famélique m'assigne ces provinces en Ouest.

Mais au delà sont les plus grands loisirs, et dans un grand

pays d'herbages sans mémoire, l'année sans liens et sans anniversaries, assaisonnée d'aurores et de feux. (Sacrifice au matin d'un cœur de mouton noir.)

*

Chemins du monde, l'un vous suit. Autorité sur tous les signes de la terre.

Ô Voyageur dans le vent jaune, goût de l'âme!... et la graine,

VIII

Leyes sobre la venta de yeguas. Leyes nómadas. También nosotros. (Color de hombres.)

Acompañábamos las altas trombas viajeras, clepsidras en marcha sobre la tierra,

y los chubascos solemnes, de sustancia maravillosa, entretejida de polvo e insectos, perseguían a nuestro pueblo, en las arenas, como un impuesto de capitación.

(¡De acuerdo con nuestros corazones, fue consumida la ausencia!)

*

No es que la etapa fuera estéril: durante la marcha de los animales sin acoplamiento (nuestros caballos puros, ante los ojos de los mayores), muchas cosas fueron realizadas en las tinieblas del espíritu —muchas cosas agradables en las fronteras del espíritu— grandes historias seléucidas en el silbido de las hondas, y la tierra entregada a la lucha...

Algo más: esas sombras —prevaricación del cielo en detrimento de la tierra...

¿Jinetes entre tales familias de hombres, donde el odio cantaba a veces como un abejaruco, levantaremos el látigo sobre las castradas palabras de la dicha? — Hombre, calcula tu peso en trigo. Un país como éste, no es el mío. El mundo, además de este ondular de hierbas, ¿qué me ha dado?...

*

Hasta el sitio llamado del Árbol Seco:

y el relámpago famélico me asigna esas provincias del Oeste. Pero más allá están los mayores ocios, un gran país de pastizales sin memoria, el año sin vínculos y sin aniversarios, sazonado de auroras y de fuegos. (Matinal sacrificio del corazón de un negro cordero.)

*

Caminos del mundo, alguien os sigue. Dominio sobre todos los signos de la tierra.

¡Oh Viajero en el viento amarillo, placer del alma!... ¡Y dices

dis-tu, du cocculus indien possède, qu'on la broie! des vertus enivrantes.

*

Un grand principe de violence commandait à nos mœurs.

que la semilla del *cocculus indicus* posee virtudes embriagadoras! ¡Que la muelan!

*

Un gran principio de violencia regía nuestras costumbres.

Agustín Larrauri

Fernando Pessoa

Portugal (Lisboa, 1888-1935)

Los primeros poemas y todavía algunos posteriores los escribió en inglés, pues su formación inicial la había recibido en Sudáfrica, entre 1896 y 1905. De regreso en Lisboa, abandonó los estudios de letras y se empleó como traductor de correspondencia comercial para diferentes empresas. La obra poética de Pessoa se despliega en una multitud de «heterónimos» inventados por él mismo. Se trata de autores imaginarios con estilos propios y opuestos entre sí, a quienes Pessoa atribuyó libros y dotó de biografías imaginarias, además de dejar una correspondencia ficticia entre ellos. Los más conocidos son Alvaro de Campos, Ricardo Reis, Alberto Caeiro, Bernardo Soares (autor de la espléndida serie de apuntes y reflexiones rotulada como *O livro do desasosego*), Coelho Pacheco, además del ortónimo Fernando Pessoa. Pero los textos que han ido apareciendo postergados entre las pertenencias del poeta no siempre son de identificación segura, y sin duda quedan otros por descubrir. En vida publicó solamente poemas sueltos en las revistas de la vanguardia (*Orpheu* y *Athena* fueron iniciativas suyas) y un único libro, *Mensagem* (1934), galería de imágenes de personajes y paisajes portugueses no ajena al mito del «sebastianismo». La poesía de Pessoa es un inacabable viaje en torno a sí mismo, con tanta sensibilidad como sensualidad, entre la emoción y la monotonía de vivir.

D. Sebastião. Rei de Portugal

Louco, sim, louco, porque quis grandeza
Qual a Sorte a não dá.
Não coube em mim minha certeza;
Por isso onde o areal está
Ficou meu ser que houve, não o que há.
Minha loucura, outros que me a tomem
Com o que nela ia.
Sem a loucura que é o homem
Mais que a besta sadia,
Cadáver adiado que procria?

Nada sou, nada posso, nada sigo.
Trago, por ilusão, meu ser comigo.
Não compreendo compreender, nem sei
Se hei de ser, sendo nada, o que serei.
Fora disto, que é nada, sob o azul
Do lato céu um vento vão do sul
Acorda-me e estremece no verdor.
Ter razão, ter vitória, ter amor
Murcharam na haste morta da ilusão.
Sonhar é nada e não saber é vão.
Dorme na sombra, incerto coração.

Autopsicografia

O poeta é um fingidor.
Finge tão completamente
Que chega a fingir que é dor
A dor que deveras sente.
E os que lêem o que escreve,
Na dor lida sentem bem,
Não as duas que êle teve,
Mas só a que êles não têm.

Don Sebastián. Rey de Portugal

Loco, sí, loco, por querer grandeza
cual la Suerte no da.
En mi no cupo toda mi certeza;
por eso donde el arenal está
quedó aquel ser que tuve, no el que hay.
De mi locura, que otros se apoderen
con lo que en ella había.
¿Qué es sin locura el hombre
más que un animal sano,
cadáver aplazado que procrea?

Jesús Munárriz

Nada soy, nada puedo, nada sigo.
Traigo, por ilusión, mi ser conmigo.
No comprendo comprender ni sé
si he de ser, siendo nada, lo que seré.
Fuera de esto, que es nada, bajo el azul
del amplio cielo un viento vano del sur
me despierta y estremece en el verdor.
Tener razón, tener victoria, tener amor
se marchita en el mástil muerto de la ilusión.
Soñar es nada y no saber es vano.
Duerme en la sombra, incierto corazón.

José Luis García Martín

Autopsicografía

El poeta es un fingidor.
Finge tan completamente
que hasta finge que es dolor
el dolor que en verdad siente.
Y, en el dolor que han leído,
a leer sus lectores vienen,
no los dos que él ha tenido,
sino sólo el que no tienen.

E assim nas calhas de roda
Gira, a entreter a razão,
Esse comboio de corda
Que se chama o coração.

Eu nunca guardei rebanhos,
Mas é como se os guardasse.
Minha alma é como um pastor,
Conhece o vento e o sol
E anda pela mão das Estações
A seguir e a olhar.
Toda a paz da Natureza sem gente
Vem sentar-se a meu lado.
Mas eu fico triste como um pôr-de-sol
Para a nossa imaginação,
Quando esfria no fundo da planície
E se sente a noite entrada
Como uma borboleta pela janela.
Mas a minha tristeza é sossego
Porque é natural e justa
E é o que deve estar na alma
Quando já pensa que existe
E as mãos colhem flores sem ela dar por isso.
Como um ruido de chocalhos
Para além da curva da estrada,
Os meus pensamentos são contentes,
Só tenho pena de saber que eles são contentes,
Porque, se o não soubesse,
Em vez de serem contentes e tristes,
Seriam alegres e contentes.
Pensar incomoda como andar à chuva
Quando o vento cresce e parece que chove mais
Não tenho ambições nem desejos.
Ser poeta não é uma ambição minha.
É a minha maneira de estar sòzinho.
E se desejo às vezes,
Por imaginar, ser cordeirinho
(Ou ser o rebanho todo
Para andar espalhado por toda a encosta
A ser muita coisa feliz ao mesmo tempo),

Y así en la vida se mete,
distrayendo a la razón,
y gira, el tren de juguete
que se llama corazón.

Ángel Crespo

Yo nunca guardé rebaños,
pero es como si los guardara.
Mi alma es como un pastor,
conoce el viento y el sol
y anda de la mano de las Estaciones
siguiendo y mirando.
Toda la paz de la Naturaleza a solas
viene a sentarse a mi lado.
Pero permanezco triste, como un atardecer
para nuestra imaginación,
cuando refresca en el fondo de la planicie
y se siente que la noche ha entrado
como una mariposa por la ventana.
Pero mi tristeza es sosiego
porque es natural y justa
y es lo que debe haber en el alma
cuando piensa ya que existe
y las manos cogen flores sin darse cuenta.
Con un ruido de cencerros
más allá de la curva del camino
mis pensamientos están contentos.
Sólo me da pena saber que están contentos
porque, si no lo supiera,
en vez de estar contentos y tristes
estarían alegres y contentos.
Pensar molesta como andar bajo la lluvia
cuando el viento crece y parece que llueve más.
No tengo ambiciones ni deseos.
Ser poeta no es una ambición mía.
Es mi manera de estar solo.
Y si deseo a veces,
por imaginar, ser corderito
(o ser todo el rebaño
para andar esparcido por toda la ladera
y ser mucha cosa feliz al mismo tiempo),

É só porque sinto o que escrevo ao pôr-do-sol,
Ou quando uma nuvem passa a mão por cima da luz
E corre um silêncio pela erva fora.
Quando me sento a escrever versos
Ou, passeando pelos caminhos ou pelos atalhos,
Escrevo versos num papel que está no meu pensamento,
Sinto um cajado nas mãos
E vejo um recorte de mim
No cimo dum outeiro,
Olhando para o meu rebanho e vendo as minhas ideias,
Ou olhando para as minhas ideias e vendo o meu rebanho,
E sorrindo vagamente como quem não compreende o que se diz
E quer fingir que compreende.
Saúdo todos os que me lerem,
Tirando-lhes o chapéu largo
Quando me vêem à minha porta
Mal a diligência levanta no cimo do outeiro.
Saúdo-os e desejo-lhes sol,
E chuva, quando a chuva é precisa,
E que as suas casas tenham
Ao pé duma janela aberta
Uma cadeira predilecta
Onde se sentem, lendo os meus versos.
E ao lerem os meus versos pensem
Que sou qualquer coisa natural —
Por exemplo, a árvore antiga
À sombra da qual quando crianças
Se sentavam com um baque, cansados de brincar,
E limpavam o suor da testa quente
Com a manga do bibe riscado.

Mestre, são plácidas
Todas as horas
Que nós perdemos,
Se no perdê-las,
Qual numa jarra,
Nós pomos flores.
Não há tristezas
Nem alegrias
Na nossa vida.

es sólo porque siento lo que escribo al atardecer,
o cuando una nube pasa la mano sobre la luz
y un silencio corre a lo largo de la hierba.
    Cuando me siento a escribir versos
o, paseando por los caminos o por los atajos,
escribo versos en un papel que está en mi pensamiento,
siento un cayado en las manos
y veo mi silueta
en la cumbre de un otero
mirando mi rebaño y viendo mis ideas,
o mirando mis ideas y viendo mi rebaño
y sonriendo vagamente como quien no comprende lo que se dice
y quiere fingir que lo comprende.
    Saludo a cuantos me lean,
alzando el ancho sombrero
cuando me ven en mi puerta
apenas la diligencia asoma en la cima del otero.
Les saludo y les deseo sol,
y lluvia, cuando la lluvia es necesaria,
y que sus casas tengan
al pie de una ventana abierta
una silla predilecta
en que se sienten a leer mis versos.
Y al leer mis versos piensen
que soy cualquier cosa natural:
por ejemplo, el árbol antiguo
a la sombra del cual cuando niños
se sentaban de golpe, cansados de jugar,
y limpiaban el sudor de la frente caliente
con la manga de la bata listada.

Pablo del Barco

Maestro, son plácidas
todas las horas
que nosotros perdemos,
si en el perderlas,
cual en un jarrón,
ponemos flores.
    No hay tristezas
ni alegrías
en nuestra vida.

Assim saibamos,
Sábios incautos,
Não a viver,
    Mas decorrê-la
Tranquilos, plácidos,
Tendo as crianças
Por nossas mestras,
E os olhos cheios
De Natureza...
    À beira-rio,
À beira-estrada,
Conforme calha,
Sempre no mesmo
Leve descanso
De estar vivendo
    O tempo passa,
Não nos diz nada.
Envelhecemos.
Saibamos, quase
Maliciosos,
Sentir-nos ir
    Não vale a pena
Fazer um gesto.
Não se resiste
Ao deus atroz
Que os próprios filhos
Devora sempre.
    Colhamos flores.
Molhemos leves
As nossas mãos
Nos rios calmos,
Para aprendermos
Calma também.
    Girassóis sempre
Fitando o sol,
Da vida iremos
Tranquilos, tendo
Nem o remorso
De ter vivido.

Sepamos así,
sabios incautos,
no vivirla,
    sino pasar por ella,
tranquilos, plácidos,
teniendo a los niños
por nuestros maestros,
y los ojos llenos
de naturaleza...
    Junto al río,
junto al camino,
según se tercie,
siempre en el mismo
leve descanso
de estar viviendo.
    El tiempo pasa,
no nos dice nada.
Envejecemos.
Sepamos, casi
maliciosos,
sentirnos ir.
    No vale la pena
hacer un gesto.
No se resiste
al dios atroz
que a los propios hijos
devora siempre.
    Cojamos flores.
Mojemos leves
nuestras dos manos
en los ríos calmos,
para que aprendamos
calma también.
    Girasoles siempre
mirando al sol,
de la vida nos iremos
tranquilos, teniendo
ni el remordimiento
de haber vivido.

Segue o teu destino,
Rega as tuas plantas,
Ama as tuas rosas.
O resto é a sombra
De árvores alheias.
    A realidade
Sempre é mais ou menos
Do que nós queremos.
Só nós somos sempre
Iguais a nós-próprios.
    Suave é viver só.
Grande e nobre é sempre
Viver simplesmente
Deixa a dor nas aras
Como ex-voto aos deuses
    Vê de longe a vida.
Nunca a interrogues.
Ela nada pode
Dizer-te. A resposta
Está além dos Deuses.
    Mas serenamente
Imita o Olimpo
No teu coração.
Os deuses são deuses
Porque não se pensam.

TABACARIA

Não sou nada.
Nunca serei nada.
Não posso querer ser nada.
À parte isso, tenho em mim todos os sonhos do mundo.
    Janelas do meu quarto,
Do meu quarto de um dos milhões do mundo que ninguém
sabe quem é
(E se soubessem quem é, o que saberiam?),
Dais para o mistério de uma rua cruzada constantemente por
gente.
Para uma rua inacessível a todos os pensamentos,

Sigue tu destino,
riega tus plantas,
ama tus rosas.
El resto es la sombra
de árboles ajenos.
La realidad
es siempre más o menos
de lo que queremos.
Sólo nosotros somos siempre
iguales a nosotros mismos.
Suave es vivir solo.
Grande y noble es siempre
vivir simplemente.
Deja el dolor en aras
como exvoto a los dioses.
Ve de lejos la vida.
No la interrogues nunca.
Que ella nada puede
decirte. La respuesta,
más allá de los Dioses.
Mas serenamente
imita al Olimpo
en tu corazón.
Los dioses son dioses
porque no se piensan.

Ángel Campos Pámpano

TABAQUERÍA

No soy nada.
Nunca seré nada.
No puedo querer ser nada.
Aparte de esto, tengo en mí todos los sueños del mundo.
Ventanas de mi cuarto,
de mi cuarto de uno de los millones de gente que nadie sabe quién es
(y si supiesen quién es, ¿qué sabrían?),
dais al misterio de una calle constantemente cruzada por la gente,
a una calle inaccesible a todos los pensamientos,

Real, impossìvelmente real, certa, desconhecidamente certa,
Com o mistério das coisas por baixo das pedras e dos seres,
Com a morte a pôr humidade nas paredes e cabelos brancos nos
homens,
Com o Destino a conduzir a carroça de tudo pela estrada de nada.
Estou hoje vencido, como se soubesse a verdade.
Estou hoje lúcido, como se estivesse para morrer,
E não tivesse mais irmandade com as coisas
Senão uma despedida, tornando-se esta casa e este lado da rua
A fileira de carruagens de um comboio, e uma partida apitada
De dentro da minha cabeça,
E uma sacudidela dos meus nervos e um ranger de ossos na ida.
Estou hoje perplexo como quem pensou e achou e esqueceu.
Estou hoje dividido entre a lealdade que devo
À Tabacaria do outro lado da rua, como coisa real por fora.
E à sensação de que tudo é sonho, como coisa real por dentro.
Falhei em tudo.
Como não fiz propósito nenhum, talvez tudo fosse nada.
A aprendizagem que me deram,
Desci dela pela janela das traseiras da casa.
Fui até ao campo com grandes propósitos.
Mas lá encontrei só ervas e árvores,
E quando havia gente era igual à outra.
Saio da janela, sento-me numa cadeira. Em que hei — de pensar?
Que sei eu do que serei, eu que não sei o que sou?
Ser o que penso? Mas penso tanta coisa!
E há tantos que pensam ser a mesma coisa que não pode haver
tantos!
Génio? Neste momento
Cem mil cérebros se concebem em sonho génios como eu,
E a história não marcará, quem sabe?, nem um,
Nem haverá senão estrume de tantas conquistas futuras.
Não, não creio em mim.
Em todos os manicómios há doidos malucos com tantas certezas!
Eu, que não tenho nenhuma certeza, sou mais certo ou menos
certo?
Não, nem em mim...

real, imposiblemente real, evidente, desconocidamente evidente,
con el misterio de las cosas por bajo de las piedras y los seres,
con la muerte poniendo humedad en las paredes y cabellos
blancos en los hombres,
con el Destino conduciendo el carro de todo por la carretera
de nada.

Hoy estoy vencido, como si supiera la verdad.
Hoy estoy lúcido, como si estuviese a punto de morirme
y no tuviese otra fraternidad con las cosas
que una despedida, volviéndose esta casa y este lado de la calle
la fila de vagones de un tren, y una partida pitada
desde dentro de mi cabeza,
y una sacudida de mis nervios y un crujir de huesos a la ida.

Hoy me siento perplejo, como quien ha pensado y
opinado y olvidado.
Hoy estoy dividido entre la lealtad que le debo
a la tabaquería del otro lado de la calle, como cosa real por fuera,
y a la sensación de que todo es sueño, como cosa real por dentro.

He fracasado en todo.
Como no me hice ningún propósito, quizá todo no fuese nada.
El aprendizaje que me impartieron,
me apeé por la ventana de las traseras de la casa.
Me fui al campo con grandes proyectos.
Pero sólo encontré allí hierbas y árboles,
y cuando había gente era igual que la otra.
Me aparto de la ventana, me siento en una silla. ¿En qué voy
a pensar?

¿Qué sé yo del que seré, yo que no sé lo que soy?
¿Ser lo que pienso? Pero ¡pienso ser tantas cosas!
¡Y hay tantos que piensan ser lo mismo que no puede haber tantos!
¿Un genio? En este momento
cien mil cerebros se juzgan en sueños genios como yo,
y la historia no distinguirá, ¿quién sabe?, ni a uno,
ni habrá sino estiércol de tantas conquistas futuras.
No, no creo en mí.
¡En todos los manicomios hay locos perdidos con tantas
convicciones!
Yo, que no tengo ninguna convicción, ¿soy más convincente
o menos convincente?

No, ni en mí...

Em quantas mansardas e não-mansardas do mundo
Não estão nesta hora génios-para-si-mesmos sonhando?
Quantas aspirações altas e nobres e lúcidas —
Sim, verdadeiramente altas e nobres e lúcidas —,
E quem sabe se realizáveis,
Nunca verão a luz do sol real nem acharão ouvidos de gente?
O mundo é para quem nasce para o conquistar
E não para quem sonha que pode conquistá-lo, ainda que tenha razão.
Tenho sonhado mais que o que Napoleão fez.
Tenho apertado ao peito hipotético mais humanidades do que Cristo,
Tenho feito filosofias em segredo que nenhum Kant escreveu.
Mas sou, e talvez serei sempre, o da mansarda,
Ainda que não more nela;
Serei sempre *o que não nasceu para isso;*
Serei sempre só *o que tinha qualidades*;
Serei sempre o que esperou que lhe abrissem a porta ao pé de uma parede sem porta,
E cantou a cantiga do Infinito numa capoeira,
E ouviu a voz de Deus num poço tapado.
Crer em mim? Não, nem em nada.
Derrame-me a Natureza sobre a cabeça ardente
O seu sol, a sua chuva, o vento que me acha o cabelo,
E o resto que venha se vier, ou tiver que vir, aou não venha.
Escravos cardíacos das estrelas,
Conquistámos todo o mundo antes de nos levantar da cama;
Mas acordámos a ele é opaco,
Levantámo-nos e ele é alheio,
Saímos de casa e ele é a terra inteira,
Mais o sistema solar e a Via Láctea e o Indefinido.
(Come chocolates, pequena;
Come chocolates!
Olha que não há mais metafísica no mundo senão chocolates.
Olha que as religiões todas não ensinam mais que a confeitaria.
Come, pequena suja, come!
Pudesse eu comer chocolates com a mesma verdade com que comes!
Mas eu penso e, ao tirar o papel de prata, que é de folhas de estanho,
Deito tudo para o chão, como tenho deitado a vida.)

¿En cuántas buhardillas y no buhardillas del mundo
no hay en estos momentos genios-para-sí-mismos soñando?
¿Cuántas aspiraciones altas y nobles y lúcidas
—sí, verdaderamente altas y nobles y lúcidas—,
y quién sabe si realizables, no verán nunca la luz del sol verdadero
ni encontrarán quien les preste oídos?
El mundo es para quien nace para conquistarlo
y no para quien sueña que puede conquistarlo, aunque tenga
razón.
He soñado más que lo que hizo Napoleón.
He estrechado contra el pecho hipotético más humanidades
que Cristo,
he pensado en secreto filosofías que ningún Kant ha escrito.
Pero soy, y quizá lo sea siempre, el de la buhardilla,
aunque no viva en ella;
seré siempre *el que no ha nacido para eso*;
seré siempre *el que tenía condiciones;*
seré siempre el que esperó que le abriesen la puerta al pie
de una pared sin puerta
y cantó la canción del Infinito en un gallinero,
y oyó la voz de Dios en un pozo tapado.
¿Creer en mí? No, ni en nada.
Derrámeme la naturaleza sobre mi cabeza ardiente
su sol, su lluvia, el viento que tropieza en mi cabello,
y lo demás que venga si viene, o tiene que venir, o que no venga.
Esclavos cardíacos de las estrellas,
conquistamos el mundo entero antes de levantarnos de la cama;
pero nos despertamos y es opaco,
nos levantamos y es ajeno,
salimos de casa y es la tierra entera,
y el sistema solar y la Vía Láctea y lo Indefinido.
(¡Come chocolatinas, pequeña,
come chocolatinas!
Mira que no hay más metafísica en el mundo que las chocolatinas,
mira que todas las religiones no enseñan más que la confitería.
¡Come, pequeña sucia, come!
¡Ojalá comiese yo chocolatinas con la misma verdad con
que comes!
Pero yo pienso, y al quitarles la platilla, que es de papel de estaño,
lo tiro todo al suelo, lo mismo que he tirado la vida.)

Mas ao menos fica da amargura do que nunca serei
A caligrafia rápida destes versos,
Pórtico partido para o Impossível.
Mas ao menos consagro a mim mesmo um desprezo sem lágrimas,
Nobre ao menos no gesto largo com que atiro
A roupa suja que sou, sem rol, pra o decurso das coisas,
E fico em casa sem camisa.
(Tu, que consolas, que não existes e por isso consolas,
Ou deusa grega, concebida como estátua que fosse viva,
Ou patrícia romana, impossìvelmente nobre e nefasta,
Ou princesa de trovadores, gentilíssima e colorida,
Ou marquesa do século dezoito, decotada e longínqua,
Ou cocote célebre do tempo dos nossos pais,
Ou não sei quê moderno — nao concebo bem o quê —,
Tudo isso, seja o que for, que sejas, se pode inspirar que inspire!
Meu coração é un balde despejado.
Como os que invocam espíritos invocam espíritos invoco
A mim mesmo e não encontro nada.
Chego à janela e vejo a rua com uma nitidez absoluta.
Vejo as lojas, vejo os passeios, vejo os carros que passam,
Vejo os entes vivos vestidos que se cruzam,
Vejo os cães que também existem,
E tudo isto me pesa como uma condenação ao degredo,
E tudo isto é estrangeiro, como tudo.)
Vivi, estudei, amei, e até cri,
E hoje não há mendigo que eu não inveje só por não ser eu.
Olho a cada um os andrajos e as chagas e a mentira,
E penso: talvez nunca vivesses nem estudasses nem amasses nem cresses
(Porque é possível fazer a realidade de tudo isso sem fazer nada disso);
Talvez tenhas existido apenas, como um lagarto a quem cortam o rabo
E que é rabo para aquém do lagarto remexidamente.
Fiz de mim o que não soube,
E o que podia fazer de mim não o fiz.
O dominó que vesti era errado.
Conheceram-me logo por quem não era e não desmenti, e perdi-me.

Pero por lo menos queda de la amargura de lo que nunca seré
la caligrafía rápida de estos versos,
pórtico partido hacia lo Imposible.
Pero por lo menos me consagro a mí mismo un desprecio
sin lágrimas,
noble, al menos, en el gesto amplio con que tiro
la ropa sucia que soy, sin un papel, para el transcurrir de las cosas,
y me quedo en casa sin camisa.
(Tú, que consuelas, que no existes y por eso consuelas,
o diosa griega, concebida como una estatua que estuviese viva,
o patricia romana, imposiblemente noble y nefasta,
o princesa de trovadores, gentilísima y disimulada,
o marquesa del siglo dieciocho, descotada y lejana,
o meretriz célebre de los tiempos de nuestros padres,
o no sé qué moderno —no me imagino bien qué—,
todo esto, sea lo que sea, lo que seas, ¡si puede inspirar,
que inspire!
Mi corazón es un cubo vaciado.
Como invocan espíritus los que invocan espíritus, me invoco
a mí mismo y no encuentro nada.
Me acerco a la ventana y veo la calle con absoluta claridad,
veo las tiendas, veo las aceras, veo los coches que pasan,
veo a los entes vivos vestidos que se cruzan,
veo a los perros que también existen,
y todo esto me pesa como una condena al destierro,
y todo esto es extranjero, como todo.)
He vivido, estudiado, amado, y hasta creído,
y hoy no hay un mendigo al que no envidie sólo por no ser yo.
Miro los andrajos de cada uno y las llagas y la mentira,
y pienso: puede que nunca hayas vivido, ni estudiado, ni
amado ni creído
(porque es posible crear la realidad de todo eso sin hacer
nada de eso);
puede que hayas existido tan sólo, como un lagarto al que
cortan el rabo
y que es un rabo, más acá del lagarto, removidamente.
He hecho de mí lo que no sabía,
y lo que podía hacer de mí no lo he hecho.
El dominó que me puse estaba equivocado.
Me conocieron enseguida como quien no era y no lo
desmentí, y me perdí.

Quando quis tirar a máscara,
Estava pegada à cara.
Quando a tirei e me vi ao espelho,
Já tinha envelhecido.
Estava bêbado, já não sabia vestir o dominó que não tinha
tirado.
Deitei fora a máscara e dormi no vestiário
Como un cão tolerado pela gerência
Por ser inofensivo
E vou escrever esta história para provar que sou sublime.
    Essência musical dos meus versos inútiles,
Quem me dera encontrar-te como coisa que eu fizesse,
E não ficasse sempre defronte da Tabacaria de defronte,
Calcando aos pés a consciência de estar existindo,
Como um tapete em que um bêbado tropeça
Ou um capacho que os ciganos roubaram e não valia nada.
    Mas o Dono da Tabacaria chegou à porta e ficou à porta.
Olho-o com o deconforto da cabeça mal voltada
E com o desconforto da alma malentendendo.
Ele morrerá e eu morrerei.
Ele deixará a tabuleta, e eu deixarei versos.
A certa altura morrerá a tabuleta também, e os versos também.
Depois de certa altura morrerá a rua onde esteve a tabuleta,
E a língua em que foram escritos os versos.
Morrerá depois o planeta girante em que tudo isto se deu.
Em outros satélites de outros sistemas qualquer coisa como gente
Continuará fazendo coisas como versos e vivendo por baixo
de coisas como tabuletas,
Sempre uma coisa defronte da outra,
Sempre uma coisa tão inútil como a outra,
Sempre o impossível tão estúpido como o real,
Sempre o mistério do fundo tão certo como o sono de mistério
da superfície,
Sempre isto ou sempre outra coisa ou nem uma coisa nem outra.
    Mas um homem entrou na Tabacaria (para comprar tabaco?),
E a realidade plausível cai de repente em cima de mim.
Semiergo-me enérgico, convencido, humano,
E vou tencionar escrever estes versos em que digo o contrário.

Cuando quise quitarme el antifaz,
lo tenía pegado a la cara.
Cuando me lo quité y me miré en el espejo,
ya había envejecido.
Estaba borracho, no sabía llevar el dominó que no me
había quitado.
Tiré el antifaz y me dormí en el vestuario
como un perro tolerado por la gerencia
por ser inofensivo
y voy a escribir esta historia para demostrar que soy sublime.
Esencia musical de mis versos inútiles,
ojalá pudiera encontrarme como algo que hubiese hecho,
y no me quedase siempre enfrente de la tabaquería de enfrente,
pisoteando la conciencia de estar existiendo
como una alfombra en la que tropieza un borracho
o una estera que robaron los gitanos y no valía nada.
Pero el propietario de la tabaquería ha asomado por la
puerta y se ha quedado a la puerta.
Le miro con incomodidad en la cabeza apenas vuelta,
y con la incomodidad del alma que está comprendiendo mal.
Morirá él y moriré yo.
Él dejará la muestra y yo dejaré versos.
En determinado momento morirá también la muestra, y los
versos también.
Después de ese momento, morirá la calle donde estuvo la muestra,
y la lengua en que fueron escritos los versos,
morirá después el planeta girador en que sucedió todo esto.
En otros satélites de otros sistemas cualesquiera algo así como gente
continuará haciendo cosas semejantes a versos y viviendo debajo
de cosas semejantes a muestras,
siempre una cosa enfrente de la otra,
siempre una cosa tan inútil como la otra,
siempre lo imposible tan estúpido como lo real,
siempre el misterio del fondo tan verdadero como el sueño del
misterio de la superficie,
siempre esto o siempre otra cosa o ni una cosa ni la otra.
Pero un hombre ha entrado en la tabaquería (¿a comprar
tabaco?),
y la realidad plausible cae de repente encima de mí.
Me incorporo a medias con energía, convencido, humano,
y voy a tratar de escribir estos versos en los que digo lo contrario.

Acendo um cigarro ao pensar em escrevê-los
E saboreio no cigarro a libertação de todos os pensamentos.
Sigo o fumo como uma rota própria,
E gozo, num momento sensitivo e competente,
A libertação de todas as especulações
E a consciência de que a metafísica é uma consequência de
estar mal disposto.
Depois deito-me para trás na cadeira
E continuo fumando.
Enquanto o Destino mo conceder, continuarei fumando.
(Se eu casasse com a filha da minha lavadeira
Talvez fosse feliz.)
Visto isto, levanto-me da cadeira. Vou à janela.
O homem saiu da Tabacaria (metendo troco na algibeira das
calças?).
Ah, conheço-o: é o Esteves sem metafísica.
(O Dono da Tabacaria chegou à porta.)
Como por um instinto divino o Esteves voltou-se e viu-me.
Acenou-me adeus gritei-lhe *Adeus ó Esteves!*, e o universo
Reconstruiu-se-me sem ideal nem esperança, e o Dono da
Tabacaria sorriu.

Escrito num livro abandonado em viagem

Venho dos lados de Beja.
Vou para o meio de Lisboa.
Não trago nada e não acharei nada.
Tenho o cansaço antecipado do que não acharei,
E a saudade que sinto não é nem no passado nem do futuro.
Deixo escrita neste livro a imagem do meu desígnio morto:
Fui, como ervas, e não me arrancaram.

Enciendo un cigarrillo al pensar en escribirlos
y saboreo en el cigarrillo la liberación de todos los pensamientos.
Sigo al humo como a una ruta propia,
y disfruto, en un momento sensitivo y competente,
la liberación de todas las especulaciones
y la conciencia de que la metafísica es una consecuencia de
encontrarse indispuesto.
Después me echo para atrás en la silla
y continúo fumando.
Mientras me lo conceda el destino, seguiré fumando.
(Si me casase con la hija de mi lavandera,
a lo mejor sería feliz.)
Visto lo cual, me levanto de la silla. Me voy a la ventana.
El hombre ha salido de la tabaquería (¿metiéndose el cambio
en el bolsillo de los pantalones?).
Ah, le conozco: es el Esteves sin metfísica.
(El propietario de la tabaquería ha llegado a la puerta.)
Como por una inspiración divina, Esteves se ha vuelto y me
ha visto.
Me ha dicho adiós con la mano, le he gritado *¡Adiós, Esteves!*,
y el Universo
se me reconstruye sin ideales ni esperanza, y el propietario de
la tabaquería se ha sonreído.

Ángel Crespo

ESCRITO EN UN LIBRO ABANDONADO EN UN TREN

Vengo del rumbo de Beja.
Voy hacia el centro de Lisboa.
No traigo nada y no encontré nada.
Cansancio anticipado de no encontrar nada,
Mi nostalgia no es por el pasado ni por el futuro.
Dejo escrita en este libro la imagen de mi muerto designio:
Fui como la hierba y no me arrancaron.

Octavio Paz

Giuseppe Ungaretti

Italia (Alejandría, Egipto, 1888-Milán, 1970)

Sólo en 1912 conoció la Italia de sus padres emigrantes. Estudió letras en el Collège de France y en la Sorbona de París, donde fue alumno de Bergson y trató a figuras importantes de las vanguardias europeas. *L'Allegria* (1914-1919), su primer libro, tiene por trasfondo su experiencia como voluntario en la primera guerra mundial. En Roma, trabajó en la prensa y, tras un paréntesis en la universidad de São Paulo (1936-1942), como catedrático de literatura. Títulos suyos fundamentales son *Sentimento del Tempo* (1919-1935), *Il dolore* (1947), inspirado por la muerte de su hermano y de un hijo de nueve años, *La terra promessa (1950), Un grido e paesaggi* (1952), *Il taccuino del vecchio* (1960) y *Dialogo* (1968). Pero, de modo análogo al de su compatriota Saba, se empeñó en compilar una única obra poética a manera de confesión y autobiografía: la *Vita d'un uomo* (*Vida de un hombre,* 1947 y sigs.), dividida en dos secciones, *L'allegria* y *Sentimento del tempo,* con muchas variaciones respecto a las versiones primitivas. La lírica de Ungaretti oscila entre poemas muy austeros y otros de mayor complejidad lingüística, de imágenes y conceptos, pero en sus mejores momentos se distingue por una personal limpidez en el empleo de la palabra y el desdén por la retórica preconcebidamente poética.

Eterno

Tra un fiore colto e l'altro donato
l'inesprimibile nulla.

Veglia

Cima Quattro il 23 dicembre 1915

Un'intera nottata
buttato vicino
a un compagno
massacrato
con la sua bocca
digrignata
volta al plenilunio
con la congestione
delle sue mani
penetrata
nel mio silenzio
ho scritto
lettere piene d'amore
    Non sono mai stato
tanto
attaccato alla vita

Eterno

Entre una flor tomada y otra ofrecida
la inexpresable nada

Carlos Vitale

Vela

Cima Cuatro, 23 de diciembre de 1915

Toda una noche
echado al lado
de un compañero
destrozado
con la boca
arrufada
vuelta a la luna llena
con la congestión
de sus manos
penetrada
en mi silencio
he escrito
cartas llenas de amor
Nunca he estado
tan
apegado a la vida

De *La alegría*

Ángel Crespo

I fiumi

Cotici il 16 agosto 1916

Mi tengo a quest'albero mutilato
abbandonato in questa dolina
che ha il languore
di un circo
prima o dopo lo spettacolo
e guardo
il passaggio quieto
delle nuvole sulla luna
    Stamani mi sono disteso
in un'urna d'acqua
e come una reliquia
ho riposato
    L'Isonzo scorrendo
mi levigava
come un suo sasso
    Ho tirato su
le mie quattr'ossa
e me ne sono andato
come un acrobata
sull'acqua
    Mi sono accoccolato
vicino ai miei panni
sudici di guerra
e come un beduino
mi sono chinato a ricevere
il sole
    Questo è l'Isonzo
e qui meglio
mi sono riconosciuto
una docile fibra
dell'universo
    Il mio supplizio
è quando
non mi credo
in armonia
    Ma quelle occulte
mani

LOS RÍOS

COTICI, 16 DE AGOSTO DE 1916

Me apoyo en este árbol mutilado
abandonado en este barranco
que tiene la languidez
de un circo
antes o después del espectáculo
y miro
el quieto paso
de las nubes sobre la luna
    Esta mañana me he tumbado
en una urna de agua
y como una reliquia
he descansado
    El Isonzo fluyendo
me pulía
como a uno de sus guijarros
    He levantado
mis cuatro huesos
y me he ido
como un acróbata
sobre el agua
    Me he acuclillado
junto a mis ropas
sucias de guerra
y como un beduino
me he postrado para recibir
el sol
    Éste es el Isonzo
y aquí es donde mejor
me he reconocido
una dócil fibra
del universo
    Mi suplicio
es cuando
no me creo
en armonía
    Pero esas ocultas
manos

che m'intridono
mi regalano
la rara
felicità

Ho ripassato
le epoche
della mia vita

Questi sono
i miei fiumi

Questo è il Serchio
al quale hanno attinto
duemil'anni forse
di gente mia campagnola
e mio padre e mia madre

Questo è il Nilo
che mi ha visto
nascere e crescere
e ardere d'inconsapevolezza
nelle estese pianure

Questa è la Senna
e in quel suo torbido
mi sono rimescolato
e mi sono conosciuto

Questi sono i miei fiumi
contati nell'Isonzo

Questa è la mia nostalgia
che in ognuno
mi traspare
ora ch'è notte
che la mia vita mi pare
una corolla
di tenebre

que me modelan
me regalan
la rara
felicidad
    He repasado
las épocas
de mi vida
    Éstos son
mis ríos
    Éste es el Serchio
en el que quizá abrevó
durante dos mil años
mi gente campesina
y mi padre y mi madre
    Éste es el Nilo
que me ha visto
nacer y crecer
y arder de inconsciencia
en las extensas llanuras
    Éste es el Sena
y en su turbulencia
me he mezclado
y me he conocido
    Éstos son mis ríos
contados en el Isonzo
    Ésta es mi nostalgia
que en cada uno
se me transparenta
ahora que es de noche
que mi vida me parece
una corola
de tinieblas

Carlos Vitale

Italia

Locvizza, l'1 ottobre 1916

Sono un poeta
un grido unanime
sono un grumo di sogni
    Sono un frutto
d'innumerevoli contrasti d'innesti
maturato in una serra
    Ma il tuo popolo è portato
dalla stessa terra
che mi porta
Italia
    E in questa uniforme
di tuo soldato
mi riposo
come fosse la culla
di mio padre

Inno alla morte

Amore, mio giovine emblema,
Tornato a dorare la terra,
Diffuso entro il giorno rupestre,
È l'ultima volta che miro
(Appiè del botro, d'irruenti
Acque sontuoso, d'antri
Funesto) la scia di luce
Che pari alla tortora lamentosa
Sull'erba svagata si turba.
    Amore, salute lucente,
Mi pesano gli anni venturi.
    Abbandonata la mazza fedele,
Scivolerò nell'acqua buia
Senza rimpianto.
    Morte, arido fiume...
    Immemore sorella, morte,
L'uguale mi farai del sogno
Baciandomi.

ITALIA

LOCVIZZA, 1 DE OCTUBRE DE 1916

Soy un poeta
un grito unánime
soy un grumo de sueños
    Soy un fruto
de innumerables contrastes de injertos
madurado en un invernadero
    Pero tu pueblo es llevado
por la misma tierra
que me lleva
Italia
    Y en este uniforme
de soldado tuyo
reposo
como si fuese la cuna
de mi padre

Horacio Armani

HIMNO A LA MUERTE

Amor, mi juvenil emblema
que dora de nuevo la tierra,
difuso en el día rupestre,
es la última vez que contemplo
(al pie del barranco, suntuoso
de impetuosas aguas, funesto
de antros) la estela luminosa
que igual que la tórtola quejumbrosa
sobre la hierba se deleita y turba.
    Amor, salud deslumbrante,
me pesan los años dichosos.
    Abandonada la fiel maza,
resbalaré en el agua oscura
sin una queja.
    Muerte, árido río...
    Desmemoriada hermana, muerte,
semejante me harás al sueño
besándome.

Avrò il tuo passo,
Andrò senza lasciare impronta.
Mi darai il cuore immobile
D'un iddio, sarò innocente,
Non avrò più pensieri nè bontà.
Colla mente murata,
Cogli occhi caduti in oblio,
Farò da guida alla felicità.

Ogni grigio

Dalla spoglia di serpe
Alla pavida talpa
Ogni grigio si gingilla sui duomi...
Come una prora bionda
Di stella in stella il sole s'accomiata
E s'acciglia sotto la pergola...
Come una fronte stanca
È riapparsa la notte
Nel cavo d'una mano...

Sentimento del tempo

E per la luce giusta,
Cadendo solo un'ombra viola
Sopra il giogo meno alto,
La lontananza aperta alla misura,
Ogni mio palpito, come usa il cuore,
Ma ora l'ascolto,
T'affretta, tempo, a pormi sulle labbra
Le tue labbra ultime.

Tutto ho perduto

Tutto ho perduto dell'infanzia
E non potrò mai più
Smemorarmi in un grido.

Tendré tu paso,
caminaré sin dejar huella.
Mi corazón será inmóvil
como el de un dios, seré inocente,
no tendré pensamientos ni bondad.
Con la mente tapiada,
con los ojos caídos en olvido,
seré el guía de la felicidad.

Todo gris

De la piel de serpiente
al temeroso topo
todo gris se distrae por las cúpulas...
Como una proa rubia
de estrella a estrella se despide el sol
y se encapota bajo el emparrado...
Como una frente cansada la noche
reaparece
en el hueco de una mano...

Sentimiento del tiempo

Y por la justa luz,
cayendo sólo una sombra violeta
sobre la cumbre menos alta,
la lejanía abierta a la mesura,
cada latido mío, como el corazón suele,
pero ahora lo escucho,
te apremia, tiempo, a ponerme en los labios
tus labios últimos.

Tomás Segovia

Todo he perdido

Todo he perdido de la infancia
y nunca más podré
olvidarme en un grito.

L'infanzia ho sotterrato
Nel fondo delle notti
E ora, spada invisibile,
Mi separa da tutto.
Di me rammento che esultavo amandoti,
Ed eccomi perduto
In infinito delle notti.
Disperazione che incessante aumenta
La vita non mi è più,
Arrestata in fondo alla gola,
Che una roccia di gridi.

Variazioni su nulla

Quel nonnulla di sabbia che trascorre
Dalla clessidra muto e va posandosi,
E, fugaci, le impronte sul carnato,
Sul carnato che muore, d'una nube...
Poi mano che rovescia la clessidra,
Il ritorno per muoversi, di sabbia,
Il farsi argentea tacito di nube
Ai primi brevi lividi dell'alba...
La mano in ombra la clessidra volse,
E, di sabbia, il nonnulla che trascorre
Silente, è unica cosa che ormai s'oda
E, essendo udita, in buio non scompaia.

He sepultado la infancia
al fondo de las noches
y ahora, espada invisible,
me separa de todo.
De mí recuerdo que exultaba amándote,
y heme aquí perdido
en lo infinito de las noches.
Desesperación que incesante aumenta
la vida, detenida al final
de la garganta, ya no es para mí
más que una roca de gritos.

Carlos Vitale

VARIACIONES SOBRE NADA

(Esa nada de arena que transcurre
muda de la clepsidra y va posándose,
y, fugaces, las huellas sobre el rostro,
sobre el rostro que muere, de una nube...
Mano después que invierte la clepsidra,
el retorno arenoso que se mueve,
tácito hacerse argénteo de la nube
en el alba primera leve lívida...
La mano vuelve en sombra la clepsidra,
y la nada de arena que transcurre
silenciosa, es lo único que se oye
y, al ser oída, en negro no se funde.)

Andrés Sánchez Robayna

T. S. Eliot

Gran Bretaña (Saint Louis, Missouri, Estados Unidos, 1888-Londres, 1965)

Los primeros textos de Thomas Stearns Eliot abundan en estampas del microcosmos de una aristocracia *wasp*, asentada en Nueva Inglaterra desde el siglo XVII, y cuyas raíces eran también las del joven poeta que en 1906 llegaba de la industrial St. Louis para ingresar en la Universidad de Harvard. Tras estudiar también en Francia y Alemania, pasó a Oxford, y durante la primera gran guerra se instaló definitivamente en Inglaterra, donde trabajó en el Lloyds Bank y luego en la editorial Faber & Faber, y donde se nacionalizó en 1927, al tiempo que se proclamaba clasicista, monárquico y anglicano. La primera fase de su poesía (*Prufrock and Other Observations*, 1917; *Poems*, 1919; *The Waste Land [La tierra asolada]*, 1922; *The Hollow Men [Los hombres vacíos]*, 1925) pinta un mundo que la pérdida de los viejos valores ha dejado estéril y sin horizontes. La conversión religiosa desemboca en *Ash Wednesday*, 1939, y sobre todo en su obra maestra, *Four Quartets*, 1944, que evoca la confluencia del tiempo, de la historia, y un *aevum* sin tiempo en la Encarnación del Verbo, en un lenguaje que une inteligencia y sentimiento, coloquialidad y arcano. Premio Nobel en 1948, fue también uno de los ensayistas más originales de su época y un renovador autor dramático (*Murder in the Cathedral, 1935; Cocktail Party*, 1950).

The Love Song of J. Alfred Prufrock

S'io credesse che mia risposta fosse
A persona che mai tornasse al mondo,
Questa fiamma staria senza più scosse.
Ma perciocche giammai di questo fondo
Non tornò vivo alcun, s'i'odo il vero,
Senza tema d'infamia ti rispondo.

Let us go then, you and I,
When the evening is spread out against the sky
Like a patient etherised upon a table;
Let us go, through certain half-deserted streets,
The muttering retreats
Of restless nights in one-night cheap hotels
And sawdust restaurants with oyster-shells:
Streets that follow like a tedious argument
Of insidious intent
To lead you to an overwhelming question...
Oh, do not ask, 'What is it?'
Let us go and make our visit.
In the room the women come and go
Talking of Michelangelo.
The yellow fog that rubs its back upon the window-panes,
The yellow smoke that rubs its muzzle on the window-panes
Licked its tongue into the corners of the evening,
Lingered upon the pools that stand in drains,
Let fall upon its back the soot that falls from chimneys,
Slipped by the terrace, made a sudden leap,
And seeing that it was a soft October night,
Curled once about the house, and fell asleep.
And indeed there will be time
For the yellow smoke that slides along the street
Rubbing its back upon the window-panes;
There will be time, there will be time
To prepare a face to meet the faces that you meet;
There will be time to murder and create,
And time for all the works and days of hands

Canción de amor de J. Alfred Prufrock

S'io credesse che mia risposta fosse
A persona che mai tornasse al mondo,
Questa fiamma staria senza più scosse.
Ma perciocche giammai di questo fondo
Non tornò vivo alcun, s'i'odo il vero,
Senza tema d'infamia ti rispondo.

Vámonos, pues, tú y yo,
cuando el atardecer se extiende contra el cielo
como un paciente cloroformizado sobre la mesa;
vámonos a lo largo de seguras calles semidesiertas,
gruñones retiros
de inquietas noches en hoteles de mala muerte para pasar
una noche
y restaurantes de serrín con sopa de pescado,
calles que siguen como un aburrido argumento
de intención insidiosa
y que te llevan a un problema abrumador.
Oh, no preguntes: ¿cuál es?
En el cuarto las mujeres vienen y van
hablando de Miguel Ángel.
La niebla amarilla que se frota la espalda contra el marco
de las ventanas,
el humo amarillo que se frota el hocico contra el marco
de las ventanas
pasó la lengua por las esquinas de la tarde,
la demoró en los estanques que están desaguados,
dejó caer sobre su espalda el hollín que cae de las chimeneas,
se deslizó por la terraza, dio un salto súbito,
y viendo que era una suave noche de octubre
se enroscó otra vez a la casa y se quedó dormido.
Y desde luego habrá tiempo
para el humo amarillo que se desliza por la calle
frotándose la espalda contra el marco de las ventanas.
Habrá tiempo, habrá tiempo
para preparar un rostro que se enfrente con los rostros con
que tú te enfrentas;
habrá tiempo para asesinar y para crear,
tiempo para todos los trabajos y días de manos

That lift and drop a question on your plate;
Time for you and time for me,
And time yet for a hundred indecisions,
And for a hundred visions and revisions,
Before the taking of a toast and tea.
    In the room the women come and go
Talking of Michelangelo.
    And indeed there will be time
To wonder, 'Do I dare?' and, 'Do I dare?'
Time to turn back and descend the stair,
With a bald spot in the middle of my hair —
[They will say: 'How his hair is growing thin!]
My morning coat, my collar mounting firmly to the chin,
My necktie rich and modest, but asserted by a simple pin—
[They will say: 'But how his arms and legs are thin!']
Do I dare
Disturb the universe?
In a minute there is time
For decisions and revisions which a minute will reverse.
    For I have known them all already, known them all—
Have known the evenings, mornings, afternoons,
I have measured out my life with coffee spoons;
I know the voices dying with a dying fall
Beneath the music from a farther room.
        So how should I presume?
    And I have known the eyes already, known them all—
The eyes that fix you in a formulated phrase,
And when I am formulated, sprawling on a pin,
When I am pinned and wriggling on the wall,
Then how should I begin
To spit out all the butt-ends of my days and ways?
        And how should I presume?
    And I have known the arms already, known them all—
Arms that are braceleted and white and bare
[But in the lamplight, downed with light brown hair!]
Is it perfume from a dress
That makes me so digress?
Arms that lie along a table, or wrap about a shawl.
        And should I then presume?
        And how should I begin?

que ponen en tu plato, o lo quitan de él, un problema;
tiempo para ti y tiempo para mí,
y tiempo aún para cien indecisiones
y para cien visiones y revisiones
antes de tomar el té y la tostada.
    En el cuarto las mujeres vienen y van
hablando de Miguel Ángel.
    Y desde luego habrá tiempo
para preguntarse: ¿Me atreveré?... ¿Me atreveré?
Tiempo para volver atrás y bajar la escalera,
con un rodal calvo en mitad del cabello—
(Dirán: ¡Qué fino se le está volviendo el cabello!)
Mi abrigo de mañana, mi cuello que sube hasta el mentón
firmemente,
mi corbata chillona y modesta, pero sujetada por un sencillo alfiler
(Dirán: ¡Qué brazos y qué piernas tan flacos tiene!)
¿Me atreveré
a perturbar el universo?
En un minuto hay tiempo
para decisiones y revisiones que cambiarán en un minuto.
Porque yo las conozco ya todas, las he conocido todas—.
He conocido los atardeceres, las mañanas, las tardes,
he medido toda mi vida con cucharillas de café.
Conozco las voces que mueren en un moribundo extinguirse
por bajo de la música de una habitación distante.
        ¿Cómo podría, pues, presumir?
    Y he conocido ya los ojos, los he conocido todos—
Los ojos que se clavan en ti formulándote una pregunta,
y cuando me preguntan a mí, cuando me clavan en cruz
sobre un alfiler,
cuando estoy clavado y me retuerzo sobre la pared,
¿Cómo podría empezar
a escupir todas las colillas de mis días y de mis caminos?
        ¿Cómo podría presumir?
    Y he conocido ya los brazos, los he conocido todos—
brazos ceñidos de pulseras, blancos, desnudos
(Pero a la luz de la lámpara el oscuro vello rebajaba su blancura).
¿Es el perfume de un vestido
lo que me hace divagar así?
Brazos que yacen sobre la mesa o se envuelven en un mantón.
        ¿Cómo podría, pues, presumir?
        ¿Y cómo podría empezar?

* * * *

Shall I say, I have gone at dusk through narrow streets
And watched the smoke that rises from the pipes
Of lonely men in shirt-sleeves, leaning out of windows?...
I should have been a pair of ragged claws
Scuttling across the floors of silent seas.

* * * *

And the afternoon, the evening, sleeps so peacefully!
Smoothed by long fingers,
Asleep... tired... or it malingers,
Stretched on the floor, here beside you and me.
Should I, after tea and cakes and ices,
Have the strength to force the moment to its crisis?
But though I have wept and fasted, wept and prayed,
Though I have seen my head [grown slightly bald] brought in
upon a platter,
I am no prophet —and here's no great matter;
I have seen the moment of my greatness flicker,
And I have seen the eternal Footman hold my coat, and snicker,
And in short, I was afraid.
And would it have been worth it, after all,
After the cups, the marmalade, the tea,
Among the porcelain, among some talk of you and me,
Would it have been worth while,
To have bitten off the matter with a smile,
To have squeezed the universe into a ball
To roll it toward some overwhelming question,
To say: 'I am Lazarus, come from the dead,
Come back to tell you all, I shall tell you all'—
If one, settling a pillow by her head,
Should say: 'That is not what I meant at all.
That is not it, at all.'
And would it have been worth it, after all,
Would it have been worth while,
After the sunsets and the dooryards and the sprinkled streets,
After the novels, after the teacups, after the skirts that trail along
the floor—
And this, and so much more?—

¿Diré: he avanzado en la oscuridad por calles estrechas
y he contemplado el humo que se eleva de las pipas
de hombres solitarios en mangas de camisa asomados a las ventanas?
Yo debería haber sido un par de garras hechas jirones
que echan a correr por los suelos de mares silenciosos.
Y la tarde, el atardecer duerme tan tranquilamente.
Calmado por largos dedos,
soñoliento… cansado… o haciéndose el enfermo,
extendido en el suelo, aquí a tu lado y al mío.
Después del té, las pastas y los helados,
¿he de tener el vigor de forzar el momento para que haga crisis?
Pero aunque yo he llorado y ayunado, he llorado y rezado,
aunque he visto poner mi cabeza (ya un poco calva) en una
bandeja,
no soy profeta —y no es cosa que importe mucho.
He visto fluctuar el momento de mi grandeza
y he visto al eterno Lacayo cogerme el abrigo con una risita,
y, en una palabra, sentí horror.
¿Y habría valido la pena, después de todo,
después de las tazas, la mermelada y el té,
entre la porcelana, entre algunas palabras cambiadas entre tú y yo,
habría valido la pena
destripar el asunto con una sonrisa,
estrujar el universo hasta convertirlo en una pelota
para hacerlo rodar hacia algún problema abrumador,
para decir: «Soy Lázaro, vengo de los muertos,
vengo a decíroslo a todos, he de decíroslo a todos»—
Si uno, poniéndole a ella una almohada en la cabeza
dijera: «Esto no es en absoluto lo que yo quería decir,
no es esto, en absoluto»?
¿Y habría valido la pena, después de todo,
después de los crepúsculos, y las verjas de los jardines, y las
calles regadas,
después de las novelas, después de las tazas de té, después
de las faldas tiradas por el suelo—
Y de esto, y de tantas cosas más?

It is impossible to say just what I mean!
But as if a magic lantern threw the nerves in patterns on a screen:
Would it have been worth while
If one, settling a pillow or throwing off a shawl,
And turning toward the window, should say:
'That is not it at all,
That is not what I meant, at all.'

* * * *

No! I am not Prince Hamlet, nor was meant to be;
Am an attendant lord, one that will do
To swell a progress, start a scene or two,
Advise the prince; no doubt, an easy tool,
Deferential, glad to be of use,
Politic, cautious, and meticulous;
Full of high sentence, but a bit obtuse;
At times, indeed, almost ridiculous—
Almost, at times, the Fool.
I grow old... I grow old ...
I shall wear the bottoms of my trousers rolled.
Shall I part my hair behind? Do I dare to eat a peach?
I shall wear white flannel trousers, and walk upon the beach.
I have heard the mermaids singing, each to each.
I do not think that they will sing to me.
I have seen them riding seaward on the waves
Combing the white hair of the waves blown back
When the wind blows the water white and black.
We have lingered in the chambers of the sea
By sea-girls wreathed with seaweed red and brown
Till human voices wake us, and we drown.

Es imposible expresar exactamente lo que quiero decir.
Pero como si una linterna mágica proyectara los nervios
a golpes sobre la pantalla:
¿Habría valido la pena
si uno, poniendo una almohada o arrojando un mantón,
y volviéndose hacia la ventana, dijera:
«No es esto, en absoluto,
esto no es en absoluto lo que yo quería decir»?

* * * *

No. Yo no soy el Príncipe Hamlet, ni se pretendió que lo fuera;
soy un amo doméstico, uno que procurará
abultar un progreso, empezar una o dos escenas,
aconsejar al príncipe; una tarea fácil, sin duda.
Deferente, contento de ser útil,
político, cauto, meticuloso;
lleno de altas sentencias, pero un poco obtuso;
a veces, desde luego, casi ridículo—
Casi, a veces, el Loco.
Envejezco... Envejezco...
Me hará pliegues la culera de los pantalones.
¿Me peinaré con raya detrás? ¿Me atreveré a comer un durazno?
Llevaré pantalones de franela blanca, y me pasearé por la playa.
He oído a las sirenas cantándose unas a otras.
No creo que me canten a mí.
Las he visto galopar mar adentro sobre las olas
peinando el blanco cabello de las olas que rompen a su espalda
cuando el viento sopla sobre el agua blanca y negra.
Nos hemos demorado en las alcobas del mar
junto a muchachas marinas enguirnaldadas de algas rojas y pardas
hasta que nos despierten voces humanas, y nos ahoguemos.

Vicente Gaos

Portrait of a Lady

Thou hast committed—
Fornication: but that was in another country,
And besides, the wench is dead.

The Jew of Malta

II

Now that lilacs are in bloom
She has a bowl of lilacs in her room
And twists one in her fingers while she talks.
'Ah, my friend, you do not know, you do not know
What life is, you who hold it in your hands';
(Slowly twisting the lilac stalks)
'You let it flow from you, you let it flow,
And youth is cruel, and has no remorse
And smiles at situations which it cannot see.'
I smile, of course,
And go on drinking tea.
'Yet with these April sunsets, that somehow recall
My buried life, and Paris in the Spring,
I feel immeasurably at peace, and find the world
To be wonderful and youthful, after all.'
The voice returns like the insistent out-of-tune
Of a broken violin on an August afternoon:
'I am always sure that you understand
My feelings, always sure that you feel,
Sure that across the gulf you reach your hand.
You are invulnerable, you have no Achilles' heel.
You will go on, and when you have prevailed
You can say: at this point many a one has failed.
But what have I, but what have I, my friend,
To give you, what can you receive from me?
Only the friendship and the sympathy
Of one about to reach her journey's end.
I shall sit here, serving tea to friends...'
I take my hat: how can I make a cowardly amends
For what she has said to me?

Retrato de una dama

Tú has cometido—
fornicación: pero fue en otro país
y además, la moza ha muerto.

El Judío de Malta [IV, 1]

II

Ahora que las lilas están en flor
ella tiene un florero de lilas en su cuarto
y retuerce una en los dedos mientras habla.
«Ah, amigo mío, usted no sabe, no sabe
lo que es la vida, usted que la tiene en sus manos»;
(dando vueltas lentamente a los tallos de las lilas)
«usted la deja que se le vaya fluyendo, la deja fluir,
y la juventud es cruel y no le dura el remordimiento
y sonríe de las situaciones que no ve».
Yo sonrío, por supuesto,
y sigo tomando té.
«Pero con estos atardeceres de abril, que no sé por qué me recuerdan
mi vida enterrada, y París en primavera,
me siento inmensamente en paz, y encuentro que el mundo
es maravilloso y joven, al fin y al cabo».
La voz vuelve como el insistente desafinado
de un violín roto en una tarde de agosto:
«Siempre estoy segura de que usted entiende
mis sentimientos, siempre segura de que usted siente,
sin duda que al otro lado del abismo usted extiende la mano.
Usted es invulnerable, no tiene talón de Aquiles.
Seguirá adelante y cuando haya vencido
podrá decir: en este punto han fracasado muchos.
Pero ¿qué tengo yo, qué tengo, amigo mío,
para darle, que pueda recibir de mí?
Sólo la amistad y la comprensión
de quien está a punto de alcanzar el fin de su viaje.
Yo seguiré aquí sentada, sirviendo el té a los amigos...»
Tomo el sombrero: ¿cómo se pueden presentar cobardes
excusas
por lo que me ha dicho ella?

You will see me any morning in the park
Reading the comics and the sporting page.
Particularly I remark
An English countess goes upon the stage.
A Greek was murdered at a Polish dance,
Another bank defaulter has confessed.
I keep my countenance,
I remain self-possessed
Except when a street piano, mechanical and tired
Reiterates some worn-out common song
With the smell of hyacinths across the garden
Recalling things that other people have desired.
Are these ideas right or wrong? ...

The Waste Land

The Burial of the Dead

April is the cruellest month, breeding
Lilacs out of the dead land, mixing
Memory and desire, stirring
Dull roots with spring rain.
Winter kept us warm, covering
Earth in forgetful snow, feeding
A little life with dried tubers.
Summer surprised us, coming over the Starnbergersee
With a shower of rain; we stopped in the colonnade,
And went on in sunlight, into the Hofgarten,
And drank coffee, and talked for an hour.
Bin gar keine Russin, stamm' aus Litauen, echt deutsch.
And when we were children, staying at the arch-duke's,
My cousin's, he took me out on a sled,
And I was frightened. He said, Marie,
Marie, hold on tight. And down we went.
In the mountains, there you feel free.
I read, much of the night, and go south in the winter.
    What are the roots that clutch, what branches grow
Out of this stony rubbish? Son of man,
You cannot say, or guess, for you know only

Me veréis cualquier mañana en el parque
leyendo las historietas y la página deportiva.
Especialmente observo
que una condesa inglesa sube a las tablas:
un griego fue asesinado en un baile de polacos,
otro defraudador bancario ha confesado.
Mantengo la cara,
conservo el dominio de mí mismo
excepto cuando un organillo, mecánico y cansado,
reitera alguna gastada canción vulgar
con el olor de jacintos desde el jardín
evocando cosas que otros han deseado.
¿Tienen razón o no estas ideas? ...

José María Valverde

La tierra baldía

El entierro de los muertos

Abril es el mes más cruel: engendra
lilas de la tierra muerta, mezcla
recuerdos y anhelos, despierta
inertes raíces con lluvias primaverales
el invierno nos mantuvo cálidos, cubriendo
la tierra con nieve olvidadiza, nutriendo
una pequeña vida con tubérculos secos.
Nos sorprendió el verano, precipitose sobre el Starnbergersee
con un chubasco, nos detuvimos bajo los pórticos,
y luego, bajo el sol, seguimos dentro de Hofgarten,
y tomamos café y charlamos durante una hora.
Bin gar kaine Russin, stamm'aus Litauen, echt deutsch.
Y cuando éramos niños, de visita en casa del archiduque,
mi primo, él me sacó en trineo.
Y yo tenía miedo. Él me dijo: Marie,
Marie, agárrate fuerte. Y cuesta abajo nos lanzamos.
Uno se siente libre, allí en las montañas.
Leo, casi toda la noche, y en invierno me marcho al Sur.
¿Cuáles son las raíces que arraigan, qué ramas crecen
en estos pétreos desperdicios? Oh hijo del hombre,
no puedes decirlo ni adivinarlo; tú sólo conoces

A heap of broken images, where the sun beats,
And the dead tree gives no shelter, the cricket no relief,
And the dry stone no sound of water. Only
There is shadow under this red rock,
(Come in under the shadow of this red rock),
And I will show you something different from either
Your shadow at morning striding behind you
Or your shadow at evening rising to meet you;
I will show you fear in a handful of dust.
Frisch weht der Wind
Der Heimat zu
Mein Irisch Kind,
Wo weilest du?
'You gave me hyacinths first a year ago;
'They called me the hyacinth girl.'
—Yet when we came back, late, from the Hyacinth garden,
Your arms full, and your hair wet, I could not
Speak, and my eyes failed, I was neither
Living nor dead, and I knew nothing,
Looking into the heart of light, the silence.
Od' und leer das Meer.
Madame Sosostris, famous clairvoyante,
Had a bad cold, nevertheless
Is known to be the wisest woman in Europe,
With a wicked pack of cards. Here, said she,
Is your card, the drowned Phoenician Sailor,
(Those are pearls that were his eyes. Look!)
Here is Belladonna, the Lady of the Rocks,
The lady of situations.
Here is the man with three staves, and here the Wheel,
And here is the one-eyed merchant, and this card,
Which is blank, is something he carries on his back,
Which I am forbidden to see. I do not find
The Hanged Man. Fear death by water.
I see crowds of people, walking round in a ring.
Thank you. If you see dear Mrs. Equitone,
Tell her I bring the horoscope myself:
One must be so careful these days.
Unreal City,
Under the brown fog of a winter dawn,
A crowd flowed over London Bridge, so many,

un montón de imágenes rotas, donde el sol bate,
y el árbol muerto no cobija, el grillo no consuela
y la piedra seca no da agua rumorosa. Sólo
hay sombra bajo esta roca roja
(ven a cobijarte bajo la sombra de esta roca roja),
y te enseñaré algo que no es
ni la sombra tuya que te sigue por la mañana
ni tu sombra que al atardecer sale a tu encuentro;
te mostraré el miedo en un puñado de polvo.

Frisch weht der Wind
Der Heimat zu
Mein Irisch Kind,
Wo weilest du?

«Hace un año me diste jacintos por primera vez;
me llamaron la muchacha de los jacintos».
—Pero cuando regresamos, tarde, del jardín de los jacintos,
llevando, tú, brazados de flores y el pelo húmedo, no pude
hablar, mis ojos se empañaron, no estaba
ni vivo ni muerto, y no sabía nada,
mirando el silencio dentro del corazón de la luz.
Oed, und leer das Meer.

Madame Sosostris, famosa pitonisa,
tenía un mal catarro, aun cuando
se la considera como la mujer más sabia de Europa,
con un pérfido mazo de naipes. Ahí —dijo ella—
está su naipe, el Marinero Fenicio que se ahogó:
(estas perlas fueron sus ojos. ¡Mira!)
Aquí está Belladonna, la Dama de las Rocas,
la dama de las peripecias.
Aquí está el hombre de los tres bastos, y aquí la Rueda,
y aquí el comerciante tuerto, y este naipe
en blanco es algo que lleva sobre la espalda
y que no puede ver. No encuentro
al Ahorcado. Temed la muerte por agua.
Veo una muchedumbre girar en círculo.
Gracias. Cuando vea a la señora Equitone,
dígale que yo misma le llevaré el horóscopo:
¡una tiene que andar con cuidado en estos días!

Ciudad Irreal,
bajo la parda niebla de un amanecer invernal,
una muchedumbre fluía sobre el puente de Londres, ¡eran tantos!

I had not thought death had undone so many.
Sighs, short and infrequent, were exhaled,
And each man fixed his eyes before his feet.
Flowed up the hill and down King William Street,
To where Saint Mary Woolnoth kept the hours
With a dead sound on the final stroke of nine.
There I saw one I knew, and stopped him, crying: 'Stetson!
'You who were with me in the ships at Mylae!
'That corpse you planted last year in your garden,
'Has it begun to sprout? Will it bloom this year?
'Or has the sudden frost disturbed its bed?
'Oh keep the Dog far hence, that's friend to men,
'Or with his nails he'll dig it up again!
'You! hypocrite lecteur! —mon semblable,— mon frère!'

Death by Water

Phlebas the Phoenician, a fortnight dead,
Forgot the cry of gulls, and the deep seas swell
And the profit and loss.
A current under sea
Picked his bones in whispers. As he rose and fell
He passed the stages of his age and youth
Entering the whirlpool.
Gentile or Jew
O you who turn the wheel and look to windward,
Consider Phlebas, who was once handsome and tall as you.

Ash-Wednesday

I

Because I do not hope to turn again
Because I do not hope
Because I do not hope to turn
Desiring this man's gift and that man's scope
I no longer strive to strive towards such things
(Why should the agèd eagle stretch its wings?)

nunca hubiera yo creído que la muerte se llevara a tantos.
Exhalaban cortos y rápidos suspiros
y cada hombre clavaba su mirada delante de sus pies.
Cuesta arriba y después de calle King William abajo,
hacia donde Santa María Woolnoth cuenta las horas
con un repique sordo al final de la novena campanada.
Allí encontré a un conocido, y le detuve gritando: «¡Stetson!
¡Tú, que estuviste conmigo en los barcos de Mylae!
¿Aquel cadáver que plantaste el año pasado en tu jardín,
ha empezado a germinar? ¿Florecerá este año?
¿No turba su lecho la súbita escarcha?
¡Oh, saca de allí al Perro, que es amigo de los hombres,
pues si no lo desenterrará de nuevo con sus uñas!
Tú, *hypocrite lecteur! —mon semblable— mon frère!*»

Muerte por agua

Flebas el Fenicio, que murió hace quince días,
olvidó el chillido de las gaviotas y el hondo mar henchido
y las ganancias y las pérdidas.
Una corriente submarina
recogió sus huesos susurrando. Cayendo y levantándose
remontó hasta los días de su juventud
y entró en el remolino.
Pagano o judío
oh, tú, que das vuelta al timón y miras a barlovento,
piensa en Flebas, que otrora fue bello y tan alto como tú.

Agustí Bartra

Miércoles de Ceniza

I

Porque no espero volver más
porque no espero
porque no espero volver
a desear el favor de éste y el designio de aquél
no intentaré jamás intentar tales cosas.
(¿Para qué la vieja águila abre sus alas?)

Why should I mourn
The vanished power of the usual reign?
    Because I do not hope to know again
The infirm glory of the positive hour
Because I do not think
Because I know I shall not know
The one veritable transitory power
Because I cannot drink
There, where trees flower, and springs flow, for there is nothing
again
    Because I know that time is always time
And place is always and only place
And what is actual is actual only for one time
And only for one place
I rejoice that things are as they are and
I renounce the blessèd face
And renounce the voice
Because I cannot hope to turn again
Consequently I rejoice, having to construct something
Upon which to rejoice
And pray to God to have mercy upon us
And pray that I may forget
These matters that with myself I too much discuss
Too much explain
Because I do not hope to turn again
Let these words answer
For what is done, not to be done again
May the judgement not be too heavy upon us
    Because these wings are no longer wings to fly
But merely vans to beat the air
The air which is now thoroughly small and dry
Smaller and dryer than the will
Teach us to care and not to care
Teach us to sit still.
    Pray for us sinners now and at the hour of our death
Pray for us now and at the hour of our death.

¿Para qué lamentarse
del desaparecido poderío del reino diario?
Porque no espero conocer de nuevo
la frágil fama de las horas ciertas
porque no pienso
porque no sabré nunca
cuál es ese poder tan pasajero
porque beber no puedo
donde los árboles florecen, donde los manantiales fluyen,
porque allí hay nada otra vez.
Porque sé que el tiempo es siempre tiempo
y el espacio es tan sólo y siempre espacio
y el presente será una vez presente
tan sólo y tan sólo en un espacio
gozo de que así sean como son las cosas y
reniego del rostro bendito
y de la voz
porque otra vez no espero ya volver
soy dichoso por eso, por construir algo
que levante mi dicha
y ruego a Dios que tenga misericordia de nosotros
y que yo olvidar pueda
lo que luché conmigo demasiado
y a lo que di demasiadas interpretaciones
y porque no espero volver más
que respondan estas palabras
por los hechos, que no han de repetirse
que no nos juzguen con demasiado rigor
porque estas alas son para el vuelo incapaces
y sirven tan sólo para batir en vano el aire
el aire ahora finísimo y muy seco
más fino y seco que la voluntad
enséñanos a preocuparnos y a despreocuparnos
enséñanos a permanecer sentados, quietos.
Ruega por nosotros pecadores ahora y en la hora de
nuestra muerte
ruega por nosotros ahora y en la hora de nuestra muerte. ...

Claudio Rodríguez

Burnt Norton

I

Time present and time past
Are both perhaps present in time future,
And time future contained in time past.
If all time is eternally present
All time is unredeemable.
What might have been is an abstraction
Remaining a perpetual possibility
Only in a world of speculation.
What might have been and what has been
Point to one end, which is always present.
Footfalls echo in the memory
Down the passage which we did not take
Towards the door we never opened
Into the rose-garden. My words echo
Thus, in your mind.
But to what purpose
Disturbing the dust on a bowl of rose-leaves
I do not know.
Other echoes
Inhabit the garden. Shall we follow?
Quick, said the bird, find them, find them,
Round the corner. Through the first gate,
Into our first world, shall we follow
The deception of the thrush? Into our first world.
There they were, dignified, invisible,
Moving without pressure, over the dead leaves,
In the autumn heat, through the vibrant air,
And the bird called, in response to
The unheard music hidden in the shrubbery,
And the unseen eyebeam crossed, for the roses
Had the look of flowers that are looked at.
There they were as our guests, accepted and accepting.
So we moved, and they, in a formal pattern,
Along the empty alley, into the box circle,
To look down into the drained pool.
Dry the pool, dry concrete, brown edged,
And the pool was filled with water out of sunlight,

Burnt Norton

I

Tiempo presente y tiempo pasado
se hallan, tal vez, presentes en el tiempo futuro,
y el futuro incluido en el tiempo pasado.
Si todo tiempo es un presente eterno
todo tiempo es irredimible.
Lo que pudo haber sido es una abstracción
que alienta, posibilidad perpetua,
sólo en un mundo de especulaciones.
Lo que pudo haber sido y lo que ha sido
tienden a un solo fin, siempre presente.
Resuenan pisadas en la memoria
por la senda que no tomamos
hacia la puerta que jamás abrimos
ante el jardín de rosas. Así en tu mente
resuenan mis palabras.
Mas qué las mueve
a perturbar el polvo en un cuenco de pétalos de rosa,
no lo sé.
Otros ecos
habitan el jardín. ¿Los seguiremos?
Rápido, dijo el pájaro, halladlos, halladlos,
tras la esquina. A través de la primera verja,
en nuestro primer mundo, ¿haremos caso
al engaño del tordo? En nuestro primer mundo.
Allí estaban, sí, graves, invisibles,
moviéndose sin prisa sobre las hojas muertas,
en el calor del otoño, por el aire vibrante,
y el pájaro cantó, en contestación
a la inaudible música oculta en la maleza,
y el dardo no visible del mirar cruzó el aire, pues las rosas
tenían apariencia de flores que se saben contempladas.
Como huéspedes nuestros, allí estaban, acogidos y acogedores.
Entonces recorrimos, en procesión formal,
la vereda desierta, hasta el cerco de setos,
y miramos atentos el estanque drenado.
Seco el estanque, seco el cemento, oscuro el borde.
Y llenaba el estanque un agua hecha de sol,

And the lotos rose, quietly, quietly,
The surface glittered out of heart of light,
And they were behind us, reflected in the pool.
Then a cloud passed, and the pool was empty.
Go, said the bird, for the leaves were full of children,
Hidden excitedly, containing laughter.
Go, go, go, said the bird: human kind
Cannot bear very much reality.
Time past and time future
What might have been and what has been
Point to one end, which is always present.

II

Garlic and sapphires in the mud
Clot the bedded axle-tree.
The trilling wire in the blood
Sings below inveterate scars
Appeasing long forgotten wars.
The dance along the artery
The circulation of the lymph
Are figured in the drift of stars
Ascend to summer in the tree
We move above the moving tree
In light upon the figured leaf
And hear upon the sodden floor
Below, the boarhound and the boar
Pursue their pattern as before
But reconciled among the stars.
At the still point of the turning world. Neither flesh nor flesh less;
Neither from nor towards; at the still point, there the dance is,
But neither arrest nor movement. And do not call it fixity,
Where past and future are gathered. Neither movement from nor towards,
Neither ascent nor decline. Except for the point, the still point,
There would be no dance, and there is only the dance.
I can only say, *there* we have been: but I cannot say where.
And I cannot say, how long, for that is to place it in time.
The inner freedom from the practical desire,

y los lotos se alzaron, en silencio, en silencio,
fulgió la superficie desde el corazón de la luz,
y allí permanecieron, tras nosotros, reflejados en el estanque.
Luego pasó una nube, y el estanque quedó vacío.
Idos, nos dijo el pájaro, pues los niños bullían en las frondas,
ocultos y excitados, conteniendo la risa.
Idos, idos, nos dijo: el ser humano
no puede soportar demasiada realidad.
Tiempo pasado y tiempo futuro
lo que pudo haber sido y lo que ha sido
tienden a un solo fin, siempre presente.

II

Ajo y zafiros en el barro
obstruyen el eje del carro.
Bajo la herida inveterada
canta la sangre y su alambrada,
calmando olvidadas contiendas.
El baile en el flujo arterial
la circulación de la linfa
conforman la deriva astral
se tornan verano en el árbol
por luz y frondas nos movemos
sobre el árbol en movimiento
y escuchamos, abajo, al perro
y al jabalí sumar sus rastros
cumpliendo su papel sin yerro
mas conciliados con los astros.
En el punto aquietado del mundo en rotación. Ni carne
ni su ausencia;
ni desde ni hacia; en el punto aquietado, allí está el baile,
y no la detención ni el movimiento. Y no llaméis fijeza
al punto en que pasado y futuro se abrazan. Ni movimiento
desde ni hacia,
ni ascenso ni descenso. De no ser por el punto, el punto inmóvil,
no habría baile, y sólo existe el baile.
Sólo puedo decir, *allí* estuvimos: pero no puedo decir dónde.
Y no puedo decir por cuánto tiempo, pues supondría emplazarlo
en el tiempo.
Librarse interiormente de los deseos prácticos,

The release from action and suffering, release from the inner
And the outer compulsion, yet surrounded
By a grace of sense, a white light still and moving,
Erhebung without motion, concentration
Without elimination, both a new world
And the old made explicit, understood
In the completion of its partial ecstasy,
The resolution of its partial horror.
Yet the enchainment of past and future
Woven in the weakness of the changing body,
Protects mankind from heaven and damnation
Which flesh cannot endure.
Time past and time future
Allow but a little consciousness.
To be conscious is not to be in time
But only in time can the moment in the rose-garden,
The moment in the arbour where the rain beat,
The moment in the draughty church at smokefall
Be remembered; involved with past and future.
Only through time time is conquered.

III

Here is a place of disaffection
Time before and time after
In a dim light: neither daylight
Investing form with lucid stillness
Turning shadow into transient beauty
With slow rotation suggesting permanence
Nor darkness to purify the soul
Emptying the sensual with deprivation
Cleansing affection from the temporal.
Neither plenitude nor vacancy. Only a flicker
Over the strained time-ridden faces
Distracted from distraction by distraction
Filled with fancies and empty of meaning
Tumid apathy with no concentration
Men and bits of paper, whirled by the cold wind
That blows before and after time,
Wind in and out of unwholesome lungs
Time before and time after.

desasirse de la acción y el sufrimiento, de la compulsión
exterior e interior, rodeada no obstante
por una gracia de sentido, una luz blanca quieta y móvil,
Erhebung sin movimiento, concentración
sin eliminación, abriendo un nuevo mundo,
explicitando el viejo, comprendido
en el acabamiento de su éxtasis parcial,
la resolución de su horror parcial.
Pero el ensamblaje de pasado y futuro
tejido en la endeblez de los cuerpos cambiantes
protege a los humanos del cielo y la condenación
que la carne no puede soportar.
Pasado y futuro
no admiten sino un poco de conciencia.
Ser consciente es no estar en el tiempo,
pero sólo en el tiempo puede el instante en el jardín de rosas,
el instante en la pérgola donde bate la lluvia,
el instante en la iglesia lóbrega, entre flecos de humo,
ser recordado; envuelto en pasado y futuro.
Sólo en el tiempo se conquista el tiempo.

III

He aquí un lugar desafecto
antes y después a una luz
dudosa: no la luz del día
que reviste las formas de lúcida quietud,
convirtiendo la sombra en belleza fugaz
mientras la lenta rotación sugiere permanencia,
no esa oscuridad que purifica el alma
vaciando lo sensual desde la privación,
purgando del afecto por lo que es temporal.
Ni plenitud ni vacío. Tan sólo un parpadeo
sobre los tensos rostros domados por el tiempo
distraídos de la distracción por la distracción,
pendientes de caprichos, vacíos de sentido
tumefacta apatía sin concentración
hombres y trozos de papel llevados por el viento helado
que sopla antes y después del tiempo,
viento que entra y sale de pulmones malsanos
en el tiempo del antes y el después.

Eructation of unhealthy souls
Into the faded air, the torpid
Driven on the wind that sweeps the gloomy hills of London,
Hampstead and Clerkenwell, Campden and Putney,
Highgate, Primrose and Ludgate. Not here
Not here the darkness, in this twittering world.
    Descend lower, descend only
Into the world of perpetual solitude,
World not world, but that which is not world,
Internal darkness, deprivation
And destitution of all property,
Desiccation of the world of sense,
Evacuation of the world of fancy,
Inoperancy of the world of spirit;
This is the one way, and the other
Is the same, not in movement
But abstention from movement; while the world moves
In appetency, on its metalled ways
Of time past and time future.

IV

Time and the bell have buried the day,
The black cloud carries the sun away.
Will the sunflower turn to us, will the clematis
Stray down, bend to us; tendril and spray
Clutch and cling?
Chill
Fingers of yew be curled
Down on us? After the kingfisher's wing
Has answered light to light, and is silent, the light is still
At the still point of the turning world.

V

Words move, music moves
Only in time; but that which is only living
Can only die. Words, after speech, reach
Into the silence. Only by the form, the pattern,
Can words or music reach
The stillness, as a Chinese jar still

Eructación de almas insalubres
en el aire marchito, aletargadas
por el viento que barre las sombrías colinas de Londres
—Hampstead y Clerkenwell, Campden y Putney,
Highgate, Primrose y Ludgate. No aquí
no aquí la oscuridad, en este mundo trémulo.
Desciende más abajo, desciende solamente
al mundo de la soledad perpetua,
al mundo que no es mundo, sino aquello
que no es el mundo: oscuridad interna, privación
y abandono de toda propiedad,
desecación del mundo del sentido,
evacuación del mundo del capricho,
inoperancia del mundo del espíritu;
ésta es la vía única, y la otra
es la misma: no implica movimiento
sino abstención del movimiento; mas ya el mundo se mueve,
en apetencia, por las vías metálicas
de pasado y futuro.

IV

El tiempo y la campana han enterrado el día,
la oscura nube arrastra al sol bajo su guía.
¿Nos mostrará su rostro el girasol? ¿Sabrán
doblarse, inertes, las clemátides, agarrotar el pulso
zarcillos y enramadas?
¿Caerán
sobre nosotros las heladas
manos del tejo? Luego de que el ala del martín pescador
replica con luz a la luz, y calla, la luz es inacción
en el punto aquietado del mundo en rotación.

V

Las palabras se mueven, la música se mueve
sólo en el tiempo; pero lo que tan sólo vive
sólo puede morir. Tras hablar, las palabras
alcanzan el silencio. Sólo por la forma, la pauta,
pueden palabra o música alcanzar
la quietud, como ahora un jarrón chino

Moves perpetually in its stillness.
Not the stillness of the violin, while the note lasts,
Not that only, but the co-existence,
Or say that the end precedes the beginning,
And the end and the beginning were always there
Before the beginning and after the end.
And all is always now. Words strain,
Crack and sometimes break, under the burden,
Under the tension, slip, slide, perish,
Decay with imprecision, will not stay in place,
Will not stay still. Shrieking voices
Scolding, mocking, or merely chattering,
Always assail them. The Word in the desert
Is most attacked by voices of temptation,
The crying shadow in the funeral dance,
The loud lament of the disconsolate chimera.
    The detail of the pattern is movement,
As in the figure of the ten stairs.
Desire itself is movement
Not in itself desirable;
Love is itself unmoving,
Only the cause and end of movement,
Timeless, and undesiring
Except in the aspect of time
Caught in the form of limitation
Between un-being and being.
Sudden in a shaft of sunlight
Even while the dust moves
There rises the hidden laughter
Of children in the foliage
Quick now, here, now, always—
Ridiculous the waste sad time
Stretching before and after.

se mueve eternamente en su quietud.
No la quietud del violín mientras la nota dura,
no aquella solamente, sino la coexistencia,
o digamos que el fin precede a su comienzo,
y que fin y comienzo estuvieron presentes
antes del comienzo y después del fin.
Y todo es siempre ahora. Las palabras se tensan,
se resquiebran, y a veces rompen bajo la carga,
bajo el esfuerzo, escapan, resbalan y perecen,
la imprecisión las roe, no saben su lugar,
no saben estar quietas. Voces aullantes
que reprenden, se burlan o sólo parlotean
no cesan de asaltarlas. La Palabra en el desierto
es atacada, sobre todo, por voces tentadoras,
la sombra sollozante en el baile funerario,
el sonoro lamento de la desolada quimera.

El movimiento es el detalle de la pauta,
como en la imagen de los diez peldaños.
El deseo es movimiento
no deseable en sí mismo;
el amor no se mueve,
es sólo causa y fin del movimiento,
intemporal, carente de deseo,
salvo en su dimensión de tiempo
atrapado en la forma de una limitación
entre no ser y ser.
Súbita en un dardo de luz solar,
aunque el polvo se agita aún,
surge la risa oculta
de los niños entre el follaje,
rápido, aquí, ahora, siempre...
Ridículo el triste tiempo baldío
que se extiende en el antes y el después.

Juan Malpartida y Jordi Doce

Anna Ajmátova

Rusia (Odessa, Ucrania, 1889-Leningrado, 1966)

Por verdadero nombre Anna Andréievna Gorenko, fue testigo de excepción de la historia de su país, en la medida en que presenció cambios tan drásticos como la caída de los zares, la revolución bolchevique, las dos guerras mundiales y los horrores del régimen estalinista. Estudió derecho en Kiev y filología en San Petersburgo. En 1911 se integró en el *Taller de los poetas* fundado por su marido, Nikolai Gumiliov, y por Serguei Gorodetsky, y del cual salió el movimiento acmeísta, derivación y reacción del simbolismo ruso, al que se adscribiría también Mandelstam. En 1921 fusilaron a su primer marido y en 1935 fue enviada a un campo de trabajo, junto con su segundo compañero, el historiador Nikolai Punin, y Lev Gumiliov, su único hijo. En 1965 recibió el premio Taormina de literatura y le fue conferido el doctorado *honoris causa* por la Universidad de Oxford. Del marcado carácter intimista, femenino y modernista de su época inicial de «musa de las vanguardias rusas», evolucionó hacia el trágico realismo de *Réquiem* (1935-1940) y de *Poema sin héroe* (1940-1962), en los cuales la voz poética se une y solidariza con su tiempo y con la vida del pueblo. Al igual que los acmeístas, cultivó las formas clásicas y la métrica silabo-tónica, a las que progresivamente fue incorporando reminiscencias de la poesía rusa popular y de la moderna tradición lírica europea.

Песня посдедней встречи

Так беспомощно грудь холодела,
Но шаги мои были легки.
Я на правую руку надела
Перчатку с левой руки.
 Показалось, что много ступеней,
А я знала — их только три!
Между кленов шепот осенний
Попросил: «Со мною умри!
 Я обманут моей унылой,
Переменчивой, злой судьбой».
Я ответила: «Милый, милый!
И я тоже. Умру с тобой...»
 Это песня последней встречи.
Я взглянула на темный дом.
Только в спальне горели свечи
Ранодушно-желтым огнем.

Тень

Что знает женщина одна о смертном часе?

О. Мандельштам

Всегда нарядней всех, всех розовей и выше,
Зачем всплываешь ты со дна погибших лет
И память хищная передо мной колышет
Прозрачный профиль твой за стеклами карет?
Как спорили тогда - ты ангел или птица!
Соломинкой тебя назвал поэт.
Равно на всех сквозь черные ресницы
Ларьяльских глаз струился нежный свет.
О тень! Прости меня, но ясная погода,
Флобер, бессонница и поздняя сирень
 Тебя - красавицу тринадцатого года -
И твой безоблачный и равнодушный день
Напомнили... А мне такого рода
Воспоминанья не к лицу. О тень!

Canción del último encuentro

Ligeros aún mis pasos, el pecho
se me heló, me quedé como lerda.
Me puse tal si fuera el derecho
el guante de la mano izquierda.
Muchos escalones creí en el umbral,
bien lo sabía —¡sólo tres eran!
Entre los arces un murmullo otoñal
exclamó: «Muere conmigo compañera.
Yo fui engañado por mi malvado
destino en caprichoso castigo».
Yo respondí: «Amado, amado,
y yo también. Muero contigo... ».
Del último encuentro es la canción.
Hacia la casa oscura miré enfrente.
Sólo ardían velas en la habitación
de una luz amarillo indiferente.

La sombra

¿Qué conoce esta mujer
de la hora de la muerte?

Ossip Mandelstam

Siempre la mejor vestida, la más rosada y alta,
¿por qué emerges del fondo de los años hundidos
y el recuerdo rapaz lo columpia y me asalta
tras el cristal del coche con tu perfil bruñido?
¡Cómo se disputó una vez —si eras ángel o ave!
Una vez el poeta te llamó «tallo de los veranos».
A través de tus negras pestañas, sobre todo suave,
se esparció la luz tierna de tus ojos darjalianos.
¡Oh sombra! Perdóname, pero el tiempo que esclarece,
Flaubert, el insomnio y las lilas tardías,
a ti —hermosa de los años trece—
y tus días sin nubes, indiferentes días,
me han hecho recordar... Pero esta especie
de recuerdos, oh sombra, no va a la cara mía.

José Luis Reina

Вместо предисловия

В страшные годы ежовщины я провела семнадцать месяцев в тюремных очередях в Ленинграде. Как–то паз кто–то «опознал» меня. Тогда стоящая за мной женщина не слыхала моего имени, очнулась от свойственного нам всем оцепенения и спросила меня на ухо (там все говорили шепотом):
— А вы можете описать?
И я сказала:
— Могу.
Тогда что–то вроде улыбки скользнуло по тому, что некогда было ее лицом.

1 апреля 1957
Ленинград

Вступление

I

Уводили тебя на рассвете,
За тобой, как на выносе, шла,
В темной горнице плакали дети,
У божницы свеча оплыла.
На губах твоих холод иконки.
Смертный пот на челе... Не забыть!
Буду я, как стрелецкие женки,
Под кремлевскими башнями выть.

II

Тихо льется тихий Лон,
Желтый месяц входит в дом.
    Входит в шапке набекрень,
Видит желтый месяц тень.
    Эта женщина больна,
Эта женщина одна.
    Муж в могиле, сын в тюрьме,
Помолитесь обо мне.

En lugar de prefacio

En los terribles años de Yezhov pasé diecisiete meses en las colas de las cárceles de Leningrado. En una ocasión, alguien, de alguna manera, me reconoció. Entonces una mujer de labios azules que estaba tras de mí, quien, por supuesto, nunca había oído mi nombre, despertó del aturdimiento en que estábamos y me preguntó al oído (allí todas hablábamos en voz muy baja):
—Y esto, ¿puede describirlo?
Y yo dije:
—Puedo.
Entonces algo parecido a una sonrisa asomó por lo que antes había sido su rostro.

1 de abril de 1957
Leningrado

Prólogo

I

Te llevaron al alba,
y fui tras ti como en un entierro.
En el ático oscuro lloraban los niños,
y ante la imagen sagrada se derretía la vela.
En tus labios estaba el frío del icono
y un sudor mortal en tus cejas... ¡No lo olvidaré!
Como las viudas de los Streltsy
aullaré bajo las torres del Kremlin.

II

Apaciblemente fluye el Don apacible,
la luna amarilla entra en casa.
    Entra con un gorro ladeado,
la luna amarilla ve una sombra.
    Esta mujer está enferma,
esta mujer está sola.
    Su marido está en la tumba, su hijo, en la cárcel.
Rogad por mí.

V

Семнадцать месяцев кричу,
Зову тебя домой.
Кидалась в ноги палачу,
Ты сын и ужас мой.
Все перепуталось навек,
И мне не разобрать
Теперь, кто зверь, кто человек,
И долго ль казни ждать.
И только пышные цветы,
И звон кадильный, и следы
Куда–то в никуда.
И прямо мне в глаза глядит
И скорой гибелью грозит
Огромная звезда.

К смерти

Ты все равно придешь — зачем же не теперь?
Я жду тебя — мне очень трудно.
Я потушила свет и отворила дверь
Тебе, такой простой и чудной.
Прими для этого какой угодно вид,
Ворвись отравленным снарядом
Иль с гирькой подкрадись, как опытный бандит.

Эпилог

I

Узнала я, как опадают лица,
Как из–под век выглядывает страх,
Как клинописи жесткие страницы
Страдание выводит на щеках,
Как локоны из пепельных и черных
Серебряными делаются вдруг,
Улыбка вянет на губах покорных,
И в сухоньком смешке дрожит испуг.

V

Diecisiete meses hace que grito.
Te llamo a casa,
me arrojé a los pies del verdugo,
hijo mío, horror mío.
Todo se ha enturbiado para siempre
y no puedo distinguir
ahora quién es el animal, quién la persona,
cuánto tiempo queda para la ejecución.
Y sólo hay flores cubiertas de polvo
y el tintineo del incienso, y huellas
desde algún lugar a ninguna parte.
Y me mira fijamente a los ojos
y me amenaza con una muerte cercana
una inmensa estrella.

A la muerte

Si has de venir ¿por qué no ahora?
Te espero. Me siento muy mal.
He apagado la luz y te he abierto la puerta
a ti, tan sencilla y asombrosa.
Toma para esto cualquier forma,
irrumpe como granada arrojada,
o furtivamente, con una pesa, como un bandido experto.

Epílogo

I

Ahora sé cómo se desvanecen los rostros,
cómo bajo los párpados anida el terror,
cómo el dolor traza en las mejillas
rudas páginas cuneiformes,
cómo unos rizos cenicientos y negros
se tornan plateados de repente,
la sonrisa se marchita en los labios dóciles
y en una risa seca tiembla el pavor.

И я молюсь не о себе одной,
А обо всех, кто там стоял со мною,
И в лютый холод, и в июльский зной
Под красною ослепшею стеною.

Y no sólo por mí rezo,
sino por quienes permanecieron allí conmigo,
en el frío feroz y en el infierno de Julio,
bajo el muro rojo y ciego.

Jesús García Gabaldón

Pierre Réverdy

Francia (Narbona, 1889-Solesmes, 1960)

En París, trabajó como corrector de pruebas —e introdujo una nueva tipografía, «en almenas», inspirada en la pintura cubista— y conoció a la plana mayor de las vanguardias. En 1917 fundó la revista *Nord-Sud*, que hizo memorable la divisa que enmarca el poema en la página como «poesía reina del vacío y el arte adentellado», y donde se dieron a conocer Aragon y André Breton. Son los años del Bateau-Lavoir y sus primeros libros en prosa o en verso: *Poémes en prose* (1915), *La lucarne ovale* (1916), *Le voleur de Talan* (novela en verso libre, 1917), *Les Ardoises du Toit* (1918), *La Guitare Endormie* (1919) y *Étoiles Peintes* (1921). Muerto Apollinaire en 1918, los surrealistas lo aclaman como gran precursor. En 1921, tras una representación de *La Pasión de Cristo* por Max Jacob, con quien mantenía secretos paralelismos, se convierte al catolicismo y a partir de 1926 se radica en la abadía de Solesmes. Todos sus escritos inciden en la radicalidad de una apuesta que funde vida y obra: «la vida por y para la poesía, la poesía por y para la vida». La lírica de *Sources du Vent* (1929), *Pierres blanches* (1930), *Le Chant des morts* (1944-1948) está iluminada por una transparencia espiritual que Luis Cernuda destacó al referirse a Réverdy como el más «puro» no estética, sino éticamente de los poetas franceses de su siglo.

Coin sous l'orage

Vers la chaîne de couleur qui se pose
et se presse aux nœuds pleins de
terre et de feu à l'horizon.
    Cette chevelure que dresse le vent
Et dont les rayons retombent en
étincelles dans les arbres,
sur les feuilles qui se replient
contre les branches en laissant
passer ce nouveau jour plus
rouge que le toit.
    Les deux roues de chaque
côte craquent en sortant de
l'ornière et le duel des
deux astres continue.
    Au milieu l'âne tire sur
le lacet qui lui serre le
cou et résiste.
    Plus loin sous le ciel le
cheval qui avance avec ce poids
trop lourd vers la rivière.
    S'il y avait au moins sans qu'on puisse
l'auteindre une belle prairie vers où aller.

Le cœur dur

Je n'aurais jamais voulu revoir ton triste visage
Tes joues creuses et tes chevaux au vent
Je suis parti à travers champs
Sous le bois humides
Jour et nuit
Sous le soleil et sous la pluie
Sous mes pieds craquaient les feuilles mortes
Parfois la lune brillait
    Nous nous sommes retrouvés face à face
Nous regardant sans nous rien dire
Et je n'avais plus assez de place pour repartir

RINCÓN BAJO LA TORMENTA

Hacia la cadena de color que se posa
y se aplasta contra los nudos llenos de
tierra y de fuego en el horizonte.
Esta cabellera que yergue el viento
Y cuyos destellos caen como
chispas en los árboles,
sobre las hojas que se repliegan
contra las ramas dejando
pasar ese nuevo día más
rojo que el tejado.
Las dos ruedas de cada
costado crujen al salir de
la rodada y el duelo de los
dos astros continúa.
En el centro tira el asno del
lazo que le oprime el
cuello y resiste.
Más lejos bajo el cielo el
caballo que avanza con ese peso
demasiado grande hacia el río.
Si hubiese por lo menos sin que se la pudiera
alcanzar una bella pradera hacia donde ir.

Xavier Aleixandre

EL CORAZÓN DURO

Nunca hubiese deseado ver otra vez tu cara triste
tus mejillas hundidas y tus cabellos al viento
me fui a campo traviesa
bajo los bosques húmedos
noche y día
bajo el sol y bajo la lluvia
bajo mis pies crujían las hojas muertas
a veces la luna brillaba.
Nos volvimos a encontrar frente a frente
mirándonos sin decirnos nada
y ya no tenía bastante espacio para volver a partir.

Je suis resté longtemps attaché contre un arbre
Avec ton amour terrible devant moi
Plus angoissé que dans un cauchemar
Quelqu'un plus grand que toi enfin m'a délivré
Tous les regards éplorés me poursuivent
Et cette faiblesse contre laquelle on ne peut pas lutter
Je fuis rapidement vers la méchanceté
Vers la force qui dresse ses poings comme des armes
Sur le monstre qui m'a tiré de ta douceur avec ses griffes
Loin de l'étreinte molle et douce de tes bras
Je m'en vais respirant à pleins poumons
A travers champs à travers bois
Vers la ville miraculeuse où mon cœur bat

Le vieux avait à peine touché le coin du ciel du bout de sa béquille qu'il se mit à pleuvoir
En bas un enfant criait des injures
Une fenêtre se fermait et la rue redevenait tranquille
Tout le bien ne me vient que d'en haut
La puissance et la joie
Rien de la terre
Le soleil y brille par mégarde et une nuit noire devrait y régner
L'enfer n'est pas plus délicieux
Si je pouvais changer d'endroit
J'irais bien à pied car j'ai des ailes et en me déchaussant je ne me fatiguerais pas
Mais la poésie n'existe pas ailleurs
Les rues qui ne finissent pas
Les maisons dont la hauteur
et les regards vous écrasent
Parfois l'une d'elles sourit
Un rideau se lève
Un visage tout entier se montre
Et c'est tout ce que l'on emporte
Une image vit quelque part

Me quedé por largo tiempo recostado contra un árbol
con tu amor terrible ante mí
más angustiado que en una pesadilla.
Alguien más grande que tú me ha liberado al fin
todas las miradas afligidas me persiguen
y esta debilidad contra la cual no se puede luchar
huyo rápidamente hacia la maldad
hacia la fuerza que levanta sus puños como armas.
Por sobre el monstruo que me arrancó de tu dulzura con sus garras
lejos de tus abrazos suaves y dulces
me voy respirando a pleno pulmón
a campo traviesa a bosque traviesa
hacia la ciudad milagrosa donde mi corazón palpita.

Alfredo Silva Estrada

Apenas tocó el viejo el rincón del cielo
con la punta de su muleta se puso a llover
Abajo un niño insultaba a gritos
Una ventana se cerraba y la calle volvía a la tranquilidad
Todo lo bueno me llega solo de arriba
La fuerza y la alegría
Nada de la tierra
En ella el sol brilla casual y debería reinar una noche negra
El infierno no es menos placentero
Si pudiera cambiar de lugar
Con gusto iría a pie pues tengo alas
y si me descalzara no me cansaría
Pero la poesía no existe en otra parte
Las calles que no acaban
Las casas cuya altura
y miradas nos abruman
A veces una sonríe
Una cortina se levanta
Un rostro se muestra entero
Y esto es todo lo que uno se lleva
Una imagen vive en algún sitio

Le mage Abel était venu voir son ami qu'il
avait installé depuis trois mois dans une
petite chambre à Montmartre

Si le vent se lève parfois pour secouer
les arbres et chasser la poussière à
qui le devons-nous

Sans moi les enfants ne sauraient pas jouer
J'ai appris à chanter aux oiseaux
Aux poètes à se servir des étoiles et des vers
luisants sans les confondre

J'ai jonglé avec le soleil
et la lune

Ainsi j'ai créé l'haltère

Et le ciel

COULOIR

Nous sommes deux
Sur la même ligne où tout se suit
Dans les méandres de la nuit
Une parole est au milieu
Deux bouches qui ne se voient pas
Un bruit de pas
Un corps léger glisse vers l'autre
La porte tremble
Une main passe
On voudrait ouvrir
Le rayon clair se tient debout
Là devant moi
Et c'est le feu qui nous sépare
Dans l'ombre où ton profil s'égare
Une minute sans respirer
Ton souffle en passant m'a brûlé

El mago Abel había venido a ver a su amigo al que había
instalado desde hacía tres meses en un pequeño cuarto de
Montmartre

Si a veces el viento sopla para sacu-
dir los árboles y ahuyentar el polvo
a quién se lo debemos

Sin mí los niños no sabrían jugar
He enseñado a cantar a los pájaros
A los poetas a servirse de las estrellas y de las luciérnagas
sin confundirlas

He hecho malabarismos con el sol
y la luna

Así he creado la haltera

Y el cielo

Rosa Lentini

PASILLO

Somos dos
En la misma línea donde todo se alínea
En los meandros de la noche
Hay una palabra en medio
Dos bocas que no se ven
Un ruido de pasos
Un cuerpo ligero se desliza hacia el otro
La puerta tiembla
Pasa una mano
Uno quisiera abrir
El rayo claro erguido
Allí frente a mí

Octavio Paz

En attendant

Des lignes trop usées par les rigueurs du temps
La flaque d'eau sous la gouttière
Le reflet timide qui danse
Et la nuit qui descend
Aucun essor
Aucun effort
Pour détacher l'esprit de cette ritournelle
Il faut marcher tout droit sans condition
Vers la vie plus réelle
Plus bas se contenter des plus maigres rayons
Au passage émouvant d'une aile
Tout s'évapore et sèche
Et même l'illusion qui rendait l'aube moins amère
Les mains retiennent l'air
Le soleil broie la tête
On retrouve le meilleur temps
L'image à la poitrine et l'œil sur le cadran
La vitre avec le feu
La vague sous le vent
Et l'heure étouffée dans sa gaine

Voyage en Grèce

J'aurai filé tous les nœuds de mon destin d'un trait, sans une escale; le cœur rempli de récits de voyages, le pied toujours posé sur le tremplin flexible des passerelles du départ et l'esprit trop prudent surveillant sans cesse les écueils.

Prisonnier entre les arêtes précises du paysage et les anneaux des jours, rivé à la même chaîne de rochers, tendue pour maîtriser les frénésies subites de la mer, j'aurai suivi dans le buillonnement furieux de leur sillage, tous les bateaux chargés qui sont partis sans moi. Hostile au mouvement qui va en sens inverse de la terre et, insensiblement nous écarte du bord; regardant, le dos tourné à tous ces fronts murés, à ces yeux sans éclat, à ces lèvres cicatrisées et sans murmures, par-dessus les aiguilles enchevêtrées du port qui, les jours de grand vent, du fil de l'horizon tissent la voile des nuages. En attendant un autre tour. En attendant que se décident les amarres;

A la espera

Líneas demasiado usadas por los rigores del tiempo
El charco de agua bajo la gotera
El reflejo tímido que oscila
    Y la noche que desciende
Ningún avance
Ningún esfuerzo
Para liberar al espíritu de esta monotonía
Hay que caminar recto sin condición
Hacia la más real de las vidas
    Contentarse con los más débiles rayos
Al paso emotivo de un ala
Todo se evapora y deseca
Incluso la ilusión que volvía el alba menos amargo
    Las manos retienen el aire
    El sol tritura la frente
Surge el tiempo ideal
La imagen en el pecho y el ojo fijo en la esfera
El vidrio con la llama
    La ola bajo el viento
    Y las horas guardadas en su estuche

Adolfo García Ortega

Viaje a Grecia

Habría hilado todos los lazos de mi destino de un tirón, sin escalas; el corazón henchido de relatos de viajes, el pie posado siempre sobre el trampolín flexible de las pasarelas de embarque y el espíritu demasiado prudente observando sin cesar los escollos.

Prisionero entre las crestas precisas del paisaje y los anillos de los días, clavado a la misma cadena de rocas, tenso para dominar los súbitos frenesís del mar, habría seguido en la agitación furiosa de su estela, a todos los barcos cargados que han partido sin mí. Hostil al movimiento que va en sentido inverso a la tierra e, insensiblemente, nos aleja de la orilla; mirando, de espaldas a todas esas frentes cerradas, a esos ojos sin brillo, a esos labios cicatrizados y sin murmullos, por encima de las agujas trenzadas del puerto que, en los días de viento fuerte, tejen, con el hilo del horizonte el velo de las nubes. En la espera, otro paseo. En espera de que las amarras se decidan;

quand la raison ne tient plus à la rime; quand le sort est remis au seul gré du hasard. Jusqu'au jour où j'aurai pu enfin prendre le large sur un de ces navires de couleur, sans équipage, qui vont, en louvoyant, mordre de phare en phare comme des poissons attirés par la mouche mordorée du pêcheur. Courir sous la nuit aimantée, sans une étoile, dans le gémissement du vent et le halètement harassé de la meute des vagues pour, lorsqu'émerge enfin des profondeurs de l'horizon sévère, le fronton limpide du matin, aborder, au signal du levant, l'éclatant rivage de la Grèce —dans l'élan sans heurt des flots dociles, frémissant parmi les doigts de cette large main posée en souveraine sur la mer.

MÉMOIRE

Quand elle ne sera plus là
Quand je serai parti
Là-bas où il peut aussi faire jour
Un oiseau doit chanter la nuit
Comme ici
Et quand le vent passe
La montagne s'efface
Les pointes blanches de la montagne
On se retrouvera sur le sable
Derrière les rochers
Puis plus rien
Un nuage marche
Par la fenêtre passe un cri
Les cyprès font une barrière
L'air est salé
Et tes cheveux sont encore mouillés
Quand nous serons partis là-bas derrière
Il y aura encore ici quelqu'un
Pour nous attendre
Et nous entendre
Un seul ami
L'ombre que nous avons laissée sous l'arbre
et qui s'ennuie

cuando la razón no busca ya la rima; cuando la suerte se remite al solo capricho del azar. Hasta el día en que habría podido al fin zarpar mar adentro en uno de esos navíos de color, sin tripulación que, bordeando, anclan de faro en faro como peces atraídos por la mosca dorada del pescador. Correr en la noche imantada, sin una estrella, bajo el gemido del viento y el jadeo exhausto de la bandada de olas para, cuando emerja por fin de las profundidades del horizonte sobrio el frontón límpido de la madrugada, atracar, a la señal del naciente, en la orilla brillante de Grecia —en el libre impulso de las oleadas dóciles, trémulo entre los dedos de esta gran mano desplegada imperiosamente sobre el mar.

Rosa Lentini

Memoria

Cuando ella ya no esté aquí
cuando yo me haya ido
allá donde también podría ser de día
un pájaro habrá de cantar en la noche
como aquí
y cuando el viento pasa
los montes se esfuman
las puntas blancas de los montes
nos encontraremos de nuevo sobre la arena
detrás de las rocas
y luego nada
una nube va
por la ventana pasa un grito
los cipreses forman una barrera
el aire está salado
y tus cabellos todavía están mojados
cuando nos hayamos ido allá atrás
todavía habrá alguien aquí
para esperarnos
y escucharnos
sólo un amigo
La sombra que dejamos bajo el árbol
que nos extraña

Jean-Gabriel Cosculluela y Francisco Segovia

Figure délayée dans l'eau
Dans le silence
Trop de poids sur la gorge
Trop d'eau dans le bocal
Trop d'ombre renversée
Trop de sang sur la rampe
Il n'est jamais fini
Ce rêve de cristal

Outre mesure

Le monde est ma prison
Si je suis loin de ce que j'aime
Vous n'êtes pas trop loin barreaux de l'horizon
L'amour la liberté dans le ciel trop vide
Sur la terre gercée de douleurs
Un visage éclaire et réchauffe les choses dures
Qui faisaient partie de la mort
A partir de cette figure
De ces gestes de cette voix
Ce n'est que moi-même qui parle
Mon cœur qui résonne et qui bat
Un écran de feu abat-jour tendre
Entre les murs familiers de la nuit
Cercle enchanté des fausses solitudes
Faisceaux de reflets lumineux
Regrets
Tous ces débris du temps crépitent au foyer
Encore un plan qui se déchire
Un acte qui manque à l'appel
Il reste peu de chose à prendre
Dans un homme qui va mourir

Rostro desleído en el agua
en el silencio
tanto peso en el pecho
tanta agua en la jarra
tanta sombra en el suelo
tanta sangre en la rampa
jamás se acaba
este sueño de cristal

Octavio Paz

Desmesura

El mundo es mi prisión
si estoy lejos de lo que amo
vosotros no estáis demasiado lejos barrotes del horizonte
el amor la libertad en el cielo tan vacío
sobre la tierra agrietada de dolores
un rostro ilumina y calienta las cosas duras
que formaban parte de la muerte
a partir de este rostro
de estos gestos de esta voz
sólo soy yo mismo quien habla
sólo mi corazón el que resuena y palpita
una cortina de fuego pantalla tierna
entre los muros familiares de la noche
círculo encantado de las falsas soledades
haz de reflejos luminosos
lamentos
todos estos desperdicios del tiempo crepitan en el hogar
todavía un plano que se desgarra
un acto que falta al llamado
queda muy poca cosa por tomar
en un hombre que va a morir

Alfredo Silva Estrada

Ôsip Mandelstam

Rusia (Varsovia, 1891-Vladivostok, 1938)

Cursó filología en San Petersburgo y amplió sus estudios en Heidelberg. Compañero de generación de Marina Tsvietáieva, Anna Ajmátova y Boris Pasternak, participó en la creación del movimiento acmeísta, el principal de las vanguardias rusas junto con el futurismo, y fue asimismo importante teórico y crítico literario (*De la poesía*, 1928, y *Coloquio sobre Dante*, 1933). Un poema contra Stalin le costó en 1933 cuatro años de destierro que cumplió mayormente en Voronezh. En 1938 fue procesado de nuevo y condenado a cinco años de trabajos forzados. El régimen ocultó pertinazmente la muerte del poeta, pero hoy, rescatada su obra durante los años sesenta, se sabe que murió en un campo de trabajo en las inmediaciones de Vladivostok en 1938. La poesía de Mandelstam cultiva la métrica clásica acompañada de una vertiginosa asociación de imágenes, primero con un carácter culturalista y modernista, luego más próximo a los logros futuristas, sobre todo en la ruptura sintáctica y prosódica. Así en *Kamen* (*La piedra*, 1913), *Tristia* (1922), *Moskovskie tetradi* (*Cuadernos de Moscú*, 1930-1935) y *Voronezhkie tetradi* (*Cuadernos de Vorónezh*, 1935-1937). Para Mandelstam «el aire del verso es lo inesperado», y la poesía construcción verbal.

Звук осторожный и глухой
Плода, сорвавшегося с древа,
Среди немолчного напева
Глубокой тишины лесной.

Tristia

Я изучил науку расставанья
В простоволосых жалобах ночных.
Жуют волы, и длится ожиданье,
Последний час вигилий городских;
И чту обряд той петушиной ночи,
Когда, подняв дорожной скорби груз,
Глядели вдаль заплаканные очи
И женский плач мешался с пеньем муз.
Кто может знать при слове – расставанье,
Какая нам разлука предстоит?
Что нам сулит петушье восклицанье,
Когда огонь в акрополе горит?
И на заре какой-то новой жизни,
Когда в сенях лениво вол жует,
Зачем петух, глашатай новой жизни,
На городской стене крылами бьет?
И я люблю обыкновенье пряжи:
Снует челнок, веретено жужжит.
Смотри: навстречу,словно пух лебяжий,
Уже босая делия летит!
О, нашей жизни скудная основа,
Куда как беден радости язык!
Все было встарь, все повторится снова,
И сладок нам лишь узнаванья миг.
Ла будет так: прозрачная фигурка
На чистом блюде глиняном лежит,
Как беличья распластанная шкурка,
Склонясь над воском, девушка глядит.
Не нам гадать о греческом Эребе,
Лля женщин воск, что для мужчины медь.
Нам только в битвах выпадает жребий,
А им дано гадая умереть.

El golpe sordo y cauteloso
del fruto que del árbol se desgaja
en medio del continuo canturreo
del bosque en su profunda calma.

Aquilino Duque

TRISTIA

Estudié la ciencia de la despedida
en las calvas quejas de la noche.
Rumian los bueyes y la espera se alarga,
la última hora de las vigilias de la ciudad.
Sigo el rito de esta noche del gallo,
cuando, tras llevar una penosa carga,
los ojos llorosos a lo lejos miraron,
y lágrimas de mujer se mezclaron con el canto de las musas.
¿Quién puede saber al oír la palabra «despedida»
qué separación nos aguarda?
¿Qué nos anuncia el canto del gallo
cuando la llama arde en la Acrópolis?
Y en la aurora de una nueva vida,
cuando en el zaguán perezosamente rumia el buey,
¿por qué el gallo, heraldo de la nueva vida,
en la muralla de la ciudad agita sus alas?
Y yo amo el hilo de la costumbre,
se desliza de la canoa, susurra el huso.
Mira: a nuestro encuentro, como pluma de cisne
vuela ya, descalza, Delia.
¡Oh, mísera trama de nuestra vida,
donde es tan pobre el lenguaje de la alegría!
Todo pasó antes, todo se repetirá de nuevo.
Y sólo nos es dulce el instante del reconocimiento.
Que así sea: una figura transparente
yace inmaculada en el plato,
como la piel tersa de una ardilla.
Una muchacha, inclinada hacia la cera, la contempla.
No nos toca adivinar la suerte del Erebo.
Para las mujeres es cera lo que para los hombres es cobre.
A nosotros sólo en las batallas nos habla el destino,
y a ellas, les es dado morir leyendo el futuro.

Мы живем, под собою не чуя страны,
Наши речи за десять шагов не слышны,
А где хватит на полразговорца,
Там припомнят кремлевского горца.
Его толстые пальцы как черви жирны,
И слова как пудовые гири верны,
Тараканьи смеются глазища
И сияют его голенища.
А вокруг него сброд тонкошеих вождей,
Он играет услугами полулюдей.
Кто свистит, кто мяучит, кто хнычет,
Он один лишь бабачит и тычет,
Как подкову, дарит за указом указ:
Кому в пах, кому в лоб, кому в бровь, кому в глаз.
Что ни казнь у него – то малина,
И широкая грудь осетина.

Ленинград

Я вернулся в мой город, знакомый до слез,
Ло прожилок, до детских припухлых желез.
Ты вернулся сюда — так глотай же скорей
Рыбий жир ленинградских речных фонарей,
Узнавай же скорее декабрьский денек,
Где к зловещему дегтю подмешан желток.
Петербург! я еще не хочу умирать:
У тебя телефонов моих номера.
Петербург! У меня еще есть адреса,
По которым найду мертвецов голоса.
Я на лестнице черной живу, и в висок
Ударяет мне вырванный с мясом звонок,
И всю ночь напролет жду гостей дорогих,
Шевеля кандалами цепочек дверных.

Vivimos sin sentir el país bajo nuestros pies,
nuestras voces a diez pasos no se oyen.
Y cuando osamos hablar a medias,
al montañés del Kremlin siempre evocamos.
Sus gordos dedos son sebosos gusanos
y sus seguras palabras, pesadas pesas.
De sus bigotes se carcajean las cucarachas,
y relucen las cañas de sus botas.
    Una taifa de pescozudos jefes le rodea,
con los hombrecillos juega a los favores:
uno silba, otro maúlla, un tercero gime.
Y sólo él parlotea y a todos, a golpes,
un decreto tras otro, como herraduras, clava:
en la ingle, en la frente, en la ceja, en el ojo.
    Y cada ejecución es una dicha
para el recio pecho del oseta.

Jesús García Gabaldón

Leningrado

He vuelto a mi ciudad —lágrimas en los ojos,
mi fiebre infantil, mi sangre y mis venas.
    Si has vuelto, entonces bebe pronto
el jarabe de los faros de este río.
    Reconoce ese día de diciembre,
siniestro alquitrán mezclado con yema.
    ¡Aún no quiero morir, Petersburgo!
Tienes mis teléfonos aún.
    Aún guardo direcciones, Petersburgo,
donde hallaré las voces de los muertos.
    Vivo en la escalera y en la sien
el timbre arrancado me golpea.
    Y espero a invitados en la noche,
moviendo los grilletes de la puerta.

Lola Díaz

Пою, когда гортань сыра, душа — суха,
И в меру влажен взор, и не хитрит сознанье:
Здорово ли вино? Здоровы ли меха?
Здорово ли в крови Колхиды колыханье?
И грудь стесняется, без языка — тиха:
Уже я не пою — поет мое дыханье,
И в горных ножнах слух, и голова глуха...
    Песнь бескорыстная — сама себе хвала:
Утеха для друзей и для врагов — смола.
    Песнь одноглазая, растущая из мха,—
Одноголосый дар охотничьего быта,
Которую поют верхом и на верхах,
Лержа дыханье вольно и открыто,
Заботясь лишь о том, чтоб честно и сердито
На свадьбу молодых доставить без греха...

Стихи о неизвестном соллате

1

Этот воздух пусть будет свидетелем,
Лальнобойное сердце его,
И в землянках всеядный и деятельный,
Океан без окна — вещество.
    Ло чего эти звезды изветливы!
Все им нужно глядеть — для чего?—
В осужденье судьи и свидетеля,
В океан без окна, вещество...
    Помнит дождь, неприветливый сеятель,
Безымянная манна его,
Как лесистые крестики метили
Океан или клин боевой.
    Будут люди холодные, хилые
Убивать, холодать, голодать—
И в своей знаменитой могиле
Неизвестный положен солдат.
    Научи меня, ласточка хилая,
Разучившаяся летать,
Как мне с этой воздушной могилой
Без руля и крыла совладать.

Canto cuando seca está el alma, húmedos la garganta
y los ojos, y no me hace trampas la conciencia.
¿Son odres buenos? ¿Y el vino, es bueno? ¿Es buena
la oscilación de la Cólquida en la sangre?
Silencioso está el pecho, oprimido y sin lengua.
No, no soy yo, es mi respiración quien canta.
Sorda está la cabeza, y el oído en un estuche montañoso.
La canción desinteresada se alaba por sí misma.
Es consuelo de amigo y veneno para los enemigos.
Canción tuerta, surgiendo de la niebla, canción
que canta uno solo, canción del cazador,
que se canta a caballo y en las alturas,
dejando la respiración honda y libre,
con el solo afán de acompañar a los novios
a la boda, cabalmente y sin más.

Tomás Salvador González

VERSOS DEL SOLDADO DESCONOCIDO

1

Que este aire sea testigo
de su corazón de largo alcance,
y en las trincheras, un omnívoro y activo
océano sin ventana es la materia...
¿De qué sirven estas estrellas delatoras?
Todo deben contemplar ¿Para qué?
En la reprobación del juez y del testigo,
en un océano sin ventana, está la materia.
Recuerda la lluvia, rudo sembrador—
su anónimo maná—,
cómo bosques de crucecitas señalaban
al océano o cuña militar.
Habrá gente débil y fría
que matará, sentirá hambre y frío
y en una célebre tumba
yacerá el soldado desconocido.
Enséñame, débil golondrina
que has desaprendido a volar,
cómo dominar esta tumba aérea
sin timón y sin alas.

И за Лермонтова Михаила
Я отдам тебе строгий отчет,
Как сутулого учит могила
И воздушная яма влечет.

2

Шевелящимися виноградинами
Угрожают нам эти миры,
И висят городами украденными,
Золотыми обмолвками, ябедами,
Ядовитого холода ягодами
Растяжимых созвездий шатры—
Золотые созвездий жиры...

3

Аравийское месиво, крошево,
Свет размолотых в луч скоростей,
И своими косыми подошвами
Луч стоит на сетчатке моей.
Миллионы убитых задешево
Протоптали тропу в пустоте—
Доброй ночи, всего им хорошего
От лица земляных крепостей.
Неподкупное небо окопное,
Небо крупных оптовых смертей—
За тобой, от тебя, целокупное,
Я губами несусь в темноте —
За воронки, за насыпи, осыпи,
По которым он медлил и мглил,
Развороченных — пасмурный, оспенный
И приниженный гений могил.

4

Хорошо умирает пехота,
И поет хорошо хор ночной
Над улыбкой приплюснутой Швейка,
И над птичьим копьем Дон-Кихота,

Y de Lérmontov, Mijail
te entregaré un severo informe
de cómo la bóveda enseña a la tumba
y una fosa de aire imanta.

2

Con temblorosos racimos de uva
nos amenazan estos mundos,
y de ciudades furtivas,
dorados lapsus, delaciones,
bayas de hielo tóxico, penden
las elásticas tiendas de campaña de las constelaciones,
los dorados sebos de las constelaciones.

3

Mezcla arábiga, picadillo,
luz pulverizada por la velocidad del rayo.
Con sus suelas oblicuas
permanece el rayo en mi retina.
Millones de muertos de saldo
abrieron una senda en el vacío:
¡Buenas noches! Le desean
lo mejor las enterradas fortalezas.
Incorruptible cielo atrincherado,
cielo de multitud de muertes al por mayor,
por ti, lejos de ti, íntegro,
llevo mis labios a las tinieblas.
Por maltrechos cráteres,
terraplenes, desprendimientos,
demoraba y abrumaba:
el sombrío, virulento y
humillado genio de las tumbas.

4

Muere bien la infantería
y canta bien el coro nocturno
sobre la aplastada sonrisa de Švejk,
sobre la lanza de pájaro de Don Quijote,

И над рыцарской птичьей плюсной.
И дружит с человеком калека —
Им обоим найдется работа,
И стучит по околицам века
Костылей деревянных скамейка—
Эй, товарищество, — шар земной!

5

Лля того ль должен череп развиться
Во весь лоб — от виска до виска,
Чтоб в его дорогие глазницы
Не могли не вливаться войска?
Развивается череп от жизни
Во весь лоб — от виска до виска,
Чистотой своих швов он дразнит себя,
Понимающим куполом яснится,
Мыслью пенится, сам себе снится—
Чаша чаш и отчизна отчизне—
Звездным рубчиком шитый чепец—
Чепчик счастья — Шекспира отец...

6

Ясность ясеневая, зоркость яворовая
Чуть-чуть красная мчится в свой дом,
Как бы обмороками затоваривая
Оба неба с их тусклым огнем.
    Нам союзно лишь то, что избыточно,
Впереди не провал, а промер,
И бороться за воздух прожиточный —
Эта слава другим не в пример.
    И сознанье свое затоваривая
Полуобморочным бытием,
Я ль без выбора пью это варево,
Свою голову ем под огнем?
    Лля того ль заготовлена тара
Обаянья в пространстве пустом,
Если белые звезды обратно
Чуть-чуть красные мчались в свой дом?
    ЧУешъ, мачеха звездного табора,
Ночь, —что будет сейчас и потом?

y sobre el metatarso de pájaro del caballero.
Y el inválido se hace amigo del hombre—
a ambos les aguarda el trabajo—
y en la valla del siglo, con muletas
de madera llama la familia.
¡Eh, la camaradería, el globo terrestre!

5

¿Para qué debe crecer el cráneo
por toda la frente —de sien a sien—?
¿Para que en sus queridas órbitas
puedan penetrar las tropas?
En vida crece el cráneo
por toda la frente —de sien a sien—,
se atormenta por la nitidez de sus suturas,
se aclara con la cúpula del entendimiento,
espumea con el pensamiento, se sueña.
Cáliz de cálices y patria de patrias,
cofia recamada de pespuntes de estrellas,
gorrito de la felicidad —padre de Shakespeare...

6

Claridad del fresno, sutileza del sicomoro,
apenas enrojecido regresa a casa,
como si de desmayos los dos cielos
con su pálido fuego cubriera.
    Sólo el exceso nos une.
Delante no hay un abismo, sino un error en el cálculo.
Y luchar por el aire necesario
es la gloria a otro no reservada.
    Y saturando mi conciencia
con una vida agitada,
¿beberé acaso este brebaje no escogido?
¿Comeré mi propia cabeza bajo el fuego?
    ¿Para eso se preparó la tara
del hechizo en el espacio vacío?
¿Para que las estrellas blancas
apenas enrojecidas regresaran a casa?
    ¿Escuchas, madrastra del campamento estelar,
la noche que caerá ahora y luego?

7

Наливаются кровью аорты,
И звучит по рядам шепотком:
— Я рожден в девяносто четвертом...
— Я рожден в девяносто втором...
И, в кулак зажимая истертый
Год рожденья, с гурьбой и гуртом
Я шепчу обескровленным ртом:
— Я рожден в ночь с второго на третье
Января в девяносто одном
Ненадежном году, и столетья
Окружают меня огнем.

7

Vierten sangre las aortas,
y en las filas, un susurro resuena:
yo nací en el noventa y cuatro,
yo nací en el noventa y dos...
Y apretando en el puño el triturado
año de nacimiento, en tropel, con la manada,
cubierta la boca de sangre, susurro:
—Yo nací en la noche del dos al tres
de enero del noventa y uno,
año sin esperanza, y los siglos
me rodean con el fuego.

Jesús García Gabaldón

Jorge Guillén

España (Valladolid, 1893-Málaga, 1984)

Su trayectoria académica como profesor de literatura, no menos prestigiosa que la de su amigo y compañero de generación Pedro Salinas, lo llevaron a la Sorbona, Oxford, Sevilla y, tras la guerra civil, al Wellesley College en Massachussets. En su madurez obtuvo varios premios internacionales y en 1976 el Miguel de Cervantes. En 1919 empezó a escribir los poemas de su obra por excelencia, *Cántico*, que conoció hasta cuatro versiones sucesivamente ampliadas (1928, 1936, 1945 y 1950) y que se concibió y culminó como un ejercicio extraordinariamente consciente de exaltación y estilización de la realidad y de entusiasmo ante el mundo (no en vano se subtitula *Fe de vida*): «Ni canto, ni cantar, ni canción, ni cante, sino precisamente eso, cántico», explica Salinas. Los siguientes proyectos fueron *Clamor*, publicado en tres entregas entre 1957 y 1963 (*Maremágnum*, *...Que van a dar en la mar* y *A la altura de las circunstancias*), y *Homenaje* (1967), libros que se hermanan en un proyecto único bajo el título común y significativo de *Aire nuestro* (1968), al que vendrían a sumarse *Y otros poemas* (1973) y *Final* (1981). La suya es una poesía intelectual y verbal, a medio camino entre la emoción y la inteligencia, en la que la palabra poética, exacta y precisa, busca expresar la realidad de un mundo que la mirada del poeta convierte en objetiva y perfecta.

Los nombres

Albor. El horizonte
entreabre sus pestañas
y empieza a ver. ¿Qué? Nombres.
Están sobre la pátina
    de las cosas. La rosa
se llama todavía
hoy rosa, y la memoria
de su tránsito, prisa,
    prisa de vivir más.
A largo amor nos alce
esa pujanza agraz
del Instante, tan ágil
    que en llegando a su meta
corre a imponer Después.
Alerta, alerta, alerta,
yo seré, yo seré.
    ¿Y las rosas? Pestañas
cerradas: horizonte
final. ¿Acaso nada?
Pero quedan los nombres.

Cima de la delicia

¡Cima de la delicia!
Todo en el aire es pájaro.
Se cierne lo inmediato
resuelto en lejanía.
    ¡Hueste de esbeltas fuerzas!
¡Qué alacridad de mozo
en el espacio airoso,
henchido de presencia!
    El mundo tiene cándida
profundidad de espejo.
Las más claras distancias
sueñan lo verdadero.
    ¡Dulzura de los años
irreparables! ¡Bodas
tardías con la historia
que desamé a diario!

Más, todavía más.
Hacia el sol, en volandas
la plenitud se escapa.
¡Ya sólo sé cantar!

Estatua ecuestre

Permanece el trote aquí,
entre su arranque y mi mano.
Bien ceñida queda así
su intención de ser lejano.
Porque voy en un corcel
a la maravilla fiel:
inmóvil con todo brío.
¡Y a fuerza de cuánta calma
tengo en bronce toda el alma,
clara en el cielo del frío!

Beato sillón

¡Beato sillón! La casa
corrobora su presencia
con la vaga intermitencia
de su invocación en masa
a la memoria. No pasa
nada. Los ojos no ven,
saben. El mundo está bien
hecho. El instante lo exalta
a marea, de tan alta,
de tan alta, sin vaivén.

MUERTE A LO LEJOS

Je soutenais l'éclat de la mort toute purie

(Valéry)

Alguna vez me angustia una certeza,
y ante mí se estremece mi futuro.
Acechándolo está de pronto un muro
del arrabal final en que tropieza
la luz del campo. ¿Mas habrá tristeza
si la desnuda el sol? No, no hay apuro
todavía. Lo urgente es el maduro
fruto. La mano ya lo descorteza.
... Y un día entre los días el más triste
será. Tenderse deberá la mano
sin afán. Y acatando el inminente
poder diré sin lágrimas: embiste,
justa fatalidad. El muro cano
va a imponerme su ley, no su accidente.

LA SANGRE AL RÍO

(Fragmento)

Llegó la sangre al río.
Todos los ríos eran una sangre,
y por las carreteras
de soleado polvo
—o de luna olivácea—
corría en río sangre ya fangosa,
y en las alcantarillas invisibles
el sangriento caudal era humillado
por las heces de todos.
Entre las sangres todos siempre juntos,
juntos formaban una red de miedo.
También demacra el miedo al que asesina,
y el aterrado rostro palidece,
frente a la cal de la pared postrera,
como el semblante de quien es tan puro
que mata.

Encrespándose en viento el crimen sopla.
Lo sienten las espigas de los trigos,
lo barruntan los pájaros,
no deja respirar al transeúnte
ni al todavía oculto,
no hay pecho que no ahogue:
blanco posible de posible bala.
Innúmeros, los muertos.
Crujen triunfantes odios
de los aún, aún supervivientes.
A través de las llamas
se ven fulgir quimeras,
y hacia un mortal vacío
clamando van dolores tras dolores.
Convencidos, solemnes si son jueces
según terror con cara de justicia,
en baraúnda de misión y crimen
se arrojan muchos a la gran hoguera
que aviva con tal saña el mismo viento,
y arde por fin el viento bajo un humo
sin sentido quizá para las nubes.
¿Sin sentido? Jamás.
No es absurdo jamás horror tan grave.
Por entre los vaivenes de sucesos
—abnegados, sublimes, tenebrosos,
feroces—
la crisis vocifera su palabra
de mentira o verdad,
y su ruta va abriéndose la Historia,
allí mayor, hacia el futuro ignoto,
que aguardan la esperanza, la conciencia
de tantas, tantas vidas.

Obra completa

Siempre he querido concluir mi obra,
y sucediendo está que la concluyo.
Lo mejor de la vida mía es suyo.
¿Hay tiempo aún de más? Papel no sobra.
   Al lograr mi propósito me siento
triste, muy triste. Soy superviviente,
aunque sin pausa mane aún la fuente,
y yo responda al sol con nuevo aliento.
   ¡Dure yo más! La obra sí se acaba.
Ay, con más versos se alzaría obesa.
Mi corazón murmura: cesa, cesa.
La pluma será así más firme y brava.
   Como a todos a mí también me digo:
límite necesario nos defina.
Es atroz que el minero muera en mina.
Acompáñeme luz que abarque trigo.
   Este sol inflexible de meseta
nos sume en la verdad del aire puro.
Hemos llegado al fin y yo inauguro,
triste, mi paz: la obra está completa.

Vladímir Maiakovski

Rusia (Bagdadi, 1894-Moscú, 1930)

A los catorce años, en Moscú, ya estaba inscrito en el partido bolchevique, y llegó a ser el poeta oficial del régimen revolucionario, a cuyo servició fundó la revista *LEF* (*Frente de Izquierdas*, desde 1927 *Novi LEF*) y para el que trabajó también como diseñador gráfico, cartelista y propagandista dentro y fuera de la URSS. En 1912, a zaga del manifiesto futurista de Marinetti, lanzó a su vez otro, *Bofetada al gusto del público*, que dio inicio al movimiento análogo ruso, liderado por él mismo junto con Velimir Jlébnikov. Nunca se han aclarado del todo las razones que lo llevaron a suicidarse de un pistoletazo. Del individualismo futurista y del culto al ego de sus popularísimos primeros versos, pasó, con el poema *Ciento cincuenta millones* (1919-1920), a optar por un yo plural, movido por la esperanza de una especie de superhombre colectivo, constructor de una nueva era histórica. La poesía de Maiakovski se basa en el ritmo entendido como energía esencial del verso, en el libre juego de la representación gráfico-espacial (las famosas «escaleras»), en la creación de una nueva prosodia cercana a la oratoria política, y en la distorsión sintáctica acompañada de una poderosa y violenta expresión verbal. Fue además un excelente dramaturgo (*Misterio bufo*, 1918).

Порт

Простыни вод под брюхом были.
Их рвал на волны белый зуб.
Был вой трубы - как будто лили
любовь и похоть медью труб.
Прижались лодки в люльках входов
к сосцам железных матерей.
В ушах оглохших пароходов
горели серьги якорей.

Себе, любимому, посвящает эти строки автор

Четыре.
Тяжелые, как удар.
«Кесарево кесарю — богу богово».
А такому,
как я,
ткнуться куда?
Где мне уготовано логово?
    Если бы я был
маленький,
как океан,—
на цыпочки волн встал,
приливом ласкался к луне бы.
Где любимую найти мне,
такую, как и я?
Такая не уместилась бы в крохотное небо!
    О, если б я нищ был!
Как миллиардер!
Что деньги душе?
Ненасытный вор в ней.
Моих желаний разнузданной орде
не хватит золота всех Калифорний.
    Если б быть мне косноязычным,
как Дант
или Петрарка!
Душу к одной зажечь!
Стихами велеть истлеть ей!

El puerto

Bajo los vientres sábanas de agua
que un blanco diente laceraba en las olas.
Las chimeneas rugen, como si recorriesen
lujuria y amor juntos sus gargantas de bronce.
Las barcas se apretujan en la cuna del muelle
prendidas a las ubres de la férrea madre.
En las orejas de los buques sordos
ardían los zarcillos de las áncoras.

A sí mismo, su preferido, dedica estos versos el autor

Lapidario.
Frases como mazazos:
«Al César lo que es del César y a Dios lo que es de Dios.»
Pero uno
como yo
¿dónde podrá esconderse?
¿Dónde han previsto cueva para mí?
Si yo fuera
pequeño
como el inmenso océano,
me pondría en puntillas en las olas
y con la marea alta haría mil caricias a la luna.
¿Dónde hallar una amada
que sea como yo?
¿Cabría en ese cielo diminuto?
¡Oh, si yo fuera pobre
igual que un millonario!
¿Qué es el dinero para el alma?
Un ladrón insaciable dentro suyo.
A la horda enloquecida de todos mis deseos
no bastan con su oro todas las Californias.
¡Si fuera tartamudo
como Dante
o Petrarca!
¡Encender toda el alma para una tan sólo!
¡Ordenarle que arda con mis versos!

И слова
и любовь моя —
триумфальная арка:
’пышно,
бесследно пройдут сквозь нее
любовницы всех столетий.
   О, если б был я
тихий,
как гром,—
ныл бы,
дрожью объял бы земли одряхлевший скит.
Я если всей его мощью
выреву голос огромный —
кометы заломят горящие руки,
бросаясь вниз с тоски.
   Я бы глаз лучами грыз ночи —
о, если б был я
тусклый,
как солце!
Очень мне надо
сияньем моим поить
земли отощавшее лонце!
   Пройду,
любовищу мою волоча.
В какой ночи
бредовой,
недужной,
какими Голиафами я зачат —
такой большой
и такой ненужный?

Las palabras
y mi amor
formarían un arco triunfal,
y por él,
majestuosas, irían pasando,
sin un rastro dejar, las amantes de todos los siglos.
¡Oh, si yo fuera
callado
como el trueno!
Rugiría
abrazando en un solo temblor el decrépito yermo terrestre.
Si yo
bramo con toda mi tremenda voz
torcerán los cometas sus brazos llameantes
y llenos de tristeza se dejarán caer.
Los rayos de mis ojos morderían la noche
si yo fuera
sombrío
como el sol.
¡Qué anhelo siento
de alimentar con mi pujante luz
el seno descarnado de la tierra!
Pasaré
arrastrando mi amor.
¿En qué noche,
delirante,
terrible,
qué Goliat me ha engendrado,
tan grande
y tan inútil?

Santos Hernández, Joaquim Horta y
Manuel de Seabra

Разговор с фининспектором о поэзии

Гражданин фининспектор!
Простите за беспокойство.
Спасибо...
не тревожьтесь...
я постою...
У меня к вам
дело
деликатного свойства:
о месте
поэта
в рабочем строю.
В ряду
имеющих
лабазы и угодья
и я обложен
и должен караться.
Вы требуете
с меня
пятьсот в полугодие
и двадцать пять
за неподачу деклараций.
Труд мой
любому
труду
родствен.
Взгляните —
сколько я потерял,
какие
издержки
в моем производстве
и сколько тратится
на материал.
Вам,
конечно, известно
явление «рифмы».
Скажем,
строчка
окончилась словом
«отца»,

CONVERSACIÓN CON EL INSPECTOR FISCAL SOBRE POESÍA

Ciudadano inspector:
perdone la molestia.
Gracias...
no se preocupe...
estoy bien de pie...
Vengo a tratar
de un asunto
delicado:
el sitio
del poeta
en las filas obreras.
Junto a
los que tienen
tiendas y fincas
ha sido gravado
y debo pagar.
Usted
me exige
quinientos por semestre
y veinticinco
por no declarar.
Mi trabajo
es semejante
a cualquier otro.
Mire
mis pérdidas,
los gastos
de mi producción
y cuánto se invierte
en los materiales.
Usted,
por supuesto,
sabe qué es una «rima».
Si la primera línea,
pongamos,
acaba en
«atún»,

и тогда
через строчку,
слога повторив, мы
ставим
какое-нибудь:
ламцадрица-ца.
Говоря по-вашему,
рифма —
вексель.
Учесть через строчку! —
вот распоряжение.
И ищешь
мелочишку суффиксов и флексий
в пустеющей кассе
склонений
и спряжений.
Начнешь это
слово
в строчку всовывать,
а оно не лезет —
нажал и сломал.
Гражданин фининспектор,
честное слово,
поэту
в копеечку влетают слова.
Говоря по-нашему,
рифма —
бочка.
Бочка с динамитом.
Строчка —
фитиль.
Строчка додымит,
взрывается строчка, —
и город
на воздух
строфой летит.
Где найдешь,
на какой тариф,
рифмы,
чтоб враз убивали, нацелясь?

entonces
en la tercera, repitiendo las sílabas,
ponemos
algo así como
«tacatún».
Empleando su lenguaje,
la rima
es un cheque.
Cóbrese el verso alternado —
dice la disposición.
Y buscas
la calderilla de sufijos y flexiones
en la caja exigua
de las declinaciones
y conjugaciones.
Intentas meter
una palabra
en la estrofa
y como no entre
la fuerzas y se rompe.
Ciudadano inspector:
le doy mi palabra,
el poeta
paga caras las palabras.
Empleando nuestro lenguaje,
la rima
es un barril.
Un barril de dinamita.
La estrofa es la mecha.
Se consume la estrofa,
estalla la rima
y la ciudad
vuela
como un verso.
¿Dónde encontrar,
a qué precio,
rimas
que maten al primer estallido?
Quizá
sólo queden

Может,
пяток
небывалых рифм
только и остался
что в Венецуэле.
И тянет
меня
в холода и в зной.
Бросаюсь,
опутан в авансы и займы я.
Гражданин,
учтите билет проездной!
— Поэзия
— вся! —
езда в незнаемое.
Поэзия —
та же добыча радия.
В грамм добыча,
в год труды.
Изводишь
единого слова ради
тысячи тонн
словесной руды.
Но как
испепеляюще
слов этих жжение
рядом
с тлением
слова-сырца.
Эти слова
приводят в движение
тысячи лет
миллионов сердца.
Конечно,
различны поэтов сорта.
У скольких поэтов
легкость руки!
Тянет,
как фокусник,
строчку изо рта

unas cinco rimas
sin estrenar
en Venezuela.
Y me lanzo a viajar
haga frío o calor.
Me lanzo
trabado por anticipos y préstamos.
Ciudadano,
tenga en cuenta que el billete es de transbordo.
— La poesía
toda —
es un viaje a lo desconocido.
La poesía
es como la extracción del radio.
Un gramo de producto
por un año de trabajos.
Por una palabra
transformas
miles de toneladas
de mineral verbal.
Pero, ¡qué abrasador
es el calor de esas palabras
comparadas
con el chisporroteo
de la palabra cruda!
Esas palabras
mueven
millones de corazones
durante milenios.
Claro,
hay poetas de calidad distinta.
Algún poeta
con destreza de manos
saca
como el malabarista
el verso de la boca,
de la propia
y de la ajena.
¿Y para qué hablar
de los castrados líricos?

и у себя
и у других.
Что говорить
о лирических кастратах?!
Строчку
чужую
вставит - и рад.
Это
обычное
воровство и растрата
среди охвативших страну растрат.
Эти
сегодня
стихи и оды,
в аплодисментах
ревомые ревмя,
войдут
в историю
как накладные расходы
на сделанное
нами —
двумя или тремя.
Пуд,
как говорится,
соли столовой
съешь
и сотни папирос клуби,
чтобы
добыть
драгоценное слово
из артезианских
людских глубин.
И сразу
ниже
налога рост.
Скиньте
с обложенья
нуля колесо!
Рубль девяносто
сотня папирос,

Pone un verso
ajeno
y es feliz.
Es
otro robo y despilfarro
entre los despilfarros que azotan al país.
Estos
versos y odas
de ahora
que son aplaudidos
a rabiar
pasarán
a la historia
como gastos accesorios
sobre lo hecho
por nosotros
por dos o tres.
Consumes
una arroba de sal
y fumas un centenar de cigarrillos
hasta
extraer
la palabra preciosa
de las profundidades artesanas
de la humanidad.
Por eso baje
la suma del impuesto.
Quite
de la imposición
la rueda de un cero.
Uno noventa
cien cigarrillos,
uno sesenta
la arroba de sal.
En su encuesta
hay un cúmulo de preguntas:
— ¿Ha viajado
o no ha viajado?
Y si
en los últimos 15 años

рубль шестьдесят
столовая соль.
В вашей анкете
вопросов масса:
— Были выезды?
Или выездов нет? —
А что,
если я
десяток пегасов
загнал
за последние
15 лет?!
У вас —
в мое положение войдите —
про слуг
и имущество
с этого угла.
А что,
если я
народа водитель
и одновременно —
народный слуга?
Класс
гласит
из слова из нашего,
а мы,
пролетарии,
двигатели пера.
Машину
души
с годами изнашиваешь.
Говорят:
— в архив,
исписался,
пора! —
Все меньше любится,
все меньше дерзается,
и лоб мой
время
с разбега крушит.
Приходит
страшнейшая из амортизаций —

reventé
una decena de Pegasos,
¿qué?
Usted
— póngase en mi caso —
pregunta por criados
y bienes.
¿Y
si soy
caudillo popular
y a la vez
criado del pueblo?
La clase
se expresa
con nuestras palabras,
somos proletarios,
propulsores de la pluma.
La máquina
del alma
con los años se desgasta.
Te dicen:
— estás pasado,
fuera.
Cada vez amas menos,
te arriesgas menos
y el embate
del tiempo
golpea mi frente.
Llega
el más terrible de los desgastes —
el desgaste
del corazón y del alma.
Y cuando
este sol,
cerdo cebado,
se levante
sobre el futuro
sin pobres ni tullidos —
yo
ya
estaré podrido,
muerto en la cuneta,

амортизация
сердца и души.
И когда
это солнце
разжиревшим боровом
взойдет
над грядущим
без нищих и калек, —
я
уже
сгнию,
умерший под забором,
рядом
с десятком
моих коллег.
Подведите
мой
посмертный баланс!
Я утверждаю
и — знаю — не налгу:
на фоне
сегодняшних
дельцов и пролаз
я буду
— один! —
в непролазном долгу.
Долг наш —
реветь
медногорлой сиреной
в тумане мещанья,
у бурь в кипенье.
Поэт
всегда
должник вселенной,
платящий
на горе
проценты
и пени.
Я
в долгу
перед Бродвейской лампионией,

junto
a una decena
de mis colegas.
Haga
mi balance mortuorio.
Afirmo,
seguro que no miento:
en medio
de los actuales
bribones y pelotilleros
seré
el único
con deudas impagables.
Nuestro deber
es tronar
como sirena de bronce
entre la neblina de filisteos,
entre el bullir de tormentas.
El poeta
siempre
es deudor del universo,
paga por el dolor
intereses
y multas.
Soy
deudor
de los lampiones de Broadway,
de vosotros,
cielos de Bagdadi,
del ejército rojo,
de los cerezos de Japón —
de todo
sobre lo que
no tuve tiempo de escribir.
Al cabo,
¿para qué
necesito este jaleo?
¿Para disparar rimas
y enfurecer con el ritmo?
La palabra del poeta
es su resurrección,

перед вами,
багдадские небеса,
перед Красной Армией,
перед вишнями Японии —
перед всем,
про что
не успел написать.
А зачем
вообще
эта шапка Сене?
Чтобы — целься рифмой
и ритмом ярись?
Слово поэта —
ваше воскресение,
ваше бессмертие,
гражданин канцелярист.
Через столетья
в бумажной раме
возьми строку
и время верни!
И встанет
день этот
с фининспекторами,
с блеском чудес
и с вонью чернил.
Сегодняшних дней убежденный житель,
выправьте
в энкапеэс
на бессмертье билет
и, выщитав
действие стихов,
разложите
заработок мой
на триста лет!
Но сила поэта
не только в этом,
что, вас
вспоминая,
в грядущем икнут.
Нет!
И сегодня
рифма поэта —

su inmortalidad,
ciudadano burócrata.
Dentro de siglos,
en el marco de la cuartilla
cogerán el verso
y resucitarán el tiempo.
Y surgirá
este día
con inspectores fiscales
con brillo de asombros
y hedor a tinta.
Usted, habitante convencido
del presente,
saque en el Comisariado de Caminos
un billete para la eternidad,
calcule
el efecto de mis versos
y reparta
mis ganancias
en trescientos años.
Pero la fuerza del poeta
no sólo está
en que le recuerden a usted
y les dé un respingo.
No.
Hoy también
la rima del poeta
es caricia
y lema,
bayoneta
y látigo.
Ciudadano inspector,
pagaré cinco,
quitando los ceros
detrás.
Yo,
por derecho,
reclamo un hueco
en las filas
de los obreros y campesinos
más pobres.

ласка
и лозунг,
и штык,
и кнут.
Гражданин фининспектор,
я выплачу пять,
все
нули
у цифры скрестя!
Я
по праву
требую пядь
в ряду
беднейших
рабочих и крестьян.
А если
вам кажется,
что всего делов —
это пользоваться
чужими словесами,
то вот вам,
товарищи,
мое стило,
и можете
писать
сами!

Y si
ustedes se imaginan
que mi trabajo
consiste en utilizar
palabras ajenas,
aquí tienen,
camaradas,
mi estilográfica
y escriban
ustedes,
si quieren.

José Fernández Sánchez

Paul Éluard

Francia (Saint-Denis, 1895-Vincennes, 1952)

En 1914, Eugène Grindel (ése era su auténtico nombre) se enroló en el ejército; un oscuro conflicto personal lo empujó en 1924 a dar la vuelta al mundo en barco; la guerra de España, país que había visitado ya antes, reforzó su compromiso político, al que durante la Resistencia francesa sirvió eficazmente con la pluma y que estuvo siempre más o menos vinculado al partido comunista (y desde 1942 hasta su muerte, de manera constante). De hecho, hasta 1936 (*Capitale de la douleur*, 1926; *L'Amour la Poésie*, 1929; *L'Immaculée Conception*, en colaboración con André Breton, 1930; *La Vie immédiate*, 1932) su poesía, por donde a menudo cruza la silueta de Helene Dmitrievna Diakonova, a quien llama Gala (y que sería más tarde Gala Dalí), trata con hondo lirismo el amor romántico, pero enmarcado enteramente en el surrealismo, del que fue uno de los grandes adalides, y profundizando en los estados oníricos, en la búsqueda del absurdo y en la indagación en torno a la locura. En la segunda fase de su obra (*Poésie et Vérité*, 1942, *Au rendez-vous allemand*, 1944; *Poésie ininterrompue*, 1946-1953), se decide por la poesía política y la temática del amor solidario y colectivo, y de ahí su poema más famoso, *Libertad* (1942), pero sin olvidar por completo el romanticismo de su primer ciclo (*Le Phénnix*, 1951).

Pour vivre ici

Je fis un feu, l'azur m'ayant abandonné,
Un feu pour être son ami,
Un feu pour m'introduire dans la nuit d'hiver,
Un feu pour vivre mieux.
    Je lui donnai ce que le jour m'avait donné:
Les forêts, les buissons, les champs de blé, les vignes,
Les nids et les oiseaux, les maisons et leurs clés,
Les insectes, les fleurs, les fourrures, les fêtes.
    Je vécus au seul bruit des flammes crépitantes,
Au seul parfum de leur chaleur;
J'étais comme un bateau coulant dans l'eau fermée,
Comme un mort je n'avais qu'un unique élément.

Leurs yeux toujours purs

Jours de lenteur, jours de pluie,
Jours de miroirs brisés et d'aiguilles perdues,
Jours de paupières closes à l'horizon des mers,
D'heures toutes semblables, jours de captivité,
    Mon esprit qui brillait encore sur les feuilles
Et les fleurs, mon esprit est nu comme l'amour,
L'aurore qu'il oublie lui fait baisser la tête
Et contempler son corps obéissant et vain.
    Pourtant, j'ai vu les plus beaux yeux du monde,
Dieux d'argent qui tenaient des saphirs dans leurs mains,
De véritables dieux, des oiseaux dans la terre
Et dans l'eau, je les ai vus.
    Leurs ailes sont les miennes, rien n'existe
Que leur vol qui secoue ma misère,
Leur vol d'étoile et de lumière
Leur vol de terre, leur vol de pierre
Sur les flots de leurs ailes,
    Ma pensée soutenue par la vie et la mort.

Para vivir aquí

Hice un fuego al haberme abandonado el cielo,
un fuego para ser su amigo,
un fuego para entrar en la noche de invierno,
un fuego para vivir mejor.
Y le di todo lo que me dio el día:
los bosques, los arbustos, los trigos y las viñas,
los nidos con sus pájaros, las casas con sus llaves,
los insectos, las flores, las pieles y las fiestas.
Viví sólo al ruido de llamas crepitantes,
a su único calor;
igual a un barco hundiéndose en el agua estancada,
como un muerto tenía tan sólo un elemento.

Jorge Urrutia

Sus ojos siempre puros

Días de lentitud, días de lluvia,
días de espejos rotos y de cúspides perdidas,
días de párpados cerrados al horizonte de los mares,
de horas parecidas, días de cautividad.
Mi espíritu, que brillaba aún sobre las hojas
y las flores, mi espíritu está desnudo como el amor,
la olvidada aurora le hace bajar la cabeza
y contemplar su cuerpo obediente y vacío.
Sin embargo, he visto los más bellos ojos del mundo,
dioses de plata con zafiros en sus manos,
verdaderos dioses, pájaros en la tierra
y en el agua, los he visto.
Sus alas son las mías, nada existe
sino su vuelo que azota mi miseria,
su vuelo de estrella y luz,
su vuelo de tierra, su vuelo de piedra
en las olas de sus alas,
mi pensamiento sostenido por la vida y la muerte.

Eduardo Bustos

Je te l'ai dit pour les nuages
Je te l'ai dit pour l'arbre de la mer
Pour chaque vague pour les oiseaux dans les feuilles
Pour les cailloux du bruit
Pour les mains familières
Pour l'œil qui devient visage ou paysage
Et le sommeil lui rend le ciel de sa couleur
Pour toute la nuit bue
Pour la grille des routes
Pour la fenêtre ouverte pour un front découvert
Je te l'ai dit pour tes pensées pour tes paroles
Toute caresse toute confiance se survivent.

LIBERTÉ, J'ÉCRIS TON NOM

Sur mes cahiers d'écolier
Sur mon pupitre et les arbres
Sur le sable sur la neige
J'écris ton nom
Sur toutes les pages lues
Sur toutes les pages blanches
Pierre sang papier ou cendre
J'écris ton nom
Sur les images dorées
Sur les armes des guerriers
Sur la couronne des rois
J'écris ton nom
Sur la jungle et le désert
Sur les nids sur les genêts
Sur l'écho de mon enfance
J'écris ton nom
Sur les merveilles des nuits
Sur le pain blanc des journées
Sur les saisons fiancées
J'écris ton nom
Sur tous mes chiffons d'azur
Sur l'étang soleil moisi
Sur le lac lune vivante
J'écris ton nom

Te lo he dicho para las nubes
te lo he dicho para el árbol del mar
para cada ola para los pájaros entre las hojas
para los guijarros del ruido
para las manos familiares
para la mirada que se hace rostro o paisaje
y a quien el sueño devuelve el cielo de su color
para la noche entera bebida
para la verja de los caminos
para la ventana abierta para una frente descubierta
te lo he dicho para tus pensamientos para tus palabras
toda caricia toda confianza se sobreviven.

Manuel Álvarez Ortega

Libertad, tu nombre escribo

En mi cuaderno escolar
en el pupitre y los árboles
en la arena y en la nieve
tu nombre escribo
En las páginas leídas
en las páginas aún blancas
piedra papel sangre o ascuas
tu nombre escribo
En las doradas imágenes
en los pertrechos guerreros
en la corona real
tu nombre escribo
En la jungla y el desierto
en los nidos de las cumbres
en el eco de mi infancia
tu nombre escribo
En los asombros nocturnos
en el pan blanco del día
en las épocas del año
tu nombre escribo
En mis jirones de azul
en la charca sol mohoso
en el lago luna viva
tu nombre escribo

Sur les champs sur l'horizon
Sur les ailes des oiseaux
Et sur le moulin des ombres
J'écris ton nom
Sur chaque bouffée d'aurore
Sur la mer sur les bateaux
Sur la montagne démente
J'écris ton nom
Sur la mousse des nuages
Sur les sueurs de l'orage
Sur la pluie épaisse et fade
J'écris ton nom
Sur les formes scintillantes
Sur les cloches des couleurs
Sur la vérité physique
J'écris ton nom
Sur les sentiers éveillés
Sur les routes déployées
Sur les places qui débordent
J'écris ton nom
Sur la lampe qui s'allume
Sur la lampe qui s'éteint
Sur mes maisons réunies
J'écris ton nom
Sur le fruit coupé en deux
Du miroir et de ma chambre
Sur mon lit coquille vide
J'écris ton nom
Sur mon chien gourmand et tendre
Sur ses oreilles dressées
Sur sa patte maladroite
J'écris ton nom
Sur le tremplin de ma porte
Sur les objets familiers
Sur le flot du feu béni
J'écris ton nom
Sur toute chair acordée
Sur le front de mes amis
Sur chaque main qui se tend
J'écris ton nom

En los campos y horizontes
en las alas de las aves
en el molino de sombras
tu nombre escribo
En el alba a bocanadas
en el mar en los navíos
en la montaña demente
tu nombre escribo
En la espuma de las nubes
en el sudor de tormenta
en la lluvia densa y sosa
tu nombre escribo
En formas que son centellas
en campanas de colores
en la física verdad
tu nombre escribo
En los senderos despiertos
en las rutas desplegadas
en las plazas desbordantes
tu nombre escribo
En la lámpara encendida
en la lámpara apagada
en mis casas reunidas
tu nombre escribo
En la fruta dividida
del espejo y de mi cuarto
en mi cama concha abierta
tu nombre escribo
En mi perro ávido y tierno
en sus orejas alzadas
en su pata desmañada
tu nombre escribo
En mi puerta trampolín
en las cosas familiares
en el fuego bendecido
tu nombre escribo
En toda carne acordada
en la frente del amigo
en cada mano tendida
tu nombre escribo

Sur la vitre des surprises
Sur les lèvres attentives
Bien au-dessus du silence
J'écris ton nom

Sur mes refuges détruits
Sur mes phares écroulés
Sur les murs de mon ennui
J'écris ton nom

Sur l'absence sans désirs
Sur la solitude nue
Sur les marches de la mort
J'écris ton nom

Sur la santé revenue
Sur le risque disparu
Sur l'espoir sans souvenir
J'écris ton nom

Et par le pouvoir d'un mot
Je recommence ma vie
Je suis né pour te connaître
Pour te nommer

Liberté.

Notre mouvement

Nous vivons dans l'oubli de nos métamorphoses
Le jour est paresseux mais la nuit est active
Un bol d'air à midi la nuit le filtre et l'use
La nuit ne laisse pas de poussière sur nous

Mais cet écho qui roule tout le long du jour
Cet écho hors du temps d'angoisse ou de caresses
Cet enchaînement brut des mondes insipides
Et des mondes sensibles son soleil est double

Sommes-nous près ou loin de notre conscience
Où sont nos bornes nos racines notre but

Le long plaisir pourtant de nos métamorphoses
Squelettes s'animant dans les murs pourrissants
Les rendez-vous donnés aux formes insensées
À la chair ingénieuse aux aveugles voyants

En el cristal del asombro
en los labios entreabiertos
por encima del silencio
tu nombre escribo
En mis refugios destruidos
en mis faros derrumbados
en los muros de mi hastío
tu nombre escribo
En la ausencia sin deseos
en la soledad desnuda
en las gradas de la muerte
tu nombre escribo
En la salud recobrada
en el peligro que huye
en la esperanza sin anclas
tu nombre escribo
Y el poder de una palabra
me hace volver a la vida
nací para conocerte
y nombrarte
libertad.

Jesús Munárriz

NUESTRO MOVIMIENTO

Vivimos en el olvido de nuestras metamorfosis
el día es holgazán pero la noche es activa
un bol del aire al mediodía la noche lo filtra y lo consume
la noche no deja polvo sobre nosotros
Pero este eco que rueda a lo largo del día
este eco fuera del tiempo de angustia o de caricias
este brutal encadenamiento de los mundos insípidos
Y de los mundos sensibles su sol es doble
Estamos cerca o lejos de nuestra conciencia
dónde están nuestras orillas nuestras raíces nuestro fin
El largo placer sin embargo de nuestras metamorfosis
esqueletos que se animan en los muros pudriéndose
las citas dadas a las formas insensatas
a la carne ingeniosa a los ciegos videntes

Les rendez-vous donnés par la face au profil
Par la souffrance à la santé par la lumière
À la forêt par la montagne à la vallée
Par la mine à la fleur par la perle au soleil
Nous sommes corps à corps nous sommes terre à terre
Nous naissons de partout nous sommes sans limites.

La puissance de l'espoir

Autant parler pour avouer mon sort:
Je n'ai rien mien, on m'a dépossédé
Et les chemins où je finirai mort
Je les parcours en esclave courbé;
Seule ma peine est ma propriété:
Larmes, sueurs et le plus dur effort.
Je ne suis plus qu'un objet de pitié
Sinon de honte aux yeux d'un monde fort.
J'ai de manger et de boire l'envie
Autant qu'un autre à en perdre la tête;
J'ai de dormir l'ardente nostalgie:
Dans la chaleur, sans fin, comme une bête.
Je dors trop peu, ne fais jamais la fête,
Jamais ne baise une femme jolie;
Pourtant mon cœur, vide, point ne s'arrête,
Malgré douleur mon cœur point ne dévie.
J'aurais pu rire, ivre de mon caprice.
L'aurore en moi pouvait creuser son nid
Et rayonner, subtile et protectrice,
Sur mes semblables qui auraient fleuri.
N'ayez pitié, si vous avez choisi
D'être bornés et d'être sans justice:
Un jour viendra où je serai parmi
Les constructeurs d'un vivant édifice,
La foule immense où l'homme est un ami.

Las citas dadas por el rostro al perfil
por el sufrimiento a la salud por la claridad
al bosque por la montaña al valle
por la mina a la flor al sol por la perla
Estamos cuerpo a cuerpo estamos tierra a tierra
nacemos por todas partes no tenemos límites.

Manuel Álvarez Ortega

El poder de la esperanza

Tanto hablar para confesar mi destino:
nada hay mío, me han desposeído
y los caminos en los que acabaré muerto
los recorro como un esclavo encorvado;
sólo mi pena me pertenece:
lágrimas, sudores y el más crudo esfuerzo.
No soy sino un objeto de piedad
o de vergüenza a los ojos de un mundo fuerte.
Tengo la misma necesidad de comer y beber
que tendría otro de perder la cabeza;
siento la ardiente nostalgia del sueño:
en el calor, sin fin, como un animal.
Duermo muy poco, nunca salgo a divertirme,
nunca beso a una bella mujer;
con todo mi vacío corazón no se detiene,
a pesar del dolor mi corazón no se desvía.
Hubiera podido reír, ebrio de mi capricho.
La aurora podía cavar en mí su nido
y brillar, sutil y protectora,
sobre mis semejantes entonces florecidos.
No tengáis piedad, si habéis escogido
estar limitados y quedar sin justicia:
llegará un día donde estaré entre
los constructores de un viviente edificio,
la masa inmensa donde el hombre es un amigo.

Rosa Lentini

Eugenio Montale

Italia (Génova, 1896-Milán, 1981)

Pasó la infancia entre Génova y la casa de la familia en la costa ligur. Combatió en la primera guerra mundial como oficial de infantería. De 1929 a 1938, cuando fue despedido por su negativa a colaborar con el fascismo, dirigió en Florencia el Gabinetto Vieusseux, una ilustre institución cultural, y desde 1947 trabajó para *Il corriere della sera*. Nombrado senador vitalicio en 1967, diez años después le fue otorgado el Premio Nobel. Como crítico y traductor, a él se deben el redescubrimiento de Italo Svevo y una serie de influyentes versiones (Cervantes, Shakespeare, T.S. Eliot, Jorge Guillén, Faulkner...). *Ossi di seppia* (1925), que la crítica ha juzgado como la obra maestra del «hermetismo» italiano, se inspira el paisaje mediterráneo, seco, casi desértico de su niñez, y tras su «naturalismo» esconde un canto de soledad, desesperanza y desolación, sentimientos que recorren toda la producción de Montale. El lenguaje esencial, cifrado y antipoético se conjuga ahí sin embargo con un sabio recurso a la estrofa y las formas rimadas. Después de *Le occasioni* (1939) y *Finisterre* (1943), desemboca en una poesía llana y directa, construida a partir de episodios cotidianos y humildes (*La bufera* [*La tormenta*], 1956; *Satura*, 1971), en un autobiografismo cercano a Ungaretti y a Saba.

I LIMONI

Ascoltami, i poeti laureati
si muovono soltanto fra le piante
dai nomi poco usati: bossi ligustri o acanti.
Io, per me, amo le strade che riescono agli erbosi
fossi dove in pozzanghere
mezzo seccate agguantano i ragazzi
qualche sparuta anguilla:
le viuzze che seguono i ciglioni,
discendono tra i ciuffi delle canne
e mettono negli orti, tra gli alberi dei limoni.
Meglio se le gazzarre degli uccelli
si spengono inghiottite dall'azzurro:
più chiaro si ascolta il susurro
dei rami amici nell'aria che quasi non si muove,
e i sensi di quest'odore
che non sa staccarsi da terra
e piove in petto una dolcezza inquieta.
Qui delle divertite passioni
per miracolo tace la guerra,
qui tocca anche a noi poveri la nostra parte di ricchezza
ed è l'odore dei limoni.
Vedi, in questi silenzi in cui le cose
s'abbandonano e sembrano vicine
a tradire il loro ultimo segreto,
talora ci si aspetta
di scoprire uno sbaglio di Natura,
il punto morto del mondo, l'anello che non tiene,
il filo da disbrogliare che finalmente ci metta
nel mezzo di una verità.
Lo sguardo fruga d'intorno,
la mente indaga accorda disunisce
nel profumo che dilaga
quando il giorno più languisce.
Sono i silenzi in cui si vede
in ogni ombra umana che si allontana
qualche disturbata Divinità.
Ma l'illusione manca e ci riporta il tempo
nelle città rumorose dove l'azzurro si mostra
soltanto a pezzi, in alto, tra le cimase.

Los limones

Escucha, los poetas laureados
se mueven solamente entre las plantas
de nombres poco usados: boj ligustro o acanto.
Yo amo los caminos que dan a las herbosas
zanjas donde en los charcos
medio secos agarran los muchachos
alguna anguila exhausta:
Los senderos que siguen los ribazos,
bajan entre penachos de las cañas
y llevan a los huertos, entre los limoneros.
Mejor si la algazara de los pájaros
engullida por el azul se apaga:
más claro se oye el susurro
de las ramas amigas en el aire casi inmóvil,
y los sentidos de este olor
que no sabe despegarse de la tierra
y llueve en el pecho una dulzura inquieta.
Aquí de las entretenidas pasiones
milagrosamente calla la guerra,
aquí también a los pobres nos toca nuestra parte de riqueza
y es el olor de los limones.
Ves, en este silencio en que las cosas
se abandonan y próximas parecen
a traicionar su último secreto,
a veces uno espera
descubrir un error en la Natura,
el punto muerto del mundo, el eslabón que cede,
el hilo a desenredar que finalmente nos lleve
al centro de una verdad.
La mirada escudriña alrededor,
la mente indaga acuerda desune
en el perfume que desborda
cuando más languidece el día.
Son los silencios en los que se ve
en cada sombra humana que se aleja
alguna turbada Divinidad.
Pero falta la ilusión y nos devuelve el tiempo
a las ciudades ruidosas donde el azul se muestra
sólo a pedazos, en lo alto, entre los cimacios.

La pioggia stanca la terra, di poi; s'affolta
il tedio dell'inverno sulle case,
la luce si fa avara — amara l'anima.
Quando un giorno da un malchiuso portone
tra gli alberi di una corte
ci si mostrano i gialli dei limoni;
e il gelo del cuore si sfa,
e in petto ci scrosciano
le loro canzoni
le trombe d'oro della solarità.

Non chiederci la parola che squadri da ogni lato
l'animo nostro informe, e a lettere di fuoco
lo dichiari e risplenda come un croco
perduto in mezzo a un polveroso prato.
Ah l'uomo che se ne va sicuro,
agli altri ed a se stesso amico,
e l'ombra sua non cura che la canicola
stampa sopra uno scalcinato muro!
Non domandarci la formula che mondi possa aprirti,
sì qualche storta sillaba e secca come un ramo.
Codesto solo oggi possiamo dirti,
ciò che *non* siamo, ciò che *non* vogliamo.

Meriggiare pallido e assorto...

Meriggiare pallido e assorto
presso un rovente muro d'orto,
ascoltare tra i pruni e gli sterpi
schiocchi di merli, frusci di serpi.
Nelle crepe del suolo o su la veccia
spiar le file di rosse formiche
ch'ora si rompono ed ora s'intrecciano
a sommo di minuscole biche.
Osservare tra frondi il palpitare
lontano di scaglie di mare
mentre si levano tremuli scricchi
di cicale dai calvi picchi.

La lluvia fatiga la tierra, después; se agolpa
el tedio del invierno sobre las casas,
la luz se vuelve avara, amarga el alma.
Cuando un día por un mal cerrado portal
entre los árboles de un patio
se nos muestra el amarillo de los limones;
y el hielo del corazón se derrite,
y en el pecho nos vierten
sus canciones
las trompetas de oro de la solaridad.

Carlo Frabetti

No nos pidas la palabra que escudriñe por cada lado
nuestro informe ánimo, y con letras de fuego
lo declare y resplandezca como un azafrán
perdido en medio de un polvoriento prado.
¡Ah el hombre que seguro marcha,
amigo de los demás y de sí mismo,
y no cuida su sombra que la canícula
imprime sobre un desconchado muro!
No nos exijas la fórmula que pueda abrirte mundos,
pero sí alguna sílaba seca y torcida como una rama.
Sólo eso podemos hoy decirte,
lo que *no* somos y lo que *no* queremos.

Francisco Ferrer Lerín

SESTEAR PÁLIDO Y ABSORTO...

Sestear pálido y absorto
junto a la ardiente tapia de un huerto.
Escuchar entre endrinos y zarzas
chasquidos de mirlos, rumores de ofidio.
En las grietas del suelo o la algarroba
acechar las hileras de rojas hormigas
que se entrecruzan o quiebran
en la cima de minúsculas gavillas.
Observar entre las frondas el lejano
palpitar de briznas marinas
mientras se elevan trémulos chasquidos
de cigarras desde pelados picos.

E andando nel sole che abbaglia
sentire con triste meraviglia
com'è tutta la vita e il suo travaglio
in questo seguitare una muraglia
che ha in cima cocci aguzzi di bottiglia.

Cigola la carrucola del pozzo,
l'acqua sale alla luce e vi si fonde.
Trema un ricordo nel ricolmo secchio
nel puro cerchio un'immagine ride.
Accosto il volto a evanescenti labbri:
si deforma il passato, si fa vecchio,
appartiene ad un altro...
Ah che già stride
la ruota, ti ridona all'atro fondo,
visione, una distanza ci divide.

Dora Markus

I

Fu dove il ponte di legno
mette a Porto Corsini sul mare alto
e rari uomini, quasi immoti, affondano
o salpano le reti. Con un segno
della mano additavi all'altra sponda
invisibile la tua patria vera.
Poi seguimmo il canale fino alla darsena
della città, lucida di fuliggine,
nella bassura dove s'affondava
una primavera inerte, senza memoria.
E qui dove un'antica vita
si screzia in una dolce
ansietà d'Oriente,
le tue parole iridavano come le scaglie
della triglia moribonda.

Y caminando entre el sol que deslumbra
sentir con triste maravilla
que la vida toda y su fatiga está
en este recorrer un muro
coronado por pinchos filosos de botella.

Luis Antonio de Villena

Chirría la garrucha del pozo,
el agua sube a la luz y con ella se funde.
Tiembla un recuerdo en el colmado cubo,
en el puro círculo una imagen ríe.
Acerco el rostro a evanescentes labios:
se deforma el pasado, se hace viejo,
pertenece a otro...
Ah, que ya rechina
la rueda, te devuelve al otro fondo,
visión, una distancia nos divide.

Carlo Frabetti

Dora Markus

I

Fue donde el puente de madera
lleva en Porto Corsini sobre el mar
y extraños hombres, casi quietos, hunden
o recogen las redes. Con un gesto
de la mano indicaste en la otra orilla
invisible tu patria verdadera.
Después, por el canal, hasta la dársena
de la ciudad seguimos, enlucida
de hollín en el bajío en que una inerte
primavera se hundía, sin memoria.
Y aquí donde una antigua vida
se abigarra en un suave
anhelo del Oriente, tus palabras
irisaban igual que las escamas
del salmonete moribundo.

La tua irrequietudine mi fa pensare
agli uccelli di passo che urtano ai fari
nelle sere tempestose:
è una tempesta anche la tua dolcezza,
turbina e non appare,
e i suoi riposi sono anche più rari.
Non so come stremata tu resisti
in questo lago
d'indifferenza ch'è il tuo cuore; forse
ti salva un amuleto che tu tieni
vicino alla matita delle labbra,
al piumino, alla lima: un topo bianco,
d'avorio; e così esisti!

II

Ormai nella tua Carinzia
di mirti fioriti e di stagni,
china sul bordo sorvegli
la carpa che timida abbocca
o segui sui tigli, tra gl'irti
pinnacoli le accensioni
del vespro e nell'acque un avvampo
di tende da scali e pensioni.
La sera che si protende
sull'umida conca non porta
col palpito dei motori
che gemiti d'oche e un interno
di nivee maioliche dice
allo specchio annerito che ti vide
diversa una storia di errori
imperturbati e la incide
dove la spugna non giunge.
La tua leggenda, Dora!
Ma è scritta già in quegli sguardi
di uomini che hanno fedine
altere e deboli in grandi
ritratti d'oro e ritorna
ad ogni accordo che esprime
l'armonica guasta nell'ora
che abbuia, sempre più tardi.

Tu constante inquietud me hace pensar
en los errantes pájaros que chocan con los faros
las noches tempestuosas:
también es tu dulzura una tormenta,
un torbellino oculto,
y sus descansos son aún más raros.
No sé cómo extenuada tú resistes
en este lago
de indiferencia que es tu corazón; quizás
te salve un amuleto que conservas
junto al lápiz de labios
a la borla, a la lima: un ratón blanco
de marfil, ¡y así existes!

II

Ahora, en tu Carintia
de mirtos floridos y estanques,
asomada al borde vigilas
a la carpa que tímida pica
o sigues por sobre los tilos,
entre sus hirsutos pináculos,
las igniciones de la tarde,
y en las aguas un flamear
de toldos, muelles y pensiones.
La noche que se extiende
sobre la húmeda cuenca sólo trae
con el latir de los motores
gemidos de ocas; y hay un interior
de níveas mayólicas que cuenta
al renegrido espejo, que te vio
diferente, una historia de errores
impasibles que graba
donde la esponja nunca llega.
¡Oh Dora, tu leyenda!
Pero ya escrita está en esas miradas
de hombres con orgullosas
y débiles patillas de los grandes
retratos de oro, y vuelve
con cada acorde de la armónica
estropeada, en el momento
en que oscurece, cada vez más tarde.

È scritta là. Il sempreverde
alloro per la cucina
resiste, la voce non muta,
Ravenna è lontana, distilla
veleno una fede feroce.
Che vuole da te? Non si cede
voce, leggenda o destino...
Ma è tardi, sempre più tardi.

Il fiore che ripete
dall'orlo del burrato
non scordarti di me,
non ha tinte più liete né più chiare
dello spazio gettato tra me e te.
Un cigolìo si sferra, ci discosta,
l'azzurro pervicace non ricompare.
Nell'afa quasi visibile mi riporta all'opposta
tappa, già buia, la funicolare.

La casa dei doganieri

Tu non ricordi la casa dei doganieri
sul rialzo a strapiombo sulla scogliera:
desolata t'attende dalla sera
in cui v'entrò lo sciame dei tuoi pensieri
e vi sostò irrequieto.
Libeccio sferza da anni le vecchie mura
e il suono del tuo riso non è più lieto:
la bussola va impazzita all'avventura
e il calcolo dei dadi più non torna.
Tu non ricordi; altro tempo frastorna
la tua memoria; un filo s'addipana.
Ne tengo ancora un capo; ma s'allontana
la casa e in cima al tetto la banderuola
affumicata gira senza pietà.
Ne tengo un capo; ma tu resti sola
né qui respiri nell'oscurità.

Allí está escrita. El siempreverde
laurel de cocinar
resiste aún, la voz no cambia,
Ravena está lejos, destila
veneno una fe despiadada.
¿Qué quiere de ti? No se cede
voz, leyenda o destino...
Pero ya es tarde, cada vez más tarde...

Ángel Crespo

La flor que desde el borde
del barranco repite
no me olvides, no tiene
colores más alegres ni más puros
que el espacio tendido entre tú y yo.
Un chirrido restalla, nos aleja,
el obstinado azul no comparece.
En la calina casi visible me lleva a la otra
parte, en tinieblas, el funicular.

José María Micó

La casa de los aduaneros

Tú no recuerdas la casa de los aduaneros
sobre el barranco a pico de la escollera.
Desolada te espera desde la noche
que en ella entró el enjambre de tus pensamientos
e inquieto se detuvo.
El viento bate hace años los viejos muros
y no es alegre ya el sonido de tu risa:
la brújula se mueve enloquecida al acaso
y el azar de los dados ya no es más favorable.
Tú no recuerdas; otro tiempo distrae
tu memoria; un hilo se devana.
Aún sostengo un extremo; mas se aleja
la casa y sobre el techo la veleta
ennegrecida gira sin piedad.
Tengo un extremo; pero tú estás sola,
ni respiras aquí en la oscuridad.

Oh l'orizzonte in fuga, dove s'accende
rara la luce della petroliera!
Il varco è qui? (Ripullula il frangente
ancora sulla balza che scoscende...).
Tu non ricordi la casa di questa
mia sera. Ed io non so chi va e chi resta.

La bufera

Les princes n'ont point d'yeux pour voir ces grand's merveilles,
Leurs mains ne servent plus qu'à nous persécuter...

Agrippa d'Aubigné, *À Dieu*

La bufera che sgronda sulle foglie
dure della magnolia i lunghi tuoni
marzolini e la grandine,
(i suoni di cristallo nel tuo nido
notturno ti sorprendono, dell'oro
che s'è spento sui mogani, sul taglio
dei libri rilegati, brucia ancora
una grana di zucchero nel guscio
delle tue palpebre)
il lampo che candisce
alberi e muro e li sorprende in quella
eternità d'istante — marmo manna
e distruzione — ch'entro te scolpita
porti per tua condanna e che ti lega
più che l'amore a me, strana sorella, —
e poi lo schianto rude, i sistri, il fremere
dei tamburelli sulla fossa fuia,
lo scalpicciare del fandango, e sopra
qualche gesto che annaspa...
Come quando
ti rivolgesti e con la mano, sgombra
la fronte dalla nube dei capelli,
mi salutasti — per entrar nel buio.

¡Oh el horizonte en fuga, donde se enciende,
rara, la luz del petrolero!
¿El paso es éste? (Nuevamente el oleaje
pulula sobre el barranco que se parte...)
Tú no recuerdas ya la casa de esta
noche mía. Y no sé quién se va ni quién se queda.

Horacio Armani

La tempestad

Les princes n'ont point d'yeux pour voir ces grand's merveilles,
Leurs mains ne servent plus qu'à nous persécuter...

Agrippa d'Aubigné, *À Dieu*

La tempestad que chorrea en las hojas
duras de la magnolia largos truenos
marzales y el granizo;
(los cristalinos sones en tu nido
nocturno te sorprenden; y del oro
que en la caoba se apagó, en el canto
de encuadernados libros, arde aún
un granito de azúcar en la concha
de tus párpados)
la chispa que confita
árboles y paredes y los sorprende en esa
eternidad de instante —maná, mármol
y destrucción— que en tu interior tallada
llevas para condena y que te ata
más que el amor a mí, mi extraña hermana,
y luego el fragor rudo, los sisaros, el bramar
de los panderos en la tumba oscura,
el taconeo del fandango — encima
un gesto titubeante...
Como cuando
tú te volviste y con la mano —despejada
la frente de la nube del cabello—,
me saludaste para entrar en las tinieblas.

Ángel Crespo

L'ANGUILLA

L'anguilla, la sirena
dei mari freddi che lascia il Baltico
per giungere ai nostri mari,
ai nostri estuari, ai fiumi
che risale in profondo, sotto la piena avversa,
di ramo in ramo e poi
di capello in capello, assottigliati,
sempre più addentro, sempre più nel cuore
del macigno, filtrando
tra gorielli di melma finché un giorno
una luce scoccata dai castagni
ne accende il guizzo in pozze d'acquamorta,
nei fossi che declinano
dai balzi d'Appennino alla Romagna;
l'anguilla, torcia, frusta,
freccia d'Amore in terra
che solo i nostri botri o i disseccati
ruscelli pirenaici riconducono
a paradisi di fecondazione;
l'anima verde che cerca
vita là dove solo
morde l'arsura e la desolazione,
la scintilla che dice
tutto comincia quando tutto pare
incarbonirsi, bronco seppellito;
l'iride breve, gemella
di quella che incastonano i tuoi cigli
e fai brillare intatta in mezzo ai figli
dell'uomo, immersi nel tuo fango, puoi tu
non crederla sorella?

La anguila

La anguila, la sirena
de los mares que, fríos, deja el Báltico
para llegar a nuestros mares,
a nuestros estuarios, a los ríos,
que remonta, profunda, bajo adversas crecidas,
de ramal en ramal, sutilizados
de cabello en cabello
siempre más hacia dentro, más hacia el corazón
de la peña, filtrándose
entre bolsas de cieno hasta que un día
una luz arrojada por castaños
enciende su desliz en pozas pantanosas,
en zanjas que descienden
por las pendientes de los Apeninos
a la Romaña,
la anguila, antorcha, fusta,
flecha de Amor en tierra
que solamente los barrancos nuestros
o arroyos pirenaicos —desecados— conducen
a paraísos de fecundaciones,
el alma verde que rebusca vida
donde muerde el bochorno
y la desolación,
la centella que dice:
Todo principia cuando ya parece
carbonizarse, tronco sepultado,
breve el iris, mellizo del tuyo,
del que engarzan tus pestañas,
y haces brillar, intacto, en medio de los hijos
del hombre, sumergidos en tu lodo,
la anguila ¿puedes no creerla hermana?

Jorge Guillén

La forma del mondo

Se il mondo ha la struttura del linguaggio
e il linguaggio ha la forma della mente
la mente con i suoi pieni e i suoi vuoti
è niente o quasi e non ci rassicura.
    Così parlò Papirio. Era già scuro
e pioveva. Mettiamoci al sicuro
disse e affrettò il passo senza accogersi
che il suo era il linguaggio del delirio.

Per finire

Raccomando ai miei posteri
(se ne saranno) in sede letteraria,
il che resta improbabile, di fare
un bel falò di tutto che riguardi
la mia vita, i miei fatti, i miei nonfatti.
Non sono un Leopardi, lascio poco da ardere
ed è già troppo vivere in percentuale.
Vissi al cinque per cento, non aumentate
la dose. Troppo spesso invece piove
sul bagnato.

La forma del mundo

Si el mundo tiene la estructura del lenguaje
y el lenguaje tiene la forma de la mente
la mente, con sus plenitudes y sus vacíos,
es nada, o casi, y no nos tranquiliza.
    Así habló Papirio. Ya estaba oscuro
y llovía. Pongámonos a cubierto,
dijo, y apresuró el paso sin darse cuenta
de que el suyo era el lenguaje del delirio.

Carlos Vitale

Para acabar

Recomiendo a quienes me sucedan
(si alguno hubiera) desde lo literario,
algo muy improbable, que enciendan
un buen fuego con todo lo que atañe
a mi vida, a mis hechos, mis nohechos.
No soy un Leopardi, dejo poco por quemar
pues ya es mucho vivir a porcentaje.
Viví al cinco por ciento, no aumentéis
la dosis. A menudo en cambio llueve
sobre mojado.

Jordi Virallonga

Federico García Lorca

España (Fuentevaqueros, Granada, 1898-Víznar, Granada, 1936)

El asesinato del poeta a principios de la guerra civil y su atractiva personalidad han hecho de él una de las figuras más famosas de la literatura española y han influido no poco (y no siempre para bien) en la valoración de su obra, cuyo conjunto ofrece sin duda la más atractiva concordancia de tradición y novedad que se registra en la poesía europea de la época. Durante su estancia en la Residencia de Estudiantes (1919-1925), donde convivió y trabó amistad con artistas como Buñuel y Dalí, entró también en contacto con otros grandes personajes de la cultura contemporánea. En la plenitud de su carrera, fue una víctima más de la brutal represión de los militares sublevados en 1936. Tras un par de libros aún inseguros, el *Poema del cante jondo* (1921) y el *Romancero gitano* (1928) cantan con metáforas y símbolos originales las tristezas de la raza marginada. De un viaje a los Estados Unidos en 1929 nace *Poeta en Nueva York*, donde la voz de Lorca se levanta ahora, desde el surrealismo, contra el sufrimiento y la deshumanización de la civilización moderna. Entre sus obras posteriores sobresalen el *Llanto por Ignacio Sánchez Mejías*, impresionante poema por la muerte del torero amigo, el *Diván del Tamarit* y algunos sonetos de amor primorosos y oscuros. El éxito le vino también de la mano de su teatro, de marcado lirismo, y, sobre todo, de sus tragedias rurales (*Yerma*, *Bodas de sangre* y *La casa de Bernarda Alba*).

ROMANCE SONÁMBULO

A Gloria Giner
y a Fernando de los Ríos

Verde que te quiero verde.
Verde viento. Verdes ramas.
El barco sobre la mar
y el caballo en la montaña.
Con la sombra en la cintura
ella sueña en su baranda,
verde carne, pelo verde,
con ojos de fría plata.
Verde que te quiero verde.
Bajo la luna gitana,
las cosas la están mirando
y ella no puede mirarlas.

Verde que te quiero verde.
Grandes estrellas de escarcha,
vienen con el pez de sombra
que abre el camino del alba.
La higuera flota su viento
con la lija de sus ramas,
y el monte, gato garduño,
eriza sus pitas agrias.
¿Pero quién vendrá? ¿Y por dónde...?
Ella sigue en su baranda,
verde carne, pelo verde,
soñando en la mar amarga.

Compadre, quiero cambiar
mi caballo por su casa,
mi montura por su espejo,
mi cuchillo por su manta.
Compadre, vengo sangrando,
desde los puertos de Cabra.
Si yo pudiera, mocito,
este trato se cerraba.
Pero yo ya no soy yo.
Ni mi casa es ya mi casa.
Compadre, quiero morir
decentemente en mi cama.

De acero, si puede ser,
con las sábanas de holanda.
¿No veis la herida que tengo
desde el pecho a la garganta?
Trescientas rosas morenas
lleva tu pechera blanca.
Tu sangre rezuma y huele
alrededor de tu faja.
Pero yo ya no soy yo.
Ni mi casa es ya mi casa.
Dejadme subir al menos
hasta las altas barandas,
¡dejadme subir!, dejadme
hasta las verdes barandas.
Barandales de la luna
por donde retumba el agua.

Ya suben los dos compadres
hacia las altas barandas.
Dejando un rastro de sangre.
Dejando un rastro de lágrimas.
Temblaban en los tejados
farolillos de hojalata.
Mil panderos de cristal,
herían la madrugada.

Verde que te quiero verde,
verde viento, verdes ramas.
Los dos compadres subieron.
El largo viento, dejaba
en la boca un raro gusto
de hiel, de menta y de albahaca.
¡Compadre! ¿Dónde está, dime?
¿Dónde está tu niña amarga?
¡Cuántas veces te esperó!
¡Cuántas veces te esperara,
cara fresca, negro pelo,
en esta verde baranda!

Sobre el rostro del aljibe,
se mecía la gitana.
Verde carne, pelo verde,
con ojos de fría plata.
Un carámbano de luna

la sostiene sobre el agua.
La noche se puso íntima
como una pequeña plaza.
Guardias civiles borrachos
en la puerta golpeaban.
Verde que te quiero verde.
Verde viento. Verdes ramas.
El barco sobre la mar.
Y el caballo en la montaña.

La casada infiel

A Lydia Cabrera
y a su negrita

Y que yo me la llevé al río
creyendo que era mozuela,
pero tenía marido.
Fue la noche de Santiago
y casi por compromiso.
Se apagaron los faroles
y se encendieron los grillos.
En las últimas esquinas
toqué sus pechos dormidos,
y se me abrieron de pronto
como ramos de jacintos.
El almidón de su enagua
me sonaba en el oído,
como una pieza de seda
rasgada por diez cuchillos.
Sin luz de plata en sus copas
los árboles han crecido,
y un horizonte de perros
ladra muy lejos del río.
Pasadas las zarzamoras,
los juncos y los espinos,
bajo su mata de pelo
hice un hoyo sobre el limo.
Yo me quité la corbata.
Ella se quitó el vestido.

Yo el cinturón con revólver.
Ella sus cuatro corpiños.
Ni nardos ni caracolas
tienen el cutis tan fino,
ni los cristales con luna
relumbran con ese brillo.
Sus muslos se me escapaban
como peces sorprendidos,
la mitad llenos de lumbre,
la mitad llenos de frío.
Aquella noche corrí
el mejor de los caminos,
montado en potra de nácar
sin bridas y sin estribos.
No quiero decir, por hombre
las cosas que ella me dijo.
La luz del entendimiento
me hace ser muy comedido.
Sucia de besos y arena,
yo me la llevé del río.
Con el aire se batían
las espadas de los lirios.
Me porté como quien soy.
Como un gitano legítimo.
La regalé un costurero
grande de raso pajizo,
y no quise enamorarme
porque teniendo marido
me dijo que era mozuela
cuando la llevaba al río.

Romance de la pena negra

A José Navarro Pardo

Las piquetas de los gallos
cavan buscando la aurora,
cuando por el monte oscuro
baja Soledad Montoya.
Cobre amarillo, su carne,

huele a caballo y a sombra.
Yunques ahumados sus pechos,
gimen canciones redondas.
Soledad: ¿por quién preguntas
sin compaña y a estas horas?
Pregunte por quien pregunte,
dime: ¿a ti qué se te importa?
Vengo a buscar lo que busco,
mi alegría y mi persona.
Soledad de mis pesares,
caballo que se desboca,
al fin encuentra la mar
y se lo tragan las olas.
No me recuerdes el mar,
que la pena negra, brota
en las tierras de aceituna
bajo el rumor de las hojas.
¡Soledad, qué pena tienes!
¡Qué pena tan lastimosa!
Lloras zumo de limón
agrio de espera y de boca.
¡Qué pena tan grande! Corro
mi casa como una loca,
mis dos trenzas por el suelo,
de la cocina a la alcoba.
¡Qué pena! Me estoy poniendo
de azabache, carne y ropa.
¡Ay mis camisas de hilo!
¡Ay mis muslos de amapola!
Soledad: lava tu cuerpo
con agua de las alondras,
y deja tu corazón
en paz, Soledad Montoya.
Por abajo canta el río:
volante de cielo y hojas.
Con flores de calabaza,
la nueva luz se corona.
¡Oh pena de los gitanos!
Pena limpia y siempre sola.
¡Oh pena de cauce oculto
y madrugada remota!

Ciudad sin sueño

(Nocturno del Brooklyn Bridge)

No duerme nadie por el cielo. Nadie, nadie.
No duerme nadie.
Las criaturas de la luna huelen y rondan sus cabañas.
Vendrán las iguanas vivas a morder a los hombres que no sueñan
y el que huye con el corazón roto encontrará por las esquinas
al increíble cocodrilo quieto bajo la tierna protesta de los astros.
No duerme nadie por el mundo. Nadie, nadie.
No duerme nadie.
Hay un muerto en el cementerio más lejano
que se queja tres años
porque tiene un paisaje seco en la rodilla;
y el niño que enterraron esta mañana lloraba tanto
que hubo necesidad de llamar a los perros para que callase.
No es sueño la vida. ¡Alerta! ¡Alerta! ¡Alerta!
Nos caemos por las escaleras para comer la tierra húmeda
o subimos al filo de la nieve con el coro de las dalias muertas.
Pero no hay olvido, ni sueño:
carne viva. Los besos atan las bocas
en una maraña de venas recientes
y al que le duele su dolor le dolerá sin descanso
y el que teme la muerte la llevará sobre sus hombros.
Un día
los caballos vivirán en las tabernas
y las hormigas furiosas
atacarán los cielos amarillos que se refugian en los ojos de las vacas.
Otro día veremos la resurreción de las mariposas disecadas
y aun andando por un paisaje de esponjas grises y barcos mudos
veremos brillar nuestro anillo y manar rosas de nuestra lengua.
¡Alerta! ¡Alerta! ¡Alerta!
A los que guardan todavía huellas de zarpa y aguacero,
a aquel muchacho que llora porque no sabe la invención del puente
o a aquel muerto que ya no tiene más que la cabeza y un zapato,
hay que llevarlos al muro donde iguanas y sierpes esperan,
donde espera la dentadura del oso,
donde espera la mano momificada del niño
y la piel del camello se eriza con un violento escalofrío azul.

No duerme nadie por el cielo. Nadie, nadie.
No duerme nadie.
Pero si alguien cierra los ojos,
¡azotadlo, hijos míos, azotadlo!
Haya un panorama de ojos abiertos
y amargas llagas encendidas.
No duerme nadie por el mundo. Nadie, nadie.
Ya lo he dicho.
No duerme nadie.
Pero si alguien tiene por la noche exceso de musgo en las sienes,
abrid los escotillones para que vea bajo la luna
las copas falsas, el veneno y la calavera de los teatros.

La aurora

La aurora de Nueva York tiene
cuatro columnas de cieno
y un huracán de negras palomas
que chapotean las aguas podridas.
La aurora de Nueva York gime
por las inmensas escaleras
buscando entre las aristas
nardos de angustia dibujada.
La aurora llega y nadie la recibe en su boca
porque allí no hay mañana ni esperanza posible.
A veces las monedas en enjambres furiosos
taladran y devoran abandonados niños.
Los primeros que salen comprenden con sus huesos
que no habrá paraíso ni amores deshojados;
saben que van al cieno de números y leyes,
a los juegos sin arte, a sudores sin fruto.
La luz es sepultada por cadenas y ruidos
en impúdico reto de ciencia sin raíces.
Por los barrios hay gentes que vacilan insomnes
como recién salidas de un naufragio de sangre.

Llanto por Ignacio Sánchez Mejías

A mi querida amiga
Encarnación López Júlvez

I

La cogida y la muerte

A las cinco de la tarde.
Eran las cinco en punto de la tarde.
Un niño trajo la blanca sábana
a las cinco de la tarde.
Una espuerta de cal ya prevenida
a las cinco de la tarde.
Lo demás era muerte y sólo muerte
a las cinco de la tarde.
    El viento se llevó los algodones
a las cinco de la tarde.
Y el óxido sembró cristal y níquel
a las cinco de la tarde.
Ya luchan la paloma y el leopardo
a las cinco de la tarde.
Y un muslo con un asta desolada
a las cinco de la tarde.
Comenzaron los sones del bordón
a las cinco de la tarde.
Las campanas de arsénico y el humo
a las cinco de la tarde.
En las esquinas grupos de silencio
a las cinco de la tarde.
¡Y el toro solo corazón arriba!
a las cinco de la tarde.
Cuando el sudor de nieve fue llegando
a las cinco de la tarde,
cuando la plaza se cubrió de yodo
a las cinco de la tarde,
la muerte puso huevos en la herida
a las cinco de la tarde.
A las cinco de la tarde.
A las cinco en punto de la tarde.

Un ataúd con ruedas es la cama
a las cinco de la tarde.
Huesos y flautas suenan en su oído
a las cinco de la tarde.
El toro ya mugía por su frente
a las cinco de la tarde.
El cuarto se irisaba de agonía
a las cinco de la tarde.
A lo lejos ya viene la gangrena
a las cinco de la tarde.
Trompa de lirio por las verdes ingles
a las cinco de la tarde.
Las heridas quemaban como soles
a las cinco de la tarde,
y el gentío rompía las ventanas
a las cinco de la tarde.
¡Ay qué terribles cinco de la tarde!
¡Eran las cinco en todos los relojes!
¡Eran las cinco en sombra de la tarde!

II

La sangre derramada

¡Que no quiero verla!
Dile a la luna que venga,
que no quiero ver la sangre
de Ignacio sobre la arena.
¡Que no quiero verla!
La luna de par en par.
Caballo de nubes quietas,
y la plaza gris del sueño
con sauces en las barreras.
¡Que no quiero verla!
Que mi recuerdo se quema.
¡Avisad a los jazmines
con su blancura pequeña!
¡Que no quiero verla!
La vaca del viejo mundo
pasaba su triste lengua
sobre un hocico de sangres

derramadas en la arena,
y los toros de Guisando,
casi muerte y casi piedra,
mugieron como dos siglos
hartos de pisar la tierra.
No.
¡Que no quiero verla!

Por las gradas sube Ignacio
con toda su muerte a cuestas.
Buscaba el amanecer,
y el amanecer no era.
Busca su perfil seguro,
y el sueño lo desorienta.
Buscaba su hermoso cuerpo
y encontró su sangre abierta.
¡No me digáis que la vea!
No quiero sentir el chorro
cada vez con menos fuerza;
ese chorro que ilumina
los tendidos y se vuelca
sobre la pana y el cuero
de muchedumbre sedienta.
¡Quién me grita que me asome!
¡No me digáis que la vea!

No se cerraron sus ojos
cuando vio los cuernos cerca,
pero las madres terribles
levantaron la cabeza.
Y a través de las ganaderías,
hubo un aire de voces secretas
que gritaban a toros celestes,
mayorales de pálida niebla.
No hubo príncipe en Sevilla
que compararsele pueda,
ni espada como su espada,
ni corazón tan de veras.
Como un río de leones
su maravillosa fuerza,
y como un torso de mármol
su dibujada prudencia.
Aire de Roma andaluza

le doraba la cabeza
donde su risa era un nardo
de sal y de inteligencia.
¡Qué gran torero en la plaza!
¡Qué buen serrano en la sierra!
¡Qué blando con las espigas!
¡Qué duro con las espuelas!
¡Qué tierno con el rocío!
¡Qué deslumbrante en la feria!
¡Qué tremendo con las últimas
banderillas de tiniebla!

Pero ya duerme sin fin.
Ya los musgos y la hierba
abren con dedos seguros
la flor de su calavera.
Y su sangre ya viene cantando:
cantando por marismas y praderas,
resbalando por cuernos ateridos,
vacilando sin alma por la niebla,
tropezando con miles de pezuñas
como una larga, oscura, triste lengua,
para formar un charco de agonía
junto al Guadalquivir de las estrellas.
¡Oh blanco muro de España!
¡Oh negro toro de pena!
¡Oh sangre dura de Ignacio!
¡Oh ruiseñor de sus venas!
No.
¡Que no quiero verla!
Que no hay cáliz que la contenga,
que no hay golondrinas que se la beban,
no hay escarcha de luz que la enfríe,
no hay canto ni diluvio de azucenas,
no hay cristal que la cubra de plata.
No.
¡¡Yo no quiero verla!!

III

Cuerpo presente

La piedra es una frente donde los sueños gimen
sin tener agua curva ni cipreses helados.
La piedra es una espada para llevar al tiempo
con árboles de lágrimas y cintas y planetas.
Yo he visto lluvias grises correr hacia las olas
levantando sus tiernos brazos acribillados,
para no ser cazadas por la piedra tendida
que desata sus miembros sin empapar la sangre.
Porque la piedra coge simientes y nublados,
esqueletos de alondras y lobos de penumbra;
pero no da sonidos, ni cristales, ni fuego,
sino plazas y plazas y otras plazas sin muros.
Ya está sobre la piedra Ignacio el bien nacido.
Ya se acabó; ¿qué pasa? Contemplad su figura:
la muerte le ha cubierto de pálidos azufres
y le ha puesto cabeza de oscuro minotauro.
Ya se acabó. La lluvia penetra por su boca.
El aire como loco deja su pecho hundido,
y el Amor, empapado con lágrimas de nieve,
se calienta en la cumbre de las ganaderías.
¿Qué dicen? Un silencio con hedores reposa.
Estamos con un cuerpo presente que se esfuma,
con una forma clara que tuvo ruiseñores
y la vemos llenarse de agujeros sin fondo.
¿Quién arruga el sudario? ¡No es verdad lo que dice!
Aquí no canta nadie, ni llora en el rincón,
ni pica las espuelas, ni espanta la serpiente:
aquí no quiero más que los ojos redondos
para ver ese cuerpo sin posible descanso.
Yo quiero ver aquí los hombres de voz dura.
Los que doman caballos y dominan los ríos:
los hombres que les suena el esqueleto y cantan
con una boca llena de sol y pedernales.
Aquí quiero yo verlos. Delante de la piedra.
Delante de este cuerpo con las riendas quebradas.
Yo quiero que me enseñen dónde está la salida
para este capitán atado por la muerte.

Yo quiero que me enseñen un llanto como un río
que tenga dulces nieblas y profundas orillas,
para llevar el cuerpo de Ignacio y que se pierda
sin escuchar el doble resuello de los toros.
Que se pierda en la plaza redonda de la luna
que finge cuando niña doliente res inmóvil;
que se pierda en la noche sin canto de los peces
y en la maleza blanca del humo congelado.
No quiero que le tapen la cara con pañuelos
para que se acostumbre con la muerte que lleva.
Vete, Ignacio: No sientas el caliente bramido.
Duerme, vuela, reposa: ¡También se muere el mar!

IV

Alma ausente

No te conoce el toro ni la higuera,
ni caballos ni hormigas de tu casa.
No te conoce el niño ni la tarde
porque te has muerto para siempre.
No te conoce el lomo de la piedra,
ni el raso negro donde te destrozas.
No te conoce tu recuerdo mudo
porque te has muerto para siempre.
El otoño vendrá con caracolas,
uva de niebla y montes agrupados,
pero nadie querrá mirar tus ojos
porque te has muerto para siempre.
Porque te has muerto para siempre,
como todos los muertos de la tierra,
como todos los muertos que se olvidan
en un montón de perros apagados.
No te conoce nadie. No. Pero yo te canto.
Yo canto para luego tu perfil y tu gracia.
La madurez insigne de tu conocimiento.
Tu apetencia de muerte y el gusto de su boca.
La tristeza que tuvo tu valiente alegría.
Tardará mucho tiempo en nacer, si es que nace,
un andaluz tan claro, tan rico de aventura.
Yo canto su elegancia con palabras que gimen
y recuerdo una brisa triste por los olivos.

Casida de la mujer tendida

Verte desnuda es recordar la tierra.
La tierra lisa, limpia de caballos.
La tierra sin un junco, forma pura
cerrada al porvenir: confín de plata.
Verte desnuda es comprender el ansia
de la lluvia que busca débil talle,
o la fiebre del mar de inmenso rostro
sin encontrar la luz de su mejilla.
La sangre sonará por las alcobas
y vendrá con espada fulgurante,
pero tú no sabrás dónde se ocultan
el corazón de sapo o la violeta.
Tu vientre es una lucha de raíces,
tus labios son un alba sin contorno,
bajo las rosas tibias de la cama
los muertos gimen esperando turno.

Tengo miedo a perder la maravilla
de tus ojos de estatua, y el acento
que de noche me pone en la mejilla
la solitaria rosa de tu aliento.
Tengo pena de ser en esta orilla
tronco sin ramas; y lo que más siento
es no tener la flor, pulpa o arcilla,
para el gusano de mi sufrimiento.
Si tú eres el tesoro oculto mío,
si eres mi cruz y mi dolor mojado,
si soy el perro de tu señorío,
no me dejes perder lo que he ganado
y decora las aguas de tu río
con hojas de mi otoño enajenado.

Bertolt Brecht

Alemania (Augsburgo, 1898-Berlín, 1956)

Mundialmente conocido como dramaturgo *(Madre Coraje)* y como activista político, Brecht, proveniente de una familia de buena posición, fue también el más aplaudido representante de la «poesía comprometida». En la primera guerra mundial, interrumpiendo los estudios de medicina, actuó como enfermero. En 1933 su militancia comunista lo obligó a abandonar la Alemania nazi, y hasta 1946 vivió en Dinamarca, Finlandia y Estados Unidos, donde trabajó para Hollywood y hubo de comparecer ante el Comité de Actividades Antiamericanas. Tras un período en Zurich, en 1948, a invitación de la República Democrática Alemana, fundó el afamado «Berliner Ensemble», que dirigió hasta su muerte. Hacia mediados de los años veinte, comenzó a elaborar una poesía totalmente opuesta al purismo simbolista y al individualismo modernista. Popular, pero no condescendiente, su obra poética gozó de favor desde el primer momento (*Hauspostille*, o sea, *Libro de plegarias domésticas*, 1927). Brecht renuncia a la ornamentación y los excesos sentimentales, y proyecta la imagen de un personaje urbano y proletario, descarnado, producto de la sordidez de las grandes ciudades. El lenguaje es directo e informal; el tono, insolente y desenfadado; evita la metáfora, emplea palabras fuertes y un ritmo intenso, enérgico. Pese a su copiosa producción de cariz político, mantuvo la distancia suficiente para expresar un pensamiento independiente e incluso oponerse a la estrechez de miras del realismo socialista.

Vom armen B.B.

1

Ich, Bertolt Brecht, bin aus den schwarzen Wäldern.
Meine Mutter trug mich in die Städte hinein
Als ich in ihrem Leibe lag. Und die Kälte der Wälder
Wird in mir bis zu meinem Absterben sein.

2

In der Asphaltstadt bin ich daheim. Von allem Anfang
Versehen mit jedem Sterbsakrament:
Mit Zeitungen. Und Tabak. Und Branntwein.
Misstrauisch und faul und zufrieden am End.

3

Ich bin zu den Leuten freundlich. Ich setze
Einen steifen Hut auf nach ihrem Brauch.
Ich sage: Es sind ganz besonders riechende Tiere.
Und ich sage: Es macht nichts, ich bin es auch.

4

In meine leere Schaukelstühle vormittags
Setze ich mir mitunter ein paar Frauen
Und ich betrachte sie sorglos und sage ihnen:
In mir habt ihr einen, auf den könnt ihr nicht bauen.

5

Gegen Abend versammle ich um mich Männer.
Wir reden uns da mit «Gentlemen» an.
Sie haben ihre Füsse auf meinen Tischen
Und sagen: Es wird besser mit uns. Und ich frage nicht: Wann?

Del pobre B.B.

1

Yo, Bertolt Brecht, vengo de los bosques negros.
Mi madre me trajo a las ciudades
cuando yo descansaba en su cuerpo. Y el frío de los bosques
estará dentro de mí hasta mi muerte.

2

En las ciudades de asfalto me siento como en casa. Desde
el comienzo
provisto con todos los sacramentos de la muerte:
con diarios y tabaco y aguardiente.
Desconfiado y haragán, y al final conforme.

3

Con la gente soy amable. Me pongo en la cabeza
un sombrero duro según su costumbre.
Yo digo: son bestias que huelen de un modo muy especial.
Yo digo: no importa, yo también lo soy.

4

En mi silla de hamaca vacía, por la mañana,
me siento entre un par de mujeres,
y las miro despreocupadamente y les digo:
en mí tienen a uno del cual no pueden fiarse.

5

Por la noche me reúno con los hombres.
Nos tratamos entonces de «gentlemen».
Ellos colocan sus pies sobre la mesa.
Y dicen: nos va mejor. Y yo no pregunto: ¿cuándo?

6

Gegen Morgen in der grauen Frühe pissen die Tannen
Und ihr Ungeziefer, die Vögel, fängt an zu schrein.
Um die Stunde trink ich mein Glas in der Stadt aus und schmeisse
Den Tabakstummel weg und schlafe beunruhigt ein.

7

Wir sind gesessen, ein leichtes Geschlechte
In Häusern, die für unzerstörbare galten
(So haben wir gebaut die langen Gehäuse des Eilands Manhattan
Und die dünnen Antennen, die das Atlantische Meer unterhalten.)

8

Von diesen Städten wird bleiben: der durch sie hindurch ging, der Wind!
Fröhlich machet das Haus den Esser: er leert es.
Wir wissen, dass wir Vorläufige sind
Und nach uns wird kommen: nichts Nennenswertes.

9

Bei den Erdbeben, die kommen werden, werde ich hoffentlich
Meine Virginia nicht ausgehen lassen durch Bitterkeit
Ich, Bertolt Brecht, in die Asphaltstädte verschlagen
Aus den schwarzen Wäldern in meiner Mutter in früher Zeit.

Vier Aufforderungen an einen Mann von verschiedener Seite zu verschiedenen Zeiten

Hier hast du ein Heim
Hier ist Platz für deine Sachen.
Stelle die Möbel um nach deinem Geschmack
Sage, was du brauchst
Da ist der Schlüssel
Hier bleibe.

6

Temprano al amanecer orinan los abetos,
y sus sabandijas, las aves, empiezan a gritar.
A esa hora bebo mi vaso en la ciudad y arrojo
la colilla del cigarro y me duermo inquieto.

7

Estuvimos sentados, gente sin problemas,
en casas que eran tenidas por indestructibles.
(Así erigimos los extensos edificios en la isla de Manhattan,
y las antenas delgadas que están puestas abajo en el océano
Atlántico).

8

De estas ciudades quedará quien las atravesó: ¡el viento!
Alegre vuelve a la casa el comilón: él la vacía.
Sabemos que somos provisorios
y después de nosotros no vendrá nada que valga la pena nombrar.

9

En los terremotos que sobrevendrán espero
no dejar que mi Virginia se apague por la amargura.
Yo, Bertolt Brecht, llevado a las ciudades de asfalto
desde los bosques negros por mi madre en época temprana.

Rodolfo E. Modern

CUATRO INVITACIONES A UN HOMBRE LLEGADAS DESDE DISTINTOS SITIOS EN TIEMPOS DISTINTOS

1

Esta es tu casa.
Puedes poner aquí tus cosas.
Coloca los muebles a tu gusto.
Pide lo que necesites.
Ahí está la llave.
Quédate aquí.

Es ist eine Stube da für uns alle
Und für dich ein Zimmer mit einem Bett.
Du kannst mitarbeiten im Hof
Du hast deinen eigenen Teller
Bleibe bei uns.
Hier ist deine Schlafstelle
Das Bett ist noch ganz frisch
Es lag erst ein Mann drin.
Wenn du heikel bist
Schwenke deinen Zinnlöffel in dem Bottich da
Dann ist er wie ein frischer
Bleibe ruhig bei uns.
Das ist die Kammer
Mach schnell, oder du kannst auch dableiben
Eine Nacht, aber das kostet extra.
Ich werde dich nicht stören
Übrigens bin ich nicht krank.
Du bist hier so gut aufgehoben wie woanders.
Du kannst also dableiben.

DEUTSCHLAND

Mögen andere von ihrer Schande sprechen,
ich spreche von der meinen.

O Deutschland, bleiche Mutter!
Wie sitzest du besudelt
Unter den Völkern.
Unter den Befleckten
Fällst du auf.
Von deinen Söhnen der ärmste
Liegt erschlagen.

2

Este es nuestro cuarto.
Para ti tenemos otro con una cama.
Puedes echarnos una mano en el campo.
Siempre habrá un plato para ti.
Quédate con nosotros.

3

Puedes dormir en este sitio.
La cama está limpia,
sólo ha dormido un hombre en ella.
Si eres un poco delicado,
enjuaga la cuchara de estaño en ese barreño
y te saldrá limpia.
Quédate con nosotros.

4

Este es el cuarto.
Date prisa; si quieres, puedes quedarte
toda la noche, pero se paga aparte.
Yo no te molestaré
y, además, no estoy enferma.
Aquí estás tan a salvo como en cualquier otro sitio.
Puedes quedarte aquí, por lo tanto.

Alemania

Hablen otros de su vergüenza.
Yo hablo de la mía.

¡Oh Alemania, pálida madre!
Entre los pueblos te sientas
cubierta de lodo.
Entre los pueblos marcados por la infamia
tú sobresales.
El más pobre de tus hijos
yace muerto.

Als sein Hunger groß war
Haben deine anderen Söhne
Die Hand gegen ihn erhoben.
Das ist ruchbar geworden.
　　Mit ihren so erhobenen Händen
Erhoben gegen ihren Bruder
Gehen sie jetzt frech vor dir herum
Und lachen in dein Gesicht.
Das weiß man.
　　In deinem Hause
Wird laut gebrüllt, was Lüge ist
Aber die Wahrheit
Muß schweigen.
Ist es so?
　　Warum preisen dich ringsum die Unterdrücker, aber
Die Unterdrückten beschuldigen dich?
Die Ausgebeuteten
Zeigen mit Fingern auf dich, aber
Die Ausbeuter loben das System
Das in deinem Hause ersonnen wurde!
　　Und dabei sehen dich alle
Den Zipfel deines Rockes verbergen, der blutig ist
Vom Blut deines
Besten Sohnes.
　　Hörend die Reden, die aus deinem Hause dringen, lacht man.
Aber wer dich sieht, der greift nach dem Messer
Wie beim Anblick einer Räuberin.
　　O Deutschland, bleiche Mutter!
Wie haben deine Söhne dich zugerichtet
Daß du unter den Völkern sitzest
Ein Gespött oder eine Furcht!

Cuando mayor era su hambre
tus otros hijos
alzaron la mano contra él.
Todos lo saben.
Con sus manos alzadas,
alzadas contra el hermano,
ante ti desfilan altivos
riéndose en tu cara.
Todos lo saben.
En tu casa
la mentira se grita.
Y a la verdad la tienes
amordazada.
¿Acaso no es así?
¿Por qué te ensalzan los opresores?
¿Por qué te acusan los oprimidos?
Los explotados
te señalan con el dedo, pero
los explotadores alaban el sistema
inventado en tu casa.
Y, sin embargo, todos te ven
esconder el borde de tu vestido, ensangrentado
con la sangre del mejor
de tus hijos.
Los discursos que salen de tu casa producen risa.
Pero aquel que se encuentra contigo, echa mano del cuchillo
como si hubiera encontrado a un bandido.
¡Oh Alemania, pálida madre!
¿Qué han hecho tus hijos de ti
para que, entre todos los pueblos,
provoques la risa o el espanto?

Jesús López Pacheco

Das Lied vom kleinen Wind

Eil, Liebster, zu mir, teurer Gast
Wie ich keinen teurern find
Doch wenn du mich im Arme hast
Dann sei nicht zu geschwind.
Nimm's von den Pflaumen im Herbste
Wo reif zum Pflücken sind
Und haben Furcht vorm mächtigen Sturm
Und Lust aufn kleinen Wind.
So'n kleiner Wind, du spürst ihn kaum
's ist wie ein sanftes Wiegen.
Die Pflaumen wolln ja so vom Baum
Wolln aufm Boden liegen.
Ach, Schnitter, laß es sein genug
Laß, Schnitter, ein Halm stehn!
Trink nicht dein Wein auf einen Zug
Und küß mich nicht im Gehn.
Nimm's von den Pflaumen im Herbste
Wo reif zum Pflücken sind
Und haben Furcht vorm mächtigen Sturm
Und Lust aufn kleinen Wind.
So'n kleiner Wind, du spürst ihn kaum
's ist wie ein sanftes Wiegen.
Die Pflaumen wolln ja so vom Baum
Wolln aufm Boden liegen.

Sonett Nr. 1

Und nun ist Krieg, und unser Weg wird schwerer.
Du, die mir beigesellt, den Weg zu teilen
Den schmalen oder breiten, ebnen oder steilen
Belehrte beide wir und beide Lehrer
Und beide flüchtend und mit gleichem Ziele
Wisse, was ich weiß: Dieses Ziel ist nicht
Mehr als der Weg, so daß, wenn einer fiele
Und ihn der andre fallen ließe, nur erpicht
Ans Ziel zu kommen, dieses Ziel verschwände
Nie mehr erkenntlich, nirgends zu erfragen!
Er liefe keuchend und am Ende stande

La canción del viento leve

Corre, amado, hacia mí, querido huésped,
más querido no voy a encontrar otro,
pero cuando me estreches en tus brazos
no tengas mucha prisa.
Fíjate en las ciruelas en otoño
que están maduras para la cosecha
y tienen miedo a la tormenta poderosa
y ganas de un viento leve.
Un viento así, tan leve, apenas si lo sientes,
es como un suave balanceo.
Las ciruelas quieren bajar del árbol
y yacer en el suelo.
¡Ay, segador, ya tenemos bastante,
segador, deja algún tallo en pie!
No te bebas de un solo trago el vino
y no me beses mientras caminamos.
Fíjate en las ciruelas en otoño
que están maduras para la cosecha
y tienen miedo a la tormenta poderosa
y ganas de un viento leve.
Un viento así, tan leve, apenas si lo sientes,
es como un suave balanceo.
Las ciruelas quieren bajar del árbol
y yacer en el suelo.

Vicente Forés, Jesús Munárriz y Jenaro Talens

Soneto n.º 1

Estamos en guerra y el camino es complicado.
Tú, que compartes conmigo los senderos nuestros
El ancho o estrecho, el llano y el empinado
Aleccionados nosotros dos y ambos maestros
Y los dos con el mismo objetivo y huyendo
Conoce lo que yo sé: No es, pues, ese polo
Más que el camino, de forma que uno cayendo
Y el otro dejando caer, obstinado sólo
Por llegar al final, éste desapareciera
¡Jamás reconocible ni en donde preguntar!
Después de que un tanto jadeante anduviera

Er schweißbedeckt in einem grauen Nichts.
Dies dir an diesem Meilenstein zu sagen
Beauftrag ich die Muse des Gedichts.

UND ES SIND DIE FINSTERN ZEITEN

Und es sind die finstern Zeiten
In der andern Stadt
Doch es bleibt beim leichten Schreiten
Und die Stirn ist glatt.
Harte Menschheit, unbeweget
Lang erfrornem Fischvolk gleich
Doch das Herz bleibt schnell gereget
Und das Lacheln weich.

GENERAL, DEIN TANK IST EIN STARKER WAGEN

Er bricht einen Wald nieder und zermalmt hundert Menschen.
Aber er hat einen Fehler:
Er braucht einen Fahrer.
General, dein Bombenflugzeug ist stark.
Es fliegt schneller als ein Sturm und trägt mehr als ein Elefant.
Aber es hat einen Fehler:
Es braucht einen Monteur.
General, der Mensch ist sehr brauchbar.
Er kann fliegen und er kann töten.
Aber er hat einen Fehler:
Er kann denken.

SCHLECHTE ZEIT FÜR LYRIK

Ich weiß doch: nur der Glückliche
Ist beliebt. Seine Stimme
Hört man gern. Sein Gesicht ist schön.
Der verkrüppelte Baum im Hof
Zeigt auf den schlechten Boden, aber

Lleno de sudor en la nada gris quedaría.
Para decírtelo ante tal piedra miliar
Encargaré a la musa de la poesía.

J. Francisco Elvira-Hernández

Y CORREN TIEMPOS OSCUROS

Y corren tiempos oscuros
en la otra ciudad,
pero se mantiene el andar ligero
y la frente sigue lisa.
Dura humanidad, inamovible,
igual a un pueblo de peces hace tiempo congelados;
pero el corazón sigue moviéndose deprisa
y la sonrisa sigue siendo dulce.

Vicente Forés, Jesús Munárriz y Jenaro Talens

GENERAL, TU TANQUE ES MÁS FUERTE QUE UN COCHE

Arrasa un bosque y aplasta a cien hombres.
Pero tiene un defecto:
necesita un conductor.
General, tu bombardero es poderoso.
Vuela más rápido que la tormenta y carga más que un elefante.
Pero tiene un defecto:
necesita un piloto.
General, el hombre es muy útil.
Puede volar y puede matar.
Pero tiene un defecto:
puede pensar.

MALOS TIEMPOS PARA LA LÍRICA

Yo sé que sólo agrada
quien es feliz. Su voz
se escucha con gusto. Es hermoso su rostro.
El árbol deforme del patio
denuncia el terreno malo, pero

Die Vorübergehenden schimpfen ihn einen Krüppel
Doch mit Recht.
    Die grünen Boote und die lustigen Segel des Sundes
Sehe ich nicht. Von allem
    Sehe ich nur der Fischer rissiges Garnnetz.
Warum rede ich nur davon
Daß die vierzigjährige Häuslerin gekrümmt geht?
Die Brüste der Mädchen
Sind warm wie ehedem.
    In meinem Lied ein Reim
Käme mir fast vor wie Übermut.
    In mir streiten sich
Die Begeisterung über den blühenden Apfelbaum
Und das Entsetzen über die Reden des Anstreichers.
Aber nur das zweite
Drängt mich zum Schreibtisch.

la gente que pasa le llama deforme
con razón.
    Las barcas verdes y las velas alegres del Sund
no las veo. De todas las cosas,
sólo veo la gigantesca red del pescador.
    ¿Por qué sólo hablo
de que la campesina de cuarenta años anda encorvada?
Los pechos de las muchachas
son cálidos como antes.
    En mi canción, una rima
me parecería casi una insolencia.
    En mí combaten
el entusiasmo por el manzano en flor
y el horror por los discursos del pintor de brocha gorda.
Pero sólo esto último
me impulsa a escribir.

Jesús López Pacheco

W. H. Auden

Gran Bretaña (York, 1907-Viena, 1973)

Auden (tras cuyas iniciales se esconden los nombres Wystan y Hugh) fue la estrella de los poetas del «grupo de Oxford», de donde salió para estudiar en Alemania, enseñar como maestro y luego vivir de las letras, y adonde volvió en 1956 como catedrático de poesía. De su paso por España durante la guerra civil salió uno de sus poemas más célebres, *Spain* (1937); invirtiendo la trayectoria de T. S. Eliot, en 1939 emigró a los Estados Unidos y en 1946 se nacionalizó allí. Sin perder nunca la preocupación moral y política, el interés de Auden fue desplazándose del psicoanálisis al marxismo y a la religión, y a la multiplicidad de perspectivas se unió una extraordinaria versatilidad de estilo. Desde sus primeros libros (*Poems*, 1928; *Look, Stranger* [*¡Mira, forastero!*], 1936; *Another Time* [*Otro tiempo*], 1940) gustó de un lenguaje conversacional y concreto y exhibió un compromiso social que contrastaban con la gravedad y el distanciamiento de Eliot. En los Estados Unidos, con colecciones como *For the Time Being* (*Para el tiempo* [litúrgico] *presente*, 1945), *The Age of Anxiety* (*La época de la ansiedad*, 1948) o *The Shield of Achilles* (*El escudo de Aquiles*, 1955), vuelve los ojos al cristianismo y se pregunta por el sentido religioso de la realidad y de la acción humana. En ningún momento abdica de la convicción, ética y estética, de que todo poema debe ser veraz, decir la verdad.

As he is

Wrapped in a yielding air, beside
The flower's noiseless hunger,
Close to the tree's clandestine tide.
Close to the bird's high fever,
Loud in his hope and anger,
Erect about a skeleton,
Stands the expressive lover,
Stands the deliberate man.
Beneath the hot unsaking sun,
Past stronger beasts and fairer
He picks his way, a living gun,
With gun and lens and Bible,
A militant enquirer,
The friend, the rash, the enemy,
The essayist, the able,
Able at times to cry.
The friendless and unhated stone
Lies everywhere about him,
The Brothered-One, the Not-Alone,
The brothered and the hated
Whose family have taught him
To set against the large and dumb,
The timeless and the rooted,
His money and his time.
For mother's fading hopes become
Dull wives to his dull spirits,
Soon dulled by nurse's moral thumb,
That dullard fond betrayer,
And, childish, he inherits,
So soon by legal father tricked,
The tall imposing tower,
Imposing, yes, but locked.
And ruled by dead men never met,
By pious guess deluded,
Upon the stool of mania set
Or stool of desolation,
Sits murderous and clear-headed;
Enormous beauties round him move,
For grandiose is his vision
And grandiose his love.

Tal como es

Rodeado de blando aire, al lado
del hambre silenciosa de la flor
y el crecer clandestino de los árboles;
muy cerca de la fiebre alta del pájaro;
ruidoso de esperanzas y de enfados,
erguido en su esqueleto,
está el amante explícito,
el hombre precavido.
Bajo el cálido sol indiferente,
entre animales más fuertes y hermosos
se abre camino —un arma viviente—
con el rifle y la lupa y con la Biblia,
preguntón combativo,
el amigo, el sin tacto, el enemigo,
el ensayista, el listo,
capacitado a veces para el llanto.
La piedra sin amigos ni enemigos,
por todas partes se halla alrededor
del Fraternal, el Nunca Solitario,
el hermanado, odiado,
de cuyos familiares ha aprendido
a oponer a lo grande pero estúpido
lo eterno y arraigado,
su tiempo y su dinero.
La menguante esperanza de la madre
pasa a ser triste esposa para su temple triste
—triste desde el dominio moral de la niñera,
esa traidora lela y cariñosa—,
y él, ingenuo, hereda,
engañado tan pronto por el padre legítimo,
la gran torre imponente,
impresionante, sí, pero cerrada.
Legislado por muertos nunca vistos
engañados en beata conjetura,
sobre un taburete de manías
o sobre un taburete de aflicción,
se sienta, mente clara y homicida.
Tiene a su alrededor grandes bellezas:
grandiosas son sus miras
y grandioso su amor.

Determined on Time's truthful shield
The lamb must face the tigress,
The faithful quarrel never healed
Though, faithless, he consider
His dream of vaguer ages,
Hunter and victim reconciled,
The lion and the adder,
The adder and the child.
Fresh loves betray him, every day
Over his green horizon
A fresh deserter rides away,
And miles away birds mutter
Of ambush and of treason;
To fresh defeats he still must move.
To further griefs and greater,
And the defeat of grief.

LULLABY

Lay your sleeping head, my love,
Human on my faithless arm;
Time and fevers burn away
Individual beauty from
Thoughtful children, and the grave
Proves the child ephemeral:
But in my arms till break of day
Let the living creature lie,
Mortal, guilty, but to me
The entirely beautiful.
Soul and body have no bounds:
To lovers as they lie upon
Her tolerant enchanted slope
In their ordinary swoon,
Grave the vision Venus sends
Of supernatural sympathy,
Universal love and hope;
While an abstract insight wakes
Among the glaciers and the rocks
The hermit's carnal ecstasy.

Determinado en el escudo justo de los tiempos
que la oveja haga frente a la tigresa,
nunca llegó a acabarse su fiel lucha
aunque, escéptico, él piense
en su sueño de épocas más vagas,
reconciliados cazador y víctima,
el león y la víbora,
la víbora y el niño.
Le engaña cada amor: todos los días
sobre el verde horizonte
un nuevo desertor huye a caballo,
y a lo lejos los pájaros murmuran
acerca de emboscadas, de traición;
hacia derrotas nuevas ha de ir todavía,
hacia dolores nuevos y mayores,
y hacia la derrota del dolor.

CANCIÓN DE CUNA

Duerme, amor, pon tu cabeza,
tan humana, en mi infiel brazo.
Quema el tiempo con sus fiebres
la belleza irrepetible de
la niñez pensativa —la tumba
nos demuestra que es efímera—:
pero descanse hasta el alba
en mis brazos la criatura,
mortal, culpable. A mis ojos,
absolutamente bella.
No hay frontera entre alma y cuerpo:
a los amantes, echados
en su falda tolerante
hasta el desmayo vulgar,
Venus les enseña en serio
una unión que no es del mundo,
amor y espera absoluta,
mientras visiones abstractas
entre rocas y glaciares
llevan al eremita el éxtasis carnal.

Certainty, fidelity
On the stroke of midnight pass
Like vibrations of a bell
And fashionable madmen raise
Their pedantic boring cry:
Every farthing of the cost,
All the dreaded cards foretell,
Shall be paid, but from this night
Not a whisper, not a thought,
Not a kiss nor look be lost.
Beauty, midnight, vision dies:
Let the winds of dawn that blow
Softly round your dreaming head
Such a day of welcome show
Eye and knocking heart may bless,
Find our mortal world enough;
Noons of dryness find you fed
By the involuntary powers,
Nights of insult let you pass
Watched by every human love.

O WHAT IS THAT SOUND

O what is that sound which so thrills the ear
Down in the valley drumming, drumming?
Only the scarlet soldiers, dear,
The soldiers coming.
O what is that light I see flashing so clear
Over the distance brightly, brightly?
Only he sun on their weapons, dear,
As they step lightly.
O what are they doing with all that gear,
What are they doing this morning, this morning?
Only their usual manoeuvres, dear,
Or perhaps a warning.
O why have they left the road down there,
Why are they suddenly wheeling, wheeling?
Perhaps a change in their orders, dear.
Why are you kneeling?

Fidelidad y constancia
pasan al sonar las doce
como tañe una campana,
y los locos con tribuna
gritan su sermón de siempre.
Cada céntimo del precio,
los temibles vaticinios
pagaré, pero esta noche
ni un susurro va a faltar,
ni un pensamiento, ni un beso.
La ilusión nocturna muere:
que te roce el viento al alba
la cabeza soñadora
y bendigas, dulce, el día
con los ojos y el corazón,
y el mundo mortal te baste;
y el seco mediodía no te sorprenda
sin la fuerza de un alimento involuntario,
y que, en las noches amargas,
todo humano amor te guarde.

Álvaro García

BALADA DE LA BELLA Y LOS SOLDADOS

¿Qué es ese redoble que oírlo estremece
abajo en el valle sonando?
Son sólo soldados, mi vida,
soldados marchando.
¿Qué son los destellos que veo moverse
allá en la distancia brillantes?
Son sólo reflejos, mi vida,
del sol en los máusers.
¿Adónde van hoy con tanto armamento?
¿Qué vienen a hacer esta tarde?
Harán ejercicios, mi vida,
o acaso un alarde.
¿No ves que han salido de pronto al camino?
¿No ves que se acercan al pueblo?
Un cambio en la orden, mi vida.
¿Por qué tienes miedo?

O haven't they stopped for the doctor's care,
Haven't they reined their horses, their horses?
Why, they are none of them wounded, dear,
None of these forces.
O it the parson they want, with white hair,
Is it the parson, is it, is it?
No, they are passing his gateway, dear,
Without a visit.
O it must be the farmer who lives so near.
It must be the farmer so cunning, so cunning?
They have passed the farmyard already, dear,
And now they are running.
O where are you going? Stay with me here!
Were the vows you swore deceiving, deceiving?
No, I promised to love you, dear,
But I must be leaving.
O it's broken the lock and splintered the door,
O it's the gate where they're turning, turning;
Their boots are heavy on the floor
And their eyes are burning.

Musée des Beaux Arts

About suffering they were never wrong,
The Old Masters: how well they understood
Its human position; how it takes place
While someone else is eating or opening a window or just
walking dully along;
How, when the aged are reverently, passionately waiting
For the miraculous birth, there always must be
Children who did not specially want it to happen, skating
On a pond at the edge of the wood:
They never forgot
That even the dreadful martyrdom must run its course
Anyhow in a corner, some untidy spot
Where the dogs go on with their doggy life and the torturer's horse
Scratches its innocent behind on a tree.

¿No ves si se paran en donde el alcalde?
¿No ves enfrenar los caballos?
Delante pasaron, mi vida,
y no han hecho alto.
¿No ves si se paran en casa del cura?
¿No ves si han parado en la plaza?
La plaza pasaron, mi vida,
y siguen en marcha.
¿No buscan a Luis el que vive tan cerca?
¿No buscan a Luis el herrero?
Su casa pasaron, mi vida,
a paso ligero.
¿Adónde te escapas? ¿Es éste el cariño
que tú me jurabas sincero?
Te juro quererte, mi vida.
Mas no queda tiempo.
Ya salta el cerrojo, ya cede la puerta,
no suenan ya golpes de máuser.
Sus botas de clavos resuenan
y sus ojos arden.

Jaime Gil de Biedma

Musée des Beaux Arts

Acerca del sufrimiento nunca se equivocaron
los pintores antiguos. Y qué bien entendieron
su sentido en el hombre; cómo llega
mientras que alguien come o abre una ventana o simplemente
pasea distraído;
cómo, cuando los mayores esperan fervorosa, ardientemente,
el milagroso alumbramiento, siempre
hay también niños que no quieren que ocurra,
patinando en el confín del bosque.
Nunca olvidaron
que aun el terrible tormento debe seguir su curso
imperturbable, en un rincón, en un lugar inmundo,
donde los perros siguen con su vida de perros, y el caballo
del torturador
restriega las inocentes ancas en un árbol.

In Breughel's *Icarus*, for instance: how everything turns away
Quite leisurely from the disaster; the ploughman may
Have heard the splash, the forsaken cry,
But for him it was not an important failure; the sun shone
As it had to on the white legs disappearing into the green
Water; and the expensive delicate ship that must have seen
Something amazing, a boy falling out of the sky,
had somewhere to get to and sailed calmly on.

A. E. Housman

No one, not even Cambridge, was to blame
—Blame if you like the human situation—;
Heart-injured in North London, he became
The leading classic of his generation.
Deliberately he chose de dry-as-dust,
Kept tears like dirty postcards in a drawer;
Food was his public love, his private lust
Something to do with violence and the poor.
In savage footnotes on unjust editions
He timidly attacked the life he led.
And put the money of his feelings on
The uncritical relations of the dead,
Where purely geographical divisions
Parted the coarse hanged soldier from the don.

In memory of W. B. Yeats

(d. Jan. 1939)

I

He disappeared in the dead of winter:
The brooks were frozen, the airports almost deserted,
And snow disfigured the public statues;
The mercury sank in the mouth of the dying day.

En el *Ícaro* de Breughel, por ejemplo: ved cómo todo se inhibe
del desastre; el campesino debe
de haber oído el chapoteo, el grito desgarrado,
mas, para él, no es eso una desgracia: el sol brilló, como tenía
que hacerlo,
sobre las blancas piernas que se hundían en las verdes
aguas; y el elegante y delicado barco,
que algo insólito vio —un muchacho cayendo de los cielos—,
como tenía que llegar a puerto prosiguió navegando lentamente.

Alejandro Duque Amusco

A. E. Housman

De nadie, ni siquiera de Cambridge, fue la culpa
(culpad si lo queréis la condición humana);
burlado y agraviado su corazón en Londres,
fue el clásico señero de su generación.
Escogió lo más árido, lo tedioso; guardó
como sucias postales en un cajón las lágrimas.
La comida fue el signo de sus amores públicos;
la violencia y los pobres, su privada lujuria.
En postillas feroces a ediciones infieles
atacó tenuemente la vida que llevaba,
y el caudal de su afecto depositó en el trato
inocuo de los muertos, donde los puros lindes
de la geografía separaban al tosco
soldado ajusticiado del erudito ilustre.

José María Micó

En memoria de W. B. Yeats

(m. en enero de 1939)

I

Desapareció en medio del invierno:
helados los arroyos, casi vacíos los aeropuertos,
la nieve desfiguraba las estatuas públicas
y el mercurio se hundía en la boca del día agonizante.

What instruments we have agree
The day of his death was a dark cold day.
    Far from his illness
The wolves ran on through the evergreen forests,
The peasant river was untempted by the fashionable quays;
By mourning tongues
The death of the poet was kept from his poems.
    But for him it was his last afternoon as himself,
An afternoon of nurses and rumours;
The provinces of his body revolted,
The squares of his mind were empty,
Silence invaded the suburbs,
The current of his feeling failed; he became his admirers.
    Now he is scattered among a hundred cities
And wholly given over to unfamiliar affections,
To find his happiness in another kind of wood
And be punished under a foreign code of conscience.
The words of a dead man
Are modified in the guts of the living.
    But in the importance and noise of to-morrow
When the brokers are roaring like beasts on the floor of the Bourse,
And the poor have the sufferings to which they are fairly
accustomed,
And each in the cell of himself is almost convinced of his freedom,
A few thousand will think of this day
As one thinks of a day when one did something slightly unusual.
What instruments we have agree
The day of his death was a dark cold day.

II

You were silly like us: your gift survived it all:
The parish of rich women, physical decay,
Yourself. Mad Ireland hurt you into poetry.
Now Ireland has her madness and her weather still,
For poetry makes nothing happen: it survives
In the valley of its making where executives
Would never want to tamper, flows on south
From ranches of isolation and the busy griefs,
Raw towns that we believe and die in; it survives,
A way of happening, a mouth.

Los medios que tenemos coinciden
en que el día de su muerte fue un día oscuro y frío.
Lejos de su enfermedad,
los lobos recorrían los bosques de coníferas,
no tentaban al río campesino los muelles elegantes;
el dolor de las voces ocultó
la muerte del poeta a sus poemas.
Pero para él fue su última tarde como él mismo,
una tarde de enfermeras y rumores;
se rebelaron las provincias de su cuerpo,
se quedaban vacías las plazas de su mente,
el silencio invadía las afueras,
le falló la corriente a su sentir y él se convirtió en sus admiradores.
Ahora se reparte en cien ciudades,
destinado del todo hacia el cariño anónimo,
a ser feliz en bosques de otro tipo
y a ser condenado por un código extranjero de conciencia.
Las palabras del hombre que ya ha muerto
se alteran en la entraña de los vivos.
Pero entre la importancia y el ruido de mañana,
cuando en la Bolsa griten como bestias
y sufra el pobre los padecimientos a que está honradamente acostumbrado,
y cada cual en la celda de sí mismo esté casi seguro de su libertad,
unos cuantos miles pensarán en este día
como se piensa en el día en que uno hizo algo un poco raro.
Los medios que tenemos coinciden
en que el día de su muerte fue un día oscuro y frío.

II

Fuiste tonto como nosotros; sobrevivió tu don
a todo: a la parroquia de las ricas, al declive del cuerpo,
a ti mismo. Te hirió con la poesía la loca Irlanda
e Irlanda sigue aún con su locura y su clima,
pues la poesía no hace que ocurra nada: sobrevive
en el valle donde nace, donde ningún ejecutivo
querría jamás llegar; fluye hacia el Sur
desde ranchos de aislamiento y desde activas penas,
crudas ciudades en que creer y morir. Sobrevive eso,
una boca y un modo de suceder las cosas.

Álvaro García

III

Earth, receive an honoured guest:
William Yeats is laid to rest.
Let the Irish vessel lie
Emptied of its poetry.
    Time that is intolerant
Of the brave and the innocent,
And indifferent in a week
To a beautiful physique,
    Worships language and forgives
Everyone by whom it lives;
Pardons cowardice, conceit,
Lays its honours at their feet.
    Time that with this strange excuse
Pardoned Kipling and his views,
And will pardon Paul Claudel,
Pardons him for writing well.
    In the nightmare of the dark
All the dogs of Europe bark,
And the living nations wait,
Each sequestered in its hate;
    Intellectual disgrace
Stares from every human face,
And the seas of pity lie
Locked and frozen in each eye.
    Follow, poet, follow right
To the bottom of the night,
With your unconstraining voice
Still persuade us to rejoice;
    With the farming of a verse
Make a vineyard of the curse,
Sing of human unsuccess
In a rapture of distress;
    In the deserts of the heart
Let the healing fountain start,
In the prison of his days
Teach the free man how to praise.

III

Recibe, tierra, a un huésped honorable;
William Yeats desciende hacia el reposo.
Que el ánfora irlandesa
descanse, despojada de su música.
El tiempo que es intolerante
con el audaz y el inocente,
y en sólo una semana indiferente
ante un hermoso físico,
adora los idiomas y perdona
a quienes les dan vida;
perdona vanidades, cobardías,
y pone sus honores a sus pies.
El tiempo que con esta extraña excusa
perdonó a Kipling sus ideas,
y habrá de perdonar a Paul Claudel,
perdona a los que escriben bien.
En esta pesadilla de la sombra
todos los perros de Europa ladran,
y las naciones vivientes acechan,
secuestradas en sus odios;
la vergüenza intelectual
nos mira desde cada rostro humano
y los mares de la piedad
se hielan en todos los ojos.
Sigue, poeta, sigue derecho
hacia el fondo de la noche,
con tu voz que nunca ordena
persuádenos aún la alegría.
Con el cultivo de un verso
haz la viña de las anatemas,
canta el fracaso humano
en un éxtasis de angustia.
En los desiertos del corazón
deja fluir la fuente consoladora,
en la prisión de sus días
enseña al hombre libre los elogios.

J. R. Wilcock

ANOTHER TIME

For us like any other fugitive,
Like the numberless flowers that cannot number
And all the beasts that need not remember,
It is to-day in which we live.
    So many try to say Not Now,
So many have forgotten how
To say I Am, and would be
Lost, if they could, in history.
    Bowing, for instance, with such old-world grace
To a proper flag in a proper place,
Muttering like ancients as they stump upstairs
Of Mine and His or Ours and Theirs.
    Just as if time were what they used to will
When it was gifted with possession still,
Just as if they were wrong
In no more wishing to belong.
    No wonder then so many die of grief,
So many are so lonely as they die;
No one has yet believed or liked a lie:
Another time has other lives to live.

Otro tiempo

Nosotros, como otros fugitivos,
las flores incontables, que no saben contar,
y las bestias, que no necesitan memoria,
vivimos en el hoy.
Hay tantos que nos dicen que Ahora No,
tantos que han olvidado la manera
de decir Soy, y que procurarían
perderse, si pudieran, en la historia.
Saludando, pongamos, con tal estilo antiguo
la bandera oportuna en el sitio oportuno;
subiendo a duras penas con murmurar de viejo
la escalera del Mío, o Nuestro y Suyo.
Como si el tiempo fuese lo que ellos desearon
cuando aún se les daba en posesión.
Como si equivocados estuvieran
al haber desistido de ser parte.
No es raro, así, que tantos se mueran de tristeza,
que estén tan solitarios cuando mueren;
ni uno sólo ha creído o amado una mentira.
Pero otro tiempo tiene otras vidas que vivir.

Álvaro García

Dylan Thomas

Gran Bretaña (Swansea, Gales, 1914-Nueva York, 1953)

Poeta precocísimo, en 1934 se trasladó a Londres y sorprendió a la crítica con un primer libro, *Eighteen Poems*, que fue saludado como revolucionario frente a las modas poéticas del momento, en particular frente a la tendencia social de un W.H. Auden y un Louis MacNeice. En 1936 participó junto con Éluard y otros vanguardistas en la muestra internacional organizada por los surrealistas y publicó *Twenty-Five Poems (Veinticinco poemas)*, que reforzó el prestigio que ya tenía y que se volvió desbordante con *The Map of Love* (1939), *Death and Entrances* (1946) o sus *Collected Poems* (1952). Personalidad de gran magnetismo, bien reflejada en las prosas de *A Portrait of the Artist as a Young Dog* (*Retrato del artista cachorro*, 1940), colaboró en la prensa y en la BBC, escribió guiones, bebió mucho, y desde 1950 dio repetidos recitales y conferencias en los Estados Unidos, donde murió a causa de un derrame cerebral. Heredero de la tradición inglesa de Blake y Hopkins, lector de la Biblia y de Freud, es la suya una poesía de expresión exótica, antagonista de toda intelectualidad, densa en imágenes fantásticas que sin embargo se enraízan en el paisaje galés de su infancia. El lenguaje, utilizado como un elemento mágico, reconcilia lo sagrado con lo profano y arrastra con la vitalidad de su ritmo.

The Force that through the green Fuse Drives the Flower

The force that through the green fuse drives the flower
Drives my green age; that blasts the roots of trees
Is my destroyer.
And I am dumb to tell the crooked rose
My youth is bent by the same wintry fever.
The force that drives the water through the rocks
Drives my red blood; that dries the mouthing streams
Turns mine to wax.
And I am dumb to mouth unto my veins
How at the mountain spring the same mouth sucks.
The hand that whirls the water in the pool
Stirs the quicksand; that ropes the blowing wind
Hauls my shroud sail.
And I am dumb to tell the hanging man
How of my clay is made the hangman's lime.
The lips of time leech to the fountain head;
Love drips and gathers, but the fallen blood
Shall calm her sores.
And I am dumb to tell a weather's wind
How time has ticked a heaven round the stars.
And I am dumb to tell the lover's tomb
How at my sheet goes the same crooked worm.

Poem in October

It was my thirtieth year to heaven
Woke to my hearing from harbour and neighbour wood
And the mussel pooled and the heron
Priested shore
The morning beckon
With water praying and call of seagull and rook
And the knock of sailing boats on the net webbed wall
Myself to set foot
That second
In the still sleeping town and set forth.

La fuerza que por el verde tallo impulsa la flor

La fuerza que por el verde tallo impulsa la flor
impulsa mis verdes años; la que agosta la raíz del árbol
es la que me destruye.
Y yo estoy mudo para decirle a la rosa doblada
que dobla mi juventud la misma invernal fiebre.
La fuerza que impulsa el agua entre las rocas
impulsa mi roja sangre; la que seca las ruidosas corrientes
vuelve cera la mía.
Y yo estoy mudo para decirles con mi boca a mis venas
que la misma boca bebe en la corriente del monte.
La mano que arremolina el agua del estanque
remueve la arena; la que amarra el soplido del viento
detiene mi vela de sudario.
Y yo estoy mudo para decirle al verdugo
que su cuerpo vil está hecho de mi arcilla.
Los labios del tiempo sorben del manantial;
el amor gotea y se recoge, mas la sangre vertida
calmará sus pesares.
Y yo estoy mudo para decirle al viento de un tiempo
que el tiempo ha marcado un cielo alrededor de los astros.
Y yo estoy mudo para decirle a la tumba de mi amada
que en mi sábana avanza encorvado el mismo gusano.

Esteban Pujals

Poema de octubre

Era el año en que los treinta cumplía, a los cielos
despertando, no lejos del puerto y del bosque vecino,
y la playa con charcas de mejillones, y garzas reales
a modo de clérigos;
la mañana hacía señales
con el agua rezando, y el grito de los grajos y las gaviotas,
y el ludir de las barcas en el muro cubierto de redes;
de pie me puse
en seguida,
en la villa aún dormida, y salí de la casa.

My birthday began with the water
Birds and the birds of the winged trees flying my name
Above the farms and the white horses
And I rose
In rainy autumn
And walked abroad in a shower of all my days.
High tide and the heron dived when I took the road
Over the border
And the gates
Of the town closed as the town awoke.
A springful of larks in a rolling
Cloud and the roadside bushes brimming with whistling
Blackbirds and the sun of October
Summery
On the hill's shoulder,
Here were fond climates and sweet singers suddenly
Come in the morning where I wandered and listened
To the rain wringing
Wind blow cold
In the wood faraway under me.
Pale rain over the dwindling harbour
And over the sea wet church the size of a snail
With its horns through mist and the castle
Brown as owls
But all the gardens
Of spring and summer were blooming in the tall tales
Beyond the border and under the lark full cloud.
There could I marvel
My birthday
Away but the weather turned around.
It turned away from the blithe country
And down the other air and the blue altered sky
Streamed again a wonder of summer
With apples
Pears and red currants
And I saw in the turning so clearly a child's
Forgotten mornings when he walked with his mother
Through the parables
Of sun light
And the legends of the green chapels

El día de mi cumpleaños empezó con los pájaros
acuáticos y con los pájaros de alados árboles, que enarbolaban
mi nombre
sobre las granjas y los blancos caballos;
y me levanté
en el otoño lluvioso,
y, al andar, me inundaban todos mis días como un chubasco.
Era en la pleamar, y se zambullían las garzas cuando el camino
emprendía,
la frontera cruzando,
y las puertas
de la villa cerradas aún, cuando ya despertaba la villa.
Toda una primavera de alondras en el rodar de una nube,
y los matojos, bordeando el sendero, rebosantes de mirlos
silbando, y el sol de octubre,
como estival,
en lo alto del cerro;
climas apasionados y dulces cantores súbitamente
llegaron aquella mañana en que iba errante, escuchando
la lluvia que se retorcía;
frío, el viento soplaba
a mis pies, en la lejanía del bosque.
Pálida lluvia sobre el puerto encogido
y sobre la iglesia, mojada del mar y como un caracol pequeñita,
con los cuernos envueltos en la niebla, y sobre el castillo
pardo como los búhos;
mas los jardines
de primavera y estío florecían en fábulas altas, allende
la frontera y bajo la nube llena de alondras.
Allí podía asombrarme,
en tanto que el día de mi cumpleaños
se deslizaba, mas daba vueltas el tiempo.
Me aparté del país jubiloso
y bajando por otro aire y por el cielo, de un azul ya mudado,
chorreaba de nuevo una maravilla de estío,
con manzanas,
peras y rojas grosellas;
y tan claramente vi, en el rodar del tiempo, aquellas mañanas
olvidadas de un niño que con su madre se iba,
paseando por entre parábolas
de luz de sol
y leyendas de verdes capillas,

And the twice told fields of infancy
That his tears burned my cheeks and his heart moved in mine.
These were the woods the river and sea
Where a boy
In the listening
Summertime of the dead whispered the truth of his joy
To the trees and the stones and the fish in the tide.
And the mystery
Sang alive
Still in the water and singingbirds.
And there could I marvel my birthday
Away but the weather turned around. And the true
Joy of the long dead child sang burning
In the sun.
It was my thirtieth
Year to heaven stood there then in the summer noon
Though the town below lay leaved with October blood.
O may my heart's truth
Still be sung
On this high hill in a year's turning.

And Death Shall Have no Dominion

And death shall have no dominion.
Dead men naked they shall be one
With the man in the wind and the west moon;
When their bones are picked clean and the clean bones gone,
They shall have stars at elbow and foot;
Though they go mad they shall be sane,
Though they sink through the sea they shall rise again;
Though lovers be lost love shall not;
And death shall have no dominion.
And death shall have no dominion.
Under the windings of the sea
They lying long shall not die windily;
Twisting on racks when sinews give way,
Strapped to a wheel, yet they shall not break;

y por los campos de la niñez, ya dos veces contados,
que mis mejillas quemaron sus lágrimas y su corazón sentí
moverse en el mío.
Aquéllos eran los bosques, el río y el mar
donde un muchacho
en el atento verano de los ya muertos murmuró la verdad de
su gozo
a las piedras, a los árboles, al pez y al reflujo.
Y el misterio
cantaba aún, vivo
en el agua y en el gorjear de los pájaros.
Y allí podía asombrarme, en tanto que el día de mi cumpleaños
se deslizaba, mas daba vueltas el tiempo. Y la verdadera
alegría del niño, muerto años hacía, enardecida cantaba
al sol.
Era el año en que treinta
cumplía, irguiéndose debajo del cielo, en el mediodía de estío,
aunque al fondo cubriese la villa, como un follaje, la sangre
de octubre.
¡Ah! Que pueda cantarse
la verdad de mi corazón todavía,
en este cerro elevado, cuando dé el año otra vuelta.

Marià Manent

Y LA MUERTE NO TENDRÁ SEÑORÍO

Y la muerte no tendrá señorío.
Desnudos los muertos se habrán confundido
con el hombre del viento y la luna poniente;
cuando sus huesos estén roídos y sean polvo los limpios,
tendrán estrellas a sus codos y a sus pies;
aunque se vuelvan locos serán cuerdos,
aunque se hundan en el mar saldrán de nuevo,
aunque los amantes se pierdan quedará el amor;
y la muerte no tendrá señorío.
Y la muerte no tendrá señorío.
Bajo las ondulaciones del mar
los que yacen tendidos no morirán aterrados;
retorciéndose en el potro cuando los nervios ceden,
amarrados a una cuerda, aún no se romperán;

Faith in their hands shall snap in two,
And the unicorn evils run them through;
Split all ends up they shan't crack;
And death shall have no dominion.
    And death shall have no dominion.
No more may gulls cry at their ears
Or waves break loud on the seashores;
Where blew a flower may a flower no more
Lift its head to the blows of the rain;
Though they be mad and dead as nails,
Heads of the characters hammer through daisies;
Break in the sun till the sun breaks down,
And death shall have no dominion.

Do not Go Gentle into that Good Night

Do not go gentle into that good night,
Old age should burn and rave at close of day;
Rage, rage against the dying of the light.
    Though wise men at their end know dark is right,
Because their words had forked no lightning they
Do not go gentle into that good night.
    Good men, the last wave by, crying how bright
Their frail deeds might have danced in a green bay,
Rage, rage against the dying of the light.
    Wild men who caught and sang the sun in flight,
And learn, too late, they grieved it on its way,
Do not go gentle into that good night.
    Grave men, near death, who see with blinding sight
Blind eyes could blaze like meteors and be gay,
Rage, rage against the dying of the light.
    And you, my father, there on the sad height,
Curse, bless, me now with your fierce tears, I pray.
Do not go gentle into that good night.
Rage, rage against the dying of the light.

la fe en sus manos se partirá en dos,
y los penetrarán los daños unicornes;
rotos todos los cabos ya no crujirán más;
y la muerte no tendrá señorío.
Y la muerte no tendrá señorío.
Aunque las gaviotas no vuelvan a cantar en su oído
ni las olas estallen ruidosas en las costas;
aunque no broten flores donde antes brotaron ni levanten
ya más la cabeza al golpe de la lluvia;
aunque estén locos y muertos como clavos,
las cabezas de los cadáveres martillearán margaritas;
estallarán al sol hasta que el sol estalle,
y la muerte no tendrá señorío.

Esteban Pujals

NO ENTRES SUMISO EN ESA GRAN NOCHE

No entres sumiso en esa gran noche.
La vejez debería delirar y encenderse ante el crepúsculo;
rebélate, rebélate contra la muerte de la luz.
Aunque los sabios a su fin comprenden que la tiniebla es justa,
pues sus palabras no hendieron los relámpagos,
no entran sumisos en esa gran noche.
Los bondadosos, en la cresta última, gritando cuán espléndidos
sus frágiles actos pudieron danzar en una bahía verde,
rebélanse, rebélanse contra la muerte de la luz.

Los locos, que atraparon y cantaron al sol en su transcurso,
y aprenden, demasiado tarde, que pusieron tristeza en su camino,
no entran sumisos en esa gran noche.
Los inconmovibles, cerca de la muerte, que con mirada deslumbrada
ven que los ojos ciegos pudieron ser alegres y rutilar igual que meteoros,
rebélense, rebélense contra la muerte de la luz.
Y tú, oh padre mío, ahí en la cumbre aciaga,
maldice, bendice, mientras yo con tus vehementes lágrimas imploro.
No entres sumiso en esa gran noche.
Rebélate, rebélate contra la muerte de la luz.

Alejandro Duque Amusco

A REFUSAL TO MOURN THE DEATH, BY FIRE, OF A CHILD IN LONDON

Never until the mankind making
Bird beast and flower
Fathering and all humbling darkness
Tells with silence the last light breaking
And the still hour
Is come of the sea tumbling in harness
    And I must enter again the round
Zion of the water bead
And the synagogue of the ear of corn
Shall I let pray the shadow of a sound
Or sow my salt seed
In the least valley of sackcloth to mourn
    The majesty and burning of the child's death.
I shall not murder
The mankind of her going with a grave truth
Nor blaspheme down the stations of the breath
With any further
Elegy of innocence and youth.
    Deep with the first dead lies London's daughter
Robed in the long friends,
The grains beyond age, the dark veins of her mother,
Secret by the unmourning water
Of the riding Thames.
After the first death, there is no other.

Rehúsa lamentar la muerte de una muchacha quemada en Londres

Nunca hasta que los hombres hicieron
pájaro bestia y flor
paternidad y toda humillante oscuridad
decir con silencio la última luz rompiente
y la tranquila hora
venga del mar tambaleándose en su cabalgadura
y yo entre de nuevo la rueda
Sión de la cuenta de agua
y la sinagoga de la cereal espiga
dejaré rezar la sombra de un murmullo
o sembraré mi simiente salada
en el menor valle de la estameña para lamentar
la majestad y el abrasarse de la muerte infantil.
No asesinaré
la humanidad de su partida con una verdad grave
ni blasfemaré por las estaciones del aliento
con ninguna otra
elegía de juventud e inocencia.
Honda con los muertos primeros yace la hija de Londres
vestida con viejos amigos,
granos sin edad, las oscuras venas maternales,
secreta cerca del agua sin lamento
del Támesis cabalgador.
Tras la muerte primera, no hay más muerte.

José Antonio Muñoz Rojas

Paul Celan

Czernowitz (Rumanía, hoy Ucrania, 1920-París, 1970)

Celan (anagrama del apellido Anczel o Antschel) pertenecía a la minoría germanoparlante de una región, Bukowina, de gran diversidad cultural y lingüística, hasta 1918 integrada en el imperio austrohúngaro y durante la segunda guerra ocupada por tropas rusas y luego alemanas. Sus padres, judíos, fueron asesinados en un campo de concentración y él mismo internado en otro. En 1948 se radica en París, donde estudia en la Sorbona y se desempeña como traductor y profesor. Perseguido por el fantasma de las persecuciones, se suicida arrojándose al Sena. Desde *Der Sand aus den Urnen* (*La ceniza de las urnas*, 1948) y *Mohn und Gedächtnis* (*Amapola y memoria*, 1952) hasta los póstumos *Schneepart* (*Parte de nieve*, 1971) y *Zeitgehöft* (*Cercado en el tiempo*, 1976), la poesía de Celan arranca de una profunda pérdida y desemboca en metáforas de la imposibilidad de comunicación entre los seres humanos. La dureza de las imágenes y la sucesión de expresiones fragmentarias dan al lector una sensación de vacío y angustia. El poema, que compara a un mensaje lanzado al mar, conduce al diálogo, pero un diálogo desesperado, que lucha por decir que el dolor es intransferible y el hombre está abandonado a un destino cruel, al mismo tiempo que es consciente de que no cabe razonar más allá del lenguaje.

TODESFUGE

Schwarze Milch der Frühe wir trinken sie abends
wir trinken sie mittags und morgens wir trinken sie nachts
wir trinken und trinken
wir schaufeln ein Grab in den Luften da liegt man nicht eng
Ein Mann wohnt im Haus der spielt mit den Schlangen der schreibt
der schreibt wenn es dunkelt nach Deutschland dein goldenes
Haar Margarete
er schreibt es und tritt vor das Haus und es blitzen die Sterne
er pfeift seine Rüden herbei
er pfeift seine Juden hervor läßt schaufeln ein Grab in der Erde
er befiehlt uns spielt auf nun zum Tanz.
Schwarze Milch der Frühe wir trinken dich nachts
wir trinken dich morgens und mittags wir trinken dich abends
wir trinken und trinken
Ein Mann wohnt im Haus der spielt mit den Schlangen der schreibt
der schreibt wenn es dunkelt nach Deutschland dein goldenes
Haar Margarete
Dein aschenes Haar Sulamith wir schaufeln ein Grab in den
Lüften da liegt man nicht eng.
Er ruft stecht tiefer ins Erdreich ihr einen ihr andern singet
und spielt
er greift nach dem Eisen im Gurt er schwingts seine Augen sind blau
stecht tiefer die Spaten ihr einen ihr andern spielt weiter zum
Tanz auf.
Schwarze Milch der Frühe wir trinken dich nachts
wir trinken dich mittags und morgens wir trinken dich abends
wir trinken und trinken
ein Mann wohnt im Haus dein goldenes Haar Margarete dein
aschenes Haar Sulamith er spielt mit den Schlangen.
Er ruft spielt süßer den Tod der Tod ist ein Meister aus
Deutschland
er ruft streicht dunkler die Geigen dann steigt ihr als Rauch in
die Luft
dann habt ihr ein Grab in den Wolken da liegt man nicht eng.
Schwarze Milch der Frühe wir trinken dich nachts
wir trinken dich mittags der Tod ist ein Meister aus Deutschland
wir trinken dich abends und morgens wir trinken und trinken
der Tod ist ein Meister aus Deutschland sein Auge ist blau
er trifft dich mit bleierner Kugel er trifft dich genau

Fuga de muerte

Leche negra del alba la bebemos al atardecer
la bebemos al mediodía y a la mañana la bebemos de noche
bebemos y bebemos
cavamos una fosa en los aires allí no hay estrechez
En la casa vive un hombre que juega con las serpientes que escribe
que escribe al oscurecer a Alemania tu cabello de oro Margarete
lo escribe y sale a la puerta de casa y brillan las estrellas silba
llamando a sus perros
silba y salen sus judíos manda cavar una fosa en la tierra
nos ordena tocad ahora música de baile.
Leche negra del alba te bebemos de noche
te bebemos de mañana y al mediodía te bebemos al atardecer
bebemos y bebemos
En la casa vive un hombre que juega con las serpientes que escribe
que escribe al oscurecer a Alemania tu cabello de oro Margarete
Tu cabello de ceniza Sulamita cavamos una fosa en los aires
allí no hay estrechez.
Grita cavad más hondo en el reino de la tierra los unos y
los otros cantad y tocad
echa mano al hierro en el cinto lo blande tiene ojos azules
hincad más hondo las palas los unos y los otros volved a tocar
música de baile.
Leche negra del alba te bebemos de noche
te bebemos al mediodía y a la mañana te bebemos al atardecer
bebemos y bebemos
un hombre vive en la casa tu cabello de oro Margarete tu cabello
de ceniza Sulamita él juega con serpientes
Grita tocad más dulcemente a la muerte la muerte es un
amo de Alemania
grita tocad más sombríamente los violines luego subiréis
como humo en el aire
luego tendréis una fosa en las nubes allí no hay estrechez.
Leche negra del alba te bebemos de noche
te bebemos al mediodía la muerte es un amo de Alemania
te bebemos al atardecer y a la mañana bebemos
y bebemos la muerte es un amo de Alemania su ojo es azul
te alcanza con bala de plomo te alcanza certero

ein Mann wohnt im Haus dein goldenes Haar Margarete
er hetzt seine Rüden auf uns er schenkt uns ein Grab in der Luft
er hetzt mit den Schlangen und träumet der Tod ist ein Meister
aus Deutschland
dein goldenes Haar Margarete
dein aschenes Haar Sulamith.

Argumentum e silentio

Für René Char

An die Kette gelegt
zwischen Gold und Vergessen:
die Nacht.
Beide griffen nach ihr.
Beide ließ sie gewähren.
Lege,
lege auch du jetzt dorthin, was herauf—
dämmern will neben den Tagen:
das sternüberflogene Wort,
das meerübergossne.
Jedem das Wort.
Jedem das Wort, das ihm sang,
als die Meute ihn hinterrücks anfiel—
Jedem das Wort, das ihm sang und erstarrte.
Ihr, der Nacht,
das sternüberflogne, das meerübergossne,
ihr das erschwiegne,
dem das Blut nicht gerann, als der Giftzahn
die Silben durchstieß.
Ihr das erschwiegene Wort.
Wider die andern, die bald,
die umhurt von den Schinderohren,
auch Zeit und Zeiten erklimmen,
zeugt es zuletzt,
zuletzt, wenn nur Ketten erklingen,
zeugt es von ihr, die dort liegt
zwischen Gold und Vergessen,
beiden verschwistert von je—

un hombre vive en la casa tu cabello de oro Margarete
azuza sus perros contra nosotros nos regala una fosa en el aire
acosa con las serpientes y sueña la muerte es un amo de Alemania
tu cabello de oro Margarete
tu cabello de ceniza Sulamita.

Argumentum e silentio

Para René Char

Encadenada
entre oro y olvido:
la noche.
Ambos trataron de asirla.
A ambos les dejó hacer.
Coloca,
coloca también tú ahora allí lo que alzarse
quiere con el albor junto a los días:
la palabra que estrellas sobrevuelan,
la que mares sumergen.
A cada cual su palabra.
A cada cual la palabra que cantó para él
cuando la jauría le atacó por la espalda—
A cada cual la palabra que cantó para él y se petrificó.
A ella, a la noche,
la palabra que estrellas sobrevuelan, la que mares sumergen,
a ella la silenciada,
a la que no se le heló la sangre cuando el colmillo venenoso
atravesó las sílabas.
A ella la palabra silenciada.
Contra las otras que, pronto,
prostituidas por los oídos de los verdugos,
escalarán también el tiempo, los tiempos,
la evidencia, al fin,
al fin, cuando sólo cadenas resuenan,
pone en evidencia a la que allí reposa
entre oro y olvido,
hermanada de siempre a ambos—

Denn wo
dämmerts denn, sag, als bei ihr,
die im Stromgebiet ihrer Träne
tauchenden Sonnen die Saat zeigt
aber und abermals?

Tenebrae

Nah sind wir, Herr,
nahe und greifbar.
Gegriffen schon, Herr,
ineinander verkrallt, als wär
der Leib eines jeden von uns
dein Leib, Herr.
Bete, Herr,
bete zu uns,
wir sind nah.
Windschief gingen wir hin,
gingen wir hin, uns zu bücken
nach Mulde und Maar.
Zur Tränke gingen wir, Herr.
Es war Blut, es war,
was du vergossen, Herr.
Es glänzte.
Es warf uns dein Bild in die Augen, Herr.
Augen und Mund stehn so offen und leer, Herr.
Wir haben getrunken, Herr.
Das Blut und das Bild, das im Blut war, Herr.
Bete, Herr.
Wir sind nah.

Pues ¿dónde
clarea, di, sino junto a ella,
que en la cuenca fluvial de su lágrima
muestra una y otra vez la siembra a los soles
que se sumergen?

Jesús Munárriz

TENEBRAE

Cerca estamos, Señor,
cercanos y aprehensibles.
Aprehendidos ya, Señor,
entregarfados, como si fuera
el cuerpo de cada uno de nosotros
tu cuerpo, Señor.
Ruega, Señor,
ruéganos,
estamos cerca.
Agobiados íbamos,
íbamos a encorvarnos
hasta badén y bañil.
Al abrevadero íbamos, Señor.
Era sangre, sangre era,
lo que derramaste, Señor.
Relucía.
Nos devolvía tu imagen a los ojos, Señor.
Ojos y boca están tan abiertos y vacíos, Señor.
Hemos bebido, Señor.
La sangre y la imagen que estaba en la sangre, Señor.
Ruega, Señor.
Estamos cerca.

José Luis Reina Palazón

Mandorla

In der Mandel — was steht in der Mandel?
Das Nichts.
Es steht das Nichts in der Mandel.
Da steht es und steht.
    Im Nichts — wer steht da? Der König.
Da steht der König, der König.
Da steht er und steht.
    Judenlocke, wirst nicht grau.
    Und dein Aug — wohin steht dein Auge?
Dein Aug steht der Mandel entgegen.
Dein Aug, dem Nichts stehts entgegen.
Es steht zum König.
So steht es und steht.
    Menschenlocke, wirst nicht grau.
      Leere Mandel, königsblau.

Es war erde in ihnen, und
sie gruben
    Sie gruben und gruben, so ging
ihr Tag dahin, ihre Nacht. Und sie lobten nicht Gott,
der, so hörten sie, alles dies wollte,
der, so hörten sie, alles dies wußte.
    Sie gruben und hörten nichts mehr;
sie wurden nicht weise, erfanden kein Lied,
erdachten sich keinerlei Sprache.
Sie gruben.
    Es kam eine Stille, es kam auch ein Sturm,
es kamen die Meere alle.
Ich grabe, du gräbst, und es gräbt auch der Wurm,
und das Singende dort sagt: Sie graben.
    O einer, o keiner, o niemand, o du:
Wohin gings, da's nirgendhin ging?
O du gräbst und ich grab, und ich grab mich dir zu,
und am Finger erwacht uns der Ring.

MANDORLA

En la almendra — ¿qué hay en la almendra?
La Nada.
La Nada está en la almendra.
Allí está, está.
    En la Nada — ¿quién está? El Rey.
Allí está el Rey, el Rey.
Allí está, está.
    Bucle de judío, no llegarás al gris.
    Y tu ojo — ¿dónde está tu ojo?
Tu ojo está frente a la almendra.
Tu ojo frente a la Nada está.
Apoya al rey.
Así está allí, está.
    Bucle de hombre, no llegarás al gris.
      Vacía almendra, azul real.

José Ángel Valente

Tierra había en ellos y
cavaron
    Cavaron y cavaron, así pasaron
su día, su noche. Y no alabaron a Dios
que, así oyeron, todo aquello quería,
que, así oyeron, todo aquello sabía.
    Cavaron y nada más oyeron;
ni se volvieron sabios, ni inventaron canción,
ni imaginaron lengua alguna.
Cavaron.
    Vino una calma, vino también una tempestad,
los mares todos vinieron.
Yo cavo, tú cavas y cava el gusano además,
y lo que allí canta dice: cavan ellos.
    Oh uno, oh ninguno, oh nadie, oh tú:
¿Hacia dónde fue aquello hacia nada ido?
Oh, tú cavas y yo cavo y me cavo adonde tú,
y en nuestro dedo despierta el anillo.

José Luis Reina Palazón

Psalm

Niemand knetet uns wieder aus Erde und Lehm,
niemand bespricht unsern Staub.
Niemand.
    Gelobt seist du, Niemand.
Dir zulieb wollen
wir blühn.
Dir
entgegen.
    Ein Nichts
waren wir, sind wir, werden
wir bleiben, blühend:
die Nichts—, die
Niemandsrose.
    Mit
dem Griffel seelenhell,
dem Staubfaden himmelswüst,
der Krone rot
vom Purpurwort, das wir sangen
über, o über
dem Dorn.

In den Flüssen nördlich der Zukunft
werf ich das Netz aus, das du
zögernd beschwerst
mit von Steinen geschriebenen
Schatten.

Die Spur eines Bisses im Nirgends
Auch sie
mußt du bekämpfen,
von hier aus.

SALMO

Ya nadie nos moldea con tierra y con arcilla,
ya nadie con su hálito despierta nuestro polvo.
Nadie.
    Alabado seas, Nadie.
Queremos por tu amor
florecer
contra
ti.
    Una nada
fuimos, somos, seremos,
floreciendo:
rosa de
nada, de nadie.
    Con
el pistilo almalúcido,
cielo desierto el estambre,
la corola roja
de la palabra purpúrea que cantamos
sobre, oh sobre
la espina.

José Ángel Valente

En los ríos al norte del futuro
lanzo la red
que lentamente cargas
de sombras escritas por las piedras.

Jaime Siles

La huella de un mordisco en parte alguna
También contra ella
tienes tú que luchar,
desde aquí.

Ela María Fernández-Palacios y
Jaime Siles

Pier Paolo Pasolini

Italia (Bolonia, 1922-Roma, 1975)

Mientras estudiaba letras en la Universidad de Bolonia, publicó *Poesie a Casarsa* (1942) en el dialecto friulano que era la lengua de su madre y de la localidad de Casarsa, donde residió a menudo de niño y de joven. Homosexual, en 1949 fue procesado por corrupción de menores y expulsado del partido comunista y de la escuela en que enseñaba. En Roma, se instala con su madre en un suburbio y escribe las novelas *Ragazzi di vita* (*Muchachos de la calle*, 1955) y *Una vita violenta* (1959), que le valen el éxito, el escándalo y nuevos problemas judiciales. En los años sesenta, sin dejar una vivacísima actividad intelectual en otros terrenos, inicia una carrera cinematográfica que lo consagra como uno de los grandes nombres de la época. Muere asesinado por un *ragazzo di vita.* Al fondo del Pasolini crítico, novelista, polemista de actualidad, dramaturgo, hombre de cine, está siempre el Pasolini que siente la poesía como forma de expresión fundamental. Libros como *Le cenere di Gramsci* (1957), *La religione del mio tempo* (1961), *Poesia in forma di rosa* (1964) o *Trasumanar e organizzar* (1971), escritos ya en italiano, tocan los mismos temas que el resto de su obra, desde el lumpen-proletariado hasta el catolicismo y la cultura italiana, pero repensándolos en el lenguaje que a cada uno le corresponde contemplado con una óptica de lo primario y primigenio.

Senza cappotto, nell'aria di gelsomino
mi perdo nella passeggiata serale,
respirando — avido e prostrato, fino
    a non esistere, a essere febbre nell'aria
la pioggia che germoglia e il sereno
che incombe arido su asfalti, fanali,
    cantieri, mandrie di grattacieli, piene
di sterri e di fabbriche, incrostati
di buio e di miseria...
    Sordido fango indurito, pesto, e rasento
tuguri recenti e decrepiti, ai limiti
di calde aree erbose... Spesso l'esperienza
    espande intorno più allegria, più vita,
che l'innocenza: ma questo muto vento
risale dalla regione aprica
    dell'innocenza... L'odore precoce e stento
di primavera che spande, scioglie
ogni difusa nel cuore che ho redento
    con la sola chiarezza: antiche voglie,
smanie, sperdute tenerezze, riconosco
in questo smosso mondo di foglie.

Le ceneri di Gramsci

I

Non è di maggio questa impura aria
che il buio giardino straniero
fa ancora più buio, o l'abbaglia
    con cieche schiarite... questo cielo
di bave sopra gli attici giallini
che in semicerchi immensi fanno velo
    alle curve del Tevere, ai turchini
monti del Lazio... Spande una mortale
pace, disamorata come i nostri destini,
    tra le vecchie muraglie l'autunnale
maggio. In esso c'è il grigiore del mondo,
la fine del decennio in cui ci appare

Sin abrigo, en el aire de jazmín,
me pierdo paseando al atardecer
respirando ávido, recogido, hasta
no existir, hasta que la lluvia
es como una fiebre en el aire,
la lluvia que germina, y el cielo
que amenaza, árido, sobre asfaltos
y talleres y rebaños de rascacielos,
llenos de hoyos y de fábricas,
incrustados en la oscuridad y la miseria...
sórdido fango endurecido, pestilente,
tugurios recién hechos y ya decrépitos
en los límites de calenturientas áreas herbosas...
a veces la experiencia derrama alrededor
más alegría, más vida que la inocencia;
pero este mudo viento surge
de la soleada región de la inocencia...,
el olor precoz y débil de la primavera que avanza
disuelve toda defensa del corazón
redimido con sólo su claridad:
antiguos deseos, frenesíes, perdidas
ternuras reconozco en este removido
mundo de las hojas.

Antonio Colinas

Las cenizas de Gramsci

I

No es de mayo este aire impuro
que al oscuro jardín extranjero
hace aún más oscuro, o alucina
con falsas claridades... este cielo
de babas sobre áticos terrosos
que en amplios semicírculos velan
los meandros del Tíber, a los turquinos
montículos del Lazio... Expande una mortal
paz desamorada, como nuestros destinos,
entre las viejas murallas, el otoñal
mayo. En él está lo gríseo del mundo,
el final del decenio donde aparece

tra le macerie finito il profondo
e ingenuo sforzo di rifare la vita;
il silenzio, fradicio e infecondo...
Tu giovane, in quel maggio in cui l'errore
era ancora vita, in quel maggio italiano
che alla vita aggiungeva almeno ardore,
quanto meno sventato e impuramente sano
dei nostri padri — non padre, ma umile
fratello — già con la tua magra mano
delineavi l'ideale che illumina
(ma non per noi: tu, morto, e noi
morti ugualmente, con te, nell'umido
giardino) questo silenzio. Non puoi,
lo vedi?, che riposare in questo sito
estraneo, ancora confinato. Noia
patrizia ti è intorno. E, sbiadito,
solo ti giunge qualche colpo d'incudine
dalle officine di Testaccio, sopito
nel vespro: tra misere tettoie, nudi
mucchi di latta, ferrivecchi, dove
cantando vizioso un garzone già chiude
la sua giornata, mentre intorno spiove.

II

Tra i due mondi, la tregua, in cui non siamo.
Scelte, dedizioni... altro suono non hanno
ormai che questo del giardino gramo
e nobile, in cui caparbio l'inganno
che attutiva la vita resta nella morte.
Nei cerchi dei sarcofaghi non fanno
che mostrare la superstite sorte
di gente laica le laiche iscrizioni
in queste grige pietre, corte
e imponenti. Ancora di passioni
sfrenate senza scandalo son arse
le ossa dei miliardari di nazioni
più grandi; ronzano, quasi mai scomparse,
le ironie dei principi, dei pederasti,
i cui corpi sono nell'urne sparse

terminado entre escombros, el profundo
e ingenuo esfuerzo de rehacer la vida;
el silencio, podrido e infecundo...
Tú, joven, en aquel mayo en que el error
significa aún vida, un mayo italiano
que a la vida añadía cuando menos ardor,
al menos el indolente e impuramente sano
de nuestros padres —no padre, tú, sino humilde
hermano— ya con tu enjuta mano
delineabas el ideal que esclarece
(pero no para nosotros: tú, muerto, y nosotros
muertos igualmente, contigo, en el húmedo
jardín) este silencio. No puedes,
¿ves?, sino reposar en tal paraje
extraño, aún desterrado. Patricio
tedio lo rodea. Y, amortiguando,
te llega apenas algún golpe de yunque
desde los talleres del Testaccio, amodorrado
en el atardecer: entre míseros galpones, desnudas
pilas de lata, chatarra, donde
canturreando un aprendiz holgazán concluye
su jornada; mientras en torno escampa.

II

Entre los dos mundos, la tregua en que no estamos.
Alternativas, sacrificios... no tienen ya otra voz
que la de este jardín doliente
y noble, en que, obstinado, el engaño
que atenúa la vida subsiste en la muerte.
El cerco de sarcófagos no
muestra más que las castas de gente laica
que sobreviven, las laicas inscripciones
en estas grises piedras, breves
y solemnes. De insaciables
pasiones, sin escándalo, arden aún
los huesos de millonarios de naciones
más fuertes; zumba, casi nunca esfumada,
la ironía de los príncipes, de los pederastas,
cuyos cuerpos están, en las urnas dispersas,

inceneriti e non ancora casti.
Qui il silenzio della morte è fede
di un civile silenzio di uomini rimasti
uomini, di un tedio che nel tedio
del Parco, discreto muta: e la città
che, indifferente, lo confina in mezzo
a tuguri e a chiese, empia nella pietà,
vi perde il suo splendore. La sua terra
grassa di ortiche e di legumi dà
questi magri cipressi, questa nera
umidità che chiazza i muri intorno
a smorti ghirigori di bosso, che la sera
rasserenando spegne in disadorni
sentori d'alga... quest'erbetta stenta
e inodora, dove violetta si sprofonda
l'atmosfera, con un brivido di menta,
o fieno marcio, e quieta vi prelude
con diurna malinconia, la spenta
trepidazione della notte. Rude
di clima, dolcissimo di storia, è
tra questi muri il suolo in cui trasuda
altro suolo; questo umido che
ricorda altro umido; e risuonano
— familiari da latitudini e
orizzonti dove inglesi selve coronano
laghi spersi nel cielo, tra praterie
verdi come fosforici biliardi o come
smeraldi: «And O ye Fountains...» — le pie
invocazioni...

III

Uno straccetto rosso, come quello
arrotolato al collo ai partigiani
e, presso l'urna, sul terreno cereo,
diversamente rossi, due gerani.
Lì tu stai, bandito e con dura eleganza
non cattolica, elencato tra estranei
morti: Le ceneri di Gramsci... Tra speranza
e vecchia sfiducia, ti accosto, capitato
per caso in questa magra serra, innanzi

incineradosyaún así, impuros.
Aquí, el silencio de la muerte da fe
de un silencio civil de hombres que persistieron
hombres, de un tedio que en el tedio
del Parque cambia discreto: y la ciudad
que, indiferente, lo confina
entre tugurios e iglesias, impía en la piedad,
pierde allí su esplendor. La tierra
rica en verdura y ortigas
crea estos magros cipreses, esta negra
humedad que salpica en torno los muros
de lívidos rasgueos de boj, que la tarde
sosegando apaga en un escueto
tufillo de algas... esta hierbecilla cenceña
y sin olor, donde, violeta, se sumerge
el crepúsculo, con un calofrío de menta
o heno podrido, y aquietado os anuncia
con diurna melancolía, el apagado
azoramiento de la noche. Áspero
su clima, dulcísima su historia, es
entre estos muros la tierra en la que rezuma
otra tierra; esta humedad que
recuerda otra humedad; mientras resuenan
—familiares de latitudes, y
horizontes donde ingleses bosques coronan
lagos dispersos en el cielo, entre praderías
verdes como fosforescentes billares o como
esmeraldas: «And O ye Fountains...»— las pías
invocaciones...

III

Un retazo rojo, como ese
anudado al cuello de los partisanos
y, junto a la urna, sobre el terreno céreo,
diversamente rojos, dos geranios.
Allí estás tú, proscrito y con dura elegancia
no católica, catalogado entre muertos
extraños: Las cenizas de Gramsci... Entre esperanza
y caduco recelo, me acerco a ti, llegado
por azar a este seco invernadero, ante

alla tua tomba, al tuo spirito restato
quaggiù tra questi liberi. (O è qualcosa
di diverso, forse, di più estasiato
e anche di più umile, ebbra simbiosi
d'adolescente di sesso con morte...)
E, da questo paese in cui non ebbe posa
la tua tensione, sento quale torto
— qui nella quiete delle tombe — e insieme
quale ragione — nell'inquieta sorte
nostra — tu avessi stilando le supreme
pagine nei giorni del tuo assassinio.
Ecco qui ad attestare il seme
non ancora disperso dell'antico dominio,
questi morti attaccati a un possesso
che affonda nei secoli il suo abominio
e la sua grandezza: e insieme, ossesso,
quel vibrare d'incudini, in sordina,
soffocato e accorante — dal dimesso
rione — ad attestarne la fine.
Ed ecco qui me stesso... povero, vestito
dei panni che i poveri adocchiano in vetrine
dal rozzo splendore, e che ha smarrito
la sporcizia delle più sperdute strade,
delle panche dei tram, da cui stranito
è il mio giorno: mentre sempre più rade
ho di queste vacanze, nel tormento
del mantenermi in vita; e se mi accade
di amare il mondo non è che per violento
e ingenuo amore sensuale
così come, confuso adolescente, un tempo
l'odiai, se in esso mi feriva il male
borghese di me borghese: e ora, scisso
— con te — il mondo, oggetto non appare
di rancore e quasi di mistico
disprezzo, la parte che ne ha il potere?
Eppure senza il tuo rigore, sussisto
perchè non scelgo. Vivo nel non volere
del tramontato dopoguerra: amando
il mondo che odio — nella sua miseria
sprezzante e perso — per un oscuro scandalo
della coscienza...

tu tumba, a tu espíritu que permanece
acá abajo entre los libres. (O es algo
diferente, quizá más extasiado
y también más humilde, ebria simbiosis
adolescente de sexo y muerte...)
Y en este país, donde nunca hubo tregua
a tu pasión, siento qué error
—aquí entre el sosiego de las tumbas— y a la vez
qué razón —en nuestro inquieto destino—
tuviste destilando las páginas
supremas en los días de tu asesinato.
He aquí, atestiguando la semilla
aún no dispersa del antiguo poderío,
estos muertos unidos a un dominio
que hunde en los siglos su abominación
y su grandeza: y junto, obsesionante,
aquel vibrar de yunques, en sordina,
sofocado y aflictivo —del humilde
arrabal— testimoniando el fin.
Y heme aquí... pobre, vestido con las ropas
que los pobres codician en los escaparates
de burdo oropel, ajadas
por la suciedad de las calles más extraviadas,
en las banquetas de los tranvías, que enrarecen
mi jornada: mientras, siempre más escasos
logro estos ocios, atormentado
por sobrevivir: y si me adviene
amar el mundo sólo es un violento
e ingenuo amor sensual
así como, confuso adolescente, un día
lo odié, si en él hería el mal burgués,
que en mí, burgués, había: y ahora, compartido
—contigo— el mundo, ¿no parece motivo
de rencor y casi de místico
desprecio, la fracción que el poder posee?
Sin embargo, sin tu rigor, subsisto
porque no elijo. Vivo sin querer nada
de la desvanecida posguerra: amando
el mundo que odio —en su miseria
desdeñoso y perdido— por un oscuro escándalo
de mi conciencia...

VI

Me ne vado, ti lascio nella sera
che, benchè triste, così dolce scende
per noi viventi, con la luce cerea
che al quartiere in penombra si rapprende.
E lo sommuove. Lo fa più grande, vuoto,
intorno, e, più lontano, lo riaccende
di una vita smaniosa che del roco
rotolìo dei tram, dei gridi umani,
dialettali, fa un concerto fioco
e assoluto. E senti come in quei lontani
esseri che, in vita, gridano, ridono,
in quei loro veicoli, in quei grami
caseggiati dove si consuma l'infido
ed espansivo dono dell'esistenza —
quella vita non è che un brivido;
corporea, collettiva presenza;
senti il mancare di ogni religione
vera; non vita, ma sopravvivenza
— forse più lieta della vita — come
d'un popolo di animali, nel cui arcano
orgasmo non ci sia altra passione
che per l'operare quotidiano:
umile fervore cui dà un senso di festa
l'umile corruzione. Quanto più è vano
— in questo vuoto della storia, in questa
ronzante pausa in cui la vita tace —
ogni ideale, meglio è manifesta
la stupenda, adusta sensualità
quasi alessandrina, che tutto minia
e impuramente accende, quando qua
nel mondo, qualcosa crolla, e si trascina
il mondo, nella penombra, rientrando
in vuote piazze, in scorate officine...
Già si accendono i lumi, costellando
Via Zabaglia, Via Franklin, l'intero
Testaccio, disadorno tra il suo grande
lurido monte, i lungoteveri, il nero
fondale, oltre il fiume, che Monteverde
ammassa o sfuma invisibile sul cielo.

VI

Me voy, te dejaré en la tarde
que, aunque triste, tan suave va cayendo
para los vivos, con la luz cerosa
que en el barrio en penumbra se coagula.
Y lo perturba. Lo engrandece, lo vacía,
en torno y aún más lejos lo reaviva
con vida delirante que del ronco
rechinar del tranvía, y de los gritos
dialectales, forma un concierto bronco
y absoluto. Siente como en aquellos
seres lejanos, que en vida gritan, ríen,
en sus callejuelas, en las insanas
barriadas donde se consume la falaz
y expansiva merced de la existencia—
su vida no es más que un calofrío;
corpórea, presencia colectiva;
nota la ausencia de toda religión
real; no vida sino supervivencia
—más dichosa que la vida tal vez—
cual en un pueblo de fieras, en cuyo
arcano orgasmo otra pasión no existe
que para más trabajo cotidiano:
fervor humilde que da un sentido alegre
a la humilde corrupción. Cuanto más vano
—en este hueco de la historia, en esta
fragosa pausa en que la vida calla—
todo ideal, mejor se manifiesta
la magnífica, sensualidad adusta
casi alejandrina, que todo minia
e impuramente enciende, cuando aquí
en el mundo, algo se hunde, y se arrastra
en el mundo, en la penumbra, penetrando
en vacías plazas, en mustios talleres...
Ya se encienden las luces, constelando
Via Zabaglia, Via Franklin, todo
el Testaccio, afeado tras su alto
sórdido monte, muelles del Tíber, negro
hondón, tras el río, que Monteverde
hacina o evapora, invisible en el cielo.

Diademi di lumi che si perdono,
smaglianti, e freddi di tristezza
quasi marina... Manca poco alla cena;
brillano i rari autobus del quartiere,
con grappoli d'operai agli sportelli,
e gruppi di militari vanno, senza fretta,
verso il monte che cela in mezzo a sterri
fradici e mucchi secchi d'immondizia
nell'ombra, rintanate zoccolette
che aspettano irose sopra la sporcizia
afrodisiaca: e, non lontano, tra casette
abusive ai margini del monte, o in mezzo
a palazzi, quasi a mondi, dei ragazzi
leggeri come stracci giocano alla brezza
non più fredda, primaverile; ardenti
di sventatezza giovanile la romanesca
loro sera di maggio scuri adolescenti
fischiano pei marciapiedi, nella festa
vespertina; e scrosciano le saracinesche
dei garages di schianto, gioiosamente,
se il buio ha resa serena la sera,
e in mezzo ai platani di Piazza Testaccio
il vento che cade in tremiti di bufera,
è ben dolce, benchè radendo i capellacci
e i tufi del Macello, vi si imbeva
di sangue marcio, e per ogni dove
agiti rifiuti e odore di miseria.
È un brusio la vita, e questi persi
in essa, la perdono serenamente,
se il cuore ne hanno pieno: a godersi
eccoli, miseri, la sera: e potente
in essi, inermi, per essi, il mito
rinasce... Ma io, con il cuore cosciente
di chi soltanto nella storia ha vita,
potrò mai più con pura passione operare,
se so che la nostra storia è finita?

Diademas de fulgores que se pierden
deslumbrantes, y frías de tristeza
casi marina... Hora de cena; brillan
escasos autobuses en el barrio,
con racimos de obreros en las puertas;
grupos de militares van, sin prisa,
hacia el monte, que cela entre podridos
restos y pilas de basuras secas
en la sombra, escondidas rameruelas
que airadas velan sobre la inmundicia
afrodisíaca: y, cerca, entre casitas
ilegales, en las laderas, o en medio
de los bloques, casi mundos, muchachos
ágiles como hilachas juegan en la brisa
ya no fría, primaveral; ardientes
de irreflexión juvenil en su romana
tarde de mayo, oscuros adolescentes
silban por las aceras, en la fiesta
vespertina; y de golpe las persianas
de los garajes caen; alegremente,
las sombras vuelven sereno el serano,
y entre los plátanos de Plaza Testaccio
el temblor del viento borrascoso,
es muy dulce, aunque rasando las boveduchas
y las tobas del Matadero se embebía
de sangre corrompida, y por doquiera
basuras revueltas y olor a miseria.
Es bullicio la vida, y los perdidos
en ella, la pierden serenamente,
si pleno está su corazón: míralos
gozar, míseros, la noche: y potente
en ellos, inermes, por ellos, el mito
renace... Mas yo con el corazón consciente
de quien sólo en la historia tiene vida
¿podré jamás obrar con pasión pura
si sé que nuestra historia está acabada?

Javier Lentini

A un Papa

Pochi giorni prima che tu morissi, la morte
aveva messo gli occhi su un tuo coetaneo:
a vent'anni, tu eri studente, lui manovale,
tu nobile, ricco, lui un ragazzaccio plebeo:
ma gli stessi giorni hanno dorato su voi
la vecchia Roma che stava tornando così nuova.
Ho veduto le sue spoglie, povero Zucchetto.
Girava di notte ubriaco intorno ai Mercati,
e un tram che veniva da San Paolo, l'ha travolto
e trascinato un pezzo pei binari tra i platani:
per qualche ora restò lì, sotto le ruote:
un po' di gente si radunò intorno a guardarlo,
in silenzio: era tardi, c'erano pochi passanti.
Uno degli uomini che esistono perché esisti tu,
un vecchio poliziotto sbracato come un guappo,
a chi s'accostava troppo gridava: «Fuori dai coglioni!»
Poi venne l'automobile d'un ospedale a caricarlo:
la gente se ne andò, restò qualche brandello qua e là,
e la padrona di un bar notturno, più avanti,
che lo conosceva, disse a nuovo venuto
che Zucchetto era andato sotto un tram, era finito.
Pochi giorni dopo finivi tu: Zucchetto era uno
della tua grande greggia romana ed umana,
un povero ubriacone, senza famiglia e senza letto,
che girava di notte, vivendo chissà come.
Tu non me sapevi niente: come non sapevi niente
di altri mille e mille cristi come lui.
Forse io sono feroce a chiedermi per che ragione
la gente come Zucchetto fosse idegna del tuo amore.
Ci sono posti infami, dove madri e bambini
vivono in una polvere antica, in un fanfo d'altre epoche.
Proprio non lontano da dove tu sei vissuto,
in vista della bella cupola di San Pietro,
c'è uno di questi posti, il Gelsomino...
Un monte tagliato a metà da una cava, e sotto,
tra una marana e una fila di nuovi palazzi,
un mucchio di misere costruzioni, non case ma porcili.
Bastava soltanto un tuo gesto, una tua parola,
perché quei tuoi figli avessero una casa:
tu non hai fatto un gesto, non hai detro una parola.

A un Papa

Pocos días antes de que tú murieses, la muerte
había puesto sus ojos en un coetáneo tuyo:
a los veinte años, tú eras estudiante, él albañil,
tú noble y rico, él un jovenzucho plebeyo:
pero los mismos días, sobre vosotros, han dorado
a la vieja Roma que se está volviendo tan nueva.
He visto sus despojos, pobre Zucchetto.
Borracho, vagaba de noche en torno a los Mercados,
y un tranvía que venía de San Paolo, le ha arrollado
y le ha arrastrado un rato por los raíles, entre los plátanos:
durante unas horas quedó allí, bajo las ruedas:
alguna gente se reunió alrededor para mirarlo,
en silencio: era tarde, y eran pocos los transeúntes.
Uno de esos hombres que existen porque existes tú,
un viejo policía fanfarrón como un chulo,
al que se acercaba demasiado gritaba: «¡Fuera, cojones!»
Después vino el automóvil de un hospital a cargarlo:
la gente se fue, y quedó sólo algún guiñapo aquí o allá,
y la patrona de un bar nocturno, más adelante,
que lo conocía, dijo a un recién llegado
que Zucchetto había ido bajo un tranvía y había acabado.
Pocos días después acababas tú: Zucchetto era uno
de tu inmensa grey romana y humana,
un pobre borrachín, sin familia y sin lecho,
que vagaba en la noche, viviendo quién sabe cómo.
Tú nada sabías de él: como nada sabías
de otros mil y mil cristos como él.
Tal vez yo sea duro al preguntarme por qué razón
la gente como Zucchetto era indigna de tu amor.
Hay sitios infames, donde madres y niños
viven entre un polvo antiguo, en fango de otras épocas.
No muy lejos, por cierto, de donde tú has vivido,
a la vista la cúpula hermosa de San Pedro,
hay uno de esos sitios, el Gelsomino...
Un monte cortado en la mitad de la cantera, y abajo
entre escombros y una fila de nuevos palacios,
un montón de míseras construcciones, no casas sino pocilgas.
Bastaba un solo gesto tuyo, una sola palabra,
para que esos tus hijos tuviesen una casa:
tú no has hecho un gesto, ni has dicho una palabra.

Non ti si chiedeva di perdonare Marx! Un'onda
immensa che si rifrange da millenni di vita
ti separava da lui, dalla sua religione:
ma nella tua religione non si parla di pietà?
Migliaia di uomini sotto il tuo pontificato,
davanti ai tuoi occhi, son vissuti in stabbi e porcili.
Lo sapevi, peccare non significa fare il male:
non fare il bene, questo significa peccare.
Quanto bene tu potevi fare! E non l'hai fatto:
non c'è stato un peccatore più grande di te.

¡No se te pedía perdonar a Marx! Una ola
inmensa que se refracta de milenios de vida
te separaba de ellos y de su religión:
pero en tu religión, ¿no se habla de piedad?
Millares de hombres bajo tu pontificado,
ante tus ojos, han vivido en establos y pocilgas.
Lo sabías, pecar no significa hacer el mal:
no hacer el bien, eso significa pecar.
¡Cuánto bien pudiste hacer! Y no lo has hecho:
no ha habido un pecador tan grande como tú.

Luis Antonio de Villena

Philip Larkin

Gran Bretaña (Coventry, 1922-Hull, 1985)

Frente a las metáforas desbocadas y el solipsismo hermético de las vanguardias, la postguerra sintió en Inglaterra la necesidad de contemplar el mundo con una mirada modesta, a ras de tierra. Desde su primer libro maduro, *The Less Deceived* (*Un engaño menor*, 1955), y definitivamente con *The Whitsun Weddings* (*Las bodas de Pentecostés*, 1964) y *High Windows* (*Altas ventanas*, 1974), Larkin ha sido admirado como el más alto exponente de ese retorno a la realidad. Buena muestra de su prestigio es que «Aubade» (1977), el largo poema que le ocupó durante varios años y que constituye poco menos que su despedida de la poesía, fuera publicado en la portada del *Times Literary Supplement*. Larkin había estudiado literatura en Oxford, en el Saint John's College, y tras graduarse en 1943 trabajó como bibliotecario en Leicester, Belfast y, desde 1955, Hull. La métrica de corte tradicional casa en su obra impecablemente con la naturalidad del lenguaje y con una temática cercana al hombre de la calle. Es la suya una poesía de la experiencia, de tono familiar, a menudo irónico, y de una soltura desencantada. En el trasfondo de sus penetrantes imágenes de la cotidianidad y de sus nítidas acuarelas de paisajes modernos, se adivina sin embargo la nostalgia del amor rechazado y la sombra irrevocable de la muerte.

MAIDEN NAME

Marrying left your maiden name disused.
Its five light sounds no longer mean your face,
Your voice, and all your variants of grace;
For since you were so thankfully confused
By law with someone else, you cannot be
Semantically the same as that young beauty:
It was of her that these two words were used.
    Now it's a phrase applicable to no one,
Lying just where you left it, scattered through
Old lists, old programmes, a school prize or two,
Packets of letters tied with tartan ribbon—
Then it is scentless, weightless, strengthless, wholly
Untruthful? Try whispering it slowly.
No, it means you. Or, since you're past and gone,
    It means what we feel now about you then:
How beautiful you were, and near, and young,
So vivid, you might still be there among
Those first few days, unfingermarked again.
So your old name shelters our faithfulness,
Instead of losing shape and meaning less
With your depreciating luggage laden.

THE WHITSUN WEDDINGS

That Whitsun, I was late getting away:
    Not till about
One-twenty on the sunlit Saturday
Did my three-quarters-empty train pull out,
All windows down, all cushions hot, all sense
Of being in a hurry gone. We ran
Behind the backs of houses, crossed a street
Of blinding windscreens, smelt the fish-dock; thence
The river's level drifting breath began,
Where sky and Lincolnshire and water meet.
    All afternoon, through the tall heat that slept
    For miles inland,
A slow and stopping curve southwards we kept.
Wide farms went by, short-shadowed cattle, and
Canals with floatings of industrial froth;

Apellido de soltera

El casarte dejó sin uso tu apellido.
Sus cinco claras letras ya no dirán tu cara,
tu voz y todas tus variaciones de ánimo,
pues, desde que por gusto has sido confundida
con alguien por la ley, ya nunca podrás ser
igual, en lo semántico, a esa joven belleza,
porque esas dos palabras para ella se usaron.
    Ahora es una frase que no se aplica a nadie,
dejada donde tú la dejaste, esparcida
por viejas listas y actas, algún premio escolar,
o paquetes de cartas con un lazo escocés.
¿No tiene, según eso, esencia, peso, fuerza,
es del todo mentira? Susúrralo despacio.
Sí que te significa. O, desde que te fuiste,
    para nosotros es lo que era entonces;
tan bella como eras, tan cercana y tan joven,
así de viva acaso permaneces aún
entre esos días antiguos y sin huella de dedos.
Tu viejo nombre ampara nuestra fidelidad
en vez de ir perdiendo forma y significado,
cargado del ajuar que te deprecia.

Álvaro García

Las bodas de Pentecostés

Aquel Pentecostés salí con gran retraso:
hasta casi
la una y veinte del sábado soleado
no arrancaba mi tren, casi vacío,
las ventanas abiertas, los asientos
calientes, y sin ninguna sensación de prisa.
Corríamos por detrás de las casas, cruzábamos
entre deslumbrantes parabrisas y el olor de los muelles
hasta arrastrarnos el río y su aliento
hacia donde convergen el agua, Lincolnshire y el cielo.
    Toda la tarde, entre el calor dormido,
millas adentro,
seguimos hacia el sur la lenta curva.
Pasamos granjas enormes, rebaños sin casi
sombra, y canales con residuos de espuma industrial.

A hothouse flashed uniquely: hedges dipped
And rose: and now and then a smell of grass
Displaced the reek of buttoned carriage-cloth
Until the next town, new and nondescript,
Approached with acres of dismantled cars.
    At first, I didn't notice what a noise
    The weddings made
Each station that we stopped at: sun destroys
The interest of what's happening in the shade,
And down the long cool platforms whoops and skirls
I took for porters larking with the mails,
And went on reading. Once we started, though,
We passed them, grinning and pomaded, girls
In parodies of fashion, heels and veils,
All posed irresolutely, watching us go,
    As if out on the end of an event
    Waving goodbye
To something that survived it. Struck, I leant
More promptly out next time, more curiously,
And saw it all again in different terms:
The fathers with broad belts under their suits
And seamy foreheads; mothers loud and fat;
An uncle shouting smut; and then the perms,
The nylon gloves and jewellery-substitutes,
The lemons, mauves, and olive-ochres that
    Marked off the girls unreally from the rest.
    Yes, from cafés
And banquet-halls up yards, and bunting-dressed
Coach-party annexes, the wedding-days
Were coming to an end. All down the line
Fresh couples climbed aboard: the rest stood round;
The last confetti and advice were thrown,
And, as we moved, each face seemed to define
Just what it saw departing: children frowned
At something dull; fathers had never known
    Success so huge and wholly farcical;
    The women shared
The secret like a happy funeral;
While girls, gripping their handbags tighter, stared
At a religious wounding. Free at last,
And loaded with the sum of all they saw,
We hurried towards London, shuffling gouts of steam.

Un invernáculo relampagueó, magnífico; los setos
subían y bajaban; y, de vez en cuando, un olor a hierba
reemplazaba el hedor de los asientos;
hasta que otra ciudad adocenada
se acercaba entre coches desguazados.
No me di cuenta, al principio, del ruido
que las bodas
hacían en cada estación donde parábamos:
el sol borra el interés por lo que pasa
en la sombra. Y en los largos y frescos andenes, los gritos
y vocerío, creí que eran los mozos divirtiéndose
con los paquetes, y seguía leyendo. Pero al iniciar
la marcha, las pasamos, maquilladas, sonrientes,
muchachas indecisas con tacones y velos,
con parodias de moda, mirándonos marchar
como hacia el fin de un acontecimiento,
diciendo adiós
a aquello que aún quedaba. En la estación siguiente, sorprendido,
me asomé más de prisa, más curioso,
y volví a verlo todo en otros términos:
padres con sus chalecos, anchos cintos
y frentes arrugadas; madres gruesas, chillonas;
un pariente gritando obscenidades;
y guantes de nailón, permanentes y joyas
baratas, limones, malvas y ocres-oliva que
aislaban como irreales a las chicas.
Sí, desde cafeterías
y salas de banquetes, desde patios
y anexos con banderitas para grupos,
las bodas ya tocaban a su fin. Todo el viaje
subieron más parejas; los demás
les miraban y arrojaban confeti y consejos
y, al reemprender la marcha, cada rostro
parecía reflejar lo que veía: los niños, con el ceño
fruncido, aburrimiento; los padres, la sorpresa
de un éxito tan grande, tan de farsa;
las mujeres compartían
el secreto como un funeral feliz,
y las chicas, abrazando fuerte sus bolsos, contemplaban
un lacerar religioso. Por fin libres,
cargados con la suma de lo que veían,
corríamos hacia Londres entre vapores y humo.

Now fields were building-plots, and poplars cast
Long shadows over major roads, and for
Some fifty minutes, that in time would seem
    Just long enough to settle hats and say
    I nearly died,
A dozen marriages got under way.
They watched the landscape, sitting side by side
—An Odeon went past, a cooling tower,
And someone running up to bowl — and none
Thought of the others they would never meet
And how their lives would all contain this hour.
I thought of London spread out in the sun,
Its postal districts packed like squares of wheat:
    There we were aimed. And as we raced across
    Bright knots of rail
Past standing Pullmans, walls of blackened moss
Came close, and it was nearly done, this frail
Travelling coincidence; and what it held
Stood ready to be loosed with all the power
That being changed can give. We slowed again,
And as the tightened brakes took hold, there swelled
A sense of falling. Like an arrow-shower
Sent out of sight, somewhere becoming rain.

18 October 1958

THIS BE THE VERSE

They fuck you up, your mum and dad.
They may not mean to, but they do.
They fill you with the faults they had
And add some extra, just for you.
    But they were fucked up in their turn
By fools in old-style hats and coats,
Who half the time were soppy-stern
And half at one another's throats.
    Man hands on misery to man.
It deepens like a coastal shelf.
Get out as early as you can,
And don't have any kids yourself.

Los campos ya eran solares y los chopos
lanzaban largas sombras sobres las carreteras;
y en cincuenta minutos, que parecerían
el tiempo justo de ponerse el sombrero y decir:
«Casi me muero»,
doce matrimonios estaban en camino.
Sentados junto al otro, miraban el paisaje
—un cine, una torre de refrigeración,
alguien jugando a bochas— pero nadie
pensaba en esos otros que no conocerían,
o en cómo contendrían sus vidas esa hora.
Yo imaginaba Londres tendido bajo el sol
con distritos postales como balas de trigo:
hacia allí íbamos. Y, mientras cruzábamos
nudos de vías brillantes,
tras wagon-lits aparcados, se acercaban
muros ennegrecidos, y casi terminaba
esta frágil coincidencia de viaje; y aquello
que contenía estaba a punto de liberarse
con el ímpetu que puede dar el cambio.
Ya más lentos, al tensarse los frenos, irrumpió una
sensación de desplome, cual de flechas
transformándose en lluvia más allá de la vista.

Josep M. Jaumà

Y QUE DIGA ASÍ

¡Anda que tus papás bien te jodieron!
Queriendo o sin querer, la jorobaron.
Con todos sus defectos te cargaron
y algunos de propina aun añadieron.
Pero a su vez jodidos fueron ellos
por memos de chaqués y cuellos duros,
unos ratos seguros e inseguros
y otros ratos tirándose a degüellos.
Pasa de unos a otros el dolor.
Se ahonda como la costa hacia la mar.
En cuanto puedas, mira de escapar;
y no me tengas hijos, por favor.

Francisco Rico

VERS DE SOCIETÉ

My wife and I have asked a crowd of craps
To come and waste their time and ours; perhaps
You'd care to join us? In a pig's arse, friend.
Day comes to an end.
The gas fire breathes, the trees are darkly swayed.
And so *Dear Warlock-Williams: I'm afraid—*
    Funny how hard is to be alone.
I could spend half my evenings, if I wanted,
Holding a glass of washing sherry, canted
Over to catch the drivel of some bitch
Who's read nothing but *Which*;
Just think of all the spare time that has flown
    Straight into nothingness by being filled
With forks and faces, rather than repaid
Under a lamp, hearing the noise of wind,
And looking out to see the moon thinned
To an air-sharpened blade.
A life, and yet how sternly it's instilled
    All solitude is selfish. No one now
Believes the hermit with his gown and dish
Talking to God (who's gone too); the big wish
Is to have people nice to you, which means
Doing it back somehow.
Virtue is social. Are, the, these routines
    Playing at goodness, like going to church?
Something that bores us, something we don't do well
(Asking that ass about his fool research)
But try to feel, because, however crudely,
It shows us what should be?
Too subtle, that. Too decent, too. Oh, hell,
    Only the young can be alone freely.
The time is shorter now for company,
And sitting by a lamp more often brings
Not peace, but other things.
Beyond the light stands failure and remorse
Whispering *Dear Warlock-Williams: Why, of course—*

Vers de société

Mi esposa y yo hemos invitado a unos mamones
a perder su tiempo y el nuestro con nosotros: ¿Tal vez
te gustaría venir? A tomar por el culo, amigo mío.
El día toca a su fin.
Jadea la estufa de gas y en el crepúsculo los árboles se mecen.
De modo que: *Querido Warlock-Williams: Lamento no poder—*
Es curioso cómo cuesta estar solo.
Podría pasar la mitad de mi vida, si quisiera,
con una copa de jerez, medio doblado
para escuchar el bla-bla de una idiota
que no ha leído nada más que el *Vogue.*
Calcula el tiempo libre que se ha ido
de cabeza a la nada, solamente ocupado
con cubiertos y caras, y no bajo una lámpara
dedicado a escuchar la voz del viento
y a ver cómo la luna se va empequeñeciendo
hasta ser una navajada afilada en el aire.
Una vida, y sin embargo, qué grabado tenemos
toda soledad es egoísta. Hoy en día nadie
se cree al ermitaño con su sayo y su plato
hablando con Dios (que ya se fue también); el gran deseo
es que los demás nos muestren su cariño, y eso implica
mostrarles nuestro afecto, más o menos.
La virtud es social. ¿No serán, así pues, estos deberes,
jugar a ser amables, como antes ir a misa?
Algo que no aburre, algo que hacemos mal
(preguntar a un imbécil por su maldito asunto)
tratando de sentirlo, porque, de un modo u otro,
esto nos muestra lo que habría de ser?
Demasiado sutil. Y demasiado decente. A la mierda.
Sólo los jóvenes pueden estar solos sin cargo.
El tiempo de buscar compañía ya se acaba
y estar bajo la lámpara a menudo
no trae la paz, sino otras cosas.
Donde acaba la luz el fracaso y la pena
susurran: *Querido Warlock-Williams: Por supuesto que—*

Sad steps

Groping back to bed after a piss
I part thick curtains, and am startled by
The rapid clouds, the moon's cleanliness
  Four o'clock: wedge shadowed gardens lie
Under a cavernous, a wind-picked sky,
There's something laughable about this,
  The way the moon dashes through clouds that blow
Loosely as cannon-smoke to stand apart
(Stone-coloured light sharpening the roofs below)
  High and preposterous and separate—
Lozenge of love! Medallion of art!
O wolves of memory! Immensements! No,
  One shivers slightly, looking up there,
The hardness and the brightness and the plain
Far-reaching singleness of that wide stare
  Is a reminder of the strength and the pain
Of being young; that it can't come again,
But is for others undiminished somewhere.

Aubade

I work all day, and get half-drunk at night.
Waking at four to soundless dark, I stare.
In time the curtain-edges will grow light.
Till then I see what's really always there:
Unresting death, a whole day nearer now,
Making all thought impossible but how
And where and when I shall myself die.
Arid interrogation: yet the dread
Of dying, and being dead,
Flashes afresh to hold and horrify.
  The mind blanks at the glare. Not in remorse
– The good not done, the love not given, time
Torn off unused – nor wretchedly because
An only life can take so long to climb
Clear of its wrong beginnings, and may never;
But at the total emptiness for ever,
The sure extinction that we travel to

Pasos tristes

Tanteando hacia la cama de vuelta de hacer pis
descorro las cortinas y me sorprendo de
las nubes veloces, la clara limpieza de la luna.
    Las cuatro: cuñas de sombra en los jardines,
el cielo una caverna tomada por el viento.
Hay algo que mueve a risa en todo esto.
    El modo de cruzar la luna entre las nubes
que se apartan ligeras como humo de cañones
(la luz gris piedra perfila los tejados)
    elevado y absurdo y separado—
¡Tableta de amor! ¡Camafeo de arte!
¡Oh, lobos de la memoria! ¡Inmensamientos! No,
    uno se estremece un poco, mirando hacia lo alto.
La dureza, la claridad, la simple
soledad de este mirar la extensa lejanía
    es un recordatorio del dolor y la fuerza
de ser joven; algo que no puede volver,
pero que allí está, sin mengua, para otros.

Eduardo Mendoza

Aubade

De día, trabajo, y, por las noches, bebo.
Me despierto a las cuatro y, en la oscuridad, miro.
Pronto habrá luz en torno a la cortina.
Mientras, contemplo lo que siempre está ahí:
la inquieta muerte, un día más cercana,
que me impide pensar en nada sino
en cómo, dónde y cuándo he de morir.
Áridas cuestiones: pero el miedo
de morir y estar muerto
me deslumbra de nuevo y me horroriza.
    Mi mente queda a ciegas. No de remordimiento
—el bien no hecho, amor no dado, el tiempo
perdido— ni de desdicha porque
una única vida pueda tardar tanto
en liberarse —o no— de un mal comienzo;
sino por el vacío total, eterno,
por la extinción segura hacia la cual

And shall be lost in always. Not to be here,
Not to be anywhere,
And soon; nothing more terrible, nothing more true.
This is a special way of being afraid
No trick dispels. Religion used to try,
That vast moth-eaten musical brocade
Created to pretend we never die,
And specious stuff that says *No rational being*
Can fear a thing it will not feel, not seeing
That this is what we fear – no sight, no sound,
No touch or taste or smell, nothing to think with,
Nothing to love or link with,
The anaesthetic from which none comes round.
And so it stays just on the edge of vision,
A small unfocused blur, a standing chill
That slows each impulse down to indecision.
Most things may never happen: this one will,
And realisation of it rages out
In furnace-fear when we are caught without
People or drink. Courage is no good:
It means not scaring others. Being brave
Lets no one off the grave.
Death is no different whined at than withstood.
Slowly light strengthens, and the room takes shape.
It stands plain as a wardrobe, what we know,
Have always known, know that we can't escape,
Yet can't accept. One side will have to go.
Meanwhile telephones crouch, getting ready to ring
In locked-up offices, and all the uncaring
Intricate rented world begins to rouse.
The sky is white as clay, with no sun.
Work has to be done.
Postmen like doctors go from house to house.

viajamos y donde nos perderemos. No estar
ni aquí ni en ningún sitio,
y eso pronto; no hay nada más atroz ni verdadero.
    Es un modo especial de tener miedo
que nada desbarata. Lo intentaba
la religión, vasto brocado musical apolillado,
hecha para fingir que no morimos,
o sandeces capciosas como: *Ningún racional*
puede temer lo que no siente, no viendo
que eso es lo que tememos: no ver, no oír,
no tocar, ni gustar, ni oler, no tener nada
con que pensar, amar, relacionarse,
una anestesia de la que nadie vuelve.
    Y así, en los márgenes de nuestra visión,
hay un punto borroso, un escalofrío
que torna todo impulso en titubeo.
Muchas cosas no pasan: ésta, sí.
Y darnos cuenta de ello nos irrita
con un miedo que abrasa cuando estamos
solos o sin bebida. Ser valiente
no sirve; es no espantar a otros. El valor
no libra a nadie de la tumba.
Se muere igual gimiendo o resistiendo.
    Crece la luz, el cuarto toma forma.
Todo eso es evidente: lo sabemos,
lo hemos sabido siempre, no hay escape,
pero no lo aceptamos. Algo ha de irse.
Ya en los despachos cerrados preparan
sus timbres los teléfonos, y el mundo
intrincado, desgarrado, impasible, despierta.
No hay sol, y está blanco como arcilla, el cielo.
El trabajo espera.
Van de casa en casa carteros y médicos.

Josep M. Jaumà

Yves Bonnefoy

Francia (Tours, 1923)

Ensayista y crítico de arte (y en especial de Goya), biógrafo de Rimbaud y Giacometti, traductor de Shakespeare, autor de un importante *Diccionario de las mitologías*, profesor en el Collège de France, Bonnefoy es sobre todo el poeta que busca "restablecer en las palabras un contacto directo con la presencia de las cosas y de los seres", a través de imágenes únicas e insustituibles, sin la mediación de los conceptos. En 1947 rompió con André Breton y el surrealismo, para emprender un camino brillante y personalísimo que va desde *Du mouvement et de l'inmobilité de Douve* (*Del movimiento y de la inmovilidad de Douve*, 1953) hasta *Pierre écrite* (*Piedra escrita*, 1965), *Début et fin de la neige* (*Principio y fin de la nieve*, 1991), *Les planches courbes* (*Las tablas curvas*, 2001) y *La longue chaine de l'ancre* (*La larga cadena del ancla*, 2008), entre otros muchos títulos. Bonnefoy reflexiona sobre la temporalidad y la existencia vistas desde el lado de la muerte, y la poesía se le ofrece como claridad que ilumina las partes más oscuras e indefinibles de la vida. La suya es una búsqueda más allá de lo conocido, una cruzada por la palabra que llega al umbral de lo religioso, en la tradición de la mística y en un proceso de simbolización que se identifica con la escritura misma.

I

Je te voyais courir sur des terrasses,
Je te voyais lutter contre le vent,
Le froid saignait sur tes lèvres.
    Et je t'ai vue te rompre et jouir d'être morte ô plus belle
Que la foudre, quand elle tache les vitres blanches de ton sang.

V

Le bras que l'on soulève et le bras que l'on tourne
Ne sont d'un même instant que pour nos lourdes têtes,
Mais rejetés ces draps de verdure et de boue
Il ne reste qu'un feu du royaume de mort.
    La jambe démeublée où le grand vent pénètre
Poussant devant lui des têtes de pluie
Ne vous éclairera qu'au seuil de ce royaume,
Gestes de Douve, gestes déjà plus lents, gestes noirs.

VII

Blessée confuse dans les feuilles,
Mais prise par le sang de pistes qui se perdent,
Complice encor du vivre.
    Je t'ai vue ensablée au terme de ta lutte
Hésiter aux confins du silence et de l'eau,
Et la bouche souillée des dernières étoiles
Rompre d'un cri d'horreur de veiller dans ta nuit.
    O dressant dans l'air dur soudain comme une roche
Un beau geste de houille.

IX

Blanche sous un plafond d'insectes, mal éclairée, de profil
Et ta robe tachée du venin des lampes,
Je te découvre étendue,
Ta bouche plus haute qu'un fleuve se brisant au loin sur la terre.

I

Te veía correr por terrazas,
te veía luchar contra el viento,
sangraba en tus labios el frío.
Y te he visto quebrarte y gozar de estar muerta oh
más bella que el rayo cuando mancha las blancas ventanas de tu
sangre.

V

El brazo que se alza y el brazo que se vuelve
son sólo de una vez para nuestras pesadas cabezas,
pero ya rechazados los lienzos de verde y de barro
queda sólo fuego del reino de muerte.
La pierna desamueblada en que el viento penetra
llevándose cabezas de lluvia por delante
sólo nos va a dar luz al umbral de ese reino,
gestos de Douve, gestos más lentos ya, gestos negros.

VII

Herida confusa en las hojas,
mas presa de la sangre de pistas que se pierden,
cómplice todavía del vivir.
Te he visto enarenada al final de tu lucha
dudar en los confines del silencio y del agua,
con la boca manchada de luceros finales
romper con un grito el horror de velar en tu noche.
Oh tú que al aire duro y brusco como una roca
alzas un bello gesto de carbón.

IX

Blanca bajo un techo de insectos, mal iluminada, de perfil
y manchado tu traje de veneno de lámparas,
te descubro tendida,
con la boca más alta que un río quebrándose sobre la tierra a lo lejos.

Être défait que l'être invincible rassemble,
Présence ressaisie dans la torche du froid,
O guetteuse toujours je te découvre morte,
Douve disant Phénix je veille dans ce froid.

XVII

Le ravin pénètre dans la bouche maintenant,
Les cinq doigts se dispersent en hasards de forêt maintenant,
La tête première coule entre les herbes maintenant,
La gorge se farde de neige et de loups maintenant,
Les yeux ventent sur quels passagers de la mort et c'est nous dans
ce vent dans cette eau dans ce froid maintenant.

Vrai nom

Je nommerai désert ce château que tu fus,
Nuit cette voix, absence ton visage,
Et quand tu tomberas dans la terre stérile
Je nommerai néant l'éclair qui t'a porté.
Mourir est un pays que tu aimais. Je viens
Mais éternellement par tes sombres chemins.
Je détruis ton désir, ta forme, ta mémoire,
Je suis ton ennemi qui n'aura de pitié.
Je te nommerai guerre et je prendrai
Sur toi les libertés de la guerre et j'aurai
Dans mes mains ton visage obscur et traversé,
Dans mon cœur ce pays qu'illumine l'orage.

Souvent dans le silence d'un ravin
J'entends (ou je désire entendre, je ne sais)
Un corps tomber parmi des branches. Longue et lente
Est cette chute aveugle; que nul cri
Ne vient jamais interrompre ou finir.
Je pense alors aux processions de la lumière
Dans le pays sans naître ni mourir.

Ser deshecho que el ser invencible reúne,
presencia recobrada en la antorcha de los fríos,
a ti siempre acechante siempre te encuentro muerta
Douve que, nombrando al Fénix, velo en el frío ahora.

XVII

La cuneta penetra en la boca ahora,
en azares de bosque esta vez se dispersan los cinco dedos,
fluye en la hierba la cabeza primera esta vez,
se maquilla esta vez el cuello y el seno de nieve y de lobos,
ventean los ojos en qué viajeros de la muerte y nosotros
somos los que en este viento estamos en este frío esta agua esta vez.

Carlos Piera

NOMBRE VERDADERO

Desierto llamaré al castillo que fuiste,
ausencia a tu mirada, oscuridad a tu voz;
y cuando te derrumbes sobre la tierra estéril,
al rayo que te empuja lo llamaré la nada.
Amabas el país de la muerte. Recorro
desde la eternidad tus caminos sombríos.
Destruyo tu deseo, tu forma, tu memoria;
yo soy el enemigo que no tendrá piedad.
Yo te llamaré guerra y usaré
en ti las libertades de la guerra, y tendré
en mis manos tu rostro traspasado y oscuro,
en mi alma esa región que alumbra la tormenta.

Muchas veces en el silencio de un abismo
oigo (o deseo oír, no lo sé)
caer un cuerpo entre unas ramas. Larga y lenta
es esta ciega caída; que nunca un grito
interrumpe o detiene.
Entonces me acuerdo de las procesiones de la luz
en el país sin nacimiento ni muerte.

Le pont de fer

Il y a sans doute toujours au bout d'une longue rue
Où je marchais enfant une mare d'huile,
Un rectangle de lourde mort sous le ciel noir.
Depuis la poésie
A séparé ses eaux des autres eaux,
Nulle beauté nulle couleur ne la retiennent,
Elle s'angoisse pour du fer et de la nuit.
Elle nourrit
Un long chagrin de rive morte, un pont de fer
Jeté vers l'autre rive encore plus nocturne
Est sa seule mémoire et son seul vrai amour.

La lumière, changée

Nous ne nous voyons plus dans la même lumière,
Nous n'avons plus les mêmes yeux, les mêmes mains.
L'arbre est plus proche et la voix des sources plus vive
Nos pas sont plus profonds, parmi les morts.
Dieu qui n'es pas, pose ta main sur notre épaule,
Ébauche notre corps du poids de ton retour,
Achève de mêler à nos âmes ces astres,
Ces bois, ces cris d'oiseaux, ces ombres et ces jours.
Renonce-toi en nous comme un fruit se déchire,
Efface-nous en toi. Découvre-nous
Le sens mystérieux de ce qui n'est que simple
Et fût tombé sans feu dans des mots sans amour.

Neige
Qui as cessé de donner, qui n'es plus
Celle qui vient mais celle qui attend
En silence, ayant apporté mais sans qu'encore
On ait pris, et pourtant, toute la nuit,
Nous avons aperçu, dans l'embuement
Des vitres parfois même ruisselantes,
Ton étincellement sur la grande table.

El puente de hierro

Siempre hay, al final de una calle larga
por la que yo iba de pequeño, un estanque de aceite,
un rectángulo de pesada muerte bajo el cielo negro.
Desde entonces la poesía
ha separado sus aguas de las otras aguas,
ninguna belleza ningún color la retienen,
se angustia por el hierro y por la oscuridad.
Alimenta un dolor
largo de orilla muerta, un puente de hierro
tendido hacia la otra orilla aún más nocturna
es su única memoria y su único amor verdadero.

La luz, transformada

Ahora ya no nos vemos bajo la misma luz,
y ya no son los mismos los ojos ni las manos.
Está más cerca del árbol, el rumor de las fuentes es más vivo,
y son, entre los muertos, más hondos nuestros pasos.
Dios, que no existes, deja tu mano en nuestros hombros,
esboza nuestra carne con tu grave regreso,
y mezcla nuestras almas al fin con las estrellas,
los bosques y los trinos, las sombras y los días.
Renúnciate en nosotros como se rasga un fruto,
anúlanos en ti. Descúbrenos
el sentido secreto de lo que es tan sencillo
y que cayó sin fuego en nombres sin amor.

Enrique Moreno Castillo

Nieve
Que has cesado de dar, que ya no eres
la que viene sino la que en silencio
espera, la que trajo pero sin que haya nadie
tomado aún, y no obstante, la noche
entera hemos notado, en los cristales
empañados, a ratos incluso chorreantes,
tu resplandor sobre la mesa grande.

Neige, notre chemin,
Immaculé encore, pour aller prendre
Sous les branches courbées et comme attentives
Ces flambeaux, ce qui est, qui ont paru
Un à un, et brûlé, mais semblent s'éteindre
Comme aux yeux du désir quand il accède
Aux biens dont il rêvait (car c'est souvent
Quand tout se dénouerait peut-être, que s'efface
En nous de salle en salle le reflet
Du ciel, dans les miroirs), ô neige, touche
Encore ces flambeaux, renflamme-les
Dans le froid de cette aube; et qu'à l'exemple
De tes flocons qui déjà les assaillent
De leur insouciance, feu plus clair,
Et malgré tant de fièvre dans la parole
Et tant de nostalgie dans le souvenir,
Nos mots ne cherchent plus les autres mots mais les avoisinent,
Passent auprès d'eux, simplement,
Et si l'un en a frôlé un, et s'ils s'unissent,
Ce ne sera qu'encore ta lumière,
Notre brièveté qui se dissémine,
L'écriture qui se dissipe, sa tâche faite.
(Et tel flocon s'attarde, on le suit des yeux,
On aimerait le regarder toujours,
Tel autre s'est posé sur la main offerte.
Et tel plus lent et comme égaré s'éloigne
Et tournoie, puis revient. Et n'est-ce dire
Qu'un mot, un autre mot encore, à inventer,
Rédimerait le monde ? Mais on ne sait
Si on entend ce mot ou si on le rêve).

II

Oui, à entendre, oui, à faire mienne
Cette source, le cri de joie, qui bouillonnante
Surgit d'entre les pierres de la vie
Tôt, et si fort, puis faiblit et s'aveugle.
Mais écrire n'est pas avoir, ce n'est pas être,
Car le tressaillement de la joie n'y est
Qu'une ombre, serait-elle la plus claire,
Dans des mots qui encore se souviennent

Nieve, nuestro camino
inmaculado aún, para ir a recoger
bajo las inclinadas y como atentas ramas
esas teas, lo que es, que han ido apareciendo
una a una, y ardiendo, y apagarse parecen
como a la vista del deseo cuando accede
a los bienes soñados (porque a menudo es
al irse a desnudar todo tal vez cuando se borra
en nosotros de sala en sala ese reflejo
del cielo, en los espejos), toca, nieve,
otra vez esas teas, que llameen de nuevo
en el frío del alba; y que a ejemplo
de tus copos que ya están asaltándolas
con su fuego más claro, su descuido,
y pese a tanta fiebre en la palabra,
pese a tanta nostalgia en el recuerdo,
no busquen ya las nuestras a las otras palabras sino que se avecinen
a ellas, pasen cerca, simplemente,
y si una roza a otra, y si se unen
sólo será tu luz una vez más,
y nuestra concisión la que se disemine,
la escritura esfumándose, cumplida su tarea.
(Y un copo se retrasa, los ojos lo persiguen,
uno quisiera contemplarlo siempre,
otro se posa en la ofrecida mano.
Y otro más lento y como extraviado se aleja
y gira, luego vuelve. ¿No es igual que decir
que una palabra, otra, aún por inventar,
redimiría el mundo? ¿Pero acaso sabemos
si oímos tal palabra o la soñamos?)

II

Sí a escuchar, sí a hacer mío
ese venero, el grito de alegría brollante
que entre las piedras de la vida surge
pronto y tan fuerte, y luego se debilita y ciega.
Pero escribir no es ser, y no es tener,
porque el temblor de la alegría en la escritura es
sólo una sombra, acaso la más clara,
en palabras que siguen recordando

De tant et tant de choses que le temps
A durement labourées de ses griffes,
—Et je ne puis donc faire que te dire
Ce que je ne suis pas, sauf en désir.
Une façon de prendre, qui serait
De cesser d'être soi dans l'acte de prendre,
Une façon de dire, qui ferait
Qu'on ne serait plus seul dans le langage.

Une pierre

Ils ont vécu au temps où les mots furent pauvres,
Le sens ne vibrait plus dans les rythmes défaits,
La fumée foisonnait, enveloppant la flamme,
Ils craignaient que la joie ne les surprendrait plus.
Ils ont dormi. Ce fut par détresse du monde.
Passaient dans leur sommeil des souvenirs
Comme des barques dans la brume, qui accroissent
Leurs feux, avant de prendre le haut du fleuve.
Ils se sont éveillés. Mais l'herbe est déjà noire.
Les ombres soient leur pain et le vent leur eau.
Le silence, l'inconnaissance leur anneau,
Une brassée de nuit tout leur feu sur terre.

tantas y tantas cosas que han surcado
el tiempo duramente con sus garras,
—y por eso no puedo sino decirte sólo
aquello que no soy, salvo en deseo,
una manera de tomar que fuera
dejar de ser sí mismo a la hora de tomar,
una manera de decir que hiciera
que ya no se estuviera en el lenguaje solo.

Una lápida

Vivieron en la época en que las palabras fueron pobres,
no vibraba el sentido ya en los ritmos deshechos,
el humo se esponjaba, rodeando la llama,
no creían que nunca volviera a sorprenderles la alegría.
Durmieron. Y lo hacían por angustia del mundo.
Pasaban por su sueño los recuerdos
como barcas entre la bruma, que aumentan
sus luces, antes de entrar en lo alto del río.
Se despertaron. Pero la hierba está ya negra.
Las sombras sean su pan y el viento su agua.
El silencio su anillo, el desconocimiento,
una brazada de noche todo su fuego en la tierra.

Jesús Munárriz

Wysława Szymborska

Polonia (Kornik, 1923)

El suyo fue un nombre poco menos que ignorado, salvo para unos pocos catadores, hasta que el Premio Goethe en 1991 y el Premio Nobel en 1996 lo lanzaron a una justa fama universal. Nacida cerca de Pozlan, a los ocho años se trasladó con su familia a Cracovia, donde siempre ha residido y donde estudió literatura y sociología en la Universidad Jagielona. Muy crítica con sus primeros libros, de los cuales ha salvado sólo unos pocos textos, desde *Llamando al Yeti* (1957) ha escrito guiada por una visión del hombre que se sirve con frecuencia de las aporías e interrogantes planteados por las ciencias. En esa dirección marchan *Mil alegrías-un encanto* (1967), *Por si acaso* (1972), *El gran número* (1976), *Hombres en el puente* (1986) y *Fin y principio* (1993). Con *Instante* (2004) y *Dos puntos* (2006), Szymborska tiende a una depuración poética y a un afinamiento temático que no rompen sin embargo con una vena filosófica, muy propia de la poesía polaca actual, pero que en su caso es sobre todo un ironizar en torno a las perplejidades y contradicciones humanas. Con un lenguaje profundamente antirretórico, una notoria preocupación ética y una mirada pesimista, Szymborska se enfrenta con el mundo contemporáneo y, partiendo lo mismo de un mínimo incidente cotidiano que de un hecho trágico, capta los más sutiles conflictos del alma o muestra cómo, en su pequeñez, el hombre se agiganta pascalianamente gracias a la conciencia del instante.

Z NIEODBYTEJ WYPRAWY W HIMALAJE

Aha, więc to są Himalaje.
Góry w biegu na księżyc.
Chwila startu utrwalona
na rozprutym nagle niebie.
Pustynia chmur przebita.
Uderzenie w nic.
Echo – biała niemowa.
Cisza.
Yeti, niżej jest środa,
abecadło, chleb
i dwa a dwa śto cztery,
i topnieje śnieg.
Jest czerwone jabłuszko
przekrojone na krzyż.
Yeti, nie tylko zbrodnie
sa u nas możliwe.
Yeti, nie wszystkie słowa
skazują na śmierć.
Dziedziczymy nadzieję –
dar zapominania.
Zobaczysz, jak rodzimy
dzieci na ruinach.
Yeti, Szekspira mamy.
Yeti, na skrzypcach gramy.
Yeti o zmroku
zapalamy światło.
Tu – ni księżyc, ni ziemia
i łzy zamarzają.
O Yeti Półtwardowski,
zastanów się, wroć!
Tak w czterech ścianach lawin
wołalam do Yeti
przytupując dla rozgrzewki
na śniegu
na wiecznym.

De una expedición no efectuada al Himalaya

Ajá, así que esto es el Himalaya.
Montañas corriendo hacia la luna.
El momento del despegue eternizado
en un cielo de pronto descosido.
Un desierto de nubes perforado.
Golpe en la nada.
Eco: blanca mudez.
Silencio.
    Yeti, abajo es miércoles:
hay pan, abecedario,
dos y dos son cuatro
y la nieve se derrite.
Hay una manzana roja
partida en cruz.
    Yeti, no sólo el crimen
es posible.
Yeti, no todas las palabras
condenan a muerte.
    Heredamos la esperanza,
don del olvido.
Verás cómo parimos
en las ruinas.
    Yeti, tenemos a Shakespeare.
Yeti, tocamos el violín.
Yeti, en la penumbra
encendemos la luz.
    Aquí, ni luna ni tierra,
y se congelan las lágrimas.
¡Yeti, cuasiconejo lunar,
piénsalo bien y vuelve!
    Así, entre cuatro paredes de avalanchas,
llamaba al Yeti y pataleaba,
para entrar en calor,
sobre las nieves
perpetuas.

Gerardo Beltrán

Radość pisania

Dokąd biegnie ta napisana sarna przez napisany las?
Czy z napisanej wody pić,
która jej pyszczek odbije jak kalka?
Dlaczego łeb podnosi, czy coś słyszy?
Na pożyczonych z prawdy czterech nóżkach wsparta
spod moich palców uchem strzyże.
Cisza – ten wyraz tez szeleści po papierze
i rozgarnia
spowodowane slowem "las" gałęzie.
Nad białą kartką czają się do skoku
litery, które mogą ułożyć się źle,
zdania osaczające,
przed którymi nie będzie ratunku.
Jest w kropli atramentu spory zapas
myśliwych z przymrużonym okiem,
gotowych zbiec po stromym piórze w dół,
otoczyć sarnę, złożyć się do strzału.
Zapominają, że tu nie jest życie.
Inne, czarno na białym, panują tu prawa.
Okamgnienie trwać będzie tak długo, jak zechcę,
pozwoli się podzielić na małe wieczności
pełne wstrzymanych w locie kul.
Na zawsze, jesli każę, nic się tu nie stanie.
Bez mojej woli nawet liść nie spadnie
ani źdźbło się nie ugnie pod kropką kopytka.
Jest więc taki świat,
"nad którym los sprawuję niezależny?
Czas, ktory wiążę łańcuchami znaków?
Istnienie na mój rozkaz nieustanne?
Radość pisania.
Możność utrwalania.
Zemsta ręki śmiertelnej.

La alegría de escribir

¿Hacia dónde corre por el bosque escrito el corzo escrito?
¿A saciar su sed a orillas del agua escrita
que le calcará el hocico cual hoja de papel carbón?
¿Por qué alza la cabeza?, ¿ha oído algo?
Sobre sus cuatro patas, prestadas por la realidad,
levanta la oreja bajo mis dedos.
Silencio —palabra que cruje en el papel
y separa las ramas que brotan de la palabra «bosque».
A punto de saltar sobre la página en blanco acechan
letras que acaso no congenien,
frases tan insistentes
que consumarán la invasión.
Una gota de tinta contiene una sólida reserva
de cazadores, apuntando con un ojo ya cerrado,
preparados para el descenso por la pluma empinada,
para cercar al corzo y llevarse el fusil a la cara.
Olvidan que esto, lo de aquí, no es la vida.
Aquí, negro sobre blanco, rigen otras leyes.
Un abrir y cerrar de ojos durará cuanto yo quiera,
se dejará fraccionar en eternidades minúsculas
llenas de balas detenidas en pleno vuelo.
Nada sucederá si yo no lo ordeno.
Contra mi voluntad no caerá la hoja,
ni una brizna se inclinará bajo la pezuña del punto final.
¿Existe, pues, un mundo
cuyo destino regento con absoluta soberanía?
¿Un tiempo que retengo con cadenas de signos?
¿Un vivir que no cesa si éste es mi deseo?
Alegría de escribir.
Poder de eternizar.
Venganza de una mano mortal.

Ana María Moix y Jerzy Woiciech Sławomirski

MONOLOG DLA KASANDRY

To ja, Kasandra.
A to jest moje miasto pod popiołem.
A to jest moja laska i wstążki prorockie.
A to jest moja głowa pełna wątpliwości.
    To prawda, tryumfuję.
Moja racja aż łuną uderzyła w niebo.
Tylko prorocy, którym się nie wierzy,
mają takie widoki.
Tylko ci, którzy źle zabrali się do rzeczy,
i wszystko mogło spełnić się tak szybko,
jakby nie było ich wcale.
    Wyraźnie teraz przypominam sobie,
jak ludzie, widząc mnie, milkli w pół słowa.
Rwał się śmiech.
Rozplatały się ręce.
Dzieci biegły do matki.
Nawet nie znałam ich nietrwałych imion.
A ta piosenka o zielonym listku –
nikt jej nie kończył przy mnie.
    Kochałam ich.
Ale kochałam z wysoka.
Sponad życia.
Z przyszłości. Gdzie zawsze jest pusto
i skąd cóż latwiejszego jak zobaczyć śmierć.
Żaluję, że mój glos byl twardy.
Spórjzcie na siebie z gwiazd –wołałam–
spórjzcie na siebie z gwiazd.
Słyszeli i spuszczali oczy.
    Żyli w życiu.
Podszyci wielkim wiatrem.
Przesądzeni.
Od urodzenia w pożegnalnych cialach.
Ale byla w nich jakaś wilgotna nadzieja,
wlasną migotliwóscią sycący się plomyk.
Oni wiedzieli, co to takiego jest chwila,
och bodaj jedna jakakolwiek
zanim–
    Wyszło na moje.
Tylko że z tego nie wynika nic.

Monólogo para Casandra

Soy yo, Casandra.
Y ésta es mi ciudad bajo las cenizas.
Y éste es mi bastón y éstas mis cintas de profeta.
Y ésta es mi cabeza llena de dudas.
Es verdad, triunfo.
Mi cordura llegó a golpear el cielo con un rojo resplandor.
Sólo los profetas que no son creídos
tienen esas vistas.
Sólo aquellos que empezaron a hacer mal las cosas,
y todo podría haberse cumplido tan pronto
como si nunca hubieran existido.
Ahora recuerdo con claridad
cómo la gente, al verme, callaba en mitad de la frase.
La risa se cortaba.
Se separaban las manos.
Los niños corrían hacia sus madres.
Ni siquiera conocía sus efímeros nombres.
Y esa canción sobre la hoja verde...
nadie la terminó en mi presencia.
Yo los amaba.
Pero los amaba desde lo alto.
Desde encima de la vida.
Desde el futuro. Un lugar siempre hay vacío
de donde qué más fácil que divisar la muerte.
Lamento que mi voz fuera áspera.
Mírense desde las estrellas —gritaba—,
mírense desde las estrellas.
Me oían y bajaban la mirada.
Vivían la vida.
Llenos de miedo.
Condenados.
Desde que nacían en cuerpos de despedida.
Pero había en ellos una húmeda esperanza,
una llama que se alimentaba con su propio parpadeo.
Ellos sabían que era un instante,
fuera el que fuera
antes de que...
Yo tenía razón.
Sólo que eso no significa nada.

A to jest moja szatka ogniem osmalona.
A to są moje prorockie rupiecie.
A to jest moja wykrzywiona twrz.
Twarz, która nie widziała, że mogła być piękna.

Dzieci epoki

Jesteśmy dziećmi epoki,
epoka jest polityczna.
Wszystkie twoje, nasze, wasze
dzienne sprawy, nocne sprawy
to są sprawy polityczne.
Chcesz czy nie chcesz,
twoje geny mają przeszłość polityczną,
skóra odcień polityczny,
oczy aspekt polityczny.
O czym mówisz, ma rezonans,
o czym milczysz, ma wymowę
tak czy owak polityczną.
Nawet idąc borem lasem
stawiasz kroki polityczne
na podłożu politycznym.
Wiersze apolityczne też są polityczne,
a w górze świeci księżyc,
obiekt już nie księżycowy.
Być albo nie być, oto jest pytanie.
Jakie pytanie, odpowiedz kochanie.
Pytanie polityczne.
Nie musisz nawet być istotą ludzką,
by zyskać na znaczeniu politycznym.
Wystarczy, żebyś był ropą naftową,
paszą treściwą czy surowcem wtórnym.
Albo i stołem obrad, o którego kształt
spierano się miesiącami:
przy jakim pertraktować o życiu i śmierci,
okrągłym czy kwadratowym.
Tymczasem ginęli ludzie,
zdychały zwierzęta,
płonęły domy

Y éstas son mis ropas chamuscadas.
Y éstos, mis trastos de profeta.
Y ésta, la mueca de mi rostro.
Un rostro que no sabía que pudiera ser hermoso.

Abel A. Murcia

Hijos de la época

Somos hijos de nuestra época,
y nuestra época es política.
Todos tus, mis, nuestros, vuestros
problemas diurnos, y los nocturnos,
son problemas políticos.
Quieras o no,
tus genes tienen un pasado político,
tu piel un matiz político
y tus ojos una visión política.
Cuanto dices produce una resonancia,
cuanto callas implica una elocuencia
inevitablemente política.
Incluso al caminar por bosque y praderas
das pasos políticos
en terreno político.
Los poemas apolíticos son también políticos,
y en lo alto resplandece la luna,
un cuerpo ya no lunar.
Ser o no ser, ésta es la cuestión.
¿Qué cuestión?, adivina corazón:
una cuestión política.
Adquirir significado político
ni siquiera requiere ser humano.
Basta ser petróleo,
pienso compuesto o materia reciclada.
O la mesa de debates
de diseño durante meses discutido:
¿redonda?, ¿cuadrada?, ¿qué mesa es mejor
para deliberar acerca de la vida y de la muerte?
Mientras, perecía gente,
morían animales,
ardían casas,

i dziczały pola
jak w epokach zamierzchłych
i mniej politycznych.

Pożegnanie widoku

Nie mam żalu do wiosny,
że znowu nastała.
Nie obwiniam jej o to,
że spełnia jak co roku
swoje obowiązki.
    Rozumiem, że mój smutek
nie wstrzyma zieleni.
Źdźbło, jeśli się zawaha,
to tylko na wietrze.
    Nie sprawia mi to bólu,
że kępy olch nad wodami
znowu mają czym szumieć.
    Przyjmuję do wiadomości,
że – tak jakbyś żył jeszcze –
brzeg pewnego jeziora
pozostał piękny jak był.
    Nie mam urazy
do widoku w widok
na olśnioną słońcem zatokę.
    Potrafię sobie nawet wyobrazić,
że jacyś nie my
siedzą w tej chwili
na obalonym pniu brzozy.
    Szanuję ich prawo
do szeptu, śmiechu
i szczęśliwego milczenia.
    Zakładam nawet,
że łączy ich miłość
i że on obejmuje ją
żywym ramieniem.
    Coś nowego ptasiego
szeleści w szuwarach.

y los campos se quedaban yermos
como en épocas remotas
y menos políticas.

Ana María Moix y Jerzy Wojciech Sławomirski

Despedida de un paisaje

No le reprocho a la primavera
que llegue de nuevo.
No me quejo de que cumpla
como todos los años
con sus obligaciones.
Comprendo que mi tristeza
no frenará la hierba.
Si los tallos vacilan
será sólo por el viento.
No me causa dolor
que los sotos de alisos
recuperen su murmullo.
Me doy por enterada
de que, como si vivieras,
la orilla de cierto lago
es tan bella como era.
No le guardo rencor
a la vista por la vista
de una bahía deslumbrante.
Puedo incluso imaginarme
que otros, no nosotros,
estén sentados ahora mismo
sobre el abedul derribado.
Respecto su derecho
a reír, a susurrar
y a quedarse felices en silencio.
Supongo incluso
que los une el amor
y que él la abraza a ella
con brazos llenos de vida.
Algo nuevo, como un trino,
comienza a gorgotear entre los juncos.

Szczerze im życzę,
żeby usłyszeli.
Zadnej zmiany nie żądam
od przyrbrzeżnych fal,
to zwinnych. to leniwych
i nie mnie posłusznych.
Niczego nie wymagam
od toni pod lasem,
raz szmaragdowej,
raz szafirowej,
raz czarnej.
Na jedno się nie godzę.
Na swój powrót tam.
Przywilej obecności -
rezygnuję z niego.
Na tyle Cię przeżyłam
i tylko na tyle,
żeby myśleć z daleka.

Chwila

Idę stokiem pagórka zazielenionego.
Trawa, kwiatuszki w trawie
jak na obrazku dla dzieci.
Niebo zamglone, już błękitniejące.
Widok na inne wzgórza rozlega się w ciszy.
Jakby tutaj nie było żadnych kambrów, sylurów,
skał warczących na siebie,
wypiętrzonych otchłani,
żadnych nocy w płomieniach
i dni w kłębach ciemności.
Jakby nie przesuwały się tędy niziny
w gorączkowych malignach,
lodowatych dreszczach.
Jakby tylko gdzie indziej burzyły się morza
i rozrywały brzegi horyzontów.
Jest dziewiąta trzydzieści czasu lokalnego.
Wszystko na swoim miejscu i w układnej zgodzie.
W dolince potok mały jako potok mały.
Ścieżka w postaci ścieżki od zawsze do zawsze.

De veras les deseo
que lo oigan.
No exijo ningún cambio
de las olas a la orilla,
ligeras o perezosas,
pero no obedientes.
Nada le pido
a las aguas junto al bosque,
a veces esmeralda,
a veces zafiro,
a veces negras.
Una cosa no acepto.
Volver a ese lugar.
Renuncio al privilegio
de la presencia.
Te he sobrevivido suficiente
y sólo lo suficiente
para recordar desde lejos.

Gerardo Beltrán

INSTANTE

Camino por la ladera de una verdeante colina.
Hierba, florecillas en la hierba,
como si fuera un cuadro para niños.
Un neblinoso cielo ya azulea.
Una vista sobre otras colinas se extiende en silencio.
Como si aquí nada hubiera de cámbricos, silúricos,
ni rocas gruñéndose las unas a las otras,
ni abismos elevados,
ninguna noche en llamas
ni días en nubes de oscuridad.
Como si no pasaran por aquí llanuras
en febriles delirios,
en helados temblores.
Como si sólo en otros lugares se agitaran los mares
y desgarraran las orillas de los horizontes.
Son las nueve y media hora local.
Todo está en su sitio en ordenada armonía.
En el valle un pequeño arroyo cual pequeño arroyo.
Un sendero en forma de sendero desde siempre hasta siempre.

Las pod pozorem lasu na wieki wieków i amen,
a w górze ptaki w locie w roli ptaków w locie.
Jak okiem sięgnąć, panuje tu chwila.
Jedna z tych ziemskich chwil
proszonych, żeby trwały.

Pierwsza miłość

Mówią,
że pierwsza miłość najważniejsza.
To bardzo romantyczny,
ale nie mój przypadek.
Coś między nami było i nie było,
działo się i podziało.
Nie drżą mi ręce,
kiedy natrafiam na drobne pamiątki
i zwitek listów przewiązanych sznurkiem
– żeby chociaż wstążeczką.
Nasze jedyne spotkanie po latach
to rozmowa dwóch krzeseł
przy zimnym stoliku.
Inne miłości
głęboko do tej pory oddychają we mnie.
Tej brak tchu, żeby westchnąć.
A jednak właśnie taka, jaka jest,
potrafi, czego tamte nie potrafią jeszcze:
niepamiętana,
nie śniąca się nawet,
oswaja mnie ze śmiercią.

Un bosque que aparenta un bosque por los siglos de los siglos,
amén,
y en lo alto unos pájaros que vuelan en su papel de pájaros que
vuelan.
Hasta donde alcanza la vista, aquí reina el instante.
Uno de esos terrenales instantes
a los que se pide que duren.

Abel A. Murcia

PRIMER AMOR

Dicen
que el primero es el más importante.
Eso es muy romántico,
pero no en mi caso.
Algo entre nosotros hubo y no hubo,
sucedió y tuvo su efecto.
No me tiemblan las manos
cuando encuentro pequeños recuerdos
y un fajo de cartas atadas con una cuerda
—si al menos fuera una cinta—.
Nuestro único encuentro tras los años
fue una conversación de dos sillas
junto a una fría mesita.
Otros amores
hasta ahora respiran profundamente en mí.
A éste le falta aliento para suspirar.
Y sin embargo justo así, como es,
puede algo que los otros no pueden todavía:
no recordado,
ni siquiera soñado,
me acostumbra a la muerte.

Gerardo Beltrán

Fotografia z 11 września

Skoczyli z płonących pięter w dół –
jeden, dwóch, jeszcze kilku
wyżej, niżej.
    Fotografia powstrzymała ich przy życiu,
a teraz przechowuje
nad ziemią ku ziemi.
    Każdy to jeszcze całość
z osobistą twarzą
i krwią dobrze ukrytą.
    Jest dosyć czasu,
żeby rozwiały się włosy,
a z kieszeni wypadły
klucze, drobne pieniądze.
    Są ciągle jeszcze w zasięgu powietrza,
w obrębie miejsc,
które się właśnie otwarły.
    Tylko dwie rzeczy mogę dla nich zrobić –
opisać ten lot
i nie dodawać ostatniego zdania.

Notatka

Życie – jedyny sposób,
żeby obrastać liśćmi,
łapać oddech na piasku,
wzlatywać na skrzydłach;
    być psem,
albo głaskać go po ciepłej sierści;
    odróżniać ból
od wszystkiego, co nim nie jest;
    mieścić się w wydarzeniach,
podziewać w widokach,
poszukiwać najmniejszej między omyłkami.
    Wyjątkowa okazja,
żeby przez chwilę pamiętać,
o czym się rozmawiało
przy zgaszonej lampie;

Fotografía del 11 de septiembre

Saltaron hacia abajo desde los pisos en llamas:
uno, dos, todavía unos cuantos
más arriba, más abajo.
La fotografía los mantuvo con vida,
y ahora los conserva
sobre la tierra, hacia la tierra.
Todos siguen siendo un todo
con un rostro individual
y con la sangre escondida.
Hay suficiente tiempo
para que revolotee el cabello
y de los bolsillos caigan
llaves, algunas monedas.
Siguen ahí al alcance del aire,
en el marco de espacios
que justo se acaban de abrir.
Sólo dos cosas puedo hacer por ellos:
describir ese vuelo
y no decir la última palabra.

Gerardo Beltrán y Abel A. Murcia

Apunte

Vida: única manera
de cubrirse de hojas,
tomar aliento en la arena,
alzar el vuelo con alas;
ser perro
o acariciar su cálido pelaje;
distinguir el dolor
de todo lo que no lo es;
tener lugar en los hechos,
meterse en las vistas,
buscar el menor de los errores.
Excepcional ocasión
para recordar por un momento
sobre qué se habló
con la lámpara apagada;

i żeby raz przynajmniej
potknąć się o kamień,
zmoknąć na którymś deszczu,
zgubić klucze w trawie;
i wodzić wzrokiem za iskrą na wietrze;
i bez ustanku czegoś ważnego
nie wiedzieć.

Zdarzenie

Niebo, ziemia, poranek,
godzina ósma piętnaście.
Spokój i cisza
w pożółkłych trawach sawanny.
W oddali hebanowiec
o liściach zawsze
zielonych
i rozłożystych korzeniach.
Wtem jakieś zakłócenie błogiego bezruchu.
Dwie chcące żyć istoty zerwane do biegu.
To antylopa w gwałtownej ucieczce,
a za nią laica zziajana i głodna.
Szanse ich obu są chwilowo równe.
Pewną nawet przewagę ma uciekająca.
I gdyby nie ten korzeń,
co sterczy spod ziemi,
gdyby nie to potknięcie
jednego z czterech kopytek,
gdyby nie ćwierć sekundy
zachwianego rytmu,
z czego korzysta lwica
jednym długim skokiem –
Na pytanie kto winien,
nic, tylko milczenie.
Niewinne niebo, *circulus coelestis*.
Niewinna *terra nutrix*, ziemia żywicielka.
Niewinny *tempus fugitivum*, czas.
Niewinna antylopa, *gazella dorcas*.
Niewinna lwica, *leo massaicus*.

y para una vez al menos
tropezar con una piedra,
mojarse con alguna lluvia,
perder la llave en la hierba;
y dirigir la mirada tras una chispa en el viento;
y sin cesar no saber
algo importante.

Gerardo Beltrán

Acontecimiento

Cielo, tierra, amanecer,
ocho y cuarto de la mañana.
Calma y silencio
en las amarillentas hierbas de la sabana.
A lo lejos un ébano
de hojas siempre verdes
y extensas raíces.
De repente una alteración de esa agradable quietud.
Dos seres con ganas de vivir que rompen a correr.
Una gacela en una repentina huida
y tras ella una leona jadeante y hambrienta.
Por un momento sus posibilidades son idénticas.
La que huye tiene incluso cierta ventaja.
Y si no fuera por esa raíz,
que sale del suelo,
por ese tropezón
de una de las cuatro patas,
por ese cuarto de segundo
de alterado ritmo
que aprovecha la leona
con un largo salto…
A la pregunta de quién es el culpable,
nada, sólo silencio.
Un cielo inocente, *circulus coelestis.*
Una inocente *terra nutrix*, la tierra nutridora.
Un inocente *tempus fugitivum*, el tiempo.
Una inocente gacela, *gazella dorcas.*
Una inocente leona, *leo massaicus.*

Niewinny hebanowiec, *diospyros mespiliformis.*
I obserwator z lornetką przy oczach,
w takich, jak ten, przypadkach
Homo sapiens innocens.

Un inocente ébano, *diospyros mespiliformis.*
Y un observador que mira con unos prismáticos,
en casos como éste
homo sapiens innocens.

Abel A. Murcia

Apéndices

El poeta traducido por sí mismo: Josep Carner

No son muchos los autores que más o menos ocasionalmente, como Juan Larrea (1895-1980), han traducido al castellano poemas suyos compuestos en otra lengua. (Con una relativa frecuencia, el caso se ha dado solo con originales en latín humanístico.) El mayor de quienes lo han hecho, y en cualquier caso un gran poeta, es sin duda Josep Carner (Barcelona, 1884-Bruselas, 1970), la figura central del «noucentisme». Desempeñó un papel central en la renovación e institucionalización cultural propiciada por la Mancomunidad de Cataluña, pero la falta de acomodo en ese mismo ámbito lo llevó en 1921 a la carrera consular, con destinos en Costa Rica, Beirut y varias ciudades europeas; la lealtad a la República lo forzó al exilio, primero en México y después en Bélgica. Un volumen de 1957, *Poesia,* recoge, revisa y alarga su producción anterior, que a un soberbio dominio del catalán más castizo une una visión franca y modesta de la realidad, contra toda «tentation à l'absolu» (J. Ferraté). Su obra maestra, *Nabí,* un insólito y espléndido poema de más de mil versos que recrean la historia del profeta Jonás en la perspectiva de una amarga experiencia personal y colectiva, apareció primero en versión castellana en 1940 y fue retocándose posteriormente en el original catalán. Incluimos aquí los dos cantos que Carner publicó en revistas en 1937 y 1938, insertando los fragmentos que en 1940 aparecieron en castellano y el poeta tradujo al catalán en 1941.

I

Al primer traspuntar d'un ventós solixent
d'alta cella vermella,
al jaç de ginesteres es mou espessament
Jonàs, sota el fibló d'un manament:
—Vés a l'esclat de Nínive, trasbalsa cada orella
retruny per la ciutat:
«Jo, Iahvè, sé la vostra malvestat:
de tant de pes la meva destra s'ha cansat.»
Jonàs, fill d'Amittai, mal obeïa. Encara
tèrbol, ranquejador,
guerxava els dits, per no plegar la vara
ni despenjar el sarró.
—No —diu Jonàs—,
aquest cop, oh Iahvè, prou seria endebades.
Em sento las
de visions i caminades.
No moguis amb més pressa romboll en mes diades.
¿Qui faria cabal de mi?
Ja contra la percinta del cel no em sé tenir
per invocar ni maleir.
Miolo com l'ocell de nit, car la vellesa
ma veu escanyolí.
Ja no só fer, sinó minvat per la tristesa.
Que em vagui, al caire de les acaballes,
de fer-me perdedor.
Com d'altres. Com qui mai no et sent en cap remor.
Com aquell amb qui calles.
Que igual em sigui l'un i l'altre dia,
un solc i un altre solc dels sementers.
Xaruc, el terrissaire cap motlle no canvia,
la vella matinera fa d'esma son endreç.
Fes-me negat per a la teva esgarrifança
com qui, son pa començant de menjar,
no té cap pensament que el distregui del pa,
com qui de tan somort ja no sent enyorança,
com qui no sap què sigui mai recança
del que jamai vindrà.
Un temps, Iahvè, no fou la meva nit opresa,
ni jo tirat de sobte a cada estrany camí.

I

Apenas, sobre el viento, acechó la mañana
de alta ceja bermeja,
torpe en yacija de retamas despegábase
Jonás, al aguijón de un mandamiento.
—Ve al resplandor de Nínivie, trastorna los oídos,
retumba en la ciudad:
«Yo, Jehová, soporté vuestras iniquidades;
mis manos se cansaron de su agobio.»—
Mas Jonás, hijo de Amitay, guardábase remiso. Todavía
turbio del sueño, mal de sí tirando,
los dedos retorcía por no tomar su vara
ni el zurrón descolgar de la breña.
—No—decía Jonás—,
por esta vez pase de mí tu llamamiento.
Cansada estoy
de mis visiones y jornadas.
Acabe el torbellino de remecer mis días.
¿Quién, di, me haría caso?
Ya no sé erguirme contra el cíngulo del cielo
para invocar ni maldecir.
Y mayo como el ave nocturna: adelgazóme
el habla la vejez.
Ya no soy fiero, sino ruina de tristeza.
Dame que pueda, al borde de mis postrimerías,
hacerme perdidizo.
Como otros hombres. Como el que en ningún susurro te distingue.
O aquél con quien te callas.
Séanme iguales uno y otro día
y cada surco de la sementera.
Caduco, ya sus moldes no trueca el alfarero;
la vieja limpia al alba su casa, en tino ausente.
Hazme insensible a tu latido
como quien va comiendo su pan y en él se huelga
sin pensamiento que de él le divida;
o como quien de puro cansado nada añora;
o como quien no supo nunca
suspirar por lo nunca venidero.
Hubo un tiempo, Jehová, en que Tú no oprimías mi vela,
ni me lanzabas de pronto a las sendas extrañas.

Tenia el meu ofici: cap a la tasca apresa
em decantava l'oratjol cada matí.
Vivia en mon poblet, ran de boscatge;
i m'hi gruava el companatge
pensant si compraria la vinya del coster.
En haver-hi bastit cercaria muller
i en la nit gomboldat plantaria llinatge.
(És bo que l'home tingui un lloc
i que, quan torni de la treballada,
s'assegui en el llindar per veure l'estelada,
i que la dona, que s'atansa a poc a poc,
digui, feixuga: «D'haver nat estic pagada».)
    Una vegada
passà un misteriós al meu enfront,
barba i cabells guarnits de polseguera
i un trèmul dit amenaçant el món.
Veia i cridava, però ell no hi era—
ni en els seus ulls ni en l'abrandada veu.
El voltaven minyons fent-ne riota:
«La branca el tusta i el basal l'enllota».
«Odre de vi, ¿de quin celler torneu?»
I d'una pedra el va ferir la punta
i ell no es temia de son cap sagnant,
pel viu de llum que cel i terra ajunta
anava ple de Déu, tomballejant.
    I jo, tornant a agafar l'eina
vaig regraciar-te; Iahvè,
pel llogarret quiet i per la feina
i el ràfec de ma fe,
i la llei teva d'incessant cantúria
i els manaments, ombreig de mon camí,—
perquè no mai em malmenés la fúria
com la busca en el cor d'un remolí.
    Però per tres anyades insegures
desferen l'hort la pedra i les malures
i el blat se'm va neulir;
em robà les ovelles de la pleta
un príncep que la tenda tragina per l'areny;
    i jo, ferit d'una sageta,
farfullava com un que no té seny.

Tenía buen oficio, y a llanos menesteres
me inclinaba la brisa matutina.
Vivía en mi lugar, en lindero de bosque:
cuanto podía, el companaje ahorraba,
ansioso de mercar mi viña en la ladera.
Buscaría mujer, ya techada mi casa,
y, celado en la noche, plantaría linaje.
(Porque es bueno que el hombre tenga un sitio,
y que al volver de la labor del día
se siente en el umbral a holgarse en las estrellas,
y su mujer acercándose paso,
diga en dichosa pesadumbre: «De haber nacido estoy pagada».)
    Un día
cerca de mí pasaba un pordiosero,
barba y cabello amasados en polvo,
trémulo dedo amenazando el mundo,
y veía y gritaba, pero ausente
en la mirada y en la voz encandecida.
Iban con él muchachos en séquito de burlas:
«La rama le ha tundido, le salpicó la ciénaga».
«¿En qué bodega malnaciste, odre de vino?»
Le hirió la punta de un guijarro
y él no sabía de la sangre por su frente.
Por el claro alamar que el cielo y tierra enlaza
lleno de Dios a tropezones iba.
    Y yo, volviendo a mi herramienta,
Jehová, te di las gracias
por mi lugar tranquilo y mi trabajo,
por el alero de mi fe
y tu ley de incesante cantinela,
y tus preceptos, sombra feliz de mi sendero:
para que nunca tu furor me revolviese
como al vilano en la oquedad de un remolino.
    Mas por tres años inseguros
mi huerto consumieron las plagas y el pedrisco,
y canijas vinieron las mieses;
y robó en el aprisco las ovejas
un príncipe que a cuestas
lleva la tienda por los arenales;
y yo, tocado por una saeta,
embarulladamente hablé, como sin seso.

¿Què m'havien valgut treballs i paciències
i haver el voler de Déu salmodiat
i haver servat la Llei i cogitat
la complicació de les obediències?
Ai de qui, just, s'alzina com déu de pedra august!
Quan Déu revé, quan Déu es lleva
despulla l'home de la seva
pretesa d'ésser just.
Fui arrencat al bàndol
de l'honorada gent.
«Sigues rebuig», digué la Veu, «sigues escàndol
de la virtut corcada pel seu contentament.
Dels bandejats la vida t'és prou bona.
Per viaranys sense roderes aniràs.
A qui t'haurà parlat dirà la seva dona:
"¿Amb aquest home et fas?"
I tu, mal que et defengui llur sostre gent avara
i bordin gossos i xacals a ton trepig,
dóna mal d'ull a la bellesa clara
i infecta de misèria la joia i el desig,
car ja tota mirada o radiant o llosca,
s'acalarà de sobte, bleïda per la fe:
vindré com terratrèmol o com gropada fosca
perquè Jo sóc, Jo sol, Iahvè!»
I així he anat pel món, pollós, amb tos preceptes,
embarbollant-me en figuracions,
dient els teus desdonaments i reptes
a reis i nacions.
Bon goig de jeure entre la palla poca
i del pa encetat i sobrer
i de la mel de la balmada soca
i de les móres d'esbarzer.
Però las i ensonyat o bleixant per drecera,
en basarda de nit o en albades de plors,
només pensava a fer teu grat quan era
més valent el meu cos.
"Iahvè m'ha abassegat», diguí; «sa força lleva
més pura encara en un escarbotat anap.
La pobresa atueix cada hora meva
però em redreça el cap.
El meu esguard de sol al món, que no s'acala,

¿Qué habíanme valido trabajos y paciencias
y el haber salmodiado la voluntad divina
y acechado la ley y guardado
la madeja de las obediencias?
¡Ay de quien, justo, empínase como deidad de piedra!
Cuando nos hinche Dios y surge,
despoja el hombre
de su presunción de justicia.
Lanzado fui de bando
de las gloriosas gentes.
«Serás desecho», dijo la Voz, «serás escándalo
de las virtudes carcomidas en su dicha.
Te bastará la suerte del mostrenco;
ve por senderos sin rodadas.
A quien te hablare, su mujer irá a decirle:
"¿Cómo te mezclas con tal hombre?"
Y tú, por más que albergue te nieguen los mezquinos
y ladren perros y chacales a tu paso,
darás mal de ojo a la belleza clara
y de miseria infectarás el goce y el deseo,
porque toda mirada, radiante y mortecina,
se inclinará de pronto, aventada en la fe:
como temblor de tierra vendré, como estallido de tormenta,
porque Yo soy, y Yo solo, Jehová».
    Y así fui por el mundo, piojoso, con tus leyes,
turbia mi voz acaso en las alegorías,
y pregonando retos y desahucios
a reyes y naciones.
Y bien me contentaba yacer en paja poca
y el pan tirado con la ajena mordedura,
y la miel escondida en el tronco horadado
y la mora arrancada de la zarza.
Mas siempre, ya rendido de sueño, ya jadeante por atajos,
en el temor nocturno o en los llantos del alba,
sólo pensé en tu voluntad cuando mi cuerpo
era valiente.
«Jehová», decía, «quiéreme entero, y es más pura
su levadura en el descascarado vaso.
La pobreza marchita mis horas
pero me endereza la frente.
Mi mirada de solo en este mundo, al que ninguno humilla,

ha vist les voliors de tota llei d'ocells,
i el meu parrac és el record d'una ala
i es mou al vent com ells.
Millor, que els meus esquinços, les meves cantarelles,
em facin perdre el riure voluble dels amics,
i, en rompiment amb les honors més belles,
jo ofengui el capcineig de les donzelles
i l'asseguda majestat dels rics.»
    Iahvè, jo et vaig donar més forces i mon lluc.
Ara, però, del que has manat mon cor deslliura.
Saps que voldria reeixir i no puc.
Darrerament no em consentien aixopluc
sinó l'arlot, les dones de mal viure;
i tot sovint era afrontat, jo malastruc,
per la gentalla que volia riure.
¿Què mai se'n treia de mil hores de camí?
El cap girava el savi a son escrit més fi.
Els ximples t'escarnien amb llurs amistançades
al so de lira i flauta, llaüt i tamborí.
Passaves Tu, darrera finestres entelades,
encara fluix per a colpir.
    ¿I crides justament Jonàs? Só una deixia
del temps, tot coquinesa: mon cor secret volia
un llarg esplai i un dolç vagar.
No res de noble en la viltat traspua
com no hi ha força en la cua
d'un ca.
I encar, ¿per què et refies, Iahvè, del trist que passa?
Conec el mal decantament en nostra raça:
ningú no et fa cabal,
i al pas de les centúries ta parla s'escarrassa
com si no fossis vàlid i només eternal.
Els homes cerquen d'altres déus en folles faules.
¿Per què no pegues falconada a llur destí?
Tu pots el mal, d'una mirada, consumir;
i t'entretens en les bones paraules.
Digues-me, tot i que só tan mesquí:
¿com és que, Tu terrible, permeteres
que sigui corcuitós el mal, el bé tardà?
Al tros et roben les garberes
i Tu hi entres a l'hora foscant, a espigolar.
    Tu que comandes legions sens nombre

siguió todos los vuelos de las aves,
y mis harapos son remedo de sus alas.
Albricias, si por mis mengajos y estribillos
despéjase mi vida de amigos tornadizos
y roto ya el comercio con las preciadas honras,
ofendo el oscilante mohín de las doncellas,
la entronizada majestad del rico».
Te di, Jehová, mis fuerzas y mi medro.
Pero no mandes ya en mí tan prietamente.
¿Qué diera el buen deseo? No soy sino una sombra.
Y acabé por tan sólo hallar cobijo
en bancos de rufianes y esteras de rameras,
sin cobrar, malhadado, más que afrentas
ahogadas en clamor de risotadas.
Inútil era mi camino interminable.
Ladeaba el sabio la cabeza hacia primores de su escrito.
Los necios se mofaban de ti con sus queridas
al sol de lira y flauta, laúd y tamboril.
Pasabas Tú detrás del vaho que se mecía en la ventana,
como sin brío de abatir.
¿Y me llamas a mí, Jonás? Soy barredura
del tiempo; me acobarda la luz, y en el secreto del ánimo quisiera
el ocio blando que me denegaste.
Nada noble proviene de vileza,
como no hay fuerza en la cola
de un can.
¿Por qué te fiarías de un triste que se acaba?
Lo sé tal vez; la estirpe humana anda caída;
no hay quien te escuche:
se llenan las centurias del son de tu palabra
cual si no fueras válido y solamente eterno.
Los hombres buscan dioses en la demente fábula.
¿Por qué no hincas la garra en su destino?
Tú, que consumirías el mal de un parpadeo,
en las exhortaciones te dilatas.
Mezquino soy, mas cuéntame, oh terrible,
por qué el mal corre tanto y se rezaga el bien.
Hay quien roba en tu campo las gavillas
y entras en él de anochecido a tu rebusco.
Tú que mandas a innúmeras legiones
caminas en pos del perjuro

te'n vas en seguiment del traïdor
com si fossis no pas el seu Senyor
sinó la seva ombra.
Ningú veure't no cuida
de la gernació que encara et sent,
i fas com la finestra al baterell del vent
en una casa buida.
Ni esglaia ta amenaça ni ton consol revifa;
i menys ardit se't veu,
com l'home que vol vendre una catifa
i en va baixant el preu...—
(Oh Nínive, ciutat potent i vilipesa,
ciutat guarnida amb mil carcasses de ciutats,
perpal de Déu quan oblidem la fe promesa,
per tos carrers adelerats
¿qui sentiria mon parlar sinó els albats?)
(Però bé cal que plegui, ara,
vara i sarró.
Qui té el sarró i la vara
es pot passar de companyó.
El vent xiulà per la cinglera
i ara amb prou feines mou un brot.
Quan hom té espera
s'encalma tot.
Sembla partida
aquella Veu que el manament em féu.
Potser m'oblida
Déu.
No havia pas sentit la Veu de pura pensa
i pot tornar a venir.
Vara, sarró, vingueu amb mi;
em faria temença
de restarací.
A l'ase fer serviran les despulles
del jaç que deixo. ¿Sóc alliberat,
o bé la Veu roman entre les fulles
a punt de repetir la seva voluntat?
Semblen quietes les muntanyes:
tot en son lloc, ni un branquilló malmès.
No tinc el cap ardent ni el cor oprès.
I total sento un moviment de canyes,
un borinot, no res.)

como si fueras
no su Señor sino su sombra.
Y nadie curará de verte vivo
ni entre la multitud que congregó tu nombre;
y eres como ventana abandonada al viento
en la casa vacía.
Ni aterra tu amenaza ni ablanda tu consuelo,
y pareces menguar en osadía
como el mercader que se afana
en vender una alfombra y le recorta el precio—
    (Oh Nínive, cubil de centelleos y rugidos,
ciudad osario de ciudades torturadas,
hacha de Dios sobre Salem adúltera,
¿quién en tus calles ávidas oyera
mi voz, sino el infante que arrulla junto al seno de la madre?)
    (Pero será avisado que recoja
vara y zurrón; quien tiene
zurrón y vara
bien pasarse podrá sin compañero.
Silbaba en poderío
el viento cabalgando en las quebradas,
y al fin, apenas mueve un brote.
Con su tanto de espera
viene el sosiego a todo.
¿Se habrá de veras alejado
la Voz que me acuciaba?
Quién sabe si me olvida
Dios.
No oí la Voz en embeleco de la sangre,
y sé que es cierta y que tal vez retorne.
Vara, zurrón, venid conmigo,
que este paraje,
que ella conoce, no es seguro.
Servirán al onagro los despojos
de mi yacija. ¿Pero estoy bien suelto,
o quedóse la Voz entre las hojas
para asaltar todavía a su presa?
Parecen sosegadas las montañas.
Todo está en orden, no hay un tallo roto.
No arde mi frente ni mi corazón se angustia.
Y oigo a lo más un murmullo de cañas,
un abejorro... y el silencio.)

IV

Cant de Jonàs al si de la balena

Ni el gran clot de la mar ni el vent ja no em fan nosa:
el seny en la fosca reneix.
Ja só dins una gola més negra, millor closa,
i crec, dins el ventre d'un peix.
Ja s'ha acabat, d'una bocada a l'embranzida,
ma petitesa, mon esglai.
Re no em distreu, dubte no m'heu, desig no em crida.
Déu és el meu únic esplai.
Vaig, d'un trontoll, a sota les rels de les muntanyes,
o bé, més tard, d'un cop rabent,
só dut a l'ona soma, on fa sortir llivanyes
l'estel en l'escata botent.
Déu juga. Déu us tira lluny i mai no us llença.
Canto son nom amb veu igual,
jup, doblegat, com esperant una naixença
dins mon misteri sepulcral.
Al manament de Déu neguí les meves passes.
—Qui et fos —vaig dir-li— inconegut!—
Perxò só dins les ones, car elles, jamai lasses,
de fer i refer tenen virtut.
Ell en l'abís de tot sement mon cos embarca
perquè hi reneixi per a Ell.
I hi vaig tan refiat com Noè en la seva arca
o Moïsès en el cistell.
Oh cames flaques, oh cansades vagaries!,
no em dàveu ja sinó dolors.
Sense l'angoixa ni la càrrega dels dies
Com el nonat sóc a redós.
Quan el sentit se'm neguen els signes il·lusoris,
dins l'impossible visc ardit.
I l'escandall, un dia, dels savis hiperboris
dirà que aquest peix no ha existit!

Ya no me embaraza la sima en las aguas, ni el viento.
Mi seso renace en la sombra.
En fauces estoy más oscuras y más prietamente cerradas,
y creo, metido en el vientre de un pez.
De una boqueada al tirón fenecieron
mi cominería, mi espanto.
Nada me distrae, franco estoy de duda y horro de deseo:
mi único espacio es Dios.
Voy de una sacudida por bajo del raigambre de los montes,
o soy raudamente lanzado
a las someras ondas: allí dibuja estrías
en las escamas que brincan la estrella.
Dios juega. Nos dispara y nunca nos arroja.
Con voz igual canto su nombre,
agachado, doblado en este secreto de tumba
como en la espera de mi nacimiento.
Al mandato de Dios negué mis pasos.
—¡Quién fuera aquél a quien ignoras!—, dije.
Y así estoy en las ondas, porque ellas, sin reposo,
hacen, rehacen a su grado.
Dios me embarca en la sima de toda simiente;
para Él impone que resurja.
Y voy confiado como Noé dentro del arca
y como Moisés en el cesto.
¡Oh flacos pies, oh mi cansancio vagabundo,
ya sólo dolor os debía!
Y ahora sin pena y pesadumbre de jornadas
estoy, cual nonato, en cobijo.
Si a mi sentido faltan los signos ilusorios,
audaz, aliento en lo imposible.
Y allá en su tema, un día los sabios hiperbóreos
dirán que este pez no ha existido.

Diez traducciones de un poema: «L'albatros» de Baudelaire

Eugenio Montale tuvo un día la ocurrencia de que un poema suyo se tradujera al árabe, y a partir del árabe al francés, y del francés al polaco, y así sucesivamente a otros idiomas, hasta volver al italiano, sin que el traductor conociera nunca otra cosa que la versión precedente. Cuando Maria Corti puso en obra la idea (en *Poesia travestita*, 1999) y se encargó de que el *mottetto* «Nuove stanze» siguiera ese itinerario a través de diez lenguas, del italiano al italiano, el resultado pareció a unos previsiblemente desastroso y otros lo juzgamos de una llamativa fidelidad al original (quizá porque el texto ofrecía poco relieve formal y una semántica rotunda). La prevención y la fe sobre la viabilidad de traducir la poesía se han repartido el terreno más o menos equilibradamente, pero la negación teórica con frecuencia ha ido de la mano de la afirmación práctica: Jorge Luis Borges argüía que no es posible traducir a Wordsworth, sino que es el lector «quien debe ser traducido, quien debe convertirse, por mucho tiempo que le lleve, en el autor de *El Preludio*»; pero, claro, Borges tradujo tenazmente poemas ingleses. Las diez versiones de «L'albatros» que publicamos a continuación, cuatro de ellas inéditas, son un buen material para seguir dándole vueltas al asunto.

L'ALBATROS

Souvent, pour s'amuser, les hommes d'équipage
Prennent des albatros, vastes oiseaux des mers,
Qui suivent, indolents compagnons de voyage,
Le navire glissant sur les gouffres amers.
    A peine les ont-ils déposés sur les planches,
Que ces rois de l'azur, maladroits et honteux,
Laissent piteusement leurs grandes ailes blanches
Comme des avirons traîner à côté d'eux.
    Ce voyageur ailé, comme il est gauche et veule!
Lui, naguère si beau, qu'il est comique et laid!
L'un agace son bec avec un brûle-gueule,
L'autre mime, en boitant, l'infirme qui volait!
    Le Poète est semblable au prince des nuées
Qui hante la tempête et se rit de l'archer;
Exilé sur le sol au milieu des huées,
Ses ailes de géant l'empêchent de marcher.

Luis Alberto de Cuenca

Por pura diversión, los marineros suelen
coger albatros, esas grandes aves marinas
que siguen, indolentes compañeras de viaje,
al navío que surca los abismos amargos.
    Apenas los arrojan sobre las tablas, estos
monarcas del azul, vergonzosos e inhábiles,
dejan caer, patéticos, sus grandes alas blancas
como si fuesen remos colgando de sus flancos.
    ¡Qué torpe y pusilánime es el ave viajera!
¡Qué cómica y qué fea, ella antes tan hermosa!
¡Un marinero irrita su pico con la pipa,
otro imita, renqueando, al cojo que volaba!
    Semejante a este príncipe de las nubes, que ignora
la tormenta y se ríe del arquero, es el Poeta;
desterrado en el suelo, entre los abucheos,
sus alas de gigante le impiden caminar.

Anunciada Fernández de Córdova

A menudo, para entretenerse, los hombres de mar
atrapan albatros, grandes aves marinas,
indolentes compañeros de viaje que siguen
a las naves cuando surcan los abismos amargos.
Al ser depositados sobre cubierta,
esos reyes del azul, torpes y avergonzados,
arrastran como remos
los fardos de sus alas blancas.
¡Qué torpe y qué sin gracia se muestra el viajero alado!
¡Cuán cómico y feo se ha vuelto el que fue bello!
Un marinero le atosiga con una pipa caliente en el pico
y otro imita, cojeando, al lisiado que volaba.
El poeta se asemeja al príncipe de las nubes
que enfantasma la tempestad y se ríe del arquero;
exilado en el suelo entre abucheos,
sus alas de gigante le impiden caminar.

Andrés Holguín

Se divierten a veces los rudos marineros
cazando los albatros, grandes aves del mar,
que siguen a las naves —errantes compañeros—
sobre el amargo abismo volando sin cesar.
Torpes y avergonzados, tendidos en el puente,
los reyes, antes libres, de la azul extensión
sus grandes alas blancas arrastran tristemente
como dos remos rotos sobre la embarcación.
¡Aquel viajero alado, cuán triste y vacilante!
¡Él, antes tan hermoso, cuán grotesco y vulgar!
Uno el pico le quema con su pipa humeante;
otro imita, arrastrándose, su manera de andar.
Se asemeja el Poeta a este rey de la altura
que reta al arco y vence las tormentas del mar:
desterrado en la tierra, burlado en su amargura,
¡sus alas de gigante le impiden caminar!

Ángel Lázaro

Suelen, por divertirse, los mozos marineros
cazar albatros, grandes pájaros de los mares
que siguen lentamente, indolentes viajeros,
al barco, que navega sobre abismos y azares.
    Apenas los arrojan allí sobre cubierta,
príncipes del azul, torpes y avergonzados,
el ala grande y blanca aflojan como muerta
y la dejan, cual remos, caer a sus costados.
    ¡Qué débil y qué inútil ahora el viajero alado!
Él, antes tan hermoso, ¡qué grotesco en el suelo!
Con su pipa uno de ellos el pico le ha quemado,
otro imita, renqueando, del inválido el vuelo.
    El poeta es igual...Allá arriba, en la altura,
¡qué importan flechas, rayos, tempestad desatada!
Desterrado en el mundo, concluyó la aventura:
¡sus alas de gigante no le sirven de nada!

Rosa Lentini

A veces, para divertirse, los navegantes
cazan albatros, unas vastas aves del mar,
que siguen, indolentes compañeros de viaje,
al deslizante barco sobre amargos abismos.
    Apenas han sido dejados en la cubierta,
estos reyes del azur, torpes y vergonzosos,
dejan sus dos grandes alas blancas míseramente
colgar como remos caídos a los costados.
    ¡Este viajero alado, qué inútil y qué débil!
¡Él, poco ha tan hermoso, ahora feo y cómico!
¡Uno le azuza el pico con pipa de marino
otro, imita, cojeando, al tullido que volaba!
    El poeta es igual al príncipe de las nubes
que vence la tormenta y se ríe del arquero;
una vez en tierra, exilado entre abucheos,
sus alas de gigante le impiden caminar.

Enrique López Castellón

Por divertirse suele la gente de los barcos
coger a los albatros, del mar enormes aves,
que siguen, indolentes compañeros de viaje,
al navío que surca los abismos amargos.
Apenas les arrojan en lisa cubierta,
esos reyes del cielo, vergonzosos y torpes,
sueltan, penosamente, sus grandes alas blancas,
que en el costado arrastran como si fueran remos.
¡Qué torpe es y qué débil este alado viajero!
Hace poco tan bello, ¡qué cómico y qué feo!
Uno le quema el pico con su pipa encendida,
otro imita el andar del cojo que volaba.
El Poeta es lo mismo que este rey de las nubes,
amigo de tormentas, burlador del arquero,
desterrado en el suelo, entre el vil abucheo,
sus alas de gigante le impiden caminar.

Eduardo Marquina

La gente marinera, con crueldad salvaje,
suele cazar albatros, grandes aves marinas,
que siguen a los barcos compañeras de viaje,
blanqueando en los aires como blancas neblinas.
Pero, apenas los dejan en la lisa cubierta,
¡ellos que al aire imponen el triunfo de su vuelo!,
sus grandes alas blancas, como una cosa muerta,
como dos remos rotos, arrastran por el suelo.
Y el alado viajero toda gracia ha perdido,
y, como antes hermoso, ahora es torpe y simiesco;
y uno le quema el pico con un hierro encendido
y el otro cojeando mima su andar grotesco.
El Poeta recuerda a este rey de los vientos
que desdeña las flechas y que atraviesa el mar;
en el suelo, cargado de bajos sufrimientos,
sus alas de gigante no le dejan andar.

Luis Martínez de Merlo

Por divertirse, a veces, los marineros cogen
algún albatros, vastos pájaros de los mares,
que siguen, indolentes compañeros de ruta,
la nave que en amargos abismos se desliza.
 Apenas los colocan en cubierta, esos reyes
del azul, desdichados y avergonzados, dejan
sus grandes alas blancas, desconsoladamente,
arrastrar como remos colgando del costado.
 ¡Aquel viajero alado qué torpe es y cobarde!
¡Él, tan bello hace poco, qué risible y qué feo!
¡Uno con una pipa le golpea en el pico,
cojo el otro, al tullido que antes volaba, imita!
 Se parece el Poeta al señor de las nubes
que ríe del arquero y habita en la tormenta;
exiliado en el suelo, en medio de abucheos,
caminar no le dejan sus alas de gigante.

Alberto Montaner

Por divertirse, a veces, cazan los tripulantes
a los albatros, grandes pájaros de los mares,
que siguen, indolentes compañeros de viaje,
al navío que surca los amargos abismos.
 En cuanto los han puesto sobre la tablazón,
estos reyes del cielo, torpes y vergonzosos,
dejan penosamente sus grandes alas blancas
como abatidos remos arrastrar a su lado.
 ¡Este viajero alado, cuán abúlico y torpe!
¡Él, antes tan hermoso, ahora es grotesco y feo!
¡Uno le irrita el pico con una pipa corta,
otro imita, cojeando, al volador lisiado!
 El poeta es como ese príncipe de las nubes
que habita la tormenta y se ríe del arco;
exiliado en el suelo, entre los abucheos,
sus alas de gigante le impiden caminar.

Carlos Pujol

Como un juego, a menudo en los barcos he visto
cómo caza albatros, grandes aves marinas
que son como indolentes compañeros de viaje
tras el barco que surca los abismos amargos.
Una vez han caído en cubierta, esos reyes
del espacio azulado son torpones y tímidos,
y sus alas tan blancas y tan grandes parecen
blandos remos que arrastran lastimosos por tierra.
¡Pobre alado viajero, desmañado e inerte!
¡Él que fue tan hermoso ahora es feo y risible!
Uno acerca a su pico la encendida cachimba,
otro imita cojeando al lisiado con alas.
El Poeta es un príncipe, gran señor de las nubes,
cuya causa es el viento, que no teme al arquero;
desterrado en el suelo, entre el vil griterío,
sus dos alas gigantes no le dejan andar.

Índice de procedencias

Nota previa

El índice que sigue no es sólo de procedencias, sino sobre todo de gratitudes. Es obvio hasta qué punto estamos en deuda con los traductores que nos han autorizado a utilizar su trabajo, y más cuando lo han acometido a invitación nuestra; con los editores de las traducciones, que a menudo han puesto a nuestra disposición fondos poéticos extraordinariamente ricos; y con los herederos o poseedores del *copyright*, no menos generosos. Entiéndase, por favor, que todas y cada una de nuestras secas fichas bibliográficas son testimonio de un cordial agradecimiento.

La deuda se agrava en los casos, por fortuna no demasiados, en que no hemos sido capaces de localizar al traductor, editor o derechohabiente. Valga por todas las otras necesarias la mención del infatigable Fernando Maristany, cuyas versiones del francés y del inglés publicadas por la Editorial Cervantes contribuyeron de manera notable a la difusión de la poesía europea en España. La fórmula legal de la «reserva de derechos» debe aquí completarse con la esperanza de que les llegue de algún modo nuestra gratitud.

Creemos que los criterios seguidos para la confección del índice dan cuenta de sí mismos a la primera consulta, pero hay dos o tres puntos que debemos precisar.

Nótese, en especial, que cuando la traducción se toma de una edición que incluye también el texto original (declarando o no de dónde proviene), hemos reproducido ese texto sin otra indicación de su procedencia que el nombre del traductor y la correspondiente entrada bibliográfica.

Cuando así sucede y la fuente del texto no nos consta o no nos ha sido accesible, las erratas seguras que ocasionalmente hemos podido observar las hemos salvado con la edición de referencia que distinguimos con un asterisco [*] entre las varias referencias bibliográficas de la sección dedicada al autor en cuestión.

Si la traducción no se acompaña del texto original y no declara de dónde proviene éste, nos atenemos al de la edición de referencia, que, naturalmente, puede diferir del usado por el traductor y condicionar su versión. (Con todo, en los cotejos que hemos realizado en la medida de nuestras fuerzas, no hemos hallado divergencias de mayor cuantía.) El nombre del traductor va en tal caso precedido de la palabra *Traducción.**

Esporádicamente, no hemos logrado identificar la procedencia de alguna traducción que teníamos sólo en forma de recorte o fotocopia, llegados quizá a través del gran amigo de la poesía que fue Javier Lentini. Confiamos en que se nos disculpe.

Por otra parte, en un volumen con las características del presente no era posible uniformar la presentación de los textos. No hemos dudado en regularizar algunos detalles ortotipográficos (como el espacio, insólito en español, que en otras tradiciones se inserta junto a las comillas), pero, por cuanto se refiere a aspectos como las mayúsculas a comienzo de verso o la disposición estrófica, hemos respetado los usos tanto de las ediciones del poema en su lengua original como de la traducción elegida.**

* La compilación de los índices, sobre la base de nuestros materiales, se debe a Carolina Valcárcel, Sandra España y Maite Castaño.

** En un estadio inicial, esta antología se benefició mucho de las sugerencia de José María Micó.

LA CANCIÓN DE MUJER

[1] Leodum is minum swylce him mon lac gife / «Será para mi pueblo como entrar en batalla»

Texto: G.P. Frapp-E.V.K. Dobbie: *The Exeter Book*, Columbia U.P., Nueva York, 1936. *Traducción*: Francisco Rico, inédita, según la interpretación literal de J.A. Glenn.

[2] Des cand mieo çidiello véned / «Cuando mi buen señor llega»
[3] Garrid vos, ¡ay yermanellas! / «Decidme vos, hermanillas»
[4] ¿Qué faré, mamma? / «¿Qué haré, mama?»
[5] Garr: ¿Qué fareyo? / «Decidme, ¿qué haré?»
[6] Vey, yá raqi', vey tu vía / «Ve, bribón, ve por tu vía»

Texto: Álvaro Galmés de Fuentes: *Las jarchas mozárabes*, Crítica, Barcelona, 1994. *Traducción*: ésta y las demás traducciones de este capítulo son de Francisco Rico, inéditas.

[7] Si me quereses / «Si me quisieses»

Texto: F. Corriente: *Poesía dialectal árabe y romance en Alandalús*, Gredos, Madrid, 1998.

[8] Dû bist mîn, ich bin dîn / «Tú eres mío, yo soy tuya»

Texto: Carl von Kraus: *Des Minnesangs Frühling*, S. Hirzel, Stuttgart, 1959.

[9] Gruonet der walt allenthalben / «El bosque está todo en fronda»

Texto: A. Hilka, O. Schumam, B. Bischoff, *Carmina Burana*, Heidelberg, 1970.

[10] Hé Dieus! quant vandra / «Ay, Dios, ¿cuándo vendrá»
[11] O! que ferai? / «Ay, ay, ¿qué haré?»
[12] J'ai ameit et amerai / «He amado y amaré»
[13] Jolie ne suis je pais / «Guapa no lo soy»

Texto: Nico van der Boogaard: *Rondeaux et refrains du XIIe siècle au début du XIVe: collationnement, introduction et notes*, Klincksieck, París, 1969.

[14] Por coi me bait mes maris? / «¿Por qué me pega el marido?»

Texto: Friedrich Gennrich: *Das altfranzösische Rondeau und Virelai im 12. um 13. Jahrhundert, s.n.*, Langen bei Frankfurt, 1963.

Pàrtite, amore, adeo / «Vete, amor mío, adiós»
Texto: S. Orlando: *Rime dei Memoriali bolognesi (1279-1300)*, Einaudi, Turín, 1981.

Lèvati dalla mia porta / «Que te quites de mi puerta»
Texto: Antonia Arveda: *Contrasti amorosi nella poesia italiana antica*, Salerno, Roma, 1992.

Altas undas que venez suz la mar / «Altas olas que venís por la mar»
Texto: Martín de Riquer: *Los trovadores*, II, Ariel, Barcelona, 1992.

Ay ondas, que eu vin veer / «Olas, que nunca antes vi»
¿Quen amores á / «Quien amores ha»
Ai cervos do monte, vínvos preguntar / «Ay, ciervos del monte, vengo a preguntar»
Texto: *Lírica profana galego-portuguesa*, I, Centro de Investigacións Lingüísticas e Literarias Ramón Piñeiro, Santiago de Compostela, 1996.

CHANSON DE ROLAND

Chanson de Roland (tiradas 81-84, 87, 105, 109, 130-131, 134, 140-141, 168, 171, 173-175)
Luis Cortés Vázquez: *El Cantar de Roldán*, Salamanca, 1975.

GAUTIER DE CHÂTILLON

Verna redit temperies / «Retorna la estación primaveral»
Manuel A. Marcos Casquero y José Oroz Reta: *Lírica latina medieval*, I, Biblioteca de Autores Cristianos, Madrid, 1995.

Declinante frigore / «Al acabar el frío»
Luis Antonio de Villena: *Dados, amor y clérigos. El mundo de los goliardos en la Edad Media europea*, Cupsa, Madrid, 1978.

Missus sum in vineam / «He sido enviado a la viña»
Manuel A. Marcos Casquero y José Oroz Reta.

Versa est in luctum / «Convertido se ha en luto»
**Texto*: Karl Strecker: *Moralisch-Satirisch Gedichte Walters von Châtillon*, Carl Winter, Heidelberg, 1929. *Traducción*: Miguel Requena: *Poesía goliárdica*, Acantilado, Barcelona, 2003.

Alexandreis (I, 452-492) / *Alejandreida*

Texto: Marvin L. Colker: Galteri de Castellione *Alexandreis*, Antenore, Padua, 1978. *Traducción*: Francisco Pejenaute Rubio: Gautier de Châtillon, *Alejandreida*, Akal, Madrid, 1998.

BERNART DE VENTADORN

Lo tems vai e ven e vire / «El tiempo va y viene y vira»

**Texto*: Moshé Lazar: *Bernard de Ventadour, troubadour du XIIe siècle*, Klincksieck, París, 1966. *Traducción*: Francisco Rico, inédita.

Tant ai mo cor ple de joya / «Tengo mi corazón tan lleno de alegría»
Can vei la lauzeta mover / «Cuando veo la alondra que mueve»

Carlos Alvar: *Poesía de Trovadores, Trouvères, Minnesinger (De principios del siglo XII a fines del siglo XIII)*, Alianza, Madrid, 1982[2].

Non es meravelha s'eu chan / «No es maravilla si canto»
Chantars no pot gaire valer / «Poco puede valer el cantar»

Martín de Riquer: *Los trovadores*, I, Ariel, Barcelona, 1992.

WALTHER VON DER VOGELWEIDE

Nemt, frowe, disen kranz / «Tomad, señora, esta guirnalda»

Josep M. Pujol: en Peter Dronke, *La lírica en la Edad Media*, Seix Barral, Barcelona, 1978.

Under der linden / «Bajo el asilo»
Diu werlt was gelf, rôt unde blâ / «Rojo, azul era el mundo y amarillo»

**Texto*: Friedrich Maurer: Walther von der Vogelweide, *Die lieder*, M. Niemeyer, Tubinga, 1960-1962, 2 vols. *Traducción*: Miguel Requena, inédita.

Owê war sint verswunden / «¿Adónde han huido mis años?»
Dô der sumer komen was / «Después de que llegara el verano»

Carlos Alvar: *Poesía de Trovadores, Trouvères, Minnesinger*, Alianza, Madrid, 1982[2].

ROMAN DE LA ROSE

Texto: Daniel Poirion: Guillaume de Lorris, *Le Roman de la Rose*, Garnier-Flammarion, París, 1974 (vv. 1615-1900). *Traducción*: Juan Victorio: Guillaume de Lorris, *Roman de la Rose*, Cátedra, Madrid, 1987.

DON DENÍS DE PORTUGAL

Ai flores, ai flores do verde pino / «¡Ay flores, ay flores del verde pino!»
Levantou-s' a velida / «Alzóse la garrida»

**Texto*: *Lírica profana galego-portuguesa*, I, Centro de Investigacións Lingüísticas e Literarias Ramón Piñeiro, Santiago de Compostela, 1996. *Traducción*: Gema Vallín, en A. García Patiño, *Cantigas de amigo*, Moleiro, Barcelona, 1999.

Quisera vosco falar de grado / «Gustosamente quisiera hablar con vos»
O voss' amig', ai amiga / «Vuestro amigo, ¡ay amiga!»
Oymais quer' eu ja leixá-lo trobar / «Hoy quiero dejar de trovar»
Como me Deus aguisou que vivesse/ «¡De qué modo ha tramado Dios que yo viviese»
Nostro senhor, ajades bom grado / «Nuestro Señor, alegraos»
Proençaes soen mui bem trobar / «Los provenzales suelen trovar muy bien»
De Joan Bol' and' eu maravilhado / «Joan Bolo me tiene pasmado»

Elvira Fidalgo, inédita.

EL ROMANCERO CASTELLANO

Romance de las quejas de doña Lambra

D. Catalán, A. Galmés, J. Caso y M. J. Canellada, en Ramón Menéndez Pidal: *Romancero tradicional II. Romanceros de los Condes de Castilla y de los Infantes de Lara*, Seminario Menéndez Pidal-Gredos, Madrid, 1963.

Romance de doña Alda
Romance de la Jura de Santa Gadea
Romance de Abenámar y el rey don Juan
Romance del prisionero
Romance de Fonte Frida y con amor
Romance del infante Arnaldos

Edición de Ramón Menéndez Pidal: *Flor nueva de romances viejos*, Espasa-Calpe, Madrid, 1958.

DANTE ALIGHIERI

Tutti li miei penser parlan d'Amore (*Vita Nova*, XIII) / «Todos mis pensamientos hablan de Amor»
Donne ch'avete intelletto d'amore (*Idem*, XIX) / «Damas que tenéis entendimiento de amor»

Julio Martínez Mesanza: Dante Alighieri, *La Vida Nueva*, Siruela, Madrid, 1985.

Tanto gentile e tanto onesta pare (*Vita Nova*, XXVI) / «Tan gentil, tan honesta, en su pasar»

Dámaso Alonso: *Poesía española. Ensayo de métodos y límites estilísticos*, Gredos, Madrid, 1957.

Deh peregrini che pensosi andate (*Vita Nova*, XL) / «¡Oh peregrinos!, que pensando vais»

**Texto*: Domenico de Robertis y Gianfranco Contini: Dante Alighieri, *Opere minori*, I (primera parte), Riccardo Ricciardi, Milán-Nápoles, 1984. *Traducción*: Nicolás González Ruiz: *Obras completas de Dante Alighieri*, Biblioteca de Autores Cristianos, Madrid, 1956.

Guido, i' vorrei che tu e Lapo ed io (*Rime*, IX) / «Guido, yo quisiera que tú y Lapo y yo»

Traducción: José Luis Gutiérrez García: *Obras Completas de Dante Alighieri*, Biblioteca de Autores Cristianos, Madrid, 1956.

La Divina Commedia (Inferno, V) / *La Divina Comedia*

**Texto*: Giorgio Petrocchi: *La Commedia socondo l'antica vulgata*, Mondadori, Milán, 1966-1967, 4 vols. *Traducción*: Abilio Echeverría: Dante Alighieri, *Divina Comedia*, Alianza, Madrid, 1995.

FRANCESCO PETRARCA

Se la mia vita da l'aspro tormento (*Rerum vulgarium fragmenta*, XII)/ «Si mi vida del áspero tormento»

Benedetto sia 'l giorno, e 'l mese, et l'anno (*Idem*, LXI)/ «Bendito sea el día, el mes, y el año»

Padre del ciel, dopo i perduti giorni (*Idem*, LXII) / «Padre del cielo, tras aquellos días»

Jacobo Cortines: Francesco Petrarca, *Cancionero*, Cátedra, Madrid, 1989.

Rimansi a dietro il sestodecimo anno (*Rerum vulgarium fragmenta*, CXVIII) / «Ya queda atrás el decimosexto año»

**Texto*: Gianfranco Contini: Francesco Petrarca, *Canzoniere*, Einaudi, Turín, 1975[6]. *Traducción*: Alicia Colombí-Monguió, inédita.

Chiare, fresche et dolci acque (*Rerum vulgarium fragmenta*, CXXVI) / «Claras y dulces aguas»

Ponmi ove 'l sole occide i fiori et l'erba (*Idem*, CXLV) / «Ponme allí donde el sol mata las flores»

Jacobo Cortines.

S'io avesse pensato che sí care (*Rerum vulgarium fragmenta*, CCX-CIII) / «Si yo hubiese pensado que tan cara»
Traducción: Ángel Crespo: Francesco Petrarca, *Cancionero*, Bruguera, Barcelona, 1983.

Tutta la mia fiorita et verde etade (*Rerum vulgarium fragmenta*, CCCXV) / «Mi verde edad florida transcurría»
Tennemi Amor anni ventuno ardendo (*Idem*, CCCLXIV)/ «Túvome Amor ardiendo veintiún años»
Jacobo Cortines.

Triumphus Aeternitatis (*Trionfi*, 19-33, 82-102 y 121-145) / «Triunfo de la Eternidad»
Jacobo Cortines y Manuel Carrera: Francesco Petrarca, *Triunfos*, Editora Nacional, Madrid, 1983.

Ad Franciscum priorem Sanctorum Apostolorum de Florentia (*Epystole*, III, 33) / «A Francisco, Prior de los Santos Apóstoles de Florencia»
**Texto*: F. Neri, G. Martellotti, E. Bianchi y N. Sapegno: Francesco Petrarca, *Rime, Trionfi e Poesie Latine*, Riccardo Ricciardi, Milán-Nápoles, 1951. *Traducción*: Francisco Rico y Miguel Requena, inédita.

Candida si niveis se nunc tua Laurea pennis / «Si ahora tu hermosa Laura revistiera»
Texto: Francisco Rico, Francesco Petrarca, *Gabbiani*, Adelphi, Milán, 2008. *Traducción*: Francisco Rico, inédita.

AUSIÀS MARCH

Axí com cell qui 'n lo somni·s delita (I) / «Como aquel que en el sueño se deleita»
Sí com lo taur se·n va fuyt pel desert (XXIX) / «Como el toro que huido va al desierto»
Vós qui sabeu de la tortra·l costum (XLII) / «Conocéis las costumbres de la tórtola»
**Texto*: Costanzo di Girolamo: Ausiàs March, *Pagine del Canzoniere*, Luni, Milán-Trento, 1998. *Traducción*: José María Micó, inédita.

Veles e vents han mos desigs complir (XLVI) / «Velas y vientos cumplirán mis ansias»
Pere Gimferrer: Ausiàs March, *Obra poética*, Alfaguara, Madrid, 1978.

Cant espiritual (coplas I-VII, X, XVII-XVIII y XXV-XXVIII) / «Canto espiritual»
Rafael Ferreres: Ausiàs March, *Obra poética completa*, II, Fundación Juan March-Castalia, Madrid, 1979.

FRANÇOIS VILLON

Le testament (coplas XXII y XXVI) / *El testamento*
Le testament: Ballade des dames du temps jadis / *El testamento*: «Balada de las damas de antaño»
Texto: A. Lognon y L. Foulet: François Villon, Œuvres complètes, H. Champion, París, 1982. *Traducción*: Juan Victorio: François Villon, *Poesía*, Cátedra, Madrid, 1985.

Le testament (coplas LXXXV-LXXXIX) / *El testamento*
Le testament: Ballade pour prier Nostre Dame / *El testamento*: «Balada para rogar a Nuestra Señora»
Le testament: Ballade de la Grosse Margot / *El testamento*: «Balada de Margot la Gorda»
Le testament: Ballade / *El testamento*: «Balada»
**Texto*: Jean Rychner y Albert Henry: *Le Testament Villon*, Ginebra, 1974. *Traducción*: Carlos Alvar: François Villon, *Poesía*, Alianza, Madrid, 1980.

L'épitaphe Villon ou Ballade des pendus / «Epitafio de Villón o Balada de los ahorcados»
José María Álvarez: François Villon, *El legado y El testamento*, Pre-Textos, Madrid-Buenos Aires-Valencia, 2001.

JORGE MANRIQUE

Coplas a la muerte de don Rodrigo Manrique
Vicente Beltrán: Jorge Manrique, *Poesía*, Crítica, Barcelona, 1993.

MICHELE MARULLO

Ad Neaeram (*Epigrammata*, liber I, XIII) / «A Neera
Ad Neaeram (*Idem*, liber I, XVIII) / «A Neera»
Ad Neaeram (*Idem*, liber I, XXI) / «A Neera»
Ad Neaeram (*Idem*, liber II, IV) / «A Neera»
Texto: Francesco Arnaldi, Lucia Gualdo Rosa y Liliana Monti Sabia: *Poeti latini del Quatrocento*, Riccardo Ricciardi, Milán-Nápoles, 1964. *Traducción*: Juan F. Alcina, inéditas.

Iovi Optimo Maximo (*Inni naturali*, liber I, 1) / «A Júpiter Óptimo Máximo»
Terrae (*Idem*, liber IV, 5) / «A la Tierra»

Texto: Donatella Coppini: Michele Marullo Tarcaniota, *Inni naturali*, Le Lettere, Florencia, 1995. *Traducción*: Juan F. Alcina, inéditas.

LUDOVICO ARIOSTO

Satira III (28-66) / «Sátira III»

José María Micó: Ludovico Ariosto, *Sátiras*, Península, Barcelona, 1999.

Le donne, i cavallier, l'arme, gli amori (*Orlando Furioso*, I, estrofas 1-2, y XXIII, estrofas 100-136) / «Canto las damas y los caballeros»

**Texto*: Cesare Segre: Ludovico Ariosto, *Tutte le opere di Ludovico Ariosto*, Mondadori, Milán, 1964. *Traducción*: José María Micó, Espasa, Biblioteca de Literatura Universal, Madrid, 2005.

GARCILASO DE LA VEGA

«Cuando me paro a contemplar mi estado»
«Escrito está en mi alma vuestro gesto»
«¡Oh dulces prendas por mi mal halladas!»
«A Dafne ya los brazos le crecían»
«En tanto que de rosa y azucena»
«Pasando el mar Leandro el animoso»
A Boscán desde la Goleta
Canción tercera
Ode ad florem Gnidi
Al duque de Alba, en la muerte de don Bernaldino de Toledo
Égloga primera
Égloga tercera

Edición de Bienvenido Morros: Garcilaso de la Vega, *Obra poética y textos en prosa*, Crítica, Barcelona, 1995.

PIERRE DE RONSARD

Je voudroy bien richement jaunissant (*Amours de Cassandre*, XX) / «¡Ah, quisiera, pletórico amarillo!»
Quand au temple nous serons (*Idem*) / «Cuando los dos estemos en el templo»

Carlos Pujol: Pierre de Ronsard, *Poesía*, Pre-Textos, Madrid-Buenos Aires-Valencia, 2000.

Quand vous serez bien vieille, au soir à la chandelle (*Sonnets pour Hélène*, II, 43) / «Cuando seas muy vieja, al claror de una vela»
Texto: Jean Céard, Daniel Ménager, Michel Simonin: Pierre de Ronsard, *Œuvres complètes*, Bibliothèque de la Pléiade, Gallimard, París, 1993-1994. *Traducción*: Javier Lentini: *Hora de Poesía*, núms. 75/76 (Mayo-Agosto 1991), Barcelona.

Elégie (*Les amours d'Hélène*) / «Elegía»
Traducción: Carlos Pujol: Pierre de Ronsard, *Sonetos para Helena*, Planeta, Barcelona, 1987.

Mignonne, allons voir si la rose (*Les odes*) / «Vamos a ver, muchacha, si la rosa»
Fay refraischir mon vin de sorte (*Idem*) / «Haz refrescar mi vino de tal modo»
Monseigneur, je n'ay plus ceste ardeur de jeunesse (*Idem*) / «Monseñor, he perdido el ardor juvenil»
Pourtant si ta maitresse est un petit putain (*Elegies, epitaphes et poèmes divers*) / «Aunque veas que es algo puta tu bienamada»
Je n'ay plus que les os, un squelette je semble (*Oeuvres posthumes*) / «Sólo huesos me quedan, igual que un esqueleto»
Ah! longues Nuicts d'hyver, de ma vie bourrelles (*Idem*) / «Largas noches de invierno, de mi vida verdugos»
Carlos Pujol: Pierre de Ronsard, *Poesía*, Pre-Textos, Madrid-Buenos Aires-Valencia, 2000.

LUIS DE CAMÕES

Mudam-se os tempos, mudam-se as vontades / «Múdanse tiempos, mudan voluntades»
Texto: Hernani Cidade: Luis de Camões, *Obras completas. Autos e cartas*, I, Liv. Sa da Costa, Lisboa, 1946. *Traducción*: José María de Cossío: «Los sonetos amorosos de Camoens», *Cruz y Raya*, núm. 19 (octubre de 1944).

Sete anos de pastor Jacob servia / «Siete años de pastor Jacob servía»
Traducción: Francisco de Quevedo, en José Manuel Blecua: Francisco de Quevedo, *Obra poética*, Castalia, Madrid, 1969-1984, 4 vols.

As armas e os barões assinalados (*Os Lusiadas*, I, 1-5) / «Las armas y varones señalados»
José Filgueira Valverde: *Camoens*, Labor, Barcelona, 1958.

Inês de Castro (*Os Lusiadas*, III, 118-135) / Inés de Castro
Aquilino Duque: Luis de Camões, *Lusíadas*, Editora Nacional, Madrid, 1980.

O velho do Restelo (*Os Lusiadas*, IV, 94-104) / «El viejo del Restelo»
José Filgueira Valverde.

SAN JUAN DE LA CRUZ

Cántico espiritual
Noche oscura
Llama de amor viva
Cantar del alma que se huelga de conocer a Dios por fe
Edición de Domingo Ynduráin: San Juan de la Cruz, *Poesía*, Cátedra, Madrid, 1983.

AGRIPPA D'AUBIGNÉ

Les Tragiques (I, 55-96, 372-424) / *Las Trágicas*
A. González Alcaraz: Agrippa D'Aubigné, *Las Trágicas*, Universidad de Murcia, Murcia, 1993.

LUIS DE GÓNGORA

«Hermana Marica»
«La más bella niña»
Fábula de Píramo y Tisbe
«Ándeme yo caliente»
Alegoría de la brevedad de las cosas humanas
«Mientras por competir con tu cabello»
A Córdoba
De un caminante enfermo que se enamoró donde fue hospedado
«Cosas, Celalba mía, he visto extrañas»
En la partida del Conde de Lemus y del Duque de Feria a Nápoles y a Francia
«Era del año la estación florida» (*Soledad primera*, 1-61)
Fábula de Polifemo y Galatea (I-IX, XIII-XIV, XXIV-XXV, LX-LXIII)
Edición de Antonio Carreira: Luis de Góngora y Argote, *Obras completas*, Fundación José Antonio de Castro, Madrid, 2000.

LOPE DE VEGA

Belardo a Amarilis
«Mira, Zaide, que te aviso»
«A mis soledades voy»
«Ir y quedarse, y con quedar partirse»
«Un soneto me manda hacer Violante»
«Esparcido el cabello por la espalda»
Escribe a un amigo el suceso de una jornada
A una calavera
«¿Qué tengo yo, que mi amistad procuras?»
Letras para cantar

Edición de Antonio Carreño: Lope de Vega, *Rimas humanas y otros versos*, Crítica, Barcelona, 1998.

WILLIAM SHAKESPEARE

When I do count the clock that tells the time (*Sonnets*, 12) / «Cuando cuento las horas que jalonan el tiempo»

Carlos Pujol: William Shakespeare, *Sonetos*, Comares, Granada, 1991.

When I consider every thing that grows (*Sonnets*, 15) / «Cuando pienso que todo lo que crece»

Manuel Mújica Laínez: William Shakespeare, *Sonetos*, Visor, Madrid, 1991.

Shall I compare thee to a summer's day? (*Sonnets*, 18) / «¿Diré que eres un día de verano?»

Vicente Gaos: *Traducciones poéticas completas*, II, Institución Alfonso el Magnánimo-Institució Valenciana d'Estudis i Investigació, Valencia, 1986.

As an unperfect actor on the stage (*Sonnets*, 23) / «Como un torpe actor que una vez en escena»

Carlos Pujol.

Weary with toil, I haste me to my bed (*Sonnets*, 27) / «Cansado de los tráfagos del día»

Carlos Peregrín Otero: *Letras*, I, Tamesis Books, Londres, 1966.

Not marble nor the gilded monuments (*Sonnets*, 55) / «Los dorados y regios monumentos, los mármoles»

Carlos Pujol.

Since brass, nor stone, nor earth, nor boundless sea (*Sonnets*, 65)/ «Si la muerte domina al poderío»
Manuel Mújica Laínez.

That time of year thou mayst in me behold (*Sonnets*, 73) / «En mí ves la estación en que colgar»
**Texto*: Stanley Wells, Gary Taylor, John Jowet, William Montgomery: William Shakespeare, *The Complete Works*, Oxford University Press, 1986. *Traducción*: Fernando Maristany: *Las cien mejores poesías líricas de la lengua inglesa*, Cervantes, Valencia, 1918.

How like a winter hath my absence been (*Sonnets*, 97) / «Lejos de ti mi ausencia ha sido invierno»
Traducción: Jorge Guillén en Claudio Guillén y Antonio Piedra: *Aire nuestro*, Diputación de Valladolid, Valladolid, 1987.

When in the chronicle of wasted time (*Sonnets*, 106) / «Si en crónicas de tiempos olvidados»
Traducción: Fernando Maristany.

Let me not to the marriage of true minds (*Sonnets*, 116) / «Que a la unión de las almas que son fieles, jamás»
José María Álvarez: William Shakespeare, *Sonetos*, Pre-Textos, Valencia, 1999.

Th'expense of spirit in a waste of shame (*Sonnets*, 129) / «Despilfarro de aliento en derroche de afrenta»
Agustín García Calvo: William Shakespeare, *The sonnets. Sonetos de amor*, Anagrama, Barcelona, 1974.

My mistress' eyes are nothing like the sun (*Sonnets*, 130) / «No comparo los ojos de mi amada con soles»
Carlos Pujol.

When my love swears that she is made of truth (*Sonnets*, 138)/ «Cuando jura mi amada que sólo hay verdad en ella»
José María Álvarez.

JOHN DONNE

Texto: Charles M. Coffin: John Donne, *The Complete Poetry and Selected Prose*, Modern Library, Nueva York, 2001.

To his mistress going to bed (*Elegies*, XIX) / «Cuando se acuesta su amada»
Carlos Pujol: John Donne, *Cien poemas*, Pre-Textos, Valencia, 2003.

A lecture upon the shadow (*Songs and sonnets*) / «Una lección sobre la sombra»
Luis C. Benito Cardenal: John Donne, *Poesía erótica*, Barral, Barcelona, 1978.

The good-morrow / «Los buenos días»
**Traducción*: José María Valverde: *Historia de la literatura universal*, V, Planeta, Barcelona, 1984.

The sun rising / «El amanecer»
Purificación Ribes: John Donne, *Canciones y sonetos*, Cátedra, Madrid, 1996.

The canonization / «La canonización»
Luis C. Benito Cardenal.

A nocturnal upon St. Lucy's day / «El nocturno de Santa Lucía»
Traducción: Jaime García Terrés: *Baile de máscaras*, Ediciones del Equilibrista, México, 1989.

The relic / «La reliquia»
Traducción: José María Martín Triana: John Donne, *Poemas Amorosos*, Visor, Alberto Corazón, Madrid, 1972.

I am a little world made cunningly / «Soy un mundo en pequeño hábilmente tejido»
Carlos Pujol.

Hymn to God my God, in my sickness / «Himno a Dios, mi Dios, en mi enfermedad»
Traducción: José María Valverde.

FRANCISCO DE QUEVEDO

Represéntase la brevedad de lo que se vive y cuán nada parece lo que se vivió
Significase la propria brevedad de la vida, sin pensar, y con padecer, salteada de la muerte
Enseña cómo todas las cosas avisan de la muerte
A Roma sepultada en sus ruinas
Memoria inmortal de don Pedro Girón, duque de Osuna, muerto en la prisión
Amante agradecido a las lisonjas mentirosas de un sueño
Amor constante más allá de la muerte
Epístola satírica y censoria contra las costumbres presentes de los castellanos, escrita a don Gaspar de Guzmán, conde de Olivares, en su valimiento (1-99, 130-168)

Edición de José Manuel Blecua: Francisco de Quevedo, *Poesía original*, Planeta, Barcelona, 1968.

JOHN MILTON

Cyriack, this three years' day these eyes, though clear / «Ciriaco, hace tres años que estos ojos, aunque limpios»

A. Saravia Santander: John Milton, *Sonetos/Sansón Agonista*, Orbis Fabri, Barcelona, 1998.

Of Man's first disobedience, and the fruit (*Paradise Lost*, I, 1-26)/ «Del hombre la primera desobediencia, el fruto»
Now to th'ascent of that steep savage hill (*Idem*, IV, 172-222)/ «Satán iba subiendo la escarpada colina»

**Texto*: William Kerrigan, John Rumrich, Stephen M. Fallon: John Milton, *The Complete Poetry and Essential Prose*, Modern Library, Nueva York, 2007. *Traducción*: Abilio Echeverría: John Milton, *El paraíso perdido*, Planeta, Barcelona, 1993.

Thus talking, hand in hand, alone they pass'd (*Paradise Lost*, IV, 689-775) / «Hablando así, cogidos de la mano, entran solos»

Traducción: Abilio Echeverría: John Milton, *El paraíso perdido*, Planeta, Barcelona, 1993.

Ad patrem / «A su padre»

Texto: Fred J. Nichols: *An Anthology of Neo-Latin Poetry*, Yale University Press, New Haven-Londres, 1979. *Traducción*: Alejandro Coroleu, inédita.

JEAN DE LA FONTAINE

**Texto*: René Groos: Jean de La Fontaine, *Oeuvres complètes I. Fables, contes et nouvelles*, Gallimard, 1968.

Le loup et l'agneau (*Fables*, I, 10) / «El lobo y el cordero»
Traducción: Miguel Requena, inédita.

Les deux coqs (*Fables*, VII, 13) / «Los dos gallos»
Miguel Requena, inédita.

Les deux pigeons (*Fables*, IX, 2) / «Las dos palomas»
Pedro Ugalde: *Hora de poesía*, núms. 21-22 (mayo-agosto de 1982), Barcelona.

Conte tiré d'Athénée / «Los dos amigos»
Conte tiré d'Athénée / «La Venus Callipyga»
Traducción: Leopoldo García Ramón: Jean de la Fontaine, *Fábulas Libertinas*, Visor, Madrid, 2006.

ALEXANDER POPE

**Texto*: John Butt: *The Poems of Alexander Pope*, Yale University Press, 1970.

An Essay on Criticism (vv. 201-232)/ *Ensayo sobre la crítica*
Traducción: José Siles Artés: *Poesía inglesa, Notas*, Barcelona, 1979.

The rape of the lock (Cantos I, II (vv. 19-52), III (vv. 1-18, 33-80)y V (vv. 37-66)) / *El rapto del bucle*
Marià Manent: *La poesía inglesa*, José Janés, Barcelona, 1958.

JOHANN WOLFGANG VON GOETHE

**Texto*: U. Gaier: *Faust-Dichtungen*, Reclam, Stuttgart, 1999.

Der König in Thule (*Balladen*) / «El rey de Tule»
Traducción: Adán Kovacsis: Johann Wolfgang Goethe, *47 poemas*, Mondadori, Madrid, 1998.

Mignon (*Balladen*) / «Canción a Mignon»
Traducción: José María Valverde: *Historia de la literatura universal*, VII, Planeta, Barcelona, 1985.

Froh empfind' ich mich nun auf klassischem Boden begeistert (*Erotica Romana/Römische Elegien*, VI) / «Feliz me siento en suelo clásico, entusiasmado»
Salvador Mas Torres: Johann Wolfgang Goethe, *Elegías Romanas (*Erotica Romana*)*, A. Machado Libros, Madrid, 2005.

Eines ist mir verdriesslich vor allen Dingen, ein andres (*Erotica Romana/Römische Elegien*, XVIII) / «Una cosa hay que me disgusta más que todas; otra»
Carmen Bravo Villasante: Johann Wolfgang Goethe, *Poemas*, Plaza y Janés, Barcelona, 1976.

Das Goettliche (*Vermischte Gedichte*, I) / «Lo Divino»
Jaime Bofill y Ferro y Fernando Gutiérrez: *La poesía alemana. De los primitivos al romanticismo*, José Janés, Barcelona, 1947.

Elegie (*Trilogie der Leidenschaft*) / «Elegía de Marienbad»
Traducción: José Luis Reina Palazón, *Antología esencial de la poesía alemana*, Espasa Calpe, Madrid, 2004.

WILLIAM BLAKE

**Texto*: D. V. Erdman: William Blake, *The Complete Poetry and Prose*. Doubleday, Anchor Books, Nueva York, 1988.

To the evening star (*Poetical Sketches*) / «A la estrella del atardecer»
Enrique Caracciolo: William Blake, *Antología bilingüe*, Alianza, Madrid, 1987.

The little black boy (*Songs of Innocence*) / «El niño negro»
Traducción: Luis Cernuda: *Poesía completa*, Barral, Barcelona, 1977.

The divine image (*Songs of Innocence*) / «La imagen divina»
Holy Thursday (*Songs of Innocence*) / «Jueves santo»
Helena Valentí: William Blake, *Cantos de inocencia. Cantos de experiencia*, Bosch, Barcelona, 1977.

The clod and the pebble (*Songs of Experience*) / «El terrón y el guijarro»
Traducción: Ricardo Silva Santisteban: *La música de la humanidad. Antología poética del romanticismo inglés*, Tusquets, Barcelona, 1993.

The sick rose (*Songs of Experience*) / «La rosa enferma»
Ángel Rupérez: *Lírica inglesa del siglo XIX*, Trieste, Madrid, 1987.

The tyger (*Songs of Experience*) / «El tigre»
Agustí Bartra: William Blake, *Poemas*, Plaza y Janés, Barcelona, 1971.

The garden of love (*Songs of Experience*) / «El jardín del amor»
Traducción: Ricardo Silva Santisteban.

London (*Songs of Experience*) / «Londres»
Madeleine L. Cazamián: *William Blake*, Júcar, Gijón, 1983.

The human abstract (*Songs of Experience*) / «El hombre esencial»
Traducción: Cristóbal Serra: William Blake, *Poemas proféticos y prosas*, Barral, Barcelona, 1971.

A memorable fancy (*The marriage of Heaven and Hell*) / «Visión memorable»
Enrique Caracciolo.

FRIEDRICH HÖLDERLIN

**Texto*: D. E. Sattler: Friedrich Hölderlin, *Sämtliche Werke*, Stroemfeld-Stern, Frankfurt am Main-Basilea, 1976-2007.

Hyperions Schicksalslied (*Hyperion*, II) / «Canción del destino de Hiperión»
Traducción: Jesús Munárriz: Friedrich Hölderlin, *Hiperión*, Peralta, Madrid, 1979.

Da ich ein Knabe war... / «Cuando era niño...»
Gesang des Deutschen / «Canto alemán»
Federico Gorbea: Friedrich Hölderlin, *Obra completa*, Ediciones 29, Barcelona, 1978.

Heidelberg / «Heidelberg»
Traducción: José María Valverde: *Historia de la literatura universal*, VII, Planeta, Barcelona, 1985.

Heimat / «Tierra nativa»
Der Kirchhof / «El cementerio»
Luis Cernuda: Friedrich Hölderlin, *Poemas*, Visor Alberto Corazón, Madrid, 1974.

Wenn aus der Ferne... / «Si desde lejos...»
Txaro Santoro y José María Álvarez: Friedrich Hölderlin, *Poemas de la locura*, Peralta, Madrid, 1979.

WILLIAM WORDSWORTH

Texto: Thomas Hutchinson y Ernest de Selincourt, *Wordsworth. Poetical Works*, Oxford UP, Oxford, 1969.

Pure element of waters / «Agua, puro elemento»
Marià Manent: *La poesía inglesa. Románticos y victorianos*, Lauro, Barcelona, 1945.

My heart leaps up when I behold / «Mi corazón da un brinco cuando observo»
Traducción: José María Valverde: *Poetas románticos ingleses*, Planeta, Barcelona, 1989.

The world is too much with us: late and soon / «El mundo con exceso está en nosotros»
Traducción: Fernando Maristany: *Las cien mejores poesías líricas de la lengua inglesa*, Cervantes, Valencia, 1918.

Where lies the Land to which yon Ship must go? / «¿Dónde está la Tierra que aquel Barco persigue?»
Ángel Rupérez: *Lírica inglesa del siglo XIX*, Trieste, Madrid, 1987.

The Forsaken / «Los desamparados»
Jaime Siles y Fernando Toda: William Wordsworth, *Poemas*, Editora Nacional, Madrid, 1976.

Ode: intimations of immortality from recollections of early childhood / «Oda: indicios de inmortalidad en los recuerdos de la primera infancia»
Traducción: Ricardo Silva Santisteban: *La música de la humanidad. Antología poética del Romanticismo inglés*, Tusquets, Barcelona, 1993.

SAMUEL TAYLOR COLERIDGE

**Texto*: I. A. Richards: *The Portable Coleridge*, The Viking Press, Nueva York, 1961.

Kubla Khan / «El Khan Kubla»
Traducción: José María Valverde: *Poetas románticos ingleses*, Planeta, Barcelona, 1989.

The rime of the ancient mariner (part IV) / «La balada del viejo marinero»
Traducción: Jaime Siles, *Transtextos*, Artemisa, Santa Cruz de Tenerife, 2006.

NOVALIS

**Texto*: P. Kluckhohn y R. Samuel: Novalis, *Schriften. Die Werke Friedrich von Hardenbergs*, Kohlhammer, Stuttgart *et al.*, 1960-2006.

Welcher Lebendige... (*Hymnenandie Nacht*, I) / «¿Qué ser que vive...?»
Das furchtbar zu den frohen Tischen trat (*Hymnen an die Nacht*, V) / «Turbaba los placeres de la fiesta»
Senhsucht nach dem Tode (*Hymnen an die Nacht*, VI) / «Anhelo de la muerte»
Américo Ferrari: Novalis, *Himnos a la noche. Cánticos espirituales*, Pre-Textos, Valencia, 1995.

Bergmannslied (*Heinrich von Ofterdingen*) / «Canto al minero»
Traducción: J. Francisco Elvira Hernández: Novalis, *Himnos a la noche*, Alberto Corazón, Madrid, 1974.

Hymne (*Geistliche Lieder*, VII) / «Himno»
Traducción: Rodolfo Häsler: Novalis, *Obra completa*, DVD, Barcelona, 2000.

LORD BYRON

**Texto*: Frederick Page: *Byron. Poetical Works*, Oxford UP, Oxford-Nueva York-Toronto-Melbourne, 1970.

Lines inscribed upon a cup formed from a skull / «Versos grabados en una copa hecha con un cráneo»
Traducción: José María Martín Triana: Lord Byron, *Poemas escogidos*, Visor, Madrid, 1985.

The destruction of Sennacherib / «La destrucción de Senaquerib»
Marià Manent: *La poesía inglesa. Románticos y victorianos*, Lauro, Barcelona, 1945.

On this day I complete my thirty-sixth year / «Al cumplir mis treinta y seis años»
Traducción: Ricardo Silva Santisteban: *La música de la humanidad. Antología poética del romanticismo inglés*, Tusquets, Barcelona, 1993.

The isles of Greece, the isles of Greece! (*Don Juan*, I, estrofas 1-8) / «Islas de Grecia, islas de Grecia»
There is a tide in the affairs of men (*Idem*, VI, 1 y 27) / «Hay una marea en los negocios del hombre»

Of all the barbarous Middle Ages, that (*Idem*, XII, 1-2) / «De cualquier bárbara edad media, no hay»
Pedro Ugalde: Lord Byron, *Don Juan*, Cátedra, Madrid, 1994.

A house-party (*Don Juan*, XIII) / «Una fiesta»
Ángel Rupérez: *Lírica inglesa del siglo XIX*, Trieste, Madrid, 1987.

PERCY BYSSHE SHELLEY

**Texto*: D. H. Reiman y N. Fraistat: Percy Bysshe Shelley, *The Complete Poetry*, Johns Hopkins University Press, Baltimore, 2000-2004.

Hymn to intellectual beauty / «Himno a la belleza intelectual»
Traducción: José María Valverde: *Poetas románticos ingleses*, Planeta, Barcelona, 1989.

Ozymandias / «Ozymandías»
Traducción: Leopoldo Panero: *Poetas románticos ingleses*, Planeta, Barcelona, 1989.

Ode to the west wind / «Oda al viento del oeste»
Traducción: Fernando Maristany: *Las cien mejores poesías líricas de la lengua inglesa*, Cervantes, Valencia, 1918.

I weep for Adonais –he is dead! (*Adonais*, I) / «Murió Adonais y por su muerte lloro»
Oh, weep for Adonais –he is dead! (*Idem*, III) / «Llora por Adonais puesto que ha muerto»
What softer voice is hushed over the dead? (*Idem*, XXXV) / «¿Qué voz tan dulce muda está ante el muerto?»
The One remains, the many change and pass (*Idem*, LII) / «Indestructible es la unidad del mundo»
Vicente Gaos: *Traducciones poéticas completas*, Institución Alfonso el Magnánimo-Institució Valenciana d'Estudis i Investigació, Valencia, 1986.

Wake the serpent not / «No despertéis jamás a la serpiente»
Juan Abeleira y Alejandro Valero: Percy Bysshe Shelley, *No despertéis a la serpiente*, Hiperión, Madrid, 1991.

JOHN KEATS

**Texto*: John Barnard: John Keats, *The Complete Poems*, Penguin Books, 1973.

A thing of beauty is a joy for ever (*Endymion*, I, vv. 1-62) / «Lo bello es una dicha para siempre»
Pedro Ugalde: John Keats, *Endymión*, Bosch, Barcelona, 1977.

Ode to a nightingale (*Lamia*) / «Oda a un ruiseñor»
Traducción: Clemencia Miró: John Keats, *Poesías*, Los Grandes Poetas, Buenos Aires, 1954.

Ode on a Grecian urn (*Lamia*) / «Oda a una urna griega»
Traducción: Felipe Baeza: Jonh Keats, *Oda a una urna griega*, Taller de Traducción Literaria, Tenerife, 1997.

To Autumn (*Lamia*) / «Oda al otoño»
Traducción: Luis Cernuda: *Poesía completa*, Barral, Barcelona, 1977.

Ode on melancholy (*Lamia*) / «Oda sobre la melancolía»
Traducción: José María Valverde: *Poetas románticos ingleses*, Planeta, Barcelona, 1989.

HEINRICH HEINE

**Texto*: Klaus Briegleb: Heinrich Heine, *Sämtliche Schriften*, Hanser, Munich, 1968-1976

Mein Herz, mein Herz ist traurig (*Die Heimkehr*, III) / «Mi corazón está triste»
Traducción: José S. Herrero: Enrique Heine, *El Libro de los Cantares*, Compañía Ibero-Americana de Publicaciones, Madrid-Barcelona-Buenos Aires, 1930.

Wenn ich an deinem Hause (*Die Heimkehr*, XIII) / «Paso por tu casa y miro»
Traducción: Teodoro Llorente: Enrique Heine, *Libro de los Cantares*, Sopena, Buenos Aires, 1952.

Zu fragmentarisch ist Welt und Leben! (*Die Heimkehr*, LVIII) / «¡Qué fragmentarios el mundo y la vida!»
Ja, freilich bist du mein Ideal (*Neue Gedichte*, VII) / «¡Sin duda eres mi ideal!»
Berit Balzer: Heinrich Heine, *Antología poética*, Ediciones de la Torre, Madrid, 1995.

Entartung (*Zeitgedichte*, VIII) / «Degeneración»
Traducción: José Pablo Rivas: Enrique Heine, *Obras escogidas*, Garnier Hermanos, París, (1919).

Lebensfahrt (*Zeitgedichte*, X) / «Viaje de la vida»
Jetzt Wohin? (*Lamentationen*, XII) / «Ahora, ¿adónde?»
Texto: Walter Vontin: Heinrich Heine, *Werke*, Hoffmann und Campe Verlag, Hamburg, 1956. *Traducción*: Feliu Formosa: Heinrich Heine, *Poemas*, Lumen, Barcelona, 1976.

Weltlauf (*Lazarus*, I) / «El curso del mundo»
Berit Balzer.

Die schlesischen Weber / «Los tejedores de Silesia»
Traducción: Feliu Formosa.

GIACOMO LEOPARDI

**Texto*: Franco Gavazzeni: Giacomo Leopardi, *Canti*, Accademia della Crusca, Florencia, 2006.

L'infinito (*Canti*, XII) / «El infinito»
Antonio Colinas: Giacomo Leopardi, *Obras*, Círculo de Lectores, Barcelona, 1997.

La sera del dì di festa (*idem*, XIII) / «La noche del día de fiesta»
María de las Nieves Muñiz Muñiz: Giacomo Leopardi, *Cantos*, Cátedra, Madrid, 1998.

A Silvia (*idem*, XXI) / «A Silvia»
Eloy Sánchez Rosillo: Giacomo Leopardi, *Antología poética*, Pre-Textos, Valencia, 1998.

A se stesso (*idem*, XXVIII) / «A sí mismo»
Traducción: Miguel Romero Martínez: Giacomo Leopardi, *Poesías*, Compañía Ibero-Americana de Publicaciones, Madrid, 1928.

La ginestra o il fiore del deserto (*idem*, XXXIV, vv. 1-86, 158-235, 296-316) / «La retama»
Miguel de Unamuno: María de las Nieves Muñiz, *Giacomo Leopardi*, PPU, Barcelona, 1998.

ALEXANDR PUSHKIN

**Texto*: Александр С. Пушкин, *Полное собрание сочинений*, Nauka, Leningrado, 1977-1979.

Я вас любил / «Yo te amé»
Traducción: Eugenio Asensio, *Poética y realidad en el cancionero peninsular de la Edad Media*, Gredos, Madrid, 1970.

Погасло дневное светило / «Se apagó el astro del día»
Воспоминание / «El recuerdo»
Eduardo Alonso Luengo: Alexandr Pushkin, *Antología lírica*, Hiperión, Madrid, 1997.

Анчар / «Anchar»
Traducción: Elisabeth Mulder: *Alejandro Pushkin*, Cervantes, BCN, 1930.

Я памятник себе воздвиг нерукотворный / «Me erigí un monumento que no labró la mano»
Eduardo Alonso Luengo.

Во дни веселий и желаний (*Евгений Онегин*, I, XXIX) / «En días de deseo y gozo»
Когда ж и где, в какой пустыне (*Евгений Онегин*, I, XXXI) / «¿Cuándo y dónde, en qué desierto ... ?»
Я помню море пред грозою (*Евгений Онегин*, I, XXXIII) / «Recuerdo el mar antes de la tormenta»
Замечу кстати: все поэты– (*Евгений Онегин*, I, LVII) / «Lo advierto, de paso: todos los poetas»
Прошла любовь, явилась муза (*Евгений Онегин*, I, LIX) / «Pasó el amor, apareció la Musa»

VICTOR HUGO

**Texto*: C. Gély *et al.*: Victor Hugo, *Œuvres complètes*, Robert Laffont, Bouquins, París, 1985.

Ce siècle avait deux ans! Rome remplaçait Sparte (*Les feuilles d'automne*, I) / «Solamente dos años este siglo tenía»
Traducción: Carlos Pujol: *Poetas románticos franceses*, Planeta, Barcelona, 1989.

Clair de lune (*Les orientales*) / «Claro de luna»
Mercedes Tricás Preckler: Victor Hugo, *Antología poética*, Bosch, Barcelona, 1987.

Demain, dès l'aube, à l'heure où blanchit la campagne (*Les contemplations*) / «Mañana al alba cuando clareen ya los campos»
Carlos Clementson, inédita.

Elle était déchaussée, elle était décoiffée (*Les contemplations*) / «Ella estaba descalza, estaba despeinada»
Ricardo Cano Gaviria, inédita.

Booz endormi (*La légende des siècles*) / «Booz dormido»
Traducción: Antonio Martínez Sarrión: Victor Hugo, *Lo que dice la boca de sombra y otros poemas*, Visor, Madrid, 1989.

Ave Dea: moriturus te salutat (*Toute la lyre*) / «Ave Dea; moriturus te salutat»
Traducción: José María Valverde: *Historia de la literatura universal*, VII, Planeta, Barcelona, 1985.

GÉRARD DE NERVAL

**Texto*: J. Guillaume y C. Pichois: Gérard de Nerval, *Œuvres complètes, Poésie,* Bibliothèque de la Pléiade, Gallimard, París, 1989.

Fantaisie (*Odelettes rythmiques et lyriques*) / «Fantasía»
Traducción: Fernando Maristany: *Antología general de poetas líricos franceses*, Cervantes, Barcelona, 1922.

Le point noir (*Odelettes rythmiques et lyriques*) / «El punto negro»
Les cydalises (*Odelettes rythmiques et lyriques*) / «Las cidalisas»
Traducción: Carlos Pujol: *Poetas románticos franceses*, Planeta, Barcelona, 1989.

Une allée du Luxembourg (*Idem*) / «Una alameda de Luxemburgo»
Pedro José Vizoso: Gérard de Nerval, *Obra poética*, Diputación Provincial de Málaga, Málaga, 1999.

El desdichado (*Les Chimères*)
Traducción: Aníbal Núñez.

Myrtho (*Les Chimères*) / «Myrtho»
Traducción: Luis Antonio de Villena: *Los trabajos del ocio*, Llibros del Pexe, Gijón, 1993.

Horus (*Les Chimères*) / «Horus»
Antéros (*Les Chimères*) / «Anteros»
Luis Alberto de Cuenca: «Gérard de Nerval. Las Quimeras», *Poesía*, núm. 33 (otoño-invierno de 1990), Ministerio de Cultura, Madrid.

Delfica (*Les Chimères*) / «Délfica»
José Luis Jover y Anne Marie Moncho: Gérard de Nerval, *Las Quimeras y otros poemas*, Visor, Madrid, 1974.

Artémis (*Les Chimères*) / «Artemisa»
Traducción: Octavio Paz: *Versiones y diversiones*, Joaquín Mortiz, México, 1974.

Vers dorés (*Les Chimères*) / «Versos dorados»
José Luis Jover y Anne Marie Moncho.

CHARLES BAUDELAIRE

**Texto*: Michel Jarnet: Baudelaire, *Œuvres complètes*, Bouquins, Robert Laffont, París, 1980.

Au lecteur (*Les Fleurs du Mal*) / «Al lector»
Traducción: Antonio Martínez Sarrión: Charles Baudelaire, *Las flores del mal*, Alianza, Madrid, 1982.

Correspondances (*Les Fleurs du Mal*, IV) / «Correspondencias»
Luis Martínez de Merlo: Charles Baudelaire, *Las flores del mal*, Cátedra, Madrid, 1991.

La géante (*Les Fleurs du Mal*, XIX) / «La giganta»
Traducción: Carlos Pujol: Charles Baudelaire, *Las flores del mal*, Planeta, Barcelona, 1984.

L'invitation au voyage (*Les Fleurs du Mal*, LIII) / «Invitación al viaje»
Traducción: Antonio Martínez Sarrión.

Les chats (*Les Fleurs du Mal*, LXVI) / «Los gatos»
Luis Martínez de Merlo.

Spleen (*Les Fleurs du Mal*, LXXVI) / «Esplín»
Traducción: Carlos Pujol.

Les aveugles (Les Fleurs du Mal, XCII) / «Los ciegos»
Enrique López Castellón: Charles Baudelaire, *Obra poética completa,* Akal, Madrid, 2003.

À une passante (*Les Fleurs du Mal,* XCIII) / «A una transeúnte»
Traducción: Jacinto Luis Guedeña: Charles Baudelaire, *Las flores del mal,* Visor, Madrid, 1977.

Je n'ai pas oublié, voisine de la ville (*Les Fleurs du Mal,* XCIX) / «Nunca podré olvidar, vecina a la ciudad»
Traducción: Luis Guarner: Charles Baudelaire, *Las flores del mal,* Bruguera, Barcelona, 1973.

La servante au grand coeur dont vous étiez jalouse (*Les Fleurs du Mal,* C) / «La sirvienta tan buena, tan fiel, tan afanosa»
Traducción: Ángel Lázaro: Charles Baudelaire, *Las flores del mal,* Edaf, Madrid, 1963.

Recueillement (*Les Fleurs du Mal,* CLIX) / «Recogimiento»
Traducción: Fernando Maristany: *Antología general de poetas líricos franceses,* Cervantes, Barcelona, 1922.

Le voyage (*Les Fleurs du Mal,* CXXVI estrofas I, VIII) / «El viaje»
Enrique López Castellón.

PAUL VERLAINE

**Texto*: Y.G. Le Dantec y J. Borel: Paul Verlaine, *Œuvres poétiques complètes,* Bibliothèque de la Pléiade, Gallimard, París, 1992.

Nevermore (*Poèmes saturniens*) / «Nevermore»
Texto: Jean Richer, *Paul Verlaine,* Seghers, París, 1960. *Traducción*: Manuel Álvarez Ortega, *Poesía simbolista francesa,* Akal, Madrid, 1984.

Mon rêve familier (*Poèmes saturniens*) / «Mi sueño familiar»
Traducción: Teodoro Llorente: *Poetas franceses ilustres del S. XIX,* Montaner y Simón, Barcelona, 1906.

Chanson d'automne (*Poèmes saturniens*) / «Canción de otoño»
Traducción: Carlos Pujol: Paul Verlaine, *Poesía,* Planeta, Barcelona, 1992.

Clair de lune (*Fêtes galantes*) / «Claro de luna»
Traducción: Manuel Machado: Paul Verlaine, *Fiestas galantes y otros poemas,* Francisco Beltrán, Madrid, (1920).

Le paysage dans le cadre des portières (*La bonne chanson*) / «El paisaje en el marco de las ventanas»
Miguel Casado: Paul Verlaine, *La buena canción. Romanzas sin palabras. Sensatez*, Cátedra, Madrid, 1991.

Il pleure dans mon coeur (*Romances sans paroles*) / «Hoy llora en mi corazón»
Traducción: Fernando Maristany: *Antología general de poetas líricos franceses*, Cervantes, Barcelona, 1922.

Écoutez la chanson bien douce (*Sagesse*, XVI) / «Escucha esta canción tan dulce y queda»
Kaléidoscope (*Jadis et Naguère*) / «Caleidoscopio»
Traducción: Carlos Pujol.

Art poétique (Jadis et Naguère) / «Arte poética»
Traducción: Eduardo Marquina y Luis de Zulueta: *La poesía francesa moderna*, Llibros del Pexe, Gijón, 1994.

Langueur (*Jadis et Naguère*) / «Languidez»
Traducción: Enrique Díez-Canedo: *La poesía francesa moderna*, Llibros del Pexe, Gijón, 1994.

Mort! (*Poèmes divers*) / «¡Muerte!»
Traducción: Carlos Pujol.

ARTHUR RIMBAUD

**Texto*: Louis Forestier: Arthur Rimbaud, *Œuvres complètes*, Bouquins, Robert Laffont, París, 1992.

Roman (*Le cahier de Douai*) / «Novela»
Traducción: Antonio Martínez Sarrión: Arthur Rimbaud, *Poesías*, Espasa Calpe, Madrid, 2004.

Ma bohème (*Le cahier de Douai*) / «Mi bohemia»
Vicente Gaos:
Traducciones poéticas completas, Institución Alfonso el Magnánimo-Institució Valenciana d'Estudis i Investigació, Valencia, 1986.

Les poëtes de sept ans (*Poésies 1870-1871*) / «Los poetas de siete años»
Javier del Prado: Arthur Rimbaud, *Poesías completas*, Cátedra, Madrid, 1996.

Le bateau ivre (*Poésies 1870-1871*) / «El barco ebrio»
Aníbal Nuñez: Arthur Rimbaud, *Poesía completa*, Visor, Madrid, 1997.

Voyelles (*Poésies 1870-1871*) / «Vocales»
Vicente Gaos.

Chanson de la plus haute tour (*Vers nouveaux*) / «Canción de la torre más alta»
Miguel Casado: Arthur Rimbaud, *Poesía completa*, Círculo de Lectores, Barcelona, 1999.

L'éternité (*Vers nouveaux*) / «Eternidad»
Vicente Gaos.

Antique (*Illuminations*) / Antiguo
Barbare (*Illuminations*) / Bárbaro
Julia Escobar: Arthur Rimbaud, *Una temporada en el infierno. Iluminaciones*, Alianza, Madrid, 2001.

Mouvement (*Illuminations*) / «Movimiento»
Ramón Buenaventura: Arthur Rimbaud, *Una temporada en el infierno. Iluminaciones*, Mondadori, Madrid, 1991.

STÉPHANE MALLARMÉ

**Texto*: Yves-Alain Favre: Mallarmé, *Œuvres*, Garnier, París, 1985.

Les fenêtres (*Parnasse Contemporain*) / «Las ventanas»
Traducción: Eduardo Marquina: Stéphane Mallarmé, *Antología*, Visor, Madrid, 1991.

Les fleurs (*Parnasse Contemporain*) / «Las flores»
Traducción: Rubén Darío: Stéphane Mallarmé, *Cien años de Mallarmé*, Igitur, Montblanc, 1998.

L'azur (*Parnasse Contemporain*) / «El azur»
Pilar Gómez Bedate: *Mallarmé*, Júcar, Madrid, 1985.

Soupir (*Parnasse Contemporain*) / «Suspiro»
Traducción: Juan Ramón Jiménez: Stéphane Mallarmé, *Cien años de Mallarmé*, Igitur, Montblanc, 1998.

L'après-midi d'un faune / «La siesta de un fauno»
Traducción: Otto de Greiff: Stéphane Mallarmé, *Cien años de Mallarmé*, Igitur, Montblanc, 1998.

Éventail de Madame Mallarmé / «Abanico de Mme. Mallarmé»
Traducción: Alfonso Reyes: Stéphane Mallarmé, *Antología*, Visor, Madrid, 1991.

Ses purs ongles très haut dédiant leur onyx / «El de sus puras uñas ónix, alto en ofrenda»
Traducción: Octavio Paz: *Versiones y diversiones*, Joaquín Mortiz, México, 1974.

Le tombeau d'Edgar Poe / «La tumba de Edgar A. Poe»
Traducción: Xavier de Salas: Stéphane Mallarmé, *Antología*, Visor, Madrid, 1991.

L'horloge / «El reloj»
Traducción: Ricardo Cano Gaviria: Stéphane Mallarmé, *Cien años de Mallarmé*, Igitur, Montblanc, 1998.

CONSTANTINOS KAVAFIS

**Texto*: G. P. Savvidis: Κ. Π. Καβάφη *Ποιήματα Α' (1896-1918), Β' (1919-1933)*, Ikaros, Atenas, 1963, y Κρυμάνα ποιήιματα, 1993.

Κερια / «Cirios»
Traducción: Ramón Irigoyen: C.P. Cavafis, *Poemas*, Círculo de Lectores, Barcelona, 1999.

Θεμοπγλεσ / «Termópilas»
Traducción: Lázaro Santana: Constantino Cavafis, *Poemas*, Alberto Corazón, Madrid, 1973.

Περιμενοντασ τουσ βαρβαρουσ / «Esperando a los bárbaros»
Traducción: Juan Ferraté: *Cavafis*, Litoral/Ediciones Unesco, Málaga, 1999.

Μαρτιαι ειδοι / «Los idus de marzo»
Traducción: José María Álvarez: Konstantino Kavafis, *Poesías completas*, Hiperión, Madrid, 1978.

Απολειπειν ο θεοσ Αντωνιον / «El Dios abandona a Antonio»
Η ποδισ / «La ciudad»
Traducción: José Ángel Valente y Elena Vidal: Constantino Cavafis, *Treinta poemas*, Ocnos, Barcelona, 1971.

Ιθακη / «Ítaca»
Adolfo García Ortega, inédita.

Θγμησογ, σωμα... / «Recuerda, cuerpo...»
Traducción: Ramón Irigoyen.

Μυρησ αδεξανδρεια του 340 m.X./ «Mires; Alejandría 340 d.C.»
Traducción: P. Bádenas de la Peña: *Cavafis*, Litoral/Ediciones Unesco, Málaga, 1999.

WILLIAM BUTLER YEATS

**Texto*: William Butler Yeats, *Collected poems 1865-1939*, Pan Books, Londres, 1990.

The lake isle of Innisfree (*The Rose*) / «La isla en el lago de Innisfree»
Traducción: Jorge Guillén: *Aire nuestro*, Diputación de Valladolid, Valladolid, 1987.

An irish airman foresees his death (*The Wild Swans at Coole*) / «Un aviador irlandés prevé su muerte»
Dámaso Alonso: *Antología de poetas ingleses modernos*, Gredos, Madrid, 1963.

When you are old (*The Rose*) / «Cuando seas una anciana»
Carlos Clementson: José Luis García Martín, *Poesía inglesa del siglo veinte*, Llibros del Pexe, Gijón, 1993.

The secret rose (*The Wind among the Reeds*) / «La rosa secreta»
The wild swans at Coole (*The Wild Swans at Coole*) / «Los cisnes salvajes de Coole»
Manuel Soto: W.B. Yeats, *La torre y el unicornio*, Olifante, Zaragoza, 1990.

Lines written in dejection (*The Wild Swans at Coole*) / «Versos escritos con desánimo»
Traducción: Jorge Guillén.

Byzantium (*The Winding Stair and other Poems*) / «Bizancio»
Luis Cernuda: Dámaso Alonso, *Antología de poetas ingleses modernos*, Gredos, Madrid, 1963.

The sorrow of love (*The Rose*) / «La pena de amor»
Claudio Guillén: *Lecciones de literatura universal*, ed. J. Llovet, Cátedra, Madrid, 1995.

Sailing to Byzantium (*The Tower*) / «Navegante a Bizancio»
Enrique Caracciolo: *Historia de la literatura universal*, vol. 8, Planeta, BCN, 1986.

What was lost (*New Poems*) / «Lo que perdí»
Jaime Ferrán: W.B. Yeats, *Antología*, Plaza & Janés, Barcelona, 1973.

RAINER MARIA RILKE

**Texto*: Rainer Maria Rilke, *Der Ausgewählten Gedichte*, Insel, Wiesbaden, 1956.

Dass ich nicht war vor einer Weile (*Das Stunden-Buch*) / «Que hace un instante no existía yo»
Federico Bermúdez-Cañete: Rainer María Rilke, *El libro de Horas*, Lumen, Barcelona, 1988.

In diesem Dorfe steht das letzte Haus (*Das Stunden-Buch*) / «En esta aldea está la última casa»
Einsamkeit (*Das Buch der Bilder*) / «Soledad»
José María Valverde: Rainer María Rilke, *Obras*, Plaza & Janés, Barcelona, 1967.

Früher Apollo (*Neue Gedichte*) / «Apolo temprano»
Federico Bermúdez-Cañete: Rainer María Rilke, *Nuevos poemas*, Hiperión, Madrid, 1991.

Ein Gott vermags. Wie aber, sag mir, soll (*Das Sonette an Orpheus*, I, 3) / «Posible es para un dios. Mas, dime, ¿cómo»
Errichtet keinen Denkstein. Lasst die Rose (*Das Sonette an Orpheus*, I, 5) / «No erijáis estela alguna. Dejad tan sólo que la rosa»
Wir sind die Treibenden (*Das Sonette an Orpheus*, I, 22) / «Vivimos de modo trepidante»
Carlos Barral: Rainer María Rilke, *Sonetos a Orfeo*, Lumen, Barcelona, 1983.

Sei allem Abschied voran, als wäre er hinter (*Das Sonettean Orpheus*,II, 13) / «Adelántate a toda despedida, como si la hubieras dejado»

Rufe mich zu jener deiner Stunden (*Das Sonette an Orpheus*, II, 23) / «Llámame en aquella de tus horas»
Eustaquio Barjau y Joan Parra: Rainer María Rilke, *Elegías de Duino. Sonetos a Orfeo y otros poemas*, Círculo de Lectores, Barcelona, 2000.

An den Engel (*Gedichte an die Nacht*) / «Al ángel»
Jaime Ferreiro Alemparte: Rainer María Rilke, *Nueva antología poética*, Espasa Calpe, Madrid, 1999.
Erste Elegie (*Duineser elegien*) / «Primera elegía»
Mechthild von Hese Podewils y Gonzalo Torrente Ballester: Rainer María Rilke, *Requiem. Elegías de Duino*, Júcar, Madrid-Gijón, 1992.

Paume (*Vergers*) / Palma
Traducción: José María Valverde.

PAUL VALÉRY

**Texto*: Jean Hytier, Paul Válery, *Œuvres*, La Pléiade, Gallimard, París, 1957.

Anne (*Album de vers anciens*) / «Ana»
Les pas (*Charmes*) / «Los pasos»
Carlos R. de Dampierre: Paul Valéry, *Poemas*, Alberto Corazón, Madrid, 1973.

La dormeuse (*Charmes*) / «La durmiente»
Traducción: Rosa Lentini, inédita.

Le sylphe (*Charmes*) / «El silfo»
Traducción: Jorge Guillén, Paul Valéry, *Algunos poemas*, Ocnos, Barcelona, 1972.
Le cimetière marin (*Le Cimetière marin*) / «El cementerio marino»
Traducción: Jorge Guillén.

ANTONIO MACHADO

«Las ascuas de un crepúsculo morado» (*Soledades. Galerías. Otros poemas*)
«Anoche cuando dormía» (*Soledades. Galerías. Otros poemas*)
«Desgarrada la nube; el arco iris» (*Soledades. Galerías. Otros poemas*)
Retrato (*Campos de Castilla*)
Campos de Soria VII, VIII y IX (*Campos de Castilla*)
A un olmo seco (*Campos de Castilla*)
A José María Palacio (*Campos de Castilla*)

Proverbios y cantares XXIX y XLIV (*Campos de Castilla*)
«¿Empañé tu memoria? ¡Cuántas veces!» (*Nuevas canciones*)
Otras canciones a Guiomar (*Nuevas canciones*)
Oreste Macrí: Antonio Machado, *Poesías completas*, Espasa-Calpe, Madrid, 1989.

GUILLAUME APOLLINAIRE

Le pont Mirabeau (*Alcools*) / «El puente Mirabeau»
**Texto*: Marcel Adéura y Michel Décaudin: Guillaume Apollinaire, *Œuvres poétiques completes*, Gallimard, París, 1956. *Traducción*: Manuel Álvarez Ortega: Guillaume Apollinaire, *Antología*, Visor, Madrid, 1996.

La chanson du mal-aimé (*Alcools*) / «La canción del mal amado»
La colombe poignardée et le jet d'eau (*Calligrames*) / «La paloma apuñalada y el surtidor»
Traducción: Agustí Bartra: Apollinaire, *Poesía*, Joaquín Mortiz, México, 1967.

La victoire (fragmento) (*Calligrames*) / «La victoria»
Traducción: Rosa Lentini y Ricardo Cano Gaviria: *Hora de poesía*, núms. 88-90 (julio-diciembre de 1993), Barcelona.

La jolie rousse (*Calligrames*) / «La bonita pelirroja»
Traducción: J. Ignacio Velázquez: Guillaume Apollinaire, *Caligramas*, Madrid, Cátedra, 1987.

Je t'adore mon Lou et par moi tout t'adore (*Poèmes a Lou*) / «Yo te adoro mi Lou y por mí todo te adora»
Traducción: Manuel Álvarez Ortega.

JUAN RAMÓN JIMÉNEZ

Adolescencia (*Ninfeas, Almas de violeta*)
«Con lilas llenas de agua» (*Laberinto*)
El viaje definitivo (Laberinto)
Retorno fugaz (Laberinto)
Octubre (Laberinto)
Soledad (Diario de poeta y mar)
«¡Intelijencia, dame» (*Eternidades*)
«Vino, primero, pura» (*Eternidades*)
Espacio. Fragmento primero (En el otro costado)

El nombre conseguido de los nombres (*Dios deseado y deseante*)
Antonio Sánchez Romeralo: Juan Ramón Jiménez, *Leyenda*, Cupsa, Madrid, 1978.

UMBERTO SABA

**Texto*: Umberto Saba, *Il Canzoniere 1920-1954*, Einaudi, Milán, 1961.

A mia moglie (*Casa e campagna*) / «A mi mujer»
Traducción: Ángel Crespo: *Poetas italianos contemporáneos*, Círculo de Lectores, Barcelona, 1994.

La capra (*Casa e campagna*) / «La cabra»
Texto: Umberto Saba, *Il Canzoniere (1900-1954)*, Giulio Einaudi, Turín, 1992. *Traducción*: Gianna Prodan y Eugenio García Fernández: «Once poemas de Umberto Saba», suplemento de *Cuadernos del matemático*, núm. 20 (mayo de 1998), Madrid.

Città vecchia (*Trieste e una donna*) / «Ciudad vieja»
Traducción: Ángel Crespo.

Caffè Tergeste (*La serena disperazione*) / «Café Tergeste»
Traducción: Horacio Armani: *Poesía italiana contemporánea*, Litoral/ Ediciones Unesco, Málaga, 1994.

Variazioni sulla rosa (*Mediterranee*) / «Variaciones sobre la rosa»
Esther Morillas: Umberto Saba, *Mediterráneas*, Pre-Textos, Valencia, 1991.

Epigrafe (*Epigrafe*) / «Epitafio»
Ángel Crespo: «Poesía italiana», *Hora de Poesía*, núms. 91-93 (enero-junio de 1994), Barcelona.

GEORG TRAKL

**Texto*: E. Sauermann y H. Zwerschina: Georg Trakl, *Sämtliche Werke und Briefwechsel*, Stroemfeld-Stern, Frankfurt am Main-Basilea, 1995-2007.

Die sonne (*Gedichte*) / «Al sol»
José Miguel Mínguez: Georg Trakl, *Poemas 1906-1914*, Icaria, Barcelona, 1991.

An den Knaben Elis (*Sebastian im Traum*) / «Al joven Elis»
Elis (*Sebastian im Traum*) / «Elis»
Américo Ferrari: Georg Trakl, *Sebastián en sueños*, Pretextos, Madrid, 1995.

Sebastian im Traum (*Sebastian im Traum*) / «Sebastián en sueño»
Traducción: José Luis Reina Palazón: Georg Trakl, *Obras completas*, Trotta, Madrid, 1994.

Unterwegs (*Der Hersbst des Einsamen*) / «En camino»
Jenaro Talens y Ernst-Edmund Keil: *Poesía expresionista. Ernst Stadler, George Heym, George Trakl*, Hontanar, Valencia, 1972.

Gesang des Abgeschiedenen (*Gesang des Abgeschiedenen*) / «Canto del retraído»
Traducción: José Luis Reina Palazón.

Klage (*Offenbarungund und Untergang*) / «Lamento»
Traducción: Aldo Pellegrini: Georg Trakl, *Poemas*, Corregidor, Buenos Aires, 1972.

Grodek (*Offenbarungund und Untergang*) / «Grodek»
Angélica Becker: Georg Trakl, *Cantos de muerte*, Seix Barral, Barcelona, 2001.

SAINT-JOHN PERSE

**Texto*: Saint-John Perse, *Œuvres complètes*, Gallimard, París, 1989.

Pour fêter une enfance I, III y VI (*Pour fêter une enfance*) / «Para celebrar una infancia»
Traducción: Jorge Zalamea: Saint-John Perse, *Antología poética*, Compañía General Fabril Editora, Buenos Aires, 1960.

Anabase I (*Anabase*) / «Anábasis I»
Enrique Moreno Castillo: Saint-John Perse, *Poesías*, Lumen, Barcelona, 1988.

Anabase VIII (*Anabase*) / «Anábasis VIII»
Traducción: Agustín Larrauri: Saint John-Perse, *Anábasis*, Rialp, Madrid, 1957.

FERNANDO PESSOA

**Texto*: Maria Aliete Galhoz: Fernando Pessoa, *Obra poética*, Editora Nova Aguilar, Río de Janeiro, 1981.

D. Sebastião. Rei de Portugal (*Mensagem*) / «Don Sebastián. Rey de Portugal»
Jesús Munárriz: Fernando Pessoa, *Mensaje. Mensagem*, Hiperión, Madrid, 1997.

Nada sou, nada posso, nada sigo (*Cancionero*) / «Nada soy, nada puedo, nada sigo»
José Luis García Martín: *Fernando Pessoa*, Júcar, Madrid, 1983.

Autopsicografia (*Cancionero*) / «Autopsicografía»
Traducción: Ángel Crespo: Fernando Pessoa, *El poeta es un fingidor (Antología poética)*, Espasa-Calpe, Madrid, 1982.

Eu nunca guardei rebanhos (*O guardador de rebanhos. Alberto Caeiro*) / «Yo nunca guardé rebaños»
Pablo del Barco: Fernando Pessoa, *Poemas de Alberto Caeiro*, Visor, Madrid, 1995.

Mestre, são plácidas (*Odas de Ricardo Reis*) / «Maestro, son plácidas»
Segue o teu destino (*Odas de Ricardo Reis*) / «Sigue tu destino»
Ángel Campos Pámpano: Fernando Pessoa, *Odas de Ricardo Reis*, Pre-textos, Madrid-Buenos Aires-Valencia, 1995.

Tabacaria (*Poemas de Alvaro de Campos*) / «Tabaquería»
Traducción: Ángel Crespo.

Escrito num livro abandonado em viagem (*Poemas de Alvaro de Campos*) / «Escrito en un libro abandonado en un tren»
Traducción: Octavio Paz: *Versiones y diversiones*, Joaquín Mortiz, México, 1974.

GIUSEPPE UNGARETTI

**Texto*: Giuseppe Ungaretti, *Vita d'un uomo*, Mondadori, Milán, 1992.

Eterno (*L'allegria*) / «Eterno»
Carlos Vitale: Giuseppe Ungaretti, *La alegría*, Igitur, Montblanc, 1997.

Veglia (*L'allegria*) / «Vela»
Traducción: Ángel Crespo: *Poetas italianos contemporáneos*, Círculo de Lectores, Barcelona, 1994.

I fiumi (*L'allegria*) / «Los ríos»
Carlos Vitale.

Italia (*L'allegria*) / «Italia»
Traducción: Horacio Armani: *Poesía italiana contemporánea*, Litoral/ Ediciones Unesco, Málaga, 1994.

Inno alla morte (*Sentimento del tempo*) / «Himno a la muerte»
Ogni grigio (*Sentimento del tempo*) / «Todo gris»
Sentimento del tempo (*Sentimento del tempo*) / «Sentimiento del tiempo»
Tomás Segovia: Giuseppe Ungaretti, *Sentimiento del tiempo. La tierra prometida*, Círculo de Lectores, Barcelona, 1998.

Tutto ho perduto (*El dolor*) / «Todo he perdido»
Traducción: Carlos Vitale: Giuseppe Ungaretti, *El dolor*, Igitur, Montblanc, 2000.

Variazioni su nulla (*La terra promessa*) / «Variaciones sobre nada»
Traducción: Andrés Sánchez Robayna: Giuseppe Ungaretti, *La alegría*, Igitur, Montblanc, 1997.

T.S. ELIOT

**Texto*: T. S. Eliot, *The Complete poems and plays 1888-1965*, Faber and Faber, Londres, 2004.

The love song of J. Alfred Prufrock (*Prufrock*) / «Canción de amor de J. Alfred Prufrock»
Traducción: Vicente Gaos: *El Cobaya*, núm. 25 (septiembreoctubre de 1958).

Portrait of a Lady (*Prufrock*, II) / «Retrato de una dama»
Traducción: José María Valverde: T.S. Eliot, *Poesías reunidas 1909-1962*, Alianza, Madrid, 1978.

The burial of the dead (*The Waste land*, I) / «El entierro de los muertos»
Death by Water (*The Waste land*, IV) / «Muerte por agua»
Traducción: Agustí Bartra: T.S. Eliot, *La tierra baldía y otros poemas*, Picazo, Barcelona, 1977.

Ash-Wednesday (fragmento) / «Miércoles de Ceniza»
Claudio Rodríguez: *ABC Literario* (24-9-1988).

Burnt Norton (*Four quartets*) / «Burnt Norton»
Juan Malpartida y Jordi Doce: T.S. Eliot, *La tierra baldía. Cuatro cuartetos y otros poemas*, Círculo de Lectores, Barcelona, 2001.

ANNA AJMÁTOVA

**Texto*: Анна Ахматова, *Собрание сочинений*, Ellis Lak, Moscú, 1998-2002.

Песня последней встречи (*La tarde*) / «Canción del último encuentro»
Тень (*El séptimo libro*) / «La sombra»
Traducción: José Luis Reina Palazón: Ana Ajmátova, *Réquiem y otros poemas*, Mondadori, Madrid, 1998.

Вместо предисловия (*Реквиеч*) / «En lugar de prefacio»
Вступление I, II y V (*Реквиеч*) / «Prólogo»
К смерви, fragmento (*Реквиеч*) / «A la muerte»
Эпилог 1 (*Реквиеч*) / «Epílogo»
Jesús García Gabaldón: Anna Ajmátova, *Réquiem. Poema sin héroe*, Cátedra, Madrid, 1994.

PIERRE RÉVERDY

Coin sous l'orage (*Le cadran cadrillé*) / «Rincón bajo la tormenta»
Xavier Aleixandre: Pierre Réverdy, *La libertad de los mares. Arena movediza*, Laertes, Barcelona, 1979.

Le coeur dur (*La lucarne ovale*) / «El corazón duro»
Traducción: Alfredo Silva Estrada: Pierre Réverdy, *Antología poética*, Monte Ávila, Caracas, 1976.

Le vieux avait à peine touché le coin du (*Le voleur de Talan*) / «Apenas tocó el viejo el rincón del cielo»
**Texto*: Pierre Réverdy, *Le voleur de Talan*, Flammarion, París, 1967.
Traducción: Rosa Lentini: Pierre Reverdy, *El ladrón de Talan*, Igitur, Barcelona, 1997.

Couloir (*Les ardoises du toit*) / «Pasillo»
Traducción: Octavio Paz: *Versiones y diversiones*, Joaquín Mortiz, México, 1974.

En attendant (*La guitarre endormie*) / «A la espera»
Adolfo García Ortega, inédita.

Voyage en Grèce (*La balle au bond*) / «Viaje a Grecia»
Texto: Pierre Réverdy, *Main d'oeuvre. Poèmes 19131949*, Mercure de France, Dijon, 1989. *Traducción*: Rosa Lentini: «Pierre Reverdy», *Poesía por Ejemplo*, núm. 11, (abril-septiembre de 1999), Madrid.

Mémoire (*Pierres blanches*) / «Memoria»
Jean-Gabriel Cosculluela y Francisco Segovia: *Rosa Cúbica*, núms. 6-8 (primavera de 1992), Barcelona.

Figure délayée dans l'eau (*Le chant des morts*) / «Rostro desleído en el agua»
Traducción: Octavio Paz.

Outre messure (*Le chant des morts*) / «Desmesura»
Traducción: Alfredo Silva Estrada.

ÔSIP MANDELSTAM

Texto: C. Brown, G. P. Struve y B. A. Filippova: Осип Мандельштам, *Собрание сочинений*, Inter-Language Literary Associates, Washington, 1967.

Звук осторожный И глухой (*La piedra*) / «El golpe sordo y cauteloso»
Traducción: Aquilino Duque: Ossip Mandelstam, *La piedra*, Centro Cultural Generación del 27, Diputación de Málaga, Málaga, 1998.

Tristia (*Tristia*) / «Tristia»
Мы живем, под собою не чуя страны (*Nuevos versos*) / «Vivimos sin sentir el país bajo nuestros pies»
Jesús García Gabaldón: Osip Mandelstam, *Tristia y otros poemas*, Igitur, Montblanc, 1998.

Ленинград (*Cuadernos de Voronezh*) / «Leningrado»
Lola Díaz: *Revista Atlántica*, núm. 16 (1998), Cádiz.

Пою, когда гортань сыра, душа – суха (*Cuadernos de Voronezh*) / «Canto cuando seca está el alma, húmedos la garganta»
Traducción: Tomás Salvador González: «*Cuadernos de Voronezh*. Osip Mandelstam», *El signo del gorrión*, núm. 15 (invierno de 1998), Ávila, León, Toledo, Valladolid.

Стихи о неизвестном солдате (*Cuadernos de Voronezh*) / «Versos del soldado desconocido»

Jesús García Gabaldón: Osip Mandelstam, *Cuadernos de Voronezh*, Igitur, Montblanc, 1999.

JORGE GUILLÉN

Los nombres (*Cántico*)
Cima de la delicia (*Cántico*)
Estatua ecuestre (*Cántico*)
Beato sillón (*Cántico*)
Muerte a lo lejos (*Cántico*)
La sangre al río (*Clamor*)
Obra completa (*Homenaje*)

Edición de Claudio Guillén y Antonio Piedra: Jorge Guillén, *Aire nuestro*, Centro de Creación y Estudios Jorge Guillén-Diputación de Valladolid, Valladolid, 1987.

VLADÍMIR MAIAKOVSKI

**Texto*: Владимир В. Маяковский, *Полное собрание сочинений*, Gostilizdat, Moscú, 1955-1956.

Порв / «El Puerto»
Себе, любимому, посвящает эти строки автор / «A sí mismo, su preferido, dedica estos versos el autor»

Traducción: Santos Hernández, Joaquim Horta y Manuel de Seabra: Vladímir Maiakovski, *Poemas*, Laia, Barcelona, 1984.

Разговор с фининспектором о поэзии / «Conversación con el inspector fiscal sobre poesía»

Traducción: José Fernández Sánchez: Mayakovski, *Poemas 1917-1930*, Alberto Corazón, Madrid, 1973.

PAUL ÉLUARD

**Texto*: Marcelle Dumas, Lucien Scheler: Paul Éluard, *Œuvres complètes*, Bibliotheque de la Pléiade, Gallimard, París, 1968.

Pour vivre ici (*Pour vivre ici*) / «Para vivir aquí»

Jorge Urrutia: Paul Éluard, *Poemas*, Plaza & Janés, Barcelona, 1972.

Leurs yeux toujours purs (*Capitale de la douleur*) / «Sus ojos siempre puros»
Traducción: Eduardo Bustos: Paul Éluard, *Capital del dolor*, Visor, Madrid, 1997.

Je te l'ai dit pour les nuages (*L'amour la poésie*) / «Te lo he dicho por las nubes»
Texto: Paul Éluard, *L'amour, la poésie*, Gallimard, París, 1929. *Traducción*: Manuel Álvarez Ortega: Paul Éluard, *El amor, la poesía*, Visor, Madrid, 1975.

Liberté, j'écris ton nom (*Poésie et vérité*) / «Libertad, tu nombre escribo»
Jesús Munárriz: *Del huerto de Ronsard*, Hiperión, Madrid, 1997.

Notre mouvement (*Le dur désir de durer*) / «Nuestro movimiento»
Texto: Louis Parrot: *Paul Éluard*, Seghers, París, 1946. *Traducción*: Manuel Álvarez Ortega: *Poesía francesa contemporánea*, Taurus, Madrid, 1967.

Le puissance de l'espoir (*Tout dire*) / «El poder de la esperanza»
Texto: Georges Pompidou: *Anthologie de la poésie française*, Hachette, París, 1961. Rosa Lentini, inédita.

EUGENIO MONTALE

**Texto*: Rosanna Bettarini y Gianfranco Contini: Eugenio Montale, *L'opera in versi*, Einaudi, Turín, 1980.

I limoni (*Ossi di sepia*) / «Los limones»
Carlo Frabetti: Eugenio Montale, *Huesos de sepia*, Igitur, Montblanc, 2000.

Non chiederci la parola che squadri da ogni lato (*Ossi di sepia*) / «No nos pidas la palabra que escudriñe por cada lado»
Traducción: Francisco Ferrer Lerín: Eugenio Montale, *Huesos de sepia*, Visor, Madrid, 1975.

Meriggiare pallido e assorto... (*Ossi di sepia*) / «Sestear pálido y absorto...»
Luis Antonio de Villena: Eugenio Montale, *37 poemas*, Hiperión, Madrid, 1996.

Cigola la carrucola del pozzo (*Ossi di sepia*) / «Chirría la garrucha del pozo»
Carlo Frabetti.

Dora Markus (*Le occasioni*) / «Dora Markus»
Traducción: Ángel Crespo: *Poetas italianos contemporáneos*, Círculo de Lectores, Barcelona, 1994.

Il fiore che ripete (*Le occasioni*) / «La flor que desde el borde»
José María Micó: Eugenio Montale, *Seis motetes*, Ediciones del Autor, Barcelona, 1996.

La casa dei doganieri (*Le occasioni*) / «La casa de los aduaneros»
Traducción: Horacio Armani: *Poesía italiana contemporánea*, Litoral/ Ediciones Unesco, Málaga, 1994.

La bufera (*La bufera e altro*) / «La tempestad»
Traducción: Ángel Crespo.

L'anguilla (*La bufera e altro*) / «La anguila»
Jorge Guillén: Eugenio Montale, *37 poemas*, Hiperión, Madrid, 1996.

La forma del mondo (*Diario del 71 e del 72*) / «La forma del mundo»
Carlos Vitale: Eugenio Montale, *La forma del mundo*, Lola, Zaragoza, 1989.

Per finire (*Diario del 71 e del 72*) / «Para acabar»
Jordi Virallonga: Eugenio Montale, *37 poemas*, Hiperión, Madrid, 1996.

FEDERICO GARCÍA LORCA

Romance sonámbulo (*Romancero gitano*)
La casada infiel (*Romancero gitano*)
Romance de la pena negra (*Romancero gitano*)
Ciudad sin sueño (*Poeta en Nueva York*)
La aurora (*Poeta en Nueva York*)
Llanto por Ignacio Sánchez Mejías I, II, III, IV
Casida de la mujer tendida (*Diván del Tamarit*)
Edición de Arturo del Hoyo: Federico García Lorca, *Obras completas*, Aguilar, Madrid, 1987, 3 vols.

Tengo miedo a perder la maravilla (*Sonetos*)
Edición de Mario Hernández: Federico García Lorca, *Diván del tamarit. Llanto por Ignacio Sández Mejías. Sonetos*, Alianza, Madrid, 1989.

BERTOLT BRECHT

**Texto*: W. Hecht y otros: Bertolt Brecht, *Werke (Berliner und Frankfurter Ausgabe)*, Suhrkamp, Frankfurt am Main, 1988-2000.

Vom armen B.B. (*Hauspostille*) / «Del pobre B.B.»
Rodolfo E. Modern: *Poesía alemana del siglo XX*, Librerías Fausto, Buenos Aires, 1974.

Vier Aufforderungen an einen Mann von verschiedener Seite zu verschiedenen Zeiten (*Libro de lectura para los habitantes de las ciudades*) / «Cuatro invitaciones a un hombre llegadas desde distintos sitios en tiempos distintos»
Deuschland (*Libro*) / «Alemania»
Traducción: Jesús López Pacheco: Bertolt Brecht, *Poemas y canciones*, Alianza, Madrid, 1968.

Das Lied vom kleinen Wind (*Liebesgedichte*) / «La canción del viento leve»
Vicente Forés, Jesús Munárriz y Jenaro Talens: Bertolt Brecht, *Poemas de amor*, Hiperión, Madrid, 1998.

Sonett Nr. 1 (*Liebesgedichte*) / «Soneto N° 1»
Traducción: J. Francisco Elvira-Hernández: *Poesía germánica*, Sexifirmo, Madrid, 1975.

Und es sind die finstern Zeiten (*Liebesgedichte*) / «Y corren tiempos oscuros»
Vicente Forés, Jesús Munárriz y Jenaro Talens.

General, dein Tank ist ein starker Wagen (*Kalendergedichte*) / «General, tu tanque es más fuerte que un coche»
Traducción: Jesús López Pacheco.

Schlechte Zeit für Lyrik (*Libro*) / «Malos tiempos para la lírica»
Traducción: Jesús López Pacheco.

W.H. AUDEN

As he is (*Another time*) / «Tal como es»
Lullaby (*Another time*) / «Canción de cuna»
Álvaro García: W.H. Auden, *Otro tiempo*, Pre-Textos, Valencia, 1993.

O what is that sound (*Libro*) / «Balada de la bella y los soldados»
Jaime Gil de Biedma: José Luis García Martín, *Poesía inglesa del siglo veinte*, Llibros del Pexe, Gijón, 1993.

Musée des Beaux Arts (*Another time*) / «Musée des Beaux Arts»
Alejandro Duque Amusco: José Luis García Martín, *Poesía inglesa del siglo veinte*, Llibros del Pexe, Gijón, 1993.

A.E. Housman (*Libro*) / «A.E. Housman»
José María Micó: José Luis García Martín, *Poesía inglesa del siglo veinte*, Llibros del Pexe, Gijón, 1993.

In memory of W.B. Yeats (*Another time* I y II) / «En memoria de W.B. Yeats»
In memory of W. B. Yeats (Idem III) / «En memoria de W. B. Yeats»
J. R. Wilcock: Dámaso Alonso, Antología de poetas ingleses modernos, Gredos, Madrid, 1963.
Another time (*Another time*) / «Otro tiempo»
Álvaro García.

DYLAN THOMAS

The force that through the green fuse drives the flower (*18 Poems*) / «La fuerza que por el verde tallo impulsa la flor»
Esteban Pujals: Dylan Thomas, *Poemas*, Rialp, Madrid, 1955.

Poem in october (*Deaths and Entrances*) / «Poema de octubre»
Marià Manent: Dámaso Alonso, *Antología de poetas ingleses modernos*, Gredos, Madrid, 1963.

And death shall have no dominion (*25 Poems*) / «Y la muerte no tendrá señorío»
Esteban Pujals: Dylan Thomas, *Poemas 1934-1952*, Visor, Madrid, 1976.

Do not go gentle into that good night (*In Country Sleep*) / «No entres sumiso en esa gran noche»
Alejandro Duque Amusco: José Luis García Martín, *Poesía inglesa del siglo veinte*, Llibros del Pexe, Gijón, 1993.

A refusal to mourn the death, by fire, of a child in London (*Deaths and Entrances*) / «Rehúsa lamentar la muerte de una muchacha quemada en Londres»
José Antonio Muñoz Rojas: Dámaso Alonso, *Antología de poetas ingleses modernos*, Gredos, Madrid, 1963.

PAUL CELAN

**Texto*: B. Allemann, R. Bücher y otros: Paul Celan, *Werke*, Suhrkamp, Frankfurt am Main, 1983-1992.

Todesfuge (*Mehn und Gedüchtnis*) / «Fuga de muerte»
Jesús Munárriz: Paul Celan, *Amapola y memoria*, Hiperión, Madrid, 1996.

Argumentum e silentio (*Von Schwelle zu Schwelle*) / «Argumentum e silentio»
Jesús Munárriz: Paul Celan, *De umbral en umbral*, Hiperión, Madrid, 1994.

Tenebrae (*Sprachgitter*) / «Tenebrae»
Traducción: José Luis Reina Palazón: Paul Celan, *Obras completas*, Trotta, Madrid, 1999.

Mandorla (*Die Niemandsrose*) / «Mandorla»
José Ángel Valente: *Lectura de Paul Celan*, Ediciones de la Rosa Cúbica, Barcelona, 1995.

Es war erde in ihnen, und (*Die Niemandsrose*) / «Tierra había en ellos»
Traducción: José Luis Reina Palazón.

Psalm (*Die Niemandsrose*) / «Salmo»
José Ángel Valente: «Paul Celan», *La Rosa Cúbica*, núms. 15-16, (invierno de 1995-1996), Barcelona.

In den Flüssen (*Atemwende*) / «En los ríos»
Jaime Siles: *Trans-textos*, Devenir, Barcelona, 1986.

Die spur eines bisses im Nirgends (*Fadensonnen*) / «La huella de un mordisco en parte alguna»
Ela María Fernández-Palacios y Jaime Siles: Paul Celan, *Hebras de sol*, Visor, Madrid, 1990.

PIER PAOLO PASOLINI

Senza cappotto, nell'aria di gelsomino (*Cuadros de Friuli*) / «Sin abrigo, en el aire de jazmín»
Traducción: Antonio Colinas: Pier Paolo Pasolini, *Las cenizas de Gramsci*, Visor, Madrid, 1985.

Le cenere di Gramsci (*Le cenere di Gramsci*, fragmentos) / «Las cenizas de Gramsci»
**Texto*: Pier Paolo Pasolini, *Le poesie*, Aldo Garzanti, Milán, 1976. Traducción: Javier Lentini: *Hora de poesía*, núms. 91-93 (enero-junio de 1994), Barcelona.

A un Papa (*Umiliato e offeso*) / «A un Papa»
Traducción: Luis Antonio de Villena: *Los trabajos del ocio*, Libros del Pexe, Gijón, 1993.

PHILIP LARKIN

*Philip Larkin, *Collected poems*, Faber & Faber, Londres, 2003.

Maiden Name (*The Less Deceived*) / «Apellido de soltera»
Álvaro García: Philip Larkin, *Un engaño menor*, Comares, Granada, 1991.

The Whitsun Weddings (*The Whitsun Weddings*) / «Las bodas de Pentecostés»
Josep M. Jaumà, inédita.

This be the verse (*High Windows*) / «Y que diga así»
Francisco Rico, inédita.

Vers de societé (*High Windows*) / «Vers de societé»
Sad steps (*High Windows*) / «Pasos tristes».
Eduardo Mendoza, inédita.

Aubade (*Collected poems*) / «Aubade»
Josep M. Jaumà, inédita.

YVES BONNEFOY

Théâtre I, V, VII, IX, XVII (*Du mouvement et de l'inmobilité de Douve*) / «Teatro" I, V, VII, IX y XVII
**Texto: Du mouvement et de l'inmobilité de Douve* suivi de *Hier régnant désert*, Gallimard, Paris, 1970 ; *Poèmes*, Mercure de France, París, 1978. *Traducción:* Carlos Piera: Yves Bonnefoy, *Del movimiento y de la inmovilidad de Douve*, Visor, Madrid, 1978.

Vrai nom (*Du mouvement et de l'inmobilité de Douve*) / Nombre verdadero
Traducción: Enrique Moreno Castillo: Yves Bonnefoy, *Antología*, El Bardo, Lumen, Barcelona, 1977

Souvent dans le silence d'un ravin (*Hier régnant désert*)/ Muchas veces en el silencio de un abismo
Traducción: Enrique Moreno Castillo

Le pont de Fer / «El puente de hierro»
Traducción: Enrique Moreno Castillo

La lumière, changée (*Pierre écrite*) / «La luz, transformada»
Traducción: Enrique Moreno Castillo

Neige (*Début et fin de neige*) / Nieve»
Jesús Munárriz: Yves Bonnefoy, *Principio y fin de la nieve*, Hiperión, Madrid, 1993.

Oui, à entendre, oui, à faire mienne (*Début et fin de neige*) / Sí a escuchar, sí a hacer mío
Jesús Munárriz.

Une pierre (*Les planches courbes*) / «Una lápida»
Jesús Munárriz: Yves Bonnefoy, *Las tablas curvas*, Hiperión, Madrid, 2001.

WYSŁAWA SZYMBORSKA

* Wisława Szymborska, *Wiersze wybrane*, Editorial a5, Cracovia, 2004.

Z nieodbytej wyprawy w Himalaje (*Wołanie do Yeti*) / «De una expedición no efectuada al Himalaya»
Traducción: Gerardo Beltrán [y Abel A. Murcia]: Wisława Szymborska, *Poesía no completa,* Fondo de Cultura Económica, México D.F., 2002.

Radość Pisania (*Sto pociech)* / «La alegría de escribir»
Traducción: Ana María Moix y Jerzy Wojciech Sławomirski: Wisława Szymborska, *Paisaje con grano de arena,* Poesía 95, Lumen, Barcelona, 1997.

Monolog dla Kasandry (*Sto pociech)* / «Monólogo para Casandra»
Traducción: Abel A. Murcia [y Gerardo Beltrán]

Dzieci epoki (*Ludzie na moście*) / «Hijos de la época»
Traducción: Ana María Moix y Jerzy Wojciech Slawomirski

Pożegnanie widoku (*Koniec i początek*) / «Despedida de un paisaje»
Traducción: Gerardo Beltrán: Wisława Szymborska. *El gran número. Fin y principio y otros poemas,* Hiperión, Madrid, 1997.

Chwila (*Chwila*) / «Instante»
Abel A. Murcia [y Gerardo Beltrán]: Wisława Szymborska, *Instante,* Igitur, Montblanc (Tarragona), 2004.

Pierwsza Miłość (*Chwila*) / «Primer amor»
Gerardo Beltrán [y Abel A. Murcia]

Fotografia z 11 września (*Chwila*) / «Fotografía de 11 de septiembre»
Gerardo Beltrán y Abel A. Murcia

Notatka (*Chwila*) / Apunte
Gerardo Beltrán [y Abel A. Murcia]

Zdarzenie (*Dwukropek*)/ «Acontecimiento»
Abel A. Murcia [y Gerardo Beltrán]: Wisława Szymborska. *Dos puntos,* Ediciones Igitur, Montblanc (Tarragona), 2007.

APÉNDICES

El poeta traducido por sí mismo: Josep Carner
Josep Carner, *Nabí,* Ediciones Turner, Madrid, 2002.

Diez traducciones de un poema «L'albatros» de Baudelaire
Michel Jamet: Charles Baudelaire, *Oeuvres complètes,* Robert Laffont, Bouquins, París, 1980

Traducciones:

Luis Alberto de Cuenca, inédita.
Anunciada Fernández de Córdova, inédita.
Andrés Holguín: Charles Baudelaire, *Poesía escogida,* El Áncora Editores, Santafé de Bogotá, 1995.
Ángel Lázaro: Charles Baudelaire, *Las flores del mal,* Edaf, Madrid, 1963.
Rosa Lentini, inédita.
Enrique López Castellón: Charles Baudelaire, *Obra poética completa,* Akal, Madrid, 2003.

Eduardo Marquina: Charles Baudelaire, *Las flores del mal*, Librería española y extranjera, Madrid, 1905.
Luis Martínez de Merlo: Charles Baudelaire, *Las flores del mal*, Cátedra, Madrid, 1991.
Alberto Montaner, inédita.
Carlos Pujol: Charles Baudelaire, *Las flores del mal*, Planeta, Barcelona, 1984.

Índice de primeros versos

ORIGINAL

Alemán

Am Abend tönen die herbstlichen Wälder (*Georg Trakl*) 860
Am Abend trugen sie den Fremden in die Totenkammer (*Georg Trakl*) 854
An die Kette gelegt (*Paul Celan*) 1104

Da ich ein Knabe war (*Friedrich Hölderlin*) 468
Das furchtbar zu den frohen Tischen trat (*Novalis*) 508
Dass ich nicht war vor einer Weile (*Rainer Maria Rilke*) 760
Der ist der Herr der Erde (*Novalis*) 512
Die Einsamkeit ist wie ein Regen (*Rainer Maria Rilke*) 760
Die Spur eines Bisses (*Paul Celan*) 1110
Diu werlt was gelf, rôt unde blâ (*Walther von der Vogelweide*) 66
Dô der sumer komen was (*Walther von der Vogelweide*) 72
Dû bist mîn, ich bin dîn (*Anónimo*) 4
Du stiller Ort, der grünt mit jungem Grase (*Friedrich Hölderlin*) . . . 478

Edel sei der Mensch (*Johann Wolfgang von Goethe*) 438
Eil, Liebster, zu mir, teurer Gast (*Bertolt Brecht*) 1064
Ein Gott vermags. Wie aber, sag mir, soll (*Rainer Maria Rilke*) . . . 762
Ein Lachen und Singen! Es blitzen und gaukeln (*Heinrich Heine*) . . 580
Eines ist mir verdriesslich vor allen Dingen, ein Andres (*Johann Wolfgang von Goethe*) 438
Elis, wenn die Amsel im schwarzen Wald ruft (*Georg Trakl*) 848
Er bricht einen Wald nieder und zermalmt hundert Menschen (*Bertolt Brecht*) 1066
Errichtet keinen Denkstein. Lasst die Rose (*Rainer Maria Rilke*) . . . 764
Es war ein König in Thule (*Johann Wolfgang von Goethe*) 434
Es war erde in ihnen, und (*Paul Celan*) 1108

Froh empfind' ich mich nun auf klassischem Boden begeistert (*Johann Wolfgang von Goethe*) 436

Gruonet der walt allenthalben (*Anónimo*) 4

Hat die Natur sich auch verschlechtert (*Heinrich Heine*) 578
Hat man viel, so wird an bald (*Heinrich Heine*) 582

Hier hast du ein Heim (*Bertolt Brecht*) 1058
Hinunter in der Erde Schoß (*Novalis*). 510

Ich weiß doch: nur der Glückliche (*Bertolt Brecht*) 1066
Ich, Bertolt Brecht, bin aus den schwarzen Wäldern (*Bertolt Brecht*) . 1056
Ihr wandelt droben im Licht (*Friedrich Hölderlin*) 468
Im düstern Auge keine Träne (*Heinrich Heine*) 582
In den Flüssen nördlich der Zukunft (*Paul Celan*) 1110
In der Mandel — was steht in der Mandel? (*Paul Celan*) 1108
In diesem Dorfe steht das letzte Haus (*Rainer Maria Rilke*) 760

Ja, freilich bist du mein Ideal (*Heinrich Heine*) 576
Jetzt wohin, der dumme Fuß (*Heinrich Heine*) 580

Kennst du das Land, wo die Zitronen blühn (*Johann Wolfgang von Goethe*) 434

Lange lieb' ich dich schon, möchte dich, mir zur Lust (*Friedrich Hölderlin*) 474

Mein Herz, mein Herz ist traurig (*Heinrich Heine*) 574
Mutter trug das Kindlein im weißen Mond (*Georg Trakl*). 852

Nah sind wir, Herr (*Paul Celan*). 1106
«Nemt, frowe, disen kranz» (*Walther von der Vogelweide*) 64
Niemand knetet uns wieder aus Erde und Lehm (*Paul Celan*) . . . 1110

O Deutschland, bleiche Mutter! (*Bertolt Brecht*) 1060
O heilig Herz der Völker, o Vaterland! (*Friedrich Hölderlin*) 470
Owê war sint verswunden alliu mîniu jâr! (*Walther von der Vogelweide*) 68

Rufe mich zu jener deiner Stunden (*Rainer Maria Rilke*) 766

Schlaf und Tod, die düstern Adler (*Georg Trakl*) 858
Schwarze Milch der Frühe wir trinken sie abends (*Paul Celan*) . . . 1102
Sei allem Abschied voran, als wäre er hinter (*Rainer Maria Rilke*) . . 764
Starker, stiller, an den Rand gestellter (*Rainer Maria Rilke*) 766

Täglich kommt die gelbe Sonne über den Hügel (*Georg Trakl*) . . . 848

Und es sind die finstern Zeiten (*Bertolt Brecht*) 1066
Und nun ist Krieg, und unser Weg wird schwerer (*Bertolt Brecht*) . . 1064
Under der linden (*Walther von der Vogelweide*). 66

Voill Harmonien ist der Flug der Vögel. Es haben die grünen Wälder (*Georg Trakl*) 856
Vollkommen ist die Stille dieses goldenen Tags (*Georg Trakl*) . . . 850

Was soll ich nun vom Wiedersehen hoffen (*Johann Wolfgang von Goethe*) 442
Welcher Lebendige, Sinnbegabte (*Novalis*) 506
Wenige wissen (*Novalis*) 516
Wenn aus der Ferne, da wir geschieden sind (*Friedrich Hölderlin*) . . 478
Wenn ich an deinem Hause (*Heinrich Heine*). 576
Wer, wenn ich schriee, hörte mich denn aus der Engel (*Rainer Maria Rilke*) 768
Wie manches Mal durch das noch unbelaubte (*Rainer Maria Rilke*) . 762
Wir sind die Treibenden (*Rainer Maria Rilke*) 764

Zu fragmentarisch ist Welt und Leben! (*Heinrich Heine*) 576

Catalán

Al primer traspuntar d'un ventós solixent (*Josep Carner*) 1182
Axí com cell qui 'n lo somni·s delita (*Ausiàs March*) 152

Ni el gran clot de la mar ni el vent ja no em fan nosa (*Josep Carner*) . 1192

Puys que sens Tu algú a Tu no basta (*Ausiàs March*) 160

Sí com lo taur se·n va fuyt pel desert (*Ausiàs March*) 154

Veles e vents han mos desigs cumplir (*Ausiàs March*) 156
Vós qui sabeu de la tortra·l costum (*Ausiàs March*). 154

Español

A Dafne ya los brazos le crecían (*Garcilaso de la Vega*) 235
Adónde te escondiste (*san Juan de la Cruz*) 290
A las cinco de la tarde (*Federico García Lorca*). 1047
A mis soledades voy (*Lope de Vega*) 332
Abenámar, Abenámar (*Anónimo*) 110
Agora creo, y en razón lo fundo (*Lope de Vega*) 324
¡Ah de la vida!» ... ¿Nadie me responde? (*Francisco de Quevedo*) . . . 376
Al olmo viejo, hendido por el rayo (*Antonio Machado*) 799
Albor. El horizonte (*Jorge Guillén*) 982
Alguna vez me angustia una certeza (*Jorge Guillén*). 984

Ándeme yo caliente (*Luis de Góngora*) 313
Anoche cuando dormía (*Antonio Machado*) 796
Aprended, flores, en mí (*Luis de Góngora*) 315
¡Ay, Floralba! Soñé que te... ¿Dirélo? (*Francisco de Quevedo*) 379

¡Beato sillón! La casa (*Jorge Guillén*) 983
Boscán, las armas y el furor de Marte (*Garcilaso de la Vega*) 236
Buscas en Roma a Roma, ¡oh, peregrino! (*Francisco de Quevedo*) . . . 378

Caminante, son tus huellas (*Antonio Machado*) 801
Cerca del Tajo, en soledad amena (*Garcilaso de la Vega*) 248
Cerrar podrá mis ojos la postrera (*Francisco de Quevedo*) 380
¡Cima de la delicia! (*Jorge Guillén*) 982
Claudio, después del rey y los tapices (*Lope de Vega*) 336
Colinas plateadas (*Antonio Machado*) 798
¿Cómo era, Dios mío, cómo era? (*Juan Ramón Jiménez*) 825
Con lilas llenas de agua (*Juan Ramón Jiménez*) 824
Con un manso rüido (*Garcilaso de la Vega*) 236
Corrientes aguas puras, cristalinas (*Garcilaso de la Vega*) 244
Cosas, Celalba mía, he visto extrañas (*Luis de Góngora*) 317
Cuando me paro a contemplar mi estado (*Garcilaso de la Vega*) . . . 234
Des cand mieo çidiello véned (*Anónimo*) 2
Descaminado, enfermo, peregrino (*Luis de Góngora*) 317
Desgarrada la nube; el arco iris (*Antonio Machado*) 797
Donde espumoso el mar sicilïano (*Luis de Góngora*). 320

El Conde mi señor se fue a Nápoles (*Luis de Góngora*) 318
¿Empañé tu memoria? ¡Cuántas veces! (*Antonio Machado*) 802
En crespa tempestad del oro undoso (*Francisco de Quevedo*) 379
En el balcón, un instante (*Juan Ramón Jiménez*) 824
En París está doña Alda (*Anónimo*). 106
En Santa Gadea de Burgos (*Anónimo*). 108
En tanto que de rosa y de azucena (*Garcilaso de la Vega*) 235
En ti estás todo, mar, y sin embargo (*Juan Ramón Jiménez*) 826
En una noche oscura (*san Juan de la Cruz*) 295
Era del año la estación florida (*Luis de Góngora*) 318
Érase un hombre a una nariz pegado (*Francisco de Quevedo*) 380
Escrito está en mi alma vuestro gesto (*Garcilaso de la Vega*) 234
Esparcido el cabello por la espalda (*Lope de Vega*) 336
Esta cabeza, cuando viva, tuvo (*Lope de Vega*) 337
Estaba echado yo en la tierra, enfrente (*Juan Ramón Jiménez*) . . . 826

Faltar pudo su patria al grande Osuna (*Francisco de Quevedo*). 378
Fonte frida, Fonte frida (*Anónimo*) 112
¡Fue sueño ayer; mañana será tierra! (*Francisco de Quevedo*) 376

Garr: ¿Qué fareyo? (*Anónimo*) 2
Garrid vos, ¡ay yermanellas! (*Anónimo*) 2

He vuelto a ver los álamos dorados (*Antonio Machado*) 798
Hermana Marica (*Luis de Góngora*) 308
¡Hola!, que me lleva la ola (*Lope de Vega*) 338

Intelijencia, dame (*Juan Ramón Jiménez*) 826
Ir y quedarse, y con quedar partirse (*Lope de Vega*) 335

La aurora de Nueva York tiene (*Federico García Lorca*) 1046
La ciudad de Babilonia (*Luis de Góngora*) 311
La más bella niña (*Luis de Góngora*) 310
Las ascuas de un crepúsculo morado (*Antonio Machado*) 796
Las piquetas de los gallos (*Federico García Lorca*) 1043
Leodum is minum swylce him mon lac gife (*Anónimo*) 2
Llegó la sangre al río (*Jorge Guillén*) 984
«Los dioses no tuvieron más sustancia que la que tengo yo.» (*Juan Ramón Jiménez*) 827

Mal me quieren en Castilla (*Anónimo*) 106
Mi infancia son recuerdos de un patio de Sevilla (*Antonio Machado*) 797
Mientras por competir con tu cabello (*Luis de Góngora*) 316
Mira, Zaide, que te aviso (*Lope de Vega*) 330
Miré los muros de la patria mía (*Francisco de Quevedo*) 377

No duerme nadie por el cielo. Nadie, nadie (*Federico García Lorca*) . . 1045
No he de callar, por más que con el dedo (*Francisco de Quevedo*) . . . 383

Oh dulces prendas por mi mal halladas (*Garcilaso de la Vega*) 234
Oh excelso muro, oh torres coronadas (*Luis de Góngora*) 316
Oh llama de amor viva (*san Juan de la Cruz*) 296
Oh miserables hados, oh mezquina (*Garcilaso de la Vega*) 241
¡Oh, sí! Conmigo vais, campos de Soria (*Antonio Machado*) 799

Palacio, buen amigo (*Antonio Machado*) 800
Pasando el mar Leandro el animoso (*Garcilaso de la Vega*) 236
Permanece el trote aquí (*Jorge Guillén*) 983
Poderoso caballero (*Francisco de Quevedo*) 381

Que bien sé yo la fonte que mana y corre (*san Juan de la Cruz*) 297
Que de noche le mataron (*Lope de Vega*) 338
¿Qué faré, mamma? (*Anónimo*) 2
Que por mayo era, por mayo (*Anónimo*) 111

¿Qué tengo yo, que mi amistad procuras? (*Lope de Vega*) 337
Quién hubiera tal ventura (*Anónimo*) 112

Recuerde el alma dormida (*Jorge Manrique*) 182
Retirado en la paz de estos desiertos (*Francisco de Quevedo*) 377
Río de Sevilla (*Lope de Vega*) 338

Si de mi baja lira (*Garcilaso de la Vega*) 238
Si me quereses (*Anónimo*) 4
Si yo, por ti, he creado un mundo para ti (*Juan Ramón Jiménez*) . . . 834
Siempre he querido concluir mi obra (*Jorge Guillén*) 986
Sólo tu figura (*Antonio Machado*) 802

Tengo miedo a perder la maravilla (*Federico García Lorca*) 1053
Todo pasa y todo queda (*Antonio Machado*) 801

Un soneto me manda hacer Violante (*Lope de Vega*) 335

Verde que te quiero verde (*Federico García Lorca*) 1040
Verte desnuda es recordar la tierra (*Federico García Lorca*) 1053
Vey, yá raqi', vey tu vía (*Anónimo*) 4
Vino, primero pura (*Juan Ramón Jiménez*) 827

Y que yo me la llevé al río (*Federico García Lorca*) 1042
Y yo me iré. Y se quedarán los pájaros cantando (*Juan Ramón Jiménez*) 825

Francés

A noir, E blanc, I rouge, U vert, O bleu: voyelles (*Arthur Rimbaud*) . . 698
Ah! longues Nuicts d'hyver, de ma vie bourrelles (*Pierre de Ronsard*) 268
Anne qui se mélange au drap pale et délaisse (*Paul Valéry*) 778
Autant parler pour avouer mon sort (*Paul Éluard*) 1018
Avec comme pour langage (*Stephane Mallarmé*) 720
Axiochus avec Alcibíades (*Jean de La Fontaine*) 416

Bien après les jours et les saisons, et les êtres et les pays (*Arthur Rimbaud*) 702
Blanche sous un plafond d'insectes, mal éclairée, de profil (*Yves Bonnefoy*) 1146
Blessée confuse dans les feuilles (*Yves Bonnefoy*) 1146
Booz s'était couché de fatigue accablé (*Victor Hugo*) 630

Ce siècle avait deux ans! Rome remplaçait Sparte (*Victor Hugo*) . . 622
Ce toit tranquille, où marchent des colombes (*Paul Valéry*) 782
Ces nymphes, je les veux perpétuer (*Stephane Mallarmé*) 714
Comme je descendais des Fleuves impassibles (*Arthur Rimbaud*). . . 692
Contemple-les, mon âme; ils sont vraiment affreux! (*Charles Baudelaire*) 660

Dame du ciel, regente terïenne (*François Villon*). 172
Dans une rue, au coeur d'une ville de rêve (*Paul Verlaine*) 676
De l'éternel azur la sereine ironie (*Stephane Mallarmé*) 712
De la musique avant toute chose (*Paul Verlaine*). 678
Demain, dès l'aube, à l'heure où blanchit la campagne (*Victor Hugo*) 628
Des avalanches d'or du vieil azur, au jour (*Stephane Mallarmé*) . . . 710
Des lignes trop usées par les rigueurs du temps (*Pierre Réverdy*) . . . 960
Deux coqs vivaient en paix: une poule survint (*Jean de La Fontaine*). . 410
Deux Pigeons s'amaient d'amour tendre (*Jean de La Fontaine*) . . . 412
Dictes moy ou n'en quel pays (*François Villon*) 168
Douces figures poignardées Chères lèvres fleuries (*Guillaume Apollinaire*) 812
Du temps des Grecs deux soeurs disaient avoir (*Jean de La Fontaine*) 416
Du temps que la Nature en sa verve puissante (*Charles Baudelaire*) . . 654

Écoutez la chanson bien douce (*Paul Verlaine*) 676
Elle a passé, la jeune fille (*Gérard de Nerval*) 640
Elle est retrouvée (*Arthur Rimbaud*). 700
Elle était déchaussée, elle était décoiffée (*Victor Hugo*). 628
Et je chantais cette romance (*Guillaume Apollinaire*) 806
Et la Mère, fermant le livre du devoir (*Arthur Rimbaud*) 688

Fay refraischir mon vin de sorte (*Pierre de Ronsard*). 264
Figure délayée dans l'eau (*Pierre Réverdy*) 964
Freres humains, qui après nous vivez (*François Villon*). 178

Gracieux fils de Pan! Autour de ton front couronné de fleurettes (*Arthur Rimbaud*) 702

Hé Dieus! quant vandra (*Anónimo*). 4
Homme! libre penseur — te crois-tu seul pensant (*Gérard de Nerval*) . 648

Icy se clost le testament (*François Villon*) 176
Il est un air pour qui je donnerais (*Gérard de Nerval*) 638
Il pleure dans mon coeur (*Paul Verlaine*) 674
Il y a sans doute toujours au bout d'une longue rue (*Yves Bonnefoy*). . 1150
Ils ont vécu au temps où les mots furent pauvres (*Yves Bonnefoy*) . . 1154

J'ai ameit et amerai (*Anónimo*) 4
J'ai plus de souvenirs que si j'avais mille ans (*Charles Baudelaire*). . . 658
J'ai veu le reistre noir foudroyer au travers (*Agrippa d'Aubigné*) . . . 302
J'aurai filé tous les noeuds de mon destin d'un trait (*Pierre Réverdy*). . 960
Je fais souvent ce rêve étrange et pénétrant (*Paul Verlaine*) 670
Je fis un feu, l'azur m'ayant abandonné (*Paul Éluard*) 1010
Je m'en allais, les poings dans mes poches crevées (*Arthur Rimbaud*) . 688
Je n'ai pas oublié, voisine de la ville (*Charles Baudelaire*) 662
Je n'aurais jamais voulu revoir ton triste visage (*Pierre Réverdy*) . . . 954
Je n'ay plus que les os, un squelette je semble (*Pierre de Ronsard*). . . 266
Je n'escris plus les feux d'un amour inconu (*Agrippa d'Aubigné*) . . . 300
Je nommerai désert ce château que tu fus (*Yves Bonnefoy*). 1148
Je pense à toi, Myrtho, divine enchanteresse (*Gérard de Nerval*) . . . 642
Je plains le temps de ma jeunesse (*François Villon*) 168
Je suis l'Empire à la fin de la décadence (*Paul Verlaine*) 680
Je suis le ténébreux, —le veuf, — l'inconsolé (*Gérard de Nerval*) . . . 642
Je t'adore mon Lou et par moi tout t'adore (*Guillaume Apollinaire*) . . 818
Je te l'ai dit pour les nuages (*Paul Éluard*). 1012
Je te voyais courir sur des terrasses (*Yves Bonnefoy*) 1146
Je voudroy bien richement jaunissant (*Pierre de Ronsard*) 256
Jolie ne suis je pais (*Anónimo*) 6
Jours de lenteur, jours de pluie (*Paul Éluard*) 1010

La connais-tu, Dafné, cette ancienne romance (*Gérard de Nerval*) . . 646
La lune était sereine et jouait sur les flots (*Victor Hugo*) 626
La mort et la beauté sont deux choses profondes (*Victor Hugo*) . . . 634
La Nature est un temple où de vivants piliers (*Charles Baudelaire*) . . 654
La raison du plus fort est toujours la meilleure (*Jean de La Fontaine*) . 408
La rue assourdissante autour de moi hurlait (*Charles Baudelaire*). . . 660
La servante au grand coeur dont vous étiez jalouse (*Charles Baudelaire*) . 662
La sottise, l'erreur, le péché, la lésine (*Charles Baudelaire*) 652
La Treizième revient... C'est encor la première (*Gérard de Nerval*) . . 646
Las du triste hôpital, et de l'encens fétide (*Stephane Mallarmé*) . . . 708
Le bras que l'on soulève et le bras que l'on tourne (*Yves Bonnefoy*) . . 1146
Le dieu Kneph en tremblant ébranlait l'univers (*Gérard de Nerval*) . . 644
Le monde est ma prison (*Pierre Réverdy*) 964
Le mouvement de lacet sur la berge des chutes du fleuve (*Arthur Rimbaud*) 704
Le paysage dans le cadre des portières (*Paul Verlaine*) 674
Le ravin pénètre dans la bouche maintenant (*Yves Bonnefoy*). . . . 1148
Le vieux avait à peine touché le coin du (*Pierre Réverdy*) 956
Les amoureux fervents et les savants austères (*Charles Baudelaire*) . . 658
Les Armes ont tu leurs ordres en attendant (*Paul Verlaine*) 682
Les sanglots longs (*Paul Verlaine*) 672
Longtemps, oh! longtemps, quand tu sonnais en vain (*Stephane Mallarmé*) 724

Me voici devant tous un homme plein de sens (*Guillaume Apollinaire*) 816
Mignonne, allons voir si la rose (*Pierre de Ronsard*) 262
Mon âme vers ton front où rêve, ô calme soeur (*Stephane Mallarmé*) . 714
Mon enfant, ma soeur (*Charles Baudelaire*) 656
Monseigneur, je n'ay plus ceste ardeur de jeunesse (*Pierre de Ronsard*) 264

Neige (*Yves Bonnefoy*) 1150
Ni vu ni connu (*Paul Valéry*). 780
Nous n'aimons pas assez la joie (*Guillaume Apollinaire*). 814
Nous ne nous voyons plus dans la même lumière (*Yves Bonnefoy*) . . 1150
Nous sommes deux (*Pierre Réverdy*). 958
Nous vivons dans l'oubli de nos métamorphoses (*Paul Éluard*) . . . 1016

O! que ferai? (*Anónimo*) 4
Oisive jeunesse (*Arthur Rimbaud*) 698
Oliver est desur un pui muntet (*Anónimo*) 14
On n'est pas sérieux, quand on a dix-sept ans (*Arthur Rimbaud*). . . 686
Ou miroër, entre mil choses (*Guillaume de Lorris*) 76
Où sont nos amoureuses? (*Gérard de Nerval*) 640
Oui, à entendre, oui, à faire mienne (*Yves Bonnefoy*) 1152

Palmes...! (*Saint-John Perse*) 864
Paume, doux lit froissé (*Rainer Maria Rilke*) 774
Por coi me bait mes maris? (*Anónimo*) 6
Pour l'enfant, amoureux de cartes et d'estampes (*Charles Baudelaire*) 664
Pourtant si ta maitresse est un petit putain (*Pierre de Ronsard*) . . . 266

Quand au temple nous serons (*Pierre de Ronsard*) 256
Quand elle ne sera plus là (*Pierre Réverdy*). 962
Quand vous serez bien vieille, au soir à la chandelle (*Pierre de Ronsard*) 258
Quels secrets dans son coeur brûle ma jeune amie (*Paul Valéry*). . . 780
Quiconque a regardé le soleil fixement (*Gérard de Nerval*) 638

Se j'ayme et sers la belle de bon het (*François Villon*) 174
Ses purs ongles très haut dédiant leur onyx (*Stephane Mallarmé*) . . . 722
Six ans étaient coulés, et la septième année (*Pierre de Ronsard*) . . . 260
Sois sage, ô ma Douleur, et tiens-toi plus tranquille (*Charles Baudelaire*) . 664
Sous le pont Mirabeau coule la Seine (*Guillaume Apollinaire*) 806
Souvenir, souvenir, que me veux-tu? L'automne (*Paul Verlaine*). . . 670
Souvent dans le silence d'un ravin (*Yves Bonnefoy*) 1148
Souvent, pour s'amuser, les hommes d'équipage (*Charles Baudelaire*) 1198
Sur mes cahiers d'écolier (*Paul Éluard*) 1012
Sur trois grandes saisons m'établissant avec honneur (*Saint-John Perse*) 868

Tel qu'en Lui-même enfin l'éternité le change (*Stephane Mallarmé*) . . 722
Tes pas, enfants de mon silence (*Paul Valéry*) 778
Tu demandes pourquoi j'ai tant de rage au coeur (*Gérard de Nerval*) 644

Vers la chaîne de couleur qui se pose (*Pierre Réverdy*) 954
Votre âme est un paysage choisi (*Paul Verlaine*) 672

Griego

Ειπες˙ «Θὰ πάγω σ′ ἄλλη γῆ, θὰ πάγω σ' ἄλλη θάλασσα (*Constantinos Kavafis*) 734
Σα βγείς στον πηγαιμό για την Ιθάκη (*Constantinos Kavafis*) . . . 734
Σαν έξαφνα, ώρα μεσάνυχτ', ακουσθεί (*Constantinos Kavafis*) . . 732
Σωμα, θυμήσου ὂχι μόνο τὸ πόσο ἀγαπήθηκες (*Constantinos Kavafis*) 736
Τὰ μεγαλεῖα νὰ φοβᾶσαι, ὦ ψυχή (*Constantinos Kavafis*) 732
Τὴν συμφορὰ ὅταν ἒμαθα, νοὺ ό Μύρης νέθανε (*Constantinos Kavafis*) 738
Τι περιμένουμε στην αγορά συναθροισμένοι (*Constantinos Kavafis*) 730
Τιμή σε εκείνους όπου στην ζωή των (*Constantinos Kavafis*) . . . 728
Του μέλλοντος η μέρες στέκοντ' εμπροστά μας (*Constantinos Kavafis*) 728

Inglés

A thing of beauty is a joy for ever (*John Keats*) 554
About suffering they were never wrong (*W. H.Auden*). 1078
And death shall have no dominion (*Dylan Thomas*) 1094
April is the cruellest month, breeding (*T. S. Eliot*) 924
As an unperfect actor on the stage (*William Shakespeare*) 344
As I was walking among the fires of hell (*William Blake*) 462

Because I do not hope to turn again (*T. S. Eliot*) 928
Busy old fool, unruly Sun (*John Donne*) 362

Come, Madam, come, all rest my powers defy (*John Donne*). . . . 356
Cyriack, this three years' day these eyes, though clear (*John Milton*) 388

Do not go gentle into that good night (*Dylan Thomas*). 1096

Earth, receive an honoured guest (*W. H.Auden*) 1084

Far-off, most secret, and inviolate Rose (*William Butler Yeats*) . . . 746
For God's sake hold your tongue, and let me love (*John Donne*). . . 362
For us like any other fugitive (*W. H.Auden*) 1086

Groping back to bed after a piss (*Philip Larkin*) 1140

He disappeared in the dead of winter (*W. H.Auden*) 1080
How like a winter hath my absence been (*William Shakespeare*) . . . 348

I am a little world made cunningly (*John Donne*) 370
'I fear thee, ancient Mariner! (*Samuel Taylor Coleridge*). 498
I know that I shall meet my fate (*William Butler Yeats*). 744
I met a traveller from an antique land (*Percy Bysshe Shelley*) 542
I sing what was lost and dread what was won (*William Butler Yeats*) 756
I wander thro' each charter'd street (*William Blake*) 460
I weep for Adonais – he is dead! (*Percy Bysshe Shelley*) 546
I went to the Garden of Love (*William Blake*) 460
I will arise and go now, and go to Innisfree (*William Butler Yeats*) . . 744
I wonder, by my troth, what thou and I (*John Donne*) 360
I work all day, and get half-drunk at night (*Philip Larkin*). 1140
In Xanadu did Kubla Khan (*Samuel Taylor Coleridge*) 496
It was my thirtieth year to heaven (*Dylan Thomas*) 1090

Lay your sleeping head, my love (*W. H.Auden*) 1074
Let me not to the marriage of true minds (*William Shakespeare*) . . . 350
Let us go then, you and I (*T. S. Eliot*). 914
Love seeketh not Itself to please (*William Blake*) 456

Marrying left your maiden name disused (*Philip Larkin*) 1132
My heart aches, and a drowsy numbness pains (*John Keats*) 556
My heart leaps up when I behold (*William Wordsworth*) 484
My mistress' eyes are nothing like the sun (*William Shakespeare*). . . 350
My mother bore me in the southern wild (*William Blake*). 452
My wife and I have asked a crowd of craps (*Philip Larkin*) 1138

Never until the mankind making (*Dylan Thomas*) 1098
No one, not even Cambridge, was to blame (*W. H.Auden*) 1080
No, no, go not to Lethe, neither twist (*John Keats*) 568
Not marble nor the gilded monuments (*William Shakespeare*). . . . 346
Now that lilacs are in bloom (*T. S. Eliot*). 922
Now to th' ascent of that steep savage hill (*John Milton*) 390

O Rose, thou art sick! (*William Blake*). 458
O what is that sound which so thrills the ear (*W. H.Auden*) 1076

O wild West Wind, thou breath of Autumn's being (*Percy Bysshe Shelley*) . . . 542
Of all the barbarous middle ages, that (*lord Byron*) . . . 530
Of all the causes which conspire to blind (*Alexander Pope*) . . . 422
Of Man's first disobedience, and the fruit (*John Milton*) . . . 388

Phlebas the Phoenician, a fortnight dead (*T. S. Eliot*) . . . 928
Pity would be no more (*William Blake*) . . . 462
Pure element of waters! wheresoe'er (*William Wordsworth*) . . . 484

Season of mists and mellow fruitfulness! (*John Keats*) . . . 566
Shall I compare thee to a summer's day? (*William Shakespeare*) . . . 342
Since brass, nor stone, nor earth, nor boundless sea (*William Shakespeare*) . . . 346
Since I am coming to that Holy room (*John Donne*) . . . 372
Stand still, and I will read to thee (*John Donne*) . . . 358
Start not–nor deem my spirit fled (*lord Byron*) . . . 522

Th' expense of spirit in a waste of shame (*William Shakespeare*) . . . 350
That is no country for old men. The young (*William Butler Yeats*) . . . 754
That time of year thou mayst in me behold (*William Shakespeare*) . . . 346
That Whitsun, I was late getting away (*Philip Larkin*) . . . 1132
The Assyrian came down like the wolf on the fold (*lord Byron*) . . . 522
The awful shadow of some unseen Power (*Percy Bysshe Shelley*) . . . 538
The brawling of a sparrow in the eaves (*William Butler Yeats*) . . . 752
The force that through the green fuse drives the flower (*Dylan Thomas*) . . . 1090
The gentlemen got up betimes to shoot (*lord Byron*) . . . 530
The isles of Greece, the isles of Greece! (*lord Byron*) . . . 526
The peace which others seek they find (*William Wordsworth*) . . . 486
The trees are in their autumn beauty (*William Butler Yeats*) . . . 748
The unpurged images of day recede (*William Butler Yeats*) . . . 750
The world is too much with us: late and soon (*William Wordsworth*) . . . 484
'There is a tide in the affairs of men (*lord Byron*) . . . 528
There was a time when meadow, grove, and stream (*William Wordsworth*) . . . 488
They fuck you up, your mum and dad (*Philip Larkin*) . . . 1136
Thou fair-hair'd angel of the evening (*William Blake*) . . . 452
Thou still unravished bride of quietness (*John Keats*) . . . 562
Thus talking, hand in hand, alone they pass'd (*John Milton*) . . . 392
Time present and time past (*T. S. Eliot*) . . . 932
'Tis the year's midnight, and it is the day's (*John Donne*) . . . 366
'Tis time this heart should be unmoved (*lord Byron*) . . . 524
To Mercy, Pity, Peace, and Love (*William Blake*) . . . 454

'Twas on a Holy Thursday, their innocent faces clean (*William Blake*) 456
Tyger! Tyger! burning bright (*William Blake*) 458

Wake the serpent not – lest he (*Percy Bysshe Shelley*) 550
Weary with toil, I haste me to my bed (*William Shakespeare*) 344
What dire offence from amorous causes springs (*Alexander Pope*) . . 424
When have I last looked on (*William Butler Yeats*) 750
When I consider every thing that grows (*William Shakespeare*) . . . 342
When I do count the clock that tells the time (*William Shakespeare*) . . 342
When in the chronicle of wasted time (*William Shakespeare*) 348
When my grave is broke up again (*John Donne*). 368
When my love swears that she is made of truth (*William Shakespeare*) 352
When you are old and grey and full of sleep (*William Butler Yeats*) . . 746
Where lies the Land to which yon Ship must go? (*William Wordsworth*) 486
Wrapped in a yielding air, beside (*W. H.Auden*) 1072

Italiano

Amore, mio giovine emblema (*Giuseppe Ungaretti*) 906
Ascoltami, i poeti laureati (*Eugenio Montale*) 1022

Caffè Tergeste, ai tuoi tavoli bianchi (*Umberto Saba*) 842
Cigola la carrucola del pozzo (*Eugenio Montale*). 1026
Così discesi del cerchio primaio (*Dante Alighieri*) 122

Dalla spoglia di serpe (*Giuseppe Ungaretti*). 908
Deh peregrini che pensosi andate (*Dante Alighieri*) 120
Dolce e chiara è la notte e senza vento (*Giacomo Leopardi*) 588
Donne ch'avete intelletto d'amore (*Dante Alighieri*). 116

E per la luce giusta (*Giuseppe Ungaretti*) 908

Fu dove il ponte di legno (*Eugenio Montale*) 1026

Guido, i' vorrei che tu e Lapo ed io (*Dante Alighieri*) 122

Ho parlato a una capra (*Umberto Saba*) 840
Il fiore che ripete (*Eugenio Montale*). 1030

L'anguilla, la sirena (*Eugenio Montale*) 1034
La bufera che sgronda sulle foglie (*Eugenio Montale*) 1032

Meriggiare pallido e assorto (*Eugenio Montale*) 1024
Mi tengo a quest'albero mutilato (*Giuseppe Ungaretti*) 902

Non chiederci la parola che squadri da ogni lato (*Eugenio Montale*). . . 1024
Non è di maggio questa impura aria (*Pier Paolo Pasolini*) 1114

Or poserai per sempre (*Giacomo Leopardi*). 594

Parlavo vivo a un popolo di morti (*Umberto Saba*) 844
Per te piange un fanciullo in un giardino (*Umberto Saba*) 842
Pochi giorni prima che tu morissi, la morte (*Pier Paolo Pasolini*) . . . 1126

Quel nonnulla di sabbia che trascorre (*Giuseppe Ungaretti*) 910
Questo pensava, e mentre più s'interna (*Francesco Petrarca*) 142
Qui su l'arida schiena (*Giacomo Leopardi*) 596

Raccomando ai miei posteri (*Eugenio Montale*) 1036

Se il mondo ha la struttura del linguaggio (*Eugenio Montale*) 1036
Se la mia vita da l'aspro tormento (*Francesco Petrarca*) 132
Sempre caro mi fu quest'ermo colle (*Giacomo Leopardi*) 588
Senza cappotto, nell'aria di gelsomino (*Pier Paolo Pasolini*) 1114
Silvia, rimembri ancora (*Giacomo Leopardi*) 590
Sono un poeta (*Giuseppe Ungaretti*) 906
Spesso, per ritornare alla mia casa (*Umberto Saba*) 840

Tanto gentile e tanto onesta pare (*Dante Alighieri*) 120
Tra un fiore colto e l'altro donato (*Giuseppe Ungaretti*) 900
Tu non ricordi la casa dei doganieri (*Eugenio Montale*). 1030
Tu sei come una giovane (*Umberto Saba*) 836
Tutti li miei penser parlan d'Amore (*Dante Alighieri*) 116
Tutto ho perduto dell'infanzia (*Giuseppe Ungaretti*) 908

Un'intera nottata (*Giuseppe Ungaretti*) 900

Latín

Candida si niveis se nunc tua Laurea pennis (*Francesco Petrarca*). . . 148

Declinante frigore (*Gautier de Châtillon*) 28

Inde rapit cursum Frigiaeque per oppida tendit (*Gautier de Châtillon*) 40

Missus sum in vineam circa horam nonam (*Gautier de Châtillon*). . . 32

Nunc mea Pierios cupiam per pectora fontes (*John Milton*) 396

Verna redit temperies (*Gautier de Châtillon*) 28
Versa est in luctum (*Gautier de Châtillon*) 36
Vivo, sed indignans quod nos in tristia fatum (*Francesco Petrarca*) . . 146

Polaco

Aha, więc to są Himalaje (*Wysława Szymborska*). 1158
Dokąd biegnie ta napisana sarna przez napisany las? (*Wysława Szymborska*) 1160
Idę stokiem pagórka zazielenionego (*Wysława Szymborska*) 1168
Jesteśmy dziećmi epoki (*Wysława Szymborska*) 1164
Mówią (*Wysława Szymborska*) 1170
Nie mam żalu do wiosny (*Wysława Szymborska*). 1166
Niebo, ziemia, poranek (*Wysława Szymborska*) 1174
Skoczyli z płonących pięter w dół (*Wysława Szymborska*) 1172
To ja, Kasandra (*Wysława Szymborska*) 1162
Życie – jedyny sposób (*Wysława Szymborska*). 1172

Portugués y gallego-portugés

Ai cervos do monte, vínvos preguntar (*Pero Meogo*) 10
Ai flores, ai flores do verde pino (*Don Denís de Portugal*) 92
Ay ondas, que eu vin veer (*Martin Codax*) 10

Como me Deus aguisou que vivesse (*Don Denís de Portugal*) 98

De Joan Bol' and' eu maravillado (*Don Denís de Portugal*) 100

Levantous' a velida (*Don Denís de Portugal*) 92

Nostro senhor, ajades bom grado (*Don Denís de Portugal*) 98

O voss' amig', ai amiga (*Don Denís de Portugal*) 96
Oymais quer' eu ja leixá-lo trobar (*Don Denís de Portugal*). 96

Proençaes soen mui bem trobar (*Don Denís de Portugal*) 100

Quen amores á (*Airas Nunez*) 10
Quisera vosco falar de grado (*Don Denís de Portugal*) 94

Portugués

As armas e os barões assinalados (*Luis de Camões*) 272

Eu nunca guardei rebanhos (*Fernando Pessoa*) 880

Louco, sim, louco, porque quis grandeza (*Fernando Pessoa*) 878

Mas um velho de aspeito venerando (*Luis de Camões*) 282
Mestre, são plácidas (*Fernando Pessoa*) 882
Mudam-se os tempos, mudam-se as vontades (*Luis de Camões*) . . . 272

Nada sou, nada posso, nada sigo (*Fernando Pessoa*) 878
Não sou nada (*Fernando Pessoa*) 886

O poeta é um fingidor (*Fernando Pessoa*) 878

Passada esta tão próspera vitória (*Luis de Camões*) 276

Segue o teu destino (*Fernando Pessoa*) 886
Sete anos de pastor Jacob servia (*Luis de Camões*) 272

Venho dos lados de Beja (*Fernando Pessoa*) 896

Provenzal

Altas undas que venez suz la mar (*Raimbaut de Vaqueiras*) 8

Can vei la lauzeta mover (*Bernat de Ventadorn*) 52
Chantars no pot gaire valer (*Bernat de Ventadorn*) 58

Lèvati dalla mia porta, lassa ch'ora foss'io morta (*Anónimo*) 8
Lo tems vai e ven e vire (*Bernat de Ventadorn*). 46

Non es meravelha s'eu chan (*Bernat de Ventadorn*) 54

Pàrtite, amore, adeo (*Anónimo*) 6

Tant ai mo cor ple de joya (*Bernat de Ventadorn*). 48

Ruso

В пустыне чахлой и скупой (*Alexandr Pushkin*). 612
В страшные годы ежовщины я провела семнадцать (*Anna Ajmátova*) 946
Всегда нарядней всех, всех розовей и выше (*Anna Ajmátova*) 944
Во дни веселий и желаний (*Alexandr Pushkin*). 614
Гражданин фининспектор! (*Vladímir Maiakovski*). 992
Замечу кстати: все поэты (*Alexandr Pushkin*) 616
Звук осторожный и глухой (*Ôsip Mandelstam*). 968
Когда для смертного умолкнет шумный день (*Alexandr Pushkin*) 610
Когда ж и где, в какой пустыне (*Alexandr Pushkin*) 616
Мы живем, под собою не чуя страны (*Ôsip Mandelstam*) . . . 970
Погасло дневное светило (*Alexandr Pushkin*) 608
Пою, когда гортань сыра, душа — суха (*Ôsip Mandelstam*) . . 972
Простыни вод под брюхом были (*Vladímir Maiakovski*) . . . 988
Прошла любовь, явилась муза (*Alexandr Pushkin*) 618
Так беспомощно грудь холодела (*Anna Ajmátova*) 944
Ты все равно придешь — зачем же не теперь? (*Anna Ajmátova*) 948
Уводили тебя на рассвете (*Anna Ajmátova*). 968
Узнала я, как опадают лица (*Ôsip Mandelstam*) 946
Четыре (*Vladímir Maiakovski*) 988
Этот воздух пусть будет свидетелем (*Ôsip Mandelstam*) . . . 972
Я вас любил: любовь еще, быть может (*Alexandr Pushkin*) . . 608
Я вернулся в мой город, знакомый до слез (*Ôsip Mandelstam*) 970
Я помню море пред грозою (*Alexandr Pushkin*) 616
Я памятник себе воздвиг нерукотворный (*Alexandr Pushkin*) 614
Я изучил науку расставанья (*Ôsip Mandelstam*) 968

Traducciones

A la Misericordia, a la Piedad, a la Paz y al Amor (*William Blake*) . . 455

A menudo, para entretenerse, los hombres de mar (*Charles Baudelaire*) 1199
A, negro; E, blanco; I, rojo; U, verde, O, azul, vocales (*Arthur Rimbaud*) 699
A veces, para divertirse, los navegantes (*Charles Baudelaire*) 1200
Abajo, al seno de la tierra (*Novalis*) 511
Abril es el mes más cruel: engendra (*T. S. Eliot*) 925
Acerca del sufrimiento nunca se equivocaron (*W. H.Auden*). . . . 1079
Adelántate a toda despedida, como si la hubieras dejado (*Rainer Maria Rilke*) 765
¿Adónde han huido mis años? (*Walther von der Vogelweide*) 69
Afanan nuestras almas, nuestros cuerpos socavan (*Charles Baudelaire*) 653
Agua, puro elemento, dondequiera abandonas (*William Wordsworth*) 485
Ah, quisiera, pletórico amarillo (*Pierre de Ronsard*) 257
Ahora que las lilas están en flor (*T. S. Eliot*). 922
Ahora querría que las fuentes de las Musas derramaran (*John Milton*) 397
Ahora sé cómo se desvanecen los rostros (*Anna Ajmátova*). 949
Ahora ya no nos vemos bajo la misma luz (*Yves Bonnefoy*) 1151
Ahora, ¿adónde? El torpe pie (*Heinrich Heine*) 581
Ahora, cansado corazón, por siempre (*Giacomo Leopardi*) 595
Ajá, así que esto es el Himalaya (*Wysława Szymborska*) 1159
Al acabar el frío (*Gautier de Châtillon*) 29
Al jardín del amor yo me introduje (*William Blake*) 461
Al temblar el dios Knef, temblaba el universo (*Gérard de Nerval*). . . 645
Alcibiades y Axioco, compañeros (*Jean de La Fontaine*) 417
Altas olas que venís por la mar (*Raimbaut de Vaqueiras*) 9
Alzóse la garrida (*Don Denís de Portugal*) 93
Amábanse una vez dos palomas tiernamente (*Jean de La Fontaine*) . . 413
Amor, mi juvenil emblema (*Giuseppe Ungaretti*) 907
¡Anda que tus papás ya te han jodido! (*Philip Larkin*) 1137
Andáis arriba, en la luz (*Friedrich Hölderlin*) 469
Ante nosotros yérguense los días venideros (*Constantinos Kavafis*) . . 729
Apenas, sobre el viento, acechó la mañana (*Josep Carner*). 1183
Apenas tocó el viejo el rincón del cielo (*Pierre Réverdy*). 957
Aquel Pentecostés salí con gran retraso (*Philip Larkin*). 1133
Aquí estoy ante todos como un hombre en todo su juicio (*Guillaume Apollinaire*) 817
Aquí termina el testamento (*François Villon*) 177

Aquí, en la árida falda (*Giacomo Leopardi*) 597
Arrasa un bosque y aplasta a cien hombres (*Bertolt Brecht*) 1067
Así bajé del círculo primero (*Dante Alighieri*) 123
Aunque veas que es algo puta tu bienamada (*Pierre de Ronsard*) . . . 267
Ay, ay, ¿qué haré? (*Anónimo*) 5
Ay, ciervos del monte, vengo a preguntar (*Pero Meogo*) 11
Ay, Dios, ¿cuándo vendrá (*Anónimo*) 5
Ay flores, ay flores del verde pino (*Don Denís de Portugal*) 93

Bajaron los asirios como al redil el lobo (*lord Byron*) 523
Bajo el asilo (*Walther von der Vogelweide*) 67
Bajo el puente Mirabeau corre el Sena (*Guillaume Apollinaire*) . . . 807
Bajo los vientres sábanas de agua (*Vladímir Maiakovski*) 989
Blanca bajo un techo de insectos, mal iluminada, de perfil (*Yves Bonnefoy*) 1147
Booz estaba acostado, rendido de fatiga (*Victor Hugo*) 631

Café Tergeste, junto a tus mesas blancas (*Umberto Saba*) 843
Camino por la ladera de una verdeante colina (*Wysława Szymborska*) 1169
Cansado de los tráfagos del día (*William Shakespeare*) 345
Canto cuando seca está el alma, húmedos la garganta (*Ôsip Mandelstam*) 973
Canto lo que perdí y me aterra lo ganado (*William Butler Yeats*) . . . 757
Ceden las inexpurgadas imágenes del día (*William Butler Yeats*) . . . 751
Cerca estamos, Señor (*Paul Celan*) 1107
Chirría la garrucha del pozo (*Eugenio Montale*) 1027
Cielo, tierra, amanecer (*Wysława Szymborska*) 1175
Ciriaco, hace tres años que estos ojos, aunque limpios (*John Milton*) 389
Ciudadano inspector (*Vladímir Maiakovski*) 993
Como a veces, por el ramaje aún sin hojas (*Rainer Maria Rilke*) . . . 763
Como aquel que en el sueño se deleita (*Ausiàs March*) 153
Como el toro que huido va al desierto (*Ausiàs March*) 155
Como sin otra expresión (*Stephane Mallarmé*) 721
Como un juego, a menudo en los barcos he visto (*Charles Baudelaire*) 1203
Como un torpe actor que una vez en escena (*William Shakespeare*) . . 345
Conocéis las costumbres de la tórtola (*Ausiàs March*) 155
Conoces el país del limonero en flor (*Johann Wolfgang von Goethe*) . . 435
Conoces, Dafne, esta vieja romanza (*Gérard de Nerval*) 647
Conozco un aire por el cual daría (*Gérard de Nerval*) 639
Convertido se ha en luto (*Gautier de Châtillon*) 37
Corre, amado, hacia mí, querido huésped (*Bertolt Brecht*) 1065
Cuando cuento las horas que jalonan el tiempo (*William Shakespeare*) 343
Cuando el orbe animado de un aliento fecundo (*Charles Baudelaire*) . 655
Cuando ella ya no esté aquí (*Pierre Réverdy*) 963
Cuando era niño (*Friedrich Hölderlin*) 469

Cuándo he mirado por última vez los redondos (*William Butler Yeats*) 751
Cuando jura mi amada que sólo hay verdad en ella (*William Shakespeare*) 353
Cuando los dos estemos en el templo (*Pierre de Ronsard*) 257
Cuando mi buen señor llega (*Anónimo*) 3
Cuando otra vez mi tumba abran (*John Donne*). 369
Cuando para el mortal cesa el día bullicioso (*Alexandr Pushkin*) . . . 611
Cuando partas de viaje a Ítaca (*Constantinos Kavafis*) 735
Cuando pienso que todo lo que crece (*William Shakespeare*) 343
Cuando seas muy vieja, al claror de una vela (*Pierre de Ronsard*). . . 259
Cuando seas una anciana canosa y somnolienta (*William Butler Yeats*) 747
Cuando supe la desgracia, que Mires había muerto (*Constantinos Kavafis*) 739
Cuando veo la alondra que mueve (*Bernat de Ventadorn*) 53
Cuándo y dónde, en qué desierto (*Alexandr Pushkin*) 617
Cuando yo iba bajando por impasibles Ríos (*Arthur Rimbaud*) . . . 693
Cuando, de pronto, a media noche oigas (*Constantinos Kavafis*) . . . 733
Cuerpo, recuerda, no sólo cuánto fuiste amado (*Constantinos Kavafis*) 737

Dama del Cielo, regente de la Tierra (*François Villon*). 173
Damas que tenéis entendimiento de amor (*Dante Alighieri*) 117
De cualquier bárbara edad media, no hay (*lord Byron*) 531
De día, trabajo, y, por las noches, bebo (*Philip Larkin*) 1141
De la piel de serpiente (*Giuseppe Ungaretti*) 909
De las avalanchas de oro del viejo azur, en el (*Stephane Mallarmé*) . . 711
De nadie, ni siquiera de Cambridge, fue la culpa (*W. H.Auden*). . . 1081
De qué modo ha tramado Dios que yo viviese (*Don Denís de Portugal*) 99
Debe mi corazón ya detenerse (*lord Byron*) 525
Decidme dónde, en qué país (*François Villon*) 169
Decidme vos, hermanillas (*Anónimo*) 3
Decidme, ¿qué haré? (*Anónimo*). 3
Del hombre la primera desobediencia, el fruto (*John Milton*) . . . 389
Del hospital cansado y del fétido incienso (*Stephane Mallarmé*) . . . 709
Del sempiterno Azur la serena ironía (*Stephane Mallarmé*). 713
Desapareció en medio del invierno (*W. H.Auden*) 1081
Desde allí emprendió rápidamente la marcha (*Gautier de Châtillon*). . 41
Desierto llamaré al castillo que fuiste (*Yves Bonnefoy*) 1149
Despilfarro de aliento en derroche de afrenta (*William Shakespeare*). . 351
Después de que llegara el verano (*Walther von der Vogelweide*). . . . 73
Diariamente, un sol amarillo aparece sobre la colina (*Georg Trakl*). . 849
Días de lentitud, días de lluvia (*Paul Éluard*). 1011
Dicen (*Wysława Szymborska*). 1171
Dices: «Iré a otra tierra, hacia otro mar (*Constantinos Kavafis*) . . . 735
¿Diré que eres un día de verano? (*William Shakespeare*) 343
¿Dónde está la Tierra que aquel Barco persigue? (*William Words-*

worth) 487
Duerme, amor, pon tu cabeza (*W. H.Auden*) 1075
Dulce y clara es la noche y calla el viento (*Giacomo Leopardi*). . . . 589
Dulces figuras apuñaladas Caros labios floridos (*Guillaume Apollinaire*) 813
Durante mucho tiempo, —¡oh, mucho tiempo!, cuando sonabas (*Stephane Mallarmé*) 725

El bosque está todo en fronda (*Anónimo*) 5
El brazo que se alza y el brazo que se vuelve (*Yves Bonnefoy*). . . . 1147
El casarte dejó sin uso tu apellido (*Philip Larkin*) 1133
El de sus puras uñas ónix, alto en ofrenda (*Stephane Mallarmé*) . . . 723
El golpe sordo y cauteloso (*Ôsip Mandelstam*) 969
El movimiento de zigzag sobre la ribera de los saltos del río (*Arthur Rimbaud*) 705
El mundo con exceso está en nosotros (*William Wordsworth*). . . . 485
El mundo es mi prisión (*Pierre Réverdy*) 965
El paisaje en el marco de las ventanas (*Paul Verlaine*) 675
El poeta es un fingidor (*Fernando Pessoa*) 879
El tiempo va y viene y vira (*Bernat de Ventadorn*). 47
Elis, cuando el mirlo en el negro bosque reclama (*Georg Trakl*) . . . 849
Ella estaba descalza, estaba despeinada (*Victor Hugo*) 629
Ellos encuentran la paz que otros persiguen (*William Wordsworth*) . . 487
En días de deseo y gozo (*Alexandr Pushkin*) 615
En el espejo, y entre otras mil cosas (*Guillaume de Lorris*) 77
En esta aldea está la última casa (*Rainer Maria Rilke*) 761
En la calle de alguna ciudad sólo soñada (*Paul Verlaine*) 677
En los ríos al norte del futuro (*Paul Celan*) 1111
En los terribles años de Yezhov pasé diecisiete meses (*Anna Ajmátova*) 947
En mi cuaderno escolar (*Paul Éluard*). 1013
En mí ves la estación en que colgar (*William Shakespeare*) 347
En un jardín por ti un joven llora (*Umberto Saba*) 843
En un yermo desierto e inhospitalario (*Alexandr Pushkin*) 613
En Xanadú, el Khan Kubla decretó (*Samuel Taylor Coleridge*) . . . 497
Encadenada (*Paul Celan*). 1105
Encontré un viajero de comarcas remotas (*Percy Bysshe Shelley*) . . . 543
Entre las blancas sábanas mezclada, abandonando (*Paul Valéry*) . . 779
Entre todas las causas que conspiran para cegar (*Alexander Pope*) . . 423
Entre una flor tomada y otra ofrecida (*Giuseppe Ungaretti*) 901
Época de neblinas, de fértiles sazones (*John Keats*) 567
Era el año en que los treinta cumplía, a los cielos (*Dylan Thomas*) . . 1091
Es el señor de la tierra (*Novalis*). 513
Esa injuria terrible que del amor naciera (*Alexander Pope*). 425
Esa nada de arena que transcurre (*Giuseppe Ungaretti*) 911
Escucha esta canción tan dulce y queda (*Paul Verlaine*) 677
Escucha, los poetas laureados (*Eugenio Montale*). 1023

Ese techo, tranquilo de palomas (*Paul Valéry*) 783
¡Está enferma la rosa! (*William Blake*). 459
Esta es tu casa (*Bertolt Brecht*) 1059
Esta romanza cantaba (*Guillaume Apollinaire*) 807
Estableciéndome con honor sobre tres grandes estaciones (*Saint-John Perse*) 869
Estamos en guerra y el camino es complicado (*Bertolt Brecht*) . . . 1065
Estas ninfas quisiera perpetuarlas (*Stephane Mallarmé*). 715
Estate quieta y yo te explicaré (*John Donne*) 359
Este país no es para los viejos. Jóvenes (*William Butler Yeats*). . . . 755
Esto pensaba, y mientras más hundía (*Francesco Petrarca*). 143
Estudié la ciencia de la despedida (*Ôsip Mandelstam*) 969

Feliz me siento en suelo clásico, entusiasmado (*Johann Wolfgang von Goethe*) 437
Flebas el Fenicio, que murió hace quince días (*T. S. Eliot*) 929
Fue donde el puente de madera (*Eugenio Montale*) 1027
Fue un Jueves Santo, limpias sus caras inocentes (*William Blake*) . . 457
Fuerte, tranquila luminaria, en el límite (*Rainer Maria Rilke*). . . . 767

Gorriones del lado que alborotan (*William Butler Yeats*) 753
Gracioso hijo de Pan! En torno a tu frente coronada de florecillas (*Arthur Rimbaud*) 703
Guapa no lo soy (*Anónimo*) 7
Guido, yo quisiera que tú y Lapo y yo (*Dante Alighieri*) 123
Gustosamente quisiera hablar con vos (*Don Denís de Portugal*) . . . 95

Hablaba, vivo, a un pueblo de muertos (*Umberto Saba*) 845
Hablando así, cogidos de la mano, entran solos (*John Milton*) . . . 393
Habría hilado todos los lazos de mi destino de un tirón (*Pierre Réverdy*) 961
¿Hacia dónde corre por el bosque escrito el corzo escrito? (*Wysława Szymborska*). 1161
Hacia la cadena de color que se posa (*Pierre Réverdy*) 955
Han callado las armas esperando vibrar (*Paul Verlaine*) 683
Hay en mí más recuerdos que en mil años de vida (*Charles Baudelaire*) 659
Hay una marea en los negocios del hombre (*lord Byron*) 529
Haz refrescar mi vino de tal modo (*Pierre de Ronsard*) 265
He amado y amaré (*Anónimo*) 5
He hablado con una cabra (*Umberto Saba*) 841
He sido enviado a la viña a eso de la hora nona (*Gautier de Châtillon*) 33
He visto el reitre negro aterrar por las casas (*Agrippa d'Aubigné*). . . 303
He vuelto a mi ciudad —lágrimas en los ojos (*Ôsip Mandelstam*) . . 971
Herida confusa en las hojas (*Yves Bonnefoy*) 1147
Hermanos que nos sobreviviréis (*François Villon*) 179
Hice un fuego al haberme abandonado el cielo (*Paul Éluard*) . . . 1011

¡Hombre! libre pensador — crees que eres el único pensante (*Gérard de Nerval*) . . . 649
Honor a aquellos que en sus vidas (*Constantinos Kavafis*) . . . 729
Hoy llora en mi corazón (*Paul Verlaine*) . . . 675
Hoy quiero dejar de trovar (*Don Denís de Portugal*) . . . 97
Hubo en la Grecia dos siracusanas (*Jean de La Fontaine*) . . . 417
Hubo un tiempo en que prados, arroyuelos y bosques (*William Wordsworth*). . . . 489

Islas de Grecia, islas de Grecia (*lord Byron*) . . . 527

Joan Bolo me tiene pasmado (*Don Denís de Portugal*) . . . 101

La abrumadora sombra de algún Poder no visto (*Percy Bysshe Shelley*). 539
La anguila, la sirena (*Eugenio Montale*). . . . 1035
La calle, aturdida, aullaba a mi alrededor (*Charles Baudelaire*) . . . 661
La Creación es un templo de pilares vivientes (*Charles Baudelaire*) . . 655
La cuneta penetra en la boca ahora (*Yves Bonnefoy*) . . . 1149
La flor que desde el borde (*Eugenio Montale*) . . . 1031
La fuerza que por el verde tallo impulsa la flor (*Dylan Thomas*) . . . 1091
La gente marinera, con crueldad salvaje (*Charles Baudelaire*) . . . 1201
La he vuelto a encontrar (*Arthur Rimbaud*) . . . 701
La huella de un mordisco en parte alguna (*Paul Celan*) . . . 1111
La luna estaba serena y jugaba con las olas (*Victor Hugo*) . . . 627
La madre llevaba al niñito a la blanca luna (*Georg Trakl*) . . . 853
La misma naturaleza (*Heinrich Heine*) . . . 579
La muerte y la belleza son dos cosas profundas (*Victor Hugo*) . . . 635
La música antes que todo sea (*Paul Verlaine*). . . . 679
La Piedad dejara de existir (*William Blake*) . . . 463
La sirvienta tan buena, tan fiel, tan afanosa (*Charles Baudelaire*) . . . 663
La soledad es igual que una lluvia (*Rainer Maria Rilke*) . . . 761
La tempestad que chorrea en las hojas (*Eugenio Montale*) . . . 1033
Lamento el tiempo de mi juventud (*François Villon*) . . . 169
Lapidario (*Vladímir Maiakovski*) . . . 989
Largas noches de invierno, de mi vida verdugos (*Pierre de Ronsard*). . 269
Las armas y varones señalados (*Luis de Camões*). . . . 273
Leche negra del alba la bebemos al atardecer (*Paul Celan*) . . . 1103
Lejos de ti mi ausencia ha sido invierno (*William Shakespeare*) . . . 349
Ligeros aún mis pasos, el pecho (*Anna Ajmátova*) . . . 945
Líneas demasiado usadas por los rigores del tiempo (*Pierre Réverdy*) . 961
Llámame en aquella de tus horas (*Rainer Maria Rilke*). . . . 767
Llevaron al extraño hacia la cámara de los muertos al anochecer (*Georg Trakl*) . . . 855
Lo advierto, de paso: todos los poetas (*Alexandr Pushkin*) . . . 617
Lo bello es una dicha para siempre (*John Keats*) . . . 555

Loco, sí, loco, por querer grandeza (*Fernando Pessoa*) 879
Los amantes fervientes y los sabios austeros (*Charles Baudelaire*) . . . 659
Los árboles poseen la belleza del otoño (*William Butler Yeats*) . . . 749
Los dorados y regios monumentos, los mármoles (*William Shakespeare*) 347
Los hombres se levantaban temprano para tirar al blanco (*lord Byron*) 531
Los provenzales suelen trovar muy bien (*Don Denís de Portugal*) . . . 101
Los sollozos más hondos (*Paul Verlaine*) 673

Maestro, son plácidas (*Fernando Pessoa*) 883
Mañana al alba cuando clareen ya los campos (*Victor Hugo*). . . . 629
Me alejaba, las manos en los bolsillos rotos (*Arthur Rimbaud*). . . . 689
Me apoyo en este árbol mutilado (*Giuseppe Ungaretti*) 903
Me encontrará la muerte (*William Butler Yeats*) 745
Me erigí un monumento que no labró la mano (*Alexandr Pushkin*) . . 615
Medianoche: lo es (*John Donne*). 367
¡Mi alma, hacia tu frente donde sueña hermana tranquila! (*Stephane Mallarmé*) 715
Mi antiguo y largo amor quiere, para su gozo (*Friedrich Hölderlin*) . . 475
Mi corazón da un brinco cuando observo (*William Wordsworth*) . . 485
Mi corazón está triste (*Heinrich Heine*). 575
Mi corazón me duele y un sopor de honda pena me invade (*John Keats*) 557
Mi esposa y yo hemos invitado a unos mamones (*Philip Larkin*) 1139
Miedo me das, anciano Marinero (*Samuel Taylor Coleridge*) 499
Mientras iba por las llamas del infierno (*William Blake*) 463
Míralos, alma mía, son realmente espantosos (*Charles Baudelaire*) . . 661
Monseñor, he perdido el ardor juvenil (*Pierre de Ronsard*). 265
Muchas veces en el silencio de un abismo (*Yves Bonnefoy*). 1149
Mucho después de los días y las estaciones, y los seres y los países (*Arthur Rimbaud*) 703
Múdanse tiempos, mudan voluntades (*Luis de Camões*) 273
Murió Adonais y por su muerte lloro (*Percy Bysshe Shelley*) 547

Nada soy, nada puedo, nada sigo (*Fernando Pessoa*). 879
Ni te sobresaltes ni creas que mi espíritu huyó (*lord Byron*) 523
Ni visto ni oído (*Paul Valéry*). 781
Nieve (*Yves Bonnefoy*) 1151
Niña, hermana mía (*Charles Baudelaire*) 657
No amamos lo bastante la alegría (*Guillaume Apollinaire*) 815
No busca Amor su deleite (*William Blake*) 457
No comparo los ojos de mi amada con soles (*William Shakespeare*) . . 351
No despertéis jamás a la serpiente (*Percy Bysshe Shelley*) 551
No entres sumiso en esa gran noche (*Dylan Thomas*) 1097
No erijáis estela alguna. Dejad tan sólo que la rosa (*Rainer Maria Rilke*) 765

No es de mayo este aire impuro (*Pier Paolo Pasolini*) 1115
No es maravilla si canto (*Bernat de Ventadorn*) 55
No le reprocho a la primavera (*Wysława Szymborska*) 1167
No nos pidas la palabra que escudriñe por cada lado (*Eugenio Montale*). 1025
No puedes ser formal con diecisiete años (*Arthur Rimbaud*) 687
No soy nada (*Fernando Pessoa*) 887
No vayas al Leteo ni exprimas la raíz (*John Keats*) 569
Nosotros, como otros fugitivos (*W. H.Auden*) 1087
Nuestras enamoradas, ¿dónde están? (*Gérard de Nerval*) 641
Nuestro Señor, alegraos (*Don Denís de Portugal*) 99
Nunca hasta que los hombres hicieron (*Dylan Thomas*) 1099
Nunca hubiese deseado ver otra vez tu cara triste (*Pierre Réverdy*) . . 955
Nunca podré olvidar, vecina a la ciudad (*Charles Baudelaire*). . . . 663

Ociosa juventud (*Arthur Rimbaud*) 699
¡Oh Alemania, pálida madre! (*Bertolt Brecht*). 1061
Oh corazón sagrado de los pueblos, oh patria (*Friedrich Hölderlin*) . . 471
¡Oh peregrinos!, que pensando vais (*Dante Alighieri*) 121
Oh Viento del Oeste altivo y fiero (*Percy Bysshe Shelley*) 543
Olas, que nunca antes vi (*Martin Codax*) 11
Oliveros entonces un picacho ha escalado (*Anónimo*) 15

Palma, dulce lecho arrugado (*Rainer Maria Rilke*) 775
¡Palmeras...! (*Saint-John Perse*) 865
Para el niño que adora los mapas y grabados (*Charles Baudelaire*) . . 665
Para quien tiene de sobra (*Heinrich Heine*) 583
Pasada esta tan próspera victoria (*Luis de Camões*) 277
Pasó el amor, apareció la Musa (*Alexandr Pushkin*) 619
Paso por tu casa y miro (*Heinrich Heine*) 577
Perfecto es el sosiego de este día dorado (*Georg Trakl*). 851
Pero un viejo de aspecto venerando (*Luis de Camões*) 283
Pienso en ti, Myrtho, divina encantadora (*Gérard de Nerval*) 643
Poco puede valer el cantar (*Bernat de Ventadorn*). 59
Pocos días antes de que tú murieses, la muerte (*Pier Paolo Pasolini*). . 1127
Por amor de Dios, contened vuestra lengua y dejadme amar (*John Donne*) 363
Por divertirse suele la gente de los barcos (*Charles Baudelaire*) . . . 1201
Por divertirse, a veces, cazan los tripulantes (*Charles Baudelaire*). . . 1202
Por divertirse, a veces, los marineros cogen (*Charles Baudelaire*) . . . 1202
Por la noche resuenan los bosques otoñales (*Georg Trakl*). 861
Por pura diversión, los marineros suelen (*Charles Baudelaire*). . . . 1198
¿Por qué esperamos, congregados en la plaza? (*Constantinos Kavafis*) 731
¿Por qué me pega el marido? (*Anónimo*). 7
Por una oscura calle de la vieja (*Umberto Saba*) 841

Porque no espero volver más (*T. S. Eliot*) 929
Posible es para un dios. Mas, dime, ¿cómo (*Rainer Maria Rilke*) . . . 763
Preguntas por qué tengo tanta rabia en el pecho (*Gérard de Nerval*) . . 645
Pregunto, por mi fe: ¿qué hacíamos tú y yo (*John Donne*) 361
Pues que sin Ti nadie Te alcanza (*Ausiàs March*) 161
Puesto que voy a entrar en la sagrada estancia (*John Donne*) 373

Que a la unión de las almas que son fieles, jamás (*William Shakespeare*) 351
Que el hombre sea noble (*Johann Wolfgang von Goethe*) 439
Qué es ese redoble que oírlo estremece (*W. H.Auden*) 1077
Que este aire sea testigo (*Ôsip Mandelstam*) 973
¡Qué fragmentarios el mundo y la vida! (*Heinrich Heine*) 577
Que hace un instante no existía yo (*Rainer Maria Rilke*) 761
¿Qué haré, mama? (*Anónimo*) 3
Qué he de esperar ahora de una nueva visión (*Johann Wolfgang von Goethe*) 443
Que la razón que triunfa es del potente (*Jean de La Fontaine*). . . . 409
Qué secretos quema en su corazón mi joven amiga (*Paul Valéry*) . . 781
Qué ser que vive, piensa y siente no ama (*Novalis*). 507
Que te quites de mi puerta, que mejor me viera muerta (*Anónimo*). . 9
Quien al sol cara a cara ha llegado a mirar (*Gérard de Nerval*) . . . 639
Quien amores ha (*Airas Nunez*) 11
¿Quién, si yo gritase, me oiría desde los órdenes (*Rainer Maria Rilke*) 769
Quiero ponerme en pie, ir ahora a Innisfree (*William Butler Yeats*) . . 745

Recibe, tierra, a un huésped honorable (*W. H.Auden*). 1085
Recomiendo a quienes me sucedan (*Eugenio Montale*) 1037
Recuerdo el mar antes de la tormenta (*Alexandr Pushkin*) 617
Recuerdo, recuerdo, ¿ qué quieres de mí? El otoño (*Paul Verlaine*) . . 671
Remota, intacta, y secretísima Rosa (*William Butler Yeats*) 747
Retorna la estación primaveral (*Gautier de Châtillon*) 29
Rodeado de blando aire, al lado (*W. H.Auden*) 1073
Rojo, azul era el mundo y amarillo (*Walther von der Vogelweide*) . . . 67
Rostro desleído en el agua (*Pierre Réverdy*) 965

Saltaron hacia abajo desde los pisos en llamas (*Wysława Szymborska*) 1173
Satán iba subiendo la escarpada colina (*John Milton*) 391
Se apagó el astro del día (*Alexandr Pushkin*) 609
Se divierten a veces los rudos marineros (*Charles Baudelaire*) 1199
Sé prudente, ¡oh Dolor!, y ten más caridad (*Charles Baudelaire*) . . . 665
Será para mi pueblo como entrar en batalla (*Anónimo*) 3
Sestear pálido y absorto (*Eugenio Montale*) 1025
Sí a escuchar, sí a hacer mío (*Yves Bonnefoy*) 1153
Si ahora tu hermosa Laura revistiera (*Francesco Petrarca*) 149
Si amo y sirvo a mi señora de buen corazón (*François Villon*) . . . 175

Si desde lejos, aunque separados (*Friedrich Hölderlin*) 479
Si el mundo tiene la estructura del lenguaje (*Eugenio Montale*) . . . 1037
Si en crónicas de tiempos olvidados (*William Shakespeare*). 349
Si has de venir ¿por qué no ahora? (*Anna Ajmátova*) 949
Si la muerte domina al poderío (*William Shakespeare*) 347
Si me quisieses (*Anónimo*). 5
Si mi vida del áspero tormento (*Francesco Petrarca*) 133
Siempre caro me fue este yermo collado (*Giacomo Leopardi*) 589
Siempre hay, al final de una calle larga (*Yves Bonnefoy*) 1151
Siempre la mejor vestida, la más rosada y alta (*Anna Ajmátova*) . . . 945
Siete años de pastor Jacob servía (*Luis de Camões*) 273
Sigue tu destino (*Fernando Pessoa*) 887
Silencioso lugar verdeante de hierba joven (*Friedrich Hölderlin*) . . . 479
Silvia, ¿recuerdas aún (*Giacomo Leopardi*) 591
Sin abrigo, en el aire de jazmín (*Pier Paolo Pasolini*) 1115
¡Sin duda eres mi ideal! (*Heinrich Heine*) 577
Sin una lágrima en los ojos sombríos (*Heinrich Heine*) 583
Solamente dos años este siglo tenía (*Victor Hugo*) 623
Sólo huesos me quedan, igual que un esqueleto (*Pierre de Ronsard*) . . 267
Sólo unos cuantos (*Novalis*) 517
Somos dos (*Pierre Réverdy*) 959
Somos hijos de nuestra época (*Wysława Szymborska*) 1165
Soy el Imperio cuando la decadencia espira (*Paul Verlaine*) 681
Soy un mundo en pequeño hábilmente tejido (*John Donne*) 371
Soy un poeta (*Giuseppe Ungaretti*) 907
Soy yo, Casandra (*Wysława Szymborska*) 1163
Suelen, por divertirse, los mozos marineros (*Charles Baudelaire*) . . . 1200
Sueño y muerte, las tétricas águilas (*Georg Trakl*) 859

Tal que en sí mismo, al fin la eternidad lo cambia (*Stephane Mallarmé*) 723
Tan gentil, tan honesta, en su pasar (*Dante Alighieri*) 121
Tanteando hacia la cama de vuelta de hacer pis (*Philip Larkin*) . . . 1141
Tanto hablar para confesar mi destino (*Paul Éluard*) 1019
Te lo he dicho para las nubes (*Paul Éluard*) 1013
Te llevaron al alba (*Anna Ajmátova*) 947
Te veía correr por terrazas (*Yves Bonnefoy*) 1147
Teme la grandeza, oh alma mía (*Constantinos Kavafis*) 733
Tengo a menudo un sueño lisonjero (*Paul Verlaine*) 671
Tengo mi corazón tan lleno de alegría (*Bernat de Ventadorn*) 49
Tiempo presente y tiempo pasado (*T. S. Eliot*) 933
Tierra había en ellos y (*Paul Celan*) 1109
Tigre, tigre que relumbras (*William Blake*) 459
Toda una noche (*Giuseppe Ungaretti*) 901
Todo armonía es el vuelo de las aves. Los verdes bosques (*Georg Trakl*) 857

Todo he perdido de la infancia (*Giuseppe Ungaretti*). 909
Todos mis pensamientos hablan de Amor (*Dante Alighieri*) 117
«Tomad, señora, esta guirnalda» (*Walther von der Vogelweide*). . . . 65
Transcurridos seis años y encontrándose el séptimo (*Pierre de Ronsard*) 261
Tú eres como una joven (*Umberto Saba*) 837
Tú eres mío, yo soy tuya (*Anónimo*) 5
Tú no recuerdas la casa de los aduaneros (*Eugenio Montale*) 1031
Tú, ángel nocturno de rubia cabellera (*William Blake*) 453
Tú, aún intacta esposa de lo inmóvil (*John Keats*) 563
Turbaba los placeres de la fiesta (*Novalis*) 509
Tus pasos, por el silencio creados (*Paul Valéry*) 779

Una cosa hay que me disgusta más que todas; otra (*Johann Wolfgang von Goethe*) 439
Una risa y un canto! Lucen y hacen cabriolas (*Heinrich Heine*) . . . 581

Vagando voy por todas las calles de la ciudad (*William Blake*) . . . 461
Vámonos, pues, tú y yo (*T. S. Eliot*) 915
Vamos a ver, muchacha, si la rosa (*Pierre de Ronsard*) 263
Ve, bribón, ve por tu vía (*Anónimo*) 5
Velas y vientos cumplirán mis ansias (*Ausiàs March*) 157
Ven, acércate, amada, no descansan mis ímpetus (*John Donne*) . . . 357
Vengo del rumbo de Beja (*Fernando Pessoa*) 897
Vete, amor mío, adiós (*Anónimo*) 7
Vi pasar a una joven sonriente (*Gérard de Nerval*) 641
Vida me dio mi madre allá en el sur agreste (*William Blake*). . . . 453
Vida: única manera de cubrirse de hojas (*Wysława Szymborska*). . . 1173
Viejo afanoso, tonto, Sol inquieto (*John Donne*). 363
Vivía allá en Tule un rey (*Johann Wolfgang von Goethe*). 435
Vivían sin pelea (*Jean de La Fontaine*) 411
Vivieron en la época en que las palabras fueron pobres (*Yves Bonnefoy*) 1155
Vivimos de modo trepidante (*Rainer Maria Rilke*) 765
Vivimos en el olvido de nuestras metamorfosis (*Paul Éluard*) . . . 1017
Vivimos sin sentir el país bajo nuestros pies (*Ôsip Mandelstam*) . . . 971
Vivo, sí, mas rabioso de mi ingrato destino (*Francesco Petrarca*) . . . 147
Vuelve otra vez la Trece —¡y es aún la Primera! (*Gérard de Nerval*). . 647
Vuestra alma es un exquisito paisaje (*Paul Verlaine*) 673
Vuestro amigo, ¡ay amiga! (*Don Denís de Portugal*) 97

Y corren tiempos oscuros (*Bertolt Brecht*) 1067
Y la Madre, cerrando el libro del deber (*Arthur Rimbaud*). 689
Y la muerte no tendrá señorío (*Dylan Thomas*) 1095
Y por la justa luz (*Giuseppe Ungaretti*) 909
Ya nadie nos moldea con tierra y con arcilla (*Paul Celan*) 1111

Ya no escribo por el fuego de un amor desconocido (*Agrippa d'Aubigné*) 301
Ya no me embaraza la sima en las aguas, ni el viento (*Josep Carner*) 1192
Yo nunca guardé rebaños (*Fernando Pessoa*) 881
Yo sé que sólo agrada (*Bertolt Brecht*) 1067
Yo soy el Tenebroso, —el viudo—, el Sin Consuelo (*Gérard de Nerval*) 643
Yo te adoro mi Lou y por mí todo te adora (*Guillaume Apollinaire*) . . 819
Yo te amé y el amor aún, quién sabe (*Alexandr Pushkin*) 609
Yo, Bertolt Brecht, vengo de los bosques negros (*Bertolt Brecht*) . . . 1057